Crimes Federais

Crimes Federais

DOUTRINA, JURISPRUDÊNCIA E ANÁLISE APLICADA
CÓDIGO PENAL, LEIS Nº 9.296/1996, 8.137/1990 E 9.613/1998
VOLUME 1

2024

Fausto Martin De Sanctis
Desembargador Federal do Tribunal Regional Federal
da 3ª Região e escritor

ALMEDINA

CRIMES FEDERAIS
DOUTRINA, JURISPRUDÊNCIA E ANÁLISE APLICADA – VOLUME 1

AUTOR: Fausto Martin De Sanctis

DIRETOR ALMEDINA BRASIL: Rodrigo Mentz
EDITORA-CHEFE: Manuella Santos de Castro
EDITOR PLENO: Aurélio Cesar Nogueira
ASSISTENTES EDITORIAIS: Letícia Gabriella Batista e Tacila da Silva Souza

DIAGRAMAÇÃO: Almedina
DESIGN DE CAPA: FBA

ISBN: 9788584936564
Março, 2024

Dados Internacionais de Catalogação na Publicação (CIP)
(Câmara Brasileira do Livro, SP, Brasil)

Sanctis, Fausto Martin De
Crimes federais : doutrina, jurisprudência e
análise aplicada : volume 1 / Fausto Martin De
Sanctis. -- São Paulo : Almedina, 2024.

ISBN 978-85-8493-656-4

1. Crimes (Direito penal) - Leis e legislação
2. Direito penal - Brasil 3. Lavagem de dinheiro -
Leis e legislação - Brasil 4. Processo penal - Brasil
5. Sistema financeiro nacional - Leis e legislação
I. Título.

23-178288 CDU-343.1(81)

Índices para catálogo sistemático:

1. Brasil : Direito processual penal 343.1(81)
Eliane de Freitas Leite - Bibliotecária - CRB 8/8415

Este livro segue as regras do novo Acordo Ortográfico da Língua Portuguesa (1990).

EDITORA: Almedina Brasil
Rua José Maria Lisboa, 860, Conj. 131 e 132, Jardim Paulista | 01423-001 São Paulo | Brasil
www.almedina.com.br

DEDICATÓRIA

O avanço da criminalidade numa atmosfera global e os desafios então decorrentes impõem conhecimento técnico para uma atuação adequada de nossa sociedade, que deve buscar a tutela de um dever jurídico positivo: o bem-estar de todos.

A solidariedade traduz-se numa comunidade de fé amorosa e vibrante. Saúdo todos os que pelo empenho, dedicação e amor ao próximo dão concretude à Palavra de Deus e a de nosso Senhor Jesus Cristo, minha Referência, meu Guia, meu Pai, meu Salvador. Amigo de todas as horas, a quem reconheço, admiro e amo.

Prestigio os cidadãos que lutam pelo bem comum e que, com fé, fazem um mundo maior que seus líderes, modulando o comportamento e dando sentido às ações humanas.

APRESENTAÇÃO

O presente livro analisa crimes tipificados no Código Penal e delitos constantes em leis extravagantes, todos de competência da Justiça Federal, retratando a doutrina e a jurisprudência naquilo que mais importa, a partir da experiência acadêmica e jurisdicional do autor. A abordagem de crimes contra a Administração Pública foi objeto, entretanto, de estudo em apartado.[1]

Sem dúvida que o Direito Penal, mormente o de competência da Justiça Federal que, por natureza, é especializada, impõe uma constante releitura para que possa ser bem dimensionado diante da ordem atual das coisas, inserida numa sociedade altamente complexa, dinâmica e sedenta por justiça social.

O Direito Penal, como todo e qualquer ramo do direito, busca solucionar situações em conflito. Poder-se-ia afirmar que nem todos restam satisfeitos com o resultado de uma demanda sempre indesejada por uma das partes, o que autorizaria afirmar que mais aceitável é considerar que a missão desse ramo do direito é a redefinição dos conflitos.

Os seres humanos, falíveis, necessitam de regras para o controle de impulsos e vontades não aceitáveis num grupo social. O estabelecimento de tais regras busca a sobrevivência do todo, conspurcado por iniciativas tidas por mais graves de molde a sujeitar o seu desafiador às sanções estatais. Estas legitimam-se porquanto visam assegurar o êxito das regras sociais impostas.

O Direito Penal estabelece punições que são, majoritariamente, as mais sensíveis porque muitas vezes envolvem bens preciosos: a liberdade e a restrição de direitos.

[1] "Dos Crimes contra a Administração Pública". *Código Penal*. Editora Manole Ltda., Barueri, São Paulo, 5ª ed. 2022, 1ª ed. 2016.

Diante da natureza de tais sanções impostas aos cidadãos, é que se afirma o caráter fragmentário, subsidiário e de *ultima ratio*. A utilização, pelo Estado, de meio drástico e complexo, revela que a simples previsão normativa de regras sociais não seria o bastante para a contenção dos seus desafiadores. Portanto, há necessidade de impedir os que insistem na execução do comportamento proibido, mediante um procedimento que também respeite certos preceitos universais e constitucionais.

Assim, não se pode punir de qualquer maneira. Há necessidade de obediência a um ritual para que o combate ao crime se dê sem a ofensa a valores consagrados.

O Poder Judiciário em seu papel inerente e inalienável de combate ao crime, obviamente ao ser este praticado e assim reconhecido, é considerado, até por Convenções Internacionais, como aquele que possui papel essencial ao se falhar todos os meios de prevenção de que o Estado dispõe. Uma consulta, por exemplo, às Convenções das Nações Unidas contra o crime organizado transnacional (Nova Iorque, EUA, em 2000) e contra a corrupção (Mérida, México, em 2003) revelará que essa função está fortemente presente no Judiciário. Este, na verdade atua em todas as etapas, diante da função da pena de prevenção geral positiva e da necessidade de fazer com que os demais entes governamentais atuem nos objetivos consagrados pela Constituição (artigo 3º), do qual destaco o estabelecimento de uma sociedade livre, justa e solidária e notadamente igual. É o considerado "bem-estar de todos" almejado pela sociedade, tendo o Poder Judiciário função tal que necessariamente implica, para a concretização de tais objetivos, a busca da verdade.

A Justiça impõe um olhar sobre o outro, uma relação de alteridade única porquanto ínsita a sua missão reparadora. Se a Justiça é inerente aos homens e estes são seres sociais, e não apenas seres psicofísicos e biológicos, necessariamente devemos ter em mente que eles agregam valores e possuem capacidades incríveis de inovação e superação, para o bem ou para o mal. Existem, de fato, pessoas que nutrem a ostentação, o desprezo e mesmo repúdio ao alheio, ao outro, e isso implica, se desejamos de fato o aperfeiçoamento social, o respeito às regras comunitárias, inclusive sua evolução. Não se pode deixar de reconhecer que a verdade é valor intrínseco à função judicial, aquela que não se submete apenas as partes, sujeitas que são às mazelas próprias dos seres humanos: preguiça, egoísmo, descaso e desdém. É a Justiça o foro de aprofundamento daquilo que a ela está sendo submetido, de tal sorte que, para o cumprimento da legislação, da expressão do todo (da coletividade), há que se verificar com a profundidade esperada o fato concreto para, ao final, condenar ou absolver o réu.

A antinomia aparente entre esses dois polos – Direito Penal e Direitos Humanos – é da essência do *ius puniendi*. A busca do ponto de equilíbrio entre os interesses envolvidos (segurança social e direitos individuais) revela uma dificuldade: a complexidade que se dá ao cuidarmos da aplicação de procedimentos penais, sujeitando-nos a questionamentos perenes e emocionados.

A consagração dos direitos humanos individuais tem, eventualmente, levado os seus defensores extremados à desconsideração ou à desqualificação da função estatal de persecução penal. Convém, então, uma abordagem adequada e honesta dos crimes de competência federal de molde a refletir este momento peculiar, efeito de uma mundialização sem precedentes na qual impera a não solidariedade e a obtenção de lucro a qualquer custo. Daí a necessidade de uma abordagem técnica do direito para a construção de uma ordem jurídica que traga a resposta adequada ao solucionamento de crimes federais, que repercutem na (des)construção do tecido social de uma sociedade que se deseja afirmar digna.

Os estudiosos estão instados a contribuir para a reflexão dessa particular matéria. Somente um conhecimento adequado e linguajar apropriado viabilizam a evolução necessária diante das realidades prementes, das exigências de disciplinamento e da atividade científica.

O mundo de hoje, multifacetado e marcado pela velocidade de obtenção de informações, obriga, pois, um olhar técnico e ajustado a essa dinâmica sem o qual perde sentido o estudo dogmático, porque se tornaria exaustivamente simbólico e sem utilidade. Dentro deste aspecto, o presente livro procura trazer visões diferenciais da doutrina e jurisprudência da mais digna importância, tentando aclarar temas complexos, inseridos que estão na ordem do dia.

Esta obra expressa, em verdade, um anseio em contribuir para o ideal de justiça, dentro de um sistema metodológico, e se constitui em um esforço pessoal na tentativa de promover o aperfeiçoamento da atividade jurídico-acadêmica.

SUMÁRIO

PARTE 1

CÓDIGO PENAL

(...)

PARTE ESPECIAL

(...)

TÍTULO I
Dos Crimes Contra a Pessoa

(...)

CAPÍTULO VI
Dos Crimes Contra a Liberdade Individual

SEÇÃO I
Dos Crimes Contra a Liberdade Pessoal

Redução a condição análoga à de escravo

Art. 149. Reduzir alguém a condição análoga à de escravo, quer submetendo-o a trabalhos forçados ou a jornada exaustiva, quer sujeitando-o a condições degradantes de trabalho, quer restringindo, por qualquer meio, sua locomoção em razão de dívida contraída com o empregador ou preposto: (Redação dada pela Lei nº 10.803, de 11.12.2003)

Pena – reclusão, de dois a oito anos, e multa, além da pena correspondente à violência. (Redação dada pela Lei nº 10.803, de 11.12.2003)

§ 1º Nas mesmas penas incorre quem: (Incluído pela Lei nº 10.803, de 11.12.2003)

I – cerceia o uso de qualquer meio de transporte por parte do trabalhador, com o fim de retê-lo no local de trabalho; (Incluído pela Lei nº 10.803, de 11.12.2003)

II – mantém vigilância ostensiva no local de trabalho ou se apodera de documentos ou objetos pessoais do trabalhador, com o fim de retê-lo no local de trabalho. (Incluído pela Lei nº 10.803, de 11.12.2003)

§ 2º A pena é aumentada de metade, se o crime é cometido: (Incluído pela Lei nº 10.803, de 11.12.2003)

I – contra criança ou adolescente; (Incluído pela Lei nº 10.803, de 11.12.2003)

II – por motivo de preconceito de raça, cor, etnia, religião ou origem. (Incluído pela Lei nº 10.803, de 11.12.2003)

1. Notas introdutórias

A Lei nº 10.803, de 11.12.2003, conferiu nova redação ao tipo penal ora em comento, tendo sido enumerados taxativamente quais os comportamentos caracterizadores do crime estampado no artigo 149 do Código Penal.

Anteriormente a sua entrada em vigor, fazia-se alusão apenas a "reduzir alguém a condição análoga à de escravo", o que, no mais das vezes, demandava ao intérprete o emprego da analogia.

A novel legislação não descriminalizou as condutas perpetradas antes de sua edição, tendo apenas elencado em quais circunstâncias um indivíduo fica reduzido a condição análoga à de escravo.

Vale lembrar que o Brasil é signatário de diversos compromissos internacionais acerca da matéria, cujo objetivo é a repressão e prevenção do trabalho escravo e práticas que com ele guardem similitude, dentre elas, a Convenção nº 29 da OIT, de 28.06.1930, promulgada pelo Decreto nº 41.721, de 25.06.1957, ocasião em que na 14ª Reunião da Conferência Geral da Organização Internacional do Trabalho, em Genebra, foram adotadas diversas proposições relativas ao trabalho forçado ou obrigatório, além da Convenção nº 105 da OIT, adotada em Genebra, em 25.06.1957, e promulgada pelo Decreto nº 58.822, de 14.07.1966, conhecida como a Convenção Relativa a Abolição do Trabalho Forçado.

2. Bem jurídico

Além da liberdade individual, tutela-se a dignidade da pessoa humana e o sistema de organização do trabalho. Tutela-se a liberdade de o indivíduo ir, vir e se autodeterminar, dentre elas, submeter o sujeito passivo do delito a condições degradantes de trabalho.

O Superior Tribunal de Justiça já decidiu competir à Justiça Federal o processamento e julgamento do crime de redução a condição análoga à de escravo, porquanto "a conduta ilícita de suprimir dos trabalhadores direitos trabalhistas constitucionalmente conferidos viola o princípio da dignidade humana, bem como todo o sistema de organização do trabalho e as instituições e órgãos que os protegem."[2]

O Supremo Tribunal Federal também entende que o bem jurídico ora tutelado transcende a liberdade individual, uma vez que a prática das condutas em questão acaba por vilipendiar outros bens jurídicos tutelados constitucionalmente, como a dignidade da pessoa humana, os direitos trabalhistas e previdenciários, além da própria organização do trabalho "que visa exatamente a consubstanciar o sistema social trazido pela Constituição Federal em seus arts. 7º e 8º, em conjunto com os postulados do art. 5º, cujo escopo, evidentemente, é proteger o trabalhador em todos os sentidos, evitando a usurpação de sua força de trabalho de forma vil."[3]

3. Sujeitos

O sujeito ativo é qualquer pessoa. Trata-se de crime comum.

José Paulo Baltazar Júnior ensina que o sujeito passivo é "qualquer pessoa, uma vez que o tipo menciona 'alguém', independentemente da existência de contrato de trabalho com o sujeito ativo do delito (...), ou de aquiescência formal com as condições de trabalho (...). Na forma básica do *caput*, não há exigência de que seja trabalhador, o que se dá apenas nas modalidades derivadas, descritas no §1º. É suficiente ao reconhecimento do delito que uma pessoa seja vitimada, sendo que a pluralidade de vítimas determina o reconhecimento de concurso formal."[4]

Rogério Greco reputa a necessidade de existir relação de emprego, argumentando que sujeito ativo é o empregador e o sujeito passivo o empregado.[5]

A seu turno, Guilherme de Souza Nucci alude que "o sujeito ativo pode ser qualquer pessoa, embora, como regra, passe a ser o empregador e seus

[2] CC 132884/GO, Rel. Desembargadora Convocada do TJ/SE Marilza Maynard, Terceira Seção, *DJ* 10.06.2014.

[3] RE 459510/MT, Rel. Ministro Cezar Peluso, Rel. p/Acórdão: Ministro Dias Toffoli, Tribunal Pleno, *DJ* 12.04.2016.

[4] BALTAZAR JUNIOR, José Paulo. *Crimes federais*. 10. ed. rev., atual. e ampl. São Paulo: Saraiva, 2015. p. 103.

[5] GRECO, Rogério. *Código penal comentado*. 9. ed. Niteroi: Impetus, 2015. p. 468.

prepostos. O sujeito passivo, entretanto, somente pode ser a pessoa vinculada a uma relação de trabalho."[6]

4. Tipo objetivo

O crime consiste em reduzir alguém a condição similar à de escravo.

Reduzir aqui significa subjugar, compelir, impor alguém a determinadas circunstâncias análogas à de um escravo.

É delito de forma vinculada cuja caracterização dependerá da demonstração de uma das condutas taxativamente estatuídas no tipo penal.

O *caput* do artigo 149 do Código Penal prevê as condutas de submeter o ofendido a trabalhos forçados ou a jornadas excessivas, sujeitá-lo a condições degradantes de trabalho, bem ainda a de restringir a liberdade de locomoção da vítima em razão de dívida contraída com o empregador ou preposto. São situações alternativas e não cumulativas.

Para melhor compreensão do delito ora sob estudo, algumas questões e conceitos devem ser abordados.

A Declaração Universal dos Direitos do Homem, de 10.12.1948, dispõe especificamente em seu artigo 4º que "ninguém será mantido em escravidão ou servidão; a escravidão e o tráfico de escravos serão proibidos em todas as suas formas."

A Convenção sobre a Escravatura assinada em Genebra aos 25.09.1926, emendada aos 07.12.1953 e promulgada pelo Decreto nº 58.563, de 01.06.1966, em seu artigo 1º, considera que a "escravidão é o estado ou condição de um indivíduo sobre o qual se exercem, total ou parcialmente, os atributos do direito de propriedade."

Registre-se que as condutas estampadas no tipo penal não exigem o modelo escravagista concebido outrora para sua caracterização. A escravidão contemporânea é mais tênue, porém com consequências nefastas. Como bem pontuado por José Paulo Baltazar Junior, "a escravidão, em sentido estrito, no sentido de uma pessoa pertencer à outra, é abolida em todos os ordenamentos jurídicos contemporâneos. No entanto, o direito é 'dever ser', de modo que a abolição, com a consequente proibição e incriminação da escravidão, não significa que, de fato, a prática não ocorra contemporaneamente, ainda que em moldes distintos. Em suma, se não há mais escra-

[6] NUCCI, Guilherme de Souza. *Código penal comentado*. 19. ed. Rio de Janeiro: Forense, 2019. p. 884.

vidão em 'sentido jurídico', ainda se encontram práticas 'faticamente' assemelhadas à escravidão."[7]

Consoante julgado do Pretório Excelso "a 'escravidão moderna' é mais sutil do que a do século XIX e o cerceamento da liberdade pode decorrer de diversos constrangimentos econômicos e não necessariamente físicos. Priva-se alguém de sua liberdade e de sua dignidade tratando-o como coisa e não como pessoa humana, o que pode ser feito não só mediante coação, mas também pela violação intensa e persistente de seus direitos básicos, inclusive do direito ao trabalho digno."[8]

A seu turno, por trabalho forçado entende-se aquele realizado compulsoriamente, mediante coação, física ou moral, sem que o indivíduo tenha se apresentado de modo voluntário.

De acordo com a Convenção nº 29, artigo 2º, item 1, da OIT, a expressão "trabalho forçado ou obrigatório" compreende "todo trabalho ou serviço exigido de um indivíduo sob ameaça de qualquer penalidade e para o qual ele não se ofereceu de espontânea vontade."

Já o conceito de jornada exaustiva diz respeito ao interregno de trabalho diário que exaure o trabalhador, ultrapassando as regras da legislação trabalhista. O pequeno excesso na jornada de trabalho não caracteriza o delito. Também não se perfaz o delito se tal circunstância for almejada pelo próprio trabalhador.

De acordo com a Orientação nº 03 da CONAETE (Coordenadoria Nacional de Erradicação do Trabalho Escravo do Ministério Público do Trabalho), criada por meio da Portaria nº 231, de 12.09.2002, jornada de trabalho exaustiva é a que, por circunstâncias da intensidade, frequência, desgaste ou outras, cause prejuízos à saúde física ou mental do trabalhador, agredindo sua dignidade, e decorra de situação de sujeição que, por qualquer razão, torne irrelevante a sua vontade.

Quanto às condições degradantes de trabalho, é preciso que o trabalhador seja submetido a situações indignas de labor, desumanas. É a ausência das condições mínimas de higiene, alimentação, moradia, saúde, segurança e trabalho, ou ainda, são as situações que configuram desprezo à dignidade da pessoa humana. Cite-se como exemplo os alojamentos superlotados, o não fornecimento de água potável e alimentação insuficiente.

[7] BALTAZAR JUNIOR, José Paulo. *Crimes federais*. 10. ed. rev., atual. e ampl. São Paulo: Saraiva, 2015. p. 104.

[8] Inq. 3412/AL, Rel. Ministro Marco Aurélio, Rel. p/ Acórdão: Ministra Rosa Weber, Tribunal Pleno, *DJ* 12.11.2012.

A Orientação nº 04 da CONAETE testifica que condições degradantes de trabalho são as que configuram desprezo à dignidade da pessoa humana, pelo descumprimento dos direitos fundamentais do trabalhador, em especial os referentes a higiene, saúde, segurança, moradia, repouso, alimentação ou outros relacionados a direitos da personalidade, decorrentes de situação de sujeição que, por qualquer razão, torne irrelevante a vontade do trabalhador.

Determinadas irregularidades relativas à legislação trabalhista não são hábeis a caracterizar o tipo penal, sendo necessária a análise criteriosa do caso concreto pelo magistrado. A violação aos direitos do trabalho deve ser intensa e persistente, devendo atingir níveis gritantes, além de o trabalhador ser submetido a trabalhos forçados, jornadas excessivas ou a condições degradantes de labor, para que só então seja possível, em tese, o enquadramento no artigo 149 do Estatuto Penal Repressivo.[9]

No que tange à servidão por dívidas, que também atrai a incidência do presente tipo penal, a Convenção sobre a Escravatura, assinada em Genebra em 1926, testifica que se trata de "estado ou a condição resultante do fato de que um devedor se haja comprometido a fornecer, em garantia de uma dívida, seus serviços pessoais ou os de alguém sobre o qual tenha autoridade, se o valor desses serviços não for equitativamente avaliado no ato da liquidação de dívida ou se a duração desses serviços não for limitada nem sua natureza definida." Esclarece, ainda, que é "a condição de qualquer um que seja obrigado pela lei, pelo costume ou por um acordo, a viver e trabalhar numa terra pertencente a outra pessoa e a fornecer a essa outra pessoa, contra remuneração ou gratuitamente, determinados serviços, sem poder mudar sua condição."

Na servidão por dívidas, restringe-se a liberdade do indivíduo em virtude da dívida contraída, ocasião em que o devedor passa a laborar com seus serviços pessoais.

Também cumpre registrar que, consoante Informativo nº 543 do STJ, para a configuração do delito não é imprescindível a restrição à liberdade de locomoção do trabalhador. De fato, aludida restrição é uma das formas de cometimento do delito, mas não é a única (CC 127937, Rel. Ministro Nefi Cordeiro, 3ª Seção, *DJ* 06.06.2014), sendo admissível, como visto, a sujeição

[9] STF, Inq. 3412/AL, Rel. Ministro Marco Aurélio, Rel. p/ Acórdão: Ministra Rosa Weber, Tribunal Pleno, *DJ* 12.11.2012.

a condições degradantes, subumanas. Basta, portanto, a sujeição física ou psicológica do indivíduo.

O Pleno do Supremo Tribunal Federal adotou posicionamento no sentido de que "não é necessário que se prove a coação física da liberdade de ir e vir ou mesmo o cerceamento da liberdade de locomoção, bastando a submissão da vítima a 'trabalhos forçados ou a jornada exaustiva' ou 'a condições degradantes de trabalho', condutas alternativas previstas no tipo penal."[10]

Também não há a necessidade da ocorrência de violência física para a caracterização do delito, bastando a reiterada ofensa aos direitos fundamentais do trabalhador, notadamente no que diz respeito a sua dignidade como ser humano.

Não menos importante lembrar que a redução a condição análoga à de escravo não está restrita a locais afastados (zonas rurais), mas também está presente no meio urbano, nas atividades industriais, como nas confecções de roupas e calçados.

Impende reconhecer que, conquanto louvável o esforço do legislador ao esclarecer o alcance do tipo com a reforma introduzida pela Lei nº 10.803/2003, permanece a dependência de grande esforço interpretativo para empregar com razoabilidade tais conceitos legais, o que gera dificuldades ou dissensos quanto ao enquadramento de situações cinzentas.

A ausência de uma ação vinculada que demarque a incidência do tipo como por exemplo na hipótese de 'condições degradantes de trabalho' impõe extrema parcimônia e prudência à tarefa do julgador na eleição de fatores de degradação da qualidade do trabalho que o habilitem a classificar uma relação laboral como escravocrata, sob pena de hipertrofia da incriminação da atividade empreendedora.

As ponderações ora efetivadas justificam-se pela necessidade de compreender o Direito Penal como *ultima ratio* da intervenção estatal sobre a relação laboral irregular, sob pena de alçá-lo a instância punitiva de toda reclamação trabalhista, pela qual a persecução penal seria acionada sempre que um direito trabalhista fosse assinalado como violado na Justiça do Trabalho.

Nestes moldes, não basta para considerar delituoso o empregador, atribuir-lhe a pecha de um comportamento severo, mesquinho ou insensível.

[10] STF, Inq. 3412/AL, Rel. Ministro Marco Aurélio, Rel. p/ Acórdão: Ministra Rosa Weber, Tribunal Pleno, *DJ* 12.11.2012.

É preciso demonstrar a imposição de aflição intolerável à dignidade da pessoa humana, assim entendida a conflagração aviltante do núcleo essencial dos direitos fundamentais dos trabalhadores, os quais admitem temperamentos conforme o contexto histórico, geográfico, econômico, social e ambiental no qual se insere a prestação de trabalho a ser analisada.

Para restar caracterizado o crime ora sob análise, o contexto probatório deve se dar de modo maximamente crível e afinado com o princípio da verdade real, demonstrando a redução dos trabalhadores a condição análoga à de escravo, quer submetendo-os à jornada exaustiva, quer sujeitando-os a condições degradantes de trabalho, quer restringindo, por qualquer meio, sua locomoção em razão de dívida contraída com o empregador ou preposto.

Confira-se, a esse propósito:

> "(...)
>
> 1. O artigo 149 do Código Penal dispõe que configura crime a conduta de 'reduzir alguém a condição análoga à de escravo, quer submetendo-o a trabalhos forçados ou a jornada exaustiva, quer sujeitando-o a condições degradantes de trabalho, quer restringindo, por qualquer meio, sua locomoção em razão de dívida contraída com o empregador ou preposto'.
>
> 2. O crime de redução a condição análoga à de escravo pode ocorrer independentemente da restrição à liberdade de locomoção do trabalhador, uma vez que esta é apenas uma das formas de cometimento do delito, mas não é a única. O referido tipo penal prevê outras condutas que podem ofender o bem juridicamente tutelado, isto é, a liberdade de o indivíduo ir, vir e se autodeterminar, dentre elas submeter o sujeito passivo do delito a condições degradantes de trabalho. Precedentes do STJ e STF.
>
> 3. A revaloração das premissas fáticas adotadas pelo próprio acórdão impugnado imputa o cenário desumano e degradante de trabalho e a conduta abusiva por parte do recorrente (alojamentos precários, ausência de instalações sanitárias; não fornecimento de equipamento de proteção individual; falta de local adequado para refeições; falta de água potável, etc.), descrevendo situação apta ao enquadramento no crime do art. 149 do Código Penal.
>
> 4. Agravo regimental não provido."
>
> (STJ: AgRg no REsp 1443133/TO, Rel. Ministro Reynaldo Soares Da Fonseca, Quinta Turma, julgado em 23.02.2016, *DJe* 29.02.2016)

> "(...) – A materialidade ínsita a infração penal capitulada no artigo 149, em sua forma fundamental, do Código Penal, está comprovada pelo Relató-

rio de Fiscalização de Erradicação do Trabalho Escravo; Auto de Infração nº 018.911.000 GRTE/Guarulhos/SP; Denúncia nº 296/2014 e; Inquérito Civil Público registrado sob o número nº 000044.2014.02.004/7.

– O contexto probatório trazido à colação, de modo maximamente crível e afinado com a verdade real, demonstrou que o Processado reduziu os trabalhadores à condição análoga a de escravo, quer submetendo-os à jornada exaustiva, quer sujeitando-os a condições degradantes de trabalho. Observe-se que os testigos relataram o vilipêndio de bens jurídicos constitucionalmente protegidos, como a dignidade da pessoa humana, direitos trabalhistas e previdenciários, na medida em que as testemunhas descreveram que os trabalhadores se sujeitavam a jornadas que superavam quinze horas diárias, sem que fossem recolhidas verbas trabalhistas ou percebido um salário mínimo, em um ambiente anti-higiênico, insalubre e sem qualquer proteção contra acidentes.

– Ao contrário do que alega a ilustrada Defesa técnica em seu arrazoado, na atual redação do artigo 149 do Código Penal, não se exige o sequestro ou o cárcere privado para a configuração do crime, bastando que se siga a orientação descritiva do preceito primário. Destarte, para reduzir uma pessoa a condição análoga à de escravo, basta submetê-la a trabalhos forçados ou a jornadas exaustivas, bem como a condições degradantes de trabalho. Precedentes do STJ.

– Dosimetria da pena. Primeira fase. Na esteira do entendimento do STJ, a violação de direitos trabalhistas e previdenciários e a omissão no recolhimento dos tributos é inerente ao próprio tipo penal, o que impede o acréscimo na reprimenda. Além disso, configura *bis in idem* elevar a pena-base pela quantidade de trabalhadores (14 empregados) submetidos ao regime de escravidão, e, na terceira fase da dosimetria, aumentar novamente a pena em razão do reconhecimento do crime continuado (cometimento de 14 crimes de redução à condição análoga à de escravo). Desse modo, deve ser reconhecida apenas uma circunstância judicial desfavorável. No entanto, considerada a gravidade do caso concreto, a pena deve ser aumentada em 2/3 (dois terços), fixando-se a sanção em 03 (três) anos e 04 (quatro) meses de reclusão.

– É importante ressaltar que a proibição da reformatio *in pejus* não implica necessariamente na manutenção dos patamares utilizados pelo magistrado, desde que a situação final do acusado não seja agravada quando existente recurso exclusivo da defesa. Nesse sentido é o entendimento do C. Superior Tribunal de Justiça em precedente no qual autoriza, inclusive, que, diante do efeito devolutivo amplo da Apelação, instada a rever a individualização da pena, a Corte revalore negativamente novas circunstâncias, desde que a situação final do réu não seja agravada: STJ: HC 389.798/MG, Rel. Ministro FELIX FISCHER, QUINTA TURMA, julgado em 13.06.2017, *DJe* 30.06.2017.

– Concurso de crimes. Registre-se que com uma só ação foram cometidos crimes contra 14 (catorze) trabalhadores, razão pela qual restou configurado o concurso formal, e não a continuidade delitiva reconhecida pela sentença. Portanto, considerando a grande quantidade de obreiros (14 trabalhadores) submetidos a condições degradantes de labor, a majoração deve incidir no patamar de 1/2 (metade), nos termos do artigo 70 do Código Penal, resultando na pena de 05 (cinco) anos de reclusão.

– Pena de multa. No caso dos autos, considerando que a pena privativa de liberdade prevista em abstrato no art. 149 do Código Penal é de 02 (dois) a 08 (oito) anos de reclusão, e tendo em vista que a pena concretamente cominada, após a aplicação do critério trifásico, foi de 03 (três) anos e 04 (quatro) meses de reclusão, conclui-se que, proporcionalmente, a pena de multa deve ser fixada em 130 (cento e trinta) dias-multa, fixados estes no valor de 1/30 (um trigésimo) do salário mínimo vigente à época dos fatos e corrigidos monetariamente até a data do efetivo pagamento, nos termos do artigo 49, parágrafo 2º, do Código Penal. (...)"

(TRF 3ª Região, Décima Primeira Turma, ApCrim – Apelação Criminal – 76680 – 0001514-80.2016.4.03.6119, Rel. Des. Fed. Fausto De Sanctis, julgado em 18.06.2019, *e-DJF3* Judicial 1 de 28.06.2019)

4.1. Figuras assemelhadas

São duas as hipóteses previstas no § 1º do artigo 149 do Código Penal.

No inciso I está prevista a conduta daquele que cerceia o uso de qualquer meio de transporte por parte do trabalhador, com o fim de retê-lo no local de trabalho.

Já o inciso II prevê a conduta de quem mantém vigilância ostensiva no local de trabalho ou se apodera de documentos ou objetos pessoais do trabalhador (como por exemplo, passaporte, carteira de trabalho) com o fim de retê-lo no local de trabalho.

5. Elemento subjetivo

O elemento subjetivo é o dolo (*caput*).

5.1. Figuras assemelhadas

Nas formas estatuídas no § 1º o elemento subjetivo é o dolo, com a finalidade especial de reter o indivíduo no local de trabalho.

No inciso I do § 2º é o dolo, enquanto no inciso II do § 2º, ao prever uma causa de aumento de pena, o faz a partir de um especial fim de agir, consubstanciado na motivação por preconceito de raça, cor, etnia, religião ou origem.

6. Consumação e tentativa

Consuma-se o delito com a prática de uma das modalidades elencadas no tipo penal, ocasião em que o indivíduo é reduzido a condição análoga à de escravo.

O Superior Tribunal de Justiça já decidiu que "o crime de redução a condição análoga à de escravo consuma-se com a prática de uma das condutas descritas no art. 149 do Código Penal, sendo desnecessária a presença concomitante de todos os elementos do tipo para que ele se aperfeiçoe, por se tratar de crime doutrinariamente classificado como de ação múltipla ou plurinuclear."[11]

Na atual redação do artigo 149 do Código Penal, não se exige o sequestro ou o cárcere privado para a configuração do crime, bastando que se siga a orientação descritiva do preceito primário.

Admite-se a tentativa.

7. Dosimetria penal

Efetivamente, embora as condutas descritas no *caput* do art. 149 do Código Penal sejam alternativas e não cumulativas, de maneira que, para que o ilícito seja consumado, basta a realização de uma delas, se ficar comprovado que o(s) acusado(s) tanto submeteram as vítimas a jornadas exaustivas – por exemplo, iniciando na madrugada e estendendo-se até o começo da tarde, continuando posteriormente na casa – quanto as mantinham em condições degradantes de trabalho, diante das características da habitação em que residam, além de restringirem sua locomoção por não poderem deixar a residência desacompanhadas, restará caracterizada a maior reprovabilidade da conduta. Demais disso, se restar comprovada a vigilância ostensiva no local de trabalho (art. 149, § 1º, inciso II, do CP), por exemplo, com câmeras voltadas para o quarto onde as vítimas durmam e outra, direcio-

[11] HC 239.850/PA, Rel. Ministro Gilson Dipp, Quinta Turma, *DJ* 20.08.2012.

nada para o local de trabalho, estar-se-á diante de situação denotadora da necessidade de aferição com maior intensidade do vetor culpabilidade (art. 59, CP).

É certo que a pena-base não pode ser fixada acima do mínimo legal com esteio em elementos constitutivos do crime ou lastreando-se em referências vagas e genéricas. A culpabilidade só pode ser considerada circunstância judicial desfavorável quando houver pela análise do conjunto probatório algum elemento concreto que evidencie um grau de reprovabilidade que extrapole o da própria conduta tipificada, ou seja, deve desbordar dos elementos próprios do tipo penal.

Este vetor do artigo 59 do Código Penal deve, portanto, ser analisado levando-se em conta os dados que demonstrem a necessidade de um juízo de reprovação superior àquele inerente ao tipo penal, o que em regra pode não acontecer pelo mero fato de o agente ter incidido em mais de um dos núcleos do tipo durante a perpetração do delito.

Como se viu, na hipótese do artigo 149 do Código Penal, a incidência de apenas uma das condutas já configura o crime, todavia, incorrendo-se em vários dos verbos, tal situação pode repercutir na apreciação da pena-base, por violar mais severamente o bem jurídico tutelado pelo tipo penal de redução a condição análoga à de escravo, revelando uma maior culpabilidade.

A fundamentação adotada pelo julgador na sentença deve demonstrar se as condutas dos réus extrapolaram os elementos inerentes ao tipo incriminador, anunciando o maior grau de reprovabilidade de suas ações. A exasperação deve respeitar os limites da discricionariedade vinculada a cargo do magistrado sentenciante, sendo plenamente capazes de justificar a adição a ser eventualmente realizada na sentença.

Note-se que ainda que não haja impugnação recursal a este respeito, e, muito embora a instância revisora possa de ofício balizar o *quantum* da pena conforme se apresente suficiente e necessário para a prevenção e reparação do delito, deve-se sempre verificar a adequação da valoração procedida pelo juízo sentenciante.

Veja-se, neste sentido, o seguinte julgado:

> "PENAL. RECURSO ESPECIAL. REDUÇÃO A CONDIÇÃO ANÁLOGA À DE ESCRAVO. (...) DOSIMETRIA. CIRCUNSTÂNCIAS JUDICIAIS. CULPABILIDADE. BIS IN IDEM. NÃO OCORRÊNCIA. MOTIVO. POSSIBILIDADE DE EVITAR O RESULTADO. EXIGIBILIDADE DE CONDUTA DIVERSA. ELEMENTO INTEGRANTE DA CULPABILI-

DADE. CONSEQUÊNCIAS DO CRIME. ACRÉSCIMO DECORRENTE DA PLURALIDADE DE VÍTIMAS. CONCURSO FORMAL CARACTERIZADO. BIS IN IDEM. ILEGALIDADE FLAGRANTE. RECONHECIMENTO. CONCESSÃO DA ORDEM EX OFFICIO.

1. O recurso especial fundamento no art. 105, III, "c", da Constituição exige comprovação da divergência, nos termos do art. 255, § 1º, do RISTJ, sob pena de não conhecimento.

2. Não configura ilegalidade flagrante, a ensejar o afastamento da avaliação negativa da circunstância judicial da culpabilidade por ser reprovável "a conduta de restringir a liberdade de locomoção dos trabalhadores, submetidos a trabalho degradante", porque, antes do advento da Lei n. 10.803/2003, não era tal circunstância elementar do tipo do art. 149 do Código Penal.

3. O tipo de reduzir alguém a condição análoga à de escravo é misto alternativo, a permitir a exasperação da pena, quando do exame das circunstâncias judiciais, se o autor realiza mais de um núcleo verbal descrito na lei.

4. A possibilidade de evitar a conduta típica identifica-se com o conceito de exigibilidade de conduta adversa, elemento integrante da culpabilidade, que não pode ser avaliado negativamente na dosimetria.

5. O acréscimo de pena decorrente do concurso formal é incompatível com a exasperação da pena quando do exame das consequências do crime.

6. Recurso especial não conhecido. Ordem de habeas corpus concedida ex officio para afastar a valoração negativa dos motivos e das consequências do crime e reduzir a pena fixada pelo Tribunal *a quo*."

(REsp 1197732/PA, Rel. Ministro SEBASTIÃO REIS JÚNIOR, Rel. p/ Acórdão Ministro ROGERIO SCHIETTI CRUZ, SEXTA TURMA, julgado em 21/11/2013, DJe 04/08/2014)

Neste precedente, em seu voto vista, o eminente Ministro Rogério Schiett Cruz destacou: "o crime previsto pelo art. 149 do Código Penal é, como reconhece o Supremo, tipo misto alternativo (Inq 3412, Relator(a): Min. MARCO AURÉLIO, Relator(a) p/ Acórdão: Min. ROSA WEBER, Tribunal Pleno, julgado em 29/03/2012, ACÓRDÃO ELETRÔNICO DJe-222 DIVULG 09-11-2012 PUBLIC 12-11-2012), e, em casos como esse, o Superior Tribunal de Justiça já entendeu ser possível ao juiz acrescer a pena, quando do exame das circunstâncias judiciais, se houve a prática de mais de uma das condutas previstas no tipo (HC 199.121/RS, Rel. Ministra LAURITA VAZ, QUINTA TURMA, julgado em 27/08/2013, DJe 04/09/2013)."

Em sentido semelhante, confira-se os seguintes precedentes do Superior Tribunal de Justiça:

> "HABEAS CORPUS SUBSTITUTIVO DE RECURSO PRÓPRIO. CRIME DE ESTUPRO. DOSIMETRIA DA PENA. REPRIMENDA BÁSICA ACIMA DO MÍNIMO LEGAL. AFIRMAÇÕES CONCRETAS RELATIVAS À CULPABILIDADE, ÀS CIRCUNSTÂNCIAS E CONSEQUÊNCIAS DO CRIME.
>
> (...)
>
> 2. Na esteira da orientação jurisprudencial desta Corte, por se tratar de questão afeta à certa discricionariedade do Magistrado, a dosimetria da pena é passível de revisão em habeas corpus apenas em hipóteses excepcionais, quando ficar evidenciada flagrante ilegalidade, constatada de plano, sem a necessidade de maior aprofundamento no acervo fático-probatório.
>
> 3. Nos termos da orientação desta Casa, com a entrada em vigor da Lei n. 12.015/2009, o crime de estupro passou a ser de conduta múltipla ou de conteúdo variado. Desse modo, praticando o agente mais de um núcleo do tipo, dentro de um mesmo contexto fático, imperioso o reconhecimento de crime único, sendo facultado ao magistrado sentenciante valorar eventual pluralidade de condutas na fixação da reprimenda básica, a título de culpabilidade do acusado.
>
> 4. No caso em desfile, o magistrado sentenciante afirmou ser acentuada a culpabilidade do paciente, tendo em vista que, no mesmo contexto fático, praticou contra a vítima, além da conjunção carnal, coito anal e sexo oral. Tal fundamentação extrapola os elementos inerentes ao tipo incriminador, anunciado o maior grau de reprovabilidade da conduta perpetrada e menosprezo especial ao bem jurídico tutelado pela norma. Precedentes.
>
> 5. O magistrado sentenciante também considerou desfavoráveis as circunstâncias do crime, pois praticado no interior da residência da vítima, tendo o acusado se aproveitado da condição de padrasto da amiga de escola da ofendida, encomendando um bolo para ter acesso à propriedade. Foram delineadas as particularidades do delito e as atitudes assumidas pelo condenado no decorrer do fato criminoso, as condições do local em que ocorreu o crime, bem como a maior gravidade da conduta espelhada pela mecânica delitiva empregada pelo agente, justificando o julgador o aumento operado na origem. Precedentes.
>
> 6. Por derradeiro, igualmente suficiente a motivar a exasperação da pena-base a afirmação de que as consequências do delito foram graves, 'sendo que a adolescente frequenta psicóloga há mais de cinco meses e que,

segundo relatou a genitora, sequer dorme sozinha no quarto' (e-STJ fl. 50), pois não inerentes ao crime sexual, revelando a maior intensidade da lesão jurídica causada. 7. Habeas corpus não conhecido."

(HC - HABEAS CORPUS - 218148 2011.02.15818-3, ANTONIO SALDANHA PALHEIRO, STJ - SEXTA TURMA, DJE DATA:21/03/2017 ..DTPB:.)

"PENAL. HABEAS CORPUS SUBSTITUTIVO DE RECURSO. ESTUPRO. DOSIMETRIA. NATUREZA HEDIONDA DO CRIME. INCONSTITUCIONALIDADE DA OBRIGATORIEDADE DE IMPOSIÇÃO DO REGIME INICIAL FECHADO (STF, HC N. 111.840). PENA-BASE ACIMA DO MÍNIMO LEGAL. CULPABILIDADE. CONSTRANGIMENTO ILEGAL NÃO EVIDENCIADO. HABEAS CORPUS NÃO CONHECIDO.

(...) 3. Hipótese na qual a pena-base foi estabelecida acima do mínimo legal em razão do modus operandi do crime, que denota a maior reprovabilidade da conduta. Por certo, nada obstante se tratar de um único delito, o acusado submeteu a vítima à prática de diversos atos libidinosos e ainda a agrediu fisicamente, o que constitui fundamento válido para a exasperação da pena-base a título de culpabilidade. 4. O estabelecimento do regime fechado não se baseou na natureza hedionda do crime de estupro, tendo sido observada a sistemática do art. 33, § 3º, do Código Penal, sem que reste evidenciada violação do princípio da individualização da pena. 5. Considerando a pena aplicada, superior a 4 anos e inferior a 8 anos, e a presença de circunstância judicial desfavorável, com a fixação da pena-base em patamar acima do mínimo legal, não se infere ilegalidade na imposição do regime prisional inicialmente fechado. Precedentes. 6. Habeas corpus não conhecido."

(HC - HABEAS CORPUS - 340724 2015.02.83047-3, RIBEIRO DANTAS, STJ - QUINTA TURMA, DJE DATA:25/02/2016 ..DTPB:.)

Importa salientar que a majoração da pena base em razão da culpabilidade em patamar até mesmo superior ao levado a efeito pelo Juízo *a quo* quando existente recurso exclusivo da defesa mostra-se possível, desde que observado o *quantum* estabelecido nesta fase dosimétrica na sentença, não havendo *reformatio in pejus*.

Nesse sentido, trago à colação os julgados abaixo do Colendo Superior Tribunal de Justiça:

"AGRAVO REGIMENTAL NO HABEAS CORPUS. CRIME DE ROUBO MAJORADO. DOSIMETRIA. CIRCUNSTÂNCIAS JUDICIAIS. REVALORAÇÃO PELO TRIBUNAL A QUO. PENA-BASE MANTIDA. AUSÊNCIA DE REFORMATIO IN PEJUS. CONSEQUÊNCIAS DO CRIME. VALOR DA RES FURTIVA. ACRÉSCIMO FUNDAMENTADO. INOVAÇÃO RECURSAL. VEDAÇÃO. WRIT DO QUAL NÃO SE CONHECEU. INSURGÊNCIA DESPROVIDA.

1. A jurisprudência deste Tribunal Superior se firmou no sentido de que o efeito devolutivo da apelação autoriza a Corte de origem, quando instada a se manifestar acerca da dosimetria, a examinar as circunstâncias judiciais e a rever a individualização da pena, seja para manter ou para reduzir a sanção final imposta ou para abrandar o regime inicial.

2. Na hipótese, mesmo se tratando de recurso exclusivo da defesa, é possível nova ponderação das circunstâncias que conduza à revaloração sem que se incorra em reformatio in pejus, desde que a situação final do réu não seja agravada, como na espécie, em que a reprimenda imposta na primeira fase foi mantida.

3. A respeito da avaliação negativa das consequências do delito, de acordo com os precedentes desta Corte Superior, o valor do prejuízo nos crimes patrimoniais somente pode ser considerado para elevar a pena-base quando a lesão se revele exacerbada, transcendendo as consequências normais descritas para o tipo penal violado.

4. No caso concreto, do fundamento indicado em primeira instância, ou seja, de que "a estimativa do prejuízo é superior a R$ 10.000,00 (dez mil reais)" (e-STJ fl. 167), e considerando que "as vítimas não recuperaram os seus bens" (e-STJ fl. 242), denota-se a excepcionalidade do valor da res furtiva, justificando-se a avaliação negativa das consequências do crime.

5. É inviável a análise de pretensão não veiculada no habeas corpus impetrado nesta Corte, e por tal razão não analisada no decisum singular, mas somente trazida à discussão em agravo regimental, por tratar-se de inovação recursal.

6. Mantém-se a decisão singular que não conheceu do habeas corpus, por se afigurar manifestamente incabível, e não concedeu a ordem de ofício, em razão da ausência de constrangimento ilegal a ser sanado.

7. Agravo regimental desprovido."

(AgRg no HC 529.483/AC, Rel. Ministro JORGE MUSSI, QUINTA TURMA, julgado em 13/04/2020, DJe 20/04/2020)

"PENAL. PROCESSUAL PENAL. AGRAVO REGIMENTAL NO AGRAVO EM RECURSO ESPECIAL. ESTUPRO. ART. 213 DO CP. PENA-BASE FIXADA ACIMA DO MÍNIMO LEGAL. ANTECEDENTES. AUSÊNCIA DE PREQUESTIONAMENTO. RECURSO EXCLUSIVO DA DEFESA. POSSIBILIDADE DE MANUTENÇÃO DA PENA BASILAR. EFEITO DEVOLUTIVO DA APELAÇÃO. REFORMATIO IN PEJUS. NÃO OCORRÊNCIA. AGRAVO REGIMENTAL NÃO PROVIDO.

1. A questão acerca do afastamento dos maus antecedentes não foi objeto de debate pela instância ordinária, o que inviabiliza o conhecimento do recurso especial por ausência de prequestionamento.

Incide ao caso a Súmula n. 282/STF.

2. No presente caso, o magistrado considerou desfavoráveis ao recorrente a culpabilidade, os antecedentes, a personalidade e as consequências do crime. A Corte de origem, por sua vez, apesar de excluir a culpabilidade, a personalidade e as consequências do crime e acrescentar como desfavorável as circunstâncias do crime, manteve inalterada a pena-base. Nesse ponto, inexiste a ocorrência de reformatio in pejus, porquanto o amplo efeito devolutivo da apelação autoriza o Tribunal estadual, quando instado a se manifestar sobre a dosimetria da pena, a realizar nova ponderação dos fatos e das circunstâncias em que se deu a conduta criminosa, mesmo em se tratando de recurso exclusivamente defensivo, desde que não seja agravada a situação do réu, como ocorreu na espécie.

3. Agravo regimental não provido."

(AgRg no AREsp 1632311/ES, Rel. Ministro REYNALDO SOARES DA FONSECA, QUINTA TURMA, julgado em 13/04/2020, DJe 16/04/2020)

Nos termos do § 2º, a pena é aumentada de metade, nas hipóteses de o crime ser perpetrado contra criança ou adolescente (inciso I) ou se por motivo de preconceito de raça, cor, etnia, religião ou origem (inciso II).

Aqui cabe assentar que pouco importa se a criança ou o adolescente (inciso I) estejam ou não presentes durante a fiscalização se, de fato, a prova oral despontar direta e trouxer com abundância de detalhes a serem fornecidos sob o crivo do contraditório que eles foram submetidos a condições degradantes.

Exigir, de forma absoluta, a presença de trabalhadores submetidos a condições subumanas no local de ocorrência do delito, isentaria injustamente infratores que, sabendo de possível fiscalização, providenciariam a retirada dos trabalhadores.

Observe-se que durante o curso da instrução processual, como mencionado anteriormente, deve-se aferir o vilipêndio de bens jurídicos constitucionalmente protegidos, como a dignidade da pessoa humana, direitos trabalhistas e previdenciários, na medida em que, além da prova documental, as testemunhas descrevam que os trabalhadores estavam sujeitos a jornadas exaustivas, sem que fossem, por exemplo, recolhidas verbas trabalhistas ou percebido um salário mínimo, em um ambiente anti-higiênico, insalubre e sem qualquer proteção contra acidentes.

Neste sentido confira-se o seguinte julgado:

"(...)

– Apelação da Acusação e da Defesa contra sentença que condenou o increpado como incurso nas penas do *caput* do artigo 149 c.c. o artigo 71, ambos do Código Penal.

– Fatos narrados na denúncia são anteriores à Lei nº 12.234, de 05.05.2010. Ausência de trânsito em julgado para a acusação. Apelação do Ministério Público Federal para majorar a pena imposta ao réu. Óbice ao reconhecimento da prescrição da pretensão punitiva estatal, em sua modalidade retroativa, pela pena cominada na sentença. Rechaçada a preliminar arguida pela defesa.

– O *caput* do artigo 149 do Código Penal prevê as condutas de submeter o ofendido a trabalhos forçados ou a jornadas excessivas, sujeitá-lo a condições degradantes de trabalho, bem ainda a de restringir a liberdade de locomoção da vítima, em razão de dívida contraída com o empregador ou preposto. São situações alternativas e não cumulativas.

– As condutas estampadas no tipo penal não exigem o modelo escravagista concebido outrora para sua caracterização. A escravidão contemporânea é mais sutil, porém com consequências nefastas. Precedentes.

– Determinadas irregularidades relativas à legislação trabalhista não são hábeis a caracterizar o tipo penal, sendo necessária a análise criteriosa do caso concreto. A violação aos direitos do trabalho deve ser intensa e persistente, devendo atingir níveis gritantes, além de o trabalhador ser submetido a trabalhos forçados, jornadas excessivas ou a condições degradantes de labor, para que só então seja possível, em tese, o enquadramento no tipo penal.

– Quanto às condições degradantes de trabalho é preciso que o trabalhador seja submetido a situações indignas de labor, desumanas. É a ausência das condições mínimas de higiene, alimentação, moradia, saúde, segurança e trabalho, ou ainda, são as situações que configuram desdém à dignidade da pessoa humana.

– Para a configuração do delito não é imprescindível a restrição à liberdade de locomoção do trabalhador. Aludida restrição é uma das formas de cometimento do delito, mas não é a única, sendo admissível, a sujeição a condições degradantes, subumanas. Basta, portanto, a sujeição física ou psicológica do indivíduo. Precedentes.

– Também não é necessária a ocorrência de violência física para a caracterização do delito, bastando a reiterada ofensa aos direitos fundamentais do trabalhador, notadamente no que diz respeito a sua dignidade como ser humano.

– A materialidade delitiva restou devidamente comprovada pelo Procedimento Administrativo e demais documentos que o instruíram, especialmente pelas fotografias e pelas lavraturas dos Autos de Infração pelos auditores fiscais do trabalho, além da prova oral acostada aos autos.

– Feito administrativo onde consta Relatório de Fiscalização, fruto de inspeção realizada pelo Grupo Especial de Fiscalização Móvel-DRT/MS em carvoaria de propriedade do increpado, onde foram encontrados 09 (nove) trabalhadores, dentre eles 01 (um) adolescente, submetidos à situação degradante de trabalho.

– As condições degradantes de trabalho especialmente podem ser observadas pelas fotografias acostadas aos autos, o que comprova que os obreiros laboravam e habitavam em locais com péssimas condições de trabalho, higiene, saúde, segurança, moradia e repouso, situações estas violadoras de direitos básicos dos indivíduos e que evidenciam desprezo à dignidade da pessoa humana.

– Os fatos constatados pelo Grupo Especial de Fiscalização Rural – DRT/MS e descritos pelo auditor fiscal e coordenador foram realizados de forma minuciosa e criteriosa, os quais serviram de lastro probatório para a persecução penal, tendo sido oportunizada à defesa o exercício do contraditório e da ampla defesa.

– Aludido coordenador da fiscalização demonstra ostentar larga experiência com situações análogas. Em conjunto com os demais auditores fiscais do trabalho, foram os responsáveis por verificar *in locu* a real situação dos fatos, além de entrevistarem durante as diligências os trabalhadores que se encontravam na carvoaria.

– Os Autos de Infração e o Relatório de Fiscalização, lavrados por auditores fiscais do trabalho, gozam de presunção de legitimidade e veracidade, porquanto se cuidam de atos administrativos emanados por servidores públicos federais, servindo como prova eficaz a atestar as condições degradantes a que eram submetidos os trabalhadores da carvoaria.

– As testemunhas de acusação ratificaram o conteúdo produzido na esfera administrativa, confirmando que os trabalhadores da carvoaria, de propriedade do increpado, de fato, eram submetidos à condição aviltante de trabalho.

– Afastadas as teses defensivas que objetivaram infirmar o quadro probatório.

– A defesa não se desincumbiu do ônus estatuído no artigo 156 do Código de Processo Penal, não logrando comprovar quaisquer indícios de suposto enlace entre o subscritor do Relatório de Fiscalização e um dos obreiros, levantando apenas presunções sem respaldo em elementos concretos, com o intuito de levar a descrédito a conduta do auditor do trabalho.

– Os depoimentos das testemunhas de defesa não foram hábeis a rechaçar as condições aviltantes de labor constatadas pelos auditores do trabalho.

– Em que pese os testigos da defesa tenham negado a situação degradante a que eram submetidos os trabalhadores, tais versões apresentaram-se pouco críveis quando em confronto com a robusta prova documental (inúmeros autos de infração respaldados por fotografias), quer seja porque pautadas por valorações subjetivas distintas da realidade, quer seja diante do fato de, muitas das vezes, terem sido tomadas por indivíduos que pouco frequentaram o local.

– A autoria do réu igualmente restou fartamente comprovada, inclusive pelo próprio increpado, que, em seu interrogatório judicial, confirmou que a despeito de não ser o proprietário da Fazenda (...), arrendou um pedaço de terra em torno de 01 (um) ou 02 (dois) hectares, onde se localizava a carvoaria.

– Comprovado o elemento subjetivo consubstanciado no dolo, a partir do exame de todas as circunstâncias do caso concreto.

– Caracterizada a causa de aumento estatuída no inciso I do § 2º do artigo 149 do Estatuto Penal Repressivo, diante da comprovação de que havia um menor, à época com 15 (quinze) anos de idade, prestando serviços para o increpado na carvoaria.

– Existência de provas suficientes para que seja mantida a condenação do increpado, proprietário da carvoaria situada na Fazenda (...), pelo crime disposto no *caput* e inciso I do parágrafo 2º do artigo 149 do Código Penal, ante ao fato de ter submetido trabalhadores a condição análoga à de escravo (condições degradantes de trabalho), dentre eles um menor.

– Provido o apelo ministerial para aplicação do disposto no inciso I do parágrafo 2º do artigo 149 do Código Penal (presença de menor em situação aviltante de trabalho). Majoração da reprimenda em ½ (metade), resultando em uma pena de 03 (três) anos de reclusão.

– Quanto ao concurso de crimes, com uma só ação foram cometidos crimes contra 09 (nove) trabalhadores, razão pela qual restou configurado o crime formal, mas não a continuidade delitiva, como considerado na sentença. Majoração que deve incidir no patamar de 1/6 (um sexto), nos termos do artigo 70 do Código penal, resultando na pena de reclusão de 03 (três) anos e 06 (seis) meses de reclusão.

– Mantida a sentença que fixou a pena em 15 (quinze) dias-multa, ante a ausência de recurso ministerial, sob pena de *reformatio in pejus*. (..)

– Parcial provimento às Apelações."

(TRF 3ª Região, Décima Primeira Turma, Ap. – Apelação Criminal – 64872 – 0000171-62.2009.4.03.6000, Rel. Des. Fed. Fausto De Sanctis, julgado em 22.01.2019, *e-DJF3* Judicial 1 de 30.01.2019)

Tráfico de Pessoas (Incluído pela Lei nº 13.344, de 2016)

Art. 149-A. Agenciar, aliciar, recrutar, transportar, transferir, comprar, alojar ou acolher pessoa, mediante grave ameaça, violência, coação, fraude ou abuso, com a finalidade de: (Incluído pela Lei nº 13.344, de 2016) (Vigência)

I – remover-lhe órgãos, tecidos ou partes do corpo; (Incluído pela Lei nº 13.344, de 2016) (Vigência)

II – submetê-la a trabalho em condições análogas à de escravo; (Incluído pela Lei nº 13.344, de 2016) (Vigência)

III – submetê-la a qualquer tipo de servidão; (Incluído pela Lei nº 13.344, de 2016) (Vigência)

IV – adoção ilegal; ou (Incluído pela Lei nº 13.344, de 2016) (Vigência)

V – exploração sexual. (Incluído pela Lei nº 13.344, de 2016) (Vigência)

Pena – reclusão, de 4 (quatro) a 8 (oito) anos, e multa. (Incluído pela Lei nº 13.344, de 2016) (Vigência)

§ 1º A pena é aumentada de um terço até a metade se: (Incluído pela Lei nº 13.344, de 2016) (Vigência)

I – o crime for cometido por funcionário público no exercício de suas funções ou a pretexto de exercê-las; (Incluído pela Lei nº 13.344, de 2016) (Vigência)

II – o crime for cometido contra criança, adolescente ou pessoa idosa ou com deficiência; (Incluído pela Lei nº 13.344, de 2016) (Vigência)

III – o agente se prevalecer de relações de parentesco, domésticas, de coabitação, de hospitalidade, de dependência econômica, de autoridade ou de superioridade hierárquica inerente ao exercício de emprego, cargo ou função; ou (Incluído pela Lei nº 13.344, de 2016) (Vigência)

IV – a vítima do tráfico de pessoas for retirada do território nacional. (Incluído pela Lei nº 13.344, de 2016) (Vigência)

§ 2º A pena é reduzida de um a dois terços se o agente for primário e não integrar organização criminosa. (Incluído pela Lei nº 13.344, de 2016) (Vigência)

1. Notas introdutórias

A Lei nº 13.344, de 06.10.2016, em consonância com os compromissos internacionais acerca da matéria, dispôs acerca do tráfico de pessoas de modo abrangente, acrescentando ao Estatuto Penal Repressivo o artigo 149-A, revogando os crimes estatuídos nos artigos 231 e 231-A, ambos do Código Penal, os quais tipificavam, respectivamente, o tráfico internacional de pessoa para fim de exploração sexual e o tráfico interno de pessoa para fim de exploração sexual, ambos restritos à finalidade sexual.

Referida legislação inseriu a expressão "exploração sexual" no inciso V, muito mais ampla do que apenas o termo prostituição. Houve, por conseguinte, considerável alargamento do âmbito da pretensão punitiva estatal, que agora contempla também a remoção de órgãos, tecidos ou partes do corpo, a submissão a trabalho em condição análoga à de escravo ou a qualquer tipo de servidão e a adoção ilegal.

Vale salientar que além de ampliar o rol de abordagem do crime de tráfico de pessoas, a legislação supramencionada também criou uma política de proteção e assistência às vítimas, ao prever assistência jurídica, social, de trabalho e emprego, saúde, acolhimento e abrigo provisório, preservação da intimidade e da identidade, prevenção à revitimização e atendimento humanizado, dentre outros (artigo 6º).

Note-se que a Política Nacional de Enfrentamento ao Tráfico de Pessoas, inserida pelo Decreto nº 5.948, de 26.10.2006 (aprova a Política Nacional de Enfrentamento ao Tráfico de Pessoas e institui Grupo de Trabalho Interministerial com o objetivo de elaborar proposta do Plano Nacional de Enfrentamento ao Tráfico de Pessoas – PNETP), já adotava a expressão "tráfico de pessoas" tal qual o Protocolo Adicional à Convenção das Nações Unidas contra o Crime Organizado Transnacional Relativo à Prevenção, Repressão e Punição do Tráfico de pessoas, conforme preceitua seu artigo 2º, nos seguintes termos: "Art. 2º Para os efeitos desta Política, adota-se a expressão 'tráfico de pessoas' conforme o Protocolo Adicional à Convenção das Nações Unidas contra o Crime Organizado Transnacional Relativo à Prevenção, Repressão e Punição do Tráfico de Pessoas, em especial Mulheres e Crianças, que a define como o recrutamento, o transporte, a transferência, o alojamento ou o acolhimento de pessoas, recorrendo à ameaça ou uso da força ou a outras formas de coação, ao rapto, à fraude, ao engano, ao abuso de autoridade ou à situação de vulnerabilidade ou à entrega ou aceitação de pagamentos ou benefícios para obter o consentimento de uma pessoa que tenha autoridade sobre outra para fins de exploração. A exploração incluirá, no mínimo, a exploração da prostituição de outrem ou outras formas de exploração sexual, o trabalho ou serviços forçados, escravatura ou práticas similares à escravatura, a servidão ou a remoção de órgãos."

Vale mencionar que o aludido Protocolo Adicional à Convenção das Nações Unidas contra o Crime Organizado Transnacional Relativo à Prevenção, Repressão e Punição do Tráfico de Pessoas, em Especial Mulheres e Crianças, foi promulgado aos 12.03.2004, e dispunha em seu artigo 3º, alínea "a", o significado da expressão "tráfico de pessoas" nos termos supramencionados.

Como se vê, a criação do aludido tipo penal atendeu aos normativos internacionais relativos ao tráfico de pessoas, não ficando mais adstrito ao campo sexual.

Cuida-se de tema que tem sido objeto de preocupação no âmbito mundial, sobremaneira em virtude da grave violação à dignidade da pessoa humana, cuja incidência, inclusive, não raras vezes, guarda estreito relacionamento com as organizações criminosas, cuidando-se de uma das atividades mais lucrativas do mundo.

2. Bem jurídico

A dignidade da pessoa humana.

3. Sujeitos

O sujeito ativo é qualquer pessoa, tratando-se de crime comum.

O sujeito passivo também é qualquer pessoa, abarcando, inclusive, homens.

4. Tipo objetivo

O *caput* tem como condutas nucleares "agenciar", "aliciar", "recrutar", "transportar", transferir", comprar", "alojar", "acolher pessoa", mediante grave ameaça, violência, coação, fraude ou abuso.

Importa salientar que as condutas descritas pela norma são alternativas, de modo que basta a prática de uma delas para caracterizar-se o crime. Da mesma maneira, enquadrando-se o proceder do agente delitivo em mais de um dos verbos constantes no tipo penal, haverá somente um delito.

A propósito, Guilherme de Souza Nucci esclarece o significado de cada um deles: "agenciar (tratar de algo como representante de outrem); aliciar (seduzir ou atrair alguém para alguma coisa); recrutar (atrair pessoas, formando um grupo, para determinada finalidade); transportar (levar alguém ou alguma coisa de um lugar para outro, valendo-se de um veículo qualquer); transferir (levar algo ou alguém de um lugar para o outro); comprar (adquirir algo pagando preço certo); alojar (dar abrigo a alguém); acolher (proporcionar hospedagem)."[12]

O objeto material é a pessoa sobre a qual recai a conduta do agente, devendo-se registrar que o tipo penal faz alusão ao tráfico de pessoas, abarcando, inclusive, o homem.

Não descaracteriza o delito o consentimento da vítima.

O tipo não impõe que ela possua conduta moral irrepreensível, podendo ser mesmo pessoa já corrompida ou prostituída.

Em casos de vulnerabilidade social ou econômica, o consentimento da vítima pode encontrar-se eivado de vício, de modo que o aliciamento nessas condições pode configurar abuso por parte do agente aliciador.

Esta situação é recorrente, notadamente, quando a vítima é menor de idade, encontrando-se em situação de vulnerabilidade em seu país de origem. Assim, mediante fraude e abuso ingressam no Brasil para aqui serem submetidas a condições análogas à de escravo. Mediante promessa de salários são agenciadas, aliciadas, recrutadas, transportadas e alojadas e aqui passam a viver em condições desumanas, já que são exploradas para obter lucros em burla a legislação trabalhista.

É suficiente a existência de uma só vítima para a configuração do crime.

[12] NUCCI, Guilherme de Souza. *Código penal comentado*. 19. ed. rev. atual. e ampl. Rio de Janeiro: Forense, 2019. p. 890.

5. Elemento subjetivo

É o dolo, estando presente o especial fim de agir, cujas finalidades estão elencadas nos incisos I a V do artigo 149-A do Código Penal.

Não há previsão para a forma culposa.

6. Consumação e tentativa

Cuida-se de crime formal, não se exigindo o resultado naturalístico, consumando-se com a prática de uma das condutas alternativas elencadas no tipo penal, agenciar, aliciar, recrutar, transportar, transferir, comprar, alojar ou acolher pessoa, mediante grave ameaça, violência, coação, fraude ou abuso.

Admite-se a tentativa.

7. Dosimetria penal

Também com relação a este crime se os réus praticarem mais de uma das condutas descritas no tipo penal e bastando somente o cometimento de uma para estar caracterizado o delito, poderá estar configurada a maior reprovabilidade do proceder.

Em outras palavras, a cada verbo descrito no tipo penal que o agente pratica, viola-se o bem jurídico tutelado pela norma por ângulo diverso. Razoável, por conseguinte, que nestas hipóteses, maior seja também a sanção imposta a título de culpabilidade.

O § 1º prevê que a pena seja aumentada de um terço até a metade se "o crime for cometido por funcionário público no exercício de suas funções ou a pretexto de exercê-las" (inciso I), se "o crime for cometido contra criança, adolescente ou pessoa idosa ou com deficiência" (inciso II), se "o agente se prevalecer de relações de parentesco, domésticas, de coabitação, de hospitalidade, de dependência econômica, de autoridade ou de superioridade hierárquica inerente ao exercício de emprego, cargo ou função" (inciso III) ou se "a vítima do tráfico de pessoas for retirada do território nacional" (inciso IV).

De acordo com o § 2º "a pena é reduzida de um a dois terços se o agente for primário e não integrar organização criminosa".

Em regra, aludido delito é praticado por meio de organização criminosa, de modo que o legislador optou por trazer como causa de diminuição de pena a hipótese de o sujeito ativo agir de forma isolada.

TÍTULO II
Dos Crimes Contra o Patrimônio

CAPÍTULO VI
Do Estelionato e Outras Fraudes

Estelionato

Art. 171 – Obter, para si ou para outrem, vantagem ilícita, em prejuízo alheio, induzindo ou mantendo alguém em erro, mediante artifício, ardil, ou qualquer outro meio fraudulento:

Pena – reclusão, de um a cinco anos, e multa, de quinhentos mil réis a dez contos de réis.

§ 1º – Se o criminoso é primário, e é de pequeno valor o prejuízo, o juiz pode aplicar a pena conforme o disposto no art. 155, § 2º.

§ 2º – Nas mesmas penas incorre quem:

Disposição de coisa alheia como própria

I – vende, permuta, dá em pagamento, em locação ou em garantia coisa alheia como própria;

Alienação ou oneração fraudulenta de coisa própria

II – vende, permuta, dá em pagamento ou em garantia coisa própria inalienável, gravada de ônus ou litigiosa, ou imóvel que prometeu vender a terceiro, mediante pagamento em prestações, silenciando sobre qualquer dessas circunstâncias;

Defraudação de penhor

III – defrauda, mediante alienação não consentida pelo credor ou por outro modo, a garantia pignoratícia, quando tem a posse do objeto empenhado;

Fraude na entrega de coisa

IV – defrauda substância, qualidade ou quantidade de coisa que deve entregar a alguém;

Fraude para recebimento de indenização ou valor de seguro

V – destrói, total ou parcialmente, ou oculta coisa própria, ou lesa o próprio corpo ou a saúde, ou agrava as consequências da lesão ou doença, com o intuito de haver indenização ou valor de seguro;

Fraude no pagamento por meio de cheque

VI – emite cheque, sem suficiente provisão de fundos em poder do sacado, ou lhe frustra o pagamento.

Fraude eletrônica

§ 2º-A. A pena é de reclusão, de 4 (quatro) a 8 (oito) anos, e multa, se a fraude é cometida com a utilização de informações fornecidas pela vítima ou por terceiro induzido a erro por meio de redes sociais, contatos telefônicos ou envio de correio eletrônico fraudulento, ou por qualquer outro meio fraudulento análogo. (Incluído pela Lei nº 14.155, de 2021)

§ 2º-B. A pena prevista no § 2º-A deste artigo, considerada a relevância do resultado gravoso, aumenta-se de 1/3 (um terço) a 2/3 (dois terços), se o crime é praticado mediante a utilização de servidor mantido fora do território nacional. (Incluído pela Lei nº 14.155, de 2021)

§ 3º – A pena aumenta-se de um terço, se o crime é cometido em detrimento de entidade de direito público ou de instituto de economia popular, assistência social ou beneficência.

Estelionato contra idoso ou vulnerável (Redação dada pela Lei nº 14.155, de 2021)

§ 4º A pena aumenta-se de 1/3 (um terço) ao dobro, se o crime é cometido contra idoso ou vulnerável, considerada a relevância do resultado gravoso. (Redação dada pela Lei nº 14.155, de 2021)

§ 5º Somente se procede mediante representação, salvo se a vítima for: (Incluído pela Lei nº 13.964, de 2019)

I – a Administração Pública, direta ou indireta; (Incluído pela Lei nº 13.964, de 2019)

II – criança ou adolescente; (Incluído pela Lei nº 13.964, de 2019)

III – pessoa com deficiência mental; ou (Incluído pela Lei nº 13.964, de 2019)

IV – maior de 70 (setenta) anos de idade ou incapaz. (Incluído pela Lei nº 13.964, de 2019)

1. Notas introdutórias

O estelionato está tipificado entre os crimes contra o patrimônio. Interessa-nos, em razão da competência da Justiça Federal, o exame do § 3º do art. 171 do Código Penal.

Trata-se de uma modalidade especial de estelionato, praticado contra entidades de direito público ou institutos de economia popular, assistência social ou beneficência (tais como a Caixa Econômica Federal e o INSS, por exemplo), de modo que é maior a reprovabilidade da conduta, já que tais entes prestam serviços fundamentais à sociedade. Assim, a lei prevê, para esta hipótese, uma causa especial de aumento de pena a ser considerada na terceira fase da dosimetria da pena.

Note-se que o Superior Tribunal de Justiça editou a Súmula nº 24 elucidando que: "Aplica-se ao crime de estelionato, em que figure como vítima entidade autárquica da Previdência Social, a qualificadora do § 3º do art. 171 do Código Penal" (Súmula 24, TERCEIRA SEÇÃO, julgado em 04/04/1991, DJ 10/04/1991, p. 4043).

A despeito de o aludido entendimento sumular ter feito menção à qualificadora, impende registrar que se trata de causa de aumento de pena, cuja majoração deverá ser aplicada na terceira fase dosimétrica.

Pode ser citado o estelionato perpetrado em face da Caixa Econômica Federal em razão da obtenção de empréstimo consignado mediante a utilização de documento falso em nome de terceiro, todavia, mais recorrente seria o estelionato praticado perante a Previdência Social na hipótese de obtenção de benefício previdenciário mediante fraude.

Para a caracterização do crime de estelionato, devem estar presentes três requisitos fundamentais, quais sejam: I) o emprego de meio fraudulento, de que são exemplos o artifício (recurso engenhoso/artístico) e o ardil (astúcia, manha ou sutileza), ambos espécie do gênero fraude; II) o induzimento ou manutenção da vítima em erro; III) a obtenção, em prejuízo alheio, de vantagem ilícita (economicamente apreciável), sem o que não se há de falar em consumação deste delito.

A respeito do primeiro requisito (emprego de meio fraudulento), é relevante mencionar que, ontologicamente, não se há de falar em distinção entre fraude penal e fraude civil, já que não há diferenças estruturais entre estas. Com efeito, "não existe diferença entre a fraude civil e a fraude penal.

Só há uma fraude. Trata-se de uma questão de qualidade ou grau, determinado pelas circunstâncias da situação concreta. Elas é que determinam se o ato do agente não passou de apenas um mau negócio ou se neles estão presentes os requisitos do estelionato, caso em que o fato será punível penalmente" (TJRS, AP. Crim. 70013151618, 7ª Câm. Crim., Rel Sylvio Baptista Neto, j. 22.12.2005).

É possível que haja um comportamento ilícito e, todavia, circunscrito à esfera civil. Assim, por força dos princípios da intervenção mínima e da fragmentariedade, é necessário, para a caracterização do crime de estelionato, que o agente tenha o dolo como fim especial de agir, sendo imprescindível a consciência, a vontade de enganar, ludibriar, com objetivo de obter vantagem ilícita em detrimento da vítima.

É a presença do dolo que distinguirá uma conduta penalmente relevante daquela situação em que, por exemplo, o agente age com boa-fé, sem a intenção de enganar, mas, por motivos diversos, acaba por cometer um ilícito civil. Atente-se que se, por um lado, não se pode adentrar a consciência do indivíduo, por outro, é possível aferir a presença do elemento anímico a partir de fatores externos, ou seja, dos detalhes e circunstâncias que envolvem os fatos.

Além disso, é indispensável, para a caracterização do delito de estelionato, que se identifique a ocorrência de ação dolosa pré-ordenada (antecedente), pois, se, em dado caso, se constatar que o dolo é posterior (*subsequens*), ou seja, surgiu apenas depois da obtenção/entrega da vantagem, não se haverá de falar em estelionato, mas sim no crime de apropriação indébita que, aliás, não exige a ocorrência de fraude para sua caracterização.

Por oportuno, cabe mencionar, também, que o estelionato não se confunde com o furto mediante fraude, pois, nesta última hipótese, a fraude é utilizada como meio de burlar a vigilância da vítima que, por desatenção, não percebe que a coisa lhe está sendo subtraída, enquanto que, na hipótese de estelionato, a fraude é utilizada para se obter o consentimento viciado da vítima que, iludida, entrega voluntariamente o bem ao agente.

Válida, nesse passo, a menção ao seguinte julgado do Superior Tribunal de Justiça:

> "(...) 1. O furto mediante fraude não se confunde com o estelionato. A distinção se faz primordialmente com a análise do elemento comum da fraude que, no furto, é utilizada pelo agente com o fim de burlar a vigilância da vítima que, desatenta, tem seu bem subtraído, sem que se aperceba; no

estelionato, a fraude é usada como meio de obter o consentimento da vítima que, iludida, entrega voluntariamente o bem ao agente.

2. Hipótese em que o agente se valeu de fraude eletrônica para a retirada de mais de dois mil e quinhentos reais de conta bancária, por meio da "Internet Banking" da Caixa Econômica Federal, o que ocorreu, por certo, sem qualquer tipo de consentimento da vítima, o Banco. A fraude, de fato, foi usada para burlar o sistema de proteção e de vigilância do Banco sobre os valores mantidos sob sua guarda. Configuração do crime de furto qualificado por fraude, e não estelionato.

3. O dinheiro, bem de expressão máxima da idéia de valor econômico, hodiernamente, como se sabe, circula em boa parte no chamado 'mundo virtual'da informática. Esses valores recebidos e transferidos por meio da manipulação de dados digitais não são tangíveis, mas nem por isso deixaram de ser dinheiro. O bem, ainda que de forma virtual, circula como qualquer outra coisa, com valor econômico evidente. De fato, a informação digital e o bem material correspondente estão intrínseca e inseparavelmente ligados, se confundem. Esses registros contidos em banco de dados não possuem existência autônoma, desvinculada do bem que representam, por isso são passíveis de movimentação, com a troca de titularidade. Assim, em consonância com a melhor doutrina, é possível o crime de furto por meio do sistema informático.

4. A consumação do crime de furto ocorre no momento em que o bem é subtraído da vítima, saindo de sua esfera de disponibilidade. No caso em apreço, o desapossamento que gerou o prejuízo, embora tenha se efetivado em sistema digital de dados, ocorreu em conta-corrente da Agência Campo Mourão/PR, que se localiza na cidade de mesmo nome. Aplicação do art. 70 do Código de Processo Penal.

5. Conflito conhecido para declarar competente o Juízo Federal de Campo Mourão – SJ/PR."

(STJ, Terceira Seção, Conflito de Competência nº 67343 2006.01.66153-0, Rel. Laurita Vaz, *DJ* de 11.12.2007, pág. 00170)

Ademais, ainda tratando da fraude como elemento central do delito de estelionato, é importante discorrer sobre a frequente hipótese em que a falsidade documental é o meio empregado para se obter êxito na empreitada criminosa. Neste caso, em observância ao princípio da consunção, deve prevalecer o entendimento de que o crime-meio (falsidade documental) deverá ser absorvido pelo crime-fim (estelionato), desde que, depois da utilização do documento falso para obtenção de vantagem ilícita, não reste qualquer potencialidade ofensiva, nos termos da súmula nº 17 do Superior Tribunal de Justiça, *in verbis*: "quando o falso se exaure no estelionato, sem mais potencialidade lesiva, é por este absorvido."

A respeito do segundo requisito (induzimento ou manutenção da vítima em erro), é relevante mencionar que o erro é a consequência provocada pela fraude e que, em se constatando que a fraude não foi suficientemente hábil para provocar ou manter em erro a vítima (fraude grosseira), deverá haver, em princípio, o reconhecimento da hipótese de crime impossível, por absoluta ineficácia do meio ou absoluta impropriedade do objeto (inteligência do art. 17 do CP).

Já a respeito do terceiro requisito (obtenção, em prejuízo alheio, de vantagem ilícita), cabe consignar que, em sendo o estelionato um crime material e de dano, sua consumação se dará com a efetiva obtenção da vantagem, isto é, a partir do momento em que a coisa passar da esfera de disponibilidade da vítima para a do infrator (ou de terceiro).

Além disso, não se deve perder de vista que a vantagem obtida pelo agente deve ser ilícita, ou seja, contrária ao ordenamento, uma vez que, se a vantagem for devida, ficará descaracterizado o delito de estelionato, podendo haver, por exemplo, a desclassificação para o delito de exercício arbitrário das próprias razões, nos termos do artigo 345 do Código Penal.

Não se admite, como se verá adiante, a adoção do princípio da insignificância, porquanto o crime previsto no art. 171, parágrafo 3º, do Código Penal, macula bem jurídico pertencente à coletividade, já que malfere a moralidade administrativa e a fé pública, o que, por si só, torna descabida a aplicação do princípio da insignificância. Relembre-se que a Constituição Federal consagrou, por exemplo, os benefícios previdenciários como direitos sociais fundamentais e a sua violação merece reprimenda legal. A reprovabilidade da conduta é mais acentuada por atingir a coletividade como um todo.

2. Bem jurídico

O crime previsto no art. 171, parágrafo 3º, do Código Penal, macula bem jurídico pertencente à coletividade, já que malfere a moralidade administrativa e a fé pública.

3. Elemento subjetivo

É certo que, para a caracterização do delito de estelionato, é indispensável a presença do dolo como fim especial de agir, sendo imprescindível a consciência, a vontade de enganar, ludibriar, com objetivo de obter vantagem ilícita em detrimento da vítima.

O dolo no crime de estelionato consiste na vontade livre e consciente de induzir ou manter a vítima em erro, com o intuito de obter vantagem patrimonial para si ou para outrem, devendo necessariamente haver a consciência da ilicitude de locupletação para restar configurado tal delito.

Cabe consignar, ainda, que o dolo (elemento integrante da tipicidade) não se confunde com a potencial consciência da ilicitude (elemento integrante da culpabilidade), bem como que a ignorância da lei é inescusável e não se confunde com a ausência de potencial conhecimento da ilicitude, já que a consciência da ilicitude resulta da apreensão do sentido axiológico das normas de cultura, independentemente de leitura do texto legal *(STJ, RHC 4772/SP, Rel. Min. Vicente Leal, 6ª T. RSTJ, v. 100, p. 287)*. Inclusive, para a reprovação penal, sequer é necessária a real consciência da ilicitude, bastando a possibilidade de obtê-la (consciência potencial), isto é, a possibilidade de extraí-la das normas de cultura, dos princípios morais e éticos, enfim, dos conhecimentos adquiridos na vida em sociedade.

Assim, para que se cogite de uma condenação, deverá o agente ter conhecimento de todos os elementos que compõem a figura delituosa, sob pena de se verificar a ocorrência de "erro de tipo", caso haja falsa percepção de quaisquer dos elementos integrativos do tipo (hipótese em que se falará em exclusão do dolo, o qual integra a tipicidade), ou até, eventualmente, a ocorrência de "erro de proibição", no caso de o agente acreditar que sua conduta não contraria o direito (hipótese em que se falará em exclusão da culpabilidade por ausência de potencial consciência da ilicitude ou, eventualmente, em diminuição da pena, se se tratar de um erro de proibição evitável – inteligência do artigo 21 do CP).

Nesse sentido, confira-se o seguinte julgado proferido pela 11ª Turma do TRF3:

> "PENAL E PROCESSUAL PENAL. ESTELIONATO. MATERIALIDADE, AUTORIA E DOLO COMPROVADOS. DIFICULDADES FINANCEIRAS. ESTADO DE NECESSIDADE. INEXIGIBILIDADE DE CONDUTA DIVERSA. ERRO DE TIPO. PENA DE MULTA.
>
> 1. Materialidade, autoria e dolo comprovados.
>
> (...)
>
> 4. Erro de tipo não reconhecido. Tratar-se-ia, no máximo, de erro de proibição inescusável. Não é crível que o acusado desconhecesse o caráter ilícito que envolve o recebimento do benefício do seguro-desemprego ao

mesmo tempo em que exerce atividade laborativa remunerada. Caso houvesse dúvida, cabia ao réu buscar informações junto ao órgão competente.

5. Dosimetria da pena mantida.

6. Apelação não provida."

(TRF3, 11ª Turma, Apelação Criminal – 66780, Julg. em 23.10.2018, Rel. Nino Toldo, *e-DJF3* Judicial 1 de 05.11.2018)

A imputação a terceiros de prática delitiva não afasta o elemento subjetivo do tipo. O simples fato de "o requerimento de aposentadoria ter sido apresentado por interposta pessoa (um despachante) não afasta o elemento subjetivo do tipo (dolo), pois aquele que pretende o recebimento de um benefício, e tem ciência de ter número ínfimo de contribuições, é responsável pela fraude" (TRF2, Apelação Criminal 0814740-77.2008.4.02.5101, Marcelo Pereira da Silva, Data da publicação: 19.12.2012).

O fato, por exemplo, de os laudos falsos, que venham a atestar a incapacidade do réu, não terem sido por ele produzidos não afasta a autoria do crime de estelionato majorado se tais documentos foram utilizados como fundamento para a concessão do auxílio-doença recebido indevidamente pelo segurado (réu). No sentido da irrelevância da autoria do "falsum", confira-se o seguinte julgado: "(...) 4. Mesmo que não tenha restado demonstrado que o responsável pela confecção dos documentos falsos foi o denunciado, partindo de seu punho os lançamentos neles efetuados, foi ele quem se utilizou dos documentos em tela para viabilizar a obtenção de vantagem indevida. 5. Apelação improvida." (ACR – Apelação Criminal – 2517 2001.05.00.005799-5, Desembargador Federal Élio Wanderley de Siqueira Filho, TRF5 – Terceira Turma, *DJ* de 21.09.2004 – página: 594 – nº: 182).

Deve-se, portanto, perquirir se ele se portou de modo astuto com o intuito de omitir, por exemplo, dados sobre a renda familiar quando do requerimento do benefício e de seu recadastramento, tendo consciência que se declarasse os rendimentos percebidos, o benefício assistencial não lhe seria devido.

Dessa forma, restará configurado o elemento subjetivo do tipo se restar clara a intenção do agente em realizar a conduta, produzir o resultado e a ciência de sua ilicitude.

4. Consumação e tentativa

Na hipótese de estelionato previdenciário, o entendimento jurisprudencial dominante é no sentido de que a conduta cometida pelo próprio beneficiário, segurado da Previdência Social, é permanente, por se tratar de relação jurídica continuada, renovando-se ante a periodicidade do benefício. O crime consuma-se a cada saque realizado indevidamente pelo segurado.

Com relação ao agente que realiza a inserção de falsos registros visando à obtenção por outrem do benefício previdenciário, trata-se de conduta que se perfectibiliza instantaneamente, porém produz efeitos permanentes em relação àquele que receberá a indevida vantagem.

Assim, seria o caso de reconhecimento de um crime instantâneo com efeitos permanentes (STF, ARE 663735, Rel. Min. Ayres Britto, 2ª T., j. 02.2012). Neste caso, o delito resta consumado com o pagamento da primeira prestação indevida do benefício (STJ, AgRg no REsp 1112184/RS, Rel. Min. Rogerio Schiett Cruz, 6ª T., 03.2015).

Melhor detalhando, a jurisprudência (a abarcar tanto nossos C. Tribunais Superiores como as Cortes Regionais), quando instada a definir o momento consumativo do estelionato previdenciário, analisa a questão sob dois vieses na justa medida em que aduz que a infração em comento possui natureza binária.

Nesse diapasão, há a distinção entre aquele que, em interesse próprio, recebe o benefício ilícito e aquele que comete uma falsidade para permitir que outrem obtenha a vantagem indevida. E, dentro desse contexto, para a situação daquele que recebe a prestação fraudulenta em benefício próprio, formou-se o entendimento de que o crime de estelionato majorado perpetrado contra a Previdência Social seria permanente ao passo que, para o sujeito que cometeria uma falsidade para que outrem pudesse obter a vantagem indevida, o delito seria instantâneo de efeitos permanentes.

Como forma de ilustrar o posicionamento ora exposto, conveniente trazer à colação as ementas que seguem (da lavra do C. Supremo Tribunal Federal, do C. Superior Tribunal de Justiça e do TRF/3):

> "(...) 1. Em tema de estelionato previdenciário, o Supremo Tribunal Federal tem uma jurisprudência firme quanto à natureza binária da infração. Isso porque é de se distinguir aquele que, em interesse próprio, recebe o benefício ilicitamente daquele que comete uma falsidade para permitir que outrem obtenha a vantagem indevida. No primeiro caso, a conduta, a despeito de produzir efeitos permanentes no tocante ao beneficiário da indevida vantagem, materializa, instantaneamente, os elementos do tipo penal. Já naquelas situações em que a conduta é cometida pelo próprio beneficiário e renovada mensalmente, o crime assume a natureza permanente, dado que, para além de o delito se protrair no tempo, o agente tem

o poder de, a qualquer tempo, fazer cessar a ação delitiva. Precedentes. 2. Agravo regimental desprovido."

(STF, ARE 663735 AgR, Rel. Min. Ayres Britto, Segunda Turma, julgado em 07.02.2012, acórdão eletrônico DJe-056 divulg 16.03.2012 public 19.03.2012)

"(...) 1. O agente que perpetra a fraude contra a Previdência Social recebe tratamento jurídico-penal diverso daquele que, ciente da fraude, figura como beneficiário das parcelas. O primeiro pratica crime instantâneo de efeitos permanentes; já o segundo pratica crime de natureza permanente, cuja execução se prolonga no tempo, renovando-se a cada parcela recebida da Previdência. 2. Consectariamente, em se tratando de crime praticado pelo beneficiário, o prazo prescricional começa a fluir da cessação da permanência. Precedentes: HC nº 99.112, rel. Min. Marco Aurélio, j. 20/4/2010, 1ª Turma; HC 101.481, rel. min. Dias Toffoli, j. 26/4/2011, 1ª Turma; HC 102.774/RS, rel. Min. Ellen Gracie, j. 14/12/2010, 2ª Turma, DJ de 7/2/2011. 3. *In casu*, narra a denúncia que a paciente participou não apenas da fraude à entidade de Previdência Social, por meio de conluio com servidores do INSS, mas figurou como destinatária dos benefícios previdenciários, que recebeu até 30/10/2006. 4. Dessa forma, forçoso reconhecer que o prazo prescricional teve início apenas na referida data, em que cessada a permanência. 5. A prescrição não submetida à instância *a quo* torna inviável o seu conhecimento em sede de *writ* impetrado perante a Suprema Corte, sob pena de supressão de instância. Precedentes: HC 100616 / SP – Relator Min. JOAQUIM BARBOSA, Segunda Turma, Julgamento em 08/02/2011, DJ de 14/3/2011; HC 103835/SP Relator: Min. RICARDO LEWANDOWSKI, Primeira Turma, Julgamento em 14/12/2010, DJ de 8/2/2011. 6. A prescrição em perspectiva, projetada ou antecipada, mercê da ausência de previsão legal, é inadmissível de ser conhecida e acolhida. (RE 602527 QO-RG/RS, rel. Min. Cezar Peluso, Plenário, DJ de 18/12/2009). 7. Parecer pela denegação da ordem. 8. Ordem denegada."

(STF, HC 102491, Rel. Min. Luiz Fux, Primeira Turma, julgado em 10.05.2011, DJe-099 divulg 25-05-2011 public 26-05-2011 ement VOL-02530-01 PP-00179)

"(...) O delito de estelionato previdenciário capitulado no art. 171, § 3º, do Código Penal, segundo a jurisprudência pacificada do Supremo Tribunal Federal, tem natureza binária. Assim, praticado pelo próprio beneficiário dos valores indevidos, é crime permanente, cujo momento consumativo se protai no tempo, já que o Agente tem o poder de fazer cessar, a qualquer tempo, a ação criminosa. Por outro lado, praticado por terceira pessoa para permitir que outrem receba a vantagem ilícita, constitui-se crime instantâneo de efeitos permanentes, pois todos os elementos do tipo penal são verificados no momento da conduta. Precedentes. (...)"

(STJ, AgRg no REsp 1271901/RJ, Rel. Min. Laurita Vaz, Quinta Turma, julgado em 18.02.2014, *DJe* de 07.03.2014)

"(...) 1. O Supremo Tribunal Federal posicionou-se no sentido de que o crime de estelionato contra a Previdência Social, acaso praticado pelo próprio beneficiário, possui natureza permanente, cujo termo inicial do prazo prescricional é o recebimento da última prestação do benefício indevido (STF, 1ª Turma, HC n. 102491, Rel.: Ministro Luiz Fux, j. 10.05.11; 2ª Turma, ARE-AgR 663735, Rel.: Min. Ayres Britto, j. 07.02.12). 2. Se na data em que se deu a consumação delitiva, a acusada contava com idade superior a 21 (vinte e um) anos, não há como ser beneficiada pela redução de prazo veiculado pelo artigo 117 do Código Penal. 3. Embargos de declaração rejeitados."

(TRF3, Quinta Turma, ACR – Apelação Criminal – 65281 – 0005959-71.2011.4.03.6102, Rel. Des. Fed. Mauricio kato, julgado em 28.06.2017, e-DJF3 Judicial 1 DATA:05.07.2017)

Como decorrência do entendimento anteriormente exposto, o passo seguinte natural compreende perquirir o que vem a ser crime permanente e o que vem a ser crime instantâneo de efeitos permanentes.

E, nesse diapasão, crime permanente é aquele em que a execução se protrai no tempo por determinação do sujeito ativo, sendo, portanto, modalidade de delito em que a ofensa ao bem jurídico se dá constantemente e somente cessa de acordo com a vontade do agente. Por outro lado, nos crimes instantâneos de efeitos permanentes, a consumação ocorre em um momento determinado, mas os efeitos dela decorrentes são indeléveis.

Porém, no tocante àquele que, por exemplo, após a morte do beneficiário, e enquanto a autarquia previdenciária não tenha conhecimento do óbito (vale dizer, embora o benefício fosse devido na origem, deveria ter cessado em virtude da morte do beneficiário), realiza saques em lugar do segurado, tem-se entendido que a cada mês, ao receber o benefício, o agente atua com desígnios autônomos, de modo a protagonizar uma sucessão de fraudes, reiteradas nas mesmas condições de tempo, lugar e maneira, aplicando-se a continuidade delitiva.

A cada saque indevido, a cada oportunidade em que o agente utiliza o cartão magnético de terceiro para receber o benefício de segurado falecido, comete nova fraude com lesão ao patrimônio da autarquia, caracterizando-se, assim, a continuidade delitiva. Em outras palavras, quando, para a continuidade dos recebimentos, existe a prática de uma conduta ou formalidade pelo agente, como é o caso, não se há de falar em crime instantâneo de efeitos permanentes, mas em continuidade delitiva.

De igual modo, quando uma pessoa tenha recebido indevidamente o benefício previdenciário de um segurado, após a utilização de documentos falsos perante o INSS, ao passar-se por titular de um benefício previdenciário, solicitando a sua transferência de agência bancária e contratando, por exemplo, empréstimo consignado em nome do segurado, melhor refletindo sobre o tema, revejo anterior posicionamento para concluir que não há que se falar em crime único, mas sim em conduta reiterada (prática de fraudes mensais, com respectiva obtenção de vantagem ilícita).

A cada oportunidade em que o agente recebe indevidamente o benefício de terceiro, comete nova fraude com lesão ao patrimônio da autarquia, caracterizando-se, assim, a continuidade delitiva.

Nesse sentido, colaciono os seguintes julgados: "(...) **4**. Segundo a orientação jurisprudencial do Superior Tribunal de Justiça, há possibilidade de reconhecimento da continuidade delitiva nas hipóteses de estelionato previdenciário, pois cada saque de benefício previdenciário realizado por terceiro, utilizando cartão magnético de segurado falecido, constitui novo delito. (...)" (STJ, SEXTA TURMA, AGRAVO REGIMENTAL NO RECURSO ESPECIAL – 1745532, JULG. 23.10.2018, REL. ANTONIO SALDANHA PALHEIRO, DJE DE 09.11.2018); bem ainda:"(...) 3. O estelionato praticado contra o INSS – na circunstância de saques realizados por terceiros de valores relativos a benefícios de titulares falecidos, é crime que se consuma a cada saque indevido e caracteriza a continuidade delitiva. Precedente. Circunstância em que a ré, após o óbito da titular, sacou benefício social por mais de três anos. 4. A fração da continuidade delitiva, na hipótese de crimes idênticos, deve incidir sobre a pena de um dos delitos sobre o qual foi aplicada a causa de aumento do art. 171, § 3º, do CP. 5. O quantum de aumento da pena relativa à continuidade delitiva deve considerar o número de infrações cometidas. Precedente. No caso, o acréscimo de 1/2 foi benéfico à ré, porquanto os saques indevidos ocorreram de 1º/3/2007 a 30/6/2010 (39 crimes). Fundamentação idônea. 6. Agravo regimental não provido." (STJ, SEXTA TURMA, AGRAVO REGIMENTAL

NO RECURSO ESPECIAL – 1582540, JULG. 05.04.2018, REL. ROGERIO SCHIETTI CRUZ, DJE DE 16.04.2018) e "(...) 1. A orientação deste Superior Tribunal se firmou no mesmo sentido do acórdão recorrido: a cada oportunidade em que o agente faz uso de cartão magnético de terceiro para receber, de forma indevida, benefício de segurado já falecido, pratica nova fraude e lesão ao patrimônio da autarquia, em situação na qual deve ser reconhecida, se preenchidos os requisitos do art. 71 do CP, a continuidade delitiva, e não o crime único (...)" (AgRg no REsp 1466641/SC, Rel. Ministro ROGERIO SCHIETTI CRUZ, Sexta Turma, *DJe* 15.05.2017).

Também cumpre registrar que a situação de obtenção indevida, mediante fraude, de várias parcelas de seguro desemprego em muito se assemelha à situação de obtenção indevida, mediante fraude, de parcelas de um benefício previdenciário.

Nessa toada, o entendimento sufragado pela jurisprudência é no sentido de que a conduta de se obter várias parcelas de seguro desemprego configura crime único e de natureza permanente, ou seja, cuja consumação se protrai no tempo, o que afasta a hipótese de continuidade delitiva, até porque, não obstante a vantagem ilícita tenha sido recebida parceladamente, uma única fraude foi cometida.

Aliás, o C. Superior Tribunal de Justiça já teve a oportunidade de enfrentar a questão em tela:

> "CRIMINAL. RESP. ESTELIONATO QUALIFICADO. **SEGURO-DESEMPREGO.** RECEBIMENTO PARCELADO. CONTINUIDADE DELITIVA. NÃO OCORRÊNCIA. SURSIS ESPECIAL. NÃO REPARAÇÃO DO DANO. NÃO CABIMENTO. RECURSO PARCIALMENTE PROVIDO. I. Hipótese em que o réu obteve o benefício de forma parcelada, o que não pode ser considerado como crime continuado, diante da existência de apenas uma conduta. Trata-se de crime permanente, de ação contínua e não várias condutas independentes entre si. II. O fato do pagamento do benefício ter se efetivado em 4 parcelas não atrai a incidência da regra da continuidade delitiva, pois houve um único crime, de obtenção de uma única vantagem ilícita, havida, no entanto, parceladamente. (...)"
>
> (REsp 858.542/SE, Rel. Min. Gilson Dipp, Quinta Turma, julgado em 10.05.2007, *DJ* 29.06.2007, p. 703)
>
> "PENAL. PROCESSO PENAL. ESTELIONATO MAJORADO. SAQUE INDEVIDO DE PARCELAS DE SEGURO-DESEMPREGO. CERCEAMENTO DE DEFESA. INOCORRÊNCIA. MATERIALIDADE E AUTO-

RIA DELITIVAS COMPROVADAS. CRIME CONTINUADO. NÃO CONFIGURAÇÃO. ENTENDIMENTO DO STJ. ERRO DE TIPO. INOCORRÊNCIA. CONCURSO DE AGENTES. DOSIMETRIA.

(...) 7. Afastada a continuidade delitiva, tendo em vista que o crime de estelionato de rendas mensais é considerado permanente. (STJ 5ª Turma - RESP 858452 - Relator Min. Gilson Dipp, DJ 29/06/2007, p.703). (...)"

(TRF3, ACR nº 0000311-87.2005.4.03.6113, Rel. Des. Fed. José Lunardelli, 11ª Turma, j. em 07.05.2013)

Admissível a tentativa no crime de estelionato.

5. Especificidades

5.1. Estelionato judiciário

O estelionato judiciário ocorreria na hipótese de o agente, valendo-se do seu direito de ação insculpido no art. 5º, inciso XXXV, da CF ("a lei não excluirá da apreciação do Poder Judiciário lesão ou ameaça a direito"), ajuizar ação a fim de induzir o Poder Judiciário em erro para que lhe fosse concedida, mediante liminar ou sentença, vantagem indevida.

Indaga-se se seria possível que a parte ou um advogado pratique o crime de estelionato por meio de sua atividade em juízo visando obter vantagem indevida em prejuízo alheio.

Leandro Paulsen, ao discorrer sobre o tema, elenca os posicionamentos a respeito da tipicidade ou não desta conduta. Salienta, num primeiro momento, que "quem não admite a existência do estelionato judiciário, o faz por entender, *e.g.*, que o acesso à Justiça é livre e legítimo, que a sentença judicial não pode ser considerada como vantagem ilícita e que, de qualquer modo, existem tipos específicos para a penalização da fraude praticada em juízo, como a produção de depoimento ou a apresentação de documentos ou laudos falsos (...). De outro lado, há quem entenda que o juiz pode, sim, ser enganado e que, embora o acesso ao Judiciário seja um direito constitucional, pode ser utilizado como instrumento para a obtenção de vantagem ilícita. Nesses casos, mediantes fraudes, manipula-se o Judiciário para a obtenção de prestação jurisdicional que, de outro modo, jamais se obteria, configurando, essa conduta, estelionato judiciário."[13]

Luiz Regis Prado propugna que "tem sido admitida pela doutrina estrangeira a possibilidade do estelionato processual, sobretudo no pro-

[13] PAULSEN, Leandro. *Crimes federais*. São Paulo: Saraiva, 2017. p. 282.

cesso civil, quando uma parte, com sua conduta fraudulenta ou enganosa, realizada com ânimo de lucro, induz o juiz em erro e, este último, como consequência, profere sentença injusta que causa prejuízo patrimonial à parte contrária ou a terceiro. Aqui, o enganado é o juiz, que se vê utilizado para a consecução de um resultado ilícito (caso de autoria mediata), e o prejudicado é a parte contrária ou terceiro. Entende-se, pois, que as afirmações conscientemente falsas das partes são ilícitas e constituem uma fraude suscetível de realizar a figura do delito de estelionato, quando preenchidos todos os seus requisitos legais."[14]

Embora esta forma de estelionato tenha como instrumento a ação judicial, a vítima seria a parte *ex adversa*. A um só tempo, dois bens jurídicos seriam atingidos: a Administração da Justiça e o patrimônio da vítima.[15]

O Supremo Tribunal Federal, admitindo a imputação de estelionato judiciário em face de um advogado, entendeu que "a prisão preventiva encontra-se justificada pela periculosidade do paciente – evidenciada pela 'repetição de atos nocivos já que há indícios de sua propensão a cometer crimes mediante dissimulação, utilizando da estrutura do Poder Judiciário e da sua profissão numa atitude que pode ser definida como 'estelionato judicial ou advocatício' – e pela fuga do paciente do distrito de culpa após o cumprimento do mandado de prisão temporária" (*Habeas Corpus* nº 118.913, Rel. Min. Luiz Fux, Primeira Turma, *DJe* de 17.12.2013).

O Superior Tribunal de Justiça possui alguns julgados admitindo o tipo, embora não seja um posicionamento corrente. Confira-se, nesta linha, o seguinte julgado: "... 1. Não se desconhece a existência de posicionamento doutrinário e jurisprudencial, inclusive desta Corte Superior de Justiça, que não admite a prática do delito de estelionato por meio do ajuizamento de ações judiciais. 2. Contudo, em recente julgado, esta colenda Quinta Turma firmou o entendimento de que quando não é possível ao magistrado, durante o curso do processo, ter acesso às informações que caracterizam a fraude, é viável a configuração do crime de estelionato. 3. No caso dos autos, de acordo com a própria narrativa constante da peça acusatória, verifica-se que o Juízo do Juizado Especial Cível, diante da suspeita de que o recorrente estaria protocolizando ações cíveis com irregularidades, determinou a realização de perícia na documentação por ele acostada, o que revela que a suposta fraude por ele perpetrada era passível de ser des-

[14] PRADO, Luiz Regis. *Curso de direito penal brasileiro*. 7. ed. rev. atual. ampl. São Paulo: RT, 2008. v. 2. p. 442/443.

[15] PAULSEN, Leandro. *Crimes federais*. São Paulo: Saraiva, 2017. p. 283.

coberta pelas vias ordinárias no curso do processo, a ensejar a atipicidade da conduta a ele imputada, no ponto. (...) Recurso parcialmente conhecido e, nessa extensão, parcialmente provido para determinar o trancamento da ação penal apenas no que se refere ao crime de estelionato" (STJ, Recurso em *Habeas Corpus* nº 59.823-RJ (2015/0120383-9), Rel. Min. Jorge Mussi, *v.u.*, *DJe* de 21.10.2015).

Nesta ordem de ideias, considera-se que "sendo a fraude passível de conhecimento e de fato apurada pelas vias ordinárias no curso do processo, é de se reconhecer a atipicidade da conduta atribuída ao recorrente em relação ao delito previsto no art. 171, § 3º, c.c art. 14, II, ambos do Código Penal" (STJ, RHC nº 81.174/RJ, Rel. Min. Felix Fischer, 5ª T., *v.u.*, *DJe* 10.08.2017).

Assim, por esta linha argumentativa, somente no caso de não ser possível ao juiz ter acesso às informações que caracterizam a fraude no curso do processo, poderá se configurar o crime de estelionato judiciário.

Neste sentido concluiu a eminente Min. Maria Thereza de Assis Moura (STJ, RHC nº 50.737/RJ, 6ª T., *v.u.*, *DJe* de 23.04.2015): "em decorrência do exercício do direito de ação, tem-se que o processo é dialético, possibilitando o controle pela parte contrária, através do exercício da defesa e do contraditório, bem como da interposição dos recursos previstos na Constituição e na lei processual. E, mais, que o magistrado não está obrigado a atender os pleitos formulados, não estando a eles vinculados. Tais circunstâncias são incompatíveis, penso, com a ideia de ardil, ou de indução em erro do julgador em feito judicial."

Assinalou a eminente Ministra que, se se admitisse a consumação do estelionato por meio da prolação da sentença, retiraria não só o caráter material do delito descrito no artigo 171 do Código Penal, como o transmudaria de crime contra o patrimônio para crime contra a Administração da Justiça.

Argumenta-se, ainda, que a deslealdade processual pode ser combatida pela interposição dos recursos cabíveis, pela adoção do instituto da litigância de má-fé que prevê a punição para hipóteses semelhantes, sem se esquecer que o próprio Estatuto da OAB estabelece punição disciplinar. Portanto, para esta posição, tais questões não tipificariam a conduta insculpida no art. 171 do CP, mas seriam merecedoras de resposta no âmbito extrapenal.

Assim, eventual falso testemunho ou ilicitude de documentos que tenham embasado o pedido judicial seriam crimes autônomos e demandariam a devida investigação.

Guilherme de Souza Nucci também não admite a incidência do "estelionato judiciário: "denomina-se como tal a manobra, o ardil ou o engodo, utilizado no processo, de forma a ludibriar o juízo ou a parte contrária, podendo alcançar provimento favorável à sua pretensão. Entretanto, não nos parece possa subsistir tal figura em plena demanda, quando provas podem ser produzidas e há contraditório, justamente para evitar esse tipo de fraude. Ademais, se houver uso de documento falso, há crime específico para isso; o mesmo se pode dizer de eventual falso testemunho ou patrocínio infiel. No mais, quando a parte não litigar com ética, configura-se infração profissional, a ser apurada pelo seu órgão de classe."[16]

No mesmo sentido, Heleno Fragoso:[17] "não há estelionato judiciário ou processual (induzimento em erro do juiz para, através da sentença, obter vantagem patrimonial em prejuízo de outro litigante). É inconcebível o estelionato (ou tentativa de estelionato) na afirmação mendaz feita ao julgador ou com prova falsa a ele apresentada por litigante improbo. Compete ao juiz, na aplicação do direito, interpretar a lei, o contrato ou a sentença invocados pelo litigante em prol de sua causa, fixando-lhes o alcance e a significação. A alteração da verdade e o induzimento em erro acaso praticados poderão constituir falsidade documental ou fraude processual (art. 347 do CP). Em sentido contrário, pronunciam-se autores importantes, perante sistemas que desconhecem a incriminação autônoma da fraude processual. Cf. Schönke-Schröder, § 263, v. 7."

Observe-se, no entanto, que o Poder Constituinte que inaugurou a Ordem Constitucional de 1988 elencou, dentre os direitos fundamentais assegurados aos cidadãos, aquele que prevê a impossibilidade de que lei exclua da apreciação do Poder Judiciário lesão ou ameaça de direito ("A lei não excluirá da apreciação do Poder Judiciário lesão ou ameaça a direito") – art. 5º, XVVV –, postulado este que restou consagrado como sendo o princípio da inafastabilidade do controle jurisdicional ou da jurisdição.

Importante ser dito que tal postulado apenas permite ser excepcionado por força de regra que também foi criada pelo mesmo Poder Constituinte Originário que estabeleceu tal comando, conforme é possível ser inferido do art. 217, § 1º, do Texto Magno (segundo o qual o Poder Judiciário só

[16] NUCCI, Guilherme de Souza. *Código penal comentado*. 19 ed. Rio de Janeiro: Forense, 2019, p. 1049.

[17] FRAGOSO, Heleno. *Lições de direito penal. Parte especial*. 11. ed. rev. e atual. por Fernando Fragoso. Rio de Janeiro: Forense, 1995. p. 276.

admitirá ações relativas à disciplina e às competições desportivas após esgotarem-se as instâncias da justiça desportiva, regulada em lei).

Afastando-se da essência dogmática predominante acerca do direito de ação (que, dentre outras proposições, o enxerga como abstrato, ou seja, seu exercício não se encontra condicionado à existência do direito que se pugna ver reconhecido), há que ser indicado que todos os direitos, por mais fundamentais que sejam (em razão de ser inerente à condição humana ou porque elencado no rol previsto no art. 5º da Constituição Federal), jamais podem ser invocados e utilizados como salvaguarda para práticas ilícitas, aspecto que de há muito ressoa na jurisprudência pátria, podendo ser citado, exemplificativamente, que o direito fundamental à vida privada, à privacidade e à intimidade (art. 5º, X, da Constituição) é comumente relativizado, por meio de técnicas de ponderação de interesses constitucionalmente assegurados, quando está sendo utilizado para acobertar a perpetração de ilícitos, de molde que acessos a dados bancários, fiscais, telefônicos e telemáticos são plenamente possíveis (ainda que, para tanto e em dada situação concreta específica, haja a necessidade de ser colocado em segundo plano o direito fundamental daquele que está sendo investigado em prol da coletividade, aliás, titular do direito fundamental à segurança – *caput* do art. 5ª da Constituição Federal).

Dentro de tal contexto, mostra-se escorreita a conclusão de que não se pode visualizar um direito fundamental como absoluto a ponto de, a partir dele ou do exercício dele, tudo ser possível (sem qualquer freio e sem qualquer potencial possibilidade de responsabilização). E, exatamente nesse arcabouço, deve ser analisado e interpretado o direto constitucional (fundamental) de ação, vale dizer, o princípio da inafastabilidade do controle jurisdicional ou da jurisdição, com o fito de se sustentar que, por mais que o Poder Constituinte Originário tenha assegurado o livre acesso ao Poder Judiciário (haja vista lei não poder tolhê-lo), tal proceder deve ser executado dentro dos limites que o sistema jurídico como um todo estabelece (até mesmo com o desiderato de que o próprio sistema encontre perenidade e tenha força para que o exercício da atividade judicante possa ser aplicado, coercitivamente, contra quem quer que seja).

Assim, focando estritamente no direito constitucional de ação (fundado no princípio da inafastabilidade do controle jurisdicional ou da jurisdição), ainda que ele seja abstrato e, portanto, dissociado do resultado que o direito material vindicado terá ao final da lide, não pode seu exercício ser ilimitado no sentido de que tudo é aceitável para que a pretensão material seja deferida ao postulante – na realidade, para além de limites éticos e morais (que não se confundem com legais) e forte na convicção de que jamais um direito (por mais fundamental que o seja) será absoluto, o exercício do direito constitucional de ação demanda ser interpretado com as balizas de que ele não pode se compaginar com a fraude, com o engodo, com a artimanha, com a falsidade, com a falácia, com o ardil, ainda que, ao cabo do tramitar da relação jurídica processual, o bem da vida propugnado pelo autor seja rechaçado exatamente porque o magistrado inferiu e conclui que, por exemplo, a pretensão deduzida encontrava-se alicerçada em uma prova falsa.

Aliás, até mesmo para situações em que a prova falsa mencionada acaba por triunfar por um breve átimo, o sistema processual viabiliza expedientes para desconstituir a coisa julgada (outro direito fundamental a teor do art. 5º, XXXVI, da Constituição Federal) como, por exemplo, a Revisão Criminal (que, dentre as hipóteses elencadas no art. 621 do Código de Processo Penal, permite desconstituir édito penal condenatório transitado em julgado quando fundado em depoimentos, em exames ou em documentos comprovadamente falsos) e a Ação Rescisória (que, a teor do art. 966 do Código de Processo Civil, permite a desconstituição de decisão de mérito lastreada em prova cuja falsidade tenha sido apurada em processo criminal ou venha a ser comprovada na própria via rescisória).

Desta feita, impossível aquiescer com argumentação no sentido de que o direito constitucional de ação possibilitaria o ajuizamento de demanda cuja pretensão de direito material encontrar-se-ia balizada em provas falsas, sob pena, para além de tudo o que foi sustentado, haver uma completa banalização do processo e uma subversão da lógica, uma vez que se institucionalizará (e se chancelará) o acionamento de um dos Poderes da República, o Judiciário, para fins de efetivação de fraudes e de engodos processuais. Em outras palavras, plenamente crível visualizar-se, diante de um caso concreto, a perpetração de crimes em decorrência do acionamento do Poder Judiciário (ainda que sob o manto do princípio da inafastabilidade do controle jurisdicional ou da jurisdição).

Importante ser declinado que, para a configuração típica no contexto ora abordado, deve haver, segundo a jurisprudência do C. Superior Tribunal de Justiça e do Tribunal Regional Federal da 3ª Região, uma conduta que extrapole os limites de meras atividades processuais, ocorrendo, exemplificativamente, quando se usa documento falso com o fito de ludibriar tanto a parte adversa como a própria autoridade judicante que exarará seu comando quando no momento sentencial – nesse sentido, vide os julgados que seguem:

"AGRAVO REGIMENTAL EM HABEAS CORPUS. 1. **TRANCAMENTO DA AÇÃO PENAL. IMPOSSIBILIDADE.** 2. 'ESTELIONATO JUDICIÁRIO'. NÃO OCORRÊNCIA. 3. **FRAUDE ANTERIOR À INSTAURAÇÃO DO PROCESSO. AÇÕES PARA RECEBIMENTO DO SEGURO DPVAT, FUNDADAS EM BOLETINS DE OCORRÊNCIA QUE NARRAVAM FATOS FALSOS.** 4. AGRAVO REGIMENTAL IMPROVIDO. 1. Como é cediço, o trancamento de ação penal é medida excepcional, só admitida quando ficar provada, inequivocamente, sem a necessidade de exame valorativo do conjunto fático ou probatório, a atipicidade da conduta, a ocorrência de causa extintiva da punibilidade, ou, ainda, a ausência de indícios de autoria ou de prova da materialidade do delito, circunstâncias não evidenciadas na hipótese em exame. 2. **Em casos anteriores, em que o Superior Tribunal de Justiça afastou a figura do estelionato pela prática da advocacia, o próprio feito foi utilizado como meio de fraude. Portanto, era possível ao Magistrado, durante o curso do processo, ter acesso às informações que caracterizavam a fraude, como no caso de ajuizamento de mais de uma ação pelo advogado, à busca de uma Vara que lhe fosse favorável; ou a inclusão de nomes e de valores em processos de execução, que não estavam contemplados na sentença proferida na fase de conhecimento**. 3. Na espécie, não há que se falar em 'estelionato judiciário', porquanto **os registros de boletins de ocorrência falsos aconteceram anteriormente à formação da relação processual**. Diferentemente dos demais precedentes desta Corte, aqui, **os artifícios preparados previamente ao ajuizamento das ações eram medidas que escapavam ao alcance das averiguações no âmbito do processo judicial, de modo que nem o magistrado, nem a parte adversa teriam condições de detectá-los com diligências comuns**. 4. Agravo regimental a que se nega provimento."

(STJ, AgRg no HC 248.211/RS, Rel. Min. MARCO AURÉLIO BELLIZZE, QUINTA TURMA, julgado em 18/04/2013, DJe 25/04/2013)

"PENAL. PROCESSO PENAL. **ESTELIONATO PREVIDENCIÁRIO. CP, ART. 171, § 3º**. AUTORIA E MATERIALIDADE DELITIVA COMPROVADAS. CONDENAÇÃO MANTIDA. DOSIMETRIA. PENA-BASE. EXASPERAÇÃO. CAUSA DE AUMENTO. FRAÇÃO DE 1/3 (UM TERÇO). (...) 3. **Pelo que se infere da jurisprudência do Superior Tri-**

bunal de Justiça, é possível fazer uma distinção dentre as hipóteses em relação às quais se discute a tipificação do chamado 'estelionato judiciário'. No caso de a suposta conduta delitiva consistir em atividade de caráter processual, como a mera distribuição da ação, dedução de pedido inicial, levantamento de valores, entende-se ficar assegurado o direito de ação e a correspondente disciplina instituída pela ordem processual, cujo caráter dialético e a natureza mesma da função jurisdicional desaconselham incluí-la no âmbito da tutela penal. Nesse sentido, o Superior Tribunal de Justiça entende haver 'estelionato judicial' e, portanto, atipicidade, em hipóteses de (a) ajuizamento de ações com pedidos idênticos em favor da mesma parte e (b) levantamento indevido de valores mediante a conduta de incluir partes supostamente favorecidas pela decisão judicial. Mas na hipótese de a fraude decorrer de circunstância distinta da mera atividade processual, entende-se ser possível tipificar o delito de estelionato. É o caso, por exemplo, do uso de documento previamente falsificado e empregado para iludir partes e juízes. 4. Condenação mantida. (...)"

(TRF3, QUINTA TURMA, ApCrim - APELAÇÃO CRIMINAL - 78365 - 0002347-23.2015.4.03.6123, Rel. Des. Fed. MAURICIO KATO, julgado em 09/09/2019, e-DJF3 Judicial 1 DATA:25/09/2019)

"PENAL. PROCESSO PENAL. **CRIME TIPIFICADO NO ART. 171, §3º, C/C ART. 14, II, DO CÓDIGO PENAL. 'ESTELIONATO JUDICIAL'. ATIPICIDADE NÃO CONFIGURADA.** CERCEAMENTO DE DEFESA. NÃO CONFIGURADO. MATERIALIDADE E AUTORIA COMPROVADAS. DOSIMETRIA. PRESCRIÇÃO NÃO RECONHECIDA. APELAÇÃO NÃO PROVIDA. 1. **Na hipótese da fraude decorrer de situação distinta da mera atividade processual, tal como o uso de documento falsificado e empregado para induzir o magistrado e as partes em erro, é possível tipificar a conduta como estelionato.** Não merece prosperar o quanto alegado pela defesa, pois, como demonstrado nos autos, o acusado, juntamente com outros dois comparsas, utilizou meio fraudulento para induzir em erro a Justiça do Trabalho, consistente na apresentação de Domingos Roque Gasparim como preposto da empresa reclamada na ação trabalhista, sendo que todos sabiam que ele não era representante da empresa. (...)"

(TRF3, PRIMEIRA TURMA, Ap. - APELAÇÃO CRIMINAL - 56578 - 0002510-33.2005.4.03.6000, Rel. Des. Fed. VALDECI DOS SANTOS, julgado em 03/10/2017, e-DJF3 Judicial 1 DATA:17/10/2017)

Ressalte-se, por oportuno, sempre respeitando aqueles que veem a situação sob outro matiz, que o pensar de forma diversa ao que se acabou de expor teria o condão de ensejar o inexorável entendimento de que vale "tentar a sorte" no Poder Judiciário por meio da propositura de demanda lastreada em documento falsificado (como, hipoteticamente, uma ação previdenciária em que se quer comprovar vínculo laboral por meio da inserção, em falso ideológico, de um contrato de trabalho ou uma ação tributária em que se objetiva a extinção de dado crédito tributário por meio da apresentação de compensação lastreada em documentos fiscais falsificados), pois, afinal, impossível se conceber qualquer punição na seara criminal ao agente que perpetrou tal conduta.

5.2. Alegação de inconstitucionalidade do crime de estelionato - análise à luz dos postulados da *ultima ratio* e da intervenção mínima do Direito Penal

Inviável o entendimento de que o delito insculpido no art. 171 do Código Penal seria inconstitucional tendo como base a mínima intervenção do aparato penal, bem como o ideário de que o Direito Penal deveria ser aplicado como *ultima ratio*.

Nesse contexto cumpre salientar que o princípio da intervenção mínima do Direito Penal deve ser aplicado ao lado do postulado da *ultima ratio* no sentido de que ele não pode ser a primeira opção prevista no ordenamento jurídico como forma de debelar uma situação concreta (daí porque sua necessidade de intervenção mínima e no contexto da última fronteira para restabelecer a paz social).

Em outras palavras, entende-se que o Direito Penal não deve interferir em demasia na vida do indivíduo para tolher sua autonomia ou sua liberdade na medida em que determinados fatos ou determinada situação ensejam a incidência de outros ramos do Direito (que se mostram aptos a afastar a crise que se instaurou). Na falta de solução adequada à lide instaurada na sociedade (não resolvida, portanto, pela atuação dos demais segmentos do Direito) tem cabimento ser chamado à baila o legislador pátrio a fim de que a conduta não pacificada seja tipificada como delito por meio da edição de uma lei penal incriminadora.

A propósito, destaque-se que o Estado de Direito necessariamente exige a presença de um Direito Penal fragmentário, ou seja, mínimo no sentido de que não incrimine qualquer conduta no plano dos fatos e dos acontecimentos da vida (princípio da intervenção mínima), sob o pálio do conceito de que a tipificação de ações/omissões deve ocorrer quando os demais ramos da Ciência Jurídica não foram o bastante para restabelecer a harmonia social (postulado da *ultima ratio*), conforme já restou consignado pelo C. Supremo Tribunal Federal, quando do julgamento do HC 107638 (Rel. Min. Cármen Lúcia, Primeira Turma, julgado em 13.09.2011, PROCESSO ELETRÔNICO DJe-187 DIVULG 28-09-2011 PUBLIC 29-09-2011).

De igual modo, assentou-se que a existência de um Estado de Direito passa, necessariamente, por uma busca constante de um direito penal mínimo, fragmentário, subsidiário, capaz de intervir apenas e tão-somente naquelas situações em que outros ramos do direito não foram aptos a propiciar a pacificação social. Sem prejuízo do exposto, ainda de acordo com o C. Supremo Tribunal Federal, "o Direito Penal constitui a *ultima ratio legis* quanto às condutas humanas, por isso que deve incidir somente quando indispensável para a manutenção da ordem jurídica, posto inexistir norma jurídica para controlar e sancionar ações que violem expectativas normativas de maior intensidade." (Inq 3674, Rel. Min. Luiz Fux, Primeira Turma, julgado em 07.03.2017, acórdão eletrônico DJe-209 divulg 14-09-2017 public 15-09-2017).

Importante salientar que o C. Superior Tribunal de Justiça faz coro ao entendimento de que o Direito Penal não deve ser chamado a regular toda e qualquer situação da vida real (sob pena, inclusive, de haver a banalização de condutas incriminadas sem a presença de efetivo potencial lesivo a bem jurídico relevante, culminando, assim, no descrédito do Direito Penal), conforme pode ser inferido do excerto que segue: "de acordo com o princípio da intervenção mínima, o direito penal não deve interferir em demasia na vida em sociedade, devendo ser utilizado somente quando os demais ramos do direito não forem suficientes para proteger os bens de maior importância." (HC 215.522/RS, Rel. Min. Gurgel De Faria, Quinta Turma, julgado em 20.10.2015, *DJe* de 10.11.2015).

Em que pesem tais premissas, entendo que o tipo penal colacionado no art. 171 do Código Penal (o que abarca a causa de aumento de pena prevista no § 3º de indicada norma) não padece de qualquer vício que o torne contrário ao Texto Constitucional de 1988.

Isso porque tal preceito tem como objetivo tutelar bem jurídico consistente no patrimônio que, a teor do disposto no § 3º do art. 171 do Código Penal, pertence a toda a sociedade, na medida em que o ardil empregado com o escopo de obter vantagem indevida em prejuízo alheio acaba por ferir entidade de direito público ou instituto de economia popular, de assistência social ou de beneficência.

Desta feita, mostra-se extremamente relevante e necessária a intervenção do Direito Penal a incriminar condutas que tenham como alvedrio a obtenção de vantagem ilícita, em prejuízo alheio, por meio da perpetração de ardil, não apenas porque há um desfalque patrimonial, mas, principalmente, a fim de manter a higidez do sistema que cerca entidade de direito público ou instituto de economia popular, de assistência social ou de beneficência.

Portanto, correta a incidência do Direito Penal para proteger as máculas ao bem jurídico tutelado pelo crime de estelionato, principalmente quando levado a efeito em prejuízo do patrimônio público nos moldes da causa de aumento de pena insculpida no § 3º do art. 171 do Código Penal, não bastando a possibilidade de o ordenamento jurídico prever a necessidade de reparação do erário nas esferas cível e administrativa, sem que possa ser alegada violação aos postulados da mínima intervenção do Direito Penal e da incidência de tal ramo do Direito como *ultima ratio*.

Consigne-se não haver qualquer possibilidade de reconhecimento da existência de inconstitucionalidade formal por desrespeito ao devido processo legislativo (como, por exemplo, vício de iniciativa da lei ou desrespeito ao rito constitucional de elaboração da espécie normativa) quando da edição da norma em comento.

Cite-se, a propósito, julgado emanado do TRF/3 em que foi devidamente rechaçada a tese de inconstitucionalidade a macular o crime de estelionato:

> "(...) 2. O delito de estelionato tal como previsto no Código Penal não padece de qualquer vício de inconstitucionalidade seja formal, seja material. O tipo penal do estelionato qualificado visa a tutelar bem jurídico que consiste no patrimônio de entidade de direito público, cuja relevância para a sociedade levou o legislador pátrio a considerar crime as condutas que lhe são violadoras, erigindo-o à proteção máxima do Direito Penal. (...)."
>
> (TRF 3ª Região, Décima Primeira Turma, Acr – Apelação Criminal – 46745 – 0003567-78.2009.4.03.6119, Rel. Des. Federal Nino Toldo, julgado em 06.09.2016, *e-DJF3* Judicial 1 de 12.09.2016)

Assim, impossível reconhecer a atipicidade material do delito em questão sob o prisma da intervenção mínima do Direito Penal.

5.3. Impossibilidade de aplicação do princípio da insignificância em sede de estelionato contra a Previdência Social

O princípio da insignificância (ou da bagatela) demanda ser interpretado à luz dos postulados da mínima intervenção do Direito Penal e da *ultima ratio* (ambos definidos no tópico precedente) como forma de afastar a aplicação do Direito Penal a fatos de somenos importância e que, portanto, podem ser debelados com supedâneo nos demais ramos da Ciência Jurídica – fragmentariedade do Direito Penal.

Dentro desse contexto, a insignificância tem o condão de afastar a tipicidade da conduta sob o aspecto material ao reconhecer que ela possui um reduzido grau de reprovabilidade e que houve pequena ofensa ao bem jurídico tutelado.

Conforme dito anteriormente, o crime previsto no art. 171, § 3º, do Código Penal, em especial o estelionato levado a efeito contra a Previdência Social, macula bem jurídico pertencente à coletividade consistente no patrimônio do nosso sistema de Previdência (e a própria subsistência do Instituto Nacional do Seguro Social – INSS como órgão responsável pelo adimplemento de aposentadorias e de pensões aos segurados que dele são filiados), o que, por si só, já faz com que seja incabível aplicação do postulado em comento, ainda que o ardil tenha causado prejuízo abaixo do valor necessário para que a União Federal tenha interesse em cobrar judicialmente seu crédito por meio do ajuizamento de ação de execução fiscal.

Ademais, há que ser consignado que a conduta perpetrada por um estelionatário também malfere os bens jurídicos da moralidade administrativa e da fé pública (culminando, assim, no mau trato da coisa pública), sem se olvidar da consequente ampliação do déficit que nossa Previdência Social suporta.

Importante ser dito que tanto o C. Supremo Tribunal Federal como o C. Superior Tribunal de Justiça adotam o entendimento ora exposto no sentido da impossibilidade do reconhecimento de delito de bagatela quando perpetrada conduta tipificadora do crime de estelionato majorado contra o Instituto Nacional do Seguro Social – INSS:

> "(...) II – Atipicidade material da conduta do agente em face da aplicação do princípio da insignificância. Inaplicabilidade. Não há falar em reduzido grau de reprovabilidade da conduta, uma vez que a prática do estelionato atingiu bem jurídico de caráter supraindividual – o patrimônio da previdência social ou a sua subsistência financeira – na medida em que se fez incluir no cálculo de liquidação de sentença valores indevidos e supos-

tamente relacionados com direito de beneficiária falecida no curso do processo de conhecimento. Precedentes. (...)."

(STF, RHC 117095, Rel. Min. Ricardo Lewandowski, Segunda Turma, julgado em 27.08.2013, processo eletrônico DJe-180 divulg 12.09.2013 public 13.09.2013)

"Habeas corpus. Penal. Estelionato praticado contra a Previdência Social. Artigo 171, § 3º, do Código Penal. Princípio da insignificância. Inaplicabilidade. Elevado grau de reprovabilidade da conduta praticada, o que não legitima a aplicabilidade do postulado. Ordem denegada. 1. A aplicação do princípio da insignificância, de modo a tornar a conduta atípica, carece, entre outros fatores, além da pequena expressão econômica do bem objeto de subtração, de um reduzido grau de reprovabilidade da conduta do agente. 2. Ainda que se admitisse como norte para aferição do relevo material da conduta praticada pelo paciente a tese de que a própria Fazenda Pública não promove a execução fiscal para débitos inferiores a R$ 10.000 (dez mil reais) – Lei nº 10.522/02 –, remanesceria, na espécie, o alto grau de reprovabilidade da conduta praticada. Esse fato, por si só, não legitimaria a aplicabilidade do postulado da insignificância. (...) 4. Esse tipo de conduta contribui negativamente com o déficit previdenciário do regime geral, que alcança, atualmente, expressivos 5,1 bilhões de reais. Não obstante ser ínfimo o valor obtido com o estelionato praticado, à luz do déficit indicado, se a prática de tal forma de estelionato se tornar comum, sem qualquer repressão penal da conduta, certamente se agravaria a situação dessa prestadora de serviço fundamental à sociedade, responsável pelos pagamentos das aposentadorias e dos demais benefícios dos trabalhadores brasileiros. Daí porque se afere como elevado o grau de reprovabilidade da conduta praticada. 5. Segundo a jurisprudência da Corte 'o princípio da insignificância, cujo escopo é flexibilizar a interpretação da lei em casos excepcionais, para que se alcance o verdadeiro senso de justiça, não pode ser aplicado para abrigar conduta cuja lesividade transcende o âmbito individual e abala a esfera coletiva.'

(HC nº 107.041/SC, Primeira Turma, de minha relatoria, DJe de 7/10/11). 6. Ordem denegada."

(STF, HC 111918, Rel. Min. Dias Toffoli, Primeira Turma, julgado em 29.05.2012, processo eletrônico DJe-122 divulg 21.06.2012 public 22.06.2012)

5.4. Não incidência do princípio da insignificância em sede de crime de estelionato para obtenção de seguro desemprego

A fraude na obtenção de seguro desemprego configura crime e não mera infração administrativa e subsome-se exatamente ao crime de estelionato, pois que o agente obtém, para si, vantagem ilícita, em prejuízo alheio, mantendo terceiro em erro mediante artifício, ardil ou qualquer outro meio fraudulento.

Não se nota a presença de mera irregularidade a ser debelada na senda administrativa, mas efetiva ofensa a bem jurídico tutelado pela norma penal, de modo a atrair a incidência desse ramo do Direito como forma de pacificar a nossa sociedade.

Diante deste cenário, não deve ser admitida a aplicação do princípio da insignificância quando envolvidos interesses do Fundo de Amparo ao Trabalhador – FAT, vinculado à União por meio do Ministério do Trabalho e Emprego, uma vez que é assente na jurisprudência o entendimento segundo o qual a fraude perpetrada em desfavor de patrimônio pertencente à coletividade (tal qual o atinente ao seguro-desemprego) possui um elevado desvalor de conduta, possuindo esta um alto grau de reprovabilidade a impedir a aplicação do princípio da insignificância (que teria o condão de afastar a tipicidade material da infração criminal). A propósito:

> "(...) 1. A jurisprudência desta Corte é firme no sentido de que é inaplicável o princípio da insignificância nas hipóteses em que o acusado obtém vantagem econômica indevida, mediante fraude ao programa do seguro desemprego, ainda que tais valores sejam considerados irrisórios. (...)"
>
> (STJ, AgRg no AREsp 1134815/MS, Rel. Ministro Ribeiro Dantas, Quinta Turma, julgado em 14.11.2017, *DJe* de 22.11.2017)

> "(...) 1. O saque fraudulento de seguro desemprego é conduta com alto grau de reprovabilidade e afasta a aplicação do princípio da insignificância. Precedentes. 2. Agravo regimental não provido."
>
> (STJ, AgRg no AREsp 1096681/PE, Rel. Ministro Rogerio Schietti Cruz, Sexta Turma, julgado em 05.10.2017, *DJe* de 16.10.2017)

5.5. Crime impossível e tentativa de estelionato

Alega-se, muita das vezes, em se tratando de apuração de estelionato contra o INSS, que, diante do controle efetuado pelos funcionários da autarquia, o crime seria impossível notadamente quando há percepção de imediato da tentativa de fraude.

Com efeito, a figura do crime impossível encontra previsão no art. 17 do Código Penal, *in verbis*: "não se pune a tentativa quando, por ineficácia absoluta do meio ou por absoluta impropriedade do objeto, é impossível consumar-se o crime."

De acordo com o artigo transcrito, nota-se que, para que a tentativa não seja punida, o meio empregado pelo agente precisa ser absolutamente (completamente) ineficaz para a consecução da empreitada criminosa ou o objeto (pessoa ou coisa sobre a qual recai a conduta do sujeito ativo do tipo penal) precisa ser absolutamente impróprio para o desiderato pretendido pelo criminoso.

Tais situações retratadas escoram-se na ideia de que o bem jurídico tutelado pela norma penal não corre risco algum em face da conduta (comissiva ou omissiva) levada a efeito, de modo que o crime é reputado como impossível.

Cumpre destacar que o C. Superior Tribunal de Justiça, quando do julgamento do REsp 1385621/MG (Rel. Ministro Rogerio Schietti Cruz, Terceira Seção, julgado em 27.05.2015, *DJe* de 02.06.2015), sob a sistemática dos recursos repetitivos representativos da controvérsia, firmou entendimento no sentido de que realmente a ineficácia do meio precisa ser absoluta para que o crime possa ser tido como impossível.

Apreciou-se, naquele feito, a alegação de que sistemas de segurança existentes em estabelecimentos comerciais fariam com que eventual conduta tipificadora do crime de furto fosse impossível de ser realizada justamente porque a consumação do delito estaria obstada pelo aparato protetivo instalado pelo comerciante.

O posicionamento adotado pela C. Corte Superior baseou-se no fato de que sistemas de circuito interno de TV (instalados exatamente com o objetivo de evitar desfalques patrimoniais) não teriam o condão de tornar absolutamente incapaz o meio empregado na medida em que a eficiência do mecanismo de segurança apenas minimiza as perdas dos comerciantes, visto que não impede, de modo absoluto, a ocorrência de subtrações no interior de estabelecimentos comerciais. Consignou-se, ademais, que não se pode afirmar, em um juízo normativo de perigo potencial, que o equipamento funcionará normalmente, que haverá vigilante a observar todas as câmeras durante todo o tempo, que as devidas providências de abordagem do agente serão adotadas após a constatação do ilícito, etc.

Segue a ementa do precedente (frise-se, de observância obrigatória sob o pálio do disposto no art. 927, III, do Código de Processo Civil):

"(...) 1. Recurso Especial processado sob o rito previsto no art. 543-C, § 2º, do CPC, c/c o art. 3º do CPP, e na Resolução n. 8/2008 do STJ. TESE: A existência de sistema de segurança ou de vigilância eletrônica não torna impossível, por si só, o crime de furto cometido no interior de estabelecimento comercial. 2. Embora os sistemas eletrônicos de vigilância e de segurança tenham por objetivo a evitação de furtos, sua eficiência apenas minimiza as perdas dos comerciantes, visto que não impedem, de modo absoluto, a ocorrência de subtrações no interior de estabelecimentos comerciais. Assim, não se pode afirmar, em um juízo normativo de perigo potencial, que o equipamento funcionará normalmente, que haverá vigilante a observar todas as câmeras durante todo o tempo, que as devidas providências de abordagem do agente serão adotadas após a constatação do ilícito, etc. 3. Conquanto se possa crer, sob a perspectiva do que normalmente acontece em situações tais, que na maior parte dos casos não logrará o agente consumar a subtração de produtos subtraídos do interior do estabelecimento comercial provido de mecanismos de vigilância e de segurança, sempre haverá o risco de que tais providências, por qualquer motivo, não frustrem a ação delitiva. 4. Somente se configura a hipótese de delito impossível quando, na dicção do art. 17 do Código Penal, 'por ineficácia absoluta do meio ou por absoluta impropriedade do objeto, é impossível consumar-se o crime.' 5. Na espécie, embora remota a possibilidade de consumação do furto iniciado pelas recorridas no interior do mercado, o meio empregado por elas não era absolutamente inidôneo para o fim colimado previamente, não sendo absurdo supor que, a despeito do monitoramento da ação delitiva, as recorridas, ou uma delas, lograssem, por exemplo, fugir, ou mesmo, na perseguição, inutilizar ou perder alguns dos bens furtados, hipóteses em que se teria por aperfeiçoado o crime de furto. 6. Recurso especial representativo de controvérsia provido para: a) reconhecer que é relativa a inidoneidade da tentativa de furto em estabelecimento comercial dotado de segurança e de vigilância eletrônica e, por consequência, afastar a alegada hipótese de crime impossível; b) julgar contrariados, pelo acórdão impugnado, os arts. 14, II, e 17, ambos do Código Penal; c) determinar que o Tribunal de Justiça estadual prossiga no julgamento de mérito da apelação."

(REsp 1385621/MG, Rel. Ministro Rogerio Schietti Cruz, Terceira Seção, julgado em 27.05.2015, *DJe* de 02.06.2015)

Portanto, somente é possível cogitar-se de crime impossível quando a ineficácia do meio empregado for absolutamente irretorquível pelos elementos de prova constantes dos autos, nos termos em que fixada a jurisprudência de observância obrigatória do C. Superior Tribunal de Justiça acerca da matéria.

Outrossim, não há que se confundir crime impossível com crime tentado. Caso em que o estelionato contra o INSS dar-se-á na modalidade tentada, se somente não se consumar por circunstância alheia à vontade do agente, mas o meio empregado para fraudar a Previdência Social seja hábil ao alcance da consumação delitiva.

Desta feita, se o objetivo pretendido com a fraude perpetrada somente não for atingido por circunstâncias externas, alheias à vontade do agente, será o caso de tentativa (o que não afeta o fato de que o meio empregado para tal consecução seja perfeitamente apto à produção do resultado pretendido), não configurando, assim, o crime impossível que exige a percepção da fraude *ictu oculli*.

Por exemplo, o fato de um funcionário de uma instituição financeira perceber o intento malicioso do agente (pedindo a interferência das forças de segurança pública) não faz com que se possa admitir que o meio empregado seja absolutamente incapaz para a execução da fraude, mas sim que teria ocorrido a figura tentada do delito de estelionato (com supedâneo no art. 14, II, do Código Penal), que só não se consumara por circunstâncias alheias à vontade do agente.

Importante trazer à colação que o C. Superior Tribunal de Justiça possui entendimento pacífico no sentido de que o fato das instituições financeiras possuírem sistemas internos de pesquisa de dados e treinarem seus funcionários para o combate à fraude não impede, por si só, a consumação do crime de estelionato, uma vez que tais mecanismos configuram apenas tentativas dos bancos de minimizarem os prejuízos com o aumento exponencial das fraudes, não ilidindo, de forma absolutamente eficaz, a consumação do delito. Vide, a propósito, a ementa que segue:

> "(...) II – O fato de as instituições financeiras possuírem sistemas internos de pesquisa de dados e treinarem os funcionários para o combate à fraude não impedem, por si sós, a consumação do crime de estelionato. Esses mecanismos são tentativas das instituições de minimizarem os prejuízos com o aumento exponencial das fraudes, todavia, não ilidem, de forma absolutamente eficaz, a consumação do delito. III – A Terceira Seção desta Corte, em julgamento proferido em sede de recurso especial repetitivo (REsp n. 1.385.621/MG (Rel. Min. Rogerio Schietti Cruz, DJe de 2/6/2015) firmou orientação no sentido de que 'a existência de sistema de segurança

ou de vigilância eletrônica não torna impossível, por si só, o crime de furto cometido no interior de estabelecimento comercial'. Analogicamente, este entendimento pode ser aplicado. Habeas corpus não conhecido."

(HC 361.555/SP, Rel. Ministro Felix Fischer, Quinta Turma, julgado em 27.09.2016, *DJe* de 07.10.2016)

5.6. Participação de menor importância e autoria mediata

Destaque-se que para que tenha cabimento a incidência do instituto da participação de menor importância faz-se necessário que o agente não tenha atuado com relevância causal para a concretização do fato típico.

A aferição concreta da menor importância de uma conduta criminosa deve levar em conta sua eficiência quanto ao evento típico, considerando-se como de pequena importância aquela cuja eficiência não foi decisiva. Assim, o reconhecimento da participação de menor importância pressupõe a comprovação de que o partícipe auxiliou em atos que apenas orbitaram a esfera da ação incriminada no tipo penal.

Já teve oportunidade de decidir o C. Superior Tribunal de Justiça: "não há falar em aplicação da minorante pela participação de menor importância – art. 29, § 1º, do CP –, na hipótese em que evidenciada a alta relevância causal da atuação da recorrida para que concretizados os fatos típicos, bem como a gravidade da contribuição prestada, tendo restado inconteste que a ré auxiliou ativamente o condenado na prática dos estupros contra os menores" (REsp 1359411/MG, Rel. Min. Maria Thereza De Assis Moura, Sexta Turma, julgado em 05.05.2016, *DJe* de 16.05.2016).

Importante assentar que o fato, por exemplo, de um segurado (beneficiário de benefício assistencial) em seu depoimento informar desconhecer um dos acusados de perpetrar o estelionato previdenciário, argumentando ter tido contato apenas com um dos agentes intermediadores da obtenção do benefício, não afasta a ocorrência de indícios de autoria em relação a este tal acusado desconhecido se restar comprovado que este detinha o total domínio do fato. Notadamente quando, à luz dos elementos de informação declinados nos autos, sobressaírem indícios de uma possível estrutura organizada com divisão de tarefas voltada à obtenção espúria de benefício patrimonial por meio de concessão fraudulenta de benefícios assistenciais, da qual participariam ativamente os demais agentes denunciados pelo Ministério Público Federal.

Assim, neste exemplo, por ostentarem a qualidade de gestores, tinham subordinados que praticavam atos sob a sua orientação destinados à obtenção fraudulenta de benefícios sem precisarem intervir pessoalmente em cada um dos casos, razão pela qual figurariam como autores mediatos ou autores intelectuais da prática delitiva.

Não há falar em participação de menor importância quando se observa que o agente detinha o total domínio do fato, ajudando ativamente os demais agentes criminosos na perpetração de um crime. Conforme escreve Guilherme de Souza Nucci, citando julgado do TJMG (Ap. Crim. 1.0024.13.312547-6/001-MG, 6ª C. Crim., rel. Furtado de Mendonça, 11.06.2015), "impossível o reconhecimento da participação de menor importância se o agente contribui ativa e conscientemente para o sucesso da empreitada criminosa, possuindo, pois, o domínio funcional do fato".[18]

Veja-se que o descortinar das condutas ilícitas de um agente pelos agentes estatais a inviabilizar a eventual escusa de ter sua participação na prática delitiva o coloca em posição de ser questionado desde que haja indício claro neste sentido. Oportuno testificar que o art. 239 do CPP arrola o indício como espécie de prova, sendo lícito, senão obrigatório, ao magistrado considerá-lo na formação de seu livre convencimento motivado ao preceituar que: "considera-se indício a circunstância conhecida e provada, que, tendo relação com o fato, autorize, por indução, concluir-se a existência de outra ou outras circunstâncias."

A propósito, Nucci[19] considera que: "os indícios são perfeitos tanto para sustentar a condenação, quanto para a absolvição. Há autorização legal para a sua utilização e não se pode descurar que há muito preconceito contra essa espécie de prova, embora seja absolutamente imprescindível ao juiz utilizá-la. Nem tudo se prova diretamente, pois há crimes camuflados – a grande maioria – que exigem a captação de indícios para a busca da verdade real."

Inclusive, os Tribunais Superiores já tiveram oportunidade de se manifestar nesse sentido:

> "AGRAVO REGIMENTAL EM AGRAVO DE INSTRUMENTO. ART. 244-A, § 1º, DO ECA. PROVA INDICIÁRIA. SUFICIÊNCIA. CONDENAÇÃO. REEXAME DE PROVAS. SÚMULA 7/STJ. DIVERGÊNCIA JURISPRUDENCIAL. AUSÊNCIA DE SIMILITUDE FÁTICA. 1. O dis-

[18] NUCCI, Guilherme de Souza. *Código penal comentado*. 19. ed. ed. rev. atual. e ampl. São Paulo: RT, 2019, p. 331.

[19] NUCCI, Guilherme de Souza. *Código de processo penal comentado*, 18. ed. Rio de Janeiro: Forense, 2019. p. 650.

sídio jurisprudencial, para que seja caracterizado, exige que, em situações fáticas idênticas, tenha havido a divergente interpretação do mesmo dispositivo de lei federal, o que não ocorre no caso concreto, em que não há a referida similitude, uma vez que o julgado recorrido e o paradigma avaliaram questões de fato diferentes. 2. Em se tratando de crime cometido por omissão, a explicitação do nexo de causalidade consiste na demonstração do fato de que o agente, embora sabendo da conduta ilícita e possuindo obrigação e condição de impedir seu resultado, concordou com a sua realização, por meio de sua inação. 3. Situação em que a Corte de origem, não apenas em razão da condição de administrador dos motéis, mas também por meio de outros elementos de convicção, entendeu que o agravante tinha conhecimento da exploração da prostituição de menores que era realizada nos estabelecimentos sob sua responsabilidade e assentia na ocorrência dessas práticas. 4. **Uma sucessão de indícios e circunstâncias, coerente e concatenadas, podem ensejar a certeza fundada que é exigida para a condenação** (REsp n. 130.570/SP, Ministro Felix Fischer, Quinta Turma, DJ 6/10/1997). 5. Para rever se, no caso concreto, os indícios seriam coerentes e veementes, de forma a autorizar um juízo de certeza acerca da culpabilidade do agravante, seria necessária uma análise do seu conteúdo, bem como das circunstâncias fáticas que envolveram as práticas delitivas, providência vedada em recurso especial, por força da Súmula 7/STJ. 6. Agravo regimental improvido."

(STJ, AGA - AGRAVO REGIMENTAL NO AGRAVO DE INSTRUMENTO - 1206993 2009.01.82827-6, SEBASTIÃO REIS JÚNIOR, SEXTA TURMA, DJE DATA:13.03.2013)

"HABEAS CORPUS. PROCESSO PENAL. TRÁFICO DE ENTORPECENTES. MINORANTE DO § 4º DO ART. 33 DA LEI N. 11.343/2006. QUANTIDADE E VARIEDADE DA DROGA, MAUS ANTECEDENTES E DEDICAÇÃO À ATIVIDADE CRIMINOSA. INAPLICABILIDADE DA CAUSA DE DIMINUIÇÃO. PRESUNÇÃO HOMINIS. POSSIBILIDADE. **INDÍCIOS. APTIDÃO PARA LASTREAR DECRETO CONDENATÓRIO. SISTEMA DO LIVRE CONVENCIMENTO MOTIVADO. REAPRECIAÇÃO DE PROVAS**. DESCABIMENTO NA VIA ELEITA. ELEVADA QUANTIDADE DE DROGA APREENDIDA. CIRCUNSTÂNCIA APTA A AFASTAR A MINORANTE PREVISTA NO ART. 33, § 4º, DA LEI Nº 11.343/06, ANTE A DEDICAÇÃO DO AGENTE A ATIVIDADES CRIMINOSAS. ORDEM DENEGADA. 1. O § 4º do artigo 33 da Lei de Entorpecentes dispõe a respeito da causa de diminuição da pena nas frações de 1/6 a 2/3 e arrola os requisitos necessários para tanto: primariedade, bons antecedentes, não dedicação à atividades criminosas e não à organização criminosa. 2. Consectariamente, ainda que se tratasse de presunção de que o paciente é dedicado à atividade criminosa, esse elemento probatório seria passível de ser utilizado mercê de, como visto, haver elementos fáticos conducentes a conclusão de que o paciente era dado à atividade delituosa. 3. O princípio processual penal do favor rei não ilide a possibilidade de utilização de presunções hominis ou facti, pelo juiz, para decidir sobre a procedência do ius puniendi, máxime porque **o Código de Processo Penal prevê expressamente a prova indiciária, definindo-a no art. 239 como a circunstância conhecida e provada, que, tendo relação com o fato, autorize, por indução, concluir-se a existência de outra ou outras circunstâncias**. Doutrina (LEONE, Giovanni. Trattato di Diritto Processuale Penale. v. II. Napoli: Casa Editrice Dott. Eugenio Jovene, 1961. p. 161-162). Precedente (HC 96062, Relator(a): Min. MARCO AURÉLIO, Primeira Turma, julgado em 06/10/2009, DJe-213 DIVULG 12-11-2009 PUBLIC 13-11-2009 EMENT VOL-02382-02 PP-00336). 4. **Deveras, o julgador pode, mediante um fato devidamente provado que não constitui elemento do tipo penal, utilizando raciocínio engendrado com supedâneo nas suas experiências empíricas, concluir pela ocorrência de circunstância relevante para a qualificação penal da conduta**. 5. A criminalidade dedicada ao tráfico de drogas organiza-se em sistema altamente complexo, motivo pelo qual **a exigência de prova direta da dedicação a esse tipo de atividade, além de violar o sistema do livre convencimento motivado previsto no art. 155 do CPP e no art. 93, IX, da Carta Magna, praticamente impossibilita a efetividade da repressão a essa espécie delitiva.** (...) 8. Ordem denegada."

(STF, HC – HABEAS CORPUS 111666 – MG, 1ª Turma, Rel. Min. LUIZ FUX, Data de Julgamento 08.05.2012, v.u.)

Neste diapasão, o indício de que um agente tenha praticado determinado crime que esteja fortemente robustecido pelos demais elementos dos autos, demonstra que seria ilegítimo impor ao órgão acusatório a demonstração por provas diretas da atuação delitiva, o que seria uma carga probatória insuperável. Assim, gerando o acervo probatório um grau de certeza necessário para a condenação penal de alguém por ter participado de dado crime, deve restar condenado, na forma do art. 29 do diploma repressivo.

5.7. Absorção do crime de uso de documento falso pelo delito de estelionato

Para que seja possível a avocação do princípio da consunção a fim de que um crime seja absorvido por outro, faz-se necessária a existência de uma infração penal (ou, até mesmo, de infrações penais), denominada crime-meio, que esteja dentro do *iter criminis* como fase de preparação ou como fase de execução de outra infração criminal (esta chamada de crime-fim), havendo efetiva comprovação de vínculo de subordinação entre as condutas típicas.

Em outras palavras, imperioso que haja a comprovação de que a potencialidade lesiva do crime-meio exauriu-se por completo com a perpetração do crime-fim. O critério da consunção "resolve o conflito aparente entre tipo consumidor e tipo consumido, porque o conteúdo de injusto do tipo principal consome o conteúdo de injusto do tipo secundário: o tipo consumido constitui meio regular (não necessário) de realização do tipo consumidor."[20]

Importante ser dito que a existência de pena maior cominada pelo ordenamento jurídico ao crime-meio não é óbice à aplicação do postulado em comento, conforme entendimento sufragado pelo C. Superior Tribunal de Justiça:

> "(...) 1. A aplicação do princípio da consunção pressupõe a existência de ilícitos penais (delitos-meio) que funcionem como fase de preparação ou de execução de outro crime (delito-fim), com evidente vínculo de dependência ou subordinação entre eles; não sendo obstáculo para sua aplicação a proteção de bens jurídicos diversos ou a absorção de infração mais grave pela de menor gravidade (REsp n. 1.294.411/SP, Ministra Laurita Vaz, Quinta Turma, DJe 3/2/2014). Precedentes. 2. Agravo regimental improvido."
>
> (AgRg no REsp 1425746/PA, Rel. Ministro Sebastião Reis Júnior, Sexta Turma, julgado em 03.06.2014, *DJe* de 20.06.2014)

Desta feita, quando as condutas narradas na peça acusatória apontarem pela total convergência entre o contexto fático descrito para o fim de imputação do crime de uso de documento falso e aquele relacionado ao crime de estelionato, esgotando-se a potencialidade lesiva do primeiro crime com o cometimento deste último, deve-se reconhecer o princípio da consunção.

[20] DOS SANTOS, Juarez Cirino. *Manual de direito penal. Parte geral*. Conceito Editorial, 2011, p. 236.

Vale dizer, a apresentação de documento fraudulento deve se dar como *modus operandi* tão somente para a prática do crime de estelionato pelo qual se objetiva a obtenção de vantagem ilícita em prejuízo a outrem (por exemplo, o INSS), não possuindo conteúdo que pudesse transpassar a prática do aludido ilícito penal.

A falsificação, neste caso, não pode ser tida como delito autônomo, mas como pressuposto para o estelionato previdenciário (exemplo, falsificação de um atestado de óbito ou de uma declaração de convívio marital para instruir requerimento de benefício previdenciário de pensão por morte). Seguindo tal entendimento traz-se o julgado da Quinta Turma do TRF/3:

> "(...) 1. A apelante e o corréu (já falecido) foram denunciados pela prática do delito tipificado no art. 304 c/c art. 299, *caput,* na forma dos artigos 29 e 71, todos do Código Penal. 2. A materialidade delitiva do crime está comprovada pela escritura pública declaratória de união estável, na qual constou que Leonice e Sebastião Severino de Souza conviveram maritalmente, com a finalidade de auferir benefício previdenciário indevido; cópias autenticadas juntadas ao processo concessório do benefício de pensão por morte nº 21/141.124.308-8; ficha cadastral de um cyber café da cidade de Bastos/SP em que a denunciada Leonice José Bernardino figura como esposa do de cujus; 'contrato funerário', produzido no mesmo mês de janeiro de 2009 em que lavrada escritura pública declaratória de união estável; notas fiscais referentes à compra de um rádio, do conserto de TV e de combustível no Autoposto Laranjeiras. 3. Autoria e dolo comprovados. 4. Apelação da acusação. Da não aplicação do Princípio da Consunção. A acusação busca a reforma da sentença, que condenou a acusada pelo crime do artigo 171, caput e §3º, do Código Penal, a fim de que a condenação se dê pelos delitos dos artigos 304, c.c. 297, todos do Código Penal. 5. É assente na doutrina que o uso de documento falso, quando consistente em fraude para a obtenção de vantagem ilícita em prejuízo alheio, resulta na prática do delito de estelionato, pela aplicação do princípio da consunção, quando a potencialidade lesiva do documento falso se esgota na tentativa de obtenção de vantagem indevida. Neste caso, o uso de documento falso é tido como crime-meio para a obtenção de vantagem indevida: crime-fim. 6. Segundo a súmula 17 do Superior Tribunal de Justiça, quando o crime de falso se esgota no crime de estelionato, sem mais potencialidade lesiva, é por este absorvido: 'QUANDO O FALSO SE EXAURE NO ESTELIONATO, SEM MAIS POTENCIALIDADE LESIVA, É POR ESTE ABSORVIDO'. 7. No caso, os documentos ideologicamente falsos foram produzidos com a fina-

lidade de lograr indevido acesso a benefício previdenciário, não possuindo conteúdo que pudesse transpassar a prática do aludido ilícito penal. 8. *In casu*, a falsificação não pode ser tida como delito autônomo, mas como pressuposto para o estelionato previdenciário, sendo absorvido por este, por força da aplicação do princípio da consunção. 9. Comprovadas a materialidade, a autoria e o dolo, encontra-se caracterizado o crime de estelionato, nos termos do artigo 171, *caput* e §3º, combinado com o artigo 14, inciso II, do Código Penal. (...)"

(ACR 00012006720124036122 ACR-Apelação Criminal – 6704, Relator Desembargador Federal Paulo Fontes, Quinta Turma, Decisão: 20.09.2017, *v.u.*, *e-DJF3* Judicial de 27.09.2017)

Ao revés, por exemplo, se a abordagem de um agente ocorrer dentro da agência da Caixa Econômica Federal (local em que o agente intentasse perpetrar o crime de estelionato mediante o saque indevido de benefício previdenciário) haverá a realização da conduta típica prevista no art. 304 do Código Penal (uso de documento falso) se ficar demonstrado que a conduta do agente é autônoma, por exemplo com a utilização de RG ou CPF contrafeitos, não guardando nexo de causalidade apenas com o ardil empregado na execução do estelionato tentado, de modo que impossível se cogitar na incidência do postulado da consunção com o desiderato de que o emprego do documento falso reste absorvido pelo delito patrimonial.

Importante ressaltar que no caso ora exemplificado não há que se falar na aplicação do entendimento cristalizado na Súmula 17/STJ, segundo a qual "quando o falso se exaure no estelionato, sem mais potencialidade lesiva, é por este absorvido."

Assim, nota-se que, neste exemplo, o uso do documento falso não exauriu (não esgotou) sua potencialidade lesiva a permitir a consunção pelo crime patrimonial, podendo o documento ser utilizado para o cometimento de outros delitos, além de seu emprego para a prática do crime de estelionato. Ou seja, o uso do documento falso apresentou potencialidade lesiva que se espraiava para além do uso.

Sob esta ótica, apenas quando os fatos não caracterizarem infrações com estatura própria, figurando como meros instrumentos para a consecução da fraude visada, é que será possível falar em absorção do uso de documento falso pelo estelionato.

5.8. Fatos anteriores à Lei nº 9.983/2000 podem ser considerados crime de estelionato (tipo penal geral). Fatos praticados durante a sua vigência tipificam o delito do artigo 313-A do Código Penal, mas não o estelionato. Aplicação do princípio da especialidade

Remanesce, ainda hoje, o processamento e julgamento de feitos em razão de condutas perpetradas anteriormente à vigência da Lei nº 9.983, de 14.07.2000 (com entrada em vigor noventa dias após a sua publicação no *D.O.U.* de 17.07.2000, ou seja, em 15.10.2000).

Esta Lei incluiu o tipo penal do art. 313-A no Código Penal. Assim, entende-se pela impossibilidade de condenação pela prática do delito em questão quando os fatos ocorrerem precedentemente à sua vigência, hipótese em que a condenação deve se dar pela prática do delito de estelionato. Dispõe o mencionado tipo penal que:

> Inserção de dados falsos em sistema de informações (Incluído pela Lei nº 9.983, de 2000)
>
> "Art. 313-A. Inserir ou facilitar, o funcionário autorizado, a inserção de dados falsos, alterar ou excluir indevidamente dados corretos nos sistemas informatizados ou bancos de dados da Administração Pública com o fim de obter vantagem indevida para si ou para outrem ou para causar dano: (Incluído pela Lei nº 9.983, de 2000)
>
> Pena – reclusão, de 2 (dois) a 12 (doze) anos, e multa. (Incluído pela Lei nº 9.983, de 2000)"

Diante do desenvolvimento e modernização sistematizada que se inseriu no âmbito da Administração, objetivou-se criminalizar condutas que colocassem em risco a segurança das informações contidas em seus sistemas e bancos de dados, ante a ocorrência de fraudes e desvios que assolaram no seio do Estado.

A alteração legislativa em questão foi impulsionada por uma intenção de se apenar de forma mais grave a conduta de inserção de dados falsos em sistemas informatizados da Administração Pública pelo funcionário público autorizado.

É certo que tal alteração legislativa não representou completa inovação no ordenamento jurídico, uma vez que, anteriormente à Lei nº 9.983/2000, a inserção de dados falsos no sistema de dados na Administração Pública com o objetivo de se obter vantagem indevida, atinente à concessão irregular de benefícios previdenciários, correspondia ao crime de estelionato, apenado com uma sanção mais branda.

Sob tal perspectiva é que se tem firmado o entendimento segundo o qual na vigência do art. 313-A do Código Penal, a imposição de condenação quanto a ambos os crimes representaria *bis in idem*, devendo o aparente conflito de normas ser saneado com fundamento no princípio da especialidade.

Pelo princípio da especialidade, lei especial derroga lei geral, sendo considerada lei especial aquela que contém todos os requisitos da lei geral e mais algum(ns), chamado(s) pela doutrina de especializante(s).

Com efeito, nos casos em que uma única ação com diversos resultados é praticada, incumbe ao intérprete identificar se a hipótese é de concurso formal de crimes, situação em que dois ou mais delitos são efetivamente praticados e que, portanto, enseja a aplicação da pena mais grave aumentada de um sexto até a metade (art. 70, CP); ou se a hipótese é de conflito aparente de normas, situação em que, embora o fato possa, aparentemente, se subsumir a mais de um tipo penal, somente um deve ser aplicado, tendo em vista os princípios da especialidade, consunção e absorção.

Quanto ao princípio da especialidade, este está expressamente previsto no art. 12 do Código Penal e estabelece que, ao nos depararmos com normas que, se comparadas, revelam uma relação de "gênero" e "espécie", isto é, em se verificando que determinada norma (especial) contém todos os elementos de outra (geral) e acrescenta pormenores, deve-se determinar a incidência da norma especial em detrimento da norma geral (*lex specialis derogat legi generali*), a fim de se evitar o *bis in idem*.

Conforme os ensinamentos de Cezar Roberto Bitencourt:

> "Considera-se especial uma norma penal, em relação a outra geral, quando reúne todos os elementos desta, acrescidos de mais alguns, denominados especializantes. Isto é, a norma especial acrescenta elemento próprio à descrição típica prevista na norma geral (...). A regulamentação especial tem a finalidade, precisamente, de excluir a lei geral e, por isso, deve precedê-la (*lex specialis derogat lex generalis*). O princípio da especialidade evita o *bis in idem*, determinando a prevalência da norma especial em comparação com a geral, e pode ser estabelecido *in abstracto*, enquanto os outros princípios exigem o confronto *in concreto* das leis que definem o mesmo fato."[21]

Assim, estando presentes, além daqueles elementos previstos na norma do art. 171, §3º, do CP, também os "elementos especializantes" previstos na

[21] BITENCOURT, Cezar Roberto. *Tratado de direito penal, Parte geral*. 22.ed. São Paulo: Saraiva, 2016. v. 1. p. 255.

norma do art. 313-A do CP, quando a fraude perpetrada consista, especificamente, na inserção de dados falsos em sistema de informações da Administração Pública (INSS) e tendo em vista que o delito tenha sido praticado não por qualquer agente, mas por funcionário público autorizado a acessar/operar aquele sistema, terá incidência este último dispositivo.

Além disso, remarque-se não sustentar tese no sentido de que seria inviável a aplicação do princípio da especialidade por serem, supostamente, distintos os bens jurídicos protegidos pelas normas incriminadoras em questão. O art. 313-A do CP tutela não apenas a confiabilidade social nos sistemas e/ou banco de dados mantidos pela Administração Pública, mas também, de forma mais ampla, a probidade administrativa, a moralidade e o patrimônio público, de modo que a proteção oferecida pelo art. 313-A do CP abrange o bem jurídico que é tutelado pela previsão do art. 171, §3º, do CP.

Inclusive, é consolidado o entendimento jurisprudencial no sentido de que a solução do aparente conflito entre os tipos penais previstos pelo artigo 171, §3º, e 313-A, ambos do CP, se faz por meio da aplicação do princípio da especialidade:

> "(...) 3. Restou demonstrado que foram inseridas informações falsas nos sistemas informatizados do INSS com o fim de garantir que a segurada cumprisse a carência necessária à concessão da aposentadoria por tempo de contribuição, de modo que deve ser mantida a condenação dos apelantes pela prática do crime previsto no art. 313-A do Código Penal.
>
> 4. O delito em questão, por ser crime formal, não exige a comprovação da ocorrência de resultado naturalístico para a sua consumação. Portanto, é irrelevante para a sua configuração a demonstração da efetiva obtenção de vantagem indevida.
>
> 5. A conduta narrada na denúncia – inserção de dados falsos no sistema da Previdência a fim de obter vantagem para si ou para outrem – subsome-se ao delito tipificado no art. 313-A do Código Penal, que foi aplicado com base no princípio da especialidade.
>
> 6. Dosimetria das penas.
>
> 7. A qualidade de funcionário público já constitui elementar do tipo descrito no art. 313-A do Código Penal, o que enseja o afastamento da agravante relativa à violação de dever inerente a cargo (CP, art. 61, II, "g").
>
> 8. Inaplicáveis as atenuantes previstas no art. 65, II e III, "d", do Código Penal. Embora a apelante tenha admitido a ciência acerca do não preenchimento dos requisitos necessários à aposentadoria, não confessou que par-

ticipou da fraude perpetrada pelos corréus para a sua obtenção. Por esse mesmo motivo, não há como alegar desconhecimento da lei, pois a acusada não possui baixa escolaridade e tinha condições de entender o caráter ilícito da sua conduta. (...)

12. Apelações desprovidas e parcialmente providas."

(TRF 3ª Região, Décima Primeira Turma, Apelação Criminal - 63559 - 0001825-06.2013.4.03.6110, Rel. Desembargador Federal Nino Toldo, julgado em 20.03.2018, *e-DJF3* Judicial 1 de 27.03.2018)

"PENAL E PROCESSUAL PENAL. ART. 313-A DO CÓDIGO PENAL. INSERÇÃO DE DADOS FALSOS NO SISTEMA INFORMATIZADO DO INSS. OBTENÇÃO INDEVIDA DE BENEFÍCIO PREVIDENCIÁRIO. PRELIMINAR DE PRESCRIÇÃO DA PRETENSÃO PUNITIVA REJEITADA. MATERIALIDADE, AUTORIA E DOLO COMPROVADOS. DOSIMETRIA DAS PENAS MANTIDA. PENAS DE MULTA REDIMENSIONADAS.

(...)

4. Restou demonstrado que foram inseridas informações falsas nos sistemas informatizados do INSS com o fim de garantir que a segurada cumprisse a carência necessária à concessão da aposentadoria por tempo de contribuição, de modo que deve ser mantida a condenação das apelantes pela prática do crime previsto no art. 313-A do Código Penal.

5. O delito em questão, por ser crime formal, não exige a comprovação da ocorrência de resultado naturalístico para a sua consumação. Portanto, é irrelevante para a sua configuração a demonstração da efetiva obtenção de vantagem indevida.

6. A conduta narrada na denúncia – inserção de dados falsos no sistema da Previdência a fim de obter vantagem para si ou para outrem – subsome-se ao delito tipificado no art. 313-A do Código Penal, que foi aplicado com base no princípio da especialidade.

(...) 11. Apelações desprovidas."

(TRF3, Décima Primeira Turma, ApCrim 0007023-87.2014.4.03.6110, Rel. Nino Toldo, *DJF3* Judicial 1 de 11.02.2019)

"(...) 1. Há evidências suficientes de que a ré praticou, dolosamente, a conduta descrita no art. 313-A do Código Penal. 2. A conduta imposta à acusada não se ajusta ao tipo penal previsto pelo artigo 171, §3º, do Código Penal, haja vista o conflito aparente de normas dirimido pela incidência do princípio da especialidade. 3. Descabida a incidência da agravante da pena prevista pelo artigo 61, II, g, do Código Penal, já que a condição de funcionário público integra o tipo penal do artigo 313-A do Código Penal e, por tal razão, sua consideração para, na segunda fase de dosimetria, majorar a pena implicaria apenar-se a acusada em duplicidade por uma mesma circunstância já considerada, em abstrato, para a tipificação da conduta delitiva prevista pelo artigo 313-A do Código Penal. (...). 5. Sentença mantida. Apelações desprovidas."

(ACR 0000111-20.2014.4.03.6128, Quinta Turma, Rel. Des. Federal Mauricio Kato, j. 27.11.2017, *e-DJF3* Judicial de 11.12.2017)

"(...) Configura *bis in idem* a punição dos mesmos fatos através de dois tipos penais distintos, insculpidos nos arts. 171, § 3º, e 313-A, do Código Penal.

Segundo a acusação, a ré foi contratada para intermediar o requerimento do benefício de aposentadoria por tempo de contribuição. Por sua vez, o outro réu, então servidor do INSS lotada em Tietê/SP, tinha a incumbência de inserir dados falsos no sistema da autarquia, com a finalidade de garantir o êxito do requerimento do benefício.

A conduta imputada aos acusados subsome-se ao crime descrito no art. 313-A do Código Penal. (...)

Apelações parcialmente providas."

(TRF 3ª Região, Décima Primeira Turma, Ap. – Apelação Criminal – 70335 – 0005306-11.2012.4.03.6110, Rel. Desembargador Federal José Lunardelli, julgado em 28.11.2017, *e-DJF3* Judicial de 06.12.2017)

Repise-se, se durante a vigência da mencionada Lei nº 9.983/2000 é aplicável o princípio da especialidade, significa dizer que, anteriormente ao seu advento, os fatos delituosos correspondentes subsumiam-se à previsão do tipo penal geral, qual seja, o de estelionato (art. 171 do CP).

Assim, a conduta de se obter vantagem ilícita por meio fraudulento, ou seja, por meio da inserção de dados falsos em sistema de dados da Administração Pública já era típica no Código Penal e permanece sendo crime com a inclusão do art. 313-A do Código Penal.

Ocorre apenas que, na hipótese de o sujeito ativo em questão ser funcionário público autorizado a acessar o sistema de dados correspondente, ou de particular que tenha conhecimento de tal condição, o crime será aquele introduzido pela *novel* legislação, tendo, portanto, características específicas.

Cumpre mencionar que, até mesmo na vigência do aludido dispositivo legal, se o particular desconhece a condição do funcionário público ou mesmo se tem a sua intenção voltada apenas para a obtenção da vantagem indevida, ainda que para esse fim tenha sido necessária a inserção de informações incorretas no banco de dados do INSS, ser-lhe-á imputado o crime do art. 171, *caput* e § 3º do CP, o que reforça a sua característica de lei penal geral.

Outrossim, é cediço que o réu se defende dos fatos que lhe foram imputados e não da classificação jurídica indicada na peça acusatória.

À luz da correlação ou da congruência, o juiz está adstrito aos limites da acusação, sendo-lhe defeso afastar-se dos fatos descritos na denúncia, podendo, contudo, dar-lhes capitulação jurídica diversa, ainda que implique em penalidade mais severa, nos termos do art. 383 do CPP.

Por conseguinte, verificar-se-á a necessidade de readequar a definição jurídica de uma conduta para o tipo penal do art. 171, *caput* e § 3º, do CP, quanto aos fatos ocorridos anteriormente à Lei nº 9.983/2000.

Observe-se que neste caso não haveria alteração dos fatos descritos na denúncia, desde que seja assegurada a ampla defesa. Frise-se que o réu se defende dos fatos e não da capitulação jurídica. A reclassificação é plenamente possível mesmo em sede recursal, inexistindo óbice legal à aplicação do instituto da *emendatio libelli* em segundo grau de jurisdição, nos termos do art. 383, nos limites do art. 617, ambos do Código de Processo Penal.

A respeito do tema, Eugênio Pacelli assevera:

> "... a *emendatio* não é outra coisa senão a correção da inicial (libelo, nessa acepção), para o fim de adequar o fato narrado e efetivamente provado (ou não provado, se a sentença não for condenatória, caso em que seria dispensável a *emendatio*) ao tipo penal previsto na lei. Nos termos do art. 383 do CPP, com redação dada pela Lei nº 11.719/08, 'o juiz, sem modificar a descrição do fato contida na denúncia ou queixa, poderá atribuir-lhe definição jurídica diversa, ainda que, em consequência, tenha de aplicar pena mais grave'. Na redação da lei, deve-se entender por definição jurídica precisamente a capitulação ou classificação feita pelo autor na inicial, em cumprimento da exigência prevista no art. 41 do CPP. Assim, dar definição jurídica diversa é alterar a capitulação, isto é, a consequência jurídica do fato imputado na denúncia ou queixa. O fato, evidentemente, há de permanecer o mesmo. Não se exige, então, a adoção de quaisquer providências instrutórias, bastando a prolação da sentença com a capitulação jurídica (do fato) que parecer mais adequada ao juiz. Nem mais, nem menos, sobretudo porque o réu não se defende da capitulação, mas da imputação da prática de conduta criminosa. Por isso, ainda que da nova definição jurídica resulte

pena mais grave, não haverá qualquer prejuízo à defesa (pelo menos em face do Direito). Por essa razão, a providência pode ser adotada em qualquer grau de jurisdição, ao contrário da *mutatio libelli*, conforme veremos a seguir. Cumpre observar, porém, que, embora possível, a *emendatio libelli* em segundo grau sofre as mesmas limitações pertinentes aos efeitos devolutivos dos recursos, em geral. Vige aqui a regra da proibição da *reformatio in pejus*, ou reforma para pior, segundo a qual o julgamento do recurso não poderá ser mais desfavorável que a decisão de primeira instância, em relação à impugnação aviada exclusivamente pelo recorrente. Não havendo recurso do Ministério Público, o tribunal não poderá piorar a situação do acusado com base no recurso por ele interposto. Assim, ainda que o tribunal esteja autorizado a corrigir a capitulação do crime, da emenda não poderá resultar, nunca, aplicação da pena mais grave."[22]

Desta feita, possível a alteração da classificação jurídica dos fatos anteriores à vigência da Lei nº 9.983/2000, ou seja, 15.10.2000, para o tipo penal do art. 171, *caput* e § 3º, do CP.

5.9. Comprovação da materialidade delitiva pelos dados coletados em processo administrativo e a denominada prova emprestada

É admissível, para o fim de comprovação da materialidade delitiva, a utilização de dados coletados em processo administrativo (por exemplo, perante o INSS), uma vez que nele deve-se observância ao princípio do contraditório.

As provas produzidas ao longo do processo administrativo sob responsabilidade da autarquia previdenciária possuem validade e eficácia na formação do convencimento do magistrado, submetendo-se ao contraditório diferido, não havendo, portanto, que se aventar hipótese de unilateralidade da prova.

Este tem sido o entendimento exarado pela Colenda Décima Primeira Turma do TRF/3 (*in* Apelação Criminal – 74106 – 0007075-98.2014.4.03.6105, Rel. Des. Fed. José Lunardelli, julgado em 24.04.2018, *e-DJF3* Judicial de 07.05.2018, e Apelação Criminal – 74536 – 0007181-89.2015.4.03.6181, Rel. Des. Fed. José Lunardelli, julgado em 10.04.2018, *e-DJF3* Judicial de 20.04.2018).

Se a materialidade delitiva de um crime de estelionato restar definida no bojo de um regular processo administrativo, esta prova é tida por válida,

[22] OLIVEIRA, Eugênio Pacelli de. *Curso de processo penal*. 20. ed. rev., atual. e ampl. São Paulo: Atlas S.A., 2016. p. 653.

ainda que não tenha sido reproduzida durante a instrução processual. Todavia, a autoria delitiva deve necessariamente ficar assentada também pela análise da prova produzida em juízo, sob o crivo do contraditório.

Anote-se que o art. 155, *caput*, do Código de Processo Penal, estabelece que "o Juiz formará sua convicção pela livre apreciação da prova produzida em contraditório judicial, não podendo fundamentar sua decisão exclusivamente nos elementos informativos colhidos na investigação, ressalvadas as provas cautelares, não repetíveis e antecipadas".

Sob tal perspectiva, entende-se que tais provas podem ser utilizadas, desde que corroboradas por outros elementos produzidos na fase judicial, com fundamento no princípio da livre persuasão racional motivada (inteligência do art. 93, inciso X, CF). Nesse sentido é o entendimento do Colendo Superior Tribunal de Justiça:

> "(...)1. A exigência de prequestionamento tem como desiderato principal impedir a condução ao Superior Tribunal de Justiça de questões federais não debatidas no tribunal de origem.
>
> 2. Na hipótese, a Corte *a quo*, embora não tenha feito menção expressa aos arts. 6º, VII, 181 e 155 do CPP, bem analisou a matéria infraconstitucional aqui abordada – nulidade da condenação ao argumento de ter sido baseada exclusivamente em perícia realizada na fase inquisitorial, sem contraditório. Não há que se falar em incidência das Súmulas 282 e 356/STF e 211/STJ.
>
> 3. Em se tratando de provas pré-constituídas, ou seja, elaboradas durante a fase investigativa, sem a interferência dos interessados, a lei prevê a possibilidade de complementação da perícia a ser determinada de ofício pelo juiz, a requerimento do Ministério Público, da autoridade policial, do réu (autodefesa) e do seu defensor (defesa técnica).
>
> 4. Na hipótese, alguns acusados até pleitearam nova prova pericial, mas desistiram, em seguida, o que foi acatado pelo juízo. Intimados os advogados, nenhum deles manifestou-se em sentido contrário. Ora, ao desistir da prova pericial não poderia a defesa alegar posterior nulidade a que deu causa ou para que com ela concorreu, conforme dispõe o art. 565 do CPP.
>
> 5. Ademais, o Magistrado, para formar seu juízo acerca da autoria e materialidade delitivas, referiu-se a boletins diários de coleta, boletins diários de entulho, mapas de medição, bem como depoimentos de diversas testemunhas colhidos no decorrer da instrução processual.
>
> 6. A questão trazida nas razões do recurso especial – nulidade da perícia realizada na fase inquisitorial, sem contraditório – prescinde do reexame do

conjunto fático-probatório dos autos, não havendo que se falar em incidência da Súm. n. 7/STJ.

7. Agravo regimental a que se nega provimento."

(AgRg no REsp 1314702/RN, Rel. Ministro Reynaldo Soares da Fonseca, Quinta Turma, julgado em 17.10.2017, *DJe* de 23.10.2017)

"(...) 1. Perícias e documentos, mesmo produzidos na fase do inquérito policial, constituem-se efetivamente em prova, com contraditório postergado para a ação penal, sem refazimento necessário na ação penal.

2. Como provas que são, independentemente do momento de sua realização, podem validamente perícias e documentos serem somados a outras provas ou indícios para a definição da culpa penal, sem violação aos arts. 155 e 156 do CPP.

3. Estando o acórdão recorrido em consonância com o entendimento desta Corte, mostra-se insuperável o enunciado da Súmula n. 83 do STJ.

4. Agravo regimental provido para conhecer do agravo em recurso especial e negar-lhe provimento."

(AgRg no AREsp 536.881/RS, Rel. Ministro Nefi Cordeiro, Sexta Turma, julgado em 08.11.2016, *DJe* de 21.11.2016)

De tal modo, tem-se que o conjunto probatório formado por meio de diligências realizadas perante a autarquia previdenciária, bem como por prova formada na fase policial podem demonstrar de forma cabal a materialidade do delito descrito no art. 171, §3º, do CP, ainda que não sejam produzidas novas provas da materialidade delitiva na fase judicial.

No que tange à denominada "prova emprestada", isto é, aquela colhida no bojo de um primeiro processo e, depois, utilizada em um segundo processo, com objetivo de, neste, comprovar determinado fato, deve ser tida por válida, em observância ao princípio da economia processual, não se havendo de falar em inconstitucionalidade quando atendidos os valores consagrados no ordenamento pátrio como o princípio do contraditório, do juiz natural e da inafastabilidade da jurisdição.

O doutrinador Gustavo Henrique Badaró[23] explicita certos requisitos comumente exigidos para a admissão da prova emprestada, quais sejam: (1) a prova do primeiro processo tenha sido produzida perante o juiz natural; (2) a prova produzida no primeiro processo tenha possibilitado o exercí-

[23] BADARÓ, Gustavo Henrique. *Processo penal*. 5. ed. rev., atual. e ampl. São Paulo: RT, 2017, p. 399.

cio do contraditório perante a parte do segundo processo; (3) o objeto da prova seja o mesmo nos dois processos; (4) o âmbito de cognição do primeiro processo seja o mesmo do segundo processo.

Em suma, "no âmbito do processo penal, a legitimidade do compartilhamento de provas deve ser aferida no caso concreto, examinando-se a maneira como foi exercido o contraditório tanto no processo original quanto naquele para o qual foi transportada a prova. O contraditório é o requisito primordial para o aproveitamento da prova emprestada, de modo que, assegurado às partes o contraditório sobre a prova, isto é, o direito de se insurgir contra a prova e de refutá-la adequadamente, afigura-se, em princípio, válido o empréstimo" (STJ, Corte Especial, ERESP 617.428, Rel. Nancy Andrighi, Julg. 17.06.2014).

A respeito do momento em que o contraditório deve ser exercido para que a prova emprestada possa ser considerada legítima, não ignoro a existência de posicionamento no sentido de que, em sede de ação penal, não poderia haver empréstimo de prova contra aquele que não tenha figurado como parte também na demanda original (ou dela tenha participado em efetivo contraditório).[24-25]

Não obstante, filio-me à corrente de acordo com a qual o compartilhamento de provas não pode se restringir a processos em que figurem partes idênticas, sob pena de se reduzir o âmbito de sua aplicabilidade, sem justificativa razoável para tanto, de modo que, desde que assegurada a sujeição ao contraditório no bojo do feito para o qual a prova será trasladada, o empréstimo da prova deve, em princípio, ser tido como legítimo.

Com efeito, tanto o STJ quanto o STF vêm decidindo reiteradamente que a possibilidade de contraditório posterior bastaria para tornar admissível a prova emprestada. Nesse sentido, confiram-se os seguintes julgados:

> "HABEAS CORPUS SUBSTITUTO DE RECURSO. INADEQUAÇÃO DA VIA ELEITA. TRÁFICO DE DROGAS E ASSOCIAÇÃO PARA O TRÁFICO. INTERCEPTAÇÃO TELEFÔNICA. LEI N. 9.296/1996. CONTEÚDO À DISPOSIÇÃO DAS PARTES NO CURSO DA INSTRUÇÃO. DEVIDO PROCESSO LEGAL, CONTRADITÓRIO E AMPLA DEFESA RESPEITADOS. PROVA EMPRESTADA. PARTES DIVERSAS. POSSIBILIDADE. POSTERIOR SUBMISSÃO DA PROVA AO CONTRADITÓRIO. INTERCEPTAÇÃO DE CONVERSAS MANTIDAS

[24] OLIVEIRA, Eugênio Pacelli de. *Curso de processo penal.* 21. ed., Atlas, 2017, p. 374.

[25] NUCCI, Guilherme de Souza. *Código de processo penal comentado.* 16. ed., Forense, 2017. p. 408.

COM NÚMERO DE TELEFONE LEGALMENTE INTERCEPTADO. LICITUDE DA PROVA. IDENTIFICAÇÃO DO USUÁRIO DE LINHA TELEFÔNICA QUE MANTEVE CONTATO COM O NÚMERO MONITORADO. INFORMAÇÃO NÃO ALBERGADA PELO PRINCÍPIO DA INVIOLABILIDADE. DEGRAVAÇÃO INTEGRAL E PERÍCIA PARA IDENTIFICAÇÃO DAS VOZES. DESNECESSIDADE. INTIMAÇÃO DA EXPEDIÇÃO DE CARTA PRECATÓRIA. SUFICIÊNCIA. SÚMULA 273/STJ. AUSÊNCIA DA DEFESA CONSTITUÍDA. DEFESA GARANTIDA PELO DEFENSOR DE CORRÉU. NECESSIDADE DE COMPROVAÇÃO DO PREJUÍZO PARA A DECLARAÇÃO DE NULIDADE. DECRETO CONDENATÓRIO BASEADO NAS INTERCEPTAÇÕES TELEFÔNICAS. INEXISTÊNCIA DE PREJUÍZO PARA A DEFESA. PLEITO ABSOLUTÓRIO BASEADO NA INSUFICIÊNCIA DAS PROVAS. REEXAME FÁTICO-PROBATÓRIO. IMPOSSIBILIDADE. CONSTRANGIMENTO ILEGAL NÃO CONFIGURADO. HABEAS CORPUS NÃO CONHECIDO.

(...)

2. 'Se as provas obtidas nas interceptações telefônicas foram juntadas aos autos da ação penal a que respondeu o Paciente antes do oferecimento das alegações finais, não há como se reconhecer a pretensa nulidade do feito por mitigação ao contraditório e à ampla defesa, pois ao Patrocinador do Acusado foi garantido acesso integral aos referidos elementos probatórios. Precedentes' (HC 213.158/SP, Rel. Ministra Laurita Vaz, Quinta Turma, DJe 4/9/2013).

3. Esta Corte Superior manifesta entendimento no sentido de que 'a prova emprestada não pode se restringir a processos em que figurem partes idênticas, sob pena de se reduzir excessivamente sua aplicabilidade, sem justificativa razoável para tanto. Independentemente de haver identidade de partes, o contraditório é o requisito primordial para o aproveitamento da prova emprestada, de maneira que, assegurado às partes o contraditório sobre a prova, isto é, o direito de se insurgir contra a prova e de refutá-la adequadamente, afigura-se válido o empréstimo' (EREsp 617.428/SP, Rel. Ministra NANCY ANDRIGHI, Corte Especial, DJe 17/6/2014).

(...)

9. O reconhecimento de nulidade, seja absoluta ou relativa, exige a comprovação de efetivo prejuízo, na esteira do disposto no art. 563 do Código de Processo Penal. Precedentes.

(...)

12. Habeas corpus não conhecido."

(STJ, Quinta Turma, HC 292800, Rel. Reynaldo Soares da Fonseca, Julg. 10.02.2017)

"HABEAS CORPUS. PROCESSO PENAL. SUBSTITUTIVO DO RECURSO CONSTITUCIONAL. INADEQUAÇÃO DA VIA ELEITA PROVA EMPRESTADA. NULIDADE. INOCORRÊNCIA. TRÁFICO DE DROGAS. DOSIMETRIA DA PENA. CAUSA DE DIMINUIÇÃO DO ART. 33, § 4º, DA LEI 11.343/06. SUBSTITUIÇÃO DA PENA. IMPOSSIBILIDADE.

(...).

2. Não há, em princípio, óbice à utilização de prova emprestada de interceptação telefônica realizada no bojo de outra investigação, desde que franqueado à Defesa o acesso a essa prova, garantindo-se o contraditório, como no caso dos autos.

3. Consoante o art. 563 do Código de Processo Penal, não se decreta nulidade sem prejuízo, prejuízo este não demonstrado na hipótese.

(...)."

(STF, 1ª Turma, HC 114074, Rel. Rosa Weber, Julg. 07.05.2013)

Atente-se, todavia, que, embora se admita, em princípio, o empréstimo de prova oriunda de um primeiro processo do qual o acusado não tenha participado, isto é, embora se possa considerar legítima uma prova (emprestada) submetida, apenas, a contraditório posterior, é certo que, na esteira de julgados recentemente proferidos pelo Supremo Tribunal Federal, não se deve perder de vista a necessidade de se verificar se existem outros elementos de convicção aptos a corroborá-la. É conveniente que a prova emprestada não seja a única a fundamentar a condenação, mas sim um elemento a mais de convicção a sustentar o decreto condenatório.

Válida, nesse passo, a menção aos seguintes julgados:

"HABEAS CORPUS. JÚRI. PROVA EMPRESTADA, PRESENÇA DO RÉU NA AUDIÊNCIA DE INSTRUÇÃO E FUNDAMENTAÇÃO DA SENTENÇA DE PRONÚNCIA: NÃO-CONFIGURAÇÃO DE NULIDADE: PRECEDENTES. ORDEM DENEGADA.

1. Não há nulidade por terem sido juntadas aos autos do processo principal – e eventualmente relevadas na sentença de pronúncia – provas emprestadas de outro processo-crime, pois o que se exige é que não tenha sido a prova emprestada 'a única a fundamentar a sentença de pronúncia' (Habeas Corpus n. 67.707, Rel. Min. Celso de Mello, DJ 14.8.1992).

2. A jurisprudência majoritária deste Supremo Tribunal assenta-se no sentido de que não ser obrigatória a presença do réu na audiência de instrução, o que configuraria apenas nulidade relativa a depender argüição em tempo oportuno com a demonstração do dano efetivamente sofrido.

3. É firme a jurisprudência deste Supremo Tribunal no sentido de que a 'decisão de pronúncia é mero juízo de admissibilidade da acusação, motivo por que nela não se exige a prova plena, tal como exigido nas sentenças condenatórias em ações penais que não são da competência do júri' (HC 70.488, Rel. Min. Carlos Velloso, DJ 29.9.1995), não sendo, portanto, 'necessária a prova incontroversa da existência do crime para que o acusado seja pronunciado. Basta, para tanto, que o juiz se convença daquela existência' (RE 72.801, Rel. Min. Bilac Pinto, RTJ 63/476), o que induz a conclusão de que 'as dúvidas quanto à certeza do crime e da autoria deverão ser dirimidas durante o julgamento pelo Tribunal do Júri' (HC 73.522, Rel. Min. Carlos Velloso, DJ 26.4.1996), já que a sentença de pronúncia não faz juízo definitivo sobre o mérito das imputações e sobre a eventual controvérsia do conjunto probatório.

4. Ordem denegada."

(STJ, 1ª Turma, HC 95549, Rel. Cármen Lúcia, Julg. 28.04.2009)

"PROCESSUAL PENAL. HABEAS CORPUS. LATROCÍNIO. SENTENÇA CONDENATÓRIA. NULIDADE. AUSÊNCIA. PROVA EMPRESTADA. VIOLAÇÃO AO CONTRADITÓRIO E À AMPLA DEFESA. INOCORRÊNCIA. REEXAME DE FATOS E PROVAS. HABEAS CORPUS UTILIZADO COMO SUCEDÂNEO DE REVISÃO CRIMINAL. IMPOSSIBILIDADE. ORDEM DENEGADA.

I – O exame da alegação de nulidade da sentença condenatória – ao argumento de que seria baseada somente em prova emprestada – é inviável na estreita via do habeas corpus, que não admite revolvimento do contexto fático-probatório.

II – Ainda que assim não fosse, o acórdão atacado assentou estar o édito condenatório fundado em declarações de corréus, colhidos em juízo, e não apenas em prova emprestada, o que afasta a alegada nulidade.

III – O habeas corpus, em que pese configurar remédio constitucional de largo espectro, não pode ser empregado como sucedâneo de revisão criminal. Precedentes.

IV – Ordem denegada."

(STF, 1ª Turma, HC 95019, Rel Ricardo Lewandowski, Julg. 15.09.2009)

Portanto, havendo outros elementos de prova convergentes com os dados tomados por empréstimo, afasta-se qualquer alegação de nulidade. Não há óbice a que todos os elementos probatórios coligidos sejam, em conjunto, utilizados para a formação da convicção do julgador. Válida, nesse passo, a menção aos seguintes julgados:

> "HABEAS CORPUS IMPETRADO EM SUBSTITUIÇÃO AO RECURSO PREVISTO NO ORDENAMENTO JURÍDICO. 1. NÃO CABIMENTO. MODIFICAÇÃO DE ENTENDIMENTO JURISPRUDENCIAL. RESTRIÇÃO DO REMÉDIO CONSTITUCIONAL. EXAME EXCEPCIONAL QUE VISA PRIVILEGIAR A AMPLA DEFESA E O DEVIDO PROCESSO LEGAL. 2. CONDENAÇÃO COM BASE EM ELEMENTOS COLETADOS EXCLUSIVAMENTE DURANTE O INQUÉRITO POLICIAL. ART. 155 DO CÓDIGO DE PROCESSO PENAL. DECISÃO QUE ENCONTRA ARRIMO NAS PROVAS PRODUZIDAS EM JUÍZO. CONSTRANGIMENTO ILEGAL. INEXISTÊNCIA. 3. HABEAS CORPUS NÃO CONHECIDO.
>
> (...)
>
> 2. A Lei nº 11.690/2008, ao introduzir na nova redação do art. 155 do Código de Processo Penal o advérbio 'exclusivamente', permite que elementos informativos da investigação possam servir de fundamento ao juízo sobre os fatos, desde que existam, também, provas produzidas em contraditório judicial. Noutras palavras: para chegar à conclusão sobre a veracidade ou falsidade de um fato afirmado, o juiz penal pode servir-se tanto de elementos de prova – produzidos em contraditório – como de informações trazidas pela investigação. Apenas não poderá se utilizar exclusivamente de dados informativos colhidos na investigação.
>
> 3. No caso, o Tribunal de Justiça, ao condenar o paciente, externando sua convicção acerca dos fatos narrados na inicial acusatória, baseou-se não só nos elementos de informação colhidos durante a investigação. Apontou, também, depoimentos coletados durante a instrução criminal, que constituem fonte idônea de convencimento.
>
> (...)
>
> 5. Habeas corpus não conhecido."
>
> (STJ, Quinta Turma, HC 201000458277, Rel. Marco Aurélio Bellizze, DJE: 11.06.2013)

> "HABEAS CORPUS. DIREITO PROCESSUAL PENAL. ATENTADO VIOLENTO AO PUDOR. AUSÊNCIA DE OITIVA DA VÍTIMA

EM JUÍZO. VIOLAÇÃO AO PRINCÍPIO DO CONTRADITÓRIO E DA AMPLA DEFESA. INEXISTÊNCIA. CONDENAÇÃO FUNDADA EM TODO ACERVO PROBATÓRIO E NÃO APENAS NO DEPOIMENTO DA VÍTIMA. ORDEM DENEGADA.

1. A sentença condenatória transcrita acima encontra-se em consonância com a jurisprudência deste Supremo Tribunal Federal, que se consolidou no sentido de que, 'nos crimes sexuais, a palavra da vítima, em harmonia com os demais elementos de certeza dos autos, reveste-se de valor probante e autoriza a conclusão quanto à autoria e às circunstâncias do crime'. Precedentes.

2. Os elementos do inquérito podem influir na formação do livre convencimento do juiz para a decisão da causa quando complementam outros indícios e provas que passam pelo crivo do contraditório em juízo.

3. Para se acolher a tese da impetração e divergir do entendimento assentado no julgado, seria necessário apurado reexame de fatos e provas, o que é inviável na via estreita do habeas corpus. Precedentes.

4. A ação de habeas corpus não pode ser utilizada como sucedâneo de revisão criminal. Precedentes.

5. Writ denegado."

(STF, 2ª Turma, HC 102473, Rel. Ellen Gracie, Julg. 12.04.2011)

5.10. A aplicabilidade do instituto do arrependimento posterior (art. 16 do Código Penal) diante da devolução dos valores indevidamente recebidos até o recebimento da denúncia

Admite-se a aplicabilidade do instituto do arrependimento posterior (art. 16 do Código Penal) diante da devolução dos valores indevidamente recebidos até o recebimento da denúncia. Nesse sentido:

"(...)

1. A causa de diminuição de pena prevista no artigo 16 do Código Penal (arrependimento posterior), exige a reparação integral, voluntária e tempestiva do dano, nos crimes cometidos sem violência ou grave ameaça à pessoa. Precedentes.

2. Agravo regimental não provido."

(STJ, AgRg no RHC 56.387/CE, Rel. Ministro Antonio Saldanha Palheiro, Sexta Turma, julgado em 16.03.2017, *DJe* de 23.03.2017)

"(...) 1. Decisão que rejeitou a denúncia ante a eventual incidência da prescrição.

2. O ordenamento jurídico vigente não prevê a chamada prescrição antecipada, virtual ou em perspectiva, com base em pena hipotética a ser imposta em eventual sentença condenatória. Súmula nº 438 do STJ.

3. O ressarcimento dos valores indevidamente recebidos do INSS, realizado pelo recorrido, caracteriza arrependimento posterior (CP, art. 16), a ensejar a redução da pena de um a dois terços. Aplicando-se essa causa de diminuição, mesmo no patamar de 1/3 (um terço), a pena mínima do estelionato majorado (CP, art. 171, § 3º) fica abaixo de 1 (um) ano, a permitir, em tese, a suspensão condicional do processo, prevista no art. 89 da Lei nº 9.099/1995.

4. Recurso provido."

(TRF 3ª Região, Décima Primeira Turma, RSE – Recurso Em Sentido Estrito – 7164 – 0012460-90.2014.4.03.6181, Rel. Desembargador Federal Nino Toldo, julgado em 12.04.2016, Judicial de 5.04.2016)

Ademais, o agente deve de forma espontânea reparar o dano não podendo ser beneficiado se outrem o faz em seu lugar. Nesse sentido: "(...) Não há que se falar no reconhecimento da atenuante relativa à reparação de dano causado à vítima se não cumprido os requisitos do art. 65, III, b, do CP. (...)" (TJ/MG – APR 10319180015061001 MG, Relator: Furtado de Mendonça, Data de Julgamento: 02.02.2020, Data de Publicação: 12.02.2020).

Não menos importante salientar que nas hipóteses de estelionato previdenciário, o pagamento na via administrativa dos valores recebidos de forma indevida antes do recebimento da denúncia não extingue a punibilidade.

Nesse sentido já decidiu o Superior Tribunal de Justiça:

"RECURSO ESPECIAL. ESTELIONATO CONTRA A PREVIDÊNCIA SOCIAL. ART. 171, § 3º, DO CP. PRESCRIÇÃO ANTECIPADA. SÚMULA N. 438 DO STJ. DEVOLUÇÃO DA VANTAGEM INDEVIDA ANTES DO RECEBIMENTO DA DENÚNCIA. APLICAÇÃO DO ART. 16 DO CP. RECURSO NÃO PROVIDO.

1. É inadmissível a extinção da punibilidade pela prescrição da pretensão punitiva com fundamento em pena hipotética (Súmula n. 438 do STJ).

2. Uma vez tipificada a conduta da agente como estelionato, na sua forma qualificada, a circunstância de ter ocorrido devolução à previdência social, antes do recebimento da denúncia, da vantagem percebida ilicita-

mente, não ilide a validade da persecução penal, podendo a iniciativa, eventualmente, caracterizar arrependimento posterior, previsto no art. 16 do CP.

3. O crime de estelionato previdenciário é de natureza permanente quando a conduta é cometida pelo próprio beneficiário e renovada mensalmente e o termo para a contagem da prescrição da pretensão punitiva a ele relacionado inicia-se na data em que cessou o recebimento indevido do benefício.

4. Como a recorrente cometeu o ilícito em benefício próprio e recebeu a última vantagem indevida em 30/9/2005, não ocorreu a prescrição, a teor do prazo estabelecido no art. 109, III, do CP.

5. Recurso especial não provido."

(STJ, REsp 1380672/SC, Rel. Ministro ROGERIO SCHIETTI CRUZ, SEXTA TURMA, julgado em 24/03/2015, DJe 06/04/2015)

5.11. Fraude no Programa Bolsa Família

O Programa Bolsa Família foi instituído pelo Governo Federal, inicialmente, por meio da edição da Medida Provisória nº 132, de 20.10.2003, que restou convertida na Lei nº 10.836, de 09.01.2004, com o objetivo de unificar os procedimentos de gestão e de execução das ações de transferência de renda do Governo Federal, especialmente as do Programa Nacional de Renda Mínima Vinculado à Educação – Bolsa Escola (Lei nº 10.219, de 11.04.2001), do Programa Nacional de Acesso à Alimentação – PNAA (Lei nº 10.689, de 13.06.2003), do Programa Nacional de Renda Mínima Vinculada à Saúde – Bolsa Alimentação (Medida Provisória nº 2.206-1, de 06.09.2001), do Programa Auxílio-Gás (Decreto nº 4.102, de 24.01.2002) e do Cadastramento Único do Governo Federal (Decreto nº 3.877, de 24.07.2001).

Importante consignar que desde a edição do primitivo ato normativo que previu o Programa em tela, perpassando pela lei conversora, o deferimento da prestação sempre teve como critério o conhecimento da renda *per capita* do núcleo familiar, donde se conclui ser de extrema relevância a informação (obviamente escorreita) de tal expediente como mecanismo a permitir ou não a fruição de tal ação de transferência de renda a pessoas que se encontravam na extrema pobreza ou em situação de pobreza.

Assim, de plano, nota-se que a conduta deliberada de informar renda familiar ilegítima dentro dos padrões constantes nas normativas com o escopo de possibilitar a concessão da renda assistencial viola frontalmente os objetivos e os resultados de distribuição de renda esperados com o Programa Bolsa Família, frustrando, inclusive, o desiderato de maior penetração de tal benefício estatal a pessoas que realmente poderiam estar percebendo o complemento financeiro.

Não se pode ignorar que a obtenção, por meio fraudulento, de Bolsa Família, atinge não apenas o erário, mas, principalmente, a idoneidade de um programa de proteção social que visa garantir a subsistência de famílias em situação de pobreza extrema. Uma única concessão indevida deste benefício prejudica todo o conjunto de potenciais beneficiários legítimos do programa e configura o crime disposto no artigo 171, § 3º, do Código Penal.

5.12. Fraude no Programa Minha Casa Minha Vida – inexistência de dolo e atipicidade – financiamento descumprido, mas não fraudado – locação de imóvel destinado à moradia obtido pelo Programa

Inobservância a disposições contratuais de um financiamento nem sempre se constitui em uma conduta criminosa (a exemplo da falta de manutenção, falta de pagamento de tributos, etc.), mas pode encerrar simplesmente hipótese de descumprimento contratual, que se resolve com mecanismos endocontratuais: a rescisão da avença e a execução da garantia em favor da Caixa Econômica Federal.

Diante da ausência de dolo precedente de deturpar a finalidade do imóvel, não se pode afirmar que um financiamento tenha sido fraudado, embora possa ter sido, sim, descumprido. Não se pode olvidar do caráter fragmentário do Direito Penal, que não deve atuar diante de casos cuja resolução se perfaz completamente no âmbito cível, sob pena de converter o mero descumprimento contratual em figura penalmente relevante, o que traria insegurança jurídica à sociedade.

Se em uma denúncia ofertada pelo órgão ministerial ficar corporificado o elemento subjetivo ao narrar que o agente tenha atuado com dolo antecedente, ou seja, descrevendo, por exemplo, que o denunciado se cadastrou no Programa Federal Minha Casa Minha Vida previamente determinado a locar o imóvel com o qual viesse a ser contemplado, nesta hipótese estaria evidenciada a necessidade de perquirição de eventual crime de estelionato a ser dirimida após regular instrução processual. A fraude perpetrada pelo réu há de ser antecedente e causal do erro ou persistência no erro do lesado e da consequente disposição patrimonial em favor do sujeito ativo ou de terceiro.

Todavia, quando o exame da prova demonstrar que, ao menos na celebração do contrato, o agente portou-se com boa fé, vindo posteriormente a fazer uso pontual indevido do imóvel, dando causa à resolução contratual, nesta situação estará evidenciada nítida hipótese de atipicidade, devendo ser a questão dirimida no âmbito cível.

As Cortes Superiores já manifestaram o entendimento de que o estelionato não se configura diante de qualquer ilícito contratual:

"(...) IV. Estelionato: para a configuração do estelionato, a fraude empregada pelo agente há de ser antecedente e causal do erro ou persistência no erro do lesado e da consequente disposição patrimonial em favor do sujeito ativo ou de terceiro: logo, não cabe inferir o emprego de meio fraudulento e o erro do lesado da circunstância posterior de não lhe haver o agente prestado os serviços profissionais de advocacia contratados, nem do seu prejuízo, decorrente de transação com terceiro cessionário da cambial que emitira em pagamento do advogado. V. Deferimento do *habeas corpus*, dada a atipicidade do fato, não obstante os indícios da infração ético-profissional de captação de clientela, para apuração da qual se remete cópia dos autos à OAB. A Turma deu provimento ao recurso ordinário em *habeas corpus*, determinando a remessa de cópia dos autos à Ordem dos Advogados do Brasil - Seção Espírito Santo, nos termos do voto do Relator. Unânime. 1ª. Turma, 21.11.2000."

(RHC 80411/ES - Recurso em *Habeas Corpus*, Sepúlveda Pertence, 1ª Turma, STF, *DJ* de 02.03.2001)

"Habeas Corpus. 2. Crimes de estelionato e extorsão. 3. Pedido de trancamento da ação penal. 4. Denúncia inepta. Imputação genérica ou abstrata, impassível de comprovar a materialidade dos supostos delitos. 5. Em se tratando de crime de estelionato, o dolo de obtenção de vantagem, mediante indução ou manutenção da vítima em erro, deve ser inicial. O intento lesivo deve coexistir com o início da execução, não se caracterizando o delito do art. 171 do Código Penal quando, como no caso concreto, a teórica intenção lesiva tenha nascido *a posteriori*, na busca de proveito indevido antes não visado, situação que se caracterizaria como mero inadimplemento contratual. 6. Para que se perfaça o delito de extorsão, é indispensável o uso de violência ou grave ameaça por parte do agente, circunstâncias sequer aventadas na denúncia, não se podendo, de outro lado, tomar a teórica exigência de quantia em dinheiro, condicionando a entrega de cópia do contrato, como indicativo de vis compulsiva. 7. Condutas atípicas. 8. Ordem deferida para determinar o trancamento, em definitivo, da ação penal nº 001.2002.016375-5. Deferida a ordem. Decisão unânime. Não participou do julgamento a Senhora Ministra Ellen Gracie. Ausentes, justificadamente, neste julgamento, os Senhores Ministros Joaquim Barbosa e Eros Grau. Presidiu, este julgamento, o Senhor Ministro Gilmar Mendes. 2ª Turma, 16.12.2008."

(HC 87441/PE – *Habeas Corpus*, Gilmar Mendes, 2ª Turma, STF, *DJe* de 13.03.2009)

"(...) 1. O Direito Penal moderno é marcado pelo princípio da intervenção mínima, não sendo viável dele se servir para tratar de questões ligadas ao inadimplemento contratual. Ademais, chama a atenção a circunstância de passados quase quatro anos ainda não se ter encerrado o inquérito policial, sendo que o feito jaz há dois anos e seis meses na delegacia. 2. Recurso a que se dá provimento para trancar o inquérito policial."

(RHC – Recurso Ordinário em *Habeas Corpus* – 21006 2007.00.49593-3, Maria Thereza de Assis Moura, STJ – Sexta Turma, *DJE* de 06.09.2010)

"(...) 1 – Para a deflagração de ação penal em que se imputa a alguém a prática do delito de estelionato, devem a denúncia e os documentos do inquérito demonstrar os elementos normativos do artigo 171 do Código Penal, vindo acompanhada de suporte probatório mínimo a apontar a intenção do agente de induzir ou manter outra pessoa em erro, mediante o uso de algum meio fraudulento, de modo a obter o fim desejado, isto é, a vantagem ilícita, o que não ficou caracterizado na espécie, pois limitou-se a denúncia apenas à descrição do inadimplemento de negócio comercial, que não chega a configurar o crime de estelionato. 2 – Habeas corpus concedido para trancar a ação penal, ante a ausência de justa causa."

(HC – *Habeas Corpus* – 43574 2005.00.67250-0, Haroldo Rodrigues (Desembargador Convocado do TJ/CE), STJ – Sexta Turma, *DJE* de 12.09.2011)

Restará, então, na hipótese ora em estudo, clara a ausência de dolo do agente em dar destinação diversa ao imóvel (obter renda com a locação) da que seria cabível pelos termos do programa habitacional, caracterizando-se eventual locação como mero descumprimento contratual, resolvido na esfera cível, que não caracteriza a fraude tipificada pelo art. 171 do Código Penal.

5.13. Fraude em saque do seguro desemprego

A descrição de meio fraudulento utilizado para o recebimento de vantagem indevida, consistindo a fraude em passar-se o agente por desempregado sem comunicar à autoridade administrativa competente o fato relevante de que auferia renda incompatível com o percebimento do seguro desemprego, é questão que demanda a necessidade da comprovação de dolo com especial fim de agir para a configuração do crime inserto no art. 171 do Código Penal, ou seja, a vontade livre e consciente de realizar a conduta fraudulenta, obtendo ilícita vantagem patrimonial para si ou para outrem em prejuízo alheio.

Deve-se inferir a deliberada intenção de induzir e manter em erro o Ministério do Trabalho e Emprego pela ciência da irregularidade de acessar o benefício em questão sem ter havido a real perda do emprego, sustentando-se, indevida e categoricamente, a unicidade contratual. Consequentemente, não se pode reclassificar tal conduta segundo o disposto no art. 169, *caput,* do Código Penal, uma vez que a apropriação da vantagem patrimonial decorre de artifício fraudulento, e não de erro ou caso fortuito.

Nesse diapasão a perquirição do dolo de induzir ou manter a vítima em erro, com o intuito de obter vantagem patrimonial para si ou para outrem, parte do elemento objetivo concernente à incongruência lógica da obtenção de seguro-desemprego enquanto empregado, devendo, no entanto, ser devidamente ratificada a exigibilidade de tal postura à luz das condições pessoais do acusado, em sede processual própria (qual seja, no momento da prolação de sentença, após regular fase de instrução processual, na qual assegurada o devido processo legal com seus corolários: ampla defesa e contraditório). Nesse sentido:

> "(...) 7. Não é possível aferir, antes do término da instrução, se o recorrido JOÃO BATISTA DO PRADO agiu com o dolo reclamado pelo tipo penal ou se tinha conhecimento do caráter ilícito da conduta. A análise de tais circunstâncias demanda dilação probatória, não bastando apenas a informação de que o réu ostenta primeiro grau incompleto, para absolvê-lo de forma antecipada. Precedentes. (...) 12. Recurso ministerial parcialmente provido. Decisão reformada. Denúncia recebida. Retorno dos autos ao juízo de origem para prosseguimento. Prescrição reconhecida de ofício."
>
> (RSE – Recurso em Sentido Estrito – 5220 0009125-12.2005.4.03.6106, Juiz Convocado Hélio Nogueira, TRF3 – Quinta Turma – 1ª Seção, *e-DJF*3 Judicial de 02.04.2009)
>
> "(...) IV. No caso, o elemento subjetivo do tipo (dolo) não pode ser determinado em sede de juízo prelibatório, pelo que se exige a instauração de processo penal. Precedentes do TRF/5ª: RSE nº 684/CE, Primeira Turma, Rel. Ubaldo Ataíde Cavalcante, DJ 29/08/2005, p. 689; RSE nº 666/

CE, Terceira Turma, Rel. Paulo Gadelha, DJ 09/08/2005, p. 812. V. Recurso provido."

(RSE – Recurso em Sentido Estrito – 887 2005.84.00.010462-0, Desembargadora Federal Margarida Cantarelli, TRF5 – Quarta Turma, *DJ* de 02.08.2006)

A conduta de se obter várias parcelas de seguro desemprego configura crime único e de natureza permanente. A consumação se protrai no tempo, o que afasta a hipótese de continuidade delitiva, até porque, não obstante a vantagem ilícita tenha sido recebida parceladamente, uma única fraude foi cometida.

5.14. Estelionato pelo recebimento indevido do seguro desemprego no período de defeso

O seguro desemprego do pescador artesanal trata-se de benefício solicitado ao INSS por pescador profissional artesanal durante o período de defeso, ou seja, quando fica impedido de pescar em razão da necessidade de preservação das espécies – piracema(Disponível em: inss.gov.br/benefícios/seguro-desemprego-do-pescador-artesanal/. Acesso em 05.09.2022). Pode-se utilizar desse serviço o pescador que preencher os seguintes requisitos:

- exerce a atividade pesqueira de forma ininterrupta (individualmente ou em regime de economia familiar);
- esteja inscrito no Registro Geral de Pesca (RGP) há pelo menos 1 ano;
- comprove o recolhimento da contribuição previdenciária referente à comercialização da sua produção, nos 12 meses imediatamente anteriores à solicitação do benefício ou desde o último período de defeso até o início do período atual, o que for menor;
- não esteja recebendo BPC ou qualquer benefício previdenciário, exceto auxílio-acidente e pensão por morte limitado a um salário mínimo;
- não tenha fonte de renda diversa da atividade pesqueira;
- solicite o benefício dentro do prazo, que começa a contar 30 dias antes da data de início do defeso e termina no último dia do período de defeso.

Preceitua o art. 1º, § 4º, da Lei nº 10.779, de 25.11.2003:

"Art. 1º O pescador artesanal de que tratam a alínea "b" do inciso VII do art. 12 da Lei nº 8.212, de 24 de julho de 1991, e a alínea "b" do inciso

VII do art. 11 da Lei nº 8.213, de 24 de julho de 1991, desde que exerça sua atividade profissional ininterruptamente, de forma artesanal e individualmente ou em regime de economia familiar, fará jus ao benefício do seguro-desemprego, no valor de 1 (um) salário-mínimo mensal, durante o período de defeso de atividade pesqueira para a preservação da espécie.

(...)

§ 4º Somente terá direito ao seguro-desemprego o segurado especial pescador artesanal que não disponha de outra fonte de renda diversa da decorrente da atividade pesqueira."

O crime restará configurado na situação de obtenção espúria do seguro desemprego quando o acusado tiver recebido tal benefício possuindo vínculo de emprego diverso do decorrente da atividade pesqueira, não exercendo assim, com exclusividade, a profissão de pescador.

Ainda que se admitisse que outra atividade fosse exercida de forma esporádica restaria configurado o crime, pois o pagamento do seguro-defeso é destinado para aqueles que se dedicam com exclusividade à atividade pesqueira durante o ano inteiro e que, em alguns períodos, com o objetivo de preservação das espécies, são forçados à inatividade, servindo o aludido benefício como um auxílio, durante esse tempo, para a manutenção de suas sobrevivências.

O instituto da continuidade delitiva somente será aplicado quando houver a renovação da fraude em cada habilitação anual para o recebimento do seguro-defeso. Nesse sentido: "o acusado pleiteou a concessão do benefício de seguro-desemprego em dois períodos de defeso, o que ocasionou o recebimento de 7 parcelas. Trata-se, portanto, de dois delitos de estelionato consumado, o que justifica a aplicação do percentual mínimo referente à continuidade delitiva. Apelos improvidos." (ApCrim 0000622-74.2007.4.03.6124, Desembargador Federal José Lunardelli, TRF3 – Décima Primeira Turma, *e-DJF3* Judicial de 12.07.2016).

Em idêntico sentido: "(...) A particularidade do seguro-defeso exige a renovação da fraude para a percepção do benefício, em face da necessidade de habilitação anual por parte do pescador artesanal, de forma que cada ocorrência caracteriza um crime autônomo. 7. Contudo, *ad instar* do que ocorre nos casos de estelionato previdenciário, seria tratar o caso com excessivo rigor adotar a regra do cúmulo material; com efeito, fosse o caso de uma aposentadoria indevida, as Cortes têm entendido a conduta como crime único, majorando eventualmente a penalidade em razão do valor do prejuízo imposto à Fazenda Pública. Mesmo se mantendo o entendimento de primeiro grau, de que o recebimento em cada período de defeso constituiu delito autônomo, o reconhecimento do crime continuado, e não do concurso material, evitará o apenamento exacerbado e em descompasso com o tratamento dado pelo Judiciário a casos semelhantes. 8. Sendo assim, é de se afastar a aplicação do concurso material de crimes, aplicando-se a continuidade delitiva. (...)" (ApCrim 0007310-38.2009.4.03.6106, Desembargador Federal Paulo Fontes, TRF3 – Quinta Turma, *e-DJF3* Judicial 1 de 03.05.2016).

5.15. Estelionato pelo recebimento indevido de LOAS

Para a concessão do benefício de assistência social (LOAS) faz-se necessário o preenchimento dos seguintes requisitos:

> "I) ser pessoa portadora de deficiência ou idoso com 65 (sessenta e cinco) anos ou mais (art. 34 do Estatuto do Idoso – Lei nº 10.741 de 01.10.2003);
>
> II) Art. 20 da Lei nº 8.742, de 07.12.2003 – O benefício de prestação continuada é a garantia de um salário-mínimo mensal à pessoa com deficiência e ao idoso com 65 (sessenta e cinco) anos ou mais que comprovem não possuir meios de prover a própria manutenção nem de tê-la provida por sua família. §3º – Observados os demais critérios de elegibilidade definidos nesta Lei, terão direito ao benefício financeiro de que trata o *caput* deste artigo a pessoa com deficiência ou a pessoa idosa com renda familiar mensal *per capita* igual ou inferior a 1/4 (um quarto) do salário-mínimo (parágrafo alterado pela Lei nº 14.176, de 22.06.2021).

Ademais, nos termos do art. 21-A da Lei nº 8.742/1993, ocorre a suspensão do benefício quando a pessoa com deficiência exercer atividade remunerada, *in verbis*:

> "Art. 21-A. O benefício de prestação continuada será suspenso pelo órgão concedente quando a pessoa com deficiência exercer atividade remunerada, inclusive na condição de microempreendedor individual."

Quando se trata de estelionato perpetrado em face do INSS por força de requerimento de benefício assistencial, deve-se considerar que, nos termos do art. 34, parágrafo único, da Lei nº 10.741/2003, este benefício previsto na Lei nº 8.742/1993 (LOAS) já concedido a qualquer membro da família não será computado para os fins do cálculo da renda familiar *per capita* a que se refere a LOAS.

Atente-se que, ao interpretar este dispositivo, a jurisprudência consolidou entendimento no sentido de que também deve ser excluído do cômputo o benefício previdenciário equivalente a um salário mínimo concedido ao cônjuge idoso do requerente, já que, se prevalecesse a interpretação literal de que somente poderia ser excluído do cálculo da renda *per capita* o benefício assistencial e não o benefício previdenciário, seria criada uma situação paradoxal violadora do princípio da igualdade.

Todavia, situação diferente é aquela em que o cônjuge do requerente recebe aposentadoria cujo valor ultrapassa, mesmo que por pouco, o limite de um salário mínimo. A concessão automática do benefício de prestação continuada, ao menos em princípio, extrapolaria os limites estabelecidos pela jurisprudência e pela lei.

Em havendo imputação de delito de estelionato nessas hipóteses não se pode tomar como verdadeira a afirmação de que, independentemente da suposta fraude perpetrada pelo agente (despachante, por exemplo), o requerente do benefício faria, de qualquer sorte, jus ao benefício assistencial, pois, muito possivelmente o benefício assistencial não teria sido concedido se não fosse pelas declarações ideologicamente falsas inseridas nos formulários de requerimento.

Não se sustenta, de igual modo, eventuais argumentações de atipicidade da conduta porquanto o agente não teria utilizado expediente fraudulento, já que apenas mantivera o exercício da atividade profissional mediante regular registro e anotação em sua CTPS, bem ainda que o fato de não ter comunicado o registro em CTPS e o início do trabalho à autarquia previdenciária não se amoldaria ao conceito de meio fraudulento, quando muito poderia ter repercussão no âmbito civil ou administrativo.

A fraude ou outro meio fraudulento, como elementar do crime de estelionato, não necessita estar evidenciada por fatos ocultos ou deliberadamente sonegados da vítima do crime. Cuida-se de aspecto que distingue o estelionato de outros crimes, dentre eles, o furto mediante fraude – art. 155, §4º, II, do Código Penal, já que neste a fraude em regra é utilizada para iludir a vigilância da vítima.

Atente-se que o crime previsto no art. 171, parágrafo 3º, do Código Penal, macula bem jurídico pertencente à coletividade, já que malfere a moralidade administrativa e a fé pública. A obtenção, por meio fraudulento, do benefício assistencial previsto na Lei nº 8.742/1993 (LOAS) atinge não apenas o erário, mas, principalmente, a idoneidade de uma política de Estado que visa garantir a subsistência de pessoas idosas ou com deficiência em situação de pobreza extrema. Uma única concessão indevida prejudica todo o conjunto de potenciais beneficiários legítimos.

Cumpre consignar que as esferas cível, administrativa e criminal são independentes entre si, sendo plenamente possível que uma mesma conduta tenha de um lado efeitos patrimoniais, no âmbito administrativo/cível, e, de outro, persecutório penais, no âmbito judicial.

Nestes casos é imprescindível que haja a regular instrução probatória, assegurando-se a ampla defesa e o contraditório, a fim de que se apure se o benefício foi, de fato, obtido indevidamente graças ao emprego de meio fraudulento.

Para que a persecução penal possa ser instaurada e também para que possa ter continuidade no decorrer de um processo-crime, faz-se necessária a presença de justa causa para a ação penal consistente em elementos que evidenciem a materialidade delitiva, bem como indícios de quem seria o autor do ilícito penal.

Trata-se de aspecto que visa evitar a instauração de relação processual que, por si só, já possui o condão de macular a dignidade da pessoa humana e, desta feita, para evitar tal ofensa, imperiosa a presença de um mínimo lastro probatório a possibilitar a legítima atuação estatal.

Assim, em havendo elementos descritos na denúncia de que um benefício assistencial somente fora concedido graças às informações falsas que instruíram o requerimento, fazem-se presentes indícios idôneos e suficientes de autoria e materialidade e tendo em vista que a fase de recebimento da inicial acusatória é pautada pelo postulado *in dubio pro societate*, deve haver o recebimento da denúncia. Contudo, não pode ser a fase instrutória perante o juízo o momento adequado para se praticar atos de investigação (diligências) em busca de indícios mínimos de autoria, os quais devem estar presentes desde o momento da deflagração da ação penal.

Note-se que a evolução de uma bem-sucedida persecução penal deve se dar de maneira gradual, partindo-se de um juízo de possibilidade sobre materialidade e autoria (fase de instauração do inquérito policial), avançando-se para um juízo de probabilidade (fase do recebimento da peça acusatória) e chegando-se, por fim, a um juízo de certeza amparado em provas robustas que justifiquem uma eventual condenação.

Assim, não obstante a fase de recebimento da inicial acusatória seja pautada pelo postulado *in dubio pro societate*, para que se cogite em existência de justa causa para a instauração de uma ação penal, é indispensável que, dos elementos informativos colhidos na fase do inquérito, se possa extrair juízo de probabilidade (e não apenas de possibilidade) quanto à autoria.

Por fim, impende registrar que o fato de o INSS não detectar administrativamente a fraude (mediante avaliação e revisão dos benefícios assistenciais concedidos) não constitui justificativa para que o réu obtenha uma vantagem indevida em prejuízo dos cofres públicos. Nesse sentido:

> "E M E N T A: PREVIDENCIÁRIO. BENEFÍCIO ASSISTENCIAL. IDOSO. EXERCÍCIO DE ATIVIDADE LABORATIVA. AUSÊNCIA DE COMUNICAÇÃO. PAGAMENTO INDEVIDO. AUSÊNCIA DE BOA-FÉ. DEVOLUÇÃO DE VALORES. POSSIBILIDADE. PRESCRIÇÃO. INOCORRÊNCIA. 1. O benefício assistencial de prestação continuada ou amparo social encontra assento no art. 203, V, da Constituição Federal, tendo por objetivo primordial a garantia de renda à pessoa deficiente e ao idoso com idade igual ou superior a 65 (sessenta e cinco anos) em estado de carência dos recursos indispensáveis à satisfação de suas necessidades elementares, bem assim de condições de tê-las providas pela família. 2. Benefício assistencial concedido administrativamente tendo em vista a condição de idoso aliada à demonstração da hipossuficiência econômica, nos termos do art. 20 da Lei nº 8.742/93. 3. Dever da autarquia previdenciária em revisar/avaliar a continuidade das condições que lhe garantiram a concessão do benefício, nos termos do art. 21 da Lei nº 8.742/93. Em contrapartida, havendo a cessação das condições que garantiram o direito ao benefício assistencial, cabe ao beneficiário comunicar tal fato ao ente público, sob pena de arcar com os ônus de eventual omissão. (...)"
>
> (ApCiv 0000572-94.2016.4.03.6136, Desembargador Federal NELSON DE FREITAS PORFIRIO JUNIOR, TRF3 – 10ª Turma, *e – DJF3* Judicial 1 de 20.02.2020)

5.16. Montante a ser empregado para a desclassificação para o crime de estelionato privilegiado – art. 171, §1º, do Código Penal

Registre-se que mesmo nas hipóteses da prática do crime de estelionato em detrimento de entidade pública ou de assistência social (§ 3º do art. 171 do CP), por exemplo, a jurisprudência do Superior Tribunal de Justiça tem entendido que tal circunstância não obsta o reconhecimento da figura privilegiada estampada no § 1º do art. 171 do Estatuto Penal Repressivo, desde que preenchidos os requisitos legais, até em razão da topografia disposta na própria legislação. Destaque-se o seguinte julgado:

> "PROCESSO PENAL. AGRAVO REGIMENTAL NO AGRAVO EM RECURSO ESPECIAL. CRIME DE ESTELIONATO CONTRA A ADMINISTRAÇÃO PÚBLICA. RECONHECIMENTO DO PRIVILÉGIO PREVISTO NO § 1º DO ART. 171 DO CP. POSSIBILIDADE. PRESENÇA DOS REQUISITOS DA PRIMARIEDADE DO AGENTE E DO PEQUENO VALOR DO PREJUÍZO. AGRAVO REGIMENTAL NÃO PROVIDO.
>
> 1. A jurisprudência deste Superior Tribunal de Justiça, embora entenda inaplicável o princípio da insignificância em caso de estelionato praticado contra entidade de direito público, admite o reconhecimento da figura do estelionato privilegiado, se de pequeno valor o prejuízo causado.
>
> 2. O fato de o crime de estelionato ter sido cometido em detrimento de entidade de direito público (art. 171, § 3º, do CP) não obsta, por si só, o reconhecimento da figura do privilégio, que pressupõe, para sua incidência, tão somente os requisitos previstos no § 1º do artigo 171 do Código Penal, quais sejam, a primariedade do agente e o pequeno valor do prejuízo. Demais disso, a posição topográfica dos §§ 1º e 3º do artigo 171 do Código Penal não torna impossível a configuração do estelionato qualificado privilegiado, se presentes as circunstâncias fáticas da qualificadora e da causa de diminuição em questão, as quais não são incompatíveis entre si.
>
> 3. Agravo regimental não provido."
>
> (STJ, AgRg no AREsp 954.718/GO, Rel. Ministro RIBEIRO DANTAS, QUINTA TURMA, julgado em 04/02/2020, DJe 12/02/2020)

Com efeito, dispõe o art. 171, §1º, do CP: "se o criminoso é primário, e é de pequeno valor o prejuízo, o juiz pode aplicar a pena conforme o disposto no art. 155, §2º."

O elemento descritivo do tipo "pequeno valor" deve ser considerado não com base no valor estipulado no ajuizamento da ação fiscal, mas com base no valor do salário mínimo, vigente à época do crime. Nesse sentido:

> "(...) 4. Esta Corte tem adotado como critério de 'pequeno valor', para fins de aplicação do privilégio do artigo 171, parágrafo 1º, do Código Penal, o salário mínimo vigente ao tempo do delito. 5. Agravo regimental improvido."
>
> (AGRESP – Agravo Regimental no Recurso Especial – 1428877 2014.00.05275-8, Maria Thereza de Assis Moura, STJ – Sexta Turma, *Dje* de 02.03.2015)
>
> "(...) O valor de R$ 10.000,00 (dez mil reais) expresso no artigo 20 da Lei n. 10.522/2002, citado pela defesa como parâmetro utilizado para apli-

cação do princípio da insignificância, refere-se aos delitos de contrabando e descaminho e aos crimes contra a ordem tributária, o que não se coaduna à hipótese presente que trata do delito de estelionato. O montante obtido indevidamente, R$ 1.000,00 (um mil reais) não é irrisório quando comparado ao valor do salário mínimo vigente á época dos fatos, R$ 545,00 (quinhentos e quarenta e cinco reais – conforme consulta ao site http://www.dieese.org.br). Remansosa a jurisprudência no sentido da inaplicabilidade do princípio da insignificância quando envolvidos interesse de empresa pública. Precedentes das Cortes Superiores e desta Corte Regional. 5. Inexigibilidade de conduta diversa não demonstrada (artigo 156 do Código de Processo Penal). 6. Decreto condenatório mantido. 7. Dosimetria inalterada. Mantida a pena-base no mínimo legal e a incidência da causa de aumento do §3º do artigo 171 do Código Penal à razão de 1/6 (um sexto). **8**. Incabível a configuração do chamado estelionato privilegiado na hipótese vertente nos autos, já que não se divisa pequeno prejuízo reclamado pelo §1º do art. 171 do CP, ainda que o agente seja primário, uma vez que dano constatado quase supera em duas vezes o valor do salário mínimo então vigente, como destacado, o que arreda o benefício pleiteado. 9. Mantido o quantum da prestação pecuniária substitutiva fixada em primeiro grau, pois observada a regra do §1º do artigo 45 do Código Penal. 10. Recurso desprovido."

(ACR – Apelação Criminal – 56124 0001540-60.2011.4.03.6117, Desembargador Federal Hélio Nogueira, TRF3 – Primeira Turma, *e-DJF3* Judicial 1 data:17.11.2016 – fonte_republicacao)

5.17. Estelionato e apropriação indébita

Para a caracterização do crime de apropriação indébita, devem estar presentes três requisitos fundamentais, quais sejam: I) a conduta de se apropriar de coisa alheia móvel; II) a existência de posse ou detenção da coisa por parte do agente; III) o surgimento do dolo (*animus rem sibi habendi*) após a posse ou a detenção da coisa.

Quanto à consumação, esta ocorre no momento em que o agente, livre e conscientemente, inverte o domínio da coisa que se encontra na sua posse, passando a dela dispor como se proprietário fosse.

Atente-se que a principal diferença entre o estelionato e a apropriação indébita é a de que, no estelionato, o dolo está presente desde o início da ação delituosa, ou seja, desde antes da obtenção/entrega da vantagem indevida e, na apropriação indébita, o dolo é subsequente (posterior), ou seja, surge a partir de quando há a inversão da natureza da posse.

Além disso, o tipo penal relacionado à apropriação indébita não exige o emprego de meio fraudulento para sua caracterização, bastando que o indivíduo tenha a posse anterior da coisa e passe a agir como se dono dela fosse. A fraude é característica inerente ao crime de estelionato.

Válida, nesse passo, a menção ao seguinte julgado proferido pelo TRF/3:

> "(...) 1. Comete apropriação indébita – e não estelionato – o contabilista que, tendo recebido valores para recolhimento de contribuições à Previdência Social e ao FGTS, desvia-os em seu favor e falsifica as guias respectivas.
>
> 2. Comprovados a materialidade, a autoria e o dolo de apropriação indébita, é de rigor a condenação do réu como incurso nas disposições do art. 168 do Código Penal.
>
> 3. Não são cumuláveis a causa de aumento de pena prevista no inciso III do § 1º do art. 168 com a agravante contemplada na alínea "g" do inciso II do art. 61 do Código Penal.
>
> 4. Prescrição da pretensão punitiva estatal. Extinção da punibilidade. Apelação prejudicada."
>
> (TRF3, Segunda Turma, APCRIM 0002054-84.1989.4.03.6181, Rel. Nelton Dos Santos, *DJU* de 04.04.2008, página 686)

Embora a fraude seja característica inerente ao crime de estelionato, deve-se entender perfectibilizado o crime de apropriação indébita quando evidenciado que a fraude tenha sido empregada pelo agente não como meio de obtenção e/ou entrega da vantagem ilícita, mas sim como forma de, em um momento posterior, tentar assegurar sua impunidade.

O que importa observar é se, no momento em que ocorre a conduta (por exemplo, contador que tenha apresentado guias falsas de recolhimento de FGTS à pessoa jurídica para qual presta serviços), o delito de apropriação indébita já estava consumado.

Note-se que se, por um lado, o tipo penal relacionado à apropriação indébita não exige o emprego de meio fraudulento para sua caracterização, bastando que o indivíduo tenha a posse anterior da coisa e passe a agir como se dono dela fosse, por outro, nada impede que, no contexto do cometimento do delito de apropriação indébita, haja, eventualmente, o emprego de fraude anteriormente.

Por outro lado, interessante analisar se neste exemplo que envolve FGTS a competência seria da Justiça Federal, já que o contador prestaria serviços para uma pessoa jurídica, o que, a princípio, poderia deslocar a competência para a Justiça Estadual.

A questão nesta hipótese passa pela aferição da existência de dano à Caixa Econômica Federal, já que o não recolhimento do FGTS revela-se como mero efeito secundário do crime de apropriação indébita ou mesmo de estelionato praticado em detrimento de sociedade empresarial (no exemplo de o contador apresentar as falsas guias do FGTS à empresa para qual preste serviços).

Com efeito, não se ignora a existência de entendimento jurisprudencial no sentido de que a ausência de recolhimento, na época própria, dos valores relativos ao FGTS, seria mero efeito secundário do crime de estelionato praticado em detrimento da empresa tomadora de serviço, não se havendo de falar em prejuízo à Caixa Econômica Federal pelo simples retardamento no recolhimento, até porque, em razão desse atraso, deverá o contribuinte arcar com as sanções administrativas aplicáveis à hipótese de mora.

De acordo com tal posicionamento, em não se tendo notícia de que guias de pagamento falsificadas tenham sido apresentadas diretamente à CEF, mas apenas à pessoa jurídica, não se haveria de falar em obtenção de proveito, mediante fraude, em detrimento da empresa pública, mas apenas em prejuízo aos interesses particulares da referida empresa (Vide acórdão proferido nos autos da Apelação Criminal nº 0000647-91.2004.4.01.3200, TRF1, Terceira Turma, Rel. Desembargadora Federal Assusete Magalhães, Julg. 30.11.2010, e-DJF1 de 10.12.2010, pág. 181).

Todavia, se se apura o cometimento do delito de apropriação indébita em detrimento da CEF (e não meramente o de estelionato em detrimento da pessoa jurídica), deve-se entender que a conduta dolosa causa, sim, evidente dano à CEF. A fraude, *in casu*, teria sido empregada pelo agente não como meio de obtenção e/ou entrega da vantagem ilícita, mas sim como forma de, em um momento posterior, tentar assegurar sua impunidade. No momento em que o agente apresenta as aludidas guias falsas de recolhimento à pessoa jurídica, o delito de apropriação indébita em detrimento da CEF já estava, em tese, consumado. Note-se, ainda, que, em nome do princípio da consunção, prevaleceria, de qualquer sorte, o entendimento de que estelionato em tese praticado em detrimento da pessoa jurídica foi absorvido pelo crime-fim de apropriação indébita (este praticado em detrimento da CEF).

O que se observa é que a conduta do agente causa prejuízo não apenas à pessoa jurídica responsável pelos recolhimentos e aos seus funcionários, mas também à Caixa Econômica Federal que deixa de receber o repasse dos valores relativos ao FGTS. Inclusive, considerando que o Fundo de Garantia por Tempo de Serviço é patrimônio de todos os trabalhadores, já que suas verbas são destinadas a relevantes programas sociais, tais como o financiamento de moradia para os trabalhadores de baixa renda, é imperioso concluir que a ausência desses pagamentos pela conduta dolosa praticada pelo agente, além de causar dano aos cofres da Caixa Econômica Federal, prejudica, também, toda a coletividade.

Portanto, em havendo evidente lesão aos cofres da empresa pública federal, não se há de falar em aplicação do disposto na súmula nº 107 do STJ ("compete à Justiça Comum Estadual processar e julgar crime de estelionato praticado mediante falsificação das guias de recolhimento das contribuições previdenciárias, quando não ocorrente lesão a autarquia federal"), já que, nos termos do art. 109, IV, da Constituição Federal, compete à Justiça Federal processar e julgar infrações penais praticadas em detrimento de bens, serviços ou interesse da União ou de suas entidades autárquicas ou empresas públicas.

Neste sentido, confira-se o seguinte julgado:

> "(...)
>
> – O réu foi condenado pela prática do delito de estelionato contra ente público (Caixa Econômica Federal), sob o fundamento de que, entre agosto e dezembro de 2007, ele recolheu, dos salários dos empregados da empresa CODEP – Conservadora e Dedetizadora de Prédios e Jardins Ltda., valores relativos ao Fundo de Garantia por Tempo de Serviço (FGTS) e, ludibriando a tomadora de serviço, a quem exibia falsas guias de pagamento, não os repassou à Caixa Econômica Federal, obtendo, assim, ganho indevido. Ocorre, contudo, que a conduta narrada pela acusação se amolda à capitulação jurídica do delito de apropriação indébita, nos termos do artigo 168, parágrafo 1º, III, do Código Penal (e não de estelionato), de maneira que, observado o princípio do *non reformatio in pejus* (inteligência do art. 617 do CPP), impõe-se, *in casu*, a aplicação do instituto da *emendatio libelli*, nos termos do artigo 383 do Código de Processo Penal.
>
> 2 – O réu se defende dos fatos a ele irrogados e não da capitulação jurídica, não se havendo de falar em cerceamento de defesa, e tampouco em violação do princípio do contraditório, em razão da aplicação do instituto da *emendatio libelli* pelo Tribunal. Trata-se, apenas, de redefinição jurídica dos fatos narrados na denúncia.
>
> 3 – Constou da r. sentença que, por se ter apurado 'a existência de documentação falsificada como meio para a consecução da prática delitiva', mais adequada seria 'a subsunção da conduta ao tipo do estelionato, prescrito no

artigo 171 do Código Penal, que pune, em essência, o recebimento de vantagem econômica de modo fraudulento em prejuízo alheio', o que, segundo o r. juízo *a quo*, teria sido 'justamente o caso dos autos'. Contudo, embora tenha prevalecido na r. sentença a conclusão de que 'a exordial elegeu a qualificação jurídica adequada para os fatos nela descritos' e não obstante este ponto não tenha sido objeto de qualquer impugnação, reputa-se mais adequada a subsunção dos fatos narrados na denúncia ao tipo penal previsto no artigo 168 do Código Penal (apropriação indébita), 'eis que valores de FGTS foram descontados de funcionários e não foram repassados ao ente público destinatário'. Inclusive, a conduta em questão é muito semelhante àquela prevista no artigo 168-A do Código Penal (apropriação indébita previdenciária), com a diferença de que, *in casu*, os valores descontados deveriam ter sido repassados à CEF (ao invés do INSS).

4 – Atente-se que a principal diferença entre o estelionato e a apropriação indébita é a de que, no estelionato, o dolo está presente desde o início da ação delituosa, ou seja, desde antes da obtenção/entrega da vantagem indevida e, na apropriação indébita, o dolo é subsequente (posterior), ou seja, surge a partir de quando há a inversão da natureza da posse. Considerando que, no caso em questão, o agente detinha, em princípio, a posse legítima dos valores descontados dos funcionários da CODEP – Conservadora e Dedetizadora de Prédios e Jardins Ltda. e tendo em vista que, independentemente da fraude perpetrada em face da tomadora de serviços, o delito foi propriamente cometido no momento em que o acusado, dolosamente, deixou de repassar tais valores à CEF (gestora do FGTS), a conclusão mais adequada é a de que os fatos narrados na denúncia condizem com a previsão legal atinente ao delito de apropriação indébita (e não de estelionato).

5 – Embora se pudesse, eventualmente, cogitar sobre a possibilidade de subsunção dos fatos narrados na denúncia ao tipo penal previsto no artigo 171, §3º, do CP, já que a fraude é característica inerente ao crime de estelionato, o que se observa é que, no momento em que o agente apresentou as aludidas guias falsas de recolhimento à tomadora de serviços, o delito de apropriação indébita já estava consumado. Com efeito, a fraude foi empregada pelo agente não como meio de obtenção e/ou entrega da vantagem ilícita, mas sim como forma de, em um momento posterior, tentar assegurar sua impunidade. Note-se que se, por um lado, o tipo penal relacionado à apropriação indébita não exige o emprego de meio fraudulento para sua caracterização, bastando que o indivíduo tenha a posse anterior da coisa e passe a agir como se dono dela fosse, por outro, nada impede que, no con-

texto do cometimento do delito de apropriação indébita, haja, eventualmente, o emprego de fraude, tal como ocorreu.

6 – Não se ignora a existência de entendimento jurisprudencial (adotado em situação análoga à dos presentes autos) no sentido de que a ausência de recolhimento, na época própria, dos valores relativos ao FGTS, seria mero 'efeito secundário' do crime de estelionato praticado em detrimento da empresa tomadora de serviços (representada, *in casu,* pela empresa 'Casas Pernambucanas'), não se havendo de falar em prejuízo à Caixa Econômica Federal pelo simples retardamento no recolhimento, até porque, em razão desse atraso, deverá o contribuinte arcar com as sanções administrativas aplicáveis à hipótese de mora. De acordo com tal posicionamento, em não se tendo notícia de que guias de pagamento falsificadas tenham sido apresentadas diretamente à CEF, mas apenas à empresa tomadora de serviços, não se haveria de falar em obtenção de proveito, mediante fraude, em detrimento da empresa pública, mas apenas em prejuízo aos interesses particulares da referida empresa tomadora de serviços (*Vide acórdão proferido nos autos da Apelação Criminal nº 0000647-91.2004.4.01.3200, TRF1, Terceira Turma, Rel. Desembargadora Federal Assusete Magalhães, Julg. 30.11.2010, e-DJF1 de 10.12.2010, pág. 181*). É certo que, caso prevalecesse tal entendimento, a remessa dos autos à Justiça Estadual (para apuração de eventual estelionato cometido em detrimento da empresa 'Casas Pernambucanas') seria medida que se imporia. Todavia, levando-se em conta as particularidades do caso em questão, em que se apurou o cometimento do delito de apropriação indébita em detrimento da CEF (e não meramente o de estelionato em detrimento da empresa 'Casas Pernambucanas'), entende-se que a conduta dolosa imputada ao acusado causou, sim, evidente dano à CEF. Conforme já se esclareceu, a fraude, *in casu,* foi empregada pelo agente não como meio de obtenção e/ou entrega da vantagem ilícita, mas sim como forma de, em um momento posterior, tentar assegurar sua impunidade. No momento em que o agente apresentou as aludidas guias falsas de recolhimento à tomadora de serviços, o delito de apropriação indébita em detrimento da CEF já estava, em tese, consumado. Note-se, ainda, que, em nome do princípio da consunção, prevaleceria, de qualquer sorte, o entendimento de que estelionato em tese praticado em detrimento da empresa tomadora de serviços foi absorvido pelo crime-fim de apropriação indébita (este praticado em detrimento da CEF).

7 – O que se observa é que a conduta do agente causou prejuízo não apenas à empresa tomadora de serviços (corresponsável pelos recolhimen-

tos) e aos funcionários da CODEP (que, inclusive, perderam seus empregos após a cessação do contrato de prestação de serviços), mas também à Caixa Econômica Federal (que deixou de receber o repasse dos valores relativos ao FGTS). Inclusive, considerando que o Fundo de Garantia por Tempo de Serviço (FGTS) é patrimônio de todos os trabalhadores, já que suas verbas são destinadas a relevantes programas sociais, tais como o financiamento de moradia para os trabalhadores de baixa renda, é imperioso concluir que a ausência desses pagamentos (resultado da conduta dolosa praticada pelo agente), além de ter causado danos aos cofres da Caixa Econômica Federal, prejudicou, também, toda a coletividade. Portanto, em tendo havido evidente lesão aos cofres da empresa pública federal, não se há de falar em aplicação do disposto na súmula nº 107 do STJ, já que, nos termos do art. 109, IV, da Constituição Federal, compete à Justiça Federal processar e julgar infrações penais praticadas em detrimento de bens, serviços ou interesse da União ou de suas entidades autárquicas ou empresas públicas.

8 – Para a caracterização do crime de apropriação indébita, devem estar presentes três requisitos fundamentais, quais sejam: I) a conduta de se apropriar de coisa alheia móvel; II) a existência de posse ou detenção da coisa por parte do agente; III) o surgimento do dolo (*animus rem sibi habendi*) após a posse ou a detenção da coisa. Quanto à consumação, esta ocorre no momento em que o agente, livre e conscientemente, inverte o domínio da coisa que se encontra na sua posse, passando a dela dispor como se proprietário fosse. Considerando que, *in casu*, o réu, na condição de administrador da CODEP – Conservadora e Dedetizadora de Prédios e Jardins Ltda., teria deixado de repassar à Caixa Econômica Federal, no prazo legalmente previsto, valores relativos ao Fundo de Garantia por Tempo de Serviço (FGTS) recolhidos dos salários dos empregados daquela empresa, inclusive ludibriando a tomadora de serviço, a quem exibia falsas guias de pagamento na tentativa de assegurar sua impunidade, não poderia ser outra a conclusão senão a de que estão presentes, em tese, os requisitos caracterizadores do delito de apropriação indébita.

9 – Materialidade e autoria delitivas restaram devidamente comprovadas pelos elementos probatórios acostados aos autos. Além disso, a análise dos detalhes e circunstâncias que envolvem os fatos criminosos não deixa dúvida de que o agente agiu com dolo."

(TRF3, Apelação Criminal nº 0016774-89.2008.4.03.6181/SP, 11ª Turma, Rel. Des. Fed. Fausto De Sanctis, j. 12.12.2019, *e-DJF3* Judicial 1 de 13.01.2020)

5.18. Fraude eletrônica

A fraude eletrônica estatuída no parágrafo §2º-A do artigo 171 do Código Penal, acrescentada pela Lei nº 14.155, de 27.05.2021, traz a pena de reclusão de 04 (quatro) a 8 (oito) anos, tendo sido elevada consideravelmente quando em comparação com o disposto no *caput* (reclusão de um a cinco anos), ficando adstrita para as hipóteses em que a fraude for perpetrada com a utilização de informações fornecidas pela vítima ou por terceiro induzido a erro por meio de redes sociais, contatos telefônicos ou envio de correio eletrônico fraudulento, ou por qualquer outro meio fraudulento análogo.

Note-se, ademais, que se a fraude eletrônica for cometida mediante a utilização de servidor mantido fora do território nacional, a pena será aumentada de 1/3 (um terço) a 2/3 (dois terços), a teor do que dispõe o § 2º-B do artigo 171 do Código Penal.

5.19. Competência para fins de fixação do foro no estelionato previdenciário

A aferição da consumação do crime de estelionato previdenciário para fins de fixação do foro competente para o tramitar de Inquérito Policial que seja instaurado com o fito de arregimentar elementos mínimos probatórios a permitir a instauração da persecução penal é questão que merece detida análise.

Com efeito, cumpre destacar, de plano, que a mencionada questão não deve ser enfrentada tendo como base a matiz do entendimento sufragado por nossos C. Tribunais Superiores, no sentido de que o crime de estelionato majorado perpetrado contra a Previdência Social seria permanente em relação ao segurado ao passo que, para o sujeito que cometeria uma falsidade para que outrem pudesse obter a vantagem indevida, seria instantâneo de efeitos permanentes, na medida em que tal critério mostra-se predominantemente relevante para fins penais, não sendo, assim, o melhor a ser aplicado para o desiderato de fixação da competência.

Nesse diapasão, em sede de fixação de competência, restou prevalente tanto no C. Superior Tribunal de Justiça como no TRF/3 o entendimento segundo o qual competente seria o foro do local de concessão da prestação previdenciária fraudulenta, uma vez que foi nessa localidade em que houve a consumação do crime patrimonial em comento (ou seja, a obtenção da vantagem indevida), sendo indiferente perquirir qual o foro competente tendo como supedâneo o local em que houve o percebimento do numerário (que configura mero exaurimento da fraude previdenciária então já levada a efeito).

Assim, ainda que auferido o recebimento monetário da prestação previdenciária em determinada localidade diversa da praça de sua concessão, tal informação não é relevante para fins de fixação da competência para a investigação e, ulteriormente, para o conhecimento e para o julgamento de relação processual penal eventualmente intentada com o escopo de coibir a prática do crime estampado no art. 171, §3º, do CP, pois a consumação do delito em tela, para fins de competência, acabou por ocorrer no exato momento em que deferida a prestação previdenciária ao arrepio da legislação previdenciária de regência, ou seja, no lugar em que situada a agência concessora do Instituto Nacional do Seguro Social – INSS. Nesse sentido:

> "(...) 1. O crime de estelionato previdenciário se consuma com o efetivo recebimento da vantagem indevida, no caso, com o início do pagamento da aposentadoria, que se deu na cidade do Rio de Janeiro/RJ. 2. Assim, embora o local de recebimento do benefício previdenciário tenha sido posteriormente transferido para a cidade de Brasília/DF, a competência já havia sido fixada pelo lugar em que se consumou a infração, a teor do que dispõe o art. 70 do CPP. 3. Conflito conhecido para reconhecer a competência do Juízo Federal da 1ª Vara Criminal da Seção Judiciária do Rio de Janeiro/RJ, o suscitado."
>
> (STJ, CC 125.023/DF, Rel. Min. MARCO AURÉLIO BELLIZZE, TERCEIRA SEÇÃO, julgado em 13.03.2013, *DJe* 19.03.2013)

> "(...) 1. Dúvida não há de que o estelionato se consuma com a obtenção da vantagem ilícita. A 'quaestio juris' no presente caso é, justamente, saber em que local foi obtida a vantagem indevida, se no local em que o benefício foi postulado e concedido pelas autoridades administrativas ou se, ao contrário, a vantagem e o próprio crime se consuma no local em que são realizados os saques e a efetiva apropriação dos valores indevidos. 2. O beneficiário do INSS pode optar por duas formas de pagamento, o depósito em conta corrente ou a utilização do 'cartão' do INSS. Ainda que, no primeiro caso, a disponibilização do benefício dê-se em uma determinada agência, o que permitiria fixar a competência judicial sem maiores dificuldades, a utilização do 'cartão INSS' permite ao beneficiário sacar os valores em qualquer casa lotérica, de maneira que os saques podem em tese variar de local mês a mês, tornando de antemão dificultosa a fixação da competência. 3. No caso dos autos, o benefício foi concedido, irregularmente,

pela Agência do INSS localizada no Município de Capivari/SP, pertencente à Subseção Judiciária de Campinas/SP. 4. Em que pese o recebimento do benefício ter sido pago em agências bancárias diversas, compete ao Juízo do local da concessão fraudulenta do benefício o processamento e julgamento do feito, no caso, a 1ª Vara Federal de Campinas/SP, conforme precedente deste Tribunal. 5. Conflito procedente." (TRF3, QUARTA SEÇÃO, CJ – CONFLITO DE JURISDIÇÃO – 21559 – 0003716-20.2017.4.03.0000, Rel. Des. Fed. PAULO FONTES, julgado em 19.10.2017, *e-DJF3* Judicial 1 DATA:27.10.2017)

"(...) 1. Discute-se acerca da competência para a ação penal em hipótese de benefício previdenciário obtido mediante fraude, mas cujo local de pagamento (saque) é diverso do da concessão (agência do INSS). Embora seja razoável sustentar que o saque revela o resultado da ação delitiva, não se pode desprezar a relevância do ato concessivo para a configuração do tipo. Por outro lado, o pagamento realizado por intermédio da rede bancária ou outros ('cartão INSS') permite que o saque seja efetivado em local distante e sem conexão com a prática fraudulenta, conspirando contra a segurança jurídica e a efetividade da tutela jurisdicional penal. Por essa razão, penso que o local em que sediada a agência do INSS prevalece sobre o em que realizado o saque do benefício, conforme precedente deste tribunal. 2. Conflito de competência improcedente."

(TRF3, QUARTA SEÇÃO, CJ – CONFLITO DE JURISDIÇÃO – 21128 – 0000046-71.2017.4.03.0000, Rel. Des. Fed. ANDRÉ NEKATSCHALOW, julgado em 20.04.2017, *e-DJF3* Judicial 1 DATA:05.05.2017)

"(...) 1. Segundo o art. 70, caput, do Código de Processo Penal, '[a] competência será, de regra, determinada pelo lugar em que se consumar a infração' e, no caso, a eventual consumação do delito de estelionato ocorreu no município de Osasco, local onde está localizada a agência da Previdência Social responsável pela concessão e manutenção do benefício previdenciário. 2. O beneficiário pode-se valer de duas formas de pagamento do benefício, ou seja, por meio de depósito em conta-corrente ou pode sacar o valor correspondente mediante a utilização de cartão. No primeiro caso, não há dificuldades; porém, no segundo, o local da obtenção do benefício pode variar. Nesse contexto, deve-se privilegiar a competência do local em que requerido e concedido o benefício previdenciário, ainda que tenha sido outro o local onde localizada a agência bancária. 3. Conflito improcedente." (TRF3, QUARTA SEÇÃO, CJ – CONFLITO DE JURISDIÇÃO – 20966

– 0017351-05.2016.4.03.0000, Rel. Des. Fed. NINO TOLDO, julgado em 16.02.2017, *e-DJF3* Judicial 1 DATA: 02.03.2017)

"(...) PROCESSUAL PENAL. CONFLITO NEGATIVO DE JURISDIÇÃO. ESTELIONATO PREVIDENCIÁRIO. COMPETÊNCIA. LOCAL DA PRÁTICA DO ATO ADMINISTRATIVO DE CONCESSÃO DO BENEFÍCIO. 1. A competência é fixada pelo local da consumação do delito (artigo 70, caput, do CPP). 2. O crime de estelionato previdenciário consuma-se no local em que foi empregado o ardil, ou seja, onde foi requerido e concedido o benefício de forma irregular. 3. Eventual saque das parcelas do benefício constitui exaurimento do crime. 4. Conflito de jurisdição procedente."

(TRF3, QUARTA SEÇÃO, CJ – CONFLITO DE JURISDIÇÃO – 20536 – 0008654-92.2016.4.03.0000, Rel. Des. Fed. MAURICIO KATO, julgado em 16.02.2017, *e-DJF3* Judicial 1 DATA: 02.03.2017)

Importante ser consignado que tal raciocínio firmou-se em razão das maneiras pelas quais o segurado poderia receber seu benefício previdenciário: ou por depósito em conta corrente ou mediante a utilização de cartão bancário emitido pela Previdência Social.

Ainda que fosse possível delimitar com maior facilidade a competência territorial quando a prestação fosse paga por meio de depósito bancário, o levantamento do recurso por meio da utilização de cartão bancário poderia ocorrer em qualquer localidade do país (o que, inclusive, potencialmente poderia ser alterado mês a mês), tornando dificultoso o estabelecimento do foro competente.

5.20. Competência *ratione loci* e momento adequado para suscitar conflito de competência

A despeito do entendimento acima exposto, a situação deve ser relativizada para além do que se acabou de expor, quando a fase instrutória já se encontrar completamente superada e somente neste momento houver a suscitação de conflito de competência.

Nesse diapasão, se a suscitação do conflito ocorrer quando do momento da exaração de sentença, a solução a ser apresentada perpassa pela consideração de que o tema afeto à competência territorial possui natureza relativa, razão pela qual deve ser alegada a tempo e a modo previstos no ordenamento (qual seja, no prazo de defesa e por meio do protocolo de exceção de incompetência – art. 108 do Código de Processo Penal: "a exceção de incompetência do juízo poderá ser oposta, verbalmente ou por escrito, no prazo de defesa") sob pena dela prorrogar-se com a consequente preclusão da questão.

Aliás, justamente porque a natureza jurídica da competência territorial é relativa, entendeu por bem o C. Superior Tribunal de Justiça firmar posicionamento, ainda nos idos de 1991, no sentido de ser defeso ao magistrado, de ofício, declarar-se incompetente em tal contexto (Súm. 33/STJ: "a incompetência relativa não pode ser declarada de oficio").

A propósito, encampando a argumentação declinada acima, vide os julgados que seguem tanto da lavra do C. Superior Tribunal de Justiça como do Eg. TRF/3:

> "(...) Cuidando-se de competência territorial, a falta de oposição de exceção de incompetência relativa no prazo de defesa (art. 108 do CPP), acarreta a preclusão temporal e a conseqüente prorrogação da competência do juízo. Súmula 33/STJ. Precedentes. Conflito conhecido, declarando-se a competência do Juízo de Direito da 2ª Vara Criminal de Curvelo/MG."
>
> (STJ, CC 31.252/RJ, Rel. Min. José Arnaldo da Fonseca, Terceira Seção, julgado em 11.06.2001, *DJ* de 20.08.2001, p. 347)

> "(...) 1. A incompetência *ratione loci* é relativa, isto é, se não arguida em momento oportuno, qual seja, a defesa prévia (art. 108 do Código de Processo Penal), torna-se preclusa, como *in casu* ocorreu, sendo, portanto, causa de prorrogação de competência. Precedentes do STJ e do STF. 2. Ordem denegada."
>
> (STJ, HC 17.173/PE, Rel. Min. Laurita Vaz, Quinta Turma, julgado em 10.02.2004, *DJ* de 15.03.2004, p. 286)

> "(...). A regra do art. 70 do Código de Processo Penal é de que a competência será determinada pelo lugar em que se consumou a infração. A competência territorial é matéria que gera nulidade relativa, não devendo ser reconhecida de ofício, mas arguida em momento oportuno, por meio de exceção de incompetência do Juízo, ou seja, no prazo de defesa. Tratando-se de incompetência relativa, não tendo a defesa oposto a devida exceção, no prazo legal, resta operada a preclusão, prorrogando-se a competência firmada. Precedentes. A incompetência relativa não pode ser declarada de ofício (Súmula 33/STJ). Ordem denegada."
>
> (STJ, HC 51.101/GO, Rel. Min. Gilson Dipp, Quinta Turma, julgado em 02.05.2006, *DJ* de 29.05.2006, p. 277)

"(...) A inobservância da competência *ratione loci* pode ocasionar nulidade relativa, que não sofrendo impugnação no momento oportuno (art. 108 do CPP), com a demonstração do efetivo prejuízo ficaria abrangida pela preclusão e consequente prorrogação do juízo (Precedentes). Ordem denegada."

(STJ, HC 53.457/PR, Rel. Min. Felix Fischer, Quinta Turma, julgado em 04.04.2006, *DJ* de 02.05.2006, p. 365)

"(...) 1. A denúncia por prática de estelionato contra o INSS foi oferecida pelo Ministério Público Federal e distribuída ao Juízo da 1ª Vara Federal de São João da Boa Vista (Juízo Suscitado). Recebida a denúncia, os réus foram citados, apresentaram respostas escritas à acusação e a instrução teve início, com a oitiva de testemunhas e os interrogatórios. 2. Na fase do art. 402 do Código de Processo Penal, o Ministério Público Federal, alegando incompetência territorial, pediu a remessa dos autos à Subseção Judiciária de São Paulo, haja vista que o delito de estelionato teria sido consumado em Franco da Rocha (SP), onde realizados os saques indevidos. O Juízo Suscitado acolheu o pedido e remeteu os autos à Subseção Judiciária de São Paulo, onde foram distribuídos à 7ª Vara Federal Criminal (Juízo Suscitante). 3. A competência em razão do lugar é de natureza relativa e portanto se prorroga na hipótese de não arguida nos termos do art. 108 do Código de Processo Penal, hipótese em que o juiz não pode declina-la de ofício, em conformidade com a Súmula n. 33 do Superior Tribunal de Justiça, cuja aplicabilidade alcança o processo penal (STJ, HC n. 51101, Rel. Min. Gilson Dipp, j. 02.05.06; HC n.53457, Rel. Min. Felix Fischer, j. 04.04.06; HC n. 17173, Rel. Min. Laurita Vaz, j. 10.02.04; CC n. 31252, Rel. Min. José Arnaldo da Fonseca, j. 11.06.01; HC n. 14718, Rel. Min. Hamilton Carvalhido, j. 24.10.00). 4. O caso é de competência do Juízo Suscitado, por prorrogação, após ter recebido a denúncia que lhe fora direcionada pelo Ministério Público Federal e à míngua de oposição das defesas no momento oportuno, de modo que, não se tratando de nulidade absoluta, não poderia declinar da competência *ratione loci* no atual estágio processual, seja de ofício ou a pedido da acusação. 5. Conflito de competência procedente."

(TRF3, QUARTA SEÇÃO, CJ – CONFLITO DE JURISDIÇÃO – 20101 – 0023067-47.2015.4.03.0000, Rel. Des. Fed. André Nekatschalow, julgado em 19.05.2016, *e-DJF3* Judicial 1 DATA: 30.05.2016).

Assim, à luz do anteriormente exposto, e partindo da constatação de que a competência relativa restará prorrogada em ação penal em razão da não apresentação de exceção de incompetência, não se mostra lícito a um juízo prevento, nesta hipótese, vindicar o declínio de sua competência por meio da suscitação de conflito de jurisdição.

Ademais, corrobora esta conclusão a eventual hipótese de o referido juízo ter colhido toda a prova constante da relação processual base, não sendo recomendável que outro magistrado sentencie a pretensão acusatória vertida pela acusação ante o princípio que prega pela identidade física do juiz (art. 399, § 2º, do Código de Processo Penal, na redação dada pela Lei nº 11.719, de 20.06.2008: "o juiz que presidiu a instrução deverá proferir a sentença").

5.21. Lei nº 14.155/2021 e competência em algumas modalidades de estelionato

Vale registrar que a Lei nº 14.155, de 27 de maio de 2021, que inseriu a figura da fraude eletrônica (art. 171, §§ 2º-A e 2º-B, do CP), em seu artigo 2º também alterou o artigo 70 do Código de Processo Penal, tratando sobre a competência em algumas modalidades do estelionato, nos seguintes termos:

> "Art. 2º O art. 70 do Decreto-Lei nº 3.689, de 3 de outubro de 1941 (Código de Processo Penal), passa a vigorar acrescido do seguinte § 4º:
>
> Art. 70. ....
>
> ....
>
> § 4º Nos crimes previstos no art. 171 do Decreto-Lei nº 2.848, de 7 de dezembro de 1940 (Código Penal), quando praticados mediante depósito, mediante emissão de cheques sem suficiente provisão de fundos em poder do sacado ou com o pagamento frustrado ou mediante transferência de valores, a competência será definida pelo local do domicílio da vítima, e, em caso de pluralidade de vítimas, a competência firmar-se-á pela prevenção."

TÍTULO III
DOS CRIMES CONTRA A PROPRIEDADE IMATERIAL

CAPÍTULO I
DOS CRIMES CONTRA A PROPRIEDADE INTELECTUAL

Violação de direito autoral

Art. 184. Violar direitos de autor e os que lhe são conexos: (Redação dada pela Lei nº 10.695, de 1º.7.2003)

Pena – detenção, de 3 (três) meses a 1 (um) ano, ou multa. (Redação dada pela Lei nº 10.695, de 1º.7.2003)

§ 1º Se a violação consistir em reprodução total ou parcial, com intuito de lucro direto ou indireto, por qualquer meio ou processo, de obra intelectual, interpretação, execução ou fonograma, sem autorização expressa do autor, do artista intérprete ou executante, do produtor, conforme o caso, ou de quem os represente: (Redação dada pela Lei nº 10.695, de 1º.7.2003)

Pena – reclusão, de 2 (dois) a 4 (quatro) anos, e multa. (Redação dada pela Lei nº 10.695, de 1º.7.2003)

§ 2º Na mesma pena do § 1º incorre quem, com o intuito de lucro direto ou indireto, distribui, vende, expõe à venda, aluga, introduz no País, adquire, oculta, tem em depósito, original ou cópia de obra intelectual ou fonograma reproduzido com violação do direito de autor, do direito de artista intérprete ou executante ou do direito do produtor de fonograma, ou, ainda, aluga original ou cópia de obra intelectual ou fonograma, sem a expressa autorização dos titulares dos direitos ou de quem os represente. (Redação dada pela Lei nº 10.695, de 1º.7.2003)

§ 3º Se a violação consistir no oferecimento ao público, mediante cabo, fibra ótica, satélite, ondas ou qualquer outro sistema que permita ao usuário realizar a seleção da obra ou produção para recebê-la em um tempo e lugar previamente determinados por quem formula a demanda, com intuito de lucro, direto ou indireto, sem autorização expressa, conforme o caso, do autor, do artista intérprete ou executante, do produtor de fonograma, ou de quem os represente: (Redação dada pela Lei nº 10.695, de 1º.7.2003)

Pena – reclusão, de 2 (dois) a 4 (quatro) anos, e multa. (Incluído pela Lei nº 10.695, de 1º.7.2003)

§ 4º disposto nos §§ 1º, 2º e 3º não se aplica quando se tratar de exceção ou limitação ao direito de autor ou os que lhe são conexos, em conformidade com o previsto na Lei nº 9.610, de 19 de fevereiro de 1998, nem a cópia de obra intelectual ou fonograma, em um só exemplar, para uso privado do copista, sem intuito de lucro direto ou indireto. (Incluído pela Lei nº 10.695, de 1º.7.2003)

1. Notas introdutórias

O crime de violação de direito autoral trata-se de crime de ação múltipla e será de competência da Justiça Federal quando se tratar de introdução clandestina no país, por exemplo, de CD's e DVD's falsificados.

O STF reconheceu a existência de repercussão geral da questão constitucional suscitada (tema 580), definindo a transnacionalidade do delito de reprodução ilegal destes itens e, por conseguinte, reconhecendo ser da Justiça Federal a competência (RE 702.362 RG/RS, Tribunal Pleno, Rel. Min. Luiz Fux, *DJe* de 21.09.2012). Este julgamento ainda não foi concluído.

O Brasil comprometeu-se a combater os crimes contra direitos autorais e a proteger obras literárias e artísticas, ao assinar tratados internacionais, como a Convenção de Berna (Decreto nº 75.699, de 06.05.1975 – Convenção para a Proteção das Obras Literárias e Artísticas), a Convenção Interamericana sobre os Direitos de Autor em Obras Literárias, Científicas e Artísticas (Decreto nº 26.675, de 18.05.1949),a Convenção de Genebra/1972, a de Roma/1961, o Acordo Geral de Tarifas e Comércio – GATT (pela rodada de Negociações do Uruguai, de 1994 – Decreto nº 1.355, de 30 de dezembro de 1994) e a Convenção Universal dos Direitos do Autor, de Genebra/1952, revista em Paris/1971 (Decreto nº 76.905, de 24 de dezembro de 1975), atraindo a competência da Justiça Federal para julgar ações sobre estes temas, consoante a primeira parte do artigo 109, V, da CF.

A transnacionalidade de delitos desta espécie evidencia o interesse federal na causa, de modo a evitar possíveis danos à reputação do país junto à comunidade internacional, sendo necessário realçar, conforme assentado pela 7ª Turma do E. TRF/4 no julgamento de Recurso em Sentido Estrito, que "cada inciso do art. 109 da Constituição deve ser interpretado independentemente dos demais, de forma que, havendo tratado internacional e transnacionalidade da conduta, resta configurada a competência da Justiça Federal, sendo irrelevante a disposição do inciso IV. 4. Declinar da competência exclusivamente por ausência de ofensa a bens, serviços e interesses da União, ignorando o inciso V do art. 109, implicaria verdadeira revogação tácita de dispositivo constitucional. 5. Havendo tratados internacionais inseridos no ordenamento jurídico brasileiro tutelando direitos autorais e indícios – nos autos – da transnacionalidade da conduta, a competência será da Justiça Federal, nos termos do art. 109, V, da Magna Carta. Ausente o pressuposto da transnacionalidade, será da Justiça Estadual" (excerto extraído da decisão monocrática proferida no Habeas Corpus nº 120.972-PR, Relator Min. Luiz Fux, decisão de 04.09.2015).

No julgamento do Agravo Regimental no Recurso Extraordinário com Agravo nº 873.518 o STF entendeu pela competência da Justiça Federal em crime de violação de direitos autorais (184, § 2º, do CP) em decorrência de procedência estrangeira das mercadorias (Rel. Min. Gilmar Mendes, 2ª Turma, *DJe* de 04.12.2015).

Este entendimento é seguido pelo STJ em reiteradas decisões, por reconhecer que a despeito de o crime de violação de direito autoral infringir, em regra, apenas o interesse particular, presente a nota de transnacionalidade na conduta, é de se reconhecer a competência da Justiça Federal para o processamento e julgamento do crime, com base no art. 109, inciso V, da CF (CC 144.072/PR, Rel. Min. Reynaldo Soares da Fonseca, Terceira Seção, *v.u.*, *DJe* 01.12.2015).

Em idêntico sentido, confira-se: "1. A apreensão de DVDs e CDs falsificados, com violação de direitos autorais (CP, art. 184, § 2º), se ocorrente em Posto de Fiscalização Aduaneira localizada na divisa entre Brasil e Paraguai, confere à conduta delituosa a característica de 'crime transnacional', circunstância determinante da competência da Justiça Federal para processar e julgar a ação penal a ele correspondente (STJ, Terceira Seção, CC 119.105/PR, Rel. Ministro Walter de Almeida Guilherme [Desembargador convocado do TJ/SP], julgado em 08.10.2014; AgRg no REsp 1.376.680/PR, Rel. Ministra Maria Thereza de Assis Moura, Sexta Turma, julgado em 22.04.2014). 2. Conflito conhecido para declarar a competência do Juízo Federal da 2ª Vara Criminal de Foz do Iguaçu da Seção Judiciária do Estado do Paraná, ora suscitado" (CC nº 121.941/PR, Rel. Min. Newton Trisotto (Desembargador Convocado do TJ/SC), Terceira Seção, *v.u.*, *DJe* 16.04.2015).

Não obstante, pode-se argumentar que o tema trata de direito do autor, o que evidenciaria a ausência de interesse da União, além de as Convenções Internacionais terem como objeto imediato apenas a tutela cível (tratariam do direito a reparação do autor cuja obra foi reproduzida irregularmente), não servindo como parâmetros para a fixação da competência da Justiça

Federal em matéria penal, já que o crime de violação de direito autoral tem como bem jurídico a propriedade intelectual.

Esta linha argumentativa não se sustenta porquanto a Constituição Federal é expressa quanto à competência da Justiça Federal para processar e julgar os crimes previstos em tratado ou convenção internacional, quando, iniciada a execução no País, o resultado tenha ou devesse ter ocorrido no estrangeiro ou reciprocamente (inteligência do art. 109, V, da CF). Ademais, o combate à violação dos direitos autorais é obrigação do Estado brasileiro perante a comunidade internacional, conforme compromissos assumidos por meio das Convenções e Tratados acima nominados.

Não menos importante destacar, em outra oportunidade, o reconhecimento pelo Superior Tribunal de Justiça da competência da Justiça Federal para o processamento e julgamento de fatos que envolveriam suposta organização criminosa responsável por crimes de violação de direito autoral e contra a lei de software decorrentes do compartilhamento de sinal de TV por assinatura, por meio de satélite ou cabo. Considerou-se a aplicação da regra do art. 109, V, da Constituição Federal, vislumbrando-se a existência do requisito da previsão normativa internacional, na hipótese "constatado na Convenção de Berna, integrada ao ordenamento jurídico nacional através do Decreto nº 75.699, de 6 de maio de 1975, e reiterada na Organização Mundial do Comércio – OMC por acordos como o TRIPS (Trade-Related Aspects of Intellectual Property Rights) – Acordo sobre Aspectos dos Direitos de Propriedade Intelectual Relacionados ao Comércio (AADPIC), incorporado pelo Decreto nº 1355, de 30 de Dezembro de 1994, com a previsão dos princípios de proteção ao direitos dos criadores. Diversos outros tratados e convenções multilaterais foram assinados pelo Brasil, fixando garantias aos patrimônios autorais e culturais", além do requisito constitucional de se tratar de crime à distância "com parcela do crime no Brasil e outra parcela do *iter criminis* fora do país", porquanto naquela hipótese a prova inicial produzida trouxe indicação da atuação transnacional dos agentes, por meio da *internet* (CC 150.629/SP, Rel. Ministro Nefi Cordeiro, 3ª Seção, julgado em 22/02/2018, DJe 28/02/2018).

2. Bem jurídico

O bem jurídico tutelado consiste na propriedade intelectual. A "violação de direito autoral extrapola a individualidade do titular do direito, pois reduz a oferta de empregos formais, causa prejuízo aos consumidores e aos proprietários legítimos, fortalece o poder paralelo e a prática de atividades criminosas, de modo que não é necessária, para a caracterização do delito em questão, a identificação do detentor do direito autoral violado, bastando que seja comprovada a falsificação do material apreendido" (STJ, REsp 1456239/MG, Rel. Min. Rogerio Schietti Cruz, 3ª Seção, *DJe* de 21.08.2015).

3. Sujeitos

O sujeito ativo é qualquer pessoa, tratando-se de crime comum.

O sujeito passivo é o titular do direito autoral. De modo secundário, a própria coletividade.

4. Elemento subjetivo

O *caput* do art. 184 do Código Penal contempla o dolo, consistente na vontade livre e consciente de violar direito autoral e os que lhe são conexos, sendo certo que para a caracterização das figuras delineadas nos §§ 1º a 3º é indispensável, além do dolo, o especial fim de agir, consubstanciado na expressão "com o intuito de lucro direto ou indireto", de se obter qualquer proveito econômico.

5. Consumação e tentativa

Cuida-se de crime formal, cuja consumação não depende do resultado naturalístico.Na hipótese prevista no *caput*, com a efetiva violação dos direitos de autor e os que lhe são conexos; no § 1º, com a reprodução total ou parcial sem autorização expressa, por qualquer meio ou processo, da obra intelectual ou do fonograma; e na hipótese do § 2º, quando o agente distribui, vende, expõe à venda, aluga, introduz no País, adquire, oculta ou tem em depósito, original ou cópia de obra intelectual ou fonograma reproduzido com violação de direito autoral;no § 3º, a consumação ocorre quando o agente oferece ao público, sem autorização expressa (por meio de cabo, fibra ótica, satélite, ondas ou qualquer outro sistema que permita ao usuário realizar a seleção da obra ou produção para recebê-la em um tempo e lugar previamente determinados por quem formula a demanda) obra ou produção alheia, ainda que a mesma não seja aceita por ninguém.

Admite-se a tentativa em todas as modalidades.

6. Não incidência do princípio da insignificância

Embora se tenha dúvida da aplicabilidade do princípio da insignificância quando se estiver diante de apreensão de diminuta quantidade de materiais contrafeitos, há de se ressaltar que ainda que se possa considerar o patrimônio como objeto de tutela, a invocação da insignificância encontraria óbice por não ser determinante o valor da mercadoria apreendida, tampouco poder-se-ia considerar aceitável tal comportamento, já que o bem jurídico tutelado é a propriedade intelectual.

A aplicação dos princípios da insignificância penal e da adequação social demanda criteriosa análise para evitar que se converta em incentivo a prática de delitos patrimoniais, fragilizando a tutela penal de bens jurídicos relevantes para vida em sociedade. "O impacto econômico da violação ao direito autoral mede-se pelo valor que os detentores das obras deixam de receber ao sofrer com a 'pirataria', e não pelo montante que os falsificadores obtêm com a sua atuação imoral e ilegal. 3. A prática da contrafação não pode ser considerada socialmente tolerável haja vista os enormes prejuízos causados à indústria fonográfica nacional, aos comerciantes regularmente estabelecidos e ao Fisco pela burla do pagamento de impostos" (HC 118.322/MS, Rel. Min. Luiz Fux, 1ª Turma, *DJe* 13.11.2013).

7. Especificidades

Muitas das violações dos direitos autorais deixam vestígios, como por exemplo nas hipóteses de CD's e DVD's, de modo que para a comprovação da materialidade delitiva realiza-se a perícia.

No entanto, não se exige para a caracterização do delito tipificado no § 2º do art. 184 do Código Penal que todos os bens apreendidos sejam periciados, bastando que apenas um objeto seja submetido ao exame, sendo suficiente a análise das características externas do material (CD's e DVD's) para se atestar a falsidade do material.

Nesse sentido, o Superior Tribunal de Justiça, em Recurso Especial processado sob o rito do art. 543-C do CPC (Tema 926), estatuiu que:

> "RECURSO ESPECIAL. PROCESSAMENTO SOB O RITO DO ART. 543-C DO CÓDIGO DE PROCESSO CIVIL. RECURSO REPRESENTATIVO DA CONTROVÉRSIA. VIOLAÇÃO DE DIREITO AUTORAL. PERÍCIA SOBRE TODOS OS BENS APREENDIDOS. DESNECESSIDADE. ANÁLISE DOS ASPECTOS EXTERNOS DO MATERIAL APREENDIDO. SUFICIÊNCIA. IDENTIFICAÇÃO DOS TITULARES DOS DIREITOS AUTORAIS VIOLADOS. PRESCINDIBILIDADE. RECURSO PROVIDO.
>
> 1. Recurso Especial processado sob o regime previsto no art. 543-C, § 2º, do CPC, c/c o art. 3º do CPP, e na Resolução n. 8/2008 do STJ.

TESE: É suficiente, para a comprovação da materialidade do delito previsto no art. 184, § 2º, do Código Penal, a perícia realizada, por amostragem, sobre os aspectos externos do material apreendido, sendo desnecessária a identificação dos titulares dos direitos autorais violados ou de quem os represente.

2. Não se exige, para a configuração do delito previsto no art. 184, § 2º, do Código Penal, que todos os bens sejam periciados, mesmo porque, para a caracterização do mencionado crime, basta a apreensão de um único objeto.

3. A constatação pericial sobre os aspectos externos dos objetos apreendidos já é suficiente para revelar que o produto é falso.

4. A violação de direito autoral extrapola a individualidade do titular do direito, pois reduz a oferta de empregos formais, causa prejuízo aos consumidores e aos proprietários legítimos, fortalece o poder paralelo e a prática de atividades criminosas, de modo que não é necessária, para a caracterização do delito em questão, a identificação do detentor do direito autoral violado, bastando que seja comprovada a falsificação do material apreendido.

5. Recurso especial representativo da controvérsia provido para reconhecer a apontada violação legal e, consequentemente, cassar o acórdão recorrido, reconhecer a materialidade do crime previsto no art. 184, § 2º, do Código Penal e determinar que o Tribunal de Justiça do Estado de Minas Gerais prossiga no julgamento da Apelação Criminal n. 1.0024.09.754567-7/001."

(STJ, REsp 1456239/MG, Rel. Ministro ROGERIO SCHIETTI CRUZ, TERCEIRA SEÇÃO, julgado em 12/08/2015, DJe 21/08/2015)

Registre-se, ademais, a edição da Súmula nº 574 do STJ pontificando que: "para a configuração do delito de violação de direito autoral e a comprovação de sua materialidade, é suficiente a perícia realizada por amostragem do produto apreendido, nos aspectos externos do material, e é desnecessária a identificação dos titulares dos direitos autorais violados ou daqueles que os representem." (Súmula 574, 3ª Seção, julgado em 22/06/2016, DJe 27/06/2016).

Não menos importante registrar acerca do tema violação de direito autoral a existência da Súmula nº 502 do STJ, estatuindo que: "presentes a materialidade e a autoria, afigura-se típica, em relação ao crime previsto no art. 184, § 2º, do CP, a conduta de expor à venda CDs e DVDs piratas." (Súmula 502, 3ª Seção, julgado em 23/10/2013, DJe 28/10/2013).

TÍTULO VIII
Dos Crimes Contra a Incolumidade Pública

CAPÍTULO III
Dos Crimes Contra a Saúde Pública

Falsificação, corrupção, adulteração ou alteração de produto destinado a fins terapêuticos ou medicinais (Redação dada pela Lei nº 9.677, de 2.7.1998)

Art. 273 – Falsificar, corromper, adulterar ou alterar produto destinado a fins terapêuticos ou medicinais: (Redação dada pela Lei nº 9.677, de 2.7.1998)

Pena – reclusão, de 10 (dez) a 15 (quinze) anos, e multa. (Redação dada pela Lei nº 9.677, de 2.7.1998)

§ 1º – Nas mesmas penas incorre quem importa, vende, expõe à venda, tem em depósito para vender ou, de qualquer forma, distribui ou entrega a consumo o produto falsificado, corrompido, adulterado ou alterado. (Redação dada pela Lei nº 9.677, de 2.7.1998)

§ 1º-A – Incluem-se entre os produtos a que se refere este artigo os medicamentos, as matérias-primas, os insumos farmacêuticos, os cosméticos, os saneantes e os de uso em diagnóstico. (Incluído pela Lei nº 9.677, de 2.7.1998)

§ 1º-B – Está sujeito às penas deste artigo quem pratica as ações previstas no § 1º em relação a produtos em qualquer das seguintes condições: (Incluído pela Lei nº 9.677, de 2.7.1998)

I – sem registro, quando exigível, no órgão de vigilância sanitária competente; (Incluído pela Lei nº 9.677, de 2.7.1998)

II – em desacordo com a fórmula constante do registro previsto no inciso anterior; (Incluído pela Lei nº 9.677, de 2.7.1998)

III – sem as características de identidade e qualidade admitidas para a sua comercialização; (Incluído pela Lei nº 9.677, de 2.7.1998)

IV – com redução de seu valor terapêutico ou de sua atividade; (Incluído pela Lei nº 9.677, de 2.7.1998)

V – de procedência ignorada; (Incluído pela Lei nº 9.677, de 2.7.1998)

VI – adquiridos de estabelecimento sem licença da autoridade sanitária competente. (Incluído pela Lei nº 9.677, de 2.7.1998)

Modalidade culposa

§ 2º – Se o crime é culposo:

Pena – detenção, de 1 (um) a 3 (três) anos, e multa. (Redação dada pela Lei nº 9.677, de 2.7.1998)

1. Bem jurídico

O bem jurídico tutelado é a saúde pública, especificamente no que diz respeito à preservação da saúde da população diante da possibilidade de acesso ao consumo de tais produtos. Visa proteger a vida e a saúde, proibindo-se condutas que possam colocar em risco tais bens jurídicos.

2. Sujeitos

O sujeito ativo pode ser qualquer pessoa.

O sujeito passivo é o Estado, a coletividade.

3. Tipo objetivo

É um tipo misto alternativo, já que a prática de mais de uma conduta configura um único delito.

É um crime de perigo abstrato contra a vida ou a incolumidade física.

3.1. Figuras equiparadas

O § 1º apresenta as figuras equiparadas às do *caput* deste artigo. Trata-se de crime de ação múltipla. Tipo derivado das figuras do *caput,* porquanto os objetos importados, vendidos, expostos à venda, que são mantidos em depósito para a venda, distribuídos ou entregues para consumo já foram falsificados, corrompidos, adulterados ou alterados. Observe-se ter havido a anterior prática do crime do *caput.*

O § 1º-A do art. 273 dispõe que "incluem-se entre os produtos a que se refere este artigo os medicamentos, as matérias-primas, os insumos farmacêuticos, os cosméticos, os saneantes e os de uso em diagnóstico." Trata-se de uma norma de caráter explicativo, já que indica quais produtos estão incluídos no rol do *caput* do art. 273.

O § 1º-B do art. 273 embora faça menção apenas à expressão "produtos" deve ser interpretado, em consonância com o princípio da taxatividade, como sendo os produtos destinados a fins terapêuticos ou medicinais.

Como salientam Acácio Miranda da Silva Filho e Leonardo Henriques da Silva "é notório que o direito penal se encontra atualmente em fase evolutiva, na qual, a expansiva criminalização de determinadas condutas vem cedendo espaço à moderna Teoria do Direito Penal de *Ultima Ratio*, segundo a qual o direito penal só atuará em casos extremos, quando os demais ramos do direito não forem suficientes para elucidar aquela situação concreta. Resta evidente que a conversão de algumas infrações administrativas em crimes implica em uma verdadeira 'administrativização do direto penal",[26] num evidente descompasso com a doutrina penal.

As condutas puníveis no § 1º-B do art. 273 do CP estão elencadas nos incisos I a VI, nada impedindo que o agente igualmente seja responsabilizado na esfera administrativa.

O inciso I do § 1º-B do art. 273 do CP pune o agente que negocia medicamento sem o registro, quando exigível, no órgão de vigilância sanitária competente. O tipo penal não requer que o medicamento possua potencial de causar lesão a saúde ou a vida de alguém tampouco que o agente o adultere ou falsifique. Basta simplesmente a falta do registro obrigatório para a perfectibilização do crime.

Repise-se a conduta imputada é a de negociar medicamentos sem registro nos órgãos competentes. Deste modo medicamentos, insumos farmacêuticos e correlatos, cosméticos, saneantes e outros produtos somente podem ser comercializados no Brasil após serem registrados no órgão competente, na esteira do que determinar o artigo 12 da Lei nº 6.360, de 23.09.1976: "nenhum dos produtos de que trata esta Lei, inclusive os importados, poderá ser industrializado, exposto à venda ou entregue ao consumo antes de registrado no Ministério da Saúde", bem ainda na forma daLei nº 6.437, de 20.08.1977, que, em seu artigo 10, dispõe: "são infrações sanitárias: (...) IV – extrair, produzir, fabricar, transformar, preparar, manipular, purificar, fracionar, embalar ou reembalar, importar, exportar, armazenar, expedir, transportar, comprar, vender, ceder ou usar alimentos, produtos alimentícios, medicamentos, drogas, insumos farmacêuticos, produtos dietéticos, de higiene, cosméticos, correlatos, embalagens, saneantes, utensílios e aparelhos que interessem à saúde pública ou individual, sem registro, licença, ou autorizações do órgão sanitário competente ou contrariando o disposto na legislação sanitária pertinente: pena – advertência, apreensão e inutilização, interdição, cancelamento do registro, e/ou multa (...)."

[26] SCHAUN JALIN, Mauricio; GRECO FILHO, Vicente (coord.). *Código penal comentado: doutrina e jurisprudência*. 2. ed. Barueri/SP: Manole, 2019. p. 701.

A temática, como se verá adiante, foi bem sopesada pelo Supremo Tribunal Federal ao apreciar, em 24.03.2021, o Recurso Extraordinário 979.962-RS, de relatoria do Ministro Luís Roberto Barroso, que acabou por repristinar o preceito secundário do artigo 273, *caput*, do Código Penal, em sua redação original, que previa pena de 01 a 03 anos de reclusão, e multa. Entendeu-se que "a desproporcionalidade da pena prevista para o delito do art. 273, § 1º-B, do CP, salta aos olhos. A norma pune o comércio de medicamentos sem registro administrativo do mesmo modo que a falsificação desses remédios (CP, art. 273, *caput*), e mais severamente do que o tráfico de drogas (Lei nº 11.343/2006, art. 33), o estupro de vulnerável (CP, art. 217-A), a extorsão mediante sequestro (CP, art. 159) e a tortura seguida de morte (Lei nº 9.455/1997, art. 1º, § 3º)." Portanto, em tal oportunidade, fixou-se a tese de julgamento no sentido de que "é inconstitucional a aplicação do preceito secundário do art. 273 do Código Penal à hipótese prevista no seu § 1º-B, I, **que versa sobre a importação de medicamento sem registro no órgão de vigilância sanitária**. Para esta situação específica, fica repristinado o preceito secundário do art. 273, na sua redação originária."

4. Elemento subjetivo

O tipo subjetivo é o dolo, independentemente de qualquer finalidade específica.

As figuras equiparadas do §1º também se relacionam ao dolo, à exceção da conduta de "ter em depósito para vender", porquanto exige o dolo com especial fim de agir.

A modalidade culposa está prevista no § 2º do art. 273 do CP, com pena de detenção de 1 (um) a 3 (três) anos, e multa.

5. Consumação e tentativa

Trata-se de crime formal, tanto no *caput* quanto nas figuras equiparadas do §1º, prescindindo-se da ocorrência do resultado naturalístico.

O delito consuma-se quando o agente pratica quaisquer dos comportamentos previstos pelo tipo penal, pouco importando se sobrevém ou não prejuízo a alguém. A própria lei presume a situação de risco à incolumidade pública, à saúde pública, tratando-se de crime de perigo abstrato.

Admite-se a tentativa.

6. Repristinação do preceito secundário do artigo 273 do Código Penal, em sua redação originária, para a hipótese prevista no artigo 273, § 1º-B – inciso I, do mesmo diploma penal

O Supremo Tribunal Federal ao apreciar o Recurso Extraordinário nº 979.962/RS (tema 1.003 da Repercussão Geral), deliberou que:

> "O Tribunal, por maioria, apreciando o tema 1.003 da repercussão geral, negou provimento ao recurso extraordinário do Ministério Público Federal e deu parcial provimento ao recurso de Paulo Roberto Pereira, determinando o retorno do processo ao Tribunal Regional Federal da 4ª Região para aplicação da tese jurídica fixada neste julgamento, nos termos do voto reajustado do Relator, vencidos os Ministros Edson Fachin, Luiz Fux (Presidente) e Marco Aurélio, nos termos de seus votos. Em seguida, por maioria, foi fixada a seguinte tese: 'É inconstitucional a aplicação do preceito secundário do art. 273 do Código Penal, com redação dada pela Lei nº 9.677/98 (reclusão, de 10 a 15 anos, e multa), à hipótese prevista no seu § 1º-B, I, **que versa sobre a importação de medicamento sem registro no órgão de vigilância sanitária**. Para esta situação específica, fica repristinado o preceito secundário do art. 273, na redação originária (reclusão, de 1 a 3 anos, e multa)", vencidos os Ministros Marco Aurélio, Ricardo Lewandowski e Edson Fachin. Plenário, 24.03.2021 (Sessão realizada por videoconferência – Resolução 672/2020/STF)."

Decidiu-se pela inconstitucionalidade da pena abstratamente prevista na hipótese do art. 273, §1º-B, I, do Código Penal (na modalidade "importar"), que prevê pena de dez a quinze anos de reclusão, e multa, para quem importar medicamento sem registro, quando exigível, no órgão de vigilância sanitária competente.

Confira-se:

> "Direito constitucional e penal. Recurso extraordinário. Importação de medicamentos sem registro sanitário (CP, art. 273, 273, § 1º-B, I, do Código Penal). Inconstitucionalidade da pena abstratamente prevista. 1. O art. 273, § 1º-B, do CP, incluído após o "escândalo das pílulas de farinha", prevê pena de dez a quinze anos de reclusão para quem importar medicamento sem registro no órgão de vigilância sanitária competente. 2. Como decorrência da vedação de penas cruéis e dos princípios da dignidade humana, da igualdade, da individualização da pena e da proporcionalidade, a severidade da sanção deve ser proporcional à gravidade do delito. 3. O estabe-

lecimento dos marcos penais adequados a cada delito é tarefa que envolve complexas análises técnicas e político-criminais que, como regra, competem ao Poder Legislativo. Porém, em casos de gritante desproporcionalidade, e somente nestes casos, justifica-se a intervenção do Poder Judiciário, para garantir uma sistematicidade mínima do direito penal, de modo que não existam (i) penas exageradamente graves para infrações menos relevantes, quando comparadas com outras claramente mais reprováveis, ou (ii) a previsão da aplicação da mesma pena para infrações com graus de lesividade evidentemente diversos. 4. A desproporcionalidade da pena prevista para o delito do art. 273, § 1º-B, do CP, salta aos olhos. A norma pune o comércio de medicamentos sem registro administrativo do mesmo modo que a falsificação desses remédios (CP, art. 273, caput), e mais severamente do que o tráfico de drogas (Lei nº 11.343/2006, art. 33), o estupro de vulnerável (CP, art. 217-A), a extorsão mediante sequestro (CP, art. 159) e a tortura seguida de morte (Lei nº 9.455/1997, art. 1º, § 3º). 5. Mesmo a punição do delito previsto no art. 273, § 1º-B, do CP com as penas cominadas para o tráfico de drogas, conforme propugnado por alguns Tribunais e juízes, mostra-se inadequada, porque a equiparação mantém, embora em menor intensidade, a desproporcionalidade. 6. Para a punição da conduta do art. 273, § 1º-B, do CP, sequer seria necessária, a meu ver, a aplicação analógica de qualquer norma, já que, com o reconhecimento da sua inconstitucionalidade, haveria incidência imediata do tipo penal do contrabando às situações por ele abrangidas. 7. A maioria do Plenário, contudo, entendeu que, como decorrência automática da declaração de inconstitucionalidade do preceito secundário do art. 273, § 1º-B, I, deve incidir o efeito repristinatório sobre o preceito secundário do art. 273, caput, na redação original do Código Penal, que previa pena de 1 a 3 anos de reclusão. 8. Recurso do Ministério Público Federal desprovido. Recurso de Paulo Roberto Pereira parcialmente provido. Tese de julgamento: **É inconstitucional a aplicação do preceito secundário do art. 273 do Código Penal à hipótese prevista no seu § 1º-B, I, que versa sobre a importação de medicamento sem registro no órgão de vigilância sanitária. Para esta situação específica, fica repristinado o preceito secundário do art. 273, na sua redação originária.**"

(STF, RE 979.962, Relator(a): ROBERTO BARROSO, Tribunal Pleno, julgado em 24/03/2021, PROCESSO ELETRÔNICO REPERCUSSÃO GERAL – MÉRITO DJe-113DIVULG 11-06-2021PUBLIC 14-06-2021)

Com efeito vinculante, nos termos do artigo 927, inciso III, do Código de Processo Civil, citado enunciado incorpora-se ao ordenamento como norma jurídica, a ser aplicada por todos os órgãos do Poder Judiciário.

Contudo, os autos encontravam-se conclusos desde 23.09.2021 para apreciação de Embargos de Declaração opostos pela Defensoria Pública da União porquanto este órgão sustentou que a tese fixada pelo Supremo Tribunal Federal deveria se estender a todos os verbos nucleares do § 1º-B do art. 273 do Código Penal, e não apenas limitar-se ao verbo "importar".

O julgamento virtual agendado para 02.06 a 12.06.2023 foi concluído nesta última data tendo sido, por maioria, acolhidos os Embargos de Declaração para estender a tese fixada para todos os verbos nucleares constante do artigo 273, §1º-B do Código Penal.[27]

Eis os argumentos do voto exarado pelo eminente relator e acolhidos por maioria:

> "6. A questão posta no momento diz respeito à omissão do referido acórdão em não deliberar sobre a aplicação desse mesmo entendimento para os demais núcleos verbais referidos pelo mesmo dispositivo (art. 273, § 1º-B, I): *vender, expor à venda, ter em depósito para vender ou, de qualquer forma, distribuir ou entregar a consumo*. A embargante argumenta que a conduta de 'importar' produto sem registro é equivalente e simétrica ao demais núcleos postos na lei em questão. Assim, a limitação da declaração de inconstitucionalidade apenas àquela conduta específica acabaria por criar nova desproporcionalidade, além da possibilidade de rediscussão da matéria nas instâncias ordinárias.
>
> (...)
>
> 8. Quanto ao mérito, entendo que os argumentos da embargante são procedentes. De fato, as condutas previstas no art. 273, § 1º-B, I (importar, vender, expor à venda, ter em depósito para vender ou, de qualquer forma, distribuir ou entregar a consumo), quando o objeto é produto sem registro, possuem semelhante nível de gravidade sob o ponto de vista penal, indicando que devem receber tratamento jurídico semelhante. O próprio legislador se baseou nessa premissa ao construir o tipo penal, uma vez que alocou todas essas condutas no mesmo dispositivo legal e estabeleceu o mesmo preceito secundário para elas. Dessa forma, alterando-se o preceito

[27] Disponível em: https://portal.stf.jus.br/processos/detalhe.asp?incidente=5006518. Acesso em 13.06.2023. Pendente de publicação do v. acórdão até o fechamento desta obra.

secundário para a conduta de importar medicamento sem registro, há que se aplicar a mesma conclusão para as demais condutas.

9. Essa conclusão também é sustentada pela doutrina. Conforme a Ministra Cármen Lúcia e eu apontamos, em nossos votos no julgamento do mérito, doutrinadores defendem há muito tempo – e, até onde pude constatar, de forma unânime – a inconstitucionalidade do preceito secundário do art. 273, § 1º-B, I, do Código Penal (doc. 273, fl. 28 e 126). Isso porque é fundamental a observância de uma proporção adequada entre a severidade da pena e a gravidade do delito, seja no tipo penal (proporcionalidade abstrata), seja na dosimetria da pena no caso concreto. A inexistência de uniformidade nesse tratamento produz uma sensação difusa de injustiça, com potencial descrédito do sistema de persecução penal.

10. Além disso, as condutas de importar, vender, expor à venda, ter em depósito para vender ou, de qualquer forma, distribuir ou entregar a consumo medicamentos sem registro sanitário estão na maior parte das vezes inseridas na mesma dinâmica criminosa. Por exemplo: as pessoas importam medicamentos sem registro para, como regra geral, comercializá-los de alguma forma. Vale lembrar que o caso representativo selecionado para o julgamento do Tema 1.003 de representação geral ilustra exatamente essa situação. Tratava-se de uma empresa sediada no Rio Grande do Sul que importou medicamentos sem a anuência da Anvisa e os vendeu para uma universidade e três hospitais.

11. Nesse contexto, a tese fixada por esta Corte no presente caso, a qual fez menção expressa apenas à conduta de 'importar' medicamento sem registro, pode gerar graves discrepâncias no sistema de justiça criminal. Isso porque, enquanto um indivíduo que importe medicamento sem registro no órgão de vigilância sanitária está submetido à pena de 1 a 3 anos de reclusão e multa (tese fixada no julgamento do mérito), outro que mantiver em depósito esse mesmo medicamento para distribuição estará submetido à pena de 10 a 15 anos de reclusão e multa – uma pena mínima 10 vezes maior. Ou seja, tais condutas, não obstante sejam de semelhante grau de reprovabilidade e estejam no mesmo dispositivo legal, terão tratamentos completamente distintos pelo sistema de justiça criminal.

12. Destaco que o tratamento dispensado pelo art. 273, § 1º-B, I, do Código Penal revela desproporcionalidade até na comparação com tipos penais protetores de outros bens jurídicos. Por exemplo, a pena mínima da venda de medicamentos sem registro é maior do que a prevista para o estu-

pro de vulnerável (CP, art. 217-A), para a extorsão mediante sequestro (CP, art. 159) e para a tortura seguida de morte (Lei nº 9.455/1997, art. 1º, § 3º).

13. Por fim, conforme ressaltado pela Procuradoria-Geral da República, o art. 273, § 1º-B, I, do Código Penal se trata de um tipo penal plurinuclear, de forma que a ocorrência de qualquer das condutas – ou de mais de uma delas no mesmo contexto fático – caracteriza crime único. Para haver uniformidade, o sistema penal deve dispor a mesma pena em abstrato para todos eles. Desse modo, a aplicação de pena diversa para somente um dos verbos do tipo penal pode ensejar injustiças e a rediscussão da temática nas instâncias ordinárias.

14. Com esses fundamentos, entendo que há flagrante desproporcionalidade na aplicação do preceito secundário do art. 273 do Código Penal (reclusão, de 10 a 15 anos, e multa) à hipótese prevista no seu § 1º-B, I, que versa sobre 'importar', 'vender', 'expor à venda', 'ter em depósito para vender' ou, 'de qualquer forma, distribuir ou entregar a consumo' produtos sem registro no órgão de vigilância sanitária. No que tange ao novo preceito secundário, para todas essas condutas deve ser dada a mesma solução adotada anteriormente por esta Corte, repristinando-se o preceito secundário do art. 273 do Código Penal, na redação originária (reclusão, de 1 a 3 anos, e multa).

15. **Diante do exposto, acolho os embargos de declaração opostos pela Defensoria Pública da União, para estender os efeitos da declaração de inconstitucionalidade do preceito secundário do art. 273 do Código Penal, com redação dada pela Lei nº 9.677/98, aos demais núcleos típicos verbais a que se refere o art. 273, § 1º-B, I, do Código Penal.**

16. Proponho a readequação da tese jurídica nos seguintes termos: '**É inconstitucional a aplicação do preceito secundário do art. 273 do Código Penal, com redação dada pela Lei nº 9.677/98 (reclusão, de 10 a 15 anos, e multa), à hipótese prevista no seu § 1º-B, I, que versa sobre importar, vender, expor à venda, ter em depósito para vender ou, de qualquer forma, distribuir ou entregar produto sem registro no órgão de vigilância sanitária. Para estas situações específicas, fica repristinado o preceito secundário do art. 273, na sua redação originária (reclusão, de 1 a 3 anos, e multa)**'".

Portanto, diante do atual entendimento exarado pelo Supremo Tribunal Federal, o reconhecimento da inconstitucionalidade do preceito secundário do artigo 273 do Código Penal, com redação dada pela Lei nº 9.677/1998 (reclusão, de 10 a 15 anos e multa), a todas as hipóteses previstas no seu § 1º-B, inciso I, não implica na anulação de sentença condenatória proferida anteriormente e que eventualmente esteja em grau de recurso.

Nesse sentido, o Plenário do Colendo Supremo Tribunal Federal, ao julgar o tema 1.003 da repercussão geral, plasmada no Recurso Extraordinário 979.962, em 24.03.2021, não anulou a condenação anteriormente levada a efeito no processo subjacente.

Naquela oportunidade, a Corte Suprema reconheceu a incidência do efeito repristinatório sobre o preceito secundário previsto no artigo 273, *caput*, da redação original do Código Penal, porém, determinou tão-somente o retorno do processo ao Tribunal *a quo*, a fim de que fosse aplicado o preceito secundário previsto originalmente no artigo 273, *caput*, do Código Penal.

Cumpre trazer à baila trecho do voto do e. Ministro Alexandre de Moraes, que, na ocasião, acompanhou o e. Relator, Ministro Luís Roberto Barroso:

> "A declaração de inconstitucionalidade da alteração do artigo 273 do Código Penal, com repercussão geral, acarretará os denominados efeitos repristinatórios, como muito bem salientado em ambas as sustentações orais. Ou seja, uma vez que a decretação de nulidade da lei torna sem efeito a antiga revogação que ela produzira, a lei supostamente revogada por uma lei nula, por uma lei inconstitucional, jamais foi revogada.
>
> Então, não haveria qualquer solução de continuidade; tendo a vigência e eficácia da redação original do preceito secundário do artigo 273 permanecido no ordenamento jurídico, com aplicação, inclusive, as novas condutas típicas criadas.
>
> O preceito secundário do art. 273 do Código Penal, portanto, em momento algum foi expurgado do ordenamento jurídico, garantindo segurança jurídica a todos os casos semelhantes."

Assim, não se tratando de declaração de inconstitucionalidade do tipo penal previsto no artigo 273, *caput*, do Código Penal, mas, sim da norma que lhe alterou o preceito secundário, não há se falar em nulidade de condenação pretérita.

Ressalte-se que à vista do posicionamento do STF, em julgado proferido pela 4ª Seção do E. TRF3, em caso similar, foi acolhida questão de ordem, a fim de suspender o julgamento de embargos infringentes, e convertê-lo em diligência, determinando o retorno dos autos ao juízo de origem para que, à vista da situação pessoal do acusado, fossem os autos encaminhados ao Ministério Público Federal para eventual proposição da suspensão condicional do processo, nos termos do art. 89 da Lei nº 9.099/1995:

> "Embargos infringentes opostos em face de acórdão da Décima Primeira Turma deste Tribunal que, em relação ao embargante, por maioria, aplicou ao crime do art. 273 do Código Penal, a causa de aumento prevista no art. 40, I, e a causa de diminuição prevista no art. 33, § 4º, ambos da Lei nº 11.343/2006, na fração de 1/6 (um sexto). 2. O Supremo Tribunal Federal, recentemente, ao julgar o RE nº 979.962/RS, com repercussão geral, firmou a tese de inconstitucionalidade da aplicação do preceito secundário do artigo 273 do Código Penal, com a redação dada pela Lei 9.677/1998, decidindo pela repristinação do preceito secundário do artigo 273, na redação originária – reclusão de um a três anos e multa. Como, no caso, a pena aplicável é a do art. 273 do Código Penal, em sua redação anterior à alteração feita pela Lei nº 9.677, de 02.09.1998, ou seja, reclusão, de 1 (um) a 3 (três) anos, e multa e, portanto, sendo a pena mínima desse crime igual a um ano de reclusão, inexistindo notícia de circunstância judicial desfavorável ao réu, incide no caso o disposto no art. 89 da Lei nº 9.099, de 26.09.1995, que contém medida mais benéfica ao réu, embora não possa ser aplicada em segundo grau de jurisdição. 3. Acolhida questão de ordem para suspender o julgamento destes embargos infringentes e convertê-lo em diligência, determinando o retorno dos autos ao juízo de origem para que, à vista da situação pessoal do acusado, encaminhe os autos ao Ministério Público Federal para eventual proposição da suspensão condicional do processo, nos termos do art. 89 da Lei nº 9.099/95."
>
> (TRF3ª Região – Embargos Infringentes e de Nulidade – Processo nº 0004752-77.2015.403.6108, 4ª Seção, Relator Desembargador Federal André Nekatschalow, Relator para acórdão Desembargador Federal Nino Toldo, por maioria, julgado e publicado em 02.06.2021)

Observe-se que com a repristinação do preceito secundário da norma que vigia anteriormente à norma penal mais gravosa (Lei nº 9.677, de 02.07.1998), a pena prevista para o delito previsto no artigo 273, §1º-B, inciso I, do Código Penal, é de 01 (um) a 03 (três) anos de reclusão, e multa. Como a pena mínima é de 01 (um) ano de reclusão, configurando, portanto, crime de menor potencial ofensivo, e se o réu for primário, mostra-se de rigor que, antes de proferir decisão definitiva, seja oportunizada a manifestação do Ministério Público Federal sobre o eventual cabimento dos benefícios despenalizadores previstos na Lei nº 9.099/1995.

Nesse sentido, diversos precedentes, inclusive das C. Cortes Superiores, já se manifestaram para declarar a nulidade das sentenças que, ao mudar a classificação jurídica da denúncia ou absolver parcialmente o réu da imputação inicialmente prevista, deixaram de dar vista dos autos ao Ministério Público Federal passando diretamente à condenação e dosimetria da pena de delitos que, em tese, fazem *jus* aos benefícios da Lei nº 9.099/1995. Veja-se, *in verbis*:

> "(...) Trata-se de habeas corpus com pedido liminar, impetrado pela Defensoria Pública da União, em favor de Wander Gonçalves Mota, contra acórdão proferido pela Quinta Turma do Superior Tribunal de Justiça (STJ) que negou provimento ao Agravo Regimental nos autos do Agravo em Recurso Especial 904.165/MG. Consta dos autos que o paciente foi condenado pela prática dos delitos descritos nos artigos 28 e 37 da Lei 11.343/2006 à pena de 2 anos de reclusão, em regime inicial aberto, substituída por duas restritivas de direitos; bem como à medida educativa de comparecimento a programa ou cursos educativos, pelo prazo de 6 meses. Irresignada, a defesa interpôs apelação criminal no Tribunal de Justiça mineiro, postulando, em suma, a absolvição pelo crime previsto no artigo 37 da Lei de Drogas por atipicidade da conduta. Alternativamente, pugnou pelo reconhecimento da confissão espontânea em relação ao delito de posse de entorpecentes para consumo pessoal, bem como pela redução da medida educativa aplicada ao réu. O recurso foi parcialmente provido para absolver o réu do delito descrito no artigo 37 da Lei de Drogas por falta de provas, bem como para, em relação ao crime de posse de entorpecentes para consumo pessoal, reconhecer a atenuante da confissão espontânea e assim reduzir a pena imposta ao apelante, concretizando-a em comparecimento a programa ou curso educativo pelo prazo de 2 meses. Eis a ementa desse julgado: APELAÇÃO CRIMINAL COLABORAÇÃO COM GRUPO, ORGANIZAÇÃO OU ASSOCIAÇÃO DESTINADOS AO TRÁFICO ILÍCITO DE SUBSTÂNCIAS ENTORPECENTES PROVA INSUFICIENTE ABSOLVIÇÃO QUE SE IMPÕE POSSE DE ENTORPECENTES PARA CONSUMO PESSOAL AUTORIA E MATERIALIDADE COMPROVADAS CONDENAÇÃO MANTIDA REPRIMENDA EXARCERBADA REDUÇÃO QUE SE IMPÕE. 01. Inexistindo prova segura de que o réu colaborava, como informante, com grupo, organização ou associação constituídos para o tráfico ilícito de substâncias entorpecentes, a absolvição é medida que se

impõe (art. 386, VII, do CPP). 02. Demonstradas, quantum satis, a materialidade e a autoria do crime de posse de entorpecentes para consumo pessoal, a condenação do réu, à falta de causas excludentes de ilicitude ou de culpabilidade, é medida que se impõe. 03. A sanção penal, medida de exceção, deve ser, por excelência, aquela necessária e suficiente à prevenção e reprovação do injusto, eis porque, se aplicada com exagero, há que ser adequada. (eDOC 2, p. 10). Sobreveio recurso especial, o qual foi obstado na origem. Impugnou-se a decisão por meio de agravo no Superior Tribunal de Justiça. O recurso não foi conhecido, nos termos da jurisprudência da Corte Especial. No presente writ, a DPU insiste na alegação de nulidade do feito em razão da não abertura de vista ao Ministério Público para manifestar-se acerca da transação penal. Requer, liminarmente, a suspensão da tramitação da ação penal até o julgamento final deste mandamus. Em 28.2.2018, deferi a liminar, para determinar a suspensão dos efeitos da condenação. A Procuradoria-Geral da República opinou pelo não conhecimento do pedido. (eDOC 18) É o relatório. Passo a decidir. Conforme registrei na decisão pretérita, a despeito de, originalmente, ter sido o paciente denunciado ainda por outro delito (artigo 37 da Lei de Drogas), circunstância que afastava o cabimento da suspensão em face da somatória das penas (acima do mínimo legal de 1 ano exigido pelo artigo 89 da Lei 9.099/1995), operou-se em grau de recurso a absolvição pelo segundo delito. Neste caso, o crime remanescente, quanto à pena, autorizava a proposta de suspensão do processo. Existem precedentes do próprio STJ consignando a viabilidade do oferecimento da proposta de suspensão pelo Ministério Público, conforme, dentre outros, o seguinte julgado: (...)

O mesmo STJ acabou editando a Súmula 337 permitindo aludido benefício processual em hipótese semelhante ao destes autos: Súmula 337. STJ: é cabível a suspensão condicional do processo na desclassificação do crime e na procedência parcial da pretensão punitiva. Acerca da tese ministerial, segundo a qual a transação penal traria consequência mais gravosa que a sanção imposta ao paciente, verifico tratar-se de matéria afeta à sua própria deliberação. É que a Defensoria busca, através do presente writ, que seja ofertada, ao paciente, a transação penal, o que não significa que ele vá aceitá-la. E mais: até que esta Corte julgue o RE 635.659, de minha relatoria, o entendimento atual é no sentido de que não houve abolitio criminis do crime de posse de droga para uso pessoal, mas apenas sua despenalização, de modo que a condenação havida pode gerar reincidência e demais consequências processuais. Dito isso, tenho que, ao contrário do que alega a PGR, a condenação por infração ao art. 28 da Lei de Drogas pode ser mais gravosa que a aceitação da transação penal. Ante os fundamentos expostos, concedo a ordem para confirmar a liminar deferida e determinar seja ofertada ao paciente a transação penal, nos termos da Lei 9.099/95.

Comunique-se. Publique-se. Brasília, 24 de agosto de 2018. Ministro Gilmar Mendes Relator Documento assinado digitalmente."

(STF, HC 151688, Relator(a): Min. GILMAR MENDES, julgado em 24.08.2018, publicado em PROCESSO ELETRÔNICO *DJe-176* DIVULG 27.08.2018 PUBLIC 28/08/2018)

"AGRAVO REGIMENTAL NO RECURSO ESPECIAL. PORNOGRAFIA INFANTIL. ACUSADO DENUNCIADO POR INFRAÇÃO AOS ARTS. 241-A E 241-B DA LEI N. 8069/1990. PROCEDÊNCIA PARCIAL DA PRETENSÃO PUNITIVA. POSSIBILIDADE DE SURSIS PROCESSUAL. SÚMULA 337/STJ. CONSTRANGIMENTO ILEGAL EVIDENCIADO. REMESSA DO FEITO AO MINISTÉRIO PÚBLICO. AGRAVO NÃO PROVIDO.

1. Nos termos do art. 89 da Lei n. 9.099/1995, 'nos crimes em que a pena mínima cominada for igual ou inferior a um ano, abrangidas ou não por esta Lei, o Ministério Público, ao oferecer a denúncia, poderá propor a suspensão do processo, por dois a quatro anos, desde que o acusado não esteja sendo processado ou não tenha sido condenado por outro crime, presentes os demais requisitos que autorizariam a suspensão condicional da pena (art. 77 do Código Penal)'.

2. De acordo com o enunciado n. 337, da Súmula do STJ, é cabível a suspensão condicional do processo na desclassificação do crime e na procedência parcial da pretensão punitiva.

3. Havendo a procedência parcial da pretensão punitiva, enquadrando-se o crime entre aqueles que admitem a suspensão condicional do processo é dever do magistrado encaminhar os autos ao órgão do Ministério Público, a fim de que este avalie a possibilidade de propor o benefício despenalizador.

4. Em casos excepcionais, configurada flagrante ilegalidade apta a gerar constrangimento ilegal, é possível a concessão da ordem de ofício, nos termos do art. 654, § 2º, do Código de Processo Penal, ainda que a matéria não tenha sido devidamente prequestionada.

5. Agravo regimental a que se nega provimento."

(STJ, AgRg no REsp 1788501/CE, Rel. Ministro REYNALDO SOARES DA FONSECA, QUINTA TURMA, julgado em 24.09.2019, *DJe* 04/10/2019)

Assim, estando o processo em sede recursal deve ser suspenso o julgamento das razões do apelo, convertendo-se o julgamento em diligência para remeter os autos ao r. juízo de origem, com posterior encaminhamento ao Ministério Público Federal, para que se manifeste acerca da eventual possibilidade de oferecimento da suspensão condicional do processo do delito em exame (artigo 273, §1º-B, inciso I, do Código Penal).

Efetuando-se a proposta de suspensão condicional do processo e aceitas suas condições, o processo deverá ser suspenso, permanecendo os autos no juízo de primeiro grau, que acompanhará o cumprimento das condições pelo período devido. Findo tal prazo e tendo sido devidamente cumpridas todas as condições, caberá ao juízo de primeiro grau extinguir a punibilidade do réu, nos termos do art. 89, § 5º, da Lei nº 9.099/1995, não sendo necessário o envio dos autos ao Tribunal para esse fim. Em caso contrário, frustrada a tentativa de efetiva suspensão condicional do processo, o r. juízo deverá remeter os autos ao Tribunal para que haja o julgamento da Apelação outrora interposta.

7. Conflito aparente de normas entre o art. 273 do Código Penal e o art. 33, *caput*, da Lei nº 11.343/2006

Estar-se-á diante de um conflito aparente de normas, a ser resolvido pelo princípio da consunção (ou princípio da absorção), quando se perceber que a despeito de parte do material apreendido e periciado conter substâncias psicotrópicas constantes da Portaria nº 344, de 12.05.1998, da Secretaria de Vigilância Sanitária do Ministério da Saúde, capazes de causar dependência – conduta que, em princípio, se amolda ao tipo descrito no art. 33, *caput*, da Lei nº 11.343/2006 –, a intenção criminosa do agente, em última análise, for a de adquirir, ter em depósito, guardar, prescrever especificamente produtos terapêuticos ou medicinais, utilizando-se, para tal finalidade, de um estabelecimento farmacêutico.

Em caso, julgado pelo STJ (RE nº 1.537.773/SC), não se evidenciou a prática de dois crimes distintos e em concurso material, porquanto se observou que a intenção criminosa dos acusados fora dirigida para uma única finalidade.

Assim, adotou-se o princípio da consunção, nos termos do voto vencedor: "não se mostra, a meu sentir, plausível sustentar a prática de dois crimes distintos e em concurso material quando, em um mesmo cenário fático, se observa que a intenção criminosa era dirigida para uma única finalidade, perceptível, com clareza, ante os assentados de maneira incontroversa pelo acórdão recorrido. Daí a razão pela qual Jorge de Figueiredo Dias afirma que, no que se refere à consunção, passa a relevar o 'comportamento global' do agente e os 'concretos sentidos de ilícito que nele se exprimem' (Direito Penal. Parte Geral. 2. ed. Coimbra: Coimbra, 2007, p. 1.005-1.006). Perfeitamente factível, portanto, a consunção, aplicável quando a intenção criminosa una é alcançada pelo cometimento de mais de um crime, devendo o agente, no entanto, ser punido por apenas um delito, de forma a, também e principalmente, obviar a sobrecarga punitiva, incompatível com a proporcionalidade da sanção, princípio regente no processo de individualização da pena. No universo de medicamentos ou de substâncias ilegais que eram manipulados, prescritos, alterados ou comercializados, foram apreendidas algumas que estão previstas em portaria da Secretaria de Vigilância Sanitária como substâncias psicotrópicas no Brasil (diazepam, zopiclona, zolpidem, bromazepam). Ou seja, trata-se de continente que abarcava, em seu conteúdo, substâncias que, em princípio, caracterizariam o tráfico de drogas."

Conquanto, no caso em comento, dentre a "conduta dirigida a comercializar ilegalmente medicamentos destinados a fins terapêuticos e medicinais, sucedeu de haver substâncias que ora não possuíam registro no órgão de vigilância sanitária, ora estavam elencadas na lista de substâncias psicotrópicas da Portaria SVS/MS n. 344/1998, ora possuíam princípios ativos controlados, ora tiveram a alteração de suas cápsulas, para dar a aparência de que manipulados fossem. Portanto, os fatos materializados demonstraram ser a conduta dos recorrentes, desde o início de sua empreitada, orientada para, numa sucessão de eventos e sob a fachada de uma farmácia, falsificar, vender e manter em depósito para venda produtos falsificados destinados a fins terapêuticos e medicinais, de modo que esse fato – que, no caso, possui espectro mais amplo e mais completo – deve absorver aqueles que, em tese, configuram o crime de tráfico de drogas. Vale dizer, essa unidade de valor jurídico da situação de fato justifica, no caso concreto, a aplicação de uma só norma penal." Neste sentido, confira-se a ementa do aludido julgado:

> "RECURSO ESPECIAL. TRÁFICO DE DROGAS *VERSUS* ART. 273 DO CÓDIGO PENAL. INÉPCIA DA DENÚNCIA. SUPERVENIÊNCIA DE SENTENÇA CONDENATÓRIA. ART. 514 DO CÓDIGO DE PROCESSO PENAL. IMPOSSIBILIDADE DE APLICAÇÃO. PRINCÍPIO DA CONSUNÇÃO. INCIDÊNCIA. FINALIDADE ÚNICA DAS CONDUTAS. ASSOCIAÇÃO PARA O TRÁFICO. ABSOLVIÇÃO. AGRAVANTE DA LIDERANÇA. MINORANTE PREVISTA NO ART. 33, § 4º, DA LEI

N.11.343/2006. DEDICAÇÃO A ATIVIDADES CRIMINOSAS. PENA-BASE E REGIME. RETORNO DOS AUTOS AO JUÍZO DE PRIMEIRO GRAU. RECURSO PARCIALMENTE PROVIDO.

(...)

2. Os acusados foram condenados pela prática dos delitos previstos nos arts. 33, *caput*, e 35, ambos da Lei n. 11.343/2006, e no art. 273, *caput*, §§ 1º e 1º-B, I e V, do Código Penal, nenhum deles considerado crime funcional para fins de aplicação dos arts. 513 a 518 do Código de Processo Penal, o que afasta a incidência do art. 514 e, por conseguinte, a obrigatoriedade de oferecimento de resposta antes do recebimento da denúncia. De todo modo, o art. 514 do Código de Processo Penal, por expressa previsão legal, somente tem incidência nos casos de crimes afiançáveis, inaplicável, portanto, aos delitos de tráfico de drogas e de falsificação, corrupção, adulteração ou alteração de produto destinado a fins terapêuticos ou medicinais, que, a teor do art. 5º, XLIII, da Constituição Federal, são inafiançáveis.

(...)

5. Os tipos penais previstos no art. 273, *caput*, §§ 1º e 1º-B, I e V, do Código Penal – cujo bem jurídico tutelado é a saúde pública – visam a punir a conduta do agente que, entre outros, importa, vende, expõe a venda, tem em depósito para vender ou, de qualquer forma, distribui ou entrega a consumo o produto 'falsificado, corrompido, adulterado ou alterado' (§ 1º-B, *caput*), 'sem registro, quando exigível, no órgão de vigilância sanitária competente' (§ 1º-B, inciso I) ou 'de procedência ignorada (§ 1º-B, inciso V).

6. A definição do que sejam 'drogas', capazes de caracterizar os delitos previstos na Lei n. 11.343/2006, advém da Portaria n. 344/1998, da Secretaria de Vigilância Sanitária do Ministério da Saúde (daí a classificação doutrinária, em relação ao art. 33 da Lei n. 11.343/2006, de que se está diante de uma norma penal em branco heterogênea).

7. Em que pese haver sido constatado que parte do material apreendido e periciado contém substâncias psicotrópicas constantes da Portaria n. 344, de 12/5/1998, da Secretaria de Vigilância Sanitária do Ministério da Saúde, capazes de causar dependência – conduta que, em princípio, se amolda ao tipo descrito no art. 33, *caput*, da Lei n. 11.343/2006 –, não há como subsistir a condenação dos acusados em relação ao crime de tráfico de drogas, de forma autônoma.

8. Um dos requisitos do concurso aparente de normas penais e do princípio da consunção consiste, justamente, na pluralidade de normas aparentemente aplicáveis a uma mesma hipótese. Isso acarreta a necessidade

de que o caso concreto preencha, aparente e completamente, a estrutura essencial de todas as normas incriminadoras.

9. Não obstante, à primeira vista, a valoração dos fatos postos em discussão aponte, em tese, para o possível cometimento, em concurso, dos crimes de tráfico de drogas e de falsificação, corrupção, adulteração ou alteração de produto destinado a fins terapêuticos ou medicinais, certo é que o fato rendeu a prática de um único crime. Isso porque a intenção criminosa dos recorrentes era, em última análise, a de adquirir, ter em depósito, guardar, prescrever especificamente 'produtos terapêuticos ou medicinais', utilizando-se, 'para tal finalidade, de estabelecimento comercial.

10. Não se mostra plausível sustentar a prática de dois crimes distintos e em concurso material quando, em um mesmo cenário fático, se observa que a intenção criminosa era dirigida para uma única finalidade, perceptível, com clareza, ante os assentados de maneira incontroversa pelo acórdão recorrido.

11. No universo de medicamentos ou de substâncias ilegais que eram manipulados, prescritos, alterados ou comercializados, foram apreendidas algumas que estão previstas em portaria da Secretaria de Vigilância Sanitária como substâncias psicotrópicas no Brasil (diazepam, zopiclona, zolpidem, bromazepam). Ou seja, trata-se de continente que abarcava, em seu conteúdo, substâncias que, em princípio, caracterizariam o tráfico de drogas.

12. Nessa conduta dirigida a comercializar ilegalmente medicamentos destinados a fins terapêuticos e medicinais, sucedeu de haver substâncias que ora não possuíam registro no órgão de vigilância sanitária, ora estavam elencadas na lista de substâncias psicotrópicas da Portaria SVS/MS n. 344/1998, ora possuíam princípios ativos controlados, ora tiveram a alteração de suas cápsulas, para dar a aparência de que manipulados fossem.

13. Os fatos materializados demonstraram ser a conduta dos recorrentes, desde o início de sua empreitada, orientada para, numa sucessão de eventos e sob a fachada de uma farmácia, falsificar, vender e manter em depósito para venda produtos falsificados destinados a fins terapêuticos e medicinais. Essa unidade de valor jurídico da situação de fato justifica, no caso concreto, a aplicação de uma só norma penal.

14. Inequívoco que o fato aparentemente compreendido na norma incriminadora afastada (art. 33 da Lei n. 11.343/2006) encontra-se, na inteireza da sua estrutura e do seu significado valorativo, na estrutura do crime regulado pela norma que, no caso, será prevalecente (art. 273 do Código Penal).

15. A conclusão pela incidência do princípio da consunção não demanda o revolvimento de matéria fático-probatória, procedimento, de fato, vedado na via do recurso especial, consoante o disposto na Súmula n. 7 do STJ. O caso em análise, diversamente, demanda apenas a revaloração de fatos incontroversos já delineados nos autos e de provas já devidamente colhidas ao longo de toda a instrução probatória, bem como a discussão, meramente jurídica, acerca da interpretação a ser dada aos tipos penais previstos nos arts. 33, *caput*, da Lei n. 11.343/2006 e 273, *caput*, §§ 1º e 1º-B, I e V, do Código Penal, quando presentes no mesmo contexto fático.

16. Ainda que o Decreto Legislativo n. 273/2014 do Senado Federal (norma posterior de caráter mais benéfico) haja sustado os efeitos da RDC n. 52, ainda permanece o rigoroso controle de comercialização das substâncias mazindol, femproporex e anfepramona, justamente em razão da dependência que podem causar. De todo modo, o referido decreto faz menção apenas às substâncias anfepramona, femproporex e mazindol, seus sais, isômeros e intermediários, bem como àquelas que contenham a substância sibutramina, seus sais, isômeros e intermediários, sendo certo que diversas outras substâncias, também sujeitas a controle especial, foram localizadas em poder dos recorrentes (metilfenidato e diazepam), sem o registro no órgão de vigilância sanitária competente (art. 273, § 1º-B, I, do Código Penal).

17. As alegações de que não ficou demonstrado o elemento subjetivo especial dos agentes, não adveio perigo concreto da conduta dos recorrentes, não foi vulnerada a saúde pública (porquanto os medicamentos seriam apenas para uso pessoal), não foram tratadas, nem ao menos implicitamente, no acórdão impugnado, motivo pelo qual incide o enunciado nas Súmulas n. 282 e 356, ambas do STF, aplicadas por analogia ao recurso especial.

(...).

23. Recurso especial parcialmente provido, nos termos do voto do Ministro Rogerio Schietti."

(STJ, Recurso Especial nº 1.537.773 - SC (2015/0139312-2), 6ª T., por maioria, nos termos do voto do Min. Rogerio Schietti Cruz, relator para acórdão, j. 16.08.2016, *DJe* de 19.09.2016)

Portanto, no caso supramencionado, embora tenham sido apreendidos, entre os medicamentos manipulados, alguns previstos como substâncias psicotrópicas no Brasil, a conduta dos agentes, durante toda a empreitada criminosa, mostrou-se unicamente orientada a falsificar, vender e manter em depósito para venda produtos falsificados, destinados a fins terapêuticos e medicinais, fato que possui maior abrangência, devendo absorver aqueles que, em tese, configurariam o crime de tráfico de drogas.

8. Evolução histórica do tema atinente à pena do art. 273, § 1º-B, do Código Penal, até o julgamento do Recurso Extraordinário nº 979.962/RS que declarou a inconstitucionalidade do preceito secundário do art. 273, § 1º-B, I, do Código Penal

A redação originária do art. 273 – "alteração de substância alimentícia ou medicinal" – possuía pena de reclusão, de um a três anos, e multa, de um a cinco contos de réis.

O artigo possuía a seguinte redação:

> "Art. 273. Alterar substância alimentícia ou medicinal:
>
> I – modificando-lhe a qualidade ou reduzindo-lhe o valor nutritivo ou terapêutico;
>
> II – suprimindo, total ou parcialmente, qualquer elemento de sua composição normal, ou substituindo-o por outro de qualidade inferior:
>
> Pena – reclusão, de um a três anos, e multa, de um a cinco contos de réis.
>
> § 1º Na mesma pena incorre quem vende, expõe à venda, tem em depósito para vender ou, de qualquer forma, entrega a consumo a substância alterada nos termos deste artigo.
>
> **Modalidade culposa**
>
> § 2º Se o crime é culposo:
>
> Pena – detenção, de dois a seis meses, e multa, de duzentos mil réis a um conto de réis."

A redação conferida pela Lei nº 9.677, de 02.07.1998 (altera dispositivos do Capítulo III do Título VIII do Código Penal, incluindo na classificação dos delitos considerados hediondos crimes contra a saúde pública, e dá outras providências), ao § 1º-B do art. 273 previu uma pena de "reclusão, de 10 (dez) a 15 (quinze) anos, e multa" para as condutas de quem importa, vende, expõe à venda, tem em depósito para vender ou, de qualquer forma, distribui ou entrega a consumo o produto em qualquer das seguintes condições: sem registro, quando exigível, no órgão de vigilância sanitária competente; em desacordo com a fórmula constante do registro previsto no inciso anterior; sem as características de identidade e qualidade admitidas para a sua comercialização; com redução de seu valor terapêutico ou de sua atividade; de procedência ignorada; adquiridos de estabelecimento sem licença da autoridade sanitária competente.

A alteração no ano de 1998 do art. 273 do Código Penal decorreu da intitulada "Lei dos Remédios" que inseriu o tipo no rol dos crimes hediondos, em razão da prática existente no Brasil, à época, de falsificação e comercialização em larga escala de medicamentos com graves consequências à saúde pública.

Houve um endurecimento do combate a esta modalidade delitiva diante do agravamento da situação, estando prevista na exposição de motivos da Lei nº 9.677/1998 que: "a inspiração da medida, em perfeita simetria com o preceito constitucional que erige a vida e a saúde no plano mais elevado das conquistas individuais, por isso que seria necessário, para resguardá-las, o estabelecimento de certa proporcionalidade com a sanção prevista para os crimes de homicídio, em sua forma qualificada, dadas as suas conotações com as falsificações aqui tratadas, que se dão em idênticas circunstâncias, ademais da correspondência com o envenenamento de água potável, alimentos e medicamentos, já com igual pena de dez a quinze anos de reclusão, como prevista no artigo 270 do Código Penal."

Embora houvesse grande clamor à época, o preceito secundário do art. 273, §1º-B, do Código Penal, mostrou-se excessivo. Todavia, numa primeira leitura não se pode permitir que o Poder Judiciário, sob o argumento de violação aos princípios da igualdade e da proporcionalidade, valore o *quantum* da sanção penal prevista no preceito secundário, "sob pena de usurpação da atividade legiferante e, por via de consequência, incorrer em violação ao princípio da separação dos poderes. Ao Poder Legislativo cabe a adoção de política criminal, em que se estabelece a quantidade de pena em abstrato que recairá sobre o transgressor de norma penal. Recurso Extraordinário conhecido e desprovido" (RE nº 358315/MG, Rel. Min. Ellen Gracie, 2ª Turma, *v.u.*, *DJ* de 19.09.2003).

Consigne-se que a pena aplicada deve ser justa e deve manter a razoabilidade e a proporcionalidade com o delito cometido, o que não se vislumbrava do preceito secundário inserto no art. 273, § 1º-B, do Código Penal.

Nesse aspecto, nos dizeres de Ricardo Augusto Schmitt:[28] "é com base no princípio da proporcionalidade que se pode afirmar que um sistema penal somente estará justificado quando a sanção penal estiver sopesada de forma equilibrada, para que não se torne excessiva, nem insuficiente, a

[28] SCHMITT, Ricardo Augusto. *Sentença penal condenatória. Teoria e prática.* 11. ed., 2017. p. 123.

carga coativa aos direitos fundamentais quando cotejada com a lesão decorrente da infração penal praticada. Portanto, ainda que relevante a lesão a um bem jurídico protegido pela norma penal incriminadora, o princípio da proporcionalidade há de ser invocado para justificar a graduação da pena a ser aplicada, de acordo com a gravidade em concreto da lesão causada pela conduta do agente, para que seja preservada a ideia central de justiça, que é tratar o que é igual de maneira igual, e o que é diferente, de maneira diferente, na medida de sua distinção."

O STJ, instado a apreciar o tema, **decidiu pela inconstitucionalidade do preceito secundário do art. 273, § 1º-B, V, do CP** – reclusão, de 10 (dez) a 15 (quinze) anos, e multa –, **no sentido de considerar, no cálculo da reprimenda, a pena prevista no *caput* do art. 33 da Lei 11.343/2006, com possibilidade de incidência da causa de diminuição de pena do respectivo § 4º**.

Entendeu-se, naquele julgado, pela viabilidade da fiscalização judicial da constitucionalidade de preceito legislativo que implique intervenção estatal por meio do Direito Penal, examinando se o legislador considerou suficientemente os fatos e prognoses e se utilizou de sua margem de ação de forma adequada para a proteção suficiente dos bens jurídicos fundamentais. Nesse sentido, a Segunda Turma do STF (HC 104.410-RS, *DJe* 27/3/2012) expôs o entendimento de que os "mandatos constitucionais de criminalização [...] impõem ao legislador [...] o dever de observância do princípio da proporcionalidade como proibição de excesso e como proibição de proteção insuficiente. A ideia é a de que a intervenção estatal por meio do Direito Penal, como *ultima ratio*, deve ser sempre guiada pelo princípio da proporcionalidade [...] Abre-se, com isso, a possibilidade do controle da constitucionalidade da atividade legislativa em matéria penal." Sendo assim, em atenção ao princípio constitucional da proporcionalidade e razoabilidade das leis restritivas de direitos (CF, art. 5º, LIV), é imprescindível a atuação do Judiciário para corrigir o exagero e ajustar a pena de 'reclusão, de 10 (dez) a 15 (quinze) anos, e multa' abstratamente cominada à conduta inscrita no art. 273, § 1º-B, V, do CP, referente ao crime de ter em depósito, para venda, produto destinado a fins terapêuticos ou medicinais de procedência ignorada. Isso porque, se esse delito for comparado, por exemplo, com o crime de tráfico ilícito de drogas (notoriamente mais grave e cujo bem jurídico também é a saúde pública), percebe-se a total falta de razoabilidade do preceito secundário do art. 273, § 1º-B, do CP, sobretudo após a edição da Lei 11.343/2006 (Lei de Drogas), que, apesar de ter aumentado a pena mínima de 3 para 5 anos, introduziu a possibilidade de redução da reprimenda, quando aplicável o § 4º do art. 33, de 1/6 a 2/3. Com isso, em inúmeros casos, o esporádico e pequeno traficante pode receber a exígua pena privativa de liberdade de 1 ano e 8 meses. E mais: é possível, ainda, sua substituição por restritiva de direitos. De mais a mais, constata-se que a pena mínima cominada ao crime ora em debate excede em mais de três vezes a pena máxima do homicídio culposo, corresponde a quase o dobro da pena mínima do homicídio doloso simples, é cinco vezes maior que a pena mínima da lesão corporal de natureza grave, enfim, é mais grave do que a do estupro, do estupro de vulnerável, da extorsão mediante sequestro, situação que gera gritante desproporcionalidade no sistema penal. Além disso, como se trata de crime de perigo abstrato, que independe da prova da ocorrência de efetivo risco para quem quer que seja, a dispensabilidade do dano concreto à saúde do pretenso usuário do produto evidencia ainda mais a falta de harmonia entre esse delito e a pena abstratamente cominada pela redação dada pela Lei 9.677/1998 (de 10 a 15 anos de reclusão). Ademais, apenas para seguir apontando a desproporcionalidade, deve-se ressaltar que a conduta de importar medicamento não registrado na ANVISA, considerada criminosa e hedionda pelo art. 273, § 1º-B, do CP, a que se comina pena altíssima, pode acarretar mera sanção administrativa de advertência, nos termos dos arts. 2º, 4º, 8º (IV) e 10 (IV), todos da Lei n. 6.437/1977, que define as infrações à legislação sanitária. A ausência de relevância penal da conduta, a desproporção da pena em ponderação com o dano ou perigo de dano à saúde pública decorrente da ação e a inexistência de consequência calamitosa do agir convergem para que se conclua pela falta de razoabilidade da pena prevista na lei, tendo em vista que a restrição da liberdade individual não pode ser excessiva, mas compatível e proporcional à ofensa causada pelo comportamento humano criminoso. Quanto à possibilidade de aplicação, para o crime em questão, da pena abstratamente prevista para o tráfico de drogas – 'reclusão de 5 (cinco) a 15 (quinze) anos e pagamento de 500 (quinhentos) a 1.500 (mil e quinhentos) dias-multa' (art. 33 da Lei de drogas) –, a Sexta Turma do STJ (REsp 915.442-SC, DJe 1º/2/2011) dispôs que 'A Lei 9.677/98, ao alterar a pena prevista para os delitos descritos no artigo 273 do Código Penal, mostrou-se excessivamente desproporcional, cabendo, portanto, ao Judiciário promover o ajuste principiológico da norma [...] **Tratando-se de crime hediondo, de perigo abstrato, que tem como bem jurídico tutelado a saúde pública, mostra-se razoável a aplicação do preceito secundário do delito de tráfico de drogas ao crime de**

falsificação, corrupção, adulteração ou alteração de produto destinado a fins terapêuticos ou medicinais." (Arguição de Inconstitucionalidade no *Habeas Corpus* nº 239.363-PR, Rel. Min. Sebastião Reis Júnior, Corte Especial, por maioria, *DJe* 10.04.2015).

No voto-vista proferido pelo eminente Min. Luis Felipe Salomão, para acompanhar o relator (o eminente Ministro Sebastião Reis Júnior), no julgamento pela Corte Especial da arguição incidental da inconstitucionalidade referente ao art. 273, § 1º-B, inciso V, do CP, restou assentado que:

> "...4. Nesse passo, o dispositivo legal em comento impõe pena de reclusão de 10 (dez) a 15 (quinze) anos e multa para quem adquire produtos destinados a fins terapêuticos ou medicinais de procedência ignorada. Fácil perceber, destarte, que para um crime de perigo abstrato, o preceito secundário com pena mínima de 10 (dez) anos é evidentemente desproporcional para a conduta tipificada. Por outro lado, não se pode negar que o tipo é muito abrangente, haja vista que alcança desde cosmético até medicamentos essenciais para a manutenção da vida. Além disso, a lei busca punir todas as etapas da comercialização de produtos destinados a fins terapêuticos ou medicinais. Como exemplos, pode-se citar o caso julgado pelo Órgão Especial do Tribunal de Justiça do Estado do Rio de Janeiro, em que houve morte de pelo menos dez pessoas em razão da adulteração de contraste para exames (Arguição de Inconstitucionalidade n. 0057406-57.2012.8.19.0000), e o que deu ensejo a esta arguição, que trata de pequena quantidade de anabolizantes. Guilherme de Souza Nucci sugere, como solução, uma interpretação conforme a Constituição no sentido de aplicar, nos casos em que não há enormes danos, o preceito secundário da lei de entorpecentes. Vale transcrever: Pena desproporcional: noticiou-se uma onda de eventos, trazendo à tona alguns problemas relativos à falsificação e adulteração de remédios, em particular, no contexto das pílulas anticoncepcionais. Por conta disso, em função da explosiva carga da mídia, o Legislativo, mais uma vez, editou lei penal, alterando o tipo penal do art. 273, bem como sua faixa de penas. Para um delito de perigo abstrato, criou-se a impressionante cominação de 10 a 15 anos de reclusão, algo equivalente a um homicídio qualificado. Há condutas tipificáveis nesse artigo, que são nitidamente pobres em ofensividade, razão pela qual jamais poderiam atingir tais reprimendas. O outro oposto seria considerar bagatela a falsificação, corrupção, adulteração ou alteração de remédios e similares, bem como outras condutas previstas nos §§ do art. 273. Exagero, por certo. Há relevância jurídica em punir tais atitudes, mas o ponto fulcral é a absurda penalidade inventada

pelo legislador, sem qualquer critério. Diante disso, em homenagem ao princípio da proporcionalidade, muitos julgados têm optado por soluções alternativas: alguns absolvem, alegando falta de provas (quando elas, na verdade, estão presentes); outros preferem usar a analogia *in bonam partem*, aplicando a pena do tráfico de drogas – o que me parece a mais sensata; terceiros, ainda, simplesmente, ignoram a pena e punem tal como prevê a lei. O choque de ideias é evidente, nascendo da confusa atividade legislativa, que, há tempos, domina o cenário brasileiro. Como mencionado, optamos pelo meio-termo: entre a abusiva pena do art. 273 e a absolvição, por qualquer causa, quando presentes as provas suficientes, o ideal é o uso da analogia, com aplicação da pena do tráfico de drogas (art. 33, Lei 11.343/06). Conferir: TRF-4. 'Reg.: 'Quem introduz clandestinamente em solo nacional produto de origem estrangeira destinado a fins terapêuticos ou medicinais, sem registro, de procedência ignorada e adquirido de estabelecimento sem licença do Órgão de Vigilância Sanitária competente, pratica o delito capitulado no art. 273, § 1º-B, incisos I, V e VI, do CP. A pena do delito previsto no art. 273 do CP – com a redação que lhe deu a Lei n. 9.677, de 02 de julho de 1998 – deve, por excessivamente severa, ficar reservada para punir apenas aquelas condutas que exponham a sociedade e a economia popular a 'enormes danos' (exposição de motivos). Nos casos de fatos que, embora censuráveis, não assumam tamanha gravidade, deve-se recorrer, tanto quanto possível, ao emprego da analogia em favor do réu, recolhendo-se, no corpo do ordenamento jurídico, parâmetros razoáveis que autorizem a aplicação de uma pena justa, sob pena de ofensa ao princípio da proporcionalidade' (Ap. Crim. 0000949-84.2006.404.7010-PR, 8.' 1., Rel. Luiz Fernando Wowk Penteado, 15.12.2010, v.u.; foi aplicada a pena do art. 12, da Lei 6.368/76 – antiga Lei de Drogas, convertida em restritivas de direitos) (NUCCI, Guilherme de Souza, Código penal comentado, 14ª Edição, Rio de Janeiro: Forense, 2014). Tal solução parece a mais adequada, pois não se pode negar que a conduta tipificada merece reprimenda penal, mesmo quando não existir a possibilidade de causar enormes danos à sociedade. Entretanto, nesse caso, o Poder Judiciário, por mandamento constitucional, deve aplicar penalidade compatível com a conduta, em atenção aos princípios da lesividade e da proporcionalidade. 5. É verdade que existe entendimento no sentido de não admitir a combinação entre preceitos normativos (HC 92628, Relator(a): Min. JOAQUIM BARBOSA, Segunda Turma, julgado em 19/08/2008, DJe-241 DIVULG 18-12-2008 PUBLIC 19-12-2008, EMENT VOL-02346-04 PP-00935), entretanto, não é menos exato afirmar que há uma nova tendência jurisprudencial admitindo o controle da constitucionalidade das normas penais com base na lesividade e proporcionalidade. No ponto, merece transcrição trechos do voto proferido pelo Ministro Gilmar Mendes no HC 104.410, que demonstra a nova tendência: Não tenho dúvida de que o princípio da ofensividade vincula toda a atividade de interpretação da lei penal. E, com mais razão, deve orientar a própria aplicação da lei penal. Ipso facto, deverá o juiz, diante das circunstâncias específicas do caso concreto que lhe foi posto para julgamento, aferir o grau de potencial ou efetiva lesão ao bem jurídico protegido pela norma penal, para só então aferir a tipicidade (material) da conduta supostamente criminosa. A simples adequação formal fato/norma não é suficiente para qualificar como delituosa a conduta do agente. Não tenho a intenção de repisar todos os argumentos que já foram objeto dos votos dos eminentes Ministros desta Corte. Não obstante, creio que o Tribunal pode evoluir nessa fundamentação, para consagrar o princípio da lesividade, intrinsecamente conectado com o princípio da proporcionalidade, como limite não apenas à atividade judicial de interpretação/aplicação das normas penais, mas também à própria atividade legislativa de criação/conformação dos tipos legais incriminadores, o que estaria a possibilitar o exercício da fiscalização, por parte da Jurisdição Constitucional, da constitucionalidade das leis em matéria penal. (...) Em muitos casos, a eleição da norma penal pode conter-se no âmbito daquilo que se costuma chamar de discrição legislativa, tendo em vista desenvolvimentos históricos, circunstâncias específicas ou opções ligadas a um certo experimentalismo institucional. A ordem constitucional confere ao legislador margens de ação para decidir quais medidas devem ser adotadas para a proteção penal eficiente dos bens jurídicos fundamentais. É certo, por outro lado, que a atuação do legislador sempre estará limitada pelo princípio da proporcionalidade. Assim, na dogmática alemã, é conhecida a diferenciação entre o princípio da proporcionalidade como proibição de excesso (Übermassverbot) e como proibição de proteção deficiente (Untermassverbot). No primeiro caso, o princípio da proporcionalidade funciona como parâmetro de aferição da constitucionalidade das intervenções nos direitos fundamentais como proibições de intervenção. No segundo, a consideração dos direitos fundamentais como imperativos de tutela (Canaris) imprime ao princípio da proporcionalidade uma estrutura diferenciada. O ato não será adequado caso não proteja o direito fundamental de maneira ótima; não será necessário na hipótese de existirem medidas alternativas que favoreçam ainda mais a realização do direito fundamental; e violará o subprincípio da proporcionalidade em sentido estrito se o grau de satisfação do fim legislativo for inferior ao grau em que não se realiza o direito fundamental de proteção. (...) Os mandatos constitucionais de criminalização, portanto, impõem ao legislador, para o seu devido cumprimento, o dever de observância do princípio da proporcionalidade como proibição de excesso e como proibição de proteção insuficiente. A ideia é a de que a intervenção estatal por meio do Direito Penal, como *ultima ratio*, deve ser sempre guiada pelo princípio da proporcionalidade. A reserva de lei penal configura-se como reserva legal proporcional (Vorbehalt des verhältnismässigen Gesetzes): a proibição de excesso (Übermassverbot) funciona como limite máximo, e a proibição de proteção insuficiente, (Untermassverbot) como limite mínimo da intervenção legislativa penal. Abre-se, com isso, a possibilidade do controle da constitucionalidade da atividade legislativa em matéria penal. Se é certo, por um lado, que a Constituição confere ao legislador uma margem discricionária de avaliação, valoração e conformação quanto às medidas eficazes e suficientes para a proteção do bem jurídico penal, e, por outro, que a mesma Constituição também impõe ao legislador os limites do dever de respeito ao princípio da proporcionalidade, é possível concluir pela viabilidade da fiscalização judicial da constitucionalidade dessa atividade legislativa. O Tribunal está incumbido de examinar se o legislador considerou suficientemente os fatos e prognoses e se utilizou de sua margem de ação de forma adequada para a proteção suficiente dos bens jurídicos fundamentais. (...) O Direito Penal é certamente o instrumento mais contundente de que se vale o Estado para disciplinar a conduta dos indivíduos. Na medida em que a pena constitui a forma de intervenção estatal mais severa no âmbito de liberdade individual, e que, portanto, o Direito Penal e o Processual Penal devem revestir-se de maiores garantias materiais e processuais, o controle de constitucionalidade em matéria penal deve ser realizado de forma ainda mais rigorosa do que aquele destinado a averiguar a legitimidade constitucional de outros tipos de intervenção legislativa em direitos fundamentais dotados de menor potencial ofensivo. Em outros termos, se a atividade legislativa de definição de tipos e cominação de penas constitui, *prima facie*, uma intervenção de alta intensidade em direitos fundamentais, a fiscalização jurisdicional da adequação constitucional dessa atividade deve ser tanto mais exigente e rigorosa por parte do órgão que tem em seu encargo o controle da constitucionalidade das leis. Esse entendimento pode ser traduzido segundo o postulado do princípio da proporcionalidade em sentido estrito, o qual, como ensina Alexy, 'pode ser formulado como uma lei de ponderação cuja fórmula mais simples voltada para os direitos fundamentais diz: quanto mais intensa se revelar a intervenção em um dado direito fundamental, maiores hão de se revelar os fundamentos justificadores dessa intervenção'. A tarefa do Tribunal Constitucional é, portanto, a de fiscalizar a legitimidade constitucional da atividade legislativa em matéria penal, lastreado pelo princípio da proporcionalidade, seguindo, dessa forma, a máxima: quanto mais intensa seja a intervenção legislativa penal em um direito fundamental, mais intenso deve ser o controle de sua constitucionalidade realizado pelo Tribunal Constitucional. No referido acórdão, o Ministro Gilmar Mendes afastou a atipicidade, em tese, do porte ilegal de arma de fogo desmuniciada como crime de perigo abstrato; ressaltou a capacidade intimidatória da arma de fogo pela sua própria natureza lesiva. Entretanto, salientou que na avaliação de um caso concreto, específico, o magistrado poderia entender pela atipicidade da conduta. Há, no contexto empírico legitimador da veiculação da norma, aparente lesividade da conduta, porquanto se tutela a segurança pública (art. 6º e 144, CF) e indiretamente a vida, a liberdade, a integridade física e psíquica do indivíduo etc. Há inequívoco interesse público e social na proscrição da conduta. É que a arma de fogo, diferentemente de outros objetos e artefatos (faca, vidro etc.), *concessa venia*, tem inerente à sua natureza a característica da lesividade. A danosidade é intrínseca ao objeto. (...) Da mesma sorte e sem deslustro aos que divergem na linha de raciocínio, penso que seu poder de intimidação sobre as pessoas representa potencial lesão à paz social e à segurança pública. (...) Não descuro da realidade, inclusive daquela formada por situações possíveis de ocorrer nos mais diversos rincões deste país e que, em tese, ainda que subsumidas à tipicidade formal, são desprovidas de qualquer significação social. A questão, portanto, de possíveis injustiças pontuais, de absoluta ausência de significado lesivo deve ser aferida concretamente e não em linha diretiva de ilegitimidade normativa. Devemos cindir a questão em dois momentos: da elaboração da norma incriminadora e da aplicação do direito ao caso concreto. Aliás, como sói ocorrer em todas as situações abarcadas pelo direito. Assim, a questão, ao meu sentir, não reside na tipificação da conduta, mas na aplicação do direito aos diversos fatos que se verificam no cotidiano. Na avaliação concreta realizada pelo juiz, ao pretensamente realizar um juízo de subsunção do fato à norma. 6. O exame da questão em discussão é um tanto diferente, pois não se questiona, em tese, a tipicidade da conduta de perigo abstrato, mais sim o preceito secundário que impõe uma pena entre 10 (dez) a 15 (quinze) anos de reclusão. Tal penalidade é evidentemente desproporcional para um crime de perigo abstrato que envolve condutas tão distintas, que mais se aproximam do tráfico ilícito de entorpecentes. Há nítida violação ao princípio da lesividade, como também ao princípio da individualização da pena, pois impede-se a aplicação de reprimenda de forma razoável para as condutas praticadas. Oportuno ressaltar que o Supremo Tribunal Federal já afastou imposição legislativa desproporcional em razão do princípio da individualização da pena. Transcreve-se: PENA – REGIME DE CUMPRIMENTO – PROGRESSÃO – RAZÃO DE SER. A progressão no regime de cumprimento da pena, nas espécies fechado, semiaberto e aberto, tem como razão maior a ressocialização do preso que, mais dia ou menos dia, voltará ao convívio social. PENA – CRIMES HEDIONDOS – REGIME DE CUMPRIMENTO – PROGRESSÃO – ÓBICE – ARTIGO 2º, § 1º, DA LEI Nº 8.072/90 – INCONSTITUCIONALIDADE – EVOLUÇÃO JURISPRUDENCIAL. Conflita com a garantia da individualização da pena – artigo 5º, inciso XLVI, da Constituição Federal – a imposição, mediante norma, do cumprimento da pena em regime integralmente fechado. Nova inteligência do princípio da individualização da pena, em evolução jurisprudencial, assentada a inconstitucionalidade do artigo 2º, § 1º, da Lei nº 8.072/90. (HC 86928, Relator(a): Min. MARCO AURÉLIO, Tribunal Pleno, julgado em 10/03/2008, DJe-107 DIVULG 12-06-2008 PUBLIC 13-06-2008 EMENT VOL-02323-02 PP-00385 LEXSTF v. 30, n. 358, 2008, p. 346-364) De outra parte, em relação ao caso em julgamento, no Superior Tribunal de Justiça existe acórdão relatado pelo eminente Ministro Jorge Mussi reconhecendo a impossibilidade de aplicação do preceito secundário do crime de tráfico ilícito de entorpecentes para a conduta típica prevista no art. 273, § 1º-B, do CP. Vale transcrever: PENAL. IMPORTAÇÃO ILEGAL DE MEDICAMENTOS. ART. 273, § 1º-B, INCISOS I, V E VI, DO CÓDIGO PENAL. SENTENÇA CONDENATÓRIA QUE APLICOU AO RÉU A PENA PREVISTA NO CRIME DE CONTRABANDO. PRINCÍPIO DA PROPORCIONALIDADE. CORTE REGIONAL QUE IMPÔS A REPRIMENDA DO TRÁFICO DE ENTORPECENTES. IMPOSSIBILIDADE. 1. Não é dado ao juiz, em razão do princípio da proporcionalidade, aplicar ao réu condenado a determinado tipo penal sanção diversa daquela legalmente prevista (preceito secundário da norma). 2. *In casu*, a aplicação, pelo Juiz sentenciante, da reprimenda prevista para o delito de contrabando (art. 334, caput, do CP) ao réu condenado pelo crime tipificado art. 273, § 1º-B, incs. I, V e VI, do CP) foi incorreta, do mesmo modo a aplicação da pena do tráfico de drogas realizado pelo Tribunal a quo. 3. No entanto, na ausência de recurso da acusação a fim de proceder a correta tipificação do fato ao preceito secundário da norma penal, é vedado a esta Corte Superior anular o acórdão recorrido, ou, até mesmo elevar a reprimenda. 4. Diante da dificuldade processual, a melhor solução é o restabelecimento do decreto de 1º grau. 5. Recurso especial do Parquet a que se nega provimento e o da Defesa provido para restabelecer a sentença condenatória. (REsp 1050890/PR, Rel. Ministro JORGE MUSSI, QUINTA TURMA, julgado em 13/12/2011, DJe 02/02/2012). Em sentido contrário, pela aplicação por analogia em benefício da parte do preceito secundário do crime de tráfico ilícito de entorpecentes, inclusive para o caso de remédio abortivo, a posição da Ministra Maria Thereza de Assis Moura, em acórdão assim ementado: PENAL E PROCESSO PENAL. RECURSO ESPECIAL. JUÍZO DE ADMISSIBILIDADE. INCIDÊNCIA DA SÚMULA 126/STJ. AUSÊNCIA DE INTERPOSIÇÃO SIMULTÂNEA DE RECURSO EXTRAORDINÁRIO. CONTRARIEDADE AOS ARTS. 1º, 53, 59, II, E 273, § 1º e 1º-B, I e VI, DO CP. NÃO OCORRÊNCIA. MITIGAÇÃO DO PRECEITO SECUNDÁRIO DO ART. 273 DO CP. POSSIBILIDADE. PRINCÍPIO DA RAZOABILIDADE E DA PROPORCIONALIDADE. RECURSO ESPECIAL ADESIVO. OFENSA AO ART. 44 DO CP. OCORRÊNCIA. POSSIBILIDADE DE SUBSTITUIÇÃO DA PENA PRIVATIVA DE LIBERDADE POR RESTRITIVA DE DIREITOS. RECURSO ESPECIAL DO PARQUET A QUE SE NEGA PROVIMENTO E APELO ADESIVO A QUE SE DÁ PROVIMENTO, PARA SUBSTITUIR A PENA DA RECORRENTE, ALTERANDO-SE, DE OFÍCIO, O REGIME DE CUMPRIMENTO DA PENA PARA O ABERTO. 1. 'É inadmissível o recurso especial, quando o acórdão recorrido assenta em fundamentos constitucional e infraconstitucional, qualquer deles suficiente, por si só, para mantê-lo, e a parte vencida não manifesta recurso extraordinário'. Inteligência do enunciado 126 da Súmula desta Corte. 2. A Lei 9.677/98, ao alterar a pena prevista para os delitos descritos no artigo 273 do Código Penal, mostrou-se excessivamente desproporcional, cabendo, portanto, ao Judiciário promover o ajuste principiológico da norma. 3. Tratando-se de crime hediondo, de perigo abstrato, que tem como bem jurídico tutelado a saúde pública, mostra-se razoável a aplicação do preceito secundário do delito de tráfico de drogas ao crime de falsificação, corrupção, adulteração ou alteração de produto destinado a fins terapêuticos ou medicinais. 4. O Superior Tribunal de Justiça, por diversas vezes, já assentou a possibilidade de início do cumprimento da pena em regime aberto, bem como de substituição da pena privativa de liberdade por restritiva de direitos, àqueles que tenham praticado crime de tráfico ilícito de entorpecentes ou outro crime hediondo, antes da entrada em vigor das Leis 11.343/06 e 11.464/07. 5. Recurso Especial do Ministério Público não conhecido, dando-se provimento ao Apelo adesivo de Vilma Maria Segalin, para determinar ao Juízo da Vara das Execuções a substituição da pena privativa de liberdade por restritiva de direitos, concedendo-se, de ofício, o regime aberto para cumprimento da pena. (REsp 915.442/SC, Rel. Ministra MARIA THEREZA DE ASSIS MOURA, SEXTA TURMA, julgado em 14/12/2010, DJe 01/02/2011). Merecem transcrições os seguintes trechos do acórdão: (...) Com efeito, consta dos autos que a recorrida foi condenada como incursa nas sanções do artigo 273, parágrafo 1º-B, incisos I e VI, do Código Penal, à pena de 10 anos de reclusão, em regime fechado, em virtude de terem sido encontrados em sua residência 28 comprimidos do remédio CYTOTEC. O remédio foi adquirido de uma pessoa que os trouxe do Paraguai, não possuindo o devido registro no órgão competente. O acórdão recorrido assentou, no entanto, mostrar-se desproporcional o preceito secundário aplicado ao delito previsto no artigo 273 do Código Penal, o qual teve sua pena alterada, pela Lei 9.677/98, para o patamar de 10 a 15 anos de reclusão, sendo também inserido na lista do artigo 1º da Lei 8.072/90, considerando-se, portanto, crime hediondo. Afirmou-se que 'no que tange à pena prevista percebe-se, claramente, incompatibilidade com as demais penas preceituadas para outros delitos considerados mais graves ou tão graves quanto o em discussão, que também possuem a natureza de hediondos ou a estes equiparados. Ao crime de tráfico ilícito, por exemplo, considerado muito grave e de grande repulsa pela sociedade, em razão das consequências que acarreta, é prevista uma pena mínima de 3 (três) anos de reclusão, e ao de tortura, de 2 (dois) anos de reclusão. Desta feita, inconcebível aplicar-se a mesma pena àqueles que falsificam, adulteram e corrompem medicamentos em grandes quantidades aos que vendem ou expõem à venda produto que não observa as normas administrativas de controle e procedência. É bem verdade que o produto aqui em exame destinava-se à venda com a finalidade de causar aborto. Todavia, as penas previstas para os delitos de aborto (1 a 3 anos de reclusão – art. 124 do CP) e de aborto provocado por terceiro (3 a 10 anos de reclusão – art. 125 do CP) não atingem tão elevado *quantum*'. Considerou-se, dessa forma, que não foi observado o princípio da proporcionalidade para estipulação das penas em abstrato. Dessarte, valeu-se o Tribunal a quo de analogia in *bonam partem*, para substituir a pena do artigo 273 do Código Penal pelo preceito secundário previsto para os crimes de tráfico de drogas, haja vista a evidente desproporcionalidade da pena mínima cominada ao tipo penal. Salientou-se que, assim como os delitos contra a saúde pública, o tráfico de entorpecentes também tem como bem jurídico tutelado a saúde pública, e ambos são crimes de perigo abstrato. Assim, 'nem se estaria negando a gravidade do delito, nem se estaria impondo ao réu pena flagrantemente desproporcional à conduta praticada. Com esses argumentos, fixou-se a pena definitiva da recorrida em 3 anos de reclusão, em regime inicial fechado, e 50 dias-multa, ou seja, a pena mínima prevista no preceito secundário do crime de tráfico previsto no artigo 12 da Lei 6.368/76, legislação em vigor à época. Entendo, assim, não merecer reparos o posicionamento adotado pelo Tribunal de origem. Com efeito, a Lei 9.677/98, ao alterar a pena prevista para os delitos descritos no artigo 273 do Código Penal, mostrou-se excessivamente desproporcional, cabendo, portanto, ao Judiciário promover o ajuste principiológico da norma. Ao ensejo, confiram-se os ensinamentos de eminentes doutrinadores sobre o tema: (...) 'O grande ponto da modificação trazida pela Lei 9.677/98 foi a elevação abrupta e excessiva da pena de um crime de perigo abstrato, que passou a ser superior à de graves crimes de dano, como é o caso do homicídio simples'. 'Se exagero houve, foi na fixação da pena elevada, que varia de dez a quinze anos. Nesse ponto, sem dúvida, pode-se sustentar a falta de proporcionalidade entre a pena cominada e o possível resultado gerado pelo delito'. (Nucci, Guilherme de Souza, Código Penal Comentado. 8 ed. rev. atual. e ampl. São Paulo: Editora Revista dos Tribunais, 2008, p. 968/970). 'Torna-se mais grave ainda a grandeza das sanções cominadas diante das alterações introduzidas nos tipos penais, seja no caput do art. 273, que corresponderia ao caput do art. 272 da redação anterior do Código Penal acima analisado, seja nos parágrafos criados, 1º-A e 1º-B, que parcialmente reproduzem os termos do antigo art. 273. Acrescentou-se, ainda, a estes parágrafos, incisos descritivos de condutas que se limitam a constituir mera desobediência a normas administrativas. (...). A afronta aos princípios da proporcionalidade e da ofensividade brotam *ictu oculi*, seja no que tange à ausência de relevância penal das novas condutas descritas, seja na desproporção das penas infligidas em ponderação com o dano ou perigo de dano à saúde pública decorrente da conduta incriminada. (...). Em suma, a gravidade do fato para a saúde pública, a análise de suas consequências, se calamitosas ou não à saúde, devem ser sopesadas na esfera administrativa. São, entretanto, as mesmas condutas e consequências despoticamente desprezadas pelo legislador penal, que sanciona, com penas mais graves do que a do homicídio doloso, a venda de remédio, saneante ou cosmético sem registro, independentemente de ter havido qualquer efeito negativo ou perigo à saúde pública. Com efeito, segundo a nova lei, constitui crime hediondo vender medicamento cosmético ou saneante sem registro no órgão de vigilância sanitária, sendo indiferente saber se o produto comercializado sem registro é inócuo ou nocivo à saúde. Basta que não haja registro para configurar-se o crime punido com reclusão de 10 a 15 anos. Assim, pode o medicamento até mesmo ser benéfico ou o cosmético ser eficaz: nada importa, pois a ausência do registro é elemento suficiente, segundo os incisos do § 1º-B, para se consumar o crime hediondo. Tamanha aberração legislativa é verdadeiramente incontornável. Não há interpretação que possa ser feita para contornar a norma aos valores e princípios constitucionais. A interpretação congruente com a Constituição tem limites, pois deve-se neste esforço, para salvar a norma, analisar as possibilidades de ambos os textos, o constitucional e o a ser, de acordo com os telos de ambos'. (Reale Jr., Miguel, A inconstitucionalidade da lei dos remédios. RT 763/415). Com efeito, há verdadeira e gritante desproporção entre a gravidade da conduta de vender remédio sem registro e a gravidade da pena cominada. Assim, mostra-se imprescindível que o judiciário dê uma aplicação razoável à norma em apreço, ajustando-a aos princípios constitucionais. (...) Destaque-se que a escolha do preceito secundário da Lei de Drogas não se mostra despropositada. Com efeito, tendo sido a recorrida presa em flagrante com remédios sem registro no órgão competente, e sendo o delito do artigo 273 do Código Penal considerado crime hediondo, tem-se por razoável a analogia realizada, de modo a não tornar a pena nem tão severa nem tão branda, mantendo-se, ademais, a hediondez do delito. Ademais, ambos os delitos têm como bem jurídico tutelado a saúde pública e são crimes de perigo abstrato. Poder-se-ia ter considerado também como preceito secundário, *in casu*, a pena do crime de provocar aborto, artigos 125 e 126 do Código Penal, por ser o crime de dano que pode, eventualmente, decorrer do crime de perigo de vender remédio abortivo. Contudo, não será sempre esse o delito, pois, em hipóteses outras, o produto destinado a fins terapêuticos ou medicinais pode não ser o Cytotec, devendo-se, portanto, fazer uma analogia mais ampla, de modo a abranger os demais casos análogos. Adotado esse entendimento, a consequência é a declaração da inconstitucionalidade do preceito secundário do tipo previsto no art. 273, § 1º-B, V, do Código Penal. Fica, pois, mantido o preceito primário, pela reprovabilidade da conduta.

De todo modo, para adequar o tipo penal incriminador às normas e princípios da Constituição, é caso de aplicar o preceito secundário, por analogia em favor do réu, do tipo penal mais semelhante com a conduta praticada. Esse parece ser o entendimento capaz de tornar proporcional a pena aplicada ao crime do art. 273, § 1º-B, V, do CP. No caso concreto submetido à análise desta Corte, a conduta do réu é semelhante àquela de quem pratica tráfico ilícito de entorpecentes, crime contra a saúde pública. Assim, é caso de aplicar o preceito secundário do art. 33 da Lei de Drogas, com a possibilidade, inclusive, da incidência do respectivo § 4º. 7. Ante o exposto, rogo vênia à divergência aberta pelo Ministro Og Fernandes para acompanhar o douto relator, acolhendo esta arguição para declarar a inconstitucionalidade do preceito secundário do art. 273, § 1º-B, V, do Código Penal."

A função jurisdicional é limitada (sobretudo pelo princípio constitucional da separação de poderes), sendo a análise da proporcionalidade da pena um ato que cabe, fundamentalmente, ao legislador.

No entanto, em casos que se enquadram no tipo penal do art. 273, § 1º-B, do CP, em que a desproporcionalidade é não apenas evidente como gritante, tornou-se dever do juiz proceder com a adequada valoração da conduta do réu levando em conta se esta realmente corresponde àquela que a norma estabeleça um dever de evitar. Assim, a conduta somente pode chegar a adquirir relevância para o tipo após considerações normativas mais complexas, sendo decisivo aferir a sua compatibilidade com a norma.

Os crimes contra a saúde pública acarretam punições mais rigorosas por sua própria natureza, uma vez que possuem, em regra, um grande potencial lesivo à comunidade. Ademais, geralmente são caracterizados pela alta probabilidade de que as vítimas sejam ludibriadas, fato que não ocorre nos delitos envolvendo drogas (abrangidos pela Lei nº 11.343/2006), pois nestes normalmente as vítimas estão cientes acerca da ilicitude da substância e das chances consideráveis de ter sido adulterada.

Portanto, se por um lado justifica-se a previsão de penas mais severas para condutas mais censuráveis, como as do *caput* e as do § 1º do art. 273 do CP, que implicam necessariamente em dano potencial às vítimas diretas, de outro não se pode tolher a individualização da pena às circunstâncias do caso concreto quando estas forem relativas ao do § 1º-B do mesmo dispositivo.

É evidente que, fazendo-se uma comparação, ainda que breve, tratam-se de atos muito distintos – e que implicam riscos quase incomparáveis entre si – os de: a) introduzir no país medicamentos que não têm registro na Agência Nacional de Vigilância Sanitária – ANVISA, mesmo que não seja para uso pessoal e b) falsificar, adulterar ou vender remédios e produtos relacionados sabidamente alterados (casos em que, em regra, o adquirente desconhece tal fato e, ao consumir o que comprou, não alcança o efeito desejado e/ou prejudica sua própria saúde).

Consultando-se os autos do Projeto de Lei nº 4.207/1998 (disponíveis no *site* do Congresso Nacional), que deu origem à Lei nº 9.677/1998 (a qual incluiu o art. 273, § 1º-B, no Código Penal), verifica-se que todas as justificações que nele constam fazem referência quase que exclusiva às condutas de falsificar, de adulterar ou de vender remédios e produtos relacionados sabidamente alterados. Senão vejamos:

> "(...) A incidência da ação de fraudadores inescrupulosos, ávidos de enriquecimento ilícito, ainda que à custa da disseminação de substâncias nocivas, e até danosas, à saúde, hoje, vem ocorrendo com frequência, explorando a boa fé pública, com a falsificação de medicamentos, em sua maioria, autousáveis pelo povo (fl. 4). Entendemos que delitos como esses causam enormes danos à sociedade e também à economia popular, pois que atingem as classes menos favorecidas que buscam no preço mais barato, e na alternativa da auto-medicação, sem prescrição médica, a solução paliativa de seus males físicos, devendo ser, portanto, também o delito de falsificação de medicamentos classificado como crime considerado hediondo (...) (fl. 4). (...) não podemos ficar calados diante desses 'crimes' bárbaros – nada mais são do que isto – que laboratórios e/ou fabricantes de medicamentos estão fazendo com a população de um modo geral. Os remédios foram e são feitos para salvar vidas, curar enfermos, sejam eles humanos ou animais. Considerar a adulteração, a falsificação e a distribuição de tais medicamentos como crime hediondo é um dever. Não se pode atentar contra a vida de cidadãos impunemente e ainda receber os benefícios da nossa legislação. Os fatos amplamente divulgados pela imprensa televisiva e escrita nos últimos dias, dando-nos conta de crimes contra a população neste sentido, nos faz apresentar este projeto de lei, para o qual conto com o seu imprescindível apoio (fl. 38). Remédios vitais, anticancerígenos e antibióticos, são falsificados e, em lugar deles, são colocadas substâncias totalmente inócuas no combate às doenças a que eles se destinam. É um absurdo que devemos repudiar de todas as maneiras que estiverem ao nosso alcance (fl. 41). Nossa população tem assistido perplexa a uma sequência de mortes ocorridas em virtude da falsificação de remédios, alguns deles ministrados a portadores de doenças graves, como o câncer (fl. 44). A falsificação de remédios está se tornando

uma epidemia no nosso País, com a conseqüente morte de diversos doentes. Trata-se de um crime covarde, monstruoso, hediondo que está a merecer um tratamento legal mais rigoroso, mais severo, a fim de desestimular sua prática e de punir adequadamente tais criminosos (fl. 48). Pacientes que poderiam ser curados com o uso dos remédios apropriados estão morrendo pela ausência destas substâncias. Formou-se uma verdadeira máfia, cuja atividade consiste em falsificar substâncias medicinais, muitas destas decisivas na sobrevivência do doente (fl. 50). (...) a falsificação de medicamento tem um potencial de dano muito superior, porque pode levar a morte, especialmente em prescrições específicas, quando não há outra alternativa terápica para o restabelecimento do paciente (fl. 57). Forma-se, no País, uma máfia especializada em falsificar remédios, causando a morte brutal de muitos doentes indefesos. Muitos desses pacientes sofrem de doenças graves como o câncer e a falta de remédio correta leva, fatalmente, à morte. Além disso, o preço desses remédios costuma ser muito elevado, o que significa dizer que grande parte dos doentes está pagando caro para morrer (fl. 61) (...)."

Como se vê, as manifestações dos parlamentares durante o tramitar do referido Projeto de Lei decorreram do elevado número de casos de adulteração de medicamentos, cabendo salientar que em praticamente nenhum momento falou-se de forma específica, por exemplo, sobre a conduta de introduzir no país remédios sem registro na respectiva agência reguladora, esta última estatuída no inciso I do § 1º-B do artigo 273 do CP.

Mesmo que os produtos apreendidos possam implicar riscos para os usuários, na hipótese do §1º-B não se trata de substâncias adulteradas. Ademais, é evidente que os destinatários destes produtos sabem do que se tratam, o que se assemelha ao que ocorre nos crimes envolvendo a Lei de Drogas, tal como apontado anteriormente. Assim, atos como os previstos neste dispositivo foram equiparados a outros de natureza muito mais grave, gerando uma notável distorção que, como já explicado, passou a ser atenuada pela devida valoração e adequação que incumbiu ao julgador realizar em relação aos casos concretos.

Portanto, no tocante ao art. 273, § 1º-B, do CP, passou-se a entender que só seria justificável a aplicação da pena prevista quando a conduta delitiva pudesse gerar grandes danos à saúde pública – o que, ressalte-se, não significava necessariamente o reconhecimento de inconstitucionalidade da Lei nº 9.677/1998 (que incluiu o referido dispositivo no estatuto repressivo). Sendo assim, nesses casos, reputou-se razoável a utilização da pena prevista para o tráfico de drogas (art. 33 da Lei nº 11.343/2006), aplicando, para tanto, uma analogia em favor do réu. Nesse sentido: TRF4 – Apelação nº 2006.70.02.005860-7 – Rel. Des. Fed. Claudia Cristofani – j. 17.03.2009 e TRF4 – Apelação nº 2006.70.10.000949-2 – Rel. Des. Fed. Luiz Fernando Penteado – j. 15.12.2010.

De qualquer maneira, como destacado linhas acima, **o C. Superior Tribunal de Justiça, em sede de Arguição de Inconstitucionalidade (AI no HC 239.363/PR), declarou inconstitucional o preceito secundário do art. 273, § 1º-B, V, do Código Penal, por ofensa aos princípios da proporcionalidade e da razoabilidade, tendo destacado que "em atenção ao princípio constitucional da proporcionalidade e razoabilidade das leis restritivas de direitos (CF, art. 5º, LIV), é imprescindível a atuação do Judiciário para corrigir o exagero e ajustar a pena cominada à conduta inscrita no art. 273, § 1º-B, do Códig**o Penal". Nesse sentido, colaciono a ementa do julgado:

> **"ARGUIÇÃO DE INCONSTITUCIONALIDADE. PRECEITO SECUNDÁRIO DO ART. 273, § 1º-B, V, DO CP. CRIME DE TER EM DEPÓSITO, PARA VENDA, PRODUTO DESTINADO A FINS TERAPÊUTICOS OU MEDICINAIS DE PROCEDÊNCIA IGNORADA. OFENSA AO PRINCÍPIO DA PROPORCIONALIDADE.**
>
> 1. A intervenção estatal por meio do Direito Penal deve ser sempre guiada pelo princípio da proporcionalidade, incumbindo também ao legislador o dever de observar esse princípio como proibição de excesso e como proibição de proteção insuficiente. 2. É viável a fiscalização judicial da constitucionalidade dessa atividade legislativa, examinando, como diz o Ministro Gilmar Mendes, se o legislador considerou suficientemente os fatos e prognoses e se utilizou de sua margem de ação de forma adequada para a proteção suficiente dos bens jurídicos fundamentais. **3. Em atenção ao princípio constitucional da proporcionalidade e razoabilidade das leis restritivas de direitos (CF, art. 5º, LIV), é imprescindível a atuação do Judiciário para corrigir o exagero e ajustar a pena cominada à conduta inscrita no art. 273, § 1º-B, do Código Penal.** 4. O crime de ter em depósito, para venda, produto destinado a fins terapêuticos ou medicinais de procedência ignorada é de perigo abstrato e independe da prova da ocorrência de efetivo risco para quem quer que seja. E a indispensabilidade do dano concreto à saúde do pretenso usuário do produto evidencia ainda mais a falta de harmonia entre o delito e a pena abstratamente cominada (de 10 a 15 anos de reclusão) se comparado, por exemplo, com o crime de tráfico ilícito

de drogas – notoriamente mais grave e cujo bem jurídico também é a saúde pública. 5. A ausência de relevância penal da conduta, a desproporção da pena em ponderação com o dano ou perigo de dano à saúde pública decorrente da ação e a inexistência de consequência calamitosa do agir convergem para que se conclua pela falta de razoabilidade da pena prevista na lei. A restrição da liberdade individual não pode ser excessiva, mas compatível e proporcional à ofensa causada pelo comportamento humano criminoso. 6. Arguição acolhida para declarar inconstitucional o preceito secundário da norma."

(STJ, AI no HC 239.363/PR, Rel. Min. Sebastião Reis Júnior, Corte Especial, por maioria, julgado em 26.02.2015, *DJe* de 10.04.2015).

Conquanto o Órgão Especial do TRF/3 tenha se pronunciado pela constitucionalidade do preceito sancionador do delito previsto no art. 273, § 1º-B, do CP, nos autos de Arguição de Inconstitucionalidade nº 000793-60.2009.4.03.6124 (*e-DJF3* 23/08/2013), mostrou-se, àquela época, imperioso curvar-se ao novel entendimento sufragado na matéria pelo C. Superior Tribunal de Justiça (guardião da legislação federal).

De toda sorte, e após este histórico, como explicitado anteriormente,tem-se que o Superior Tribunal de Justiça **decidiu pela inconstitucionalidade do preceito secundário do art. 273, § 1º-B, V, do CP** – reclusão, de 10 (dez) a 15 (quinze) anos, e multa –, **no sentido de considerar, no cálculo da reprimenda, a pena prevista no *caput* do art. 33 da Lei 11.343/2006, com possibilidade de incidência da causa de diminuição de pena do respectivo § 4º**.

Por sua vez, o Supremo Tribunal Federal ao apreciar o Recurso Extraordinário nº 979.962/RS (tema 1.003 da Repercussão Geral) e após o julgamento de Embargos de Declaração opostos pela defesa, **decidiu pela inconstitucionalidade da pena abstratamente prevista na hipótese do art. 273, §1º-B, I, do Código Penal, que prevê pena de dez a quinze anos de reclusão para todos os verbos nucleares** (*vender, expor à venda, ter em depósito para vender ou, de qualquer forma, distribuir ou entregar a consumo*) **sem registro**, quando exigível, no órgão de vigilância sanitária competente, consignando para esta situação específica, a repristinação do preceito secundário do art. 273, em sua redação originária, ou seja, reclusão, de 1 a 3 anos, e multa.

8.1. Desclassificação dos delitos de contrabando e de tráfico de drogas para o artigo 273, §1º-B, do Código Penal

É certo que a conduta prevista no art. 273, § 1º-B, do CP, na modalidade importar, assemelha-se à trazida pelo crime de contrabando ("importar ou exportar mercadoria proibida"). Em havendo importação de fármacos não pode ser enquadrada tal conduta no tipo penal do contrabando tendo em vista que o legislador pátrio, lançando mão do princípio da especialidade, entendeu por bem tipificar a conduta de importação destes produtos em tipo penal próprio (cujo bem jurídico é a saúde pública) ante a potencialidade lesiva mais elevada dos objetos materiais imbricados (fármacos) se comparada com a importação de mercadoria (objeto material genérico e amplo) proibida, sendo despiciendo perquirir-se eventual atividade empresarial subjacente ou a necessidade de colossal mácula ao bem jurídico tutelado, tendo em vista a ausência de tais elementares no tipo ora em comento.

Consigne-se, na linha do que se expôs, a existência de julgados emanados tanto do C. Superior Tribunal de Justiça como do TRF/3 encampando a tese de que o crime previsto no art. 273, § 1º-B, do CP, configura-se como norma especial em face do geral delito de contrabando. A propósito:

> "RECURSO ESPECIAL. IMPORTAÇÃO DE PRODUTO DESTINADO A FINS TERAPÊUTICOS OU MEDICINAIS SEM REGISTRO. ARTIGO 273, § 1º E § 1º-B, DO CÓDIGO PENAL. CAPITULAÇÃO LEGAL. PRINCÍPIO DA ESPECIALIDADE. DESCLASSIFICAÇÃO PARA CONTRABANDO. ANÁLISE FÁTICO-PROBATÓRIA. INVIABILIDADE.
>
> 1. A conduta de introduzir no país produtos destinados a fins terapêuticos ou medicinais sem registro no órgão de vigilância sanitária competente ou de procedência ignorada, se subsume ao delito do artigo 273, §§ 1º, 1º-B, I e V, do Código Penal, não cabendo desclassificação para o delito de contrabando, em obediência ao Princípio da Especialidade.
>
> 2. O tipo que prevê a figura do contrabando ('Importar ou exportar mercadoria proibida', hoje tipificado no artigo 334-A do Código Penal) traz previsão genérica, em detrimento da caracterização do tipo penal especifico do art. 273, §§ 1º e 1º-B, I, do Código Penal que, na modalidade 'importar', assemelha-se à trazida pelo crime de contrabando. Todavia, o tipo penal inscrito naqueles primeiros dispositivos refere-se a uma mercadoria específica: o produto destinado a fins terapêuticos ou medicinais proibido em território nacional, tratando-se, portanto, da proteção de um bem jurídico distinto. (...)"
>
> (STJ, REsp 1728166/SP, Rel. Min. Jorge Mussi, Quinta Turma, julgado em 11.09.2018, *DJe* de 19.09.2018)

"APELAÇÃO CRIMINAL. ART. 273, § 1º E § 1º-B, I e IV DO CÓDIGO PENAL. MATERIALIDADE, AUTORIA E DOLO COMPROVADOS. DOSIMETRIA DA PENA. APLICAÇÃO DA PENA DO ART. 33 DA LEI 11.343/06. ENTENDIMENTO DO SUPERIOR TRIBUNAL DE JUSTIÇA. A conduta de importar medicamentos de procedência estrangeira de uso e comercialização proibidos no Brasil caracteriza o delito previsto no artigo 273, §1º-B, do Código Penal, norma específica, que prevalece sobre o crime de contrabando previsto no artigo 334, do mesmo Código, em observância ao princípio da especialidade. (...)"

(TRF3, Décima Primeira Turma, Ap. – Apelação Criminal – 67023 – 0000398-24.2011.4.03.6116, Rel. Des. Fed. José Lunardelli, julgado em 30.05.2017, *e-DJF3* Judicial 1 de 14.06.2017).

"PENAL E PROCESSUAL PENAL. APELAÇÃO CRIMINAL. ART. 273, §§ 1º E 1º-B, I e V, DO CÓDIGO PENAL. ART. 18 DA LEI Nº 10.826/2003. REGULARIDADE DO INQUÉRITO POLICIAL. COMPETÊNCIA DA JUSTIÇA FEDERAL. IMPORTAÇÃO DE MEDICAMENTO. MATERALIDADE, AUTORIA E DOLO COMPROVADOS. TRÁFICO INTERNACIONAL DE ARMAS DE FOGO DE USO RESTRITO. MATERIALIDADE CARACTERIZADA. AUTORIA E DOLO COMPROVADOS PARA UM DOS CORRÉUS. DOSIMETRIA DA PENA. DESPROPORCIONALIDADE DA PENA DA IMPORTAÇÃO DE MEDICAMENTO. PERSONALIDADE, CONDUTA SOCIAL E CIRCUNSTÂNCIAS. CONFISSÃO. CAUSA DE AUMENTO. VALOR DO DIA-MULTA. CONCURSO FORMAL IMPRÓPRIO. DETRAÇÃO. REGIME DE CUMPRIMENTO. SUBSTITUIÇÃO. PERDA DO CARGO. (...) 7. A conduta prevista pelo art. 273, §§ 1º e 1º-B, I e V, do Código Penal, na modalidade 'importar', assemelha-se à trazida pelo crime de contrabando. Todavia, diante do princípio da especialidade que se aplica ao Direito Penal, não é possível a incidência do art. 334-A do Código Penal, que traz previsão genérica, em detrimento da caracterização do tipo penal específico do art. 273, §§1º e 1º-B, I e V, do Código Penal. (...)"

(TRF3, Décima Primeira Turma, Ap. – Apelação Criminal – 67222 – 0009044-02.2015.4.03.6110, Rel. Des. Fed. Nino Toldo, julgado em 30.05.2017, *e-DJF3* Judicial de 14.06.2017)

O mesmo raciocínio vale para referendar a conclusão de que o delito previsto no art. 273, §§ 1º e 1º-B, do Código Penal, é especial em relação ao crime de tráfico de drogas quando o objeto material da conduta recai sobre medicamentos sem registro no órgão administrativo competente ainda que o fármaco encontre dentro do âmbito de regulamentação (e de proscrição) da Portaria SVS/MS nº 344/1998 – nesse sentido, vide o precedente da lavra do C. Superior Tribunal de Justiça, anteriormente transcrito (STJ, REsp 1537773/SC, Rel. Min. Sebastião Reis Júnior, Rel. p/ Acórdão Min. Rogerio Schietti Cruz, Sexta Turma, julgado em 16.08.2016, *DJe* de 19.09.2016), bem como o seguinte julgado do TRF/3:

> "PENAL E PROCESSUAL PENAL. APELAÇÃO CRIMINAL. ARTS. 273, § 1º-B, I E III, DO CÓDIGO PENAL. IMPORTAÇÃO DE MEDICAMENTOS SEM REGISTRO NA ANVISA. TRÁFICO DE DROGAS. CONDUTA ÚNICA. INEXISTÊNCIA DE CONCURSO FORMAL. DOSIMETRIA DA PENA. APLICAÇÃO DO PRECEITO SECUNDÁRIO PREVISTO NO ART. 33 DA LEI DE DROGAS. 1. Materialidade e autoria comprovadas. 2. Com relação ao frasco de 'ECA Stack Extreme', trata-se de suplemento que possui diversas substâncias em sua composição, sendo uma delas a efedrina, que somente isolada consta como substância entorpecente na Resolução nº 40 da ANVISA. Dessa forma, a conduta imputada ao acusado, consistente na manutenção em depósito de produto que continha em sua composição efedrina, misturada a diversas outras substâncias, não configura o delito de tráfico de drogas, visto estar abarcada pelo crime tipificado no art. 273, § 1º-B, I e III, do Código Penal, constituindo crime único. Assim, não há que se falar em concurso formal próprio de crimes. (...) 11. Reclassificação de ofício da conduta e apelação parcialmente provida."
>
> (TRF3, DÉCIMA PRIMEIRA TURMA, Ap. – APELAÇÃO CRIMINAL – 51347 – 0011531-33.2010.4.03.6105, Rel. Des. Fed. NINO TOLDO, julgado em 23/10/2018, e-DJF3 Judicial 1 DATA:05/11/2018)

Portanto, à luz dos precedentes supramencionados, verifica-se a plena possibilidade de que o crime do art. 273 do CP absorva os delitos previstos nos arts. 334-A do mesmo Diploma e 33 da Lei nº 11.343/2006, diante da incidência do princípio da especialidade (a culminar na consunção), quando o objeto material da conduta se referir a medicamentos (especialmente em situação de ausência de registro no órgão administrativo competente) e desde que caracterizada a intenção do agente de tão somente importar medicamentos ao arrepio da legislação de regência aplicável.

Destaque-se, por oportuno, que o TRF/3 já teve a oportunidade de se debruçar em casos semelhantes no que toca à importação de fármaco cujo princípio ativo era a "Sibutramina", tendo assentado a tese de que a conduta então levada a efeito pelo infrator penal subsumia nos exatos termos dispostos pelo legislador no art. 273, §§ 1º e 1º-B, do CP:

> "APELAÇÃO CRIMINAL. IMPORTAÇÃO DE MEDICAMENTOS. PRECEITO SECUNDÁRIO DA LEI 11.343/2006. TRÁFICO DE ENTORPECENTES. MATERIALIDADE E AUTORIA COMPROVADAS. DOSIMETRIA. PENA DE MULTA REDIMENSIONADA. 1 – A denúncia destes autos afirma que o réu teria importado, nos dias 22/01/2014 e 27/01/2014, os seguintes medicamentos: Testosterona, Estanozolol e Sibutramina. 2 – Com efeito, os laudos periciais bem demonstram que os medicamentos apreendidos não possuíam registro na ANVISA, eis que não foi possível confirmar a autenticidade dos produtos importados, por não possuírem logos ou marcas (observa-se que os medicamentos estavam 'a granel'). A quantidade importada de sais anabolizantes e de sibutramina não era diminuta, totalizando massa líquida de 1.782 gramas, demonstrando, considerando as circunstâncias judiciais que envolveram os fatos a seguir analisadas, que tinha finalidade inegavelmente comercial. 3 – Com relação a substância Sibutramina, que é medicamento usado para tratar a obesidade e necessita de receita médica para ser usada, correta a sentença ao proceder a *emendatio libelli*, desclassificando a conduta narrada na denúncia como tráfico de drogas (artigo 33, caput, da Lei 11.343/2006) para o artigo 273, §1º-B, do CP, já que, embora estivesse relacionada na Lista B2 de Substância Psicotrópicas Anorexígenas, e, portanto, sujeita à notificação de receita B2, à época dos fatos tinha comercialização permitida, porém sujeita à obediência de certos requisitos disciplinados na Resolução-RDC 50 da ANVISA, que condicionava à observância da quantidade máxima diária e à notificação de receita B2 (semelhantes às exigências dos anabolizantes). Insta salientar, que atualmente, com o advento da Lei nº 13.454/2017, está autorizada a comercialização e o consumo, sob prescrição médica no modelo B2, dos anorexígenos sibutramina, anfepramona, femproporex e mazindol, no entanto, segundo se infere do laudo pericial e do próprio Aitp de Apreensão, trata-se de importação de matéria-prima sem registro na ANVISA, de procedência ignorada e adquirida de estabelecimento cuja licença da autoridade sanitária competente se desconhece. 4 – Em resumo, a ausência de registro no órgão de fiscalização competente, no caso, a ANVISA, ou autorização legal para importação de substância psicotrópica, a procedência ignorada da matéria prima importada, implica na proibição de importação ou comercialização de tais medicamentos, estando, assim, materializado o crime previsto no artigo 273, §1º-B, incisos I, V e VI do CP. (...)"

(TRF3, Décima Primeira Turma, Apelação Criminal – 70537 – 0005773-89.2014.4.03.6119, Rel. Juíza Federal Convocada Giselle França, julgado em 24.10.2017, *e-DJF3* Judicial de 07.11.2017)

"PENAL. IMPORTAÇÃO DE MEDICAMENTOS. ARTIGO 273, §1º – B, DO CÓDIGO PENAL. AUTORIA E MATERIALIDADE. INCONSTITUCIONALIDADE DO PRECEITO SECUNDÁRIO. APLICAÇÃO DA PENA PREVISTA PARA O ARTIGO 33 DA LEI DE DROGAS. APLICAÇÃO DA CAUSA DE DIMINUIÇÃO PREVISTO NO ARTIGO 33, §4º, DA LEI DE DROGAS. I – O Ministério Público Federal denunciou Antonio Carlos Rozado de Almeida porque, no dia 11/11/2008, ele foi surpreendido por policiais militares em ônibus da Viação Garcia que perfazia o trajeto Foz do Iguaçu/Campinas internando em território nacional, com finalidade de revenda, medicamentos estrangeiros de importação, comercialização e uso proibidos ou controlados no Brasil, sendo um deles de procedência ignorada e outro adulterado. II – A sentença julgou improcedente o feito, sob o fundamento de que, em que pese a conduta do acusado amoldar-se ao preceito do artigo 273, §1º – B, do Código Penal, não há como se aplicar a sanção penal em virtude da manifesta injuridicidade da pena mínima e absolveu o réu, com base no artigo 386, III e V do Código de Processo Penal. III – A materialidade restou comprovada nos autos através do Boletim de Ocorrência (fl. 06); Auto de Exibição e Apreensão (fl. 07); Laudo da Perícia Criminalística de Avaré/SP, informando que a apreensão consistiu em 600 comprimidos de REDUFAST – RIMONABANT 20 mg, 669 comprimidos de PRAMIL 50 mg e 100 mg, 460 comprimidos de MITANGRAS 15 mg, 5 frascos de 30 ml de STANOZOLAND 50 mg injetável e 30 ampolas de 1 ml de DURATESTON 250 mg (fl. 11); Laudo de Exame de Produto Farmacêutico, que concluiu que o medicamento STANOZOLAND DEPOT não continha o fármaco (ingrediente ativo) ESTANOZOLO indicado em seu rótulo, o produto DURATESTON possui registro na ANVISA, mas os produtos MITANGRASS SIBUTRAMINA, REDUFAST RIMONABANT, PRAMIL SILDENAFIL, EROXIL TADALAFIL E STANOZOLAND DEPOPT não possuem registro na referida Agência; os produtos MINTAGRAS SUBUTRAMINA, REDUFAST RIMONABANT, PRAMIL SILDENAFIL, EROXIL TADALAFIL e STANOZOLAND DEPOT não podem ser comercializados em território nacional. (...) VI – Assim, revela-se comprovado o dolo do réu para a prática do delito previsto no artigo 273, §1º – B, do Código Penal. (...)"

(TRF3, Décima Primeira Turma, Ap. – Apelação Criminal – 65839 – 0001866-18.2009.4.03.6108, Rel. Des. Fed. Cecilia Mello, julgado em 25.07.2017, *e-DJF3* Judicial de 04.08.2017)

"APELAÇÃO CRIMINAL. CRIME DO ART. 273, §1º E §1º-B, I, DO CÓDIGO PENAL. MATERIALIDADE DEMONSTRADA. AUTORIA. AUSÊNCIA DE PROVAS. CONFISSÃO EM SEDE INQUISITORIAL NÃO CONFIRMADA EM JUÍZO. APELO PROVIDO. 1 – A ré foi denunciada pela prática do crime descrito no art. 273, §1º e §1º – B, I, do Código Penal, em razão da apreensão de 05 (cinco) cartelas de comprimidos Pramil, com 10 (dez) unidades cada; 02 (duas) cartelas de comprimido Fingrass (Sibutramina), com 02 (duas) unidades cada, supostamente em poder da acusada. 2 – A materialidade do delito restou demonstrada pelo auto de exibição e apreensão e pelo auto de infração e termo de apreensão e guarda fiscal. A Resolução nº. 2.997, de 12 de setembro de 2006, e a Resolução nº. 3.847, de 28 de novembro de 2006, ambas expedidas pela ANVISA, respectivamente, prescrevem a proibição da importação, comércio e uso em todo o território nacional do medicamento Pramil, e a suspensão da importação, distribuição, comércio e uso, em todo o território nacional do medicamento FINGRASS – Sibutramina 15mg, do Laboratório Novophar – La Química Farmacêutica S.A. (...)"

(TRF3, Primeira Turma, Ap. – Apelação Criminal – 54728 – 0003465-04.2005.4.03.6117, Rel. Des. Fed. José Lunardelli, julgado em 24.06.2014, *e-DJF3* Judicial de 27.06.2014).

Portanto, verifica-se que o legislador pátrio, tendo como premissa a mercadoria cuja importação mostrar-se-ia defesa, entendeu por bem tipificar as condutas em tipos penais diversos de acordo com a gravidade que o atuar humano demonstrasse. Dentro de tal contexto, acaso a importação fosse de mercadorias (em sentido amplo e sem qualquer especificação) proibidas, a conduta deveria ser enquadrada no crime de contrabando previsto no art. 334-A do Código Penal, na redação dada pela Lei nº 13.008, de 26 de junho de 2014 ("Importar ou exportar mercadoria proibida), cuja sanção ficaria circunspecta entre 02 e 05 anos de reclusão.

Por outro lado, na hipótese dessa mesma importação ter como objetivo a introdução de substâncias entorpecentes em nosso país (como, por exemplo, maconha, cocaína, crack etc.), tal conduta não mais tipificaria o delito de contrabando, mas, sim, o de tráfico de drogas nos exatos termos delineados no art. 33 da Lei nº 11.343/2006 ("Importar, exportar, remeter, preparar, produzir, fabricar, adquirir, vender, expor à venda, oferecer, ter em depósito, transportar, trazer consigo, guardar, prescrever, ministrar, entregar a consumo ou fornecer drogas, ainda que gratuitamente, sem autorização ou em desacordo com determinação legal ou regulamentar"), cominando reprimenda na casa de 05 a 15 anos de reclusão e multa de 500 a 1.500 dias-multa.

Todavia, sendo o objeto material da conduta medicamentos, o legislador entendeu por bem trazer à baila novo arcabouço típico, agora previsto no art. 273 do Código Penal. Portanto, depreende-se uma relação de especialidade típica a depender de qual objeto (mercadoria X droga X remédio) é o importado ao arrepio do ordenamento jurídico pátrio.

8.2. Incidência da minorante prevista no art. 33, § 4º, da Lei de Drogas, e da causa de aumento de pena prevista no art. 40, inciso I, da Lei de Drogas

Como já afirmado, no ano de 2021, o C. Supremo Tribunal Federal no Recurso Extraordinário nº 979.962/RS declarou inconstitucional o preceito secundário do art. 273, § 1º-B, inciso I, do CP, incidindo o efeito repristinatório sobre o preceito secundário do artigo 273, *caput*, na redação original do Código Penal, que previa pena de 1 a 3 anos de reclusão.

Anteriormente, no ano de 2015, o Superior Tribunal de Justiça, em sede de Arguição de Inconstitucionalidade (AI no HC 239.363/PR), declarou inconstitucional o preceito secundário do art. 273, § 1º-B, inciso V (referente ao crime de ter em depósito, para venda, produto destinado a fins terapêuticos ou medicinais de procedência ignorada), por ofensa aos princípios da proporcionalidade e da razoabilidade.

Dentro de tal contexto, na análise do art. 273, § 1º-B (notadamente o inciso V), e tendo sido declarada a inconstitucionalidade do preceito sancionador da norma penal em comento, o C. Superior Tribunal de Justiça posicionou-se no sentido de ser possível aplicar ao delito tipificado no art. 273, § 1º-B, do CP, a pena prevista no art. 33 da Lei nº 11.343/2006 pela semelhança entre as condutas, o que implica, por consequência, a incidência do redutor empregado no § 4º do art. 33 indicado.

Nesse diapasão, mostra-se pertinente incidir diante de um caso concreto (para os incisos II a VI do art. 273, § 1º-B) a causa de diminuição de pena prevista no art. 33, § 4º, da Lei nº 11.343/2006, acaso comprovado ser o réu primário, possuidor de bons antecedentes, não haver indicação de que se dedique a atividades criminosas ou que integre organização criminosa.

Há de se analisar durante a instrução processual se os fins econômicos da aquisição de medicamentos para revenda demonstram a existência de uma atividade ou de uma organização criminosa necessariamente subjacente. Faz-se necessária a distinção da hipótese daquele que transporta medicamentos para uso próprio ou para entregar a terceiros por questões divorciadas de qualquer sentido econômico, situação que, de plano, ensejaria a aplicação da causa de diminuição em questão em seu patamar máximo.

Portanto, se do acervo probatório restar evidenciado que o réu aderiu de modo eventual às atividades da organização criminosa com o objetivo de efetivar o delito imputado, ainda que não se fale em pertencimento à organização criminosa, fica impedida a incidência em patamar máximo da redução da pena, nos termos do § 4º do artigo 33 da Lei nº 11.343/2006.

Não há, também, como acolher tese que aponte para violação ao princípio da vedação ao *bis in idem* (artigo 8º, 4, da Convenção Americana de Direitos Humanos) e ao artigo 59 do Código Penal, sob o argumento de que a "finalidade comercial" está inserida no tipo penal dos artigos citados (artigo 33 da Lei nº 11.343/2006 e artigo 273, §1º-B, do Código Penal, à exceção do inciso I). Ora, a causa de diminuição de pena do art. 33, § 4º, da Lei nº 11.343/2006, prevê a redução de 1/6 (um sexto) a 2/3 (dois terços) na pena, para o agente que for primário, possuir bons antecedentes, não se dedicar a atividades criminosas e não integrar organização criminosa. Assim, há de se ter em mente se os fins econômicos do transporte de medicamento demonstram a existência de uma atividade ou de uma organização criminosa necessariamente subjacente.

Registre-se, ainda, a necessidade de afastamento da causa de diminuição de pena contida no art. 33, § 4º, da Lei nº 11.343/2006, quando o réu for reincidente.

De outro lado, mostra-se correta, no mais, a aplicação da causa de aumento de pena prevista no artigo 40, inciso I, da Lei nº 11.343/2006, quando houver comprovação da transnacionalidade dos fármacos apreendidos, conforme tem sido reiteradamente decidido pelas Cortes Superiores (STJ, HC n. 406.430, Rel. Min. Ribeiro Dantas, j. 21.09.17; STJ, HC n. 398.945, Rel. Min. Reynaldo Soares da Fonseca, j. 19.09.17; STJ, AgRg no REsp n. 1.659.315, Rel. Min. Reynaldo Soares da Fonseca, j. 15.08.17).

9. Não incidência do princípio da insignificância

Especificamente no que tange ao crime elencado no art. 273,CP, mostra-se impertinente pleito de incidência do postulado da bagatela tendo em vista que o delito mencionado visa tutelar a saúde pública (bem jurídico de titularidade coletiva), possuindo, imbricado ao juízo de valor levado a efeito pelo legislador, um alto grau de reprovabilidade do comportamento daquele que perpetra a conduta, sem se descurar da grave periculosidade social decorrente da importação de medicamento não aprovado pelo órgão regulamentar competente. Desta feita, diante de mácula a bem jurídico de suma importância, impossível cogitar-se da incidência do postulado em tela.

Ressalte-se que a jurisprudência pátria é uníssona em não permitir o reconhecimento do princípio da insignificância na presente senda, conforme se infere das ementas que seguem:

> "HABEAS CORPUS. PENAL. PROCESSUAL PENAL. CRIME DO ART. 273, § 1º-B, INC. I, DO CÓDIGO PENAL. ALEGAÇÃO DE INCIDÊNCIA DO PRINCÍPIO DA INSIGNIFICÂNCIA: INVIABILIDADE. ORDEM DENEGADA. 1. A tipicidade penal não pode ser percebida como exame formal de subsunção de fato concreto à norma abstrata. Além da correspondência formal, para a configuração da tipicidade é necessária a análise materialmente valorativa das circunstâncias do caso, para verificação da ocorrência de lesão grave e penalmente relevante do bem jurídico tutelado. 2. Na espécie tem-se o alto grau de reprovabilidade do crime praticado pelos Pacientes, consistente em introduzir em território nacional, entre outras mercadorias, nove cartelas do medicamento Atenix, no total de noventa comprimidos, contendo sibutramina na composição, classificada como substância psicotrópica pela Anvisa, decorrendo daí a expressividade da lesão jurídica causada, pelo que deve ser afastada a incidência do princípio da insignificância. 3. Ordem denegada."
>
> (STF, HC 133234, Rel. Min. CÁRMEN LÚCIA, Segunda Turma, julgado em 10.05.2016, PROCESSO ELETRÔNICO *DJe*-105 DIVULG 20-05-2016 PUBLIC 23.05.2016)

> "AGRAVO REGIMENTAL NO RECURSO ESPECIAL. POMADA CHINESA 'DRAGON & TIGER'. AUSÊNCIA DE REGISTRO NA ANVISA. ART. 273, § 1º-B, INCISOS I E V, DO CÓDIGO PENAL. DESCLASSIFICAÇÃO DA CONDUTA. DESCAMINHO. IMPOSSIBILIDADE. APLICAÇÃO DO PRINCÍPIO DA ESPECIALIDADE. PRINCÍPIO DA INSIGNIFICÂNCIA. INAPLICABILIDADE. (...) 2. A jurisprudência deste Sodalício orienta-se no sentido de ser descabida a incidência do princípio da insignificância na hipótese em que o agente introduz no território nacional medicamentos não autorizados pelas autoridades competentes, in casu a

importação de oitocentas unidades da pomada Dragon and Tiger, produto não registrado na ANVISA, diante da potencial lesividade à saúde pública. (...)."

(STJ, AgRg no REsp 1618458/PR, Rel. Min. JORGE MUSSI, QUINTA TURMA, julgado em 24.04.2018, *DJe* 04.05.2018)

"PENAL. AGRAVO REGIMENTAL NO AGRAVO EM RECURSO ESPECIAL. OFENSA AO PRINCÍPIO DA COLEGIALIDADE. NÃO OCORRÊNCIA. CRIME DO ART. 273 DO CÓDIGO PENAL. PRINCÍPIO DA INSIGNIFICÂNCIA. RISCO À SAÚDE PÚBLICA. IMPOSSIBILIDADE DE APLICAÇÃO. MATÉRIA DE PROVA. VERBETE N. 7 DO SUPERIOR TRIBUNAL JUSTIÇA – STJ. AGRAVO DESPROVIDO. (...) – O entendimento proferido pelo Tribunal de origem encontra-se em consonância com a jurisprudência desta Corte, firme no sentido da inaplicabilidade do princípio da insignificância às hipóteses de importação irregular de medicamentos. (...)."

(STJ, AgRg no AREsp 509.128/PR, Rel. Min. ERICSON MARANHO (DESEMBARGADOR CONVOCADO DO TJ/SP), SEXTA TURMA, julgado em 08.03.2016, *DJe* 21.03.2016)

"APELAÇÃO CRIMINAL. CONDENAÇÃO PELO CRIME DO ART. 334 DO CÓDIGO PENAL. EMENDATIO LIBELLI. ART. 273, §1º E §1º-B, I DO CÓDIGO PENAL. TIPICIDADE DA CONDUTA. MEDICAMENTOS SEM REGISTRO NO ÓRGÃO DE VIGILÂNCIA. MEDICAMENTOS ADULTERADOS. PRINCÍPIO DA INSIGNIFICÂNCIA AFASTADO. MATERIALIDADE, AUTORIA E DOLO COMPROVADOS. DOSIMETRIA DA PENA. APLICAÇÃO DA PENA DO ART. 33 DA LEI 11.343/06. ENTENDIMENTO DO SUPERIOR TRIBUNAL DE JUSTIÇA. MANUTENÇÃO DA PENA APLICADA NA SENTENÇA POR SER MAIS BENÉFICA AO RÉU. (...) A quantidade e a qualidade dos medicamentos apreendidos, de origem estrangeira, sem registro na ANVISA e adulterados, inviabilizam a aplicação do princípio da insignificância, na medida em que não demonstrados os vetores da mínima ofensividade da conduta e do reduzido grau de reprovabilidade do comportamento do agente. Os Laudos de Perícia Criminal Federal verificaram produtos destinados a fins terapêuticos ou medicinais sem registro na Agência Nacional de Vigilância Sanitária, além de produtos adulterados, sendo todos sem permissão para sua comercialização e importação. (...)." (TRF3, DÉCIMA PRIMEIRA TURMA, Ap. – APELAÇÃO CRIMINAL – 73010 – 0002916-79.2009.4.03.6108, Rel.

Des. Fed. JOSÉ LUNARDELLI, julgado em 06.03.2018, *e-DJF3* Judicial 1 DATA:15.03.2018)

Desta feita, impossível cogitar-se na atipicidade material da conduta ante a inaplicabilidade do princípio da insignificância em sede do delito delineado no art. 273 do Código Penal.

TÍTULO X
Dos Crimes Contra a Fé Pública

CAPÍTULO I
Da Moeda Falsa

Moeda Falsa

Art. 289 – Falsificar, fabricando-a ou alterando-a, moeda metálica ou papel-moeda de curso legal no país ou no estrangeiro:

Pena – reclusão, de três a doze anos, e multa.

§ 1º – Nas mesmas penas incorre quem, por conta própria ou alheia, importa ou exporta, adquire, vende, troca, cede, empresta, guarda ou introduz na circulação moeda falsa.

§ 2º – Quem, tendo recebido de boa-fé, como verdadeira, moeda falsa ou alterada, a restitui à circulação, depois de conhecer a falsidade, é punido com detenção, de seis meses a dois anos, e multa.

§ 3º – É punido com reclusão, de três a quinze anos, e multa, o funcionário público ou diretor, gerente, ou fiscal de banco de emissão que fabrica, emite ou autoriza a fabricação ou emissão:

I – de moeda com título ou peso inferior ao determinado em lei;

II – de papel-moeda em quantidade superior à autorizada.

§ 4º – Nas mesmas penas incorre quem desvia e faz circular moeda, cuja circulação não estava ainda autorizada.

1. Bem jurídico

O bem jurídico tutelado é a fé pública (bem intangível), especificamente no que diz respeito à emissão e à circulação da moeda. A confiança que a população deposita em sua moeda. De modo secundário, os interesses das pessoas prejudicadas.

2. Sujeitos

Quanto ao sujeito ativo descrito no *caput* e §§ 1º, 2º e 4º, trata-se de crime comum, podendo ser perpetrado por qualquer pessoa.

O sujeito ativo da figura descrita no § 3º é somente o funcionário público, diretor, gerente ou fiscal de banco emissor de moeda. Cuida-se de delito próprio.

O sujeito passivo é o Estado, a coletividade. De forma secundária, a pessoa física ou jurídica lesada pela conduta do agente.

3. Tipo objetivo

A conduta típica descrita no *caput* consiste em falsificar, fabricando ou alterando, tendo como objeto material a moeda metálica ou o papel-moeda de curso legal no Brasil ou em outro país.

Falsificar tem o sentido de imitar, reproduzindo algo ou modificando algo. Fabricar é criar (por litografia, cunhagem ou qualquer outro meio) moeda falsa totalmente similar à original. Alterar é modificá-la para que venha a apresentar valor maior.

Na primeira hipótese, o agente falsifica, fabricando a moeda, imitando-a, criando um novo objeto. Aqui, há a contrafação, dando a aparência de verdadeiro. Ocorre a formação total da moeda metálica ou do papel-moeda. Já na segunda, o agente falsifica, modificando a moeda, promovendo a alteração do que já existia e que era verdadeiro. O dinheiro era autêntico. Há, pois, a transformação da moeda metálica ou do papel-moeda.

O objetivo com a adulteração é a formação de um numerário com valor superior ao original.

É importante que a moeda metálica ou o papel-moeda tenham circulação atual. Para José Paulo Baltazar Junior, não podem ser objeto material do crime em questão a moeda retirada de circulação. Esta pode, porém, ser meio para estelionato ou objeto de furto ou roubo, bem como do crime do art. 290 do CP.[29]

Trata-se de tipo penal misto alternativo (ou de ação múltipla), que possui, no seu bojo, vários verbos nucleares, de modo que, praticada quaisquer das condutas descritas, estará consumado o crime.

[29] BALTAZAR JÚNIOR, José Paulo. *Crimes federais*. 10. ed. rev., atual. e ampl. São Paulo: Saraiva, 2015. p. 235.

Inclusive, a prática, em um mesmo contexto, de dois ou mais dos comportamentos previstos, enseja, em princípio, a responsabilização por uma única infração penal, não se havendo de falar em concurso de crimes.

Também cumpre asseverar que é irrelevante o número de moedas ou cédulas falsificadas. A quantidade deve influenciar na gradação da pena, no estabelecimento da primeira fase dosimétrica.

3.1. Figuras assemelhadas

O § 1º do artigo 289 do CP prevê a mesma pena do *caput* à conduta daquele que, por conta própria ou alheia, importa ou exporta, adquire, vende, troca, cede, empresta, guarda ou introduz na circulação moeda falsa.

Trata-se de delito de ação múltipla.

Importar é introduzir no país. Exportar é retirar do país. Adquirir é obter de outrem. Vender é alienar a moeda falsa. Trocar é permutar. Ceder é transferir, a qualquer título, a moeda falsa a terceiro. Emprestar é cedê-la, provisoriamente, com a condição de que seja posteriormente restituída. Guardar significa ter a moeda falsa consigo, em depósito ou à sua disposição. Introduzir na circulação significa utilizar-se da moeda falsa para pagar por um serviço ou adquirir um bem (lícito ou ilícito) ou, ainda, doá-la para terceiro de boa-fé.

São condutas subsequentes à falsificação e a ela equiparadas.

Quando realizada por quem não foi o autor da falsificação, a conduta é autônoma. Porém, se perpetrada por quem falsificou haverá crime único.

A guarda ou introdução no meio circulante de cédula sabidamente falsa retira a credibilidade, lesando, em consequência, a fé pública (TRF3, ACR 0000974-28.2008.4.03.6114, Rel. Desembargador Federal Nino Toldo, Décima Primeira Turma, *DJ* 13.05.2016).

3.2. Moeda falsa e forma privilegiada de conduta

O § 2º do artigo 289 do Estatuto Penal Repressivo prevê a forma privilegiada da conduta. Nesta hipótese, o agente recebe o dinheiro falso de boa-fé e depois de conhecer a falsidade o restitui à circulação.

Frise-se, o sujeito ativo recebe a moeda falsificada de boa-fé, todavia, a restitui à circulação de má-fé.

3.3. Moeda falsa e forma qualificada

O § 3º do artigo 289 do Código Penal prevê a forma qualificada do delito, estatuindo a pena de 03 (três) a 15 (quinze) anos de reclusão, e multa.

Trata-se de um crime funcional de moeda falsa, com pena mais gravosa, pois é realizada pelo funcionário público ou diretor, gerente, ou fiscal de banco de emissão.

As ações incriminadas são as de fabricar, emitir, autorizar. Na primeira hipótese, o agente fabrica e emite, na segunda, autoriza para que outrem o realize.

No inciso I o objeto material é a moeda com título ou peso inferior ao legal. Já no inciso II é o papel-moeda em quantidade superior à autorizada.

O § 4º pune com as mesmas penas aquele que desvia e faz circular moeda, cuja circulação não estava ainda autorizada. Aqui, há uma antecipação. Deve haver o desvio e sucessivamente a circulação da moeda.

O objeto material é a moeda legítima cuja circulação ainda não estava autorizada.

Luiz Regis Prado explica que nesta hipótese "o dinheiro seja moeda ou cédula (...) foi produzido pelo órgão oficial, dentro dos parâmetros da legalidade e obedecendo à quantidade autorizada."[30]

4. Elemento subjetivo

Para que se possa atribuir a um sujeito a autoria do delito de moeda falsa, é indispensável a presença do dolo, isto é, da vontade livre e consciente de se praticar quaisquer das modalidades referenciadas. Em outras palavras, é preciso haver ciência inequívoca, por parte do agente, acerca da falsidade da moeda.

Destaque-se que, nas hipóteses em que o agente alega desconhecimento acerca da contrafação, deve o intérprete apurar a existência de dolo a partir dos detalhes e circunstâncias que envolvem os fatos criminosos.

Se, por um lado, não se pode adentrar a consciência do indivíduo, por outro, é possível identificar a presença do elemento anímico analisando-se fatores externos, tais como, a reação do agente diante da descoberta da falsidade, o local em que as cédulas falsas foram encontradas, as alegações relacionadas à origem das cédulas espúrias, ou, ainda, a coerência da versão apresentada pelo agente e eventuais mentiras desveladas pelas provas, por exemplo.

Sobre este tema, confira-se o seguinte entendimento doutrinário que bem aquilata a questão:

[30] PRADO, Luiz Regis. *Tratado de direito penal brasileiro*. Parte especial. São Paulo: RT, 2014. v.6. p. 284.

"Com efeito, se o acusado estiver sendo processado por ter introduzido em circulação moeda falsa recebida de má-fé, e a defesa vem a alegar que ele as recebeu de boa-fé, pode haver sérias dúvidas acerca do conhecimento da falsidade da moeda pelo réu. Se, por exemplo, ele introduziu em circulação cédulas falsas e foi preso, não havendo confissão extrajudicial ou judicial, somente a análise profunda de todas as provas será capaz de possibilitar um decreto condenatório com base no art. 289, §1º, podendo o delito ser desclassificado para o art. 289, §2º, do CP. Nos processos que versem sobre esse crime, dificilmente haverá testemunha afirmando que o réu tinha conhecimento da falsidade, e o próprio acusado também não vai afirmar isso. É preciso, então, analisar as circunstâncias que envolveram o crime, por exemplo: a) se o sujeito aduz que não lembra de quem recebeu a moeda; b) se afirma que recebeu como pagamento de um trabalho realizado, em razão de sua atividade de autônomo, mas não indica o nome da pessoa que lhe entregou: c) se objetivou trocar R$ 100,00 (cem reais) ou U$ 100,00 (cem dólares) para pagamento de despesas de pequeno valor; d) se o agente é voltado para a criminalidade; e) se, tendo consigo dinheiro legítimo, usou a moeda falsa; f) se, no momento da prisão em flagrante, o sujeito ofereceu propina para os policiais, visando a soltura. Todavia, havendo fundadas dúvidas sobre a ciência da falsidade pelo sujeito que a introduziu em circulação, deve ser aplicado o princípio do *in dubio pro reo*, porque essa modalidade de crime não admite a forma culposa."[31]

Válida, nesse passo, a menção aos seguintes julgados:

"(...) 1. A materialidade delitiva restou demonstrada pelo auto de exibição e apreensão (fls. 9/11) em conjunto com o laudo pericial de nº 4457/11 (fls. 14/16), o qual concluiu pela falsidade das cédulas apreendidas com o réu.

2. Restou asseverado que a cédula apreendida possui atributos capazes de iludir pessoas desconhecedoras dos elementos de segurança das cédulas autênticas. Tanto é verdade que, nos termos de seu depoimento, PATRÍCIO relata que demorou algum tempo para perceber a falsidade das notas, tendo que falar com os policiais para se assegurar de tal fato.

[31] PONCIANO, Vera Lúcia Feil. *Crimes de moeda falsa*. 1. ed., 2. tir. Curitiba: Juruá, 2002, p. 144/145.

3. A autoria e o dolo restaram comprovados pelos depoimentos prestados em juízo, os quais se encontram em consonância com a apuração dos fatos realizada na esfera policial.

4. O conjunto probatório presente nos autos evidencia que foi RICHARD quem repassou as cédulas falsas a PATRÍCIO em troca dos ingressos para o show da cantora Ivete Sangalo. Na seara policial, PATRÍCIO fez o reconhecimento positivo de RICHARD, declarando não haver qualquer dúvida quanto a ser a referida pessoa a responsável por comprar seus convites. O curto espaço de tempo entre o momento em que a nota foi repassada e a conversa entre PATRÍCIO e os policiais militares, quando aquele apontou para o ora acusado, leva à conclusão de que dificilmente poderia haver erro no reconhecimento de quem havia lhe entregue as notas minutos antes.

5. Uma vez encaminhado à Delegacia, foi encontrado na posse de RICHARD, além de outros bens, dois ingressos com 'abadás', que muito provavelmente foram provenientes da transação realizada com PATRÍCIO (fl. 06).

6. O interrogatório do réu revela-se em certo ponto contraditório, na medida em que primeiramente RICHARD diz não saber quem é PATRÍCIO, não se recordando de sua fisionomia, mas posteriormente relata que este chegou a lhe oferecer os ingressos que estava vendendo, os quais não foram comprados por considerar que o preço estava muito alto para posterior revenda.

7. RICHARD afirma que não tentou se evadir do local quando PATRÍCIO conversava com os policiais, ao passo que as duas testemunhas narram claramente que o acusado começou a correr ao perceber a movimentação.

8. A apuração do elemento subjetivo do delito deverá se dar pelas circunstâncias que permeiam o fato, uma vez que inviável adentrar a consciência do acusado.

9. No caso dos autos, o dolo pode ser entendido como a ciência da falsidade das notas que portava e que repassou. Tal ciência pode ser aferida principalmente por duas razões: (i) o fato de RICHARD ter corrido quando PATRÍCIO saiu de seu carro e (ii) o local onde a transação se realizou.

10. A fuga revela que o Réu tinha conhecimento de que tinha cometido conduta delitiva. Sabendo do risco que teria ao ser abordado pela polícia, tentou evadir-se do local. Revela, de outra sorte, que foi ele quem de fato vendeu os ingressos para PATRÍCIO, uma vez que, de acordo com os testemunhos, foi quando este saiu do carro que RICHARD começou a tentar fugir.

11. O local (em frente a um evento com grande movimentação) e hora (durante a noite) onde a transação se realizou são bastante apropriados para a colocação de moeda falsa em circulação.(...)

15. Apelação improvida."

(TRF3, ACR nº 0010041-27.2011.4.03.6109, Relator Desembargador Federal José Lunardelli, Décima Primeira Turma, j. 26.09.2017)

"(...) A falta de assinatura de uma testemunha no auto de apreensão não enseja a nulidade do ato, constituindo-se em mero vício de forma. O agente que guarda e que introduz na circulação moeda que sabe ser inautêntica comete o delito descrito no art. 289, § 1º, do CP. O reconhecimento fotográfico é aceito pelo ordenamento processual como um meio de prova, a ser avaliado para a condenação com os demais elementos colhidos na instrução processual. A dificuldade para aferimento e comprovação do dolo no crime do art. 289 do CP exige a verificação dos elementos indicativos externos que expressam a vontade do agente, contendo em si todos os detalhes e circunstâncias que envolvem o evento criminoso, tais como a reação diante da descoberta da falsidade da cédula, o local onde elas foram encontradas, as mentiras desveladas pelas provas, entre outros. Demonstrado que o réu tinha ciência quanto à falsidade das moedas, está elidida a tese de ausência de dolo sob a alegação de desconhecimento de sua inautenticidade."

(TRF4, ACR nº 2006.71.11.002982-9, Relator Paulo Afonso Brum Vaz, Oitava Turma, *D.E.* 20.05.2010)

"(...) **7**. Dolo evidenciado em razão da ausência de comprovação da origem das cédulas espúrias. Precedentes. (...)"

(TRF3 – Primeira Turma, Ap. 00069556520074036181, Desembargador Federal Hélio Nogueira, e-DJF3 Judicial 1 DATA: 07.07.2017)

5. Consumação e tentativa

O crime consuma-se com a fabricação ou alteração da moeda (*caput*). A consumação do disposto no § 1º se dá com prática de uma das ações ali descritas. Na forma privilegiada o crime consuma-se com a moeda reintroduzida em circulação. Já na figura do § 3º a consumação ocorre com a prática de quaisquer das condutas. A seu turno, o crime resta consumado no § 4º quando a moeda entra em circulação.

O crime é instantâneo no que diz respeito às condutas de "falsificar", "fabricar", "alterar", "importar", "exportar", "adquirir", "vender", "trocar", "ceder" e "introduzir" e permanente na modalidade "guardar", já que, nesta hipótese, a consumação se protrai no tempo.

Ademais, como já se mencionou, o tipo penal em questão é misto alternativo (ou de ação múltipla), que possui, no seu bojo, vários verbos nucleares, de modo que, praticada quaisquer das condutas descritas, estará consumado o crime, independentemente de ter havido ou não tentativa de introdução das notas falsificadas em circulação. Nesse sentido, menciono o seguinte julgado:

> "(...) III – Restou narrada na denúncia a guarda de cédula falsa, antecedente lógico do repasse, irrelevante a ausência de êxito na sua introdução em circulação, pois o tipo previsto no art. 289, § 1º, do Código Penal, é crime de ação múltipla, restando incontroversamente consumado pelo núcleo 'guardar'. (...)."
>
> (TRF3, Segunda Turma, ACR 4725/SP, Rel. Des. Federal Cecília Melo, *DJe* de 18.09.2012)

A doutrina classifica-o como formal e de perigo abstrato, uma vez que a consumação independe da ocorrência de resultado lesivo, ou seja, é desnecessário que o agente obtenha vantagem ou cause prejuízo a terceiros para que o delito se consume, assim como não se exige que a moeda falsa seja efetivamente posta em circulação, bastando a mera execução de quaisquer das condutas previstas no tipo penal para se presumir, absolutamente, o perigo ao bem jurídico tutelado, este consistente na fé pública relacionada à confiança coletiva na autenticidade da moeda nacional.

Admite-se a tentativa.

Se durante a abordagem policial o telefone de um dos investigados tocar e, sem sua autorização, for atendido por um dos policiais que estejam atuando, fazendo-se passar pelo agente, ocorrerá nítida violação ao direito fundamental à intimidade, previsto no art. 5º, X, da Constituição Federal.

Forçoso, nesta hipótese, será o reconhecimento da nulidade da prisão em flagrante do eventual interlocutor cuja descoberta decorra deste contato telefônico e das provas dele derivadas. Torna-se imperiosa a absolvição daquele que for descoberto em razão de tal fato, uma vez que não haverá elemento de convicção independente a fundamentar a condenação.

Por se constituir desdobramento direto da conduta policial, maculada estará a prisão em flagrante, assim como a condenação pela prática do crime de moda falsa, uma vez que, não fosse o uso ilícito do telefone por parte do agente policial, não teria ocorrido a prisão em flagrante do outro comparsa.

Incide à hipótese em análise, por conseguinte, o disposto no art. 157 do Código de Processo Penal, que dispõe: "São inadmissíveis, devendo ser desentranhadas do processo, as provas ilícitas, assim entendidas as obtidas em violação a normas constitucionais ou legais. § 1º São também inadmissíveis as provas derivadas das ilícitas, salvo quando não evidenciado o nexo de causalidade entre umas e outras, ou quando as derivadas puderem ser obtidas por uma fonte independente das primeiras. (...)"

Em caso análogo, já decidiu a 11ª Turma do TRF/3:

> "PENAL. PROCESSO PENAL. MOEDA FALSA. ART. 289, §1º, DO CP. PROVAS OBTIDAS POR MEIO DE TELEFONE CELULAR APREENDIDO. AUSÊNCIA DE AUTORIZAÇÃO JUDICIAL. VIOLAÇÃO DO DIREITO À INTIMIDADE. NULIDADE RECONHECIDA (...)
>
> 1. Preliminar acolhida. Policial que atendeu ligação telefônica de celular apreendido no momento da abordagem, sem autorização judicial para tanto, configura afronta ao direito à intimidade do agente. Nulidade da prova, bem como das derivadas desta. Absolvição da ré AMANDA e ADALGISA. (...)"
>
> (TRF3, DÉCIMA PRIMEIRA TURMA, Ap. - APELAÇÃO CRIMINAL - 75268 - 0003101-34.2016.4.03.6121, Rel. DESEMBARGADOR FEDERAL JOSÉ LUNARDELLI, julgado em 23/04/2019, e-DJF3 Judicial 1 DATA:14/05/2019)

6. Considerações

6.1. Princípio da insignificância

Atente-se que, justamente por se tratar de crime cujo bem juridicamente protegido é a fé pública (bem intangível), é pacífico o entendimento da jurisprudência no sentido de que não deve ser admitida a aplicação do princípio da insignificância.

É certo que o princípio da insignificância tem como base de sustentação o postulado da mínima intervenção do Direito Penal (*ultima ratio*), segundo o qual se deve afastar a aplicação do Direito Penal a fatos de menor importância (e que, portanto, podem ser debelados com supedâneo nos demais ramos da Ciência Jurídica – fragmentariedade do Direito Penal).

Dentro desse contexto, a insignificância tem o condão de afastar a tipicidade sob o aspecto material, considerando o reduzido grau de reprovabilidade da conduta e a mínima ofensa ao bem jurídico tutelado, remanescendo, apenas, a tipicidade formal, ou seja, a adequação entre fato e lei penal incriminadora.

Ocorre que, em se tratando das condutas descritas no artigo 289 do Código Penal e seus parágrafos, não se há de falar em mínima ofensividade nem em desinteresse estatal em reprimi-las, já que, independentemente do valor das cédulas falsas ou da quantidade apreendida, tais condutas atingem, necessariamente, a credibilidade da moeda e a segurança de sua circulação.

Nesse contexto, o valor das cédulas falsas ou a quantidade apreendida não servem como critério para aferir a potencialidade da lesão causada à fé pública e não excluem a tipicidade da conduta.

Entendimento este adotado pelo C. Superior Tribunal de Justiça:

> "(...) 1. As instâncias ordinárias reconheceram suficientemente demonstrado o elemento subjetivo do tipo (dolo). Para afastar tal conclusão seria necessário o reexame do conjunto probatório, providência inviável no recurso especial, pela Súmula n. 7 do STJ 2. A análise da pretendida desclassificação da conduta praticada para aquela do art. 289, § 2º, do CP é inviável, pela incidência da Súmula n. 7 do STJ, porquanto seria necessária a comprovação de que o réu teria recebido de boa-fé as cédulas falsas. 3. A análise da desclassificação da conduta para aquela do art. 171 do CP demanda revolvimento fático-probatório dos autos, vedado pela Súmula n. 7 do STJ, uma vez que o Tribunal de origem afastou a premissa de falsificação grosseira com base em laudo técnico. 4. A aplicação do princípio da insignificância não é cabível ao crime de moeda falsa, em razão de ser a fé pública o bem jurídico tutelado. Precedentes. 5. A Corte de origem não examinou a questão relativa à proporcionalidade da pena estabelecida do art. 289, § 1º, do CP, o que impede o conhecimento do recurso especial, por falta do indispensável prequestionamento. 6. Agravo regimental não provido."
>
> (STJ; AGRESP 1395016; 6ª Turma; Rel.: Rogério Schietti Cruz; *DJE* de 24.05.2017)

Cite-se, ainda, que quando do julgamento do HC nº 132.614/MG, de Relatoria da Ministra Laurita Vaz, no âmbito do STJ, igualmente restou decidido pela não aplicação do princípio da insignificância, por reputar que se trata de crime contra a fé pública, não havendo desinteresse estatal à sua repressão.

O Pretório Excelso igualmente tem abordado a questão, no sentido que o bem violado seria a fé pública, um bem intangível e que corresponde à confiança que a população deposita em sua moeda:

"(...) 1. A existência de decisão neste Supremo Tribunal no sentido pretendido pela Impetrante, inclusive admitindo a incidência do princípio da insignificância ao crime de moeda falsa, não é bastante a demonstrar como legítima sua pretensão. 2. Nas circunstâncias do caso, o fato é penalmente relevante, pois a moeda falsa apreendida, além de representar um valor vinte vezes superior ao do precedente mencionado, seria suficiente para induzir a engano, o que configura a expressividade da lesão jurídica da ação do Paciente. 3. A jurisprudência predominante do Supremo Tribunal Federal é no sentido de reverenciar – em crimes de moeda falsa – a fé pública, que é um bem intangível, que corresponde, exatamente, à confiança que a população deposita em sua moeda. Precedentes. 4. Habeas corpus denegado."

(STF; HC 96153/MG; Primeira Turma; Rel. Min. Cármen Lúcia; *DJe* de 25.06.2009; publicação 26.06.2009)

"(...)1. O princípio da insignificância penal é doutrinariamente versado como vetor interpretativo do fato penalmente típico. Vetor interpretativo que exclui da abrangência do Direito Penal condutas provocadoras de ínfima lesão a bem jurídico alheio. Tal forma de interpretação visa, para além de uma desnecessária carcerização, ao descongestionamento de uma Justiça Penal que se deve ocupar apenas das infrações tão lesivas a bens jurídicos dessa ou daquela pessoa quanto aos interesses societários em geral. 2. A norma criminalizadora da falsificação de moeda tutela a fé pública. Bem jurídico revelador da especial proteção à confiabilidade do 'sistema monetário' nacional. Pelo que o valor impresso na moeda falsa não é o critério de análise da relevância, ou da irrelevância da conduta em face das normas penais. 3. Tem-se por violada a fé pública quando a moeda nacional é falsificada seja qual for o valor estampado no papel-moeda. O que impossibilita concluir, no caso, pela inexpressividade da lesão jurídica resultante da conduta do agente. 4. Ordem denegada."

(STF; HC 97220/MG; Segunda Turma; Rel.: Min. Ayres Britto; Data do julgamento: 05.04.2011)

"(...) 1. A jurisprudência do Supremo Tribunal Federal entende que 'a impetração de habeas corpus como substitutivo de agravo regimental inclusive noutra Corte representa medida teratológica' (HC 115.659, Rel. Min. Luiz Fux). Precedentes. 2. Ambas as Turmas do Supremo Tribunal Federal já consolidaram o entendimento de que é 'inaplicável o princípio da insignificância aos crimes de moeda falsa, em que objeto de tutela da norma a fé pública e a credibilidade do sistema financeiro, não sendo determinante para a tipicidade o valor posto em circulação' (HC 105.638, Rel. Min. Rosa Weber). Precedentes. 3. O pedido alternativo de desclassificação da conduta imputada ao paciente, além de implicar um amplo revolvimento do conjunto fático-probatório dos autos, não foi submetido às instâncias judicantes competentes. Logo, a imediata apreciação dessa matéria, pelo Supremo Tribunal Federal, acarretaria uma indevida supressão de instâncias. 4. Habeas Corpus extinto sem resolução de mérito por inadequação da via processual."

(STF; HC 108193; Primeira Turma; Rel.: Min. Roberto Barroso; Data de julgamento: 19.08.2014).

6.2. Qualidade da falsificação

Outra questão importante diz respeito à qualidade da falsificação. Para que o delito de moeda falsa se configure, é necessário que se evidencie a chamada *imitativo veri* (imitação da verdade), ou seja, é preciso que a(s) cédula(s) falsa(s) seja(m) parecida(s) com a(s) verdadeira(s) a ponto de ser(em) apta(s) a enganar homem médio.

A falsificação deve ser convincente, ou seja, deve ser hábil a iludir o homem médio.

Em se constatando a ocorrência de falsificação grosseira, isto é, de falsificação perceptível a olho nu pela maioria das pessoas, deverá haver, em princípio, o reconhecimento da hipótese de crime impossível por absoluta impropriedade do objeto (inteligência do art. 17 do CP). Caso o agente tenha conseguido enganar uma pessoa específica, deve haver a desclassificação para o delito de estelionato, nos termos da Súmula nº 73 do Colendo Superior Tribunal de Justiça: "a utilização de papel moeda grosseiramente falsificado configura, em tese, o crime de estelionato, da competência da Justiça Estadual."

Nesse sentido, colaciono os seguintes julgados:

"(...) Inexistindo falsificação grosseira, mas falsificação ordinária da moeda, não há como se reconhecer a atipicidade da conduta ou a tese de crime impossível (ineficácia absoluta do meio), por não se tratar de falsificações absolutamente ineptas ao cumprimento do mister delitivo para o qual fabricadas. (...)"

(TRF3, Décima Primeira Turma, ACR – 70026 0004442-11.2009.4.03.6002, Rel. José Lunardelli, e-DJF3 de 23.03.2017)

> "(...) 3. Afastada a alegação de que a falsificação seria grosseira e, consequentemente, que o crime seria impossível, pois conforme se extrai da conclusão do laudo, as notas tinham atributos para serem inseridas no comércio e enganar o homem de boa-fé. (...)."
> (TRF3, Décima Primeira Turma, ACR – 65495 0008771-30.2014.4.03.6119, Rel. Nino Toldo, *e-DJF3* de 25.11.2016)

O fato de a falsidade das notas ser identificada pelos policiais militares no momento em que abordarem o agente não leva, necessariamente, à conclusão de que se trate de falsificação grosseira, já que é esperado que, em razão de seu ofício, policiais detenham experiência e capacidade de avaliação acima do comum em relação à média da população. Nesse sentido, já se posicionou o TRF/3:

> "(...) 3. Fazendo, então, uma análise direta das notas apreendidas, que, embora não tenham enganado os policiais, detentores de experiência e capacidade de avaliação acima do comum em relação à média da população, verifico que elas possuem qualidade bastante próxima a notas verdadeiras, tendo o condão de ludibriar um número indeterminado de vítimas. (...)."
> (TRF3, Quinta Turma, ACR – Apelação Criminal – 50807 0009961-75.2010.4.03.6181, Rel. Antonio Cedenho, *e-DJF3* Judicial de 17.04.2013)

Portanto, somente é possível cogitar-se de crime impossível quando a ineficácia do meio empregado for absolutamente irretorquível pelos elementos de prova constantes dos autos, nos termos em que fixada a jurisprudência de observância obrigatória do C. Superior Tribunal de Justiça acerca da matéria.

Dentro desse contexto, não se verificará a ineficácia do meio de maneira absoluta, tal qual necessária à configuração do crime impossível, se a prova pericial atestar que a contrafação não poderia ser encarada como sendo grosseira. Ademais, pode-se argumentar no sentido de que os agentes da força pública, ao se depararem com as cédulas, logo percebam que elas são falsificadas e, daí, concluir pela ocorrência de uma falsificação grosseira. Ocorre, entretanto, que tal raciocínio esbarra na aferição de que a percepção da contrafação ocorre, nesta hipótese, por pessoas que estão habituadas a combater a criminalidade de molde que não se pode estender a expertise amealhada pelo mister profissional a todos os cidadãos de forma indistinta, ainda mais se se levar em conta que a prova pericial seja assente em aduzir que a falsificação não era grosseira e, nessa medida, apta a ludibriar as pessoas.

Extremando o raciocínio, chegar-se-ia à ilogicidade de ser impossível a consecução delitiva contida no art. 289, § 1º, do CP, quando a apresentação da moeda falsificada ocorrer no comércio, uma vez que, por regras de experiência, pessoas afetas à mercancia possuem bem mais facilidade em perceber que estão sendo ludibriados.

É bem verdade que, nos termos do art. 182 do Código de Processo Penal, "o juiz não ficará adstrito ao laudo, podendo aceitá-lo ou rejeitá-lo, no todo ou em parte".

Nesse sentido:

> "PROCESSUAL PENAL. APELAÇÃO CRIMINAL. ARTIGO 289, §1º DO CÓDIGO PENAL. MOEDA FALSA. RECONHECIMENTO PESSOAL. ARTIGO 226 DO CÓDIGO DE PROCESSO PENAL.FALSIFICAÇÃO GROSSEIRA. CRIME IMPOSSÍVEL. MATERIALIDADE. AUTORIA. DOLO. DOSIMETRIA. PENA-BASE. PENA DE MULTA. CONTINUIDADE DELITIVA. PRISÃO PREVENTIVA.
>
> 1. No delito de falsificação de moeda, a constatação da falsificação grosseira está sempre sujeita a critério próprio do julgador, ainda que a prova pericial técnica ateste se tratar de contrafação apurada e concluir não constituir falsificação grosseira.
>
> 2. A existência de características que tornam as cédulas falsas aptas a enganar o denominado 'homem médio' configura elemento essencial para a caracterização do delito de moeda falsa e tal verificação não pode ser delegada à perícia documentoscópica. (...)"
>
> (TRF3, 5ª Turma, ApCrim – APELAÇÃO CRIMINAL – 0011216-63.2013.4.03.6181, Rel. Desembargador Federal MAURICIO YUKIKAZU KATO, julgado em 27.04.2021, Intimação via sistema DATA: 30.04.2021)

Assim, o magistrado, em análise direta das cédulas apreendidas, pode constatar, eventualmente em direção contrária à da conclusão do laudo pericial, aferindo, por exemplo, que o papel em que foram impressas, embora um pouco mais liso do que o das autênticas, possua textura consideravelmente similar à destas, com certa rugosidade, de maneira a compreender que a falsidade pode ser percebida apenas em um manuseio mais atento, como aquele realizado por pessoas cuja ocupação profissional envolva o trato cotidiano com dinheiro físico – comerciantes, por exemplo – ou que, como o magistrado, já sabedoras da falsidade, procurem especificamente por sinais que a indiquem.

De igual maneira, em comparação direta com uma cédula verdadeira, pode não se verificar significativa diferença em suas cores, formas ou ilustrações, ainda mais se for considerado que delitos da espécie são comumente praticados em locais de baixa iluminação, dificultando a visualização clara das notas, ou com grande fluxo de pessoas, como lanchonetes ou bares movimentados, circunstância na qual aqueles que as recebem, por disporem de menos tempo para manuseá-las, com mais frequência deixam de perceber o engodo.

Registre-se que ainda que o perito signatário de um laudo pericial não tenha emitido opinião acerca da aptidão das cédulas analisadas para ludibriarem o homem de discernimento médio, a conjuntura dos fatos pode autorizar o magistrado sentenciante a conclusão de que possuíam qualidade suficiente para tanto.

Deste modo, a despeito de em determinada situação o laudo pericial apontar para a inidoneidade da falsidade, o magistrado pode, em determinadas hipóteses, considerar presente a materialidade do delito previsto no art. 289 do Código Penal.

6.3. Pedido de condenação no dever de reparação dos danos

Preceitua o art. 387, inc. IV, do Código de Processo Penal, que a sentença penal estabeleça o valor mínimo para a reparação dos danos causados pela infração.

Ocorre que o crime de moeda falsa não corresponde a uma perda patrimonial individualizável, eis que se trata de crime contra a fé pública, não havendo que se falar em dano indenizável.

Demais disto, os valores dispendidos com a inutilização das cédulas falsas não são custeados por este mecanismo de reparação civil da vítima, razão pela qual é suportado pelas custas processuais nas quais o acusado já foi condenado.

Crimes assimilados ao de moeda falsa

Art. 290 – Formar cédula, nota ou bilhete representativo de moeda com fragmentos de cédulas, notas ou bilhetes verdadeiros; suprimir, em nota, cédula ou bilhete recolhidos, para o fim de restituí-los à circulação, sinal indicativo de sua inutilização; restituir à circulação cédula, nota ou bilhete em tais condições, ou já recolhidos para o fim de inutilização:

Pena – reclusão, de dois a oito anos, e multa.

Parágrafo único – O máximo da reclusão é elevado a doze anos e multa, se o crime é cometido por funcionário que trabalha na repartição onde o dinheiro se achava recolhido, ou nela tem fácil ingresso, em razão do cargo. (Vide Lei nº 7.209, de 11.7.1984)

1. Bem jurídico

O bem jurídico tutelado é a fé pública, especificamente no que diz respeito à emissão e circulação da moeda. A confiança depositada na moeda. De modo secundário, os interesses das pessoas prejudicadas.

2. Sujeitos

Quanto ao sujeito ativo descrito no *caput*, trata-se de crime comum, podendo ser perpetrado por qualquer pessoa.

Já o sujeito ativo da figura descrita no parágrafo único é somente o funcionário que trabalha na repartição onde o dinheiro se acha recolhido, ou nela tem fácil ingresso em razão do cargo. Cuida-se de delito próprio.

O sujeito passivo é o Estado, a coletividade. De forma secundária, a pessoa física ou jurídica lesada pela conduta do agente.

3. Tipo objetivo

A conduta típica descrita no *caput* consiste em formar cédula, nota ou bilhete representativo de moeda com fragmentos de cédulas, notas ou bilhetes verdadeiros que já foram retirados de circulação. Neste caso, há a justaposição de fragmentos de dinheiro verdadeiro.

José Paulo Baltazar Junior exemplifica que "no caso da lavagem de uma nota de um real para imprimir uma nota de cinquenta reais, ocorre o delito do art. 289, distinguindo-se do art. 290 porque nesse os fragmentos são de cédula que já foi retirada de circulação."[32]

A segunda modalidade consiste em suprimir, apagar, em nota, cédula ou bilhete recolhidos, para o fim de restituí-los à circulação, sinal indicativo de sua inutilização.

Já a terceira forma consiste em restituir à circulação cédula, nota ou bilhete em tais condições, ou já recolhidos para o fim de inutilização.

[32] BALTAZAR JÚNIOR, José Paulo. *Crimes federais*. 10. ed. rev., atual. e ampl. São Paulo: Saraiva, 2015. p. 245.

Nesta última hipótese, faz-se necessário a colocação em circulação, enquanto nas duas primeiras basta a "formação" e a "supressão". Se o agente forma a cédula ou suprime o sinal indicativo de sua inutilização e a coloca em circulação, responde por crime único. Cuida-se de tipo misto alternativo.

3.1. Crime assimilado ao de moeda falsa em sua forma qualificada

O parágrafo único do artigo 290 do Código Penal prevê a forma qualificada do delito, na hipótese de o crime ser perpetrado por funcionário que labora na repartição onde o dinheiro se achava recolhido, ou nela tem fácil ingresso em razão do cargo.

Há uma qualidade especial do sujeito ativo, razão pela qual a reprimenda é exasperada.

4. Elemento subjetivo

O elemento subjetivo é o dolo.

5. Consumação e tentativa

O crime se consuma com a prática de uma das condutas descritas no tipo. Trata-se de crime formal.

Admite-se a tentativa.

Petrechos para falsificação de moeda

Art. 291 – Fabricar, adquirir, fornecer, a título oneroso ou gratuito, possuir ou guardar maquinismo, aparelho, instrumento ou qualquer objeto especialmente destinado à falsificação de moeda:

Pena – reclusão, de dois a seis anos, e multa.

1. Bem jurídico

O bem jurídico tutelado é a fé pública. A confiança depositada na moeda.

2. Sujeitos

Trata-se de crime comum, podendo ser perpetrado por qualquer pessoa.

O sujeito passivo é o Estado.

3. Tipo objetivo

Os verbos previstos no tipo penal são "fabricar" (criar), "adquirir" (obter), "fornecer" (sem ou com contraprestação), "possuir" (ter o domínio) e "guardar" (conservar, manter).

O objeto material é o "maquinismo, aparelho, instrumento ou qualquer objeto" especialmente destinado à falsificação de moeda.

A destinação principal ou precípua do objeto material do crime deve ser a falsificação da moeda. Deve servir de meio executório. Pode até ter outra serventia, mas a principal deve ser para a contrafação da moeda.

No sentido de que o petrecho para configurar o delito não precisa ser exclusivamente destinado à falsificação do papel moeda, devendo apenas ter como finalidade precípua a contrafação, já foi destacado pelo STJ:

> "RECURSO ESPECIAL. OPERAÇÃO MARGINATUS. MOEDA FALSA, PETRECHOS PARA FALSIFICAÇÃO DE MOEDA. ASSOCIAÇÃO CRIMINOSA, FALSA IDENTIDADE E CORRUPÇÃO DE MENORES. NEGATIVA DE VIGÊNCIA AO ART. 291 DO CP. ATIPICIDADE. IMPROCEDÊNCIA. NEGATIVA DE VIGÊNCIA AO ART. 59 DO CP. SUPOSTA DESPROPORCIONALIDADE NA FIXAÇÃO DA PENA-BASE. IMPROCEDÊNCIA. DOSIMETRIA QUE NÃO SEGUE CRITÉRIO MATEMÁTICO. DISCRICIONARIEDADE VINCULADA. FUNDAMENTAÇÃO CONCRETA PARA AUMENTAR A PENA. SUPOSTO BIS IN IDEM E INIDONEIDADE NA FUNDAMENTAÇÃO EMPREGADA. INADMISSIBILIDADE. FALTA DE PREQUESTIONAMENTO. NEGATIVA DE VIGÊNCIA AO ART. 49 DO CP. SUPOSTA ILEGALIDADE NO CRITÉRIO UTILIZADO PARA FIXAR O VALOR DO DIA-MULTA. INADMISSIBILIDADE. FALTA DE PREQUESTIONAMENTO.
>
> 1. O art. 291 do Código Penal tipifica, entre outras condutas, a posse ou guarda de maquinismo, aparelho, instrumento ou qualquer objeto especialmente destinado à falsificação de moeda.
>
> 2. A expressão 'especialmente destinado' não diz respeito a uma característica intrínseca ou inerente do objeto. Se assim fosse, só o maquinário exclusivamente voltado para a fabricação ou falsificação de moedas consubstanciaria o crime, o que implicaria a absoluta inviabilidade de sua consumação (crime impossível), pois nem mesmo o maquinário e insumos utilizados pela Casa de Moeda são direcionados exclusivamente para a fabricação de moeda.
>
> 3. A dicção legal está relacionada ao uso que o agente pretende dar ao objeto, ou seja, a consumação depende da análise do elemento subjetivo do

tipo (dolo), de modo que, se o agente detém a posse de impressora, ainda que manufaturada visando ao uso doméstico, mas com o propósito de a utilizar precipuamente para contrafação de moeda, incorre no referido crime.

4. Em atenção ao princípio da dialeticidade, revela-se inadmissível o recurso especial que não infirma a integralidade da fundamentação do acórdão recorrido. Incidência, por analogia, da Súmula 283/STF.

5. Se a Corte de origem rechaçou a incidência do princípio da consunção por considerar que os crimes foram perpetrados com desígnios autônomos, inviável rever tal conclusão sem reexaminar os elementos de convicção (prova), providência vedada na via especial (Súmula 7/STJ).

6. A orientação jurisprudencial desta Corte é no sentido de que a fixação da pena-base – com base nas circunstâncias judiciais do art.

59 do Código Penal – não se dá por critério puramente objetivo ou matemático, uma vez que é admissível certa discricionariedade do órgão julgador, desde que vinculada aos elementos concretos dos autos. E, no caso, os elementos sopesados justificam o incremento da pena na primeira fase da dosimetria.

7. Não ocorrendo o debate do preceito federal dito violado, sob o enfoque dado pela parte em seu recurso especial, inexiste o prequestionamento necessário ao trânsito do recurso especial.

8. Recurso especial parcialmente conhecido e, nessa parte, improvido."

(STJ, REsp 1758958/SP, Rel. Ministro SEBASTIÃO REIS JÚNIOR, SEXTA TURMA, julgado em 11/09/2018, DJe 25/09/2018)

Cuida-se de tipo misto alternativo, delito de ação múltipla.

4. Elemento subjetivo

É o dolo.

5. Consumação e tentativa

Consuma-se com a prática de quaisquer das condutas descritas no tipo penal.

Admite-se a tentativa, à exceção da modalidade "posse" e "guarda".

6. Considerações

Trata-se, a princípio, de delito subsidiário em relação ao do artigo 289 do Código Penal.

PARTE 2

LEI Nº 9.296, DE 24 DE JULHO DE 1996

Regulamenta o inciso XII, parte final, do art. 5º da Constituição Federal

Art. 1º

A interceptação de comunicações telefônicas, de qualquer natureza, para prova em investigação criminal e em instrução processual penal, observará o disposto nesta Lei e dependerá de ordem do juiz competente da ação principal, sob segredo de justiça.

Parágrafo único. O disposto nesta Lei aplica-se à interceptação do fluxo de comunicações em sistemas de informática e telemática.

1. Notas introdutórias

O art. 5º, inciso X, da Constituição Federal, garante o dever de sigilo ao dispor serem "invioláveis a intimidade, a vida privada, a honra e a imagem das pessoas, assegurado o direito a indenização pelo dano material ou moral decorrente de sua violação." De seu turno, o inciso XII deste artigo traz uma ressalva, quando houver uma investigação criminal ou durante a instrução processual penal, e em havendo ordem judicial, ao dispor sobre a interceptação das comunicações telefônicas/telemáticas: "é inviolável o sigilo da correspondência e das comunicações telegráficas, de dados e das comunicações telefônicas, salvo, no último caso, por ordem judicial, nas hipóteses e na forma que a lei estabelecer para fins de investigação criminal ou instrução processual penal." Trata-se de reserva legal de modo que a autorização judicial para a intervenção condiciona-se à existência de uma precedente investigação criminal ou para fins da instrução processual penal.

A quebra da inviolabilidade refere-se também à comunicação de dados quando a finalidade for investigação ou instrução processual na esfera penal. A expressão "último caso", prevista no inciso XII do referido artigo 5º, refere-se às comunicações telefônicas e a de dados, porquanto o legislador constitucional empregou a conjunção "e", tendo optado por separar o sigilo da correspondência e das comunicações telegráficas do sigilo das comunicações de dados e telefônicas.

O disposto no art. 1º da Lei nº 9.296, de 24.07.1996, abarca a interceptação telefônica em sentido estrito (captação realizada por terceira pessoa sem o conhecimento daqueles contra os quais estão sendo coletadas as provas), a escuta telefônica (em que um dos interlocutores tem conhecimento da gravação produzida por um terceiro. Cuida-se esta de captação da comunicação telefônica por terceira pessoa com a anuência de um dos interlocutores e desconhecimento pelo outro), além da interceptação de comunicações em sistema de informática ou telemática, realizada por terceiros, não abarcando a gravação telefônica clandestina (a conversa é gravada por um dos interlocutores sem o conhecimento do outro).

Nesse sentido Renato Brasileiro de Lima[33] bem explicita que:

> "Parte da doutrina considera que o art. 1º da Lei nº 9.296/96 abrange tanto a interceptação telefônica em sentido estrito quanto a escuta telefônica. Isso porque ambas consistem em processos de captação da comunicação alheia.
>
> (...)
>
> Assiste razão a essa corrente. Ao tratar da interceptação telefônica, admitindo-a, por ordem judicial, nas hipóteses e na forma que fosse estabelecida em lei, para fins de investigação criminal e instrução processual penal (art. 5º, XII, *in fine*), a Constituição Federal refere-se à interceptação feita por terceiro, sem conhecimento dos dois interlocutores ou com conhecimento de um deles. Não fica incluída a gravação de conversa por terceiro ou por um dos interlocutores, à qual se aplica a regra genérica de proteção à intimidade e à vida privada do art. 5º, X, da Carta Magna.
>
> A Lei nº 9.296/96 não abarca, portanto, a gravação de conversa telefônica por um interlocutor sem o conhecimento do outro. Fica esta hipótese fora do regime da lei, sendo considerada válida a gravação como prova quando houver justa causa, como ocorre em casos de sequestro. Nada

33 LIMA, Renato Brasileiro de. *Legislação criminal especial comentada*. 9. ed. rev., atual. e ampl. Salvador: JusPODIVM, 2021. p. 524.

impede que o juiz autorize a escuta, se houver requerimento nesse sentido. Mas não é necessária a autorização judicial, pois se houver a gravação sem ela, mas estiver fundada em justa causa, a prova pode ser utilizada. Prevalece, então o entendimento de que as gravações telefônicas não estão amparadas pelo art. 5º, XII, da Constituição Federal, devendo ser consideradas meios lícitos de provas, mesmo que realizadas sem ordem judicial prévia, pelo menos em regra. "

Como se vê, a gravação de conversa telefônica ou gravação clandestina é aquela realizada por um dos interlocutores e pode ser utilizada como meio de prova, sem a necessidade de autorização judicial, não estando abarcada pela legislação específica. A sua apresentação por parte da vítima é lícita, devendo, no entanto, haver justa causa. Além disso, deverá inexistir causa legal específica de sigilo e de reserva da conversação (como exemplo, sigilo decorrente de relações profissionais ou ministeriais), sobretudo quando se predestine a fazer prova a favor de quem a gravou, constituindo exercício de defesa, não se confundindo com o conceito de interceptação telefônica em sentido estrito. Neste sentido, confiram-se alguns julgados: STF, HC nº 75.338-8, Rel. Min. Nelson Jobim, 2ª Turma, *DJ* de 25.09.1998; STF, RE nº 402.717-PR, rel. Min Cezar Peluso, 2ª Turma, *DJ* de 02.12.2008; STF, AI-AgR nº 503.617, Rel. Min. Carlos Velloso, *DJ* de 04.03.2005; STF, RE-AgR nº 402.035, rel. Min. Ellen Gracie, *DJ* de 06.02.2004; STJ, RHC nº 9735, rel. Min. Jorge Scartezzini, 5ª Turma, *DJ* de 20.08.2001.

Não obstante, em algumas hipóteses, por exemplo, a gravação clandestina de conversa informal do conduzido pelo policial, no momento da prisão em flagrante, será considerada ilícita, porquanto não observados os direitos de permanecer em silêncio, da não autoincriminação ou de não produzir prova contra si mesmo. Nesse sentido, o STJ já decidiu que:

"PROCESSUAL PENAL. HABEAS CORPUS. TRÁFICO DE DROGAS. INVESTIGAÇÃO POLICIAL. EXERCÍCIO DO DIREITO DE PERMANECER CALADO MANIFESTADO EXPRESSAMENTE PELO INDICIADO (ART. 5º, LXIII, DA CF). GRAVAÇÃO DE CONVERSA INFORMAL REALIZADA PELOS POLICIAIS QUE EFETUARAM A PRISÃO EM FLAGRANTE. ELEMENTO DE INFORMAÇÃO CONSIDERADO ILÍCITO. VULNERAÇÃO DE DIREITO CONSTITUCIONALMENTE ASSEGURADO. INAPLICABILIDADE DO ENTENDIMENTO NO SENTIDO DA LICITUDE DA PROVA COLETADA QUANDO UM DOS INTERLOCUTORES TEM CIÊNCIA DA GRAVAÇÃO DO DIÁLOGO. SITUAÇÃO

DIVERSA. DIREITO À NÃO AUTOINCRIMINAÇÃO QUE DEVE PREVALECER SOBRE O DEVER-PODER DO ESTADO DE REALIZAR A INVESTIGAÇÃO CRIMINAL.

1. Segundo o art. 5º, LXIII, da Constituição Federal, o preso será informado de seus direitos, entre os quais o de permanecer calado, sendo-lhe assegurada a assistência da família e de advogado.

2. Apesar de ter sido formalmente consignado no auto de prisão em flagrante que o indiciado exerceu o direito de permanecer calado, existe, nos autos da ação penal, gravação realizada entre ele e os policiais que efetuaram sua prisão, momento em que não foi informado da existência desse direito, assegurado na Constituição Federal.

3. As instâncias ordinárias insistiram na manutenção do elemento de prova nos autos, utilizando, de forma equivocada, precedente do Supremo Tribunal Federal no sentido de que não é considerada ilícita a gravação do diálogo quando um dos interlocutores tem ciência da gravação.

4. Tal entendimento não se coaduna com a situação dos autos, uma vez que – além de a gravação estar sendo utilizada para sustentar uma acusação – no caso do precedente citado estava em ponderação o sigilo das comunicações, enquanto no caso em questão está em discussão o direito constitucional de o acusado permanecer calado, não se autoincriminar ou não produzir prova contra si mesmo.

5. Admitir tal elemento de prova nos autos redundaria em permitir um falso exercício de um direito constitucionalmente assegurado, situação inconcebível em um Estado Democrático de Direito.

6. Ordem concedida para determinar o desentranhamento da mídia que contém a gravação do diálogo ocorrido entre o paciente e os policiais que efetuaram sua prisão da ação penal instaurada contra ele, pelo crime de tráfico de drogas, na Vara Criminal da comarca de Laguna/SC."

(HC 244.977/SC, Rel. Ministro SEBASTIÃO REIS JÚNIOR, SEXTA TURMA, julgado em 25/09/2012, DJe 09/10/2012)

O Superior Tribunal de Justiça, em decisão proferida em sede de *Habeas Corpus* também teve a oportunidade de estabelecer a distinção entre interceptação telefônica em sentido estrito, escuta telefônica e gravação clandestina: "1. A interceptação telefônica é a captação de conversa feita por um terceiro, sem o conhecimento dos interlocutores, que depende de ordem judicial, nos termos do inciso XII do artigo 5º da Constituição Federal. 2. A escuta é a captação de conversa telefônica feita por um terceiro, com o conhecimento de apenas um dos interlocutores, ao passo que a gravação telefônica é feita por um dos interlocutores do diálogo, sem o consentimento ou a ciência do outro. (...) 4. O fato da esposa do autor das interceptações – que era uma interlocutora dos diálogos gravados de forma clandestina – ter consentido posteriormente com a divulgação dos seus conteúdos não tem o condão de legitimar o ato, pois no momento da gravação não tinha ciência do artifício que foi implementado pelo seu marido, não se podendo afirmar, portanto, que, caso soubesse, manteria tais conversas com o seu advogado pelo telefone interceptado. (...) 6. Habeas corpus não conhecido. Ordem concedida de ofício para declarar a nulidade das escutas telefônicas realizadas em detrimento do paciente, determinando-se o seu desentranhamento dos autos" (HC 161053/SP, Rel. Ministro Jorge Mussi, Quinta Turma, julgado em 27.11.2012, *DJe* 03.12.2012).

Para além dessa distinção, referido julgado evidencia o entendimento de que a escuta telefônica deve ser compreendida no espectro do art. 1º da Lei 9.296/1996, ou seja, deve obedecer aos trâmites da legislação específica, a fim de que possa ser utilizada como meio de prova. Isto porque a prova obtida a partir de gravação por terceiro, ainda que com o consentimento de um dos interlocutores, deve ser autorizada judicialmente, para que possa ser tida como lícita.

Na mesma senda o Pretório Excelso já se pronunciou: "(...) 5. A hipótese não configura a gravação da conversa telefônica própria por um dos interlocutores – cujo uso como prova o STF, em dadas circunstâncias, tem julgado lícito – mas, sim, escuta e gravação por terceiro de comunicação telefônica alheia, ainda que com a ciência ou mesmo a cooperação de um dos interlocutores: essa última, dada a intervenção de terceiro, se compreende no âmbito da garantia constitucional do sigilo das comunicações telefônicas e o seu registro só se admitirá como prova, se realizada mediante prévia e regular autorização judicial. 6. A prova obtida mediante a escuta gravada por terceiro de conversa telefônica alheia é patentemente ilícita em relação ao interlocutor insciente da intromissão indevida, não importando o conteúdo do diálogo assim captado. 7. A ilicitude da escuta e gravação não autorizadas de conversa alheia não aproveita, em princípio, ao interlocutor que, ciente, haja aquiescido na operação (...)." (HC 80949, Rel. Ministro Sepúlveda Pertence, Primeira Turma, julgado em 30.10.2001, *DJ* 14.12.2001).

O sigilo das comunicações decorre do fato de que, resguardadas as exceções legais, os interlocutores detêm disponibilidade exclusiva de seus diálogos como decorrência dos direitos fundamentais de intimidade e privacidade e devem estar a salvo de indevida devassa.

O procedimento previsto nesta Lei é um importante meio de prova em investigação criminal, contudo, a fim de impedir intromissão na esfera privada, a sua aplicação deve ser aferida a partir da invocação dos princípios da intimidade e da privacidade, da proporcionalidade, da legalidade, da presunção de inocência, do princípio *nemo tenetur se detegere* (princípio da não autoincriminação), da razoável duração do processo, da inadmissibilidade de provas ilícitas e do princípio da instrumentalidade constitucional do processo penal.

Manuel da Costa Andrade[34] pontua as vicissitudes inerentes às interceptações telefônicas ao propugnar que estas "são o meio de prova mais invasivo dos direitos e liberdades fundamentais das pessoas. Desde logo, porque quem aplicar as escutas telefônicas nunca consegue limitar os danos. Os estragos têm uma dimensão subjectiva (apanhamos sempre mais pessoas do que queríamos apanhar) e lesam sempre muitos mais bens jurídicos, muitos mais interesses do que aqueles que se queria lesar. Através de uma escuta, sabe-se a vida da pessoa escutada, sabe-se a vida das pessoas de quem ela fala, a vida das pessoas que falam para ela. Põem-se em causa todas as esferas de segredo que a lei protege: o segredo do advogado, do médico, do confessor, a confidencialidade das relações familiares, tudo isto é devassado pelas escutas. Depois, do lado dos valores: é o direito à palavra – o direito fundamental que todos temos a que a nossa palavra, não proferida em público, não seja gravada sem o nosso consentimento – é o direito à privacidade e à intimidade, a violação do estado processual activo, isto é, o direito que o arguido tem de não ter de contribuir positivamente para a sua condenação, privilégio que foi introduzido numa das emendas da constituição americana. É esta devassa que nas escutas está em causa. Por isso é que é preciso uma interpretação restritiva neste sentido."

O direito à privacidade engloba a tutela da intimidade, da vida privada, da honra e da imagem das pessoas, "cujo conteúdo é a faculdade de constranger os outros ao respeito e de resistir à violação do que lhe é próprio, isto é, das situações vitais que, por só a ele lhe dizerem respeito, deseja manter para si, ao abrigo de sua única e discricionária decisão; e cujo objeto é a integridade moral do titular."[35]

[34] ANDRADE. Manuel da Costa. *Das escutas telefônicas.* COSTA, José de Faria & SILVA, Marco Antonio Marques da (Coord.). *Direito penal especial, processo penal e direitos fundamentais – visão luso-brasileira.* São Paulo: Quartier Latin, 2006. p. 206.

[35] FERRAZ JUNIOR, Tércio Sampaio. *Sigilo de dados: o direito à privacidade e os limites à função fiscalizadora do Estado.* Cadernos de Direito Constitucional e Ciência Política, n. 1. Disponível em: <www.revistas.usp.br/rfdusp/article/download/67231/69841>. Acesso em 10.05.2023.

Como já registrado precedentemente, as comunicações de dados também podem sofrer restrições, todavia, havia entendimento dissonante no sentido de que o disposto no inciso XII do art. 5º da C.F. somente se aplica às comunicações telefônicas, a saber: "quando ali se admite, apenas para a comunicação telefônica e, assim mesmo, só para fins de investigação criminal ou instrução processual penal, por ordem judicial, a quebra do sigilo. Conquanto haja quem caminhe para uma interpretação literal deste texto, não nos parece razoável aceitá-la na sua inteira singeleza. Note-se, antes de mais nada, que dos quatro meios de comunicação ali mencionados – correspondência, telegrafia, dados, telefonia – só o último se caracteriza por sua instantaneidade. Isto é, a comunicação telefônica só *é enquanto ocorre*. Encerrada, não deixa vestígios no que se refere ao relato das mensagens e aos sujeitos comunicadores. É apenas possível, *a posteriori*, verificar qual unidade telefônica ligou para outra. A gravação de conversas telefônicas por meio chamado 'grampeamento' é, pois, uma forma subreptícia de violação do direito ao sigilo da comunicação mas, ao mesmo tempo, é a única forma tecnicamente conhecida de preservar a ação comunicativa. Por isso, no interesse público (investigação criminal ou instrução processual penal), é o único meio de comunicação que exigiu, do constituinte, uma ressalva expressa. Os outros três não sofreram semelhante ressalva porque, no interesse público, é possível realizar investigações e obter provas com base em vestígios que a comunicação deixa: a carta guardada, o testemunho de quem leu o nome do endereçado e do remetente, ou de quem viu a destruição do documento, o que vale também para o telegrama, para o telex, para o telefax, para a recepção da mensagem de um computador para outro, etc. Como isto é tecnicamente possível, o constituinte não permitiu absolutamente a entrada de terceiros, ainda que em nome do interesse público, na comunicação."[36]

Esta Lei, embora represente uma restrição a direitos fundamentais, seguramente tutela o sigilo das comunicações ao incriminar, em seu artigo 10 (com nova redação conferida pela Lei nº 13.869, de 05.09.2019), com pena de reclusão, de dois a quatro anos, e multa, a realização de "interceptação de comunicações telefônicas, de informática ou telemática, promover escuta ambiental ou quebrar segredo da Justiça, sem autorização judicial ou com objetivos não autorizados em lei." Em seu parágrafo único prevê a mesma pena para a "autoridade judicial que determina a execução de conduta prevista no caput deste artigo com objetivo não autorizado em lei."

[36] FERRAZ JUNIOR, Tércio Sampaio. *Sigilo de dados: o direito à privacidade e os limites à função fiscalizadora do Estado*. Cadernos de Direito Constitucional e Ciência Política, n. 1. Disponível em: <www.revistas.usp.br/rfdusp/article/download/67231/69841>. Acesso em 10.05.2023.

Contudo, a "questão mais relevante, em matéria de restrição de direitos fundamentais, não está em proclamar seu absolutismo, que sempre é 'aparente', senão no cuidadoso exame da lei restritiva, para se descobrir se ela atende ou não às exigências de excepcionalidade e proporcionalidade (o que significa que um direito fundamental só pode ser sacrificado, e desde que atendido evidentemente o princípio da legalidade, se colide com outro direito fundamental de igual ou maior importância)."[37]

A complexidade e atualidade do tema relacionado à utilização das interceptações telefônicas ensejaram discussões desmedidas e apaixonadas acerca da liceidade das provas, tendo a matéria sido objeto de instauração de uma Comissão Parlamentar de Inquérito no Congresso Nacional para apuração de "Escutas Telefônicas Clandestinas", em que agentes do Estado foram ouvidos, esquecendo-se que estes estão legitimados para solicitar, opinar e decidir sobre o momento e a forma adequada de investigação procedimental. A ênfase equivocada não levou em conta a legitimidade, a necessidade e as violações de terceiros.[38]

Note-se que porque o crime organizado tem conseguido agir com elevado poder de detecção de brechas no sistema repressivo estatal, o Estado deve agir com rapidez e efetividade conjugando os direitos dos investigados com os princípios da integridade estatal (art. 1º, *caput*, da Constituição Federal), da promoção do bem de todos (art. 3º, inciso IV, da Constituição Federal) e da segurança pública (art. 6º da Constituição Federal) e adotando ações de inteligência para frear esta modalidade criminosa.[39]

[37] GOMES, Luiz Flávio; MACIEL, Silvio. *Interceptação telefônica: comentários à Lei 9.296, de 24.07.1996*. 2. ed. rev. e atual. São Paulo: RT, 2013. p. 89.

[38] DE SANCTIS, Fausto Martin. *Interceptações telefônicas e direitos fundamentais*. BASTOS, Marcelo Lessa; AMORIM, Pierre Souto Maior Coutinho de (org.). *Tributo a Afrânio Silva Jardim: escritos e estudos*. 2. ed. Rio de Janeiro: Lumem Juris, 2014. p. 257.

[39] A adoção do princípio da proporcionalidade em se tratando do procedimento de interceptação telefônica e telemática está bem retratada no seguinte julgado: "dessa forma, parece-me inviável proteger ilimitadamente a liberdade individual em detrimento dos interesses da sociedade. Lembremo-nos que a liberdade individual não é o único bem protegido pelos direitos fundamentais. Medidas adotadas em favor da ordem pública, ainda que restritivas de liberdade, podem reforçar a defesa dos direitos fundamentais, desde que necessárias à democracia. Entendo que os caminhos da proporcionalidade fornecem o substrato necessário ao equilíbrio entre os direitos individuais atingidos pelo Direito Processual Penal e os direitos da comunidade protegidos pelo mesmo legislador. Desse modo, relativamente à criminalidade organizada, em que, ao que tudo indica, a principal fonte do delito é o próprio Estado – a autoridade policial e o Poder Judiciário, embora necessariamente jungidos pelo Direito, devem ter sua atuação menos obstada que na criminalidade clássica, pois, para uma eficaz reprimenda, é necessário flexibilizar alguns direitos fundamentais

As interceptações telefônicas são consideradas uma das Técnicas Especiais de Investigação (T.E.I.)[40] e guardam simetria com as obrigações assumidas pelo Brasil, "por meio da Convenção das Nações Unidas Contra o Tráfico Ilícito de Entorpecentes e Substâncias Psicotrópicas (Convenção de Viena de 1988, artigo 1º, *'l'*, e artigo 11, que prevê a entrega vigiada ou controlada), da Convenção das Nações Unidas contra o Crime Organizado Transnacional (Convenção de Palermo de 2000, cujo artigo 20 versa acerca da entrega vigiada e outras técnicas de investigação como vigilância eletrônica e operações encobertas), da Convenção das Nações Unidas contra a Corrupção (Convenção de Mérida de 2003, notadamente artigo 50, que disciplina sobre a entrega vigiada, vigilância eletrônica e outras de mesma índole e as operações secretas, assim como para permitir a admissibilidade das provas derivadas dessas técnicas em seus tribunais), da Recomendação do Grupo de Ação Financeira Internacional sobre Lavagem de Dinheiro (GAFI/FATF, Recomendação 31)[41] e do Regulamento Modelo da Comis-

constitucionalmente previstos, sem, contudo, suprimi-los, sob pena de, sendo o crime organizado altamente veloz e eficiente em encontrar falhas no sistema repressivo estatal, ter-se o crescimento, em níveis incontroláveis, da impunidade e da corrosão do Estado e da sociedade. Por isso, nesses casos, impõe-se uma hermenêutica que conjugue os inafastáveis direitos do acusado aos princípios, também constitucionais e fundamentais, da integridade estatal (art. 1º, *caput*, da Constituição Federal), da promoção do bem de todos (art. 3º, inciso IV, da Constituição Federal) e da segurança pública (art. 6º da Constituição Federal) (STJ, HC 248263/SP - 2012/0142646-1, Rel. Ministro Marco Aurélio Bellizze, 5ª Turma, *v.u.*, *DJe* 02.10.2012).

[40] O artigo 3º da Lei nº 12.850, de 02.08.2013 (Lei sobre Organizações Criminosas) elenca algumas T.E.I.'s: captação ambiental de sinais eletromagnéticos, ópticos ou acústicos, ação controlada; infiltração, por policiais, em atividade de investigação e interceptação de comunicações telefônicas e telemáticas, nos termos da Lei nº 9.296/1996.

[41] **31. Poderes das autoridades de investigação e de aplicação da lei**

Durante o curso de investigações de lavagem de dinheiro, de crimes subjacentes e de financiamento do terrorismo, as autoridades competentes deveriam ter acesso a todos os documentos e informações necessários para as investigações, bem como para as ações penais e outras ações a elas relacionadas. Esses poderes deveriam incluir o poder de adotar medidas compulsórias para a requisição de registros mantidos por instituições financeiras, APNFDs e outras pessoas físicas ou jurídicas, bem como para a busca de pessoas e propriedades, para a tomada de declarações de testemunhas, e para a busca e obtenção de provas.

Os países deveriam assegurar que as autoridades competentes ao conduzirem investigação tenham acesso a uma grande variedade de técnicas investigativas adequadas às investigações de lavagem de dinheiro, crimes subjacentes e financiamento do terrorismo. Tais técnicas incluem: operações encobertas, interceptação de comunicações, acesso a sistemas computacionais e entrega controlada.

Além disso, os países deveriam possuir mecanismos efetivos para identificar rapidamente se pessoas físicas ou jurídicas são titulares ou controlam contas. Deveriam também possuir mecanis-

são Interamericana para o Controle do Abuso de Drogas (CICAD/O.E.A., artigo 5º) ou mesmo com a legislação nacional (Lei nº 9.613, de 03.03.1998, Lei de Lavagem de Dinheiro)."[42]

O parágrafo único do artigo 1º estabelece que "o disposto nesta Lei aplica-se à interceptação do fluxo de comunicações em sistemas de informática e telemática", de modo que a Lei pode ser empregada para a interceptação de e-mails, em conversas estabelecidas pela internet e por intermédio de programas de computador. Estão inseridas as comunicações por fac símile, messenger, e-mail, whatsapp, telegram etc, já que estas são modalidades de comunicações telefônicas e de dados realizadas por sofisticados sistemas fornecidos por operadoras de telefonia (por cabos óticos, torres de transmissão, dentre outros).

A evolução tecnológica determinou o tratamento jurídico conjunto dessas duas modalidades, na medida em que a comunicação de dados acaba se valendo da estrutura destinada à comunicação telefônica, sem contar que o legislador constituinte não diferenciou a interceptação das comunicações telefônicas das telemáticas, donde se conclui que a Lei nº 9.296/1996 deve ser adotada para ambas as comunicações.

Fernando Capez destaca que: "comunicação telefônica é a transmissão, emissão, receptação e decodificação de sinais linguísticos, caracteres escritos, imagens, sons, símbolos de qualquer natureza veiculados pelo telefone estático ou móvel (celular) (BULOS, 2001, p.118). Nas comunicações telefônicas incluem-se as transmissões de informações e dados constantes de computadores e telemáticos, desde que feitas por meio de cabos telefônicos (e-mail, por exemplo). Telemática 'é a ciência que estuda a comunicação associada à informática'."[43]

Nosso ordenamento jurídico não foi capaz de prever todas as situações que envolvem as atividades cibernéticas. Hoje, bancos de dados são detentores de uma infinidade de informações sobre a vida das pessoas, armazenadas em um ambiente virtual que deve estar a salvo da indevida ingerência

mos para garantir que as autoridades competentes tenham algum procedimento para identificar ativos sem notificação prévia do proprietário. Durante as investigações de lavagem de dinheiro, crimes subjacentes e financiamento do terrorismo, as autoridades competentes deveriam poder solicitar quaisquer informações relevantes à UIF.

[42] DE SANCTIS, Fausto Martin. *Interceptações telefônicas e direitos fundamentais*. BASTOS, Marcelo Lessa; AMORIM, Pierre Souto Maior Coutinho de (Org.). *Tributo a Afrânio Silva Jardim: escritos e estudos*. 2. ed. Rio de Janeiro: Editora Lumem Juris, 2014. p. 257.

[43] CAPEZ, Fernando. *Legislação penal especial*. 5. ed. São Paulo: Damásio de Jesus, 2006. p. 79.

de terceiros, sendo necessário pensar esta nova realidade no sentido de se garantir o direito à privacidade.[44]

Portanto, a Lei nº 9.296/1996 aplica-se não apenas às comunicações telefônicas, mas também às comunicações havidas por meio telemático, restando superado, principalmente após a inserção do artigo 10, com a nova redação conferida pela Lei nº 13.869, de 05.09.2019, o entendimento de que a legislação não compreenderia as comunicações telemáticas.

Deve-se sempre ter presente que os elementos probatórios a serem colhidos por meio de um monitoramento telefônico/telemático não se constituirá numa única prova a ser obtida durante o tramitar de uma ação penal. Tais elementos constituem parte de todo o corpo probatório que se produzirá no curso da investigação. Assim, ausente qualquer desvalia jurídico-probatória no procedimento adotado quando a ação persecutória do Estado for devidamente instaurada e revestida de legitimidade eis que deve estar amparada em elementos probatórios licitamente obtidos.

1.1. Outras especificidades (e-mail corporativo e acesso a celular apreendido por ocasião de prisão em flagrante)

Na enorme gama de questões que circundam o espectro telemático, tema atual diz respeito à possibilidade de o empregador monitorar e-mail corporativo.

Desde que fique explicitado ao empregado que a disponibilização de tal modalidade de comunicação ocorre para fins estritamente relacionados ao ambiente institucional, não se pode sustentar a prevalência da privacidade do usuário. É entendimento consolidado no Tribunal Superior do Trabalho não

[44] "No caso *Online-Durchsuchungen,* contudo, foi ressaltado que os computadores estão presentes em todas as áreas da vida moderna e são cada vez mais essenciais ao desenvolvimento da personalidade. Todavia, ao mesmo tempo em que criam novas oportunidades, também colocam em risco os seus usuários. Dessa forma, tendo em conta a possibilidade de busca e apreensão remota de dados já armazenados, sem a necessidade, portanto, da apreensão do computador, a proteção com base na distinção entre transmissão e armazenamento passou a mostrar-se insuficiente. Diante dessa nova realidade, adotou o Tribunal o conceito de *sistema de tecnologia da informação* como um sistema com capacidade de conter dados técnicos a um ponto que fosse possível ter conhecimento de uma substancial parcela da vida de um indivíduo e noção significativa de sua personalidade. Com base nesse conceito, assentou a Corte Constitucional que a confidencialidade e a integralidade dos sistemas de tecnologia da informação configuram direito fundamental comparável à inviolabilidade do domicílio." "A decisão da Corte Constitucional alemã no caso *Online-Durchsuchungen,* ao conferir novos contornos à garantia de proteção ao direito de personalidade por meio de interpretação no sentido de que a confidencialidade e a integralidade dos sistemas de tecnologia da informação configuram direito fundamental comparável à inviolabilidade do domicílio, compreendeu, de forma inovadora, o alcance dessa garantia." (MENDES, Gilmar Ferreira; BRANCO, Paulo Gustavo Gonet. *Curso de direito constitucional.* 9. ed. rev. e atual. São Paulo: Saraiva, 2014. p. 548-571).

haver ilegalidade na atuação do empregador ao monitorar tal e-mail e rastrear a atividade do empregado no ambiente de trabalho (por exemplo, "para fins de se demonstrar a justa causa para a despedida decorrente do envio de material pornográfico a colega de trabalho"), pois "o que está em jogo, antes de tudo, é o exercício do direito de propriedade do empregador sobre o computador capaz de acessar a Internet e sobre o próprio provedor."[45]

Ainda, de acordo com o STJ: "(...) 5. Não configura prova ilícita a obtenção de informações constantes de e-mail corporativo utilizado pelo servidor público, quando atinentes a aspectos não pessoais, mas de interesse da Administração Pública e da própria coletividade; sobretudo quando há expressa menção, nas disposições normativas acerca do seu uso, da sua destinação somente para assuntos e matérias afetas ao serviço, bem como advertência sobre monitoramento e acesso ao conteúdo das comunicações dos usuários para fins de cumprir disposições legais ou instruir procedimento administrativo. Precedentes do TST.(...)" (RMS 48.665/SP, Rel. Ministro Og Fernandes, Segunda Turma, DJe 05.02.2016).

Outro enfoque que merece registro é a necessidade de autorização judicial para acesso a dados e conversas registradas em aparelho celular de pessoa presa em flagrante. A autoridade policial não pode proceder à análise de tais dados sob o argumento de dar cumprimento ao quanto disposto no art. 6º do CPP (a autoridade policial, logo que tiver conhecimento da prática de infração penal, deverá apreender os objetos que tiverem relação com o fato, após liberados pelos peritos criminais, determinar, se o caso, que se proceda a exame de corpo de delito e a quaisquer outras perícias, etc) no sentido de colher elementos de informação que deem suporte à elucidação da autoria e materialidade delitivas, tampouco é aceito que o agente policial no momento da lavratura da prisão em flagrante valha-se do celular do preso para obter informações acerca de um crime que esteja em curso.

O entendimento adotado no STJ é no sentido da ilicitude da prova: "1. Ilícita é a devassa de dados, bem como das conversas de whatsapp, obtidas diretamente pela polícia em celular apreendido no flagrante, sem prévia autorização judicial" (RHC nº 51.531/RO, Rel. Ministro Nefi Cordeiro, DJe 09.05.2016).

Como assevera Renato Brasileiro de Lima, "atualmente, os telefones celulares, em sua maioria, encontram-se conectados à internet de banda larga – os chamados *smartphones* –, e geralmente são dotados de aplicativos de comuni-

[45] LIMA, Renato Brasileiro de. *Legislação criminal especial comentada*. 7. ed. rev., atual. e ampl. Salvador: JusPODIVM, 2019. p. 434.

cação em tempo real. Isso significa dizer que o acesso a um aparelho de telefonia celular de pessoa presa permite, pelo menos em tese, que a autoridade policial tenha acesso a inúmeros aplicativos de comunicação em tempo real, tais como *Whatsapp, Viber, Line, Wechat, Telegram, BBM, Snapchat*, etc., todos eles dotados das mesmas funcionalidades de envio e recebimento de mensagens, fotos, vídeos e documentos em tempo real. Por mais que as conversas mantidas por meio desses aplicativos fiquem registradas no aparelho celular, não se pode negar que estamos diante de verdadeira espécie de comunicação escrita, imediata, entre duas ou mais pessoas."[46]

Portanto, em havendo apreensão de aparelho celular, deverá a autoridade policial solicitar ao juiz criminal a quebra do sigilo dos dados nele armazenados. Desse modo, haverá plena compatibilidade entre o direito à intimidade e o interesse público à investigação de prática delitiva, sem que se possa argumentar a ocorrência de obtenção de prova por meio ilícito.

Art. 2º

Não será admitida a interceptação de comunicações telefônicas quando ocorrer qualquer das seguintes hipóteses:

I – não houver indícios razoáveis da autoria ou participação em infração penal;

II – a prova puder ser feita por outros meios disponíveis;

III – o fato investigado constituir infração penal punida, no máximo, com pena de detenção.

Parágrafo único. Em qualquer hipótese deve ser descrita com clareza a situação objeto da investigação, inclusive com a indicação e qualificação dos investigados, salvo impossibilidade manifesta, devidamente justificada.

1. Notas introdutórias

A interceptação telefônica e telemática possui natureza cautelar, sendo admitida para a coleta de indícios suficientes à propositura de ação penal (medida cautelar preparatória) e no curso da instrução penal (medida cautelar incidental), nos casos em que haja apuração de infração penal punida com pena de reclusão.

[46] LIMA, Renato Brasileiro de. *Legislação criminal especial comentada*. 9. ed. rev., atual. e ampl. Salvador: JusPODIVM, 2021, p. 529.

Há que se ponderar a respeito dos bens jurídicos envolvidos, pois "não se pode sacrificar o bem jurídico da magnitude do sigilo das comunicações telefônicas para a investigação ou instrução de crime em que não estejam envolvidos bens jurídicos de maior valor (...) mas entendemos que não será legítima e constitucionalmente sustentável a interceptação se, além da cominação abstrata da pena de reclusão, a situação concreta não seja especialmente grave. Atua, no caso, o princípio da proporcionalidade dos bens jurídicos envolvidos."[47]

No que tange à apuração de crime apenado apenas com detenção, o Supremo Tribunal Federal decidiu que: "o que deseja o comando normativo é que o magistrado não defira escutas telefônicas quando for o caso de se investigar tão somente crimes apenados por detenção, haja vista a menor reprovabilidade abstratamente atribuída à conduta. Isso se dá porque todo monitoramento telefônico significa mitigação da proteção dos direitos fundamentais, pois a privacidade e a intimidade são reduzidas em prol dos deveres de investigar e de aplicar a lei penal. Porém, se houver um só delito apenado com reclusão no rol dos delitos potencialmente investigados, e que serviram de justificativa para a autorização do monitoramento, será possível deferir a escuta para investigar todo o conjunto fático existente."[48]

Guilherme de Souza Nucci sustenta que a doutrina brasileira, em várias situações, critica tal cerceamento, "inclusive apontando um dos delitos em que a utilização do telefone é bastante comum, sendo apenado com detenção, que é a ameaça. A jurisprudência, no entanto, tem procurado amenizar tal postura legal, afirmando que as infrações penais apenadas com detenção comportam interceptação, desde que sejam conexas aos crimes cuja pena seja de reclusão. Nesse sentido decidiu o STF: 'uma vez realizada a interceptação telefônica de forma fundamentada, legal e legítima, as informações e provas coletadas dessa diligência podem subsidiar denúncia com base em crimes puníveis com pena de detenção, desde que conexos aos primeiros tipos penais, que justificariam a interceptação. Do contrário, a interpretação do art. 2º, III, da Lei 9.296/96, levaria ao absurdo de concluir pela impossibilidade de interceptação para investigar crimes apenados com reclusão quando forem estes conexos com crimes punidos com detenção'

[47] GRECO FILHO, Vicente. *Interceptação telefônica: considerações sobre a lei n. 9.269, de 24 de julho de 1996*. 2. ed. rev., atual. e ampl. São Paulo: Saraiva, 2005. p. 22/23.

[48] Inquérito nº 2266/AP, Rel. Min. Gilmar Mendes, Tribunal Pleno, *v.u.*, *DJe* 13.03.2012.

(HC 83.515-RS, Pleno, rel. Nelson Jobim, 16.09.2004, m.v., vencido Marco Aurélio, *DJ* 04.03.2005, p. 11)."[49]

Há julgado do Superior Tribunal de Justiça também no sentido de que é possível autorizar a quebra do sigilo para apuração de crime punível com detenção desde que conexo com outros delitos puníveis com reclusão (HC nº 186.118/RS, Rel. Ministro Sebastião Reis Júnior, Sexta Turma, DJe 29.10.2014).

Pode-se interpretar que se o procedimento de interceptação telefônica ou telemática tiver iniciado para apurar crime apenado com reclusão, surgindo a posteriori elementos indiciários de infrações penais apenadas com detenção, deverão servir para amparar denúncia a ser ofertada pelo Ministério Público.

2. Contravenção penal

Não se admite a medida de interceptação telefônica ou telemática para investigar o cometimento de contravenções penais, todavia não se deve perder de vista que os jogos de azar – artigo 50 do Decreto-Lei nº 3.688, de 03.10.1941 – a despeito de terem natureza de contravenção penal, têm caminhado lado a lado com a criminalidade organizada, tanto é que no Requerimento nº 245/2004, para a instauração de Comissão Parlamentar de Inquérito na denominada "CPI's dos Bingos", uma das justificativas foi a de que o "crime organizado e jogos de azar são irmãos siameses. No mundo inteiro, existem fortes evidências de que cassinos e similares funcionam como um biombo para ocultar os verdadeiros negócios – muitas vezes ilícitos – de quem os controla. Por força do Decreto-Lei nº 9.215, de 30 de abril de 1946, não é permitida a prática e exploração de jogos de azar no território nacional. Desde então, algumas exceções à regra têm sido abertas, como os concursos de prognósticos explorados pela Caixa Econômica Federal e, mais recentemente, os bingos. Desde o início de suas atividades, em 1993, as casas de bingos têm prestado um desserviço à Nação. Além de incentivar o terrível vício do jogo, sob o falso manto de contribuir para o financiamento de clubes desportistas, algumas dessas entidades vêm sendo utilizadas para dar ares de legalidade a recursos oriundos de atividades criminosas. Importante observar que os bingos têm por sócios, por vezes ocultos, pessoas notoriamente relacionadas ao crime e a contravenção, as quais

[49] NUCCI, Guilherme de Souza. *Leis penais e processuais penais comentadas*. 9. ed. rev., atual. e ampl., Rio de Janeiro: Forense, 2015. v. 1., p. 516/517.

não raro, representam os interesses de organizações mafiosas com raízes no exterior."[50]

A lesividade da conduta da contravenção penal de exploração de jogos de azar é patente tanto é que as contravenções penais integram o rol dos delitos subjacentes da lavagem de dinheiro, já que o tipo do artigo 1º refere-se a "infração penal" e não mais a "crime" (alteração trazida pela Lei nº 12.683, de 09.07.2012). O Projeto nº 236, de 2012, do Senado Federal, de autoria do Senador José Sarney, que altera o Código Penal indica a revogação da Lei das Contravenções Penais ao propor que a exploração dos jogos de azar e do jogo do bicho seja considerada crime (artigo 267), com pena de 03 (três) a 08 (oito) anos. Muitas vezes delitos de pequeno potencial ofensivo, desde que praticados de forma continuada, também podem gerar

[50] Disponível no endereço eletrônico do Senado: <*www.senado.gov.br/comissoes/CPI/Bingos/RelFinalBingos.pdf*>. Acessado em 10.05.2023. Apelidada como "CPI do Fim do Mundo", a CPI dos Bingos investigou ainda vários outros casos, como os assassinatos dos prefeitos petistas de Campinas, Toninho do PT, e de Santo André, Celso Daniel; a "máfia do lixo" em Ribeirão Preto; irregularidades e corrupção na LOTERJ; o esquema do mensalão; o caso da renovação do contrato entre a multinacional GTech e a Caixa Econômica Federal para o processamento de loterias; a suposta entrada de dólares cubanos para ajudar a campanha do então candidato Luiz Inácio Lula da Silva à Presidência da República e até a máfia do apito no Campeonato Brasileiro de Futebol, entre outros. A CPI dos Bingos teve papel importante na queda do então ministro da Fazenda Antonio Palocci, acusado de envolvimento com a quebra do sigilo bancário do caseiro Francenildo Santos Costa. O caseiro depôs na CPI e afirmou ter visto Palocci na "casa do lobby", mansão situada no Lago Sul – bairro nobre de Brasília. Segundo denúncias, ex-assessores de Palocci na prefeitura de Ribeirão Preto usavam a mansão para realizar festas e para firmar negócios com empresários, visando, entre outras coisas, ao tráfico de influência no governo federal (...). Foi o senador Magno Malta (PR-ES) que, em março de 2004, requereu a criação da CPI dos Bingos. Contrário à legalização de qualquer tipo de jogo no país, o senador dizia desconfiar que as casas de bingo funcionavam como um canal para a lavagem de dinheiro, além de manterem estreitas ligações com o crime organizado. A intenção do senador de criar uma CPI para investigar as casas de bingo ficou parada por mais de um ano. A proposta de Magno Malta começou a decolar somente em meados de 2005, quando foi divulgado o teor do vídeo em que Waldomiro Diniz aparecia pedindo propina a Carlinhos Cachoeira. Diante das denúncias, houve embate entre governistas e oposicionistas a respeitos da instalação da comissão. Coube ao Supremo Tribunal Federal (STF) bater o martelo e autorizar o funcionamento da nova CPI. No dia 29 de junho de 2005, o presidente eleito do colegiado, o então senador Efraim Morais, do DEM da Paraíba, realizou a primeira reunião. O relatório final da "CPI do Fim do Mundo" foi encaminhado ao Poder Judiciário e ao Ministério Público e Receita Federal, motivando a abertura de dezenas de processos contra os acusados (Disponível em: http://www12.senado.leg.br/noticias/materias/2012/04/20/ha-seis-anos-cachoeira-era-personagem-da-cpi-dos-bingos-a-2018cpi-do-fim-do-mundo2019. Acesso em 10.05.2023).

recursos aptos a serem lavados e, portanto, possuem uma lesividade acima da média.

3. Encontro fortuito de provas

A descoberta fortuita, o encontro de prova atinente a delito diverso daquele que deu ensejo ao pedido de interceptação telefônica, que estava, portanto, fora da linha de desdobramento natural da investigação, tem sido aceito pela doutrina e jurisprudência já que ao Estado não é dado deixar de agir diante do cometimento de um crime.

Se o fato descoberto se referir à pessoa investigada tem validade como meio probatório. Acaso se refira a terceiras pessoas, a doutrina tem considerado sua validade como fonte de prova, como uma *notitia criminis*, demandando a instauração de novo procedimento para a continuidade das investigações. Não se trata, portanto, de prova ilícita na medida em que a origem da descoberta fortuita está atrelada a um prévio procedimento submetido à cláusula de reserva de jurisdição.

Para o STJ, no entanto, mesmo na hipótese de se referir a terceiras pessoas, e ainda que os fatos não sejam conexos (desde que não haja desvio de finalidade), os elementos encontrados poderão ser utilizados como meio de prova: "(...) 2. A jurisprudência desta Corte é firme no sentido da adoção da teoria do encontro fortuito ou casual de provas (serendipidade). Segundo essa teoria, independentemente da ocorrência da identidade de investigados ou réus, consideram-se válidas as provas encontradas casualmente pelos agentes da persecução penal, relativas à infração penal até então desconhecida, por ocasião do cumprimento de medidas de obtenção de prova de outro delito regularmente autorizadas, ainda que inexista conexão ou continência com o crime supervenientemente encontrado e este não cumpra os requisitos autorizadores da medida probatória, desde que não haja desvio de finalidade na execução do meio de obtenção de prova.(...)"(HC 376.927/ES, Rel. Ministro Ribeiro Dantas, Quinta Turma, DJe 25.10.2017).

Renato Brasileiro de Lima ao colacionar entendimento jurisprudencial[51] sobre o tema destaca que "em alguns julgados do STJ, sequer tem sido imposta como obrigatória a existência de conexão ou continência entre as infrações penais: 'havendo o encontro fortuito de notícia da prática futura de conduta delituosa, durante a realização de interceptação telefônica

[51] STJ, HC 69.552/PR, Rel. Min Felix Fischer, 5ª Turma, *DJ* de 14.05.2007, e APN 425, Rel. Min. José Arnaldo da Fonseca, Corte Especial, *DJ* de 15.05.2006.

devidamente autorizada pela autoridade competente, não se deve exigir a demonstração da conexão entre o fato investigado e aquele descoberto, a uma, porque a própria Lei nº 9.296/96 não a exige, a duas, pois o Estado não pode se quedar inerte diante da ciência de que um crime vai ser praticado e, a três, tendo em vista que se por um lado o Estado, por seus órgãos investigatórios, violou a intimidade de alguém, o fez com respaldo constitucional e legal, motivo pelo qual a prova se consolidou lícita. A discussão a respeito da conexão entre o fato investigado e o fato encontrado fortuitamente só se coloca em se tratando de infração penal pretérita, porquanto no que concerne as infrações futuras o cerne da controvérsia se dará quanto a licitude ou não do meio de prova utilizado e a partir do qual se tomou conhecimento de tal conduta criminosa."[52]

4. Prova emprestada

Os elementos probatórios obtidos por meio do monitoramento telefônico/telemático em uma investigação criminal ou mesmo durante a instrução processual podem ser utilizados em outro processo ("prova emprestada"), desde que seja garantido o contraditório e a ampla defesa. Tendo em conta que "o valor constitucionalmente protegido pela vedação das interceptações telefônicas é a intimidade, rompida esta, licitamente, em face do permissivo constitucional, nada mais resta a preservar. Seria uma demasia negar-se a recepção da prova assim obtida, sob a alegação de que estaria obliquamente vulnerado o comando constitucional."[53]

A denominada prova emprestada é aquela colhida no bojo de um primeiro processo e, depois, utilizada em um segundo processo, com objetivo de, neste, comprovar determinado fato, em observância ao princípio da economia processual, não se havendo de falar em inconstitucionalidade quando atendidos os valores consagrados no ordenamento pátrio como o princípio do contraditório, do juiz natural e da inafastabilidade da jurisdição.

O doutrinador Gustavo Henrique Badaró,[54] explicita certos requisitos comumente exigidos para a admissão da prova emprestada, quais sejam: "(1) a prova do primeiro processo tenha sido produzida perante o juiz natu-

[52] LIMA, Renato Brasileiro de. *Legislação criminal especial comentada*. 9. ed. rev., atual. e ampl. Salvador: JusPODIVM, 2021, p. 546.

[53] LIMA, Renato Brasileiro de. *Legislação criminal especial comentada*. 7. ed. rev., atual. e ampl. Salvador: JusPODIVM, 2019. p. 443.

[54] BADARÓ, Gustavo Henrique. *Processo penal*. 5. ed. rev., atual. e ampl. São Paulo: RTribunais, 2017. p. 399.

ral; (2) a prova produzida no primeiro processo tenha possibilitado o exercício do contraditório perante a parte do segundo processo; (3) o objeto da prova seja o mesmo nos dois processos; (4) o âmbito de cognição do primeiro processo seja o mesmo do segundo processo."

Em suma, no âmbito do processo penal, a legitimidade do compartilhamento de provas deve ser aferida no caso concreto, examinando-se a maneira como foi exercido o contraditório tanto no processo original quanto naquele para o qual foi transportada a prova.

O contraditório é o requisito primordial para o aproveitamento da prova emprestada, de modo que, assegurado às partes o contraditório sobre a prova, isto é, o direito de se insurgir contra a prova e de refutá-la adequadamente, afigura-se, em princípio, válido o empréstimo (STJ, Corte Especial, ERESP 617.428, Rel. Nancy Andrighi, Julg. 17.06.2014).

A respeito do momento em que o contraditório deve ser exercido para que a prova emprestada possa ser considerada legítima, não ignoro a existência de posicionamento no sentido de que, em sede de ação penal, não poderia haver empréstimo de prova contra aquele que não tenha figurado como parte também na demanda original (ou dela tenha participado em efetivo contraditório).[55] [56] Não obstante, como já afirmado precedentemente nesta obra, filio-me à corrente de acordo com a qual o compartilhamento de provas não pode se restringir a processos em que figurem partes idênticas, sob pena de se reduzir excessivamente sua aplicabilidade, sem justificativa razoável para tanto, de modo que, desde que assegurada a sujeição ao contraditório no bojo do feito para o qual a prova será trasladada, o empréstimo da prova deve, em princípio, ser tido como legítimo.

Com efeito, tanto o STJ quanto o STF vêm decidindo reiteradamente que a possibilidade de contraditório posterior bastaria para tornar admissível a prova emprestada.

Nesse sentido, os seguintes julgados:

> "(...) 2. 'Se as provas obtidas nas interceptações telefônicas foram juntadas aos autos da ação penal a que respondeu o Paciente antes do oferecimento das alegações finais, não há como se reconhecer a pretensa nulidade do feito por mitigação ao contraditório e à ampla defesa, pois ao Patrocinador do Acusado foi garantido acesso integral aos referidos elementos pro-

[55] OLIVEIRA, Eugênio Pacelli de. *Curso de processo penal*. 21. ed. Atlas, 2017. p. 374.

[56] NUCCI, Guilherme de Souza, *Código de processo penal comentado*, 16. ed. Forense, 2017. p. 408.

batórios. Precedentes' (HC 213.158/SP, Rel. Ministra Laurita Vaz, Quinta Turma, DJe 4/9/2013).

3. Esta Corte Superior manifesta entendimento no sentido de que 'a prova emprestada não pode se restringir a processos em que figurem partes idênticas, sob pena de se reduzir excessivamente sua aplicabilidade, sem justificativa razoável para tanto. Independentemente de haver identidade de partes, o contraditório é o requisito primordial para o aproveitamento da prova emprestada, de maneira que, assegurado às partes o contraditório sobre a prova, isto é, o direito de se insurgir contra a prova e de refutá-la adequadamente, afigura-se válido o empréstimo' (EREsp 617.428/SP, Rel. Ministra NANCY ANDRIGHI, Corte Especial, *DJe* de 17.06.2014)..."

(STJ, Quinta Turma, HC 292800, Rel. Reynaldo Soares da Fonseca, Julg. 10.02.2017)

"(...) 1. O habeas corpus tem uma rica história, constituindo garantia fundamental do cidadão. Ação constitucional que é, não pode ser o writ amesquinhado, mas também não é passível de vulgarização, sob pena de restar descaracterizado como remédio heroico. Contra a denegação de habeas corpus por Tribunal Superior prevê a Constituição Federal remédio jurídico expresso, o recurso ordinário. Diante da dicção do art. 102, II, a, da Constituição da República, a impetração de novo habeas corpus em caráter substitutivo escamoteia o instituto recursal próprio, em manifesta burla ao preceito constitucional. Precedentes da Primeira Turma desta Suprema Corte.

2. Não há, em princípio, óbice à utilização de prova emprestada de interceptação telefônica realizada no bojo de outra investigação, desde que franqueado à Defesa o acesso a essa prova, garantindo-se o contraditório, como no caso dos autos.

3. Consoante o art. 563 do Código de Processo Penal, não se decreta nulidade sem prejuízo, prejuízo este não demonstrado na hipótese..."

(STF, 1ª Turma, HC 114074, Rel. Rosa Weber, Julg. 07.05.2013)

Atente-se, todavia, que, embora se admita, em princípio, o empréstimo de prova oriunda de um primeiro processo do qual o acusado não tenha participado, isto é, embora se possa considerar legítima uma prova (emprestada) submetida, apenas, a contraditório posterior, é certo que, na esteira de julgados proferidos pelo Supremo Tribunal Federal, não se deve perder de vista a necessidade de se verificar se existem outros elementos de convicção aptos a corroborá-la.

É conveniente que a prova emprestada não seja a única a fundamentar a condenação, mas sim um elemento a mais de convicção a sustentar o decreto condenatório.

Válida, nesse passo, a menção aos seguintes julgados:

> "(...) 1. Não há nulidade por terem sido juntadas aos autos do processo principal – e eventualmente relevadas na sentença de pronúncia – provas emprestadas de outro processo-crime, pois o que se exige é que não tenha sido a prova emprestada 'a única a fundamentar a sentença de pronúncia' (Habeas Corpus n. 67.707, Rel. Min. Celso de Mello, DJ 14.8.1992).
>
> (...) 4. Ordem denegada."
>
> (STJ, 1ª Turma, HC 95549, Rel. Cármen Lúcia, Julg. 28.04.2009)

> "(...) I – O exame da alegação de nulidade da sentença condenatória – ao argumento de que seria baseada somente em prova emprestada – é inviável na estreita via do habeas corpus, que não admite revolvimento do contexto fático-probatório.
>
> II – Ainda que assim não fosse, o acórdão atacado assentou estar o édito condenatório fundado em declarações de corréus, colhidos em juízo, e não apenas em prova emprestada, o que afasta a alegada nulidade.
>
> III – O habeas corpus, em que pese configurar remédio constitucional de largo espectro, não pode ser empregado como sucedâneo de revisão criminal. Precedentes.
>
> IV – Ordem denegada."
>
> (STF, 1ª Turma, HC 95019, Rel Ricardo Lewandowski, Julg. 15.09.2009)

Portanto, havendo outros elementos de prova convergentes com os dados tomados por empréstimo, resta afastada eventual alegação de nulidade. Vale dizer, a valoração da prova emprestada, a qual assume caráter de prova documental anexada aos autos e, nessa condição, pode perfeitamente servir de fundamento ao convencimento judicial, desde que corroborada por outros elementos produzidos em contraditório, isto é, desde que existam, também, outras provas produzidas em contraditório (inteligência do art. 155 da CPP, com redação dada pela Lei nº 11.690/2008).

Tem-se, então, que, via-de-regra, as provas emprestadas nada mais são do que elementos informativos da investigação e, nessa condição, não podem, isoladamente, embasar a condenação do réu. Desse modo, esses elementos informativos (colhidos na fase inquisitorial) devem ser posteriormente corroborados por outras provas judicializadas (tais como depoimentos prestados em juízo), de modo que não há óbice a que todos esses elementos probatórios, em conjunto, seja utilizados para a formação da convicção do julgador.

Válida, nesse passo, a menção aos seguintes julgados:

"(...) 2. A Lei nº 11.690/2008, ao introduzir na nova redação do art. 155 do Código de Processo Penal o advérbio 'exclusivamente', permite que elementos informativos da investigação possam servir de fundamento ao juízo sobre os fatos, desde que existam, também, provas produzidas em contraditório judicial. Noutras palavras: para chegar à conclusão sobre a veracidade ou falsidade de um fato afirmado, o juiz penal pode servir-se tanto de elementos de prova – produzidos em contraditório – como de informações trazidas pela investigação. Apenas não poderá se utilizar exclusivamente de dados informativos colhidos na investigação.

3. No caso, o Tribunal de Justiça, ao condenar o paciente, externando sua convicção acerca dos fatos narrados na inicial acusatória, baseou-se não só nos elementos de informação colhidos durante a investigação. Apontou, também, depoimentos coletados durante a instrução criminal, que constituem fonte idônea de convencimento.

(...)

5. Habeas corpus não conhecido."

(STJ, Quinta Turma, HC 201000458277, Rel. Marco Aurélio Bellizze, DJE: 11.06.2013)

"(...)

1. A sentença condenatória transcrita acima encontra-se em consonância com a jurisprudência deste Supremo Tribunal Federal, que se consolidou no sentido de que, 'nos crimes sexuais, a palavra da vítima, em harmonia com os demais elementos de certeza dos autos, reveste-se de valor probante e autoriza a conclusão quanto à autoria e às circunstâncias do crime'. Precedentes.

2. Os elementos do inquérito podem influir na formação do livre convencimento do juiz para a decisão da causa quando complementam outros indícios e provas que passam pelo crivo do contraditório em juízo.

3. Para se acolher a tese da impetração e divergir do entendimento assentado no julgado, seria necessário apurado reexame de fatos e provas, o que é inviável na via estreita do habeas corpus. Precedentes.

4. A ação de habeas corpus não pode ser utilizada como sucedâneo de revisão criminal. Precedentes.

5. Writ denegado."
(STF, 2ª Turma, HC 102473, Rel. Ellen Gracie, Julg. 12.04.2011)

4.1. Possibilidade de utilização de monitoramento telefônico/telemático para instrução de procedimento administrativo

Discute-se a possibilidade do emprego da prova obtida em procedimento de interceptação telefônica/telemática na esfera administrativa. Há posicionamento de que não seria possível porquanto a Constituição Federal veda (art. 5º, inciso XII) e o artigo 1º da Lei nº 9.296/1996 é expresso ao afirmar que a medida é para prova em investigação criminal e em instrução processual penal, de modo que não seria correto a utilização desta prova emprestada na esfera administrativa.

Todavia, a jurisprudência do Supremo Tribunal Federal está alinhada no sentido de que é válida a utilização, em processo administrativo, de provas emprestadas no Processo Penal. Por seu Tribunal Pleno, decidiu, em 2008, que "dados obtidos em interceptação de comunicações telefônicas, judicialmente autorizadas para produção de prova em investigação criminal ou em instrução processual penal, bem como documentos colhidos na mesma investigação, podem ser usados em procedimento administrativo disciplinar, contra a mesma ou as mesmas pessoas em relação às quais foram colhidos, ou contra outros servidores cujos supostos ilícitos teriam despontado à colheita dessas provas" (Pet 3683 QO, Relator(a): Min. Cezar Peluso, Tribunal Pleno, julgado em 13.08.2008, *DJe-035* de 19.02.2009 PUBLIC 20-02-2009 EMENT VOL-02349-05 PP-01012 RMDPPP v. 5, n. 28, 2009, p. 102-104).

Os elementos informativos de uma investigação criminal, "ou as provas colhidas no bojo de instrução processual penal, desde que obtidos mediante interceptação telefônica devidamente autorizada por Juízo competente, admitem compartilhamento para fins de instruir procedimento criminal ou mesmo procedimento administrativo disciplinar contra os investigados. Possibilidade jurisprudencial que foi ampliada, na Segunda Questão de Ordem no Inquérito 2.424 (da relatoria do ministro Cezar Peluso), para também autorizar o uso dessas mesmas informações contra outros agentes" (HC 102293, Relator(a): AYRES BRITTO, Segunda Turma, julgado em 24/05/2011, ACÓRDÃO ELETRÔNICO DJe-239 DIVULG 16.12.2011 PUBLIC 19.12.2011).

Em idêntico sentido:

"Ementa: CONSTITUCIONAL E ADMINISTRATIVO. AGRAVO INTERNO NO RECURSO ORDINÁRIO EM MANDADO DE SEGURANÇA. PROCEDIMENTO ADMINISTRATIVO DISCIPLINAR. INTERCEPTAÇÃO TELEFÔNICA. PROVA EMPRESTADA DO PROCESSO PENAL. POSSIBILIDADE. INEXISTÊNCIA DE NULIDADE COMPROVADA. ALEGAÇÃO GENÉRICA. NECESSIDADE DE REEXAME DO CONJUNTO FÁTICO-PROBATÓRIO. IMPOSSIBILIDADE. JURISPRUDÊNCIA CONSOLIDADA. RECURSO DE AGRAVO A QUE SE NEGA PROVIMENTO."

(STF, RMS 34786 ED-AgR, Relator(a): ALEXANDRE DE MORAES, Primeira Turma, julgado em 29/06/2018, PROCESSO ELETRÔNICO DJe-164 DIVULG 13.08.2018 PUBLIC 14.08.2018)

"EMENTA: DIREITO PROCESSUAL PENAL. AGRAVO REGIMENTAL EM RECURSO EXTRAORDINÁRIO. PROVA PRODUZIDA EM AÇÃO PENAL EMPRESTADA PARA UTILIZAÇÃO EM PROCESSO ADMINISTRATIVO. VALIDADE. INTERCEPTAÇÃO TELEFÔNICA. CRIMES PUNÍVEIS COM PENA DE DETENÇÃO. CRIMES CONEXOS. POSSIBILIDADE. CONTROVÉRSIA DECIDIDA COM BASE NA LEGISLAÇÃO INFRACONSTITUCIONAL E NO CONJUNTO FÁTICO-PROBATÓRIO DOS AUTOS. MANDADO DE SEGURANÇA. FASE PROBATÓRIA. IMPOSSIBILIDADE. 1. O acórdão recorrido está alinhado à jurisprudência do Supremo Tribunal Federal no sentido de que é válida a utilização, em processo administrativo, de provas emprestadas no Processo Penal. Precedente. 2. 'Uma vez realizada a interceptação telefônica de forma fundamentada, legal e legítima, as informações e provas coletas dessa diligência podem subsidiar denúncia com base em crimes puníveis com pena de detenção, desde que conexos aos primeiros tipos penais que justificaram a interceptação" (HC 83.515, Rel. Min. Nelson Jobim). 3. No caso, para chegar a conclusão diversa do acórdão recorrido, imprescindíveis seriam a análise da legislação infraconstitucional pertinente e uma nova apreciação dos fatos e do material probatório constante dos autos (Súmula 279/STF), procedimentos inviáveis em recurso extraordinário. 4. A jurisprudência desta Corte é no sentido de que "o mandado de segurança não viabiliza a fase probatória, devendo vir com a inicial os elementos de convicção quanto à ofensa a direito líquido e certo" (MS 28.538, Min. Marco Aurélio). 5. Agravo regimental a que se nega provimento.

(STF, RE 810906 AgR, Relator(a): ROBERTO BARROSO, Primeira Turma, julgado em 04/08/2015, PROCESSO ELETRÔNICO DJe-181DIVULG 11.09.2015PUBLIC 14.09.2015)

Não menos importante destacar a existência da Súmula nº 591 do STJ estatuindo que: "É permitida a 'prova emprestada' no processo administrativo disciplinar, desde que devidamente autorizada pelo juízo competente e respeitados o contraditório e a ampla defesa" (Súmula 591, Primeira Seção, DJe 18.09.2017).

5. Requisitos

O procedimento de interceptação telefônica e telemática está condicionado à prévia autorização judicial devidamente fundamentada (cláusula de reserva dejurisdição), na forma da lei, para fins de investigação criminal ou instrução processual penal.

Somente poderá ser autorizado se estiverem presentes indícios de autoria e materialidade de fatos pretéritos (*fumus comissi delicti* e o *periculum in mora*). Está-se diante da aplicação do princípio da proporcionalidade.[57] Não poderá em hipótese alguma ser utilizado como prevenção da ocorrência de um crime. É vedada a interceptação de prospecção, vale dizer, a interceptação para descobrir se o indivíduo está cometendo um delito.

Deve, portanto, haver rigoroso controle sobre a necessidade, adequação e proporcionalidade para que o procedimento não seja "um instrumento de satisfação da curiosidade ou de interesses escusos. Assim, deve-se evitar que a interceptação se transmute em verdadeiro 'alvará de bisbilhotagem'." O desejo de reprimir a criminalidade não pode ser um subterfúgio para a utilização da interceptação telefônica como um instrumento de prevenção, criando uma espécie supralegal de interceptação das comunicações telefô-

[57] "O princípio da proporcionalidade, também denominado princípio do devido processo legal em sentido substantivo, ou ainda, princípio da proibição do excesso, constitui uma exigência positiva e material relacionada ao conteúdo de atos restritivos de direitos fundamentais, de modo a estabelecer um 'limite do limite' ou uma 'proibição de excesso' na restrição de tais direitos. (...) a aplicação do princípio da proporcionalidade se dá quando verificada restrição a determinado direito fundamental ou um conflito entre distintos princípios constitucionais de modo a exigir que se estabeleça o peso relativo de cada um dos direitos por meio da aplicação das máximas que integram o mencionado princípio da proporcionalidade. São três as máximas parciais do princípio da proporcionalidade: a adequação, a necessidade e a proporcionalidade em sentido estrito" (STF, Intervenção Federal – IF nº 2.915-5-SP, Tribunal Pleno, rel. para acórdão Min. Gilmar Mendes, por maioria, *DJ* de 28.11.2003).

nicas. Vale dizer "um verdadeiro instrumento inquisitivo de investigação – aplicado *ante factum*, o que não se encaixa no regramento estabelecido pela Lei 9.296/96."[58]

Antonio Scarance Fernandes expendeu considerações sobre os requisitos para a interceptação telefônica, a saber: "a interceptação, por ser providência de natureza cautelar, não é admitida quando não estiver presente o *fumus boni iuris* ou a aparência do direito, que, no crime, engloba duas exigências: a probabilidade da autoria e a probabilidade de ocorrência de infração penal. Tais exigências estão contidas no inciso I do art. 2º, sendo uma alusiva ao agente – existência de 'indícios suficientes de autoria ou participação' – e outra à materialidade – ocorrência de 'infração penal'. Para que o juiz possa avaliar a presença no caso concreto destas duas exigências, haverá necessidade de investigação em andamento ou processo instaurado (art. 3º, I), ficando, em princípio, excluída a possibilidade de interceptação para iniciar a investigação. A exigência do *periculum*, isto é, do perigo de ser perdida a prova sem a interceptação, está expressa no inc. II. Dele consta que só será admitida a interceptação se não houver outro meio disponível para obtenção da prova, ou seja, a interceptação dever ser o único meio para evidenciar a autoria e a materialidade do crime, sob pena de não ser colhido importante elemento de prova. Não será fácil para o juiz examinar, em cada caso, se há o outro meio disponível referido no inc. II. Deverá extrair o seu convencimento sobre a inexistência de outro meio com base nos meios que eram ou podiam ser de seu conhecimento no momento da decisão. Por isso, não será ilegítima a autorização judicial quando, depois, venha a se demonstrar a existência de outros meios, antes desconhecidos ou descobertos posteriormente, exceto quando, de forma clara, ficar evidenciada a má-fé por parte da autoridade que requereu a produção da prova, escondendo do juiz os outros meios existentes."[59]

Ressalte-se, outrossim, que a complexidade do esquema também serve de fundamento a validar o deferimento de interceptações telefônicas que se mostram como último mecanismo apto a levar adiante investigação criminal que estava em curso, conforme é possível ser visto do julgado que segue:

[58] SEBASTIÃO FILHO, Jorge. *Interceptação telefônica como medida cautelar probatória nos delitos econômicos*. Curitiba: Juruá, 2012. p. 96 e 45.

[59] FERNANDES, Antonio Scarance. *Processo penal constitucional*. 5. ed. rev., atual. e ampl. São Paulo: RT, 2007. p. 107.

"Habeas corpus. 2. Operação Navalha. 3. Interceptação telefônica. Autorização devidamente fundamentada. 4. Gravidade dos delitos supostamente cometidos pela organização e complexidade do esquema que envolve agentes públicos e políticos salientam a dificuldade de colher provas tradicionais. Pedido de interceptação baseado em relatório da Polícia Federal que demonstra envolvimento do paciente. 5. Motivação *per relationem*. 6. Ordem denegada."

(STF, HC 118882, Rel. Min. GILMAR MENDES, Segunda Turma, julgado em 10/06/2014, PROCESSO ELETRÔNICO DJe-166 DIVULG 27.08.2014 PUBLIC 28.08.2014)

Não se deve perder de vista que o emprego das interceptações telefônicas ou telemáticas somente deve ocorrer quando não houver possibilidade da utilização das tradicionais formas de investigação pela polícia (perícias, interrogatórios, vigilâncias, informantes, pesquisas de dados oficiais no COAF, INFOSEG, CNIS, DENATRAN, SINAPSE – novo sistema de integração dos dados –, em Cartórios, instituições financeiras, Receita Federal, etc), como *ultima ratio*, já que pode configurar uma insidiosa ingerência na intimidade não só do suspeito ou acusado, mas até de terceiros.[60]

Com o uso destes novos instrumentos "(proteção de bens jurídicos universais e tipificação de condutas de perigo abstrato) intensificou-se a implementação de mecanismos operacionais de investigação, visando suprir os métodos convencionais mais alinhados ao direito penal clássico e à proteção de bens jurídicos tradicionais como a vida, o patrimônio e a liberdade."[61] Importante mencionar nesta quadra a existência de outras técnicas de investigação específicas, dentre elas, a quebra dos sigilos fiscal e bancário, o sistema SIMBA (*software* nos quais as instituições financeiras enviam dados diretamente), colaboração premiada, etc.

A exigência do risco de a prova ser perdida sem a interceptação está estatuída no inciso II do art. 2º, de modo que seu emprego para a busca de evidências da autoria e materialidade delitivas deve ser a única forma de não se perder importante elemento de prova. Aí reside a grande dificuldade para o juiz exercer o juízo de ponderação, devendo se nortear para a

[60] GRINOVER, Ada Pellegrini; GOMES FILHO, Antonio Magalhães; FERNANDES, Antonio Scarance. *As nulidades no processo penal*. 11. ed. rev. atual. e ampl. São Paulo: RT, 2009. p. 174.

[61] SEBASTIÃO FILHO, Jorge. *Interceptação telefônica como medida cautelar probatória nos delitos econômicos*. Curitiba: Juruá, 2012. p. 40.

formação de seu convencimento pela ausência de outro meio posto à sua disposição.

Observe-se que o processo penal é um instrumento, não sendo admitida a aplicação da reprimenda penal sem que haja o processo prévio, para que seja assegurada a eficácia dos direitos e garantias fundamentais, notadamente a dignidade da pessoa humana.

A instrumentalidade do processo penal é o fundamento de sua existência, mas, na dicção de Aury Lopes Junior, "com uma especial característica: é um instrumento de proteção dos direitos e garantias individuais. É uma especial conotação do caráter instrumental e que só se manifesta no processo penal, pois se trata de instrumentalidade relacionada ao Direito Penal e à pena", mas, principalmente, um instrumento a serviço da máxima eficácia das garantias constitucionais. Este autor conclui seu raciocínio afirmando que este princípio: "trata-se de limitação do poder e tutela do débil a ele submetido (réu, por evidente), cuja debilidade é estrutural (e estruturante do seu lugar). Essa debilidade sempre existirá e não tem absolutamente nenhuma relação com as condições econômicas ou sociopolíticas do imputado, senão que decorre do lugar em que ele é chamado a ocupar nas relações de poder estabelecidas no ritual judiciário (pois é ele o sujeito passivo, ou seja, aquele sobre quem recaem os diferentes constrangimentos e limitações impostos pelo poder estatal)."[62]

A existência de diligências prévias para apurar autoria e materialidade delitivas tem o condão de afastar possíveis ilações no sentido de que outros atos investigatórios ainda encontrar-se-iam à disposição antes mesmo que se pudesse cogitar no afastamento do sigilo das comunicações telefônicas. Cabe trazer à baila o seguinte julgado:

> "Habeas corpus. Banco de tecidos musculoesqueléticos clandestino. Venda, guarda e distribuição de tecidos ou parte do corpo humano (arts. 15 e 17 da Lei nº 9.434/97). Investigação criminal. Violação do princípio do promotor natural. Não ocorrência. Inexistência de manipulação casuística ou de designação seletiva pela chefia do Ministério Público. Precedentes. Interceptação telefônica. Nulidade. Não ocorrência. Medida invasiva precedida de atos de investigação. Único meio de se apurar o fato criminoso. Testemunha sigilosa. Depoimento. Nulidade. Inexistência. Necessidade de preservação de sua higidez física ou psíquica, ante o temor de represálias. Inidoneidade do writ para revolvimento desses fatos. Ordem denegada. (...)

[62] LOPES JUNIOR, Aury. *Direito processual penal.* 11. ed., 2. tir. São Paulo: Saraiva, 2014. p. 55/56.

4. O afastamento do sigilo das comunicações telefônicas dos pacientes foi precedido de diligências realizadas no curso de uma investigação formalmente instaurada, restando suficientemente demonstrada a necessidade da medida extrema e a dificuldade para a apuração dos fatos por outros meios. 5. É o quanto basta para se legitimar o afastamento do sigilo das comunicações telefônicas (HC nº 114.321/MG, Segunda Turma, Relatora a Ministra Carmen Lúcia, DJe de 19/12/13). (...)"

(HC 136503/PR, Rel. Min. Dias Toffoli, Segunda Turma, Julgamento: 04.04.2017, *DJe*-089 DIVULG 28-04-2017 PUBLIC 02.05.2017)

Também cumpre destacar o entendimento do STF declarando a ilicitude probatória no âmbito de interceptação telefônica em razão de ter sido autorizada sem que fosse precedida por diligências anteriores: "(...) 2. A interceptação telefônica é subsidiária e excepcional, só podendo ser determinada quando não houver outro meio para se apurar os fatos tidos por criminosos, nos termos do art. 2º, inc. II, da Lei n. 9.296/1996. Precedente. 3. Ordem concedida para se declarar a ilicitude das provas produzidas pelas interceptações telefônicas, em razão da ilegalidade das autorizações, e a nulidade das decisões judiciais que as decretaram amparadas apenas na denúncia anônima, sem investigação preliminar." (HC 108147, Rel.(a) Cármen Lúcia, Segunda Turma, DJe 01.02.2013).

O afastamento do sigilo telefônico deve ser efetivado após um juízo de ponderação entre direitos constitucionalmente tutelados. Para tal consecução, a análise da necessidade da medida deve-se pautar pelo fato de que a prova em determinados delitos não pode ser feita, ao menos satisfatoriamente, por outros meios disponíveis, exemplificativamente em crimes de corrupção passiva que, no mais das vezes, ocorre às escondidas, entre o servidor público e o corruptor (de que outra maneira viável apanhar o investigado atuando sub-repticiamente?). Em crimes de tal jaez, muitas das vezes, a investigação não pode avançar com eficiência sem o recurso a esta medida, devendo-se salientar ser rotineiro o cuidado de seus agentes ao falarem ao telefone, mantendo conversas cifradas, além de utilização inusual de telefones públicos para tratamento de temas escusos.

Trata-se de crime que não deixa vestígios materiais, se a paga for em papel-moeda. Note-se, contudo, que nem mesmo a paga é necessária para que o delito se consume, pois tem natureza formal. A experiência demonstra que a atuação de pessoas investigadas tem-se mostrado contínua e notadamente pela estratégia de comunicações telefônicas, de modo que o aprofundamento das investigações tem pouso certo na interceptação telefônica.

Em tais circunstâncias, o levantamento das provas revela nuances intrinsecamente mais dificultosas, sendo certo que, a fim de amparar uma condenação criminal, o emprego da interceptação telefônica é salutar medida. A força dos indícios assume notável importância nos crimes de corrupção, tratando-se, sim, de elemento de prova (ainda que indireto), o qual, em consonância com os demais elementos de convicção do julgador a serem obtidos, autorizarão um édito condenatório.

Digno de registro que a importância da prova indiciária assumiu grande relevância quando do julgamento do Caso Mensalão – AP nº 470/MG, de Relatoria do Ministro Joaquim Barbosa, pelo Plenário do Pretório Excelso, especificamente no que concerne ao julgamento do "capítulo III da denúncia, atinente a 'origens dos recursos empregados no esquema criminoso: crimes de corrupção (ativa e passiva), peculato e lavagem de dinheiro'. A Min. Rosa Weber, primeira a se manifestar, destacou que questões relativas a financiamento de gastos de campanha ou despesas de partido não integrariam o conjunto fático descrito na presente acusação. Salientou, ainda, que o pagamento de propina não seria feito sob holofotes, daí o realce do valor das presunções, bem como a admissão de maior elasticidade à prova acusatória nos delitos de poder, porquanto seus autores teriam mais facilidade em esconder o ilícito" (AP 470/MG, rel. Min. Joaquim Barbosa, 27, 29 e 30.8.2012AP-470).

Na forma do entendimento ora exposto, sendo o elemento inquisitorial harmônico com a prova judicial, ele terá valor próprio e participará validamente do acervo probatório, o que fica defeso caso o mesmo mostre-se colidente, isolado ou incompatível com elementos colhidos na ação penal. No processo penal, o *standart* probatório não pode ser tão elevado a ponto de exigir a certeza absoluta da realidade fática, bastando que a condenação seja segura, idônea, clara, objetiva, além da dúvida razoável.

O sigilo ente cliente e seu advogado sempre há de ser respeitado, merecendo proteção os diálogos relativos ao exercício da advocacia, na forma prevista no Estatuto da Advocacia, bem ainda em respeito ao devido processo legal (inteligência do art. 5º, LV, CF: "aos litigantes, em processo judicial ou administrativo, e aos acusados em geral são assegurados o contraditório e ampla defesa, com os meios e recursos a ela inerentes").

São consideradas inadmissíveis as interceptações que desrespeitem estes preceitos, devendo ser retiradas do processo, na forma estatuída no artigo

157 do Código de Processo Penal. Adota-se, neste caso, a "teoria dos frutos da árvore envenenada", já que a prova ilícita macularia as demais provas dela derivadas (art. 5º, inciso LVI, da CF).

No entanto, na hipótese de existirem indícios de envolvimento do causídico com o delito, o Superior Tribunal de Justiça já decidiu que ficará afastada essa proteção ao sigilo profissional: "(...) 4. A investigação de crimes que estariam sendo cometidos por profissional da advocacia permite que o sigilo de suas comunicações telefônicas seja afastado, atingindo conversas que não se refeririam exclusivamente ao patrocínio de determinado cliente (RHC 51.487/SP, Rel. Ministro LEOPOLDO DE ARRUDA RAPOSO (DESEMBARGADOR CONVOCADO DO TJ/PE), QUINTA TURMA, julgado em 23/06/2015, DJe 24/09/2015)." (RHC 73.498/DF, Rel. Ministro Nefi Cordeiro, Sexta Turma, DJe 23.08.2018).

Igualmente cumpre destacar julgado do STJ acerca do tema relação cliente/advogado e interceptação telefônica, no sentido de que:

> "RECURSO ORDINÁRIO EM MANDADO DE SEGURANÇA. INTERCEPTAÇÕES TELEFÔNICAS: VALIDADE, SE O RECORRENTE ERA O OUTRO INTERLOCUTOR DO DIÁLOGO GRAVADO NO TERMINAL EM QUE SE DECRETOU LEGALMENTE A QUEBRA DO SIGILO. AUSÊNCIA DE VIOLAÇÃO AO SIGILO PROFISSIONAL. RECURSO DESPROVIDO.
>
> 1. A interceptação telefônica, por óbvio, abrange a participação de quaisquer dos interlocutores. Ilógico e irracional seria admitir que a prova colhida contra o interlocutor que recebeu ou originou chamadas para a linha legalmente interceptada é ilegal. Ora, "[a]o se pensar em interceptação de comunicação telefônica é de sua essência que o seja em face de dois interlocutores". [...] A autorização de interceptação, portanto [...], abrange a participação de qualquer interlocutor no fato que está sendo apurado e não apenas aquela que justificou a providência." (GRECO FILHO, Vicente. Interceptação telefônica: Considerações sobre a Lei 9.296 de 24 de julho de 1996 – São Paulo: Saraiva, 1996, pp. 20/21).
>
> 2. Não é porque o Advogado defendia os investigados que sua comunicação com eles foi interceptada, mas tão somente porque era um dos interlocutores. Não há, assim, nenhuma violação ao sigilo profissional.
>
> 3. Recurso desprovido."
>
> (RMS 33.677/SP, Rel. Ministra Laurita Vaz, Quinta Turma, DJe 03.06.2014)

6. Competência

O pedido de interceptação telefônica/telemática deve ser endereçado ao juiz que, pelas normas de organização judiciária, for competente para processar e julgar o feito. Não há vedação na alteração da competência quando forem identificados posteriormente outros fatos a serem apurados em juízos diversos.

Acaso seja necessário o deslocamento da competência, o procedimento inicial de interceptação não se torna inválido, vindo ulteriormente o processo a ser julgado pelo juízo que se percebeu competente.

O artigo 1º traz a regra de fixação da competência, já que dispõe que a interceptação de comunicações telefônicas, de qualquer natureza, para prova em investigação criminal e em instrução processual penal, dependerá de ordem do juiz competente da ação principal, sob segredo de justiça. Todavia, não estabelece critério de natureza absoluta, de modo ser considerada prova lícita a interceptação determinada por juízo diverso da ação principal se o deferimento ocorreu nos autos de inquérito policial, quando ainda não era possível ter absoluta certeza do juízo competente.

Tem aqui a incidência da "teoria do juízo aparente", ou seja, "se, no momento da decretação da medida, os elementos informativos até então obtidos apontavam para a competência da autoridade judiciária responsável pela decretação da interceptação telefônica, devem ser reputadas válidas as provas assim obtidas, ainda que, posteriormente, seja reconhecida a incompetência do juiz inicialmente competente para o feito."[63]

O juiz que autoriza o procedimento torna-se prevento para o processo e julgamento de uma futura ação penal. José Paulo Baltazar Junior preconiza que "de acordo com a chamada *teoria do juízo aparente* (STF, HC 110496, Mendes, 09.04.2013), a verificação posterior de incompetência não vicia a prova determinada pelo juiz que, conforme os dados conhecidos no momento da decisão, seria competente."[64]

Mencione-se hipótese que verse acerca da competência fixada no âmbito da Justiça Federal, a partir de criação superveniente de vara federal no local do crime, de competência geral e sem a especificação da matéria, de modo que a questão de fundo diz respeito à competência territorial, e, portanto, relativa.

[63] LIMA, Renato Brasileiro de. *Legislação criminal especial comentada*. 9. ed. rev., atual. e ampl. Salvador: JusPODIVM, 2021. p. 540.

[64] BALTAZAR JUNIOR, José Paulo. *Crimes Federais*. São Paulo: Saraiva, 10. ed. rev., atual. e ampl. São Paulo: Saraiva, 2015. p. 922.

Ora, a inobservância da regra de competência territorial gera nulidade meramente relativa, devendo ser arguida no primeiro momento que a parte possui para se manifestar nos autos, sob pena de preclusão.

Se a incompetência superveniente for arguida pela defesa em momento oportuno, qual seja em autos da Exceção de Incompetência, cujo pleito seja acolhido para declinar da competência de um juízo federal em favor de outro, em tal oportunidade, registre-se que, quanto à ratificação dos atos, cabe a este último juízo a sua apreciação, de modo que os atos processuais anteriormente levados a efeito, inclusive o recebimento da denúncia, sejam confirmados pelo juízo que venha a se tornar competente em razão de instalação de Vara Federal com competência criminal em outra Subseção Judiciária.

A par deste raciocínio, não há que se falar que a criação de nova vara, em virtude de modificação da Lei de Organização Judiciária, implicando na incompetência do juízo que primeiro tomou conhecimento da questão, geraria nulidade absoluta, justamente porque, por se tratar de incompetência relativa, deve ser arguida no momento oportuno pela defesa, e até então, nos termos do artigo 83 do Código de Processo Penal, o juízo primevo ainda estava prevento para o processamento do feito.

Vale dizer, com a instalação de Vara Federal e interposição de exceção de incompetência pela defesa, a competência do feito será validamente modificada, sem prejuízo das decisões e provas anteriormente produzidas nos autos, nos termos do artigo 109 do Código de Processo Penal. Em resumo, a declinação de competência ocorrida a posteriori não pode inquinar de ilícita a prova, porquanto foi tida como plenamente lícita ao tempo do seu deferimento.

Nesse diapasão, importante ressaltar que o Código de Processo Penal, em seu art. 563, aduz que nenhum ato será declarado nulo, se da nulidade não resultar prejuízo para a acusação ou para a defesa, razão pela qual qualquer decretação de nulidade passa pela perquirição da existência de prejuízo àquele que foi prejudicado pelo ato impugnado sob o pálio do princípio "pas de nullité sans grief".

Ressalte-se que a jurisprudência de nossas C. Cortes Superiores acolhe a dicção do preceito transcrito, fazendo coro à disposição do legislador no sentido de que qualquer nulidade somente será decretada caso efetivamente haja a comprovação do prejuízo daquele que a requer. Nesse sentido:

> "(...) 2. Inobservâncias processuais não contaminam a higidez processual na hipótese em que inocorrente prejuízo às partes. Aplicação, em matéria

de nulidades, do art. 563 do CPP, que traduz o princípio reitor em que se consagra que, sem prejuízo, não se proclamam nulidades. (...)"

(STF, HC 130549 AgR, Rel. Min. Edson Fachin, Primeira Turma, julgado em 28.10.2016, *Dje*-243 de 16.11.2016)

"(...) 3. Ademais, o reconhecimento de nulidade dos atos processuais demanda, em regra, a demonstração do efetivo prejuízo causado à defesa técnica. Vale dizer, o pedido deve expor, claramente, como o novo ato beneficiaria o acusado. Sem isso, estar-se-ia diante de um exercício de formalismo exagerado, que certamente comprometeria o objetivo maior da atividade jurisdicional. Precedentes. (...)"

(STF, HC 119372, Rel. Min. Teori Zavascki, Segunda Turma, julgado em 04.08.2015, *DJe*-019 de 01.02.2016)

"(...) 3. A jurisprudência desta Corte Superior de Justiça firmou entendimento no sentido de que o reconhecimento de nulidade no curso do processo penal reclama efetiva demonstração de prejuízo, à luz do art. 563 do Código de Processo Penal, segundo o princípio pas de nullité sans grief, o que não se verifica na espécie. (...)"

(STJ, AgRg no HC 327.638/PA, rel. Min. Ribeiro Dantas, Quinta Turma, julgado em 14.09.2017, *DJe* de 21.09.2017)

Acerca da teoria do juízo aparente o Pretório Excelso já decidiu que:

"AGRAVO REGIMENTAL NO HABEAS CORPUS. PENAL E PROCESSO PENAL. CRIMES DE TRÁFICO ILÍCITO DE ENTORPECENTES E DE ASSOCIAÇÃO PARA O TRÁFICO. ARTIGOS 33 E 35 DA LEI 11.343/06. HABEAS CORPUS SUBSTITUTIVO DE RECURSO EXTRAORDINÁRIO. INADMISSIBILIDADE. COMPETÊNCIA DO SUPREMO TRIBUNAL FEDERAL PARA JULGAR HABEAS CORPUS: CRFB/88, ART. 102, I, D E I. HIPÓTESE QUE NÃO SE AMOLDA AO ROL TAXATIVO DE COMPETÊNCIA DESTA SUPREMA CORTE. INTERCEPTAÇÃO TELEFÔNICA. APLICABILIDADE DA TEORIA DO JUÍZO APARENTE. ENCONTRO FORTUITO DE PROVAS. ADMISSIBILIDADE. PLEITO DE REVOGAÇÃO DA CUSTÓDIA PREVENTIVA. TEMA NÃO DEBATIDO PELAS INSTÂNCIAS PRECEDENTES. SUPRESSÃO DE INSTÂNCIAS. AUSÊNCIA DE EXAME DE AGRAVO REGIMENTAL NO TRIBUNAL A QUO. ÓBICE AO CONHECIMENTO DO WRIT NESTA CORTE. INOBSERVÂNCIA DO PRINCÍPIO DA COLEGIALIDADE. INEXISTÊNCIA DE CONSTRANGIMENTO ILE-

GAL. AGRAVO REGIMENTAL DESPROVIDO. 1. As provas colhidas ou autorizadas por juízo aparentemente competente à época da autorização ou produção podem ser ratificadas a posteriori, mesmo que venha aquele a ser considerado incompetente, ante a aplicação no processo investigativo da teoria do juízo aparente. Precedentes: HC 120.027, Primeira Turma, Rel. p/ Acórdão, Min. Edson Fachin, DJe de 18/02/2016 e HC 121.719, Segunda Turma, Rel. Min. Gilmar Mendes, DJe de 27/06/2016. 2. Nas interceptações telefônicas validamente determinadas é passível a ocorrência da serendipidade, pela qual, de forma fortuita, são descobertos delitos que não eram objetos da investigação originária. Precedentes: HC 106.152, Primeira Turma, Rel. Min. Rosa Weber, DJe de 24/05/2016 e HC 128.102, Primeira Turma, Rel. Min. Marco Aurélio, DJe de 23/06/2016. 3. In casu, o recorrente foi denunciado pela suposta prática dos crimes tipificados nos artigos 33 e 35 da Lei nº 11.343/06 e encontra-se preso preventivamente. 4. A competência originária do Supremo Tribunal Federal para conhecer e julgar habeas corpus está definida, exaustivamente, no artigo 102, inciso I, alíneas d e i, da Constituição da República, sendo certo que o paciente não está arrolado em qualquer das hipóteses sujeitas à jurisdição desta Corte. 5. Agravo regimental desprovido." (HC nº 137438 AgR, Rel. Ministro Luiz Fux, Primeira Turma, DJ em 20.06.2017).

A Corte Especial do STJ também já decidiu que "7. Ocorrendo a descoberta fortuita de indícios do envolvimento de pessoa com prerrogativa de foro, os autos devem ser encaminhados imediatamente ao foro prevalente, definido segundo o art. 78, III, do CPP, o qual é o único competente para resolver sobre a existência de conexão ou continência e acerca da conveniência do desmembramento do processo. 8. Na presente hipótese, embora os indícios do suposto envolvimento de pessoa com prerrogativa de foro tenha surgido de forma fortuita, os autos da investigação até então procedida não foram encaminhados ao STJ, o que configura usurpação de sua competência. 9. Reclamação julgada parcialmente procedente." (Rcl 31.629/PR, Rel. Ministra Nancy Andrighi, Corte Especial, DJe 28.09.2017).

Também cumpre destacar que a Segunda Turma do STF concedeu a ordem de *habeas corpus* para invalidar as interceptações telefônicas relacionadas a acusado nas operações Vegas e Monte Carlo, realizadas em primeiro grau, bem como as provas diretamente delas derivadas, determinando-se, por consequência, seu desentranhamento dos autos da ação penal à qual ele respondia perante o Tribunal de Justiça do Estado de Goiás, a quem compete avaliar se remanesce justa causa para o prosseguimento do feito, a partir de eventual constatação de outras provas autônomas suficientes ao embasamento da acusação. O entendimento foi o de que o acusado, à época, Senador da República, detinha foro por prerrogativa de função, e a manutenção das interceptações exigiria autorização do STF (RHC nº 135.683/GO, rel. Min. Dias Toffoli, j. 25.10.2016).

7. Prática de infrações penais por meio de terminais telefônicos

O Supremo Tribunal Federal já teve a oportunidade de assentar a legalidade de interceptações telefônicas determinadas por decisão judicial devidamente fundamentada quando evidenciada a prática de infrações penais por meio de terminais telefônicos, vale dizer, quando o telefone (seja ele fixo, seja ele celular) mostrava-se como o expediente por meio do qual o delinquente lançava mão para o fim de cometimento de delitos (inclusive estando dentro de unidades prisionais). A propósito:

> "Habeas corpus. Processual Penal. Tráfico e associação para o tráfico (arts. 33 e 35 da Lei nº 11343/06). Impetração dirigida contra a decisão de negativa de seguimento ao HC nº 286.196/PE no Superior Tribunal de Justiça e contra o acórdão com que a Quinta Turma não conheceu do HC nº 286.219/PE. Não conhecimento da impetração em relação ao primeiro habeas corpus, em razão de não submissão da decisão singular ao crivo do colegiado por intermédio do agravo interno. Não exaurimento da instância antecedente. Precedentes. Ausência de ilegalidade flagrante no julgamento colegiado do segundo writ. Prisão preventiva. Falta de fundamentação idônea. Não caracterização. Custódia justificada na garantia da ordem pública. Paciente integrante de bem estruturada organização criminosa voltada à distribuição de drogas no Estado de Pernambuco e em seus estabelecimentos prisionais. Gravidade em concreto da conduta e periculosidade do paciente, evidenciadas pelo *modus operandi* da organização. Excesso de prazo. Complexidade do feito, consubstanciada na pluralidade de réus (15 acusados) e na necessidade de expedição de cartas precatórias para oitiva de 2 (dois) acusados. Notícia constante do sítio eletrônico do Tribunal de Justiça de Pernambuco de que a instrução chegou a termo. Prejudicialidade. Precedentes. Alegada ausência de elementos concretos para corroborar a justa causa para a ação penal. Necessário reexame de fatos e de provas não admitido em sede de habeas corpus. Precedentes. Nulidade das interceptações telefônicas pelo não esgotamento prévio de todas as possibilidades de produção da prova. Não ocorrência. Procedimento devidamente funda-

mentado. Demonstração inequívoca da necessidade da medida. Utilização de terminal telefônico como meio de comunicação entre integrantes da organização presos e em liberdade para fomentar o tráfico. Alegações de não observância do prazo do § 2º do art. 4º da Lei nº 9.626/96 para a análise do pedido de interceptação telefônica, de supostos vícios formais no mandado de prisão e de excessos em seu cumprimento. Temas não analisados pelas instâncias antecedentes. Dupla supressão de instância configurada, o que impede sua análise de forma originária pelo Supremo Tribunal Federal. Precedentes. Conhecimento parcial do habeas corpus. Ordem denegada. (...) 9. Não procede a tese de nulidade das interceptações telefônicas levadas a cabo por não ter havido o esgotamento prévio de todas as possibilidades de produção da prova na espécie. 10. A decisão do juízo processante autorizando o procedimento em questão foi devidamente fundamentada, indicando com clareza a situação objeto da investigação e a necessidade da medida, mormente se levada em conta a notícia de que um dos investigados, de dentro da unidade prisional, utilizava terminal telefônico para se comunicar com os integrantes da organização criminosa e fomentar o tráfico de drogas, atendendo, portanto, a exigência prevista na lei de regência (art. 4º da Lei nº 9.296/96). (...) 13. Conhecimento parcial do habeas corpus. Ordem denegada."

(HC 128650, Rel. Min. DIAS TOFFOLI, Segunda Turma, julgado em 20/09/2016, PROCESSO ELETRÔNICO DJe-212 DIVULG 04.10.2016 PUBLIC 05.10.2016).

Art. 3º

A interceptação das comunicações telefônicas poderá ser determinada pelo juiz, de ofício ou a requerimento:

I – da autoridade policial, na investigação criminal;

II – do representante do Ministério Público, na investigação criminal e na instrução processual penal.

1. Notas introdutórias

Nos termos da redação do art. 3º, o juiz autoriza o procedimento a requerimento do Ministério Público (titular da ação penal e, portanto, parte interessada) ou em razão da representação da autoridade policial ou o faz de ofício.

Com o advento da Lei nº 13.964/2019 (Pacote Anticrime), incluindo o art. 3º-A ao CPP "o processo penal terá estrutura acusatória, vedadas a iniciativa do juiz na fase de investigação e a substituição da atuação probatória do órgão de acusação", evidenciou-se, com maior rigor, que a atuação judicial, de ofício, na fase investigativa, significa afronta ao sistema acusatório (inteligência do art. 129, I, da CF).

Todavia, no curso do processo, ainda que o art. 3º-A do Estatuto Processual Penal não tenha sido tão claro, deverá ser interpretado de idêntica forma, a partir de uma análise sistemática com outros artigos que também foram alterados pelo Pacote Anticrime, valendo citar, como exemplo, o art. 282, § 2º, do CPP, que não mais prevê a decretação de medidas cautelares diversas da prisão, de ofício, pelo juiz (ainda que na fase judicial), bem ainda com o art. 311 do CPP, ao não prever a decretação de prisão preventiva, de ofício, pelo magistrado.

Portanto, a previsão do art. 3º da Lei nº 9.296/1996, ao prever textualmente que o juiz pode, de ofício, determinar a interceptação das comunicações telefônicas (tanto na fase das investigações quanto na fase do processo judicial) revela hoje patente afronta ao sistema acusatório.

A polícia judiciária é incumbida do combate e repressão a delitos. O Ministério Público Federal, titular da ação penal, também atua na fase inquisitiva, não somente como fiscal da lei, mas na condução das investigações. Ao Poder Judiciário cabe o papel de analisar os fatos e elementos probatórios trazidos a seu conhecimento e proferir decisão fundada no conjunto indiciário coletado, mormente considerando o grau de cognição sumária que anima as investigações na fase pré-processual.

Não pode atuar como chancelador daqueles órgãos, mas, diante do detido exame dos fatos trazidos à sua apreciação, deve proferir decisões amparadas nas análises de todos os elementos de informação trazidos aos autos e não ratificadoras do trabalho inicial de persecução.

A atuação judicial deve, portanto, estar jungida e ter por norte o respeito à Constituição Federal e as leis infraconstitucionais dela decorrentes (harmonizando-se, assim, com a defesa dos valores que traduzem a verdadeira essência do Direito), implicando em bem dimensionar o limite jurisdicional de atuação.

É bem verdade que a garantia da proteção judicial efetiva impõe que decisões judiciais sejam submetidas a um processo de controle, inclusive para propiciar eventual impugnação, sendo imperiosa a sua motivação (CF, art. 93, IX). Portanto, não se tem interação entre o trabalho desenvolvido pela Polícia Judiciária, Ministério Público Federal e Poder Judiciário ou ingerência em esfera alheia de atribuição. Assim agindo, o juiz que apreciar os pedidos de interceptação telefônica/telemática (a ele livremente distribuídos) não perderá isenção de ânimo necessária à condução de inquéritos policiais, de seus autos dependentes e de futura ação penal, tampouco dará ensejo a prévio convencimento sobre a matéria.

Quando o procedimento advém de representação da autoridade policial é conveniente que o Ministério Público exare seu parecer antes de ser levada à apreciação do magistrado, sempre atentando à cláusula "rebus sic stantibus" (com plena atenção ao contexto probatório em que efetivado o pedido). O artigo 6º dispõe que após o deferimento da medida, a autoridade policial conduzirá os procedimentos de interceptação, dando-se ciência ao Ministério Público, que poderá acompanhar sua realização.

1.1. Requerimento de interceptação telefônica/telemática feito pela defesa de corréu e por assistente de acusação

Guilherme de Souza Nucci retrata a possibilidade de a defesa de um acusado requerer a interceptação telefônica, já que, em homenagem ao princípio da ampla defesa, poderia ser produzida prova a favor de seu cliente valendo-se deste instituto. Menciona que a interceptação poder-se-ia dar em relação a conversas mantidas, por telefone, por corréu delator, que aponta o acusado (cujo defensor solicitou a realização da prova) como comparsa, a fim de que a verdade real seja buscada. Exemplifica, ainda, a possibilidade de a defesa (demonstrando ao juiz por outros meios de prova como referências feitas por testemunhas) formular o pedido de interceptação telefônica de terceiro, desde que não seja corréu, que possa vir a contribuir para provar a inocência de seu cliente.[65]

Referido doutrinador entende que o assistente de acusação, na forma do artigo 271 do CPP, pode postular diretamente ao juiz a produção da interceptação telefônica/telemática, já que considera "ser direito do assistente de acusação propor ao magistrado meios de prova, não devendo haver filtro algum entre ele e o condutor da instrução criminal (o juiz, na fase do processo) ou o fiscalizador da investigação policial (igualmente o magistrado, na fase do inquérito)."

Este autor propugna, ainda, que o querelante, sendo titular do polo ativo da demanda, atuando em ação privada exclusiva ou subsidiária da pública,

[65] NUCCI, Guilherme de Souza. *Leis penais e processuais penais comentadas*. 9. ed. rev., atual. e ampl., v. 1. Rio de Janeiro: Forense, 2015. p. 518.

equipara-se ao Ministério Público e fica legitimado a fazer o requerimento de interceptação diretamente ao magistrado.[66]

A despeito do entendimento supramencionado, registre-se que a lei não conferiu textualmente legitimidade à defesa, mas tão somente à autoridade policial e ao Ministério Público.

Art. 4º

O pedido de interceptação de comunicação telefônica conterá a demonstração de que a sua realização é necessária à apuração de infração penal, com indicação dos meios a serem empregados.

§ 1º Excepcionalmente, o juiz poderá admitir que o pedido seja formulado verbalmente, desde que estejam presentes os pressupostos que autorizem a interceptação, caso em que a concessão será condicionada à sua redução a termo.

§ 2º O juiz, no prazo máximo de vinte e quatro horas, decidirá sobre o pedido.

1. Notas introdutórias

A Lei não impõe a precisa delimitação da infração penal porquanto isto atentaria contra os seus propósitos, já que a partir deste procedimento objetiva-se desvendar a trama delituosa. A medida somente pode ser autorizada pelo magistrado em razão da reserva de jurisdição (artigo 5º, inciso XII, da CF), assim as Comissões Parlamentares de Inquérito não detêm o poder de requisitar das operadoras de telefonia cópias de decisões de um procedimento em curso. O Supremo Tribunal Federal decidiu neste sentido (MS nº 27.483-2-DF, rel. Min. Cezar Peluso, Tribunal Pleno, por maioria, *DJe* de 10.10.2008) em relação à Comissão Parlamentar de Inquérito das Escutas Telefônicas Clandestinas.

O procedimento de interceptação telefônica é caracterizado muitas vezes pela urgência, tanto que a Lei prevê a possibilidade de requerimento verbal. Interessante notar que embora o parágrafo 1º autorize que o pedido de interceptação de comunicação telefônica seja formulado verbalmente pela autoridade policial ou pelo Ministério Público, a concessão fica condicionada à sua redução a termo. Esta formalidade tem que ser observada, portanto, o seu efeito prático é pouco.

[66] *Ob. cit.*, p. 518.

A demonstração do "fumus comissi delicti" e do "periculum in mora" deve restar evidenciada na decisão, já que "a importância da fundamentação ultrapassa a literalidade da lei, pois reflete a liberdade, um dos bens mais sagrados de que o homem pode usufruir, principalmente em vista dos princípios constitucionais da ampla defesa, do contraditório, do devido processo legal, da presunção de inocência e da dignidade da pessoa humana" (STJ, HC 248.263/SP - 2012/0142646-1, rel. Min. Marco Aurélio Bellizze, 5ª Turma, *v.u.*, *DJe* 02.10.2012).

Com relação ao prazo para o juiz proferir sua decisão, o § 2º estipula o prazo máximo de vinte e quatro horas. O artigo 800, inciso II, do CPP, prevê o prazo de cinco dias para que o juiz profira uma decisão interlocutória simples, todavia, a lei especial é que deve ser seguida, *in casu*.

O Conselho Nacional de Justiça, por meio da Resolução nº 59, de 09.09.2008, alterada pela Resolução nº 84, de 06.07.2009, disciplinou e uniformizou o procedimento das interceptações. A Corregedoria Nacional de Justiça, através da Instrução Normativa nº 01, de 01.09.2008, normatizou a adoção de medidas relativas ao prazo para a remessa dos dados estatísticos atinentes às interceptações telefônicas, de sistemas de informática e telemática em andamento e também determinou aos juízes relatar às suas Corregedorias de Justiça o número mensal das interceptações decretadas, dos ofícios enviados às operadoras de telefonia e provedores de internet.

Em 16.02.2016, foi editada pelo CNJ a Resolução nº 217, alterando e acrescentando dispositivos à Resolução nº 59/2008. Posteriormente, em 20.03.2020, foi editada a Resolução 310, e, logo após, em 08.07.2020, foi editada a Resolução nº 328 trazendo novas alterações à Resolução nº 59/2008.[67]

[67] **O PRESIDENTE DO CONSELHO NACIONAL DE JUSTIÇA**, no uso de suas atribuições constitucionais e regimentais,

CONSIDERANDO a necessidade de aperfeiçoar e uniformizar o sistema de medidas cautelares sigilosas referentes às interceptações telefônicas, de informática ou telemática, para prova em investigação criminal e em instrução processual penal, tornando-o seguro e confiável em todo o território nacional;

CONSIDERANDO a necessidade de propiciar ao Magistrado condições de decidir com maior independência e segurança;

CONSIDERANDO a imprescindibilidade de preservar o sigilo das investigações realizadas e das informações colhidas, bem como a eficácia da instrução processual;

CONSIDERANDO dispor o art. 5º, inciso XII, da Constituição Federal ser inviolável o sigilo da correspondência e das comunicações telegráficas, de dados e das comunicações telefônicas, salvo, no último caso, por ordem judicial, nas hipóteses e nas formas que a Lei estabelecer para fins de investigação criminal ou instrução processual penal;

CONSIDERANDO estipular o art. 1º da Lei nº. 9.296/96, o qual regulamentou o inciso XII, parte final, do art. 5º da Constituição Federal, que todo o procedimento nele previsto deverá tramitar sob segredo de justiça;
CONSIDERANDO a atribuição do Conselho Nacional de Justiça de zelar pela observância dos princípios do artigo 37 da Constituição Federal, pela escorreita prestação e funcionamento do serviço judiciário, para isso podendo expedir atos regulamentares (art. 103-B, parágrafo 4º, acrescentado pela Emenda Constitucional nº 45/2004);
CONSIDERANDO, finalmente, que a integral informatização das rotinas procedimentais voltadas às interceptações de comunicações telefônicas demanda tempo, investimento e aparelhamento das instituições envolvidas;

RESOLVE:

CAPÍTULO ÚNICO

DO PROCEDIMENTO DE INTERCEPTAÇÃO DE COMUNICAÇÕES TELEFÔNICAS E DE SISTEMAS DE INFORMÁTICA E TELEMÁTICA

Seção I

DA DISTRIBUIÇÃO E ENCAMINHAMENTO DOS PEDIDOS DE INTERCEPTAÇÃO

Art. 1º As rotinas de distribuição, registro e processamento das medidas cautelares de caráter sigiloso em matéria criminal, cujo objeto seja a interceptação de comunicações telefônicas, de sistemas de informática e telemática, observarão disciplina própria, na forma do disposto nesta Resolução.
Art. 2º Os pedidos de interceptação de comunicação telefônica, telemática ou de informática, formulados em sede de investigação criminal e em instrução processual penal, serão encaminhados à Distribuição da respectiva Comarca ou Subseção Judiciária, em envelope lacrado contendo o pedido e documentos necessários.
Art. 3º Na parte exterior do envelope a que se refere o artigo anterior será colada folha de rosto contendo somente as seguintes informações:
I – "medida cautelar sigilosa";
II – delegacia de origem ou órgão do Ministério Público;
III – comarca de origem da medida.
Art. 4º É vedada a indicação do nome do requerido, da natureza da medida ou qualquer outra anotação na folha de rosto referida no artigo 3º.
Art. 5º Outro envelope menor, também lacrado, contendo em seu interior apenas o número e o ano do procedimento investigatório ou do inquérito policial, deverá ser anexado ao envelope lacrado referido no artigo 3º.
Art. 6º É vedado ao Distribuidor e ao Plantão Judiciário receber os envelopes que não estejam devidamente lacrados na forma prevista nos artigos 3º e 5º desta Resolução.

Seção II

DA ROTINA DE RECEBIMENTO DOS ENVELOPES PELA SERVENTIA

Art. 7º Recebidos os envelopes e conferidos os lacres, o Responsável pela Distribuição ou, na sua ausência, o seu substituto, abrirá o envelope menor e efetuará a distribuição, cadastrando no sistema informatizado local apenas o número do procedimento investigatório e a delegacia ou o órgão do Ministério Público de origem.
Art. 8º A autenticação da distribuição será realizada na folha de rosto do envelope mencionado no artigo 3º.

Art. 9º Feita a distribuição por meio do sistema informatizado local, a medida cautelar sigilosa será remetida ao Juízo competente, imediatamente, sem violação do lacre do envelope mencionado no artigo 3º.

Parágrafo único. Recebido o envelope lacrado pela serventia do Juízo competente, somente o Escrivão ou o responsável pela autuação do expediente e registro dos atos processuais, previamente autorizado pelo Magistrado, poderá abrir o envelope e fazer conclusão para apreciação do pedido.

Seção III

DO DEFERIMENTO DA MEDIDA CAUTELAR DE INTERCEPTAÇÃO

Art. 10. Atendidos os requisitos legalmente previstos para deferimento da medida, o Magistrado fará constar expressamente em sua decisão: (Redação dada pela Resolução 217, de 16.02.16)

I – a autoridade requerente (Redação dada pela Resolução 217, de 16.02.16);

II – o relatório circunstanciado da autoridade requerente; (Redação dada pela Resolução 217, de 16.02.16)

III – os indícios razoáveis da autoria ou participação em infração criminal apenada com reclusão; (Redação dada pela Resolução 217, de 16.02.16)

IV – as diligências preparatórias realizadas, com destaque para os trabalhos mínimos de campo, com exceção de casos urgentes, devidamente justificados, em que as medidas iniciais de investigação sejam inviáveis; (Redação dada pela Resolução 217, de 16.02.16)

V – os motivos pelos quais não seria possível obter a prova por outros meios disponíveis; (Redação dada pela Resolução 217, de 16.02.16)

VI – os números dos telefones ou o nome de usuário, *e-mail* ou outro identificador no caso de interceptação de dados; (Redação dada pela Resolução 217, de 16.02.16)

VII – o prazo da interceptação, consoante o disposto no art. 5º da Lei 9.296/1996; (Redação dada pela Resolução 217, de 16.02.16)

VIII – a imediata indicação dos titulares dos referidos números ou, excepcionalmente, no prazo de 48 (quarenta e oito) horas; (Incluído pela Resolução 217, de 16.02.16)

IX – a expressa vedação de interceptação de outros números não discriminados na decisão; (Incluído pela Resolução 217, de 16.02.16)

X – os nomes de autoridades policiais e de membros do Ministério Público responsáveis pela investigação, que terão acesso às informações; (Incluído pela Resolução 217, de 16.02.16)

XI – os nomes dos servidores do cartório ou da secretaria, bem assim, se for o caso, de peritos, tradutores e demais técnicos responsáveis pela tramitação da medida e expedição dos respectivos ofícios, no Poder Judiciário, na Polícia Judiciária e no Ministério Público, podendo reportar-se à portaria do juízo que discipline a rotina cartorária. (Incluído pela Resolução 217, de 16.02.16)

§ 1º Nos casos de formulação de pedido verbal de interceptação (artigo 4º, § 1º, da Lei 9.296/96), o servidor autorizado pelo magistrado deverá reduzir a termo os pressupostos que autorizem a interceptação, tais como expostos pela autoridade policial ou pelo representante do Ministério Público. (Redação dada pela Resolução 217, de 16.02.16)

§ 2º A decisão judicial será sempre escrita e fundamentada.

§ 3º Fica vedada a utilização de dados ou informações que não tenham sido legitimamente gravados ou transcritos. (Incluído pela Resolução 217, de 16.02.16)

Seção IV

DA EXPEDIÇÃO DE OFÍCIOS ÀS OPERADORAS

Art. 11. Os ofícios expedidos às operadoras em cumprimento à decisão judicial que deferir a medida cautelar sigilosa deverão ser gerados pelo sistema informatizado do respectivo órgão

jurisdicional ou por meio de modelos padronizados a serem definidos pelas respectivas Corregedorias locais, dos quais deverão constar:
I – número do ofício sigiloso;
II – número do protocolo,
III – data da distribuição;
IV – tipo de ação;
V – número do inquérito ou processo;
VI – órgão postulante da medida (Delegacia de origem ou Ministério Público);
VII – número dos telefones que tiveram a interceptação ou quebra de dados deferida;
VIII – a expressa vedação de interceptação de outros números não discriminados na decisão;
IX – advertência de que o ofício-resposta deverá indicar o número do protocolo do processo ou do Plantão Judiciário, sob pena de recusa de seu recebimento pelo cartório ou secretaria judicial, e
X – advertência da regra contida no artigo 10 da Lei nº 9.296/96.

Seção V

DAS OBRIGAÇÕES DAS OPERADORAS DE TELEFONIA

Art. 12. Recebido o ofício da autoridade judicial a operadora de telefonia deverá confirmar com o Juízo os números cuja efetivação fora deferida e a data em que efetivada a interceptação, para fins do controle judicial do prazo.

§1º Semestralmente as operadoras indicarão em ofício a ser enviado à Corregedoria Nacional de Justiça os nomes das pessoas, com a indicação dos respectivos registros funcionais, que por força de suas atribuições, têm conhecimento de medidas de interceptações telefônicas deferidas, bem como os dos responsáveis pela operacionalização das medidas, arquivando-se referido ofício em pasta própria na Corregedoria Nacional. (Redação dada pela Resolução nº 84, de 06.07.09)

§2º Sempre que houver alteração do quadro de pessoal, será atualizada a referida relação. (Incluído pela Resolução nº 84, de 06.07.09)

Seção VI

DAS MEDIDAS APRECIADAS PELO PLANTÃO JUDICIÁRIO

~~Art. 13. Durante o Plantão Judiciário as medidas cautelares sigilosas apreciadas, deferidas ou indeferidas, deverão ser encaminhadas ao Serviço de Distribuição da respectiva comarca, devidamente lacradas.~~ (Declarado inconstitucional nos autos da Ação Direta de Inconstitucionalidade n. 4145)

~~§ 1º. Não será admitido pedido de prorrogação de prazo de medida cautelar de interceptação de comunicação telefônica, telemática ou de informática durante o plantão judiciário, ressalvada a hipótese de risco iminente e grave à integridade ou à vida de terceiros.~~

~~§ 1º Não será admitido pedido de prorrogação de prazo de medida cautelar de interceptação de comunicação telefônica, telemática ou de informática durante o plantão judiciário, ressalvada a hipótese de risco iminente e grave à integridade ou à vida de terceiros, bem como durante o Plantão de Recesso previsto artigo 62 da Lei nº 5.010/66. (Redação dada pela Resolução nº 84, de 06.07.09)~~ (Declarado inconstitucional nos autos da Ação Direta de Inconstitucionalidade n. 4145)

§ 2º Na Ata do Plantão Judiciário constará, apenas, a existência da distribuição de "medida cautelar sigilosa", sem qualquer outra referência, não sendo arquivado no Plantão Judiciário nenhum ato referente à medida.

Seção VII

DOS PEDIDOS DE PRORROGAÇÃO DE PRAZO

Art. 14. A formulação de eventual pedido de prorrogação de prazo pela autoridade competente deverá observar os estritos termos e limites temporais fixados no art. 5º da Lei 9.296/1996, apresentando-se, também, os áudios (CD/DVD) com o inteiro teor das comunicações interceptadas, as transcrições integrais das conversas relevantes à apreciação do pedido de prorrogação e o relatório circunstanciado das investigações com seu resultado, de modo a comprovar a indispensabilidade da prorrogação da medida excepcional. (Redação dada pela Resolução 217, de 16.02.16)

§ 1º Comprovada a indispensabilidade da prorrogação, o magistrado responsável pelo deferimento da medida original deverá proferir nova decisão, sempre escrita e fundamentada, observando o disposto no art. 5º da Lei 9.296/1996. (Redação dada pela Resolução 217, de 16.02.16)

§ 2º Sempre que possível, os áudios, as transcrições das conversas relevantes à apreciação do pedido de prorrogação e os relatórios serão gravados de forma sigilosa, encriptados com chaves de conhecimento do Magistrado condutor do processo criminal. (Redação dada pela Resolução 217, de 16.02.16)

§ 3º Os documentos acima referidos serão entregues pessoalmente pela autoridade responsável pela investigação ou por seu representante, expressamente autorizado, ao Magistrado competente ou ao servidor por ele indicado. (Incluído pela Resolução 217, de 16.02.16)

Seção VIII

DO TRANSPORTE DE AUTOS PARA FORA DO PODER JUDICIÁRIO

Art. 15. O transporte dos autos para fora das unidades do Poder Judiciário deverá atender à seguinte rotina:

I – serão os autos acondicionados em envelopes duplos;

II – no envelope externo não constará nenhuma indicação do caráter sigiloso ou do teor do documento, exceto a tipificação do delito; (Redação dada pela Resolução nº 84, de 06.07.09)

III – no envelope interno serão apostos o nome do destinatário e a indicação de sigilo ou segredo de justiça, de modo a serem identificados logo que removido o envelope externo;

IV – o envelope interno será fechado, lacrado e expedido mediante recibo, que indicará, necessariamente, remetente, destinatário e número ou outro indicativo do documento; e

V – o transporte e a entrega de processo sigiloso ou em segredo de justiça serão efetuados preferencialmente por agente público autorizado.

Seção IX

DA OBRIGAÇÃO DE SIGILO E DA RESPONSABILIDADE DOS AGENTES PÚBLICOS

Art. 16. No recebimento, movimentação e guarda de feitos e documentos sigilosos, as unidades do Poder Judiciário deverão tomar as medidas para que o acesso atenda às cautelas de segurança previstas nesta norma, sendo os servidores responsáveis pelos seus atos na forma da lei.

Parágrafo único. No caso de violação de sigilo de que trata esta Resolução, o magistrado responsável pelo deferimento da medida determinará a imediata apuração dos fatos.

Art. 17. Não será permitido ao Magistrado e ao servidor fornecer quaisquer informações, direta ou indiretamente, a terceiros ou a órgão de comunicação social, de elementos sigilosos contidos em processos ou inquéritos regulamentados por esta Resolução, ou que tramitem em segredo de Justiça, sob pena de responsabilização nos termos da legislação pertinente. (Redação dada pela Resolução 217, de 16.02.16)

§ 1º No caso de violação de sigilo de que trata o *caput* deste artigo, por integrantes do Poder Judiciário ou por membros de outras instituições, dentre as quais a polícia, o Ministério Público e a advocacia, o Magistrado responsável pelo deferimento da medida requisitará a imediata apuração dos fatos pelas autoridades competentes, sob pena de responsabilização. (Incluído pela Resolução 217, de 16.02.16)

Art. 5º

A decisão será fundamentada, sob pena de nulidade, indicando também a forma de execução da diligência, que não poderá exceder o prazo de quinze dias, renovável por igual tempo uma vez comprovada a indispensabilidade do meio de prova.

§ 2º Decorrido prazo razoável, o Magistrado solicitará informações sobre o andamento das investigações. (Incluído pela Resolução 217, de 16.02.16)

Seção X

Do Processamento das Informações

(Redação dada pela Resolução 328, de 08.07.2020)

Art. 18. Os juízos investidos de competência criminal deverão preencher todas as informações processuais referentes aos pedidos de interceptação de comunicações e de decisões que determinaram a quebra do sigilo, no respectivo processo, de acordo com as Tabelas Processuais Unificadas–TPUs, instituídas pela Resolução CNJ nº 46/2007. (Redação dada pela Resolução 328, de 08.07.2020)

18-A. A coleta dos dados do Sistema Nacional de Controle de Interceptações de Comunicações –SNCI será feita, automaticamente, a partir da Base Nacional de Dados Processuais do Poder Judiciário – DataJud. (Incluído pela Resolução 328, de 08.07.2020)

Parágrafo único. Os dados quantitativos do SNCI serão disponibilizados em painel construído pelo Conselho Nacional de Justiça, para consulta pública, em conformidade com a Lei nº 13.709/2018, e normas correlatas. (Incluído pela Resolução 328, de 08.07.2020)

18-B. Compete às Corregedorias dos Tribunais a fiscalização da corretautilização das TPUs e o fornecimento de dados ao DataJud. (Incluído pela Resolução 328, de 08.07.2020)

18-C. As presidências dos tribunais são responsáveis pela fidedignidade das informações apresentadas ao Conselho Nacional de Justiça. (Incluído pela Resolução 328, de 08.07.2020)

Seção XI

DO ACOMPANHAMENTO ADMINISTRATIVO PELA CORREGEDORIA NACIONAL DE JUSTIÇA

Art. 19. O Conselho Nacional de Justiça exercerá o acompanhamento administrativo do cumprimento da presente Resolução e adotará as medidas necessárias para coibir quaisquer infrações aos seus dispositivos, sendo possível a formalização de convênios ou acordos de cooperação, sem prejuízo da adoção de medidas, de ofício, para o seu cumprimento, cabendo ao Comitê Gestor dos Cadastros Nacionais – CGCN a gestão do banco de dados do Sistema Nacional de Controle de Interceptação. (Redação dada pela Resolução nº 310, de 20.3.2020)

Seção XII

DAS DISPOSIÇÕES TRANSITÓRIAS

Art. 20. O Conselho Nacional de Justiça desenvolverá, conjuntamente com a Agência Nacional de Telecomunicações – ANATEL, estudos para implementar rotinas e procedimentos inteiramente informatizados, assegurando o sigilo e segurança dos sistemas no âmbito do Judiciário e das operadoras.

Art. 21. ~~O Conselho Nacional de Justiça avaliará, no prazo de 180 (cento e oitenta dias), a eficácia das medidas veiculadas por meio da presente Resolução, adotando, se for o caso, outras providências para o seu aperfeiçoamento.~~ (Revogado pela Resolução nº 84, de 06.07.09)

Art. 22. Esta Resolução entra em vigor na data de sua publicação, revogadas as disposições em contrário.

1. Notas introdutórias

A Constituição Federal determina no inciso IX do artigo 93 a fundamentação das decisões judiciais ("todos os julgamentos dos órgãos do Poder Judiciário serão públicos, e fundamentadas todas as decisões, sob pena de nulidade, podendo a lei limitar a presença, em determinados atos, às próprias partes e a seus advogados, ou somente a estes, em casos nos quais a preservação do direito à intimidade do interessado no sigilo não prejudique o interesse público à informação").

O artigo 5º apresenta a mesma diretriz da norma constitucional, mormente por referir-se à medida restritiva de privacidade e diante da proteção constitucional à intimidade do indivíduo.

Não se exige que a decisão seja pormenorizada, com motivação exaustiva e minudente, porquanto se cuida de procedimento cautelar em que o juiz realiza juízo sumário, analisando os fatos a ele apresentados na representação policial.

A decisão deve conter elementos suficientes a demonstrar a pertinência do pedido, as razões empregadas na motivação judicial e o suporte legal da medida, de modo a ser possível eventual impugnação pelas partes.[68]

A fundamentação das decisões judiciais objetiva, ademais, demonstrar a imprescindibilidade do meio de prova pretendido pela autoridade policial ou pelo Ministério Público. Não se trata de uma relativização do princípio da presunção de inocência, porquanto não está sendo realizado um juízo sobre a culpa do investigado, mas o juiz estará na ocasião pautado no exame de indícios concretos de que a pessoa possa estar cometendo crime punível com pena de reclusão, diante da existência de indícios de autoria e materialidade delitivas.

Eugênio Pacelli de Oliveira salienta que: "o juiz, quando defere uma prisão cautelar, quando defere uma interceptação telefônica ou a quebra de uma inviolabilidade pessoal, não está, nem nesse momento, protegendo os interesses da investigação criminal. Na verdade, como garantidor que é das liberdades públicas, ele estará exercendo o controle constitucional das res-

[68] "O conhecimento da razão de decidir exerce papel pedagógico: não só o juiz exterioriza seu convencimento como deve convencer outras pessoas; aliás, nunca é demais repetir, a legitimação democrática do juiz não é direta (eletiva), senão indireta, ou racional ou formal. Isso significa que sua atividade só se legitima quando aplica o ordenamento jurídico vigente; é na fundamentação que deve evidenciar a base jurídica da decisão, submetendo-a a controle a posteriori" (GOMES, Luiz Flávio; MACIEL, Silvio. *Interceptação telefônica: comentários à Lei 9.296, de 24.07.1996*. 2. ed. rev. e atual. São Paulo: RT, 2013. p. 157).

trições às inviolabilidades, nos limites da Constituição da República e do devido processo legal. É por isso que se instituem as chamadas cláusulas de reserva de jurisdição, segundo as quais somente ao juiz se defere o tangenciamento de direitos e garantias individuais, como ocorre, por exemplo, em relação à inviolabilidade de domicílio (mandado de busca e apreensão), da liberdade individual (prisão cautelar), do direito à intimidade e à privacidade (interceptação telefônica e ambiental etc)."[69]

O resguardo das conversas telefônicas deve ser a regra, contudo, para fazer prova do ilícito penal este direito pode sofrer limitações de forma a se buscar um equilíbrio entre os direitos individuais e as medidas adotadas em favor da ordem pública, ainda que restritivas de liberdade.

2. Prazo de validade do monitoramento telefônico/telemático

O prazo inicial do monitoramento é de 15 (quinze) dias, renovável por igual período, sendo a contagem realizada pelo prazo penal, cujo início se dá a partir da efetivação da medida e não da data do *decisum*. Cabe à autoridade policial justificar a necessidade das diligências, sendo apropriada a anuência do Ministério Público (artigo 6º) e ulterior submissão ao Poder Judiciário.

2.1. Possibilidade de monitoramento telefônico/telemático pelo prazo contínuo de 30 dias

É bem verdade que a interceptação, de fato, não deve, em tese, exceder 15 (quinze) dias, podendo, no entanto, ser renovada por igual período, sem restrição quanto à quantidade de prorrogações que podem se efetivar, como se verá no tópico seguinte, desde que demonstrada a necessidade de tais diligências para as investigações.

Se a lei determina 15 (quinze) dias para a execução da diligência, este é o prazo legal a ser observado. Não cabe ao magistrado inovar em matéria legislativa, pois tal *munus* é privativo do Congresso Nacional.

Note-se, porém, que se os fatos trazidos aos autos se revelarem extremamente complexos, a convicção do magistrado sobre o envolvimento dos investigados na atividade criminosa, somada à complexidade da organização, podem justificar, excepcionalmente, a fixação de um prazo de interceptação superior ao patamar legal, apesar de não ser recomendável.

[69] OLIVEIRA, Eugênio Pacelli de. *Curso de processo penal*. 15. ed. rev. e atual. Rio de Janeiro: Lúmen Juris, 2011. p. 336.

O que se destaca, aqui, é a necessidade de fundamentação adequada e pertinente. Desta maneira, ainda que a regra geral deva ser o cumprimento literal da norma, verifica-se excepcionalmente a possibilidade de aceitar-se o prazo de 30 (trinta) dias.

Nessa esteira, já decidiram o C. Supremo Tribunal Federal e o C. Superior Tribunal de Justiça:

> "(...) Eventual ilegalidade da decisão que autorizou a interceptação telefônica e suas prorrogações por 30 (trinta) dias consecutivos. Não ocorrência. Possibilidade de se prorrogar o prazo de autorização para a interceptação telefônica por períodos sucessivos quando a intensidade e a complexidade das condutas delitivas investigadas assim o demandarem. Precedentes. Decisão proferida com a observância das exigências previstas na lei de regência (Lei nº 9.296/96, art. 5º). Alegada falta de fundamentação da decisão que determinou e interceptação telefônica do paciente. Questão não submetida à apreciação do Superior Tribunal de Justiça. Supressão de instância não admitida. Precedentes. Ordem parcialmente conhecida e denegada. 1. É da jurisprudência desta Corte o entendimento de ser possível a prorrogação do prazo de autorização para a interceptação telefônica, mesmo que sucessiva, especialmente quando o fato é complexo, a exigir investigação diferenciada e contínua (HC nº 83.515/RS, Tribunal Pleno, Relator o Ministro Nelson Jobim, DJ de 4/3/05). 2. Cabe registrar que a autorização da interceptação por 30 (dias) dias consecutivos nada mais é do que a soma dos períodos, ou seja, 15 (quinze) dias prorrogáveis por mais 15 (quinze) dias, em função da quantidade de investigados e da complexidade da organização criminosa. 3. Nesse contexto, considerando o entendimento jurisprudencial e doutrinário acerca da possibilidade de se prorrogar o prazo de autorização para a interceptação telefônica por períodos sucessivos quando a intensidade e a complexidade das condutas delitivas investigadas assim o demandarem, não há que se falar, na espécie, em nulidade da referida escuta e de suas prorrogações, uma vez que autorizada pelo Juízo de piso, com a observância das exigências previstas na lei de regência (Lei nº 9.296/96, art. 5º). 4. A sustentada falta de fundamentação da decisão que determinou a interceptação telefônica do paciente não foi submetida ao crivo do Superior Tribunal de Justiça. Com efeito, sua análise, de forma originária, neste ensejo, na linha de julgados da Corte, configuraria verdadeira supressão de instância, o que não se admite. 5. Habeas corpus parcialmente conhecido e, nessa parte, denegado."
>
> (STF – HC: 106129 MS, Relator: Min. Dias Toffoli, Data de Julgamento: 06.03.2012, Primeira Turma, *DJe*-061 de 26.03.2012)

"(...) 1. Ao que se tem dos autos, o paciente é acusado de fazer parte de extensa quadrilha voltada para a prática de crimes, entre eles contrabando, tráfico de drogas e lavagem de dinheiro.

2. Estando devidamente fundamentada a decisão que deferiu a escuta telefônica, bem como a que determinou a sua prorrogação, por absoluta necessidade da investigação, dada a quantidade de envolvidos e a complexidade das suas atividades, não há qualquer nulidade a ser sanada em Habeas Corpus.

3. Nos termos da Lei 9.296/96, que regulamentou a escuta telefônica autorizada judicialmente, o prazo definido para a interceptação é de 15 dias, permitida a renovação por igual período; todavia, não há qualquer restrição legal ao número de vezes em que pode ocorrer essa renovação, desde que comprovada a sua necessidade, bem como admite-se, diante das especificidades do caso, a autorização desde o começo pelo prazo de 30 dias. Precedente do STF. 4. Ordem denegada, em conformidade com o parecer ministerial."

(STJ – HC: 138933 MS 2009/0112120-1, Relator: Ministro Napoleão Nunes Maia Filho, Data de Julgamento: 29.10.2009, T5 – Quinta Turma, *DJe* de 30.11.2009)

"(...) QUEBRA DO SIGILO TELEFÔNICO. MEDIDA AUTORIZADA INICIALMENTE PELO PRAZO DE 30 (TRINTA) DIAS. EXCEPCIONALIDADE DO CASO CONCRETO. MOTIVAÇÃO IDÔNEA. COAÇÃO ILEGAL INEXISTENTE.

1. Pacificou-se nesta Corte Superior de Justiça e no Supremo Tribunal Federal o entendimento de que embora o artigo 5º da Lei 9.296/1996 estabeleça o prazo inicial de 15 (quinze) dias para as interceptações, nada impede que o magistrado, com base em circunstâncias concretas, estabeleça período superior. Precedentes.

2. Na espécie, a quebra do sigilo telefônico foi autorizada inicialmente pelo prazo de 30 (trinta) dias dada a excepcionalidade do caso, que envolve fatos complexos praticados por organização criminosa composta por diversos membros, o que afasta a eiva suscitada pela defesa.

(...)"

(STJ, RHC 88.021/PE, Rel. Ministro JORGE MUSSI, QUINTA TURMA, julgado em 15/03/2018, DJe 23/03/2018)

"(...) – A discussão acerca da materialidade do delito, do dolo do agente e das circunstâncias do caso, encontra albergue na instrução da ação penal, durante a qual é assegurada às partes a ampla defesa e o contraditório, tendo em vista revolver intensa matéria fático-probatória, o que se mostra incompatível com os estreitos limites da ação de habeas corpus. – A inviolabilidade das comunicações do advogado refere-se àquelas efetuadas no desempenho do seu ofício, não quando realizadas na prática, em tese, de suposto ilícito penal.

– Ainda que não seja recomendável o deferimento da interceptação telefônica por 30 dias diretamente, essa circunstância não importa reconhecer, desde já, a ilegalidade da prova decorrente, até porque findo o prazo inicialmente concedido, novamente foi requerida prorrogação, deferida pelo juízo, o que demonstrou a necessidade da continuação da medida para o término das investigações. Veja Também – RHC 88371 STF: RHC 88371, DJU 02/02/07; – HC 60809 STJ: HC 60809, DJU 22/06/07, P 261."

(TRF-4 – HC: 23709 SC 2008.04.00.023709-6, Relator: Luiz Fernando Wowk Penteado, *D.E.* de 06.08.2008)

"(...) I – Paciente investigado e denunciado, juntamente a demais indivíduos, pela suposta participação em organização criminosa responsável pela introdução clandestina, em território nacional, de diversas cargas de cigarros, armas e substâncias entorpecentes oriundas dos países que fazem fronteira com o Brasil, especialmente do Paraguai, bem como pela 'lavagem' dos ativos provenientes de tais delitos.

II – A primeira e as sucessivas representações para a interceptação telefônica, se deram mediante alegações idôneas e suficientes acerca dos rudimentos da atividade criminosa organizada, a partir dos trabalhos do Núcleo de Inteligência da Polícia Federal e da apreensão de armas, munições, cargas contrabandeadas e documentos falsos, pelo que, desde então, passou-se a investigar os diversos agentes que, de um modo ou de outro, estariam envolvidos na operacionalização das atividades criminosas, dentre eles o paciente.

III – O nível de organização da atividade criminosa narrada nos autos, a complexidade das operações ilícitas envolvidas, a divisão de tarefas entre os co-autores e partícipes, bem como o amplo potencial ofensivo das condutas descritas, respaldam o manejo da interceptação telefônica como técnica idônea para a formação de provas que consubstanciem a persecução criminal.

IV – A duração do monitoramento telefônico e a renovação e prorrogação das autorizações judiciais devem ser avaliados segundo os parâmetros de razoabilidade e segundo o interesse social na persecução criminal, especialmente em se tratando de delitos cuja gravidade e nível de organização soerguem-se como verdadeiros obstáculos à apuração da responsabilidade dos infratores. (Precedentes).

V – As interceptações telefônicas eram indispensáveis e foram autorizadas diante da extensão, intensidade e complexidade das condutas delitivas investigadas, enfeixadas em estrutura criminosa organizada e diversificada, e amparadas por forte logística e operação coordenada. Imperativo reconhecer que o monitoramento telefônico, in casu, não implicou em constrangimento ilegal.

VI – Os impetrantes dão ênfase ao artigo 5º da Lei Federal nº 9.296/96, pelo fato de várias dessas medidas terem sido deferidas já, de pronto, por 30 (dias) e, não, por 15 (quinze) dias, prorrogadas por outro tantos 15 (quinze).

VII – Observa-se que não cabe ao Magistrado inovar em matéria legislativa, pois tal munus é privativo do Congresso Nacional. Se a lei determina 15 (quinze) dias, este é o prazo legal a ser observado, sob pena de violação do ordenamento, colocando em risco e maculando de vício todos os atos processuais tomados em continuidade.

VIII – Malgrado tal procedimento, verifica-se que a apuração do caso sob comento primou pela complexidade, ou seja, pela necessidade de apuração de fatos delituosos que se revelaram extremamente intrincados, razão pela qual o Excelso Pretório já decidiu pela validade da prorrogação destas diligências, objetivando a busca da verdade real (STJ, HC nº 40.637/SP, Min. Helio Quaglia Barbosa).

IX – A convicção do magistrado, pois, sobre o envolvimento dos investigados na atividade criminosa, somado à extrema complexidade da organização, podem justificar, neste caso excepcional, a fixação de um prazo de escuta superior ao patamar legal. O que se destaca, aqui, é a necessidade de fundamentação adequada e pertinente. Disso o magistrado não pode abrir mão.

X – Desta maneira, ainda que a regra geral deva ser o cumprimento literal da norma, posto que ao magistrado não é permitido legislar, viu-se como justificada tal decisão, excepcionalmente. XI – Ordem denegada."

(TRF-3 – HC: 6461 MS 2009.03.00.006461-1, Segunda Turma, Relator: Desembargador Federal Cotrim Guimarães, julgado em 23.04.2009)

3. Prorrogação do prazo de validade do monitoramento telefônico/telemático

Como já mencionado, a interceptação, de fato, não deve, em tese, exceder 15 (quinze) dias, podendo, no entanto, ser renovada por igual interregno. Não há restrição quanto à quantidade de renovações que podem se efetivar, desde que demonstrada a necessidade de tais diligências para as investigações.

Nessa esteira, as palavras de Vicente Greco Filho:[70] "a lei não limita o número de prorrogações possíveis, devendo entender-se, então, que serão tantas quantas necessárias à investigação, mesmo porque 30 dias pode ser prazo muito exíguo. O importante é que as prorrogações sejam justificáveis e justificadas."

Note-se que em se tratando de crimes econômicos e aqueles cometidos por meio de organizações criminosas impõe-se a utilização de novas formas de investigação para que se possa fazer frente a estas modalidades delitivas, sendo necessário em algumas situações que a escuta telefônica/telemática se protraia por certo período.

O Superior Tribunal de Justiça, em julgado que abordou esta questão, assim se posicionou: "a criminalidade organizada pode ser entendida como a delinquência em bloco conexo e compacto, incluída no contexto social de modo pouco transparente ou sob rotulagem econômica ilícita. Combina pessoas, capitais e tecnologia para a consecução de determinados fins. Não se trata mais de crime episódico, cometido por agentes isolados – ou eventualmente ligados –, porém de verdadeiras sociedades delinquenciais, tendo por base essencialmente a divisão de trabalhos entre os seus integrantes. A par dos resultados lesivos serem maiores e atingirem um maior número de vítimas, há de se reconhecer que os delitos praticados pelas mencionadas equipes organizadas são de difícil investigação, em face de suas características especiais. O operador do direito vê-se, assim, diante de tormentosa situação, uma vez que deve perseguir a reivindicação social no sentido de reprimir a criminalidade organizada, mas, por outro lado, deve ter em mente que não pode alijar de tal persecução os preceitos garantidores da ampla defesa, do contraditório e do devido processo legal, dando máxima eficácia aos direitos fundamentais dos acusados. Com efeito, consolidou-se, por meio de reiteradas decisões do Supremo Tribunal Federal e do Superior Tribunal de Justiça, a tendência de se diferenciar as condutas criminosas clássicas daquelas praticadas por equipes organizadas. Dúvidas não há de que o Estado está sempre condicionado pela Constituição e pelas leis, impondo-se uma hermenêutica de máxima efetividade dos direitos fundamentais. Todavia, contra a criminalidade organizada, ganha importância ímpar no ordenamento jurídico contemporâneo, a necessidade de

[70] GRECO FILHO, Vicente. *Interceptação telefônica*. 3. ed. Saraiva, 2015. p. 55.

compreensão e aplicação concreta do princípio da proporcionalidade, que têm raízes constitucionais, com ênfase do direito punitivo, seja ele penal, administrativo ou de outra natureza. O resguardo das conversas telefônicas é direito fundamental. Entretanto, sabemos todos que, na ordem constitucional brasileira, não existem direitos absolutos, que possam ser exercidos a qualquer tempo e sob quaisquer circunstâncias. E assim ocorre porque a tutela normativa de qualquer bem ou valor é sempre abstrata. No plano da realidade concreta, surgirão, inevitavelmente, situações de confronto entre dois ou mais titulares do mesmo direito, razão pela qual a lei estará autorizada a regulamentar soluções específicas para cada conflito" (STJ, HC 248263/SP - 2012/0142646-1, 5ª Turma, rel. Min. Marco Aurélio Bellizze, *v.u.*, *DJe* 02.10.2012)."

José Paulo Baltazar Junior salienta que "a prática revelou a exiguidade do prazo fixado pela lei, insuficiente para casos em que a prova é fragmentária, montada como um mosaico de pequenas informações, que demandam tempo para a compreensão de um quadro que possa ter serventia probatória, levando a jurisprudência a admitir de forma relativamente ampla a prorrogação da medida. Não haveria sentido, efetivamente, em limitar de forma rígida no tempo a utilização de um meio de investigação utilizado especialmente para manifestações da criminalidade que se prolongam no tempo, sendo cometidas de forma profissional."[71]

Admite-se, portanto, a prorrogação da interceptação telefônica, mas atentando-se ao princípio da proporcionalidade para que a autorização judicial seja adequada ao caso concreto. É possível que o magistrado ao permitir a prorrogação das interceptações o faça retomando a fundamentação eleita na primeira decisão que determinou a medida, tendo em foco se está mantido o contexto fático que autorizou a medida constritiva.

Tem sido permitido que a decisão judicial de renovação faça menção ao pedido de decretação da interceptação telefônica realizado pela autoridade policial ou pelo Ministério Público, o qual passa a integrar a fundamentação da decisão (fundamentação "per relationem"), uma vez que propicia às partes conhecer os fundamentos encampados pela decisão judicial, sendo reconhecida como válida pelos Tribunais Superiores (TRF3, *Habeas Corpus* nº 2007.03.00.103554-3/SP, 5ª Turma, Rel. Juiz Federal Convocado Hélio Nogueira, *v.u.*, *DJU* de 29.04.2008, p. 380).

[71] BALTAZAR JUNIOR, José Paulo. *Crimes federais*. 10. ed. rev., atual. e ampl. São Paulo: Saraiva, 2015. p. 923.

O Superior Tribunal de Justiça já decidiu que: "é assente nesta Corte e no Supremo Tribunal Federal o entendimento de que não há que se cogitar em nulidade da sentença por ausência de fundamentação ou ofensa ao artigo 93, inciso IX, da Constituição Federal, se o juiz, ao fundamentar sua decisão, reporta-se à sentença anteriormente prolatada, ou mesmo ao parecer do Ministério Público, na denominada fundamentação 'per relationem'" (AgRg no AgRg no AREsp nº 17.227/ES, Rel. Min. Maria Thereza de Assis Moura, Sexta Turma, *v.u.*, *DJe* de 08.02.2012.).

Também já decidiu o Supremo Tribunal Federal (ao ser permitida a renovação de autorização de interceptação telefônica a despeito de não terem sido inseridos novos motivos): "este Tribunal firmou o entendimento de que '*as decisões que autorizam a prorrogação de interceptação telefônica sem acrescentar novos motivos evidenciam que essa prorrogação foi autorizada com base na mesma fundamentação exposta na primeira decisão que deferiu o monitoramento*' (HC 92.020/DF, Rel. Min. Joaquim Barbosa). O Plenário desta Corte já decidiu que '*é possível a prorrogação do prazo de autorização para a interceptação telefônica, mesmo que sucessivas, especialmente quando o fato é complexo, a exigir investigação diferenciada e contínua. Não configuração de desrespeito ao art. 5º,* caput, *da Lei 9.296/1996*" (HC 83.515/RS, Rel. Min. Nelson Jobim).

A legitimidade constitucional da técnica decisória "per relationem" para o fim de autorizar a prorrogação da medida constritiva de direitos foi novamente ratificada pelo Pretório Excelso, nos seguintes termos:

> "HABEAS CORPUS' – ADOÇÃO DA TÉCNICA DE MOTIVAÇÃO 'PER RELATIONEM' – LEGITIMIDADE CONSTITUCIONAL DESSA TÉCNICA DECISÓRIA – FUNDAMENTAÇÃO VÁLIDA – JURISPRUDÊNCIA DO SUPREMO TRIBUNAL FEDERAL CONSOLIDADA QUANTO À MATÉRIA VERSADA NA IMPETRAÇÃO – SUCESSIVAS INTERCEPTAÇÕES TELEFÔNICAS AUTORIZADAS POR MAGISTRADO DE PRIMEIRA INSTÂNCIA – SUPOSTO ENVOLVIMENTO DE DIVERSOS INVESTIGADOS, ENTRE OS QUAIS PREFEITOS MUNICIPAIS E PARLAMENTAR ESTADUAL – RECONHECIMENTO DE OFENSA AO POSTULADO DA NATURALIDADE DO JUÍZO – NULIDADE DAS PROVAS, NO ENTANTO, QUE NÃO SE ESTENDE AOS DEMAIS ACUSADOS NÃO DETENTORES DE PRERROGATIVA DE FORO "RATIONE MUNERIS" – PARECER DA DOUTA PROCURADORIA-GERAL DA REPÚBLICA PELO NÃO PROVIMENTO DESTA ESPÉCIE RECURSAL – RECURSO DE AGRAVO IMPROVIDO."

(HC nº 150872 AgR, Rel. Celso de Mello, Segunda Turma, julgado em 31.05.2019, processo eletrônico DJe 10.06.2019)

Como se vê, caso mantidos os pressupostos autorizadores da medida constritiva de direitos, tem-se admitido a adoção da referida técnica de fundamentação para respaldar a renovação da interceptação telefônica.

A 3ª Seção do STJ encampou a possibilidade dessa forma de fundamentação, no entanto, desde que haja acréscimo de fundamento:

> "EMBARGOS DE DIVERGÊNCIA EM RECURSO ESPECIAL. APELAÇÃO. PRELIMINARES. ADOÇÃO DO PARECER MINISTERIAL. FUNDAMENTAÇÃO PER RELATIONEM.INSUFICIÊNCIA. PRECEDENTE DA TERCEIRA SEÇÃO. EMBARGOS ACOLHIDOS.
>
> 1. A Terceira Seção do Superior Tribunal de Justiça, no julgamento do HC 216.659/SP, ressalvada compreensão pessoal, decidiu que a mera transcrição de outra decisão ou de manifestação nos autos, sem qualquer acréscimo de fundamentação, não é apta a suprir a exigência de fundamentação das decisões judiciais, prevista no art. 93, IX, da Constituição Federal.
>
> 2. A Corte de origem, ao apreciar o apelo defensivo, limitou-se a fazer remissão ao parecer ministerial, sequer transcrito no acórdão, sem tecer qualquer consideração acerca das preliminares arguidas, o que não se coaduna com o imperativo da necessidade de fundamentação adequada das decisões judiciais.
>
> 3. Embargos de divergência acolhidos para dar provimento ao recurso especial defensivo, determinando o retorno dos autos à Corte de origem para que profira novo julgamento, como entender de direito, inclusive apreciando as preliminares arguidas no apelo defensivo."
>
> (EREsp 1384669/RS, Rel. Ministro NEFI CORDEIRO, TERCEIRA SEÇÃO, julgado em 28/08/2019, DJe 02/09/2019)

De outra senda, mas ainda em relação ao tema das prorrogações, o Superior Tribunal de Justiça no julgamento do Habeas Corpus nº 76.686/PR (Rel. Min. Nilson Naves, 6ª Turma, *v.u.*, *DJe* 10.11.2008), considerou ilícita a prova em razão de sucessivas prorrogações: "foi por meio da Lei nº 9.296, de 1996, que o legislador regulamentou o texto constitucional; é explícito o texto infraconstitucional – e bem explícito – em dois pontos: primeiro, quanto ao prazo de quinze dias; segundo, quanto à renovação – 'renovável por igual tempo uma vez comprovada a indispensabilidade do meio de prova'. 3. Inexistindo, na Lei nº 9.296/96, previsão de renovações sucessivas, não há como admiti-las. 4. Já que não absoluto o sigilo, a relatividade implica o conflito entre normas de diversas inspirações ideológicas; em caso que tal, o conflito (aparente) resolve-se, semelhantemente a outros, a favor da liberdade, da intimidade, da vida privada, etc. É que estritamente se interpretam as disposições que restringem a liberdade humana (Maximiliano). 5. Se não de trinta dias, embora seja exatamente esse, com efeito, o prazo de lei (Lei nº 9.296/96, art. 5º), que sejam, então, os sessenta dias do estado de defesa (Constituição, art. 136, § 2º), ou razoável prazo, desde que, é claro, na última hipótese, haja decisão exaustivamente fundamentada. Há, neste caso, se não explícita ou implícita violação do art. 5º da Lei nº 9.296/96, evidente violação do princípio da razoabilidade. 6. Ordem concedida a fim de se reputar ilícita a prova resultante de tantos e tantos e tantos dias de interceptação das comunicações telefônicas, devendo os autos retornar às mãos do Juiz originário para determinações de direito."

Luiz Flávio Gomes e Silvio Maciel,[72] partindo do quanto retratado neste aresto, analisaram três hipóteses. Inicialmente estabeleceu-se o limite de 30 dias para a duração da interceptação telefônica; a segunda foi 60 dias de prazo máximo com amparo no estado de defesa e, finalmente, prazo superior a 60 dias diante da adoção do princípio da razoabilidade.

Na primeira hipótese reportou-se à dicção do artigo 5º da Lei nº 9.296/ /1996 ao prescrever que o procedimento não poderia ultrapassar o prazo de 15 dias, renovável por igual prazo, desde que verificada a indispensabilidade do meio de prova. Estes doutrinadores sustentam que o legislador ao utilizar a expressão "por igual tempo" em verdade buscou restringir a prorrogação por uma única vez, totalizando o prazo de 30 dias. Sustentam que a lei prescreve que a diligência "não pode exceder o prazo de 15 dias", num sinal de que esse seria o prazo limite da medida. Interpretam que outro parâmetro empregado pelo Superior Tribunal de Justiça no referido julgado seria o estado de defesa previsto no artigo 136 da Constituição Federal que permite a restrição de direitos fundamentais por 30 dias, sendo admitida sua prorrogação por uma única vez. Assim, a interceptação telefônica ou telemática também não poderia ultrapassar este limite de 60 dias. Por último, estes autores, interpretando o julgado do Superior Tribunal de Justiça,sustentam que a prorrogação da medida por período que ultrapasse a 30 dias somente poderia ser justificada após fundamentação que demonstrasse a necessidade e sua pertinência ante a impossibilidade de obtenção da prova por outros meios.

[72] GOMES, Luiz Flávio; MACIEL, Silvio. *Interceptação telefônica: comentários à Lei 9.296, de 24.07.1996*. 2. ed. rev. e atual. São Paulo: RT, 2013. p. 165.

A despeito deste julgado do Superior Tribunal de Justiça, tem sido admitida pelo Supremo Tribunal Federal a possibilidade da prorrogação do prazo das interceptações telefônicas: "a renovação da medida ou a prorrogação do prazo das interceptações telefônicas pressupõem a complexidade dos fatos sob investigação e o número de pessoas envolvidas, por isso que nesses casos maior é a necessidade da quebra do sigilo telefônico, com vista à apuração da verdade que interessa ao processo penal, sendo, *a fortiori*, 'lícita a prorrogação do prazo legal de autorização para interceptação telefônica, ainda que de modo sucessivo, quando o fato seja complexo e exija investigação diferenciada e contínua' (Inq. nº 2424/RJ, relator Ministro Cezar Peluso, *Dje* de 26.03.2010).

Em idêntico sentido: Habeas Corpus nº 106.225-SP, Relator Min. Marco Aurélio, Relator p/ Acórdão: Min. Luiz Fux, Primeira Turma, por maioria, processo eletrônico *DJe*-059 de 22.03.2012. Em outros julgados assim decidiu aquela Corte: "gravidade dos delitos supostamente cometidos pela organização e a complexidade do esquema que envolve agentes públicos e políticos demonstram a dificuldade em colher provas tradicionais. 5. Admissível a prorrogação do prazo de autorização para a interceptação telefônica por períodos sucessivos quando a intensidade e a complexidade das condutas delitivas investigadas assim o demandarem. Precedentes do STF. 6. Ordem denegada (Habeas Corpus nº 119.770-BA, Rel. Min. Gilmar Mendes, Segunda Turma, *v.u.*, *DJe*-098 de 23.05.2014); reconhecida a possibilidade de sucessivas prorrogações da interceptação telefônica por período não superior a cada 15 dias em cada renovação (RHC 117825 AgR, Rel. Min. Celso de Mello, Segunda Turma, julgado em 08.03.2016, *DJe*-078 de 25.04.2016).

Também cumpre registrar que em outros julgados o próprio STJ igualmente vem admitindo, diante da complexidade das investigações e desde que evidenciada a razoabilidade da medida, a existência de sucessivas prorrogações. Nesse sentido:

> "PROCESSO PENAL. AGRAVO REGIMENTAL NO RECURSO ESPECIAL. INÉPCIA DA DENÚNCIA. SENTENÇA CONDENATÓRIA PROFERIDA. COGNIÇÃO EXAURIENTE. PREJUDICADO. INTERCEPTAÇÃO TELEFÔNICA. PRORROGAÇÕES SUCESSIVAS.FUNDAMENTAÇÃO CONCRETA. TÉCNICA PER RELATIONEM. POSSIBILIDADE. AGRAVO DESPROVIDO.
>
> 1. A prolação de sentença condenatória, por demandar juízo de cognição exauriente sobre o mérito da persecução penal, prejudica o exame de inépcia da denúncia. Precedentes.

2. A complexidade das investigações possibilita diversas prorrogações da interceptação telefônica, desde que justificadas com base na peculiaridade do caso concreto, sendo legítimo o uso da técnica de fundamentação per relationem. Precedentes.

3. Agravo regimental desprovido."

(AgRg no REsp 1346390/RS, Rel. Ministro RIBEIRO DANTAS, QUINTA TURMA, julgado em 11/02/2020, DJe 14/02/2020)

Os Enunciados 01 e 02, de 29.04.2009, aprovados pela Assembleia do I Fórum Nacional dos Juízes Federais Criminais estabeleceu que: Enunciado 1. "o pedido de prorrogação da interceptação das comunicações telefônicas e telemáticas deve ser fundamentado pela autoridade policial, que deverá instruí-lo com elementos probatórios que justifiquem a manutenção da medida". Enunciado 2. "a quebra do sigilo das comunicações telefônicas e telemáticas pode ser prorrogada tantas vezes quantas necessárias à investigação."[73]

Douglas Fischer também é favorável às sucessivas prorrogações e sustenta que: "é que, efetivamente, não há como se fazer uma interpretação meramente literal do dispositivo de lei. Se é verdade que o Estado não pode agir com excessos injustificados em detrimento do cidadão (*Übermassverbot*, segundo expressão de Canaris – ou também hodiernamente denominado de garantismo negativo), não menos correto que deva agir proporcionalmente para a proteção da coletividade em razão de práticas delitivas por quaisquer que sejam seus agentes (*Untermassverbot*). Compreendemos que a interpretação (sistêmica e não meramente literal) ratificada pelo STF acerca da possibilidade de ser ultrapassado o prazo de 30 dias nas interceptações telefônicas, desde que necessárias e fundamentadas as ordens judiciais que as autorizam, e da desnecessidade de degravação de todas as interceptações coadunam-se com os princípios basilares da Carta da República e não arrostam, por si só, abstratamente, direitos fundamentais individuais."[74]

[73] Disponível em: http://www.ajufe.org/eventos/foruns/fonacrim/. Acesso em 05.09.2022.
O Projeto de Lei do Senado nº 156/2009, em tramitação na Câmara dos Deputados sob o nº 8045/2010, prevê que o prazo de duração das interceptações telefônicas não poderá exceder a 60 dias, autorizadas prorrogações por igual período, desde que estejam presentes os pressupostos autorizadores das diligências até o máximo de 360 dias, salvo no caso de crime permanente (artigo 252), enquanto não cessada a permanência. (Disponível em: https://www25.senado.leg.br/web/atividade/materias/-/materia/90645. Acesso em 10.05.2023).

[74] FISCHER, Douglas. *O que é garantismo penal (integral)?* CALABRICH, Bruno; FISCHER, Douglas; PELELLA, Eduardo (org). *Garantismo penal integral: questões penais e processuais, criminalidade moderna e a aplicação do modelo garantista no Brasil.* Salvador:JusPodivm, 2010. p. 40.

A possibilidade de prorrogação do monitoramento deve ser cotejada também com o princípio da razoável duração do processo (artigo 5º, inciso LXXVIII, da Constituição Federal: "a todos, no âmbito judicial e administrativo, são assegurados a razoável duração do processo e os meios que garantam a celeridade de sua tramitação").

Há necessidade de se estabelecer um exercício de ponderação a fim de se perquirir qual seria o tempo correto de duração de um processo, de modo que estejam respeitadas as garantias constitucionais de proteção do indivíduo com a máxima presteza na condução da marcha processual pelo magistrado.

A jurisprudência pátria (C. Supremo Tribunal Federal, C. Superior Tribunal de Justiça e E. Tribunal Regional Federal da 3ª Região) é uníssona no sentido de não ser possível acoimar de ilegal a interceptação prorrogada para além de mencionado interregno se, à luz da proporcionalidade e da razoabilidade, notar-se a complexidade da investigação que está em curso e houver a necessidade de se continuar a perquirir os meandros do intento criminoso (até mesmo para se descobrir novas infrações que estão para ser cometidas). Apropósito:

> "AGRAVO REGIMENTAL EM HABEAS CORPUS. INTERCEPTAÇÃO TELEFÔNICA. POSSIBILIDADE DE PRORROGAÇÕES SUCESSIVAS COM ESTRITA OBSERVÂNCIA DOS REQUISITOS CONSTITUCIONAIS E LEGAIS. AUSÊNCIA DE TRANSCRIÇÃO INTEGRAL DAS GRAVAÇÕES, PORÉM CONTEÚDO ACESSÍVEL A DEFESA. NÃO COMPROVAÇÃO DE PREJUÍZO. DISPENSÁVEL A CONSTITUIÇÃO DEFINITIVA DO CRÉDITO TRIBUTÁRIO PARA INÍCIO DA FASE INVESTIGATÓRIA. PLURALIDADE DE CRIMES INVESTIGADOS. INEXISTÊNCIA DE NULIDADES. 1. Nos termos do art. 5º, XII, da Constituição Federal, a interceptação telefônica dependerá de ordem judicial (cláusula de reserva jurisdicional), que, de acordo com o art. 1º da Lei nº 9.296/1996, deverá ser expedida pelo juiz competente, em decisão devidamente fundamentada que demonstre sua conveniência e indispensabilidade. 2. Há possibilidade de sucessivas renovações dentro do prazo legal, sempre precedidas de novas e fundamentadas decisões judiciais, que apontem a presença dos requisitos legais e a manutenção da indispensabilidade desse meio de prova, inclusive com a referência à permanência das razões inicialmente legitimadoras da interceptação (Ag. Reg. no Habeas Corpus 130.860, Primeira Turma, Rel. Min. ALEXANDRE DE MORAES, j. 16/10/2017; Habeas Corpus 139.370, Primeira Turma,

Rel. Min. MARCO AURÉLIO; Red. p/Acórdão, MIN. ROBERTO BARROSO, j. 06/03/2018). (...)"

(STF, HC 130596 AgR, Rel. Min. ALEXANDRE DE MORAES, Primeira Turma, julgado em 17/08/2018, PROCESSO ELETRÔNICO DJe-179 DIVULG 29.08.2018 PUBLIC 30.08.2018)

"AGRAVO REGIMENTAL EM RECURSO ORDINÁRIO EM HABEAS CORPUS. REITERAÇÃO DOS ARGUMENTOS EXPOSTOS NA INICIAL QUE NÃO INFIRMAM OS FUNDAMENTOS DA DECISÃO AGRAVADA. EM CRIMES DE CORRUPÇÃO PASSIVA, A COLETA DA PROVA DA PRÁTICA DO FATO TÍPICO TORNA-SE MAIS DIFÍCIL, O QUE JUSTIFICA A INTERCEPTAÇÃO TELEFÔNICA. PRORROGAÇÃO DE INTERCEPTAÇÃO TELEFÔNICA COM BASE NA FUNDAMENTAÇÃO EXPOSTA NA PRIMEIRA DECISÃO. POSSIBILIDADE. A COMPLEXIDADE DOS FATOS INVESTIGADOS JUSTIFICA A PRORROGAÇÃO DA INTERCEPTAÇÃO TELEFÔNICA, MESMO QUE SUCESSIVAS. REVELA-SE INVIÁVEL A UTILIZAÇÃO DO HABEAS CORPUS PARA O REVOLVIMENTO DO CONJUNTO FÁTICO-PROBATÓRIO. AGRAVO A QUE SE NEGA PROVIMENTO. (...) II – Em crimes como o de corrupção passiva, o réu não age às claras; ao contrário, perpetra sua ação na surdina, de modo que a coleta da prova da prática do fato típico torna-se mais difícil, o que justifica, dessa forma, a decretação da questionada interceptação telefônica, medida adequada e necessária para o prosseguimento das investigações. III – 'As decisões que autorizam a prorrogação de interceptação telefônica, sem acrescentar novos motivos, evidenciam que essa prorrogação foi autorizada com base na mesma fundamentação exposta na primeira decisão que deferiu o monitoramento' (HC 92.020/DF, Rel. Min. Joaquim Barbosa). IV – Não há falar, na espécie, em violação ao disposto na Lei 9.296/1996, uma vez que o Plenário desta Suprema Corte já decidiu que 'é possível a prorrogação do prazo de autorização para a interceptação telefônica, mesmo que sucessivas, especialmente quando o fato é complexo a exigir investigação diferenciada e contínua. Não configuração de desrespeito ao art. 5º, caput, da Lei 9.296/1996' (HC 83.515/RS, Rel. Min. Nelson Jobim). (...)"

(STF, RHC 156593 AgR, Rel. Min. Ricardo Lewandowski, Segunda Turma, julgado em 17/08/2018, PROCESSO ELETRÔNICO DJe-185 DIVULG 04.09.2018 PUBLIC 05.09.2018)

"RECURSO EM HABEAS CORPUS. INTERCEPTAÇÃO TELEFÔNICA. FUNDAMENTAÇÃO 'PER RELATIONEM'. POSSIBILIDADE.

QUEBRA DE SIGILO BANCÁRIO, FISCAL E FINANCEIRO. INSTRUÇÃO DEFICIENTE. LEGALIDADE DA MEDIDA JÁ RECONHECIDA POR ESTA CORTE EM OUTRO RECURSO. BUSCA E APREENSÃO. MONITORAMENTO TELEMÁTICO SEM AUTORIZAÇÃO JUDICIAL. FORNECIMENTO DE SENHAS GENÉRICAS PELAS OPERADORAS DE TELEFONIA. INTERCEPTAÇÃO TELEMÁTICA PRETÉRITA. SUPRESSÃO DE INSTÂNCIA. EXCESSO DE PRAZO NA IMPLEMENTAÇÃO DAS INTERCEPTAÇÕES TELEFÔNICAS. INOCORRÊNCIA. NULIDADE EM RELAÇÃO AO ENDEREÇO EM QUE FOI REALIZADA A BUSCA E APREENSÃO. REVISÃO FÁTICO-PROBATÓRIA. PROVAS ILÍCITAS POR DERIVAÇÃO. INOCORRÊNCIA. RECURSO PARCIALMENTE CONHECIDO E, NESTA EXTENSÃO, DESPROVIDO. (...) 4. Não se verifica qualquer nulidade nas prorrogações das interceptações telefônicas, uma vez que tal medida é admitida na jurisprudência quando ainda necessária para a elucidação dos fatos e identificação dos autores dos crimes. (...)"

(STJ, RHC 34.349/RS, Rel. Min. Joel Ilan Paciornik, Quinta Turma, julgado em 23.10.2018, *DJe* de 09.11.2018)

"PENAL. AGRAVO REGIMENTAL NO AGRAVO EM RECURSO ESPECIAL. HOMICÍDIO QUALIFICADO. PRINCÍPIO DA COLEGIALIDADE. USURPAÇÃO DE COMPETÊNCIA DO COLEGIADO. INOCORRÊNCIA. SÚMULA 568/STJ. VIOLAÇÃO AO ART. 381, INCISO III, DO CPP. ALEGAÇÃO DE AUSÊNCIA DE FUNDAMENTAÇÃO PARA A PRORROGAÇÃO DA INTERCEPTAÇÃO TELEFÔNICA. INOCORRÊNCIA. ACÓRDÃO DEVIDAMENTE FUNDAMENTADO. DECISÃO MANTIDA. AGRAVO REGIMENTAL DESPROVIDO. (...) II – Esta Corte Superior de Justiça possui entendimento consolidado no sentido de que, 'em caso de indispensabilidade, e sendo obedecidos os princípios da necessidade e da proporcionalidade, e mediante decisão fundamentada, é possível a prorrogação das interceptações telefônicas.' (AgRg no AREsp 431.316/RJ, Quinta Turma, de minha relatoria, DJe 06/11/2017). (...)"

(STJ, AgRg no AREsp 1178661/PA, Rel. Min. Felix Fischer, Quinta Turma, julgado em 24.05.2018, *DJe* de 04.06.2018)

Tal questão restou pacificada em 2022 no Supremo Tribunal Federal a partir do RE 625.263/PR, tema 661 de Repercussão Geral, considerando lícitas as sucessivas renovações, desde que devidamente motivadas, ainda que sucintas.

Por fim, vale destacar que o art. 8º-A, § 3º, da Lei de Interceptações (incluído pela Lei nº 13.964, de 24.12.2019 – Pacote Anticrime), ao tratar da captação ambiental, bem elucidou a questão, evidenciando a plena possibilidade das sucessivas prorrogações "a captação ambiental não poderá exceder o prazo de 15 (quinze) dias, renovável por decisão judicial por iguais períodos, se comprovada a indispensabilidade do meio de prova e quando presente atividade criminal permanente, habitual ou continuada."

Art. 6º

Deferido o pedido, a autoridade policial conduzirá os procedimentos de interceptação, dando ciência ao Ministério Público, que poderá acompanhar a sua realização.

§ 1º No caso de a diligência possibilitar a gravação da comunicação interceptada, será determinada a sua transcrição.

§ 2º Cumprida a diligência, a autoridade policial encaminhará o resultado da interceptação ao juiz, acompanhado de auto circunstanciado, que deverá conter o resumo das operações realizadas.

§ 3º Recebidos esses elementos, o juiz determinará a providência do art. 8º, ciente o Ministério Público.

1. Notas introdutórias

Inicialmente, cumpre destacar a diferenciação existente entre a comunicação de dados e os dados considerados em si mesmo. A quebra dos dados telefônicos difere da quebra das comunicações telefônicas, estando apenas esta última hipótese abarcada pela cláusula de reserva de jurisdição, já que o inciso XII do art. 5º da CF refere-se à necessidade de o sigilo da comunicação de dados (informações em tempo real, dinâmicas) ser quebrado apenas por ordem judicial, enquanto a obtenção dos dados considerados em si mesmos (informações pretéritas, estáticas) encontram-se tutelados pela intimidade e privacidade, nos termos do inciso X do art. 5º da CF, não estando submetida à cláusula de reserva jurisdicional. Portanto, o que está abarcado pela Lei nº 9.296/1996 é justamente a comunicação de dados.

Neste sentido, o Supremo Tribunal Federal, no Habeas Corpus nº 91.867/PA, 2ª Turma, relator Min. Gilmar Mendes, *v.u.*, *DJe* de 20.09.2012, considerou que não se confundem comunicação telefônica e registros telefônicos. Ambos recebem proteção jurídica diversa, sendo que a cláusula do art. 5º, inciso XII, da CF, alberga o sigilo da comunicação de dados e não os dados em si mesmos (enquanto registro, depósito registral).

Renato Brasileiro de Lima bem elucida que "a interceptação das comunicações telefônicas não se confunde com a quebra do sigilo de dados telefônicos. Enquanto a interceptação de uma comunicação telefônica diz respeito a algo que está acontecendo, a quebra do sigilo de dados telefônicos guarda relação com as chamadas telefônicas pretéritas, já realizadas. A quebra do sigilo de dados telefônicos está relacionada aos registros documentados e armazenados pelas companhias telefônicas, tais como data da chamada telefônica, horário da ligação, número do telefone chamado, duração do uso ('lista-régua'), etc."[75]

Note-se que quanto ao sigilo de dados (dados considerados em si mesmo – por exemplo obtenção de dados cadastrais) há previsão na Lei nº 12.830, de 20.06.2013 (dispõe sobre a investigação criminal conduzida pelo delegado de polícia), para que a autoridade policial requisite diretamente os dados que interessem à apuração dos fatos (§ 2º do art. 2º); a Lei nº 12.850, de 02.08.2013 (Lei das Organizações Criminosas) também dispõe em seu art. 15 que "o delegado de polícia e o Ministério Público terão acesso, independentemente de autorização judicial, apenas aos dados cadastrais do investigado que informem exclusivamente a qualificação pessoal, a filiação e o endereço mantidos pela Justiça Eleitoral, empresas telefônicas, instituições financeiras, provedores de internet e administradoras de cartão de crédito", além do que o próprio Código de Processo Penal em seu art. 13-A consigna que o membro do Ministério Público ou o Delegado de Polícia poderá requisitar os dados e informações cadastrais da vítima ou de suspeitos. No mesmo sentido, o art. 17-B da Lei de Lavagem de Dinheiro.

2. Necessidade de autorização judicial para acesso a dados contidos em computadores ou dispositivos eletrônicos

Deve haver expressa autorização do magistrado que deferir medida de busca e apreensão (que se findar, por exemplo, na apreensão de telefone celular que, ao depois, venha a permitir a descoberta de diálogos por aplicativo de mensagem indicativos da perpetração de crime) para acesso às informações existentes nos computadores, nos discos rígidos, em mídias eletrônicas, em aparelhos de telefonia móvel e em outros dispositivos de armazenamento de dados, tanto no próprio local em que realizada a diligência, como para propiciar posterior realização de perícia (com o escopo de se viabilizar prévia verificação de conteúdos de interesse para as investigações).

[75] LIMA, Renato Brasileiro de. *Legislação criminal especial comentada*. 9. ed. rev., atual. e ampl. Salvador: JusPODIVM, 2021. p. 532.

Assim, nada de ilegal ou de ilegítimo pode ser atribuído à perícia técnica que venha a ser levada a efeito pelo Ministério Público Federal em telefone celular de réu apreendido por força de busca e apreensão deferida por magistrado na medida em que este expressamente assente autorização para periciamento do material amealhado, o que até mesmo mostra-se como corolário mais do que evidente (natural, na realidade) de uma diligência de busca e apreensão à luz de que os objetos apreendidos, por certo, devem ser analisados com o escopo de se buscar a existência de provas que permitam (ou não) a conclusão de que teria havido (ou não) uma infração penal.

Em outras palavras, a apreensão não basta em si mesma: serve para que sejam extraídos eventuais elementos probatórios acerca dos fatos que estão sendo investigados.

O Superior Tribunal de Justiça, no julgamento do RHC nº 51.531/RO (Rel. Ministro Nefi Cordeiro, Sexta Turma, DJe 09.05.2016), declarou a nulidade das provas obtidas no celular de indivíduo preso em flagrante, por entender ilícita a devassa de dados, bem como das conversas de *whatsapp*, obtidas diretamente pela polícia, sem prévia autorização judicial.

No voto do e. Relator entendeu-se que "na perícia realizada, houve acesso aos dados do celular e às conversas de *whatsapp* obtidos sem ordem judicial. No acesso aos dados do aparelho, tem-se devassa de dados particulares, com violação à intimidade do agente. Embora possível o acesso, necessária é a prévia autorização judicial devidamente motivada (...) Nas conversas mantidas pelo programa *whatsapp*, que é forma de comunicação escrita, imediata, entre interlocutores, tem-se efetiva interceptação inautorizada de comunicações. É situação similar às conversas mantidas por e-mail, onde para o acesso tem-se igualmente exigido a prévia ordem judicial."

Ainda, de acordo com aludido *decisum* bem pontuou-se que "atualmente, o celular deixou de ser apenas um instrumento de conversação pela voz à longa distância, permitindo, diante do avanço tecnológico, o acesso de múltiplas funções, incluindo, no caso, a verificação da correspondência eletrônica, de mensagens e de outros aplicativos que possibilitam a comunicação por meio de troca de dados de forma similar à telefonia convencional", ou seja, torna-se possível o acesso em tempo real dos dados, sendo necessária, pois, a autorização judicial.

Aludida necessidade de autorização judicial para acessar dispositivos eletrônicos também se mostra consentânea à Lei nº 12.965, de 23.04.2014 (estabelece princípios, garantias, direitos e deveres para o uso da Internet no Brasil – Marco Civil da Internet), que, ao dispor sobre a proteção aos registros, aos dados pessoais e às comunicações privadas, prevê em seu art. 10 que "a guarda e a disponibilização dos registros de conexão e de acesso a aplicações de internet de que trata esta Lei, bem como de dados pessoais e do conteúdo de comunicações privadas, devem atender à preservação da intimidade, da vida privada, da honra e da imagem das partes direta ou indiretamente envolvidas."

Como se vê, referido normativo dispõe excepcionalmente que o acesso a dados registrais (pretéritos, estáticos) nas hipóteses ali descritas (como por exemplo, a relação de acesso às pesquisas de internet e aos logs de acesso de *email*) necessitará de autorização judicial.

Há de se notar, ademais, que a temática envolvendo a aferição da licitude da prova produzida durante o inquérito policial relativa ao acesso, sem autorização judicial, a registros e informações contidos em aparelho de telefone celular, relacionados à conduta delitiva e hábeis a identificar o agente do crime é objeto de Repercussão Geral no ARE nº 1042075, de Relatoria do Ministro Dias Toffoli (Tema 977: "Aferição da licitude da prova produzida durante o inquérito policial relativa ao acesso, sem autorização judicial, a registros e informações contidos em aparelho de telefone celular, relacionados à conduta delitiva e hábeis a identificar o agente do crime").

O feito ainda se encontra em julgamento, conclusos com o Relator até o fechamento da edição da presente obra. O Relator propugnou a fixação da seguinte tese: "É lícita a prova obtida pela autoridade policial, sem autorização judicial, mediante acesso a registro telefônico ou agenda de contatos de celular apreendido ato contínuo no local do crime atribuído ao acusado, não configurando esse acesso ofensa ao sigilo das comunicações, à intimidade ou à privacidade do indivíduo (CF, art. 5º, incisos X e XII)", enquanto os Ministros Gilmar Mendes e Edson Fachin, propuseram a fixação da seguinte tese: "O acesso a registro telefônico, agenda de contatos e demais dados contidos em aparelhos celulares apreendidos no local do crime atribuído ao acusado depende de prévia decisão judicial que justifique, com base em elementos concretos, a necessidade e a adequação da medida e delimite a sua abrangência à luz dos direitos fundamentais à intimidade, à privacidade e ao sigilo das comunicações e dados dos indivíduos (CF, art. 5º, X e XX)". (Plenário, Sessão Virtual de 30.10.2020 a 10.11.2020).

Por fim, não menos importante destacar a existência de julgado do STF dispondo que: "(...) 1. A entrega voluntária de dispositivo eletrônico, bem como a concessão de acesso ao seu conteúdo, à autoridade policial afasta a necessidade de autorização judicial. Precedentes: HC 152.836-AgR, Segunda Turma, Rel. Min. Gilmar Mendes, DJe de 18/8/2018. (...)" (RHC 169682 AgR, Rel. Luiz Fux, Primeira Turma, DJe 12.05.2020).

3. Dados cadastrais mantidos em bancos de dados públicos e privados

Como já aventado, os dados cadastrais mantidos em bancos de dados públicos e privados, informações eleitorais e comerciais podem ser acessados pela autoridade policial e pelo Ministério Público, tanto é que a alteração promovida em 2012 na Lei de Lavagem de Dinheiro evidencia esta possibilidade.

O artigo 17-B preceitua que "a autoridade policial e o Ministério Público terão acesso, exclusivamente, aos dados cadastrais do investigado que informam qualificação pessoal, filiação e endereço, independentemente de autorização judicial, mantidos pela Justiça Eleitoral, pelas empresas telefônicas, pelas instituições financeiras, pelos provedores de internet e pelas administradoras de cartão de crédito."

O artigo 15 da Lei nº 12.850/2013 autoriza o acesso a dados cadastrais telefônicos para fins de investigação criminal ("o delegado de polícia e o Ministério Público terão acesso, independentemente de autorização judicial, apenas aos dados cadastrais do investigado que informem exclusivamente a qualificação pessoal, a filiação e o endereço mantidos pela Justiça Eleitoral, empresas telefônicas, instituições financeiras, provedores de internet e administradoras de cartão de crédito").

O Enunciado 33 do FONACRIM tratando deste tema, assim foi redigido:

> "33. O artigo 17-B da Lei nº 9.613/1998 e os artigos 15 e 16 da Lei nº 12.850/2013 são constitucionais, pois conferem à autoridade policial e ao Ministério Público apenas acesso a dados não incluídos no âmbito do direito fundamental à intimidade, e aplicam-se a todos os procedimentos de investigação criminal (Enunciado 9 aprovado no II Fonacrim, RENUMERADO no IV Fonacrim, em 25.09.2015)."

O artigo 17 da Lei nº 12.850/2013 dispõe que "as concessionárias de telefonia fixa ou móvel manterão, pelo prazo de 5 (cinco) anos, à disposição das autoridades mencionadas no art. 15, registros de identificação dos números dos terminais de origem e de destino das ligações telefônicas internacionais, interurbanas e locais", assim, pela dicção deste artigo não haveria necessidade de autorização judicial para o fornecimento de registros de ligações telefônicas e telemáticas, relação de chamadas realizadas ou recebidas, seus destinatários, duração e horário das chamadas.

4. Estações Rádio Base

Outro aspecto que merece registro é a necessidade de requisição ao Poder Judiciário para que a autoridade policial ou o Ministério Público acessem as informações acerca das Estações Rádio Base (as denominadas ERB's).

O Código de Processo Penal, com a alteração promovida pela Lei nº 13.344, de 06.10.2016, passou a vigorar acrescido do art. 13-B, com a seguinte redação: "se necessário à prevenção e à repressão dos crimes relacionados ao tráfico de pessoas, o membro do Ministério Público ou o delegado de polícia poderão requisitar, mediante autorização judicial, às empresas prestadoras de serviço de telecomunicações e/ou telemática que disponibilizem imediatamente os meios técnicos adequados – como sinais, informações e outros – que permitam a localização da vítima ou dos suspeitos do delito em curso. § 1ºPara os efeitos deste artigo, sinal significa posicionamento da estação de cobertura, setorização e intensidade de radiofrequência. § 2ºNa hipótese de que trata o caput, o sinal: I – não permitirá acesso ao conteúdo da comunicação de qualquer natureza, que dependerá de autorização judicial, conforme disposto em lei; II – deverá ser fornecido pela prestadora de telefonia móvel celular por período não superior a 30 (trinta) dias, renovável por uma única vez, por igual período; III – para períodos superiores àquele de que trata o inciso II, será necessária a apresentação de ordem judicial. § 3ºNa hipótese prevista neste artigo, o inquérito policial deverá ser instaurado no prazo máximo de 72 (setenta e duas) horas, contado do registro da respectiva ocorrência policial. § 4ºNão havendo manifestação judicial no prazo de 12 (doze) horas, a autoridade competente requisitará às empresas prestadoras de serviço de telecomunicações e/ou telemática que disponibilizem imediatamente os meios técnicos adequados – como sinais, informações e outros – que permitam a localização da vítima ou dos suspeitos do delito em curso, com imediata comunicação ao juiz."

De acordo com a literalidade da norma estampada no *caput* haveria a necessidade de autorização judicial para obter as informações quanto ao posicionamento das ERB's "que permitam a localização da vítima ou dos suspeitos do delito em curso", o que poderia levar à interpretação de que a necessidade de autorização judicial seria apenas para a obtenção dos dados em tempo real.

O STJ possui julgado no sentido de que independe de autorização judicial o acesso a ERB pretérita:

"PENAL. HABEAS CORPUS. ROUBO CIRCUNSTANCIADO, DESCAMINHO E TRÁFICO ILÍCITO DE ENTORPECENTES. PRÉVIO MANDAMUS DENEGADO. PRESENTE WRIT SUBSTITUTIVO DE RECURSO ORDINÁRIO. INVIABILIDADE. VIA INADEQUADA. INVIOLABILIDADE DO SIGILO DO TEOR DAS COMUNICAÇÕES E DOS DADOS TRANSMITIDOS PELA VIA TELEFÔNICA. ANTERIOR DECISÃO JUDICIAL PARA A QUEBRA. INDISPENSABILIDADE. SOLICITAÇÃO DA AUTORIDADE POLICIAL À OPERADORA DE TELEFONIA MÓVEL. EMPRESA RESPONSÁVEL POR ESTAÇÃO DE RÁDIO-BASE. REGISTROS DOS NÚMEROS DE TELEFONES DA LOCALIDADE. DADOS CADASTRAIS EXTERNOS À COMUNICAÇÃO. DATA E HORÁRIO DO DELITO INVESTIGADO. PRÉVIA AUTORIZAÇÃO JUDICIAL. NÃO EXIGÊNCIA. EVENTUAL EXCESSO COM OS REGISTROS LOGRADOS. POSTERIOR SUBMISSÃO AO CONTROLE DO PODER JUDICIÁRIO. POSSIBILIDADE. AUTORIZAÇÃO DO MAGISTRADO PARA A QUEBRA DO SIGILO DO TEOR DAS COMUNICAÇÕES. OCORRÊNCIA. REGISTROS ANTERIORMENTE OBTIDOS PELA AUTORIDADE JUDICIAL QUE DELIMITARAM O REQUESTADO. PROVA EMPRESTADA. SUPOSTAS EIVAS. DEFICIÊNCIA NA INSTRUÇÃO. CONSTRANGIMENTO ILEGAL. NÃO VERIFICAÇÃO. AUSENTE DOCUMENTAÇÃO COMPROBATÓRIA NOS AUTOS. CONSIDERAÇÕES DAS INSTÂNCIAS ORDINÁRIAS. ARRIMO NO COLACIONADO AOS AUTOS ORIGINÁRIOS.ENTENDIMENTO DIVERSO. AFERIÇÃO. REVOLVIMENTO FÁTICO-PROBATÓRIO.INVIABILIDADE. FLAGRANTE ILEGALIDADE. INEXISTÊNCIA. HABEAS CORPUS NÃO CONHECIDO.

1. É imperiosa a necessidade de racionalização do emprego do habeas corpus, em prestígio ao âmbito de cognição da garantia constitucional e em louvor à lógica do sistema recursal. In casu, foi impetrada indevidamente a ordem como substitutiva de recurso ordinário.

2. O teor das comunicações efetuadas pelo telefone e os dados transmitidos por via telefônica são abrangidos pela inviolabilidade do sigilo – artigo 5º, inciso XII, da Constituição Federal –, sendo indispensável a prévia autorização judicial para a sua quebra, o que não ocorre no que tange aos dados cadastrais, externos ao conteúdo das transmissões telemáticas.

3. Não se constata ilegalidade no proceder policial, que requereu à operadora de telefonia móvel responsável pela Estação Rádio-Base o registro dos telefones que utilizaram o serviço na localidade, em dia e hora da prática do crime.

4. A autoridade policial atuou no exercício do seu mister constitucional, figurando a diligência dentre outras realizadas ao longo de quase 7 (sete) anos de investigação.

5. Ademais, eventuais excessos praticados com os registros logrados podem ser submetidos posteriormente ao controle judicial, a fim de se verificar qualquer achincalhe ao regramento normativo pátrio.

6. In casu, a autoridade policial não solicitou à operadora de telefonia o rol dos proprietários das linhas telefônicas ou o teor do colóquio dos interlocutores, apenas os numerários que utilizaram a Estação de Rádio-Base na região, em período adstrito ao lapso delitivo, não carecendo de anterior decisão judicial para tanto, sobressaindo, inclusive, a necessidade da medida policial adotada, que delimitou a solicitação para a quebra do sigilo das conversas dos interlocutores dos telefones e da identificação dos números que os contactaram, feita perante o Juízo competente, que aquiesceu com a obtenção do requestado.

7. A alegação defensiva de eivas na juntada de prova emprestada de outros feitos não pode ser objeto de exame, pois deixou-se de proceder à demonstração do asserido, mediante documentação comprobatória suficiente, que evidenciasse a tese, não sendo possível apurar, portanto, qualquer ilegalidade.

8. Impende ressaltar que cabe ao impetrante a escorreita instrução do habeas corpus, indicando, por meio de prova pré-constituída, o alegado constrangimento ilegal.

9. Ao refutar a ocorrência de pecha na juntada do conteúdo de autos diversos, enalteceu o magistrado singular que "o juiz titular do feito, atendendo ao requerimento da autoridade policial, remeteu cópia integral dos autos", tendo o Colegiado de origem salientado "a inexistência de qualquer ilicitude da prova emprestada, uma vez que precedida de autorização judicial, sendo anexado ainda cópia integral aos autos, restando garantido, portanto, o pleno exercício dos princípios constitucionais do contraditório e ampla defesa".

10. Com arrimo no acervo dos autos originários, a conclusão da instância ordinária não é passível de exame, pois, para se adotar diverso entendimento, há necessidade de revolvimento do acervo fático-probatório, providência incabível na via estreita do habeas corpus.

11. Habeas corpus não conhecido."

(HC 247.331/RS, Rel. Ministra Maria Thereza de Assis Moura, Sexta Turma, DJe 03.09.2014)

A temática é controversa e além do que a questão trazida pelo §4º merece profunda reflexão porquanto dispõe que em não havendo manifestação judicial no prazo de doze horas poderá a autoridade policial ou o Ministério Público requisitar diretamente às empresas prestadoras de serviços de telecomunicações e/ou telemática os meios técnicos para realização das medidas.

Por meio das Estações Rádio Base[76] "é possível saber a localização aproximada de qualquer aparelho celular ligado, desde que esteja em uso, seja enviando ou recebendo uma mensagem, seja efetuando ou recebendo uma ligação, e, consequentemente, de seu usuário, o que, de certa forma, tangencia o direito à intimidade e à vida privada, porquanto nem sempre o indivíduo está disposto a revelar sua localização aos outros."[77]

5. Condução dos procedimentos de interceptação. Transcrição das interceptações telefônicas/telemáticas

A Polícia Judiciária – Polícia Civil, no âmbito dos Estados, e Polícia Federal, no âmbito da União – deve ser a responsável pela condução da interceptação e gravação.

No entanto, excepcionalmente, as Cortes Superiores flexibilizaram esse entendimento ao permitirem em situações peculiares a execução do procedimento por outros órgãos que não a Polícia Judiciária.

Nesse sentido:

"Habeas Corpus. 2. Prisão em flagrante. Denúncia. Crimes de rufianismo e favorecimento da prostituição. 3. Interceptação telefônica realizada pela Polícia Militar. Nulidade. Não ocorrência. 4. Medida executada nos termos da Lei 9.296/96 (requerimento do Ministério Público e deferimento pelo Juízo competente). Excepcionalidade do caso: suspeita de envolvimento de autoridades policiais da delegacia local. 5. Ordem denegada."

(STF, HC nº 96986, Rel. Ministro Gilmar Mendes, Segunda Turma, DJe 14.09.2012)

[76] As ERB's são as antenas ou estações fixas utilizadas pelos aparelhos móveis para se comunicar. Por meio delas pode-se identificar o local em que o aparelho celular ligado se encontra.

[77] DE LIMA, Renato Brasileiro. *Legislação criminal especial comentada*. 9. ed. rev., atual. e ampl. Salvador: JusPODIVM, 2021. p.533-534.

> "(...) QUEBRA DO SIGILO TELEFÔNICO IMPLEMENTADA PELO MINISTÉRIO PÚBLICO INTELIGÊNCIA DO ARTIGO 6º DA LEI 9.296/1996. NULIDADE INEXISTENTE.
>
> Os Tribunais Superiores firmaram entendimento no sentido de que não se pode interpretar restritivamente o artigo 6º da Lei 9.296/1996, de modo que se admite que o Ministério Público realize a interceptação telefônica, procedimento que não pode ser acoimado de ilegal, sob pena de se inviabilizar a efetivação da medida.
>
> Precedentes do STJ e do STF. (...)"
>
> (STJ, RHC nº 62.067/SP, Rel. Ministro Jorge Mussi, Quinta Turma, DJe 14.03.2018)

Não há necessidade de transcrição integral das interceptações telefônicas, pois a Lei que rege esta questão não determina a sua redução a termo, sendo permitida a transcrição apenas dos diálogos que tenham sido eleitos para o embasamento da acusação.

Importa registrar decisão nos autos do Inquérito nº 2.424 pelo Plenário do Supremo Tribunal Federal no dia 20.11.2008, que, por maioria, decidiu não haver necessidade da transcrição completa das interceptações telefônicas que fizeram parte dos autos. Naquela decisão, o Relator, o eminente Ministro Cezar Peluso, fez consignar que a transcrição foi negada por uma questão de otimização, eis que seria necessário um grande esforço apenas para dar atendimento a uma formalidade legal, mas que não existe finalidade objetiva para tal fim, sem contar o fato de que a transcrição da totalidade dos áudios acabaria por inviabilizar a conclusão de diversos processos.

Esta questão foi objeto de acirrada discussão doutrinária e jurisprudencial ao longo dos anos, sendo hoje prevalente o entendimento que propugna pela desnecessidade de tal ato.

A Lei estabelece que após deferir a produção da prova o juízo seja informado acerca do monitoramento. A autoridade policial, nas Representações Policiais para renovação do procedimento de interceptação telefônica/telemática, além de motivar seus requerimentos, apresenta autos circunstanciados, denominados Relatórios Parciais, contendo o resumo das operações realizadas.

A denúncia ofertada pelo Ministério Público deve conter os diálogos reputados necessários ao seu embasamento, sendo obrigatório que a totalidade dos áudios coletados durante o monitoramento telefônico (os registros das conversações) devem estar encartados ao feito em meio magnético.

Isso é essencial. São, portanto, cópia fiel dos diálogos, constituindo os próprios autos.

Ao término do procedimento deve ser oportunizado o pleno acesso às defesas para a necessária análise das provas, não havendo qualquer ofensa ao princípio do devido processo legal (inciso LV do artigo 5º da Constituição Federal) no contraditório diferido.

De acordo com o Inquérito nº 2.424 antes mencionado, a fim de assegurar a lisura de todo o procedimento o conteúdo integral da interceptação tem que ser disponibilizado à Defesa (STF, Inquérito nº 2.424, Relator Min. Cesar Peluso, Tribunal Pleno, STF, *DJe* 26.03.2010).

A transcrição pode ser realizada pelos policiais que participaram do monitoramento, já que a lei não prevê a necessidade de qualificação específica para que se proceda à degravação.

Não há previsão legal para realização de perícia na Lei nº 9.296/1996. A transcrição das gravações "é um ato que não se confunde com perícia técnica, em que eventualmente se indicam assistentes e formulam quesitos, por ser ato de transcrição do conteúdo da escuta telefônica" (TJDF – Primeira Turma – RC 2002.00.2.009067-8 – Rel Lecir Manoel da Luz – julgado em 07.04.2003 – RT 818/634).

No mesmo sentido, o STJ já decidiu que "1. É válida a prova obtida por meio de interceptação de comunicação telefônica, quando a autoridade policial observa todos os requisitos exigidos pela Lei nº 9.296/96, que, ressalte-se, não determina que a degravação das conversas interceptadas seja feita por peritos oficiais" (AgRg no Ag 988.615/RO, Rel. Ministra Laurita Vaz, Quinta Turma, DJe 08.02.2010).

A autoridade policial, ao requerer a prorrogação da diligência, deverá motivar seu pedido e apresentar os relatórios parciais – autos circunstanciados.

O Supremo Tribunal Federal tem entendido que: "para fundamentar o pedido de interceptação, a lei apenas exige relatório circunstanciado da polícia com a explicação das conversas e da necessidade da continuação das investigações. Não é exigida a transcrição total dessas conversas o que, em alguns casos, poderia prejudicar a celeridade da investigação e a obtenção das provas necessárias (art. 6º, § 2º, da L. 9.296/96)" (HC nº 83.515/RS. Tribunal Pleno, Rel. Min. Nelson Jobim, *DJ* de 04.03.2005, p. 11). Neste mesmo sentido: "é desnecessária a juntada do conteúdo integral das degravações das escutas telefônicas realizadas nos autos do inquérito no qual são investigados os ora Pacientes, pois bastam que se tenham degravados os excertos necessários ao embasamento da denúncia oferecida, não configurando, essa restrição, ofensa ao princípio do devido processo legal (art. 5º, inc. LV, da Constituição da República)" (Medida Cautelar em Habeas Corpus nº 91.207-9/RJ, Relator Min. Marco Aurélio, Relator p/ Acórdão: Min. Cármen Lúcia, Tribunal Pleno, por maioria, *DJ* 21.09.2007, p. 20). Ainda, em julgado proferido pela 1ª Turma daquela Corte: "muito embora a ordem jurídica revele como formalidade essencial a degravação da fita referente à interceptação telefônica, expungindo-se o que não sirva à investigação criminal, o Tribunal Pleno, defrontando com a situação concreta ora colocada, concluiu de forma diversa, oportunidade na qual fiquei vencido, na companhia honrosa dos ministros Celso de Mello e Gilmar Mendes. Ressalva de entendimento pessoal ante o crivo do Colegiado Maior" (HC 117000, Rel. Min. Marco Aurélio, Primeira Turma, processo eletrônico *DJe*-205 de 16.10.2013).

A transcrição dos diálogos monitorados pode, então, ficar adstrita àqueles eleitos pela acusação como indicativos da prática delitiva, fazendo-os consignar na denúncia.

Essa questão atinente à necessidade ou não de transcrição da totalidade e da integralidade dos diálogos interceptados foi amplamente debatida, hoje encontra-se pacificada na jurisprudência pátria, que assenta a desnecessidade de tal ato:

> "(...) 1. Firme nesta Corte o entendimento de que é suficiente que a autoridade policial apresente a transcrição dos diálogos que deram suporte para a elaboração da peça acusatória, sendo que a Lei n. 9.296/96 não faz qualquer exigência em tal sentido. 2. Não se verifica a alegada nulidade quanto à falta de juntada da mídia, pois o procedimento da interceptação permaneceu nos autos originários à disposição da defesa. Desse modo, não há falar em cerceamento de defesa. 3. Esta Corte não admite a declaração de nulidades por presunção, devendo, em todo caso, inclusive nas nulidades ditas absolutas, ser demonstrado o efetivo prejuízo sofrido pela defesa em decorrência da irregularidade no ato processual. Precedentes. 4. Tendo a Corte de origem concluído que há provas aptas a embasar a condenação, entender de forma diversa, demandaria o reexame do conjunto probatório, o que não se viabiliza em recurso especial. Incidência do verbete n. 7 da Súmula do STJ. 5. Com relação à arguição de incompetência do juízo processante, incide a Súmula n. 83 desta Corte, uma vez que o entendimento adotado pelo aresto recorrido está em harmonia com a jurisprudência deste Pretório. Agravo regimental desprovido."

(AGARESP - Agravo Regimental no Agravo em Recurso Especial - 996104 2016.02.66166-4, Joel Ilan Paciornik, STJ - Quinta Turma, *DJE de* 31.10.2018)

"(...) 1. O conjunto probatório carreado aos autos permitiu às instâncias antecedentes concluírem que o grupo criminoso do qual o agravante fazia parte tinha envolvimento com tráfico internacional de drogas, o que torna a Justiça Federal competente para o processamento e julgamento do feito. (...) NULIDADE. INTERCEPTAÇÕES TELEFÔNICAS. TRANSCRIÇÃO. COMENTÁRIOS DOS POLICIAIS. NECESSIDADE DE ESCLARECIMENTOS ACERCA DOS DIÁLOGOS TRAVADOS. AUSÊNCIA DE DEMONSTRAÇÃO DO PREJUÍZO. 1. Conforme o princípio do pas de nullité sans grief e nos termos do artigo 563 do Código de Processo Penal, 'nenhum ato será declarado nulo, se da nulidade não resultar prejuízo para a acusação ou para a defesa'. 2. É comum que o relatório com as transcrições de diálogos interceptados no bojo de uma investigação criminal tragam interpolações e comentários das autoridades policiais encarregadas da realização da diligência, com o objetivo de esclarecer o conteúdo dos diálogos travados pelos investigados. Esse procedimento, por certo, não tem por objetivo induzir o julgador a erro, mas apenas facilitar a compreensão acerca dos fatos e sobre o contexto em que transcorreu o diálogo transcrito. 3. Tal procedimento não configura, por si só, qualquer ilegalidade, uma vez que o relato acerca do conteúdo dos diálogos de interesse para a investigação não significa a emissão de juízo de valor por parte da autoridade policial, a ponto de contaminar a prova colhida, mormente pelo fato de que eventual desconformidade com a realidade pode ser prontamente questionada pela defesa, mediante o cotejo com o respectivo áudio gravado. 3. Neste caso, a defesa não logrou êxito em demonstrar, de maneira clara, de que modo teria sido prejudicada com os comentários realizados pela autoridade policial no citado relatório, de modo que não há como ser acolhida a nulidade ventilada. (...)"

(AEARESP - Agravo Regimental nos Embargos de Declaração no Agravo Em Recurso Especial - 1225885 2017.03.26333-6, Jorge Mussi, STJ - Quinta Turma, *DJE* de 17.12.2018)

"(...) 3. Não se mostra razoável exigir, sempre e de modo irrestrito, a degravação integral das escutas telefônicas, haja vista o prazo de duração da interceptação e o tempo razoável para dar-se início à instrução criminal, porquanto há diversos casos em que, ante a complexidade dos fatos investigados, existem mais de mil horas de gravações. Assim, há de ser feita uma seleção daquilo que deve, realmente, constar dos autos para a defesa e para a acusação, dispensável a transcrição de tudo que é irrelevante para a persecução criminal.(...)"

(AgRg no AREsp 1123449/MG, Rel. Ministro Rogerio Schietti Cruz, Sexta Turma, Dje 01.09.2020)

José Baltazar Junior[78] também possui este entendimento, já que compreende que boa parte do que é gravado não guarda relação com o objeto das apurações, mas sim "à vida privada ou íntima do investigado e de pessoas que com ele mantêm conversações, o que viria a expor, desnecessariamente, aspectos da vida privada e da intimidade de pessoas que poderão até mesmo ser estranhas ao processo."

Não há necessidade de se proceder a tradução da totalidade das interceptações ainda que haja réu estrangeiro, desde que esteja assistido por advogado (TRF5, AC nº 2005.84.00.010012-2-RN, Rel. Juiz Fed. Convocado Emiliano Zapata Leitão, 1ª Turma, julgado em 26.03.2009).

6. Cadeia de custódia

A cadeia de custódia objetiva garantir aos acusados o devido processo legal e os recursos a ele inerentes, como a ampla defesa, o contraditório e principalmente o direito à prova lícita. Tal instituto abarca o caminho percorrido pela prova até a sua apreciação pelo juiz, sendo certo que qualquer interferência durante o trâmite processual pode resultar na sua imprestabilidade (STJ, RHC 77.836/PA, Rel. Ministro Ribeiro Dantas, Quinta Turma, DJe 12.02.2019).

O Supremo Tribunal Federal considerou que no curso de uma determinada execução de medida de interceptação telefônica, os diálogos travados entre o investigado e advogado de um corréu acabaram, de maneira automática, interceptados, aliás, como qualquer outra conversa direcionada ao ramal do investigado. Inexistência, no caso, de relação jurídica cliente-advogado. Assim, considerou que "não cabe aos policiais executores da medida proceder a uma espécie de filtragem das escutas interceptadas. A impossibilidade desse filtro, atua, inclusive, como verdadeira garantia ao cidadão, porquanto retira da esfera de arbítrio da polícia escolher o que é ou não conveniente ser interceptado e gravado. Valoração, e eventual exclu-

[78] BALTAZAR JUNIOR, José Paulo. *Crimes federais*. 10. ed. rev., atual. e ampl. São Paulo: Saraiva, 2015. p. 925-926.

são, que cabe ao magistrado a quem a prova é dirigida" (STF, Habeas Corpus nº 91.867-PA, Rel. Min. Gilmar Mendes, Segunda Turma, *v.u.*, *DJ* de 20.09.2012).

O STJ também abordando a questão da quebra da cadeia de custódia decretou a nulidade de interceptação telefônica em razão da não disponibilização da integralidade do conteúdo das conversas:

> "RECURSO ESPECIAL. ART. 305 DO CPM. NULIDADE. INTERCEPTAÇÃO TELEFÔNICA. PROVA EMPRESTADA. QUEBRA DA CADEIA DE CUSTÓDIA DA PROVA.FALTA DE ACESSO À INTEGRALIDADE DAS CONVERSAS. EVIDENCIADO PELO TRIBUNAL DE ORIGEM A EXISTÊNCIA DE ÁUDIOS DESCONTINUADOS, SEM ORDENAÇÃO, SEQUENCIAL LÓGICA E COM OMISSÃO DE TRECHOS DA DEGRAVAÇÃO.FILTRAGEM ESTABELECIDA SEM A PRESENÇA DO DEFENSOR. NULIDADE RECONHECIDA. PRESCRIÇÃO CONFIGURADA. RECURSOS PROVIDOS. DECRETADA A EXTINÇÃO DA PUNIBILIDADE.
>
> 1. A quebra da cadeia de custódia tem como objetivo garantir a todos os acusados o devido processo legal e os recursos a ele inerentes, como a ampla defesa, o contraditório e principalmente o direito à prova lícita. O instituto abrange todo o caminho que deve ser percorrido pela prova até sua análise pelo magistrado, sendo certo que qualquer interferência durante o trâmite processual pode resultar na sua imprestabilidade (RHC 77.836/PA, Rel. Ministro RIBEIRO DANTAS, QUINTA TURMA, julgado em 05/02/2019, DJe 12.02.2019).
>
> 2. É dever o Estado a disponibilização da integralidade das conversas advindas nos autos de forma emprestada, sendo inadmissível a seleção pelas autoridades de persecução de partes dos áudios interceptados.
>
> 3. A apresentação de parcela do produto extraído dos áudios, cuja filtragem foi estabelecida sem a presença do defensor, acarreta ofensa ao princípio da paridade de armas e ao direito à prova, porquanto a pertinência do acervo probatório não pode ser realizado apenas pela acusação, na medida em que gera vantagem desarrazoada em detrimento da defesa.
>
> 4. Reconhecida a nulidade, inegável a superveniência da prescrição, com fundamento no art. 61 do CPP.
>
> 5. Recursos especiais providos para declarar a nulidade da interceptação telefônica e das provas dela decorrentes, reconhecendo, por consequência, a superveniência da prescrição da pretensão punitiva do Estado, de ofício."
>
> (REsp 1795341/RS, Rel. Ministro Nefi Cordeiro, Sexta Turma, DJe 14.05.2019)

Como já mencionado anteriormente, a fim de assegurar a lisura de todo o procedimento o conteúdo integral da interceptação tem que ser disponibilizado à Defesa (cf., neste sentido Inquérito nº 2.424, Relator Min. Cesar Peluso, Tribunal Pleno, STF, *DJe* 26.03.2010).

Caso haja invocação de que a transcrição contenha alguma imprecisão, alguma inautenticidade, deverá a Defesa indicar a desconformidade para que possa ser sanada eventual inconsistência. Neste caso, em havendo solicitação de realização de perícia, deve ser analisado tal pedido pelo juiz.

A análise acerca da possibilidade da quebra da cadeia de custódia das provas obtidas por meio de monitoramento telefônico merece detida leitura porquanto primordial para se evitar manipulação dos dados que possa levar à imprestabilidade das evidências obtidas (art. 157, § 1º, do CPP). A lisura do procedimento é essencial para sua validação no processo penal e qualquer possibilidade de manipulação dos dados é suficiente para acoimar de ilegal todo o procedimento.

Vale pontuar, nesse sentido, que a análise do caráter espúrio do diálogo consiste em uma atividade inerente à atuação da autoridade policial, a quem incumbe certa margem de apreciação dos casos investigados, sob pena de obrigar-se o Delegado a movimentar a máquina judiciária mesmo quando convencido da irrelevância ou impertinência dos fatos levados a seu conhecimento, notadamente à luz da Lei nº 12.830, de 20.06.2013, que confere à autoridade policial estatura de igual dignidade à dos Magistrados, dos membros da Defensoria Pública, do Ministério Público e Advogados (art. 3º do mencionado diploma legal), reconhecendo-lhe a independência funcional para formar juízo de valor na condução da investigação criminal, nos moldes do respectivo artigo 2º, *caput*, e § 6º:

> "Art. 2º As funções de polícia judiciária e a apuração de infrações penais exercidas pelo delegado de polícia são de natureza jurídica, essenciais e exclusivas de Estado.
>
> (...)
>
> § 6º O indiciamento, privativo do delegado de polícia, dar-se-á por ato fundamentado, mediante análise técnico-jurídica do fato, que deverá indicar a autoria, materialidade e suas circunstâncias."

Encampando tal posição, a jurisprudência do Supremo Tribunal Federal divisa separação entre as funções institucionais de investigar, acusar e julgar, como se depreende do precedente ora colacionado:

"Direito constitucional e Processual Penal. Indiciamento. Ato privativo da autoridade policial.

1. De acordo com o Plenário desta Corte, é nulo o indiciamento de detentor de prerrogativa de foro, realizado por Delegado de Polícia, sem que a investigação tenha sido previamente autorizada por Ministro-Relator do STF (Pet 3.825-QO, Red. p/o Acórdão Min. Gilmar Mendes).

2. Diversa é a hipótese em que o inquérito foi instaurado com autorização e tramitou, desde o início, sob supervisão de Ministro desta Corte, tendo o indiciamento ocorrido somente no relatório final do inquérito. Nesses casos, o indiciamento é legítimo e independe de autorização judicial prévia.

3. Em primeiro lugar, porque não existe risco algum à preservação da competência do Supremo Tribunal Federal relacionada às autoridades com prerrogativa de foro, já que o inquérito foi autorizado e supervisionado pelo Relator.

4. Em segundo lugar, porque o indiciamento é ato privativo da autoridade policial (Lei nº 12.830/2013, art. 2º, § 6º) e inerente à sua atuação, sendo vedada a interferência do Poder Judiciário sobre essa atribuição, sob pena de subversão do modelo constitucional acusatório, baseado na separação entre as funções de investigar, acusar e julgar.

5. Em terceiro lugar, porque conferir o privilégio de não poder ser indiciado apenas a determinadas autoridades, sem razoável fundamento constitucional ou legal, configuraria uma violação aos princípios da igualdade e da república.

6. Em suma: a autoridade policial tem o dever de, ao final da investigação, apresentar sua conclusão. E, quando for o caso, indicar a autoria, materialidade e circunstâncias dos fatos que apurou, procedendo ao indiciamento.

7. Pedido de anulação indeferido."

(Supremo Tribunal Federal, Inq. 4621, Rel. Min. Roberto Barroso, julgado em 23.10.2018)

Resta patente, portanto, que às instituições do Ministério Público Federal e da Polícia Federal competem diferentes e complementares funções (devendo, portanto, atuar em colaboração), não se podendo impor uma atuação vinculada do Delegado ao viés interpretativo do Procurador da República. Deixar a autoridade policial de dar vazão a um fato que não considera delituoso não se confunde com prevaricação, falsidade ideológica ou peculato eletrônico, condutas nas quais, dolosamente, o agente público deixa de proceder a ato de ofício para satisfazer interesse pessoal e adultera ou omite informação obrigatória e relevante que deveria constar em documento ou em banco de dados.

O essencial é que a totalidade dos áudios coletados durante a sessão de monitoramento esteja disponibilizada em meio magnético, pois mais fiel à realidade fática que a transcrição do diálogo é a possibilidade de ouvi-lo em bom som e tirar as suas próprias conclusões.

O pacote anticrime (Lei nº 13.964, de 24.12.2019) trouxe uma série de dispositivos que tratam da cadeia de custódia. Confira-se:

> "Art. 158-A. *Considera-se cadeia de custódia o conjunto de todos os* procedimentos utilizados para manter e documentar a história cronológica do vestígio coletado em locais ou em vítimas de crimes, para rastrear sua posse e manuseio a partir de seu reconhecimento até o descarte.
>
> § 1º O início da cadeia de custódia dá-se com a preservação do local de crime ou com procedimentos policiais ou periciais nos quais seja detectada a existência de vestígio.
>
> § 2º O agente público que reconhecer um elemento como de potencial interesse para a produção da prova pericial fica responsável por sua preservação.
>
> § 3º Vestígio é todo objeto ou material bruto, visível ou latente, constatado ou recolhido, que se relaciona à infração penal.'
>
> 'Art. 158-B. A cadeia de custódia compreende o rastreamento do vestígio nas seguintes etapas:
>
> I – reconhecimento: ato de distinguir um elemento como de potencial interesse para a produção da prova pericial;
>
> II – isolamento: ato de evitar que se altere o estado das coisas, devendo isolar e preservar o ambiente imediato, mediato e relacionado aos vestígios e local de crime;
>
> III – fixação: descrição detalhada do vestígio conforme se encontra no local de crime ou no corpo de delito, e a sua posição na área de exames, podendo ser ilustrada por fotografias, filmagens ou croqui, sendo indispensável a sua descrição no laudo pericial produzido pelo perito responsável pelo atendimento;
>
> IV – coleta: ato de recolher o vestígio que será submetido à análise pericial, respeitando suas características e natureza;
>
> V – acondicionamento: procedimento por meio do qual cada vestígio coletado é embalado de forma individualizada, de acordo com suas

características físicas, químicas e biológicas, para posterior análise, com anotação da data, hora e nome de quem realizou a coleta e o acondicionamento;

VI – transporte: ato de transferir o vestígio de um local para o outro, utilizando as condições adequadas (embalagens, veículos, temperatura, entre outras), de modo a garantir a manutenção de suas características originais, bem como o controle de sua posse;

VII – recebimento: ato formal de transferência da posse do vestígio, que deve ser documentado com, no mínimo, informações referentes ao número de procedimento e unidade de polícia judiciária relacionada, local de origem, nome de quem transportou o vestígio, código de rastreamento, natureza do exame, tipo do vestígio, protocolo, assinatura e identificação de quem o recebeu;

VIII – processamento: exame pericial em si, manipulação do vestígio de acordo com a metodologia adequada às suas características biológicas, físicas e químicas, a fim de se obter o resultado desejado, que deverá ser formalizado em laudo produzido por perito;

IX – armazenamento: procedimento referente à guarda, em condições adequadas, do material a ser processado, guardado para realização de contraperícia, descartado ou transportado, com vinculação ao número do laudo correspondente;

X – descarte: procedimento referente à liberação do vestígio, respeitando a legislação vigente e, quando pertinente, mediante autorização judicial.'

'Art. 158-C. A coleta dos vestígios deverá ser realizada preferencialmente por perito oficial, que dará o encaminhamento necessário para a central de custódia, mesmo quando for necessária a realização de exames complementares.

§ 1º Todos vestígios coletados no decurso do inquérito ou processo devem ser tratados como descrito nesta Lei, ficando órgão central de perícia oficial de natureza criminal responsável por detalhar a forma do seu cumprimento.

§ 2º É proibida a entrada em locais isolados bem como a remoção de quaisquer vestígios de locais de crime antes da liberação por parte do perito responsável, sendo tipificada como fraude processual a sua realização.'

'Art. 158-D. O recipiente para acondicionamento do vestígio será determinado pela natureza do material.

§ 1º Todos os recipientes deverão ser selados com lacres, com numeração individualizada, de forma a garantir a inviolabilidade e a idoneidade do vestígio durante o transporte.

§ 2º O recipiente deverá individualizar o vestígio, preservar suas características, impedir contaminação e vazamento, ter grau de resistência adequado e espaço para registro de informações sobre seu conteúdo.

§ 3º O recipiente só poderá ser aberto pelo perito que vai proceder à análise e, motivadamente, por pessoa autorizada.

§ 4º Após cada rompimento de lacre, deve se fazer constar na ficha de acompanhamento de vestígio o nome e a matrícula do responsável, a data, o local, a finalidade, bem como as informações referentes ao novo lacre utilizado.

§ 5º O lacre rompido deverá ser acondicionado no interior do novo recipiente.'

'Art. 158-E. Todos os Institutos de Criminalística deverão ter uma central de custódia destinada à guarda e controle dos vestígios, e sua gestão deve ser vinculada diretamente ao órgão central de perícia oficial de natureza criminal.

§ 1º Toda central de custódia deve possuir os serviços de protocolo, com local para conferência, recepção, devolução de materiais e documentos, possibilitando a seleção, a classificação e a distribuição de materiais, devendo ser um espaço seguro e apresentar condições ambientais que não interfiram nas características do vestígio.

§ 2º Na central de custódia, a entrada e a saída de vestígio deverão ser protocoladas, consignando-se informações sobre a ocorrência no inquérito que a eles se relacionam.

§ 3º Todas as pessoas que tiverem acesso ao vestígio armazenado deverão ser identificadas e deverão ser registradas a data e a hora do acesso.

§ 4º Por ocasião da tramitação do vestígio armazenado, todas as ações deverão ser registradas, consignando-se a identificação do responsável pela tramitação, a destinação, a data e horário da ação.'

'Art. 158-F. Após a realização da perícia, o material deverá ser devolvido à central de custódia, devendo nela permanecer.

Parágrafo único. Caso a central de custódia não possua espaço ou condições de armazenar determinado material, deverá a autoridade policial ou judiciária determinar as condições de depósito do referido material em local diverso, mediante requerimento do diretor do órgão central de perícia oficial de natureza criminal.'

7. Acesso de servidores públicos da Receita Federal do Brasil ao conteúdo interceptado

Questão que se coloca seria a legalidade de acesso de servidores da Receita Federal do Brasil a conteúdo sigiloso contido no teor de diálogos interceptados. Em havendo autorização judicial para o compartilhamento de informações com a Receita Federal por demandar conhecimento técnico envolvendo as práticas aduaneiras, é aconselhável e louvável a cooperação entre os órgãos públicos.

Neste contexto, a autorização judicial para o compartilhamento dos dados obtidos por meio da interceptação telefônica vai ao encontro das diversas atribuições a cargo da Receita Federal.

A Lei nº 11.457, de 16.03.2007 estabelece em seu art. 1º a administração tributária e aduaneira da União como finalidade da Secretaria da Receita Federal.

Dentre as mencionadas atribuições é possível sublinhar: i) a gestão e execução dos serviços de administração, fiscalização e controle aduaneiro e ii) a repressão ao contrabando e descaminho, no limite de sua alçada, bem como a sua missão, qual seja, a de exercer a administração tributária aduaneira com justiça fiscal e respeito ao cidadão, em benefício da sociedade (Fonte: http://receita.economia.gov.br/sobre/institucional. Acesso em 15.05.2023).

Corroborando tal entendimento trago à colação precedentes nos quais esta técnica de investigação foi utilizada, ou seja, foi autorizada pelo Juízo a interceptação telefônica, bem como o correspondente compartilhamento das informações colhidas com a Receita Federal:

> "AGRAVO REGIMENTAL NO RECURSO ORDINÁRIO EM MANDADO DE SEGURANÇA. AUSÊNCIA DE NOVOS ARGUMENTOS HÁBEIS A DESCONSTITUIR A DECISÃO IMPUGNADA. PROVA OBTIDA EM PROCESSO CRIMINAL, MEDIANTE AUTORIZAÇÃO JUDICIAL. COMPARTILHAMENTO COM A RECEITA FEDERAL. POSSIBILIDADE. AGRAVO DESPROVIDO. I – O agravo regimental deve trazer novos argumentos capazes de alterar o entendimento anteriormente firmado, sob pena de ser mantida a decisão impugnada por seus próprios fundamentos. II – Não há nulidade na decisão judicial que autorizou o compartilhamento das informações regularmente obtidas em procedimento criminal – mediante interceptações telefônicas autorizadas pelo Juízo competente –, com a Receita Federal do Brasil. III – 'A prova validamente obtida com a quebra de sigilo bancário, em procedimento criminal e por

motivada decisão, pode ser compartilhada com a Receita Federal, nos termos do que dispõe a Lei nº 105/201' (RMS n. 17.915/PR, Rel. Sexta Turma, Rel. Min. Nefi Cordeiro, DJe de 18/12/2014). Agravo regimental desprovido."

(AROMS - AGRAVO REGIMENTAL NO RECURSO EM MANDADO DE SEGURANÇA - 52818 2016.03.38283-0, Felix Fischer, STJ - Quinta Turma, *DJE* de 03.10.2018)

"PROCESSO PENAL. REGULARIDADE DA INICIAL ACUSATÓRIA. JUSTA CAUSA. DENEGAÇÃO DA ORDEM DE HABEAS CORPUS. 1. Habeas Corpus impetrado em face da decisão que recebeu a denúncia, ofertada nos autos de ação penal pública incondicionada (processo nº 0000431-32.1010.4.05.8302), atribuindo ao paciente a suposta prática dos delitos previstos nos arts. 288, 317, parágrafo 1º, e 321, parágrafo único, do Código Penal, e no art. 1º da Lei nº 9.613/1998, todos na forma do art. 69, também do Código Penal. (...) 5. A acusação não parte do relento, mas se firma em investigação policial concluída com base em incidentes de quebras de sigilo fiscal e de dados, interceptações telefônicas, buscas e apreensões, compartilhamento de informações com a Coordenação-Geral de Pesquisa e Investigação da Receita Federal (COPEI) e depoimentos/declarações. 6. Através dessas ações, o Ministério Público Federal concluiu que o paciente, em atuação estritamente vinculada ao cargo de Auditor Fiscal (Delegado da Receita Federal em Caruaru/PE), estabeleceu uma série de relações promíscuas com representantes de sociedades empresárias da região em quc, pelo recebimento de vantagens indevidas, 'desde veículos a dinheiro e prestação de serviços' (a exemplo de empréstimos de carros, uso de imóveis e passagens aéreas 'gratuitas'), evitava a 'ocorrência de ações de fiscalização, para livrar/reduzir os tributos devidos, bem como para favorecer com compensações e restituições indevidas determinados contribuintes', prestando-lhes, inclusive, assessoramento em questões tributárias e, ainda, utilizava-se de 'estratégias (...) para ocultar a origem ilícita das vantagens indevidamente por ele recebidas e para emprestar aparência de ilicitude', contando, especialmente nessa parte da imputação, com a colaboração de pessoas com as quais possuía laços de parentesco, a exemplo de sua genitora, companheira e cunhada (...).14. Ordem de habeas corpus denegada."

(HC - Habeas Corpus - 5407 0001531-57.2014.4.05.0000, Desembargador Federal Rogério Fialho Moreira, TRF5 - Quarta Turma, *DJE* de03.04.2014 - Página::420)

"PROCESSUAL PENAL. MANDADO DE SEGURANÇA. COMPARTILHAMENTO DO CONTEÚDO DAS INTERCEPTAÇÕES TELEFÔNICAS COM O TRIBUNAL DE CONTAS DA UNIÃO. POSSIBILIDADE DESDE QUE OS FATOS EM APURAÇÃO NA ESFERA ADMINISTRATIVA TENHAM RELAÇÃO DIRETA COM OS CRIMES SUPOSTAMENTE COMETIDOS E DESDE QUE RESPEITADO O CONTRADITÓRIO E A AMPLA DEFESA. SEGURANÇA DENEGADA.

I – O que ficou ressalvado no julgamento do Habeas Corpus nº 0002294-37.2017.4.02.0000 foi a impossibilidade de compartilhamento do conteúdo das interceptações telefônicas com a Receita Federal se o ilícito administrativo objeto do processo disciplinar não tiver nenhuma relação com os ilícitos que estão sendo apurados na esfera criminal. II – O entendimento dominante nos Tribunais Superiores é no sentido de que o conteúdo das interceptações telefônicas pode ser compartilhado com órgãos que não integram o Poder Judiciário, desde que respeitado os princípios do contraditório e da ampla defesa. III – Segurança denegada."

(MS – Mandado de Segurança – Processo Especial de Leis Esparsas – Processo Especial – Processo Criminal 0012786-88.2017.4.02.0000, Paulo Espirito Santo, TRF2 – 1ª Turma Especializada, *DJE* 15.03.2018)

Cumpre mencionar que a Constituição da República, nos arts. 37, inciso XXII ("as administrações tributárias da União, dos Estados, do Distrito Federal e dos Municípios, atividades essenciais ao funcionamento do Estado, exercidas por servidores de carreiras específicas, terão recursos prioritários para a realização de suas atividades e atuarão de forma integrada, inclusive com o compartilhamento de cadastros e de informações fiscais, na forma da lei ou convênio") e 241 ("a União, os Estados, o Distrito Federal e os Municípios disciplinarão por meio de lei os consórcios públicos e os convênios de cooperação entre os entes federados, autorizando a gestão associada de serviços públicos, bem como a transferência total ou parcial de encargos, serviços, pessoal e bens essenciais à continuidade dos serviços transferidos") estabelece o dever de cooperação entre os órgãos públicos, sempre com vista à proteção dos princípios constitucionais da Administração Pública, ressaltando-se que os servidores públicos estão sujeitos às obrigações do sigilo decorrentes de sua atuação profissional.

Finalmente, deve-se atentar que nestas hipóteses os Relatórios Parciais apresentados pela autoridade policial são elaborados por equipes dos quadros da Polícia Federal.

Art. 7º

Para os procedimentos de interceptação de que trata esta Lei, a autoridade policial poderá requisitar serviços e técnicos especializados às concessionárias de serviço público.

1. Notas introdutórias

As operadoras de telefonia são obrigadas na forma do artigo 7º a colaborar com a justiça, independentemente de qualquer contraprestação. Elas possuem concessões de serviço público e devem fornecer à autoridade policial os meios necessários para a efetivação da medida.

Acaso as operadoras não atendam à determinação para auxílio e suporte técnico, a autoridade policial pode determinar a instauração de inquérito policial por crime de desobediência.

2. Fornecimento de senhas à autoridade policial

O fornecimento de senhas à polícia é uma questão sensível e deve ser cercado de cuidados a fim de se evitar arguição de nulidade. Em relação a este tema tive oportunidade de manifestar-me quando exerci minhas atividades judicantes perante o juízo da 6ª Vara Federal Criminal Especializada em Crimes Financeiros e em Crimes de Lavagem de Dinheiro e o fiz nos seguintes termos: "NOTA DE ESCLARECIMENTO – Com relação à matéria jornalística publicada na data de ontem (03.08.2008) na Folha de São Paulo intitulada 'Polícia Federal obteve acesso total ao registro de chamadas do país', impõe-se esclarecer o que segue: **1.** A 6ª Vara Federal Criminal não tem admitido a obtenção, de forma ampla, de senhas que possibilitem o fornecimento de dados cadastrais de terminais telefônicos e todos os demais relacionados a um determinado terminal, bem como do histórico das últimas chamadas efetuadas e recebidas, conforme, aliás, pode-se verificar de entendimento constante de livro publicado acerca da Lavagem de Dinheiro, de autoria do juiz titular, Fausto Martin De Sanctis (cf. Combate à Lavagem de Dinheiro. Teoria e Prática. Campinas: Millennium, 2008, p.117 e 118); **2.** Na hipótese de apuração de um caso concreto, e desde que devidamente fundamentado o pedido, é possível a obtenção de senhas viabilizando-se a vinda de informações e a análise policial em tempo razoável para eventuais futuras solicitações. Não teria sentido que, a cada ligação telefônica suspeita, fosse necessário requerer em juízo a expedição de ofício a uma determinada concessionária de serviço público para obtenção de dados cadastrais, sob pena de inviabilizar e tumultuar, desnecessariamente, a investigação; **3.** Saliente-se que dados cadastrais da Receita Federal do Brasil e de concessionárias de telefonia, por vezes, são vendidos, de forma irregular em praça pública, fato que já ensejou a instauração de ação penal contra os seus responsáveis junto à 6ª Vara Federal Criminal; **4.** Assim, as autorizações somente existem quando vinculadas a uma determinada investigação e a atuação da polícia deve se circunscrever a esta. Ressalte-se que essa utilização nunca foi considerada irregular pelas Cortes de Justiça nos processos que tramitam na 6ª Vara Federal Criminal; **5.** Importante mencionar que a autorização restringe-se à busca de informações cadastrais exclusivamente das chamadas feitas pelos investigados ou por estes recebidas e medidas futuras necessitarão que se levem em consideração o teor dos diálogos e a necessidade eventual de maiores informações daqueles que tiveram contatos com os primeiros (investigados); **6.** A decisão judicial deferindo a obtenção de senhas deixa claro que a autorização é pessoal e intransferível, fornecida apenas para agentes policiais federais determinados e para a investigação em curso, sendo de sua responsabilidade a utilização indevida do mecanismo; **7.** A busca de informações junto às concessionárias públicas mediante senhas judicialmente deferidas somente é realizada por meio computacional, automaticamente com registro do agente policial solicitante, de molde ser possível detectar, com facilidade, quem fez a pesquisa; **8.** Não é possível, pois, a utilização leviana do dispositivo sem que se saiba a autoria, razão pela qual até o momento não foi observado qualquer desvio de conduta funcional; **9.** A autorização de obtenção de senhas não se confunde com autorização para interceptação de linhas telefônicas porquanto a primeira não leva à segunda, nem indiretamente. Os monitoramentos (interceptações) somente entram em funcionamento após a obtenção de ordem judicial, jamais de maneira automática, ou sem critério, não havendo possibilidade de extensão às outras linhas que se comunicarem com a linha interceptada; **10.** No caso de ser relevante para a investigação em andamento o diálogo interceptado, o analista designado para acompanhamento dos trabalhos (agentes policiais) identifica o número e somente a partir daí, e em razão da senha obtida, solicita à operadora de telefonia os seus dados cadastrais (desde, é claro, que exista autorizada ordem judicial); **11.** Com os dados obtidos, ele apresenta à autoridade policial um relatório circunstanciado sobre o diálogo mantido entre o investigado e seu interlocutor, sugerindo, se o caso, representação ao Poder Judiciário. Somente após a obtenção da decisão judicial, é que a linha que se comunicou com o monitorado pode ser interceptada; **12.**

Logo, não possui qualquer fundamento afirmar que haveria acesso irrestrito para monitoramentos telefônicos, ou mesmo para acessar banco de dados das companhias telefônicas de qualquer usuário ou assinante, sendo certo que o procedimento de obtenção de senhas é acompanhado pelo Ministério Público Federal e submetido a real controle da Justiça Federal."

3. Procedimento adotado pelos agentes policiais durante o monitoramento (análise do material coletado)

Durante o monitoramento telefônico autorizado judicialmente são captadas inúmeras conversas mantidas pelos titulares dos números de telefones interceptados, não determinando a legislação de regência, como já se pontuou, a transcrição das mesmas.

Assinala-se, por oportuno, que a integralidade da gravação telefônica, que é capturada pelo sistema de interceptação de sinais de forma automática e sem interferência policial, deve ser exportada em cópia fiel para o meio magnético e disponibilizada ao Poder Judiciário e ao Ministério Público.

Respeitando-se a disponibilização integral dos áudios interceptados, fica preservada a fidedignidade da prova à qual se volta a custódia do sistema de interceptação de sinais. O essencial é que a totalidade dos áudios coletados durante a sessão de monitoramento esteja disponibilizada em meio magnético.

Por meio de relatórios apresentados ao Poder Judiciário (apresentação que pode não ocorrer na mesma data em que são captados os áudios), a autoridade policial transcreve os trechos de maior interesse à investigação, o que justifica a existência de reticências em algumas transcrições, denotando, por certo, a existência de outras conversas, longe, entretanto, de configurar qualquer fraude ou ausência de transparência.

A autoridade policial ou seus agentes não interferem na gravação das conversas interceptadas. Em outras palavras, iniciando-se o contato telefônico, o aparelho gravará a conversa de maneira contínua, até que os telefones sejam desligados.

Na verdade, o fluxo das comunicações telefônicas por aparelho celular é feito de modo digital. As operadoras, a partir de um protocolo próprio, procedem à decodificação dos sinais digitais, convertendo-os em sinais analógicos (que correspondem aos sons efetivamente ouvidos).

A existência de zonas de silêncio e de trechos inaudíveis não infirma o teor dos diálogos mantidos pelos investigados, tampouco a autoria da locução. Remarque-se, ainda, que a eventual ausência de *hash* nos arquivos de áudio não significa que possa ter ocorrido a criação ou alteração daquilo que foi dito entre os interlocutores, quando muito pode ser o caso de supressão de ruídos, realce de certas frequências etc., no intuito de tornar mais audíveis as conversas travadas.

Além disso, o sistema de interceptação de sinais grava integralmente os diálogos, não havendo possibilidade de suprimir palavras ou frases. Os "silêncios" eventualmente identificados podem ser provenientes do desencadeamento das conversas, não significando supressão ou edição dos diálogos, já que os interlocutores podem se expressar de forma pausada e em alguns momentos ficar em silêncio.

A eventual ausência da cadeia de custódia, que tem por objetivo a preservação da fonte de evidências mediante o registro de todos que tiveram contato com o material analisado, bem como a falta parcial de metadados (informações sobre os arquivos gerados) não têm o condão de invalidar a prova já que cabe à Polícia Federal, por determinação legal, a coleta e a análise do material, cujos atos gozam de presunção de veracidade.

A integralidade dos áudios interceptados dever ser disponibilizada ao Judiciário e ao Ministério Público, sendo que os dados fundamentais do sistema de informação são justamente os áudios, não os comentários do analista.

Vale pontuar, mais uma vez, que a análise do caráter espúrio dos diálogos mantidos entre investigados consiste em uma atividade inerente à atuação da autoridade policial, a quem incumbe certa margem de apreciação dos casos investigados, sob pena de obrigar-se o Delegado a movimentar a máquina judiciária mesmo quando convencido da irrelevância ou impertinência dos fatos levados a seu conhecimento, notadamente à luz da Lei nº 12.830, de 20.06.2013, que confere à autoridade policial estatura de igual dignidade à dos Magistrados, dos membros da Defensoria Pública, do Ministério Público e Advogados (art. 3º do mencionado diploma legal), reconhecendo-lhe a independência funcional para formar juízo de valor na condução da investigação criminal, nos moldes do respectivo artigo 2º, *caput*, e § 6º.

Questão que se coloca seria, então, o de imputação de crimes de peculato eletrônico (art. 313-A do CP) e de falsidade ideológica (art. 299 do CP) relacionados aos registros e às referências aos diálogos monitorados pelos agentes policiais responsáveis pela concretização das diligências.

Durante os procedimentos, os agentes públicos, ao elaborarem os relatórios circunstanciados, inserem comentários nos registros da ligação interceptada. Podendo ocorrer sucessiva edição desses comentários por conta da natureza investigativa e interpretativa da função policial, tanto na chamada principal quanto na duplicada, uma vez que o sistema de interceptação de sinais abre essa possibilidade e fornece uma distinção bastante sutil para identificar a multiplicidade de chamadas, funcionalidade prevista no sistema.

Natural, assim, que os comentários analíticos ocorram à medida que o agente policial contextualize os significados do diálogo para que possa elaborar o relatório. Esta dinâmica reflete o bom desempenho da análise de inteligência policial. Devidamente justificada, portanto, a possibilidade legal de editar comentários interpretativos do diálogo interceptado bem como a supremacia do áudio em si sobre o comentário do analista (cujo caráter é precário e secundário).

Os comentários que insere na análise dos diálogos devem espelhar e retratar a realidade porque tais comentários são sempre embasados no teor do diálogo em si. Tais comentários devem ser fieis à conversação mantida, pois se destinam a demonstrar em primeiro lugar as expressões vocalizadas pelos interlocutores.

O sistema de interceptação de sinais é desenhado para que o analista (agente policial) edite as suas impressões pessoais quantas vezes forem necessárias/convenientes ao elaborar os comentários acerca dos diálogos interceptados. E isso é feito, portanto, a partir da percepção que ele tenha do teor do diálogo.

É da própria dinâmica do sistema a possibilidade de os comentários serem modificados conforme a investigação avança. Daí a importância de que eles possam ser retificados, alterados, ou até mesmo excluídos se não for de interesse da investigação. Uma dada conversa pode significar uma ideia, que, posteriormente, não teria o sentido inicialmente interpretado.

Tal ordem de considerações, embora não exclua a hipótese de inserção ou alteração dolosa dos comentários pertinentes às chamadas telefônicas (o que por óbvio terá repercussão criminal e merecerá apuração), apenas realça a dificuldade encontrada para conhecer e utilizar adequadamente as ferramentas do aludido sistema.

Art. 8º

A interceptação de comunicação telefônica, de qualquer natureza, ocorrerá em autos apartados, apensados aos autos do inquérito policial ou do

processo criminal, preservando-se o sigilo das diligências, gravações e transcrições respectivas.

Parágrafo único. A apensação somente poderá ser realizada imediatamente antes do relatório da autoridade, quando se tratar de inquérito policial (Código de Processo Penal, art. 10, § 1º) ou na conclusão do processo ao juiz para o despacho decorrente do disposto nos arts. 407, 502 ou 538 do Código de Processo Penal.

1. Notas introdutórias

Este artigo assegura o respeito à ampla defesa e ao contraditório, porém, ele é diferido, postergado, para que não haja obstáculo às investigações. O juiz deve decretar o sigilo da operação de modo que o acesso à defesa seja oportunizado somente ao término das interceptações e após devidamente documentadas no inquérito policial.

O sigilo nesta fase obviamente deve ser mantido em face de terceiros, de modo a assegurar não somente o respeito à presunção de inocência do investigado, mas também o direito à privacidade e à segurança da vítima, das testemunhas e das pessoas que tenham mantido diálogos com a pessoa investigada.

Mesmo nas hipóteses em que o procedimento de interceptação telefônica ou telemática for autorizado como medida cautelar preparatória com o fundamento normativo que permite o seu deferimento, o sigilo deve ser mantido. Sempre se deve ter em mente que a utilização deste meio de prova deve estar atrelada à probabilidade da existência de uma infração penal, de sua autoria, bem ainda no risco da perda da prova.

Interessante notar que o artigo 1º refere-se à investigação criminal e o artigo 8º faz menção a inquérito policial. A expressão investigação criminal é mais ampla que o termo inquérito policial, de modo que ela pode iniciar-se precedentemente à instauração do inquérito policial. O apensamento do procedimento de interceptação, que corre em autos apartados, somente ocorrerá ao término do procedimento.

O contraditório e a ampla defesa são, portanto, assegurados ao término do procedimento, sob pena de as investigações serem fadadas ao insucesso. O acesso aos autos da investigação criminal deve ocorrer quando as diligências estiverem encerradas, dando, assim, pleno atendimento ao que prescreve a Súmula Vinculante nº 14 do STF, a saber: "é direito do defensor, no interesse do representado, ter acesso amplo aos elementos de prova que, já documentados em procedimento investigatório realizado por órgão com competência de polícia judiciária, digam respeito ao exercício do direito de defesa."

A fim de se assegurar a lisura dos monitoramentos deve o magistrado cercar-se de todos os cuidados conferindo maior segurança ao procedimento.

São expedidos ofícios às concessionárias de telefonia para que indiquem ao juízo o nome dos funcionários que tiverem conhecimento da medida de interceptação de comunicação telefônica, bem como para que forneçam o nome do responsável pela sua operacionalização, para que todos respondam criminalmente na hipótese de eventual violação do sigilo determinado nos artigos 8º e 10, última figura.

Os ofícios remetidos por tais empresas são arquivados em pasta própria no gabinete do juízo criminal, de modo a preservar o nome dos funcionários, em consonância com as disposições previstas em lei. Os ofícios a serem encaminhados às concessionárias devem ser retirados em cartório judicial por policiais previamente indicados pela autoridade policial que preside as investigações, sendo devidamente certificada a retirada das expedições, bem como o nome e matrícula dos servidores, com observância do processamento eletrônico dos feitos judiciais atualmente.

O sigilo previsto neste artigo deve ser analisado em cotejo com o quanto restou estabelecido após a Emenda nº 45/2004, que alterou a redação do artigo 93, inciso IX, da CF, assegurando a possibilidade de não ser obstada a divulgação pela imprensa de dados processuais, em função do interesse público à informação.

Este dispositivo constitucional, que consagrou o princípio geral da publicidade do processo, está assim redigido: "todos os julgamentos dos órgãos do Poder Judiciário serão públicos, e fundamentadas todas as decisões, sob pena de nulidade, podendo a lei limitar a presença, em determinados atos, às próprias partes e a seus advogados, ou somente a estes, em casos nos quais a preservação do direito à intimidade do interessado no sigilo não prejudique o interesse público à informação."

Desse modo é preciso contemporizar o artigo 8º da lei ordinária com este preceito constitucional. Guilherme de Souza Nucci pondera que: "o magistrado, ao autorizar a interceptação telefônica, deve sempre se manifestar, claramente, quanto ao segredo de justiça, do inquérito ou do processo, apontando haver interesse público ou garantia à intimidade alheia, de modo fundamentado, com o fito de evitar o contraste com o direito à informação, constitucionalmente assegurado, sopesando os direitos em conflito. Em outras palavras, o sigilo previsto de maneira genérica para todos os casos de interceptação telefônica no art. 8º da Lei 9.296/96 não é mais suficiente para contrapor, ao menos diante dos órgãos de imprensa, o segredo acerca da prova colhida (gravação ou transcrição), pois há expressa norma constitucional excetuando o sigilo quando envolver o direito à informação. Porém, fazendo-se uma interpretação sistemática, é viável deduzir que o juiz é o responsável pela ponderação e harmonização dos princípios constitucionais, confrontando o direito à informação ao interesse público e, também, ao direito à intimidade."[79]

Conquanto a norma estampada no artigo 8º deva ser confrontada com o interesse público à informação, em sendo caso de frontal violação à dignidade da pessoa humana, à intimidade ou à privacidade de alguém deve ser assegurado o sigilo. Aliás, o processo penal deve tutelar a liberdade processual da pessoa, o respeito à sua dignidade, exatamente porque "a dignidade da pessoa humana é um valor-guia não apenas dos direitos fundamentais, mas de toda a ordem jurídica (constitucional e infraconstitucional), razão pela qual para muitos se justifica plenamente sua caracterização como princípio constitucional de maior hierarquia axiológica-valorativa."[80]

Caberá ao magistrado, portanto, realizar a ponderação entre os valores que estarão em conflito. Neste sentido, Guilherme de Souza Nucci destaca que "o disposto no art. 8º da Lei 9.296/96 não pode ter validade automática, merecendo validação pelo juiz, de maneira fundamentada, como forma a evitar o acesso da imprensa à prova colhida por interceptação telefônica, em decorrência do interesse público à informação. Este deve ceder quando a intimidade de alguém, acaso violada pela divulgação da notícia pelos meios de comunicação, tornar-se seriamente atingida. Valerá, em nosso entendimento, neste caso, o princípio da proporcionalidade. Nem toda conversa captada, em qualquer investigação ou processo, deixará de ser divulgada simplesmente porque a Lei 9.296/96 assegurou a sua mantença em sigilo. Nem toda divulgação de conversa provoca, necessariamente, sério dano à reputação alheia, motivo pelo qual, nesse cenário, a intimidade deve ceder ao interesse público à informação."

[79] NUCCI, Guilherme de Souza. *Leis penais e processuais penais comentadas*. 9. ed. rev., atual. e ampl., Rio de Janeiro: Forense, 2015. v. 1. p. 527.

[80] LOPES JUNIOR, Aury. *Direito processual penal*. 11. ed., 2. tir. São Paulo: Saraiva, 2014. p. 47.

Art. 8º-A

Para investigação ou instrução criminal, poderá ser autorizada pelo juiz, a requerimento da autoridade policial ou do Ministério Público, a captação ambiental de sinais eletromagnéticos, ópticos ou acústicos, quando:

I – a prova não puder ser feita por outros meios disponíveis e igualmente eficazes; e

II – houver elementos probatórios razoáveis de autoria e participação em infrações criminais cujas penas máximas sejam superiores a 4 (quatro) anos ou em infrações penais conexas.

§ 1º O requerimento deverá descrever circunstanciadamente o local e a forma de instalação do dispositivo de captação ambiental.

§ 2º (VETADO).[81]

§ 3º A captação ambiental não poderá exceder o prazo de 15 (quinze) dias, renovável por decisão judicial por iguais períodos, se comprovada a indispensabilidade do meio de prova e quando presente atividade criminal permanente, habitual ou continuada.

§ 4º (VETADO). [82]

[81] Mensagem de veto: **§ 2º do art. 8º-A da Lei nº 9.296, de 24 de julho de 1996, inserido pelo art. 7º do projeto de lei:**

"§ 2º A instalação do dispositivo de captação ambiental poderá ser realizada, quando necessária, por meio de operação policial disfarçada ou no período noturno, exceto na casa, nos termos do inciso XI do **caput** do art. 5º da Constituição Federal."

Razões do veto

"A propositura legislativa, gera insegurança jurídica, haja vista que, ao mesmo tempo em que admite a instalação de dispositivo de captação ambiental, esvazia o dispositivo ao retirar do seu alcance a 'casa', nos termos do inciso XI do art. 5º da Lei Maior. Segundo a doutrina e a jurisprudência do Supremo Tribunal Federal, o conceito de 'casa' deve ser entendido como qualquer compartimento habitado, até mesmo um aposento que não seja aberto ao público, utilizado para moradia, profissão ou atividades, nos termos do art. 150, § 4º, do Código Penal (v. g. HC 82788, Relator: Min. Celso de Mello, Segunda Turma, julgado em 12.04.2005)."

[82] Mensagem de veto: **§ 4º do art. 8º-A da Lei nº 9.296, de 24 de julho de 1996, inserido pelo art. 7º do projeto de lei**

"§ 4º A captação ambiental feita por um dos interlocutores sem o prévio conhecimento da autoridade policial ou do Ministério Público poderá ser utilizada, em matéria de defesa, quando demonstrada a integridade da gravação."

Razões do veto

"A propositura legislativa, ao limitar o uso da prova obtida mediante a captação ambiental apenas pela defesa, contraria o interesse público uma vez que uma prova não deve ser considerada lícita ou ilícita unicamente em razão da parte que beneficiará, sob pena de ofensa ao princípio da lealdade, da boa-fé objetiva e da cooperação entre os sujeitos processuais, além de se representar um retrocesso legislativo no combate ao crime. Ademais, o dispositivo vai de encontro à jurisprudência do Supremo Tribunal Federal, que admite utilização como prova da infração

§ 5º Aplicam-se subsidiariamente à captação ambiental as regras previstas na legislação específica para a interceptação telefônica e telemática."

1. Notas introdutórias

Este dispositivo foi introduzido no ordenamento jurídico por meio da Lei nº 13.964, de 24.12.2019, que aperfeiçoou a legislação penal e processual penal, e fez parte do "Pacote Anticrime" apresentado pelo então Ministro da Justiça Sérgio Moro.

O meio de obtenção de prova consistente na captação ambiental de sinais eletromagnéticos, ópticos ou acústicos já estava previsto no art. 3º, inciso II, da Lei nº 12.850/2013, a qual define a organização criminosa. Todavia, naquele diploma legal não houve detalhamento de sua forma de execução.

2. Procedimento

A captação ambiental de sinais eletromagnéticos, ópticos ou acústicos poderá, a requerimento da autoridade policial ou do Ministério Público, ser autorizada pelo juiz durante a investigação ou instrução criminal, quando a prova não puder ser feita por outros meios disponíveis e igualmente eficazes (inciso I) e quando houver elementos probatórios razoáveis de autoria e participação em infrações criminais cujas penas máximas sejam superiores a 4 (quatro) anos ou em infrações penais conexas (inciso II).

Para tanto, na forma do § 1º, o requerimento deverá descrever circunstanciadamente o local e a forma de instalação do dispositivo de captação ambiental. Esta somente pode ser adotada na impossibilidade de emprego de outros meios de obtenção de prova dada a invasão da esfera de privacidade, estando em perfeita consonância com o entendimento sufragado em relação ao deferimento de interceptação telefônica. O tratamento conferido é idêntico, cujo deferimento também está adstrito à cláusula de reserva jurisdicional e para fins de investigação ou instrução criminal.

Destaque-se a impossibilidade de a medida constritiva de direitos ser deferida de ofício pelo magistrado, somente podendo fazê-lo a requerimento da autoridade policial ou do Ministério Público.

criminal a captação ambiental feita por um dos interlocutores, sem o prévio conhecimento da autoridade policial ou do Ministério Público, quando demonstrada a integridade da gravação (v. g. Inq-QO 2116, Relator: Min. Marco Aurélio, Relator p/ Acórdão: Min. Ayres Britto, publicado em 29.02.2012, Tribunal Pleno)."

Importante assentar que a prova necessária a uma condenação não pode se restringir apenas a eventuais diálogos mencionados na captação ambiental. Ao contrário, deve estar em congruência com outras provas produzidas ao longo da instrução processual, independentemente da transcrição total dos áudios da interceptação ambiental.

No que tange à delimitação do conteúdo do material captado a ser transcrito, deve-se atentar para a dispensabilidade da transcrição de conversas de cunho pessoal que, pelo seu contéudo, provavelmente não sejam relevantes ao deslinde da causa, reproduzindo-se apenas os trechos de conversas reputados importantes para a caracterização dos delitos em apuração.

Sem embargo disso, mister realçar que a Lei de Interceptação Telefônica não determina a transcrição integral dos áudios, já que o registro óptico em CD constitui a integralidade do seu conteúdo. No entanto, os áudios utilizados para embasar a denúncia necessariamente hão de ser transcritos.

No que tange à realização de perícia de espectograma de voz, deve-se analisar caso a caso para que se possa aquilatar a necessidade. Acaso haja negação da autoria dos diálogos, se o magistrado, após a manifestação ministerial, entender pela pertinência, deve-se oportunizar à Defesa a sua realização.

Não há previsão de realização de perícia na lei ora sob análise, sendo certo que a jurisprudência do STJ é firme no sentido da sua prescindibilidade, notadamente quando for possível aferir a identificação de voz por outros meios de provas (HC 453.357/SP, Rel. Ministro Reynaldo Soares da Fonseca, Quinta Turma, DJe 24.08.2018).

Deve-se perquirir se o objeto contestado, inclusive, documentalmente, possa ser plenamente passível de valoração (a partir não só do que argumente a Defesa, mas do exame de todo o conjunto probatório). Em outras palavras, não cabe confundir o objeto da valoração da valoração do objeto, como bem retratava Ernst Von Beling ao afirmar que a valoração pertence à antijuridicidade.

3. Prazo de duração

A captação ambiental não poderá exceder o prazo de 15 (quinze) dias, renovável por decisão judicial por iguais períodos, se comprovada a indispensabilidade do meio de prova e quando presente atividade criminal permanente, habitual ou continuada (art. 8º-A, §3º).

Em relação à possibilidade de prorrogação da captação ambiental, como mencionado anteriormente, vale destacar que o art. 8º-A, § 3º, da Lei nº

9.296/1996, bem elucida a questão, ao contrário do disposto no art. 5º, evidenciando a plena possibilidade das sucessivas prorrogações "a captação ambiental não poderá exceder o prazo de 15 (quinze) dias, renovável por decisão judicial por iguais períodos, se comprovada a indispensabilidade do meio de prova e quando presente atividade criminal permanente, habitual ou continuada."

A pertinência da renovação da medida deve se dar em consonância com o entendimento já consolidado em relação às interceptações telefônicas. Assim, neste ponto, reporto-me ao quanto analisado no art. 5º da Lei nº 9.296/1996.

Aliás, o § 5º do art. 8º-A desta Lei preceitua exatamente a aplicação subsidiária à captação ambiental das regras previstas na legislação específica para a interceptação telefônica e telemática.

Art. 9º

A gravação que não interessar à prova será inutilizada por decisão judicial, durante o inquérito, a instrução processual ou após esta, em virtude de requerimento do Ministério Público ou da parte interessada.

Parágrafo único. O incidente de inutilização será assistido pelo Ministério Público, sendo facultada a presença do acusado ou de seu representante legal.

1. Notas introdutórias

Interessante questão refere-se ao princípio da não autoincriminação que assegura o direito ao silêncio (artigo 5º, inciso LXIII, da Constituição Federal: "o preso será informado de seus direitos, entre os quais o de permanecer calado, sendo-lhe assegurada a assistência da família e de advogado"), de modo que ninguém é obrigado a colaborar na produção de provas que posteriormente poderão ser empregadas em seu desfavor. Assim, ultimadas as diligências, ao investigado ou ao acusado deve ser dado conhecimento de toda a prova produzida em seu desfavor.

Em se tratando de procedimento de interceptação telefônica ou telemática o princípio da não autoincriminação (princípio *nemo tenetur se detegere*) deve ser bem mensurado, na medida em que, conforme predica Costa Andrade:[83] "na categoria um pouco difusa de investigação oculta inclui-se

[83] SEBASTIÃO FILHO, Jorge. *Interceptação telefônica como medida cautelar probatória nos delitos econômicos*. Curitiba: Juruá, 2012. p. 45.

um conjunto diversificado e heterogêneo de meio de obtenção de conhecimentos, em que os agentes da investigação se intrometem nos processos de comunicação privada das pessoas investigadas, que não têm conhecimento do facto. E, por causa disso, continuam a agir, a interagir e a comunicar de forma espontânea e 'inocente', dizendo e fazendo coisas de conteúdo e sentido directamente auto-incriminatório. Uma autoincriminação de que, naturalmente, não têm consciência."

O Supremo Tribunal Federal considerou não haver inconstitucionalidade no emprego do procedimento de interceptação telefônica pela utilização do argumento de violação dos direitos de não produzir prova contra si mesmo e do direito ao silêncio (HC nº 103.236-ES, Rel. Min. Gilmar Mendes, 2ª Turma, *v.u.*, *DJe* 03.09.2010). Naquele julgado o eminente relator destacou que "observo que tais direitos fundamentais utilizados como paradigmas não possuem – na quadratura dogmática brasileira – a amplitude que lhes tenta emprestar o impetrante neste *writ*. Como anota Robert Alexy, os direitos fundamentais atribuídos por normas constitucionais aos legitimados, e expressos por enunciados normativos constitucionais, ligam-se aos fatos que regulam por intermédio de uma relação de precisão ou de referência. O direito de não produzir provas contra si mesmo e o direito ao silêncio em face de perguntas formuladas pelos agentes públicos, atribuídos por normas constitucionais de direitos fundamentais, não se relacionam com os pressupostos fáticos esboçados neste *habeas corpus*, quer imediatamente – relação de precisão –, quer mediatamente – relação de referência. É caso de se dizer que a possibilidade de não ver utilizada contra si prova produzida por escuta telefônica legalmente autorizada não decorre da norma de direito fundamental que atribui a todo cidadão o direito ao silêncio e o direito a não produzir provas contra si. É caso manifesto de não incidência, de carência total da extensão pretendida. Por outro lado, os direitos e garantias fundamentais não possuem caráter absoluto, na medida em que encontram limites nos demais direitos e garantias igualmente previstos no texto constitucional. Na espécie, ainda que fosse o caso de se entender pela incidência da norma atributiva de direito fundamental na extensão solicitada, seria também o caso de se observar a clara restrição a este direito fundamental decorrente da colisão com o dever fundamental do Estado de investigar e de garantir a segurança pública. No mais disso, resta claro que esta eventual colisão também já foi resolvida em sede de provimento legislativo, uma vez que a própria existência da Lei n. 9.296/96, de constitucionalidade tantas vezes afirmada, é a expressão da resolução desta colisão, ou, dito de outro modo, é o suporte legal para atos sempre necessários de ponderação de direitos e valores em choque. Mesmo sendo possível, é interessante observar que este diploma legislativo citado não exerce esta função de ponderação de direitos fundamentais que colidem entre si sem a chancela constitucional. É o próprio artigo 5º, XII, quem fornece o substrato constitucional para a ponderação levada a efeito pela Lei 9.296/96."

A aplicação do princípio da não autoincriminação vai além do direito ao silêncio, porquanto por seu âmbito de aplicação estar diretamente relacionado à produção probatória, "condiciona sua aquisição e afasta sua obtenção por meios ilícitos."[84]

O indivíduo não é obrigado a ter um comportamento ativo na produção de prova contra si. Assim, ainda que o cidadão não seja obrigado a assim agir, não pode o Estado ser compelido a informá-lo previamente do procedimento. Todavia, ao se encerrar deverá ser cientificado, dando-lhe acesso a integralidade de todo o material produzido.

2. Procedimento de inutilização das gravações

Durante uma investigação haverá momentos em que conversas mantidas entre pessoa investigada e seu interlocutor não guardam qualquer relação com a investigação, porém, o que não pode ocorrer é que fique ao livre arbítrio dos investigadores filtrarem os diálogos. Desse modo, as conversas que não sejam relevantes para a investigação podem e devem ser inutilizadas, mediante prévio requerimento ao juiz. O artigo 9º dispõe que fica a critério do juiz o procedimento de inutilização da prova, sendo necessária a presença do Ministério Público e facultada a participação do acusado ou de seu representante legal.

Contra a decisão que determina ou não a inutilização da gravação, o recurso adequado seria a apelação (inteligência do artigo 593, inciso II, do CPP), todavia, Guilherme de Souza Nucci reputa que "a urgência ditada pelo caso e a irreversibilidade da situação (destruição de material gravado) não recomendam à parte o uso do recurso de apelação, pois seria esta recebida somente no efeito devolutivo. Logo, parece-nos cabível o mandado de segurança, que permite o juízo cautelar relativo à concessão de liminar, suspendendo, de pronto, a execução da medida, bem como é julgado em breve tempo. Além disso, há a vantagem de poder ser usado o mandado de segu-

[84] SEBASTIÃO FILHO, Jorge. *Interceptação telefônica como medida cautelar probatória nos delitos econômicos*. Curitiba: Juruá, 2012. p. 47/48.

rança tanto pelas partes envolvidas no processo (ou investigação), como pelo terceiro estranho ao crime, mas interessado na mantença ou destruição do material colhido."[85]

Por sua vez, Renato Brasileiro de Lima[86] entende que: "contra a decisão que defere (ou não) a inutilização da gravação, o recurso adequado será o de apelação, já que se trata de decisão com força de definitiva não listada no rol do art. 581 do CPP. Em relação ao terceiro, que também tem interesse na destruição das gravações de conversas impertinentes e irrelevantes para a prova, caso seu pedido não seja atendido pelo juiz, poderá impetrar mandado de segurança contra o ato jurisdicional que indeferir sua pretensão à preservação da intimidade."

Art. 10

Constitui crime realizar interceptação de comunicações telefônicas, de informática ou telemática, promover escuta ambiental ou quebrar segredo da Justiça, sem autorização judicial ou com objetivos não autorizados em lei:

Pena – reclusão, de 2 (dois) a 4 (quatro) anos, e multa.

Parágrafo único. Incorre na mesma pena a autoridade judicial que determina a execução de conduta prevista no *caput* deste artigo com objetivo não autorizado em lei." (NR)

1. Notas introdutórias com destaque para alteração procedida pela Lei de Abuso de Autoridade

No cenário brasileiro são poucos os casos em que se constatou violação à Lei de interceptação telefônica, fato revelador da eficácia dos mecanismos previstos na lei para obstar qualquer violação às suas determinações.

O Estado poderá punir um agente pelo cometimento de um delito se houver expressa "previsão legal antecipada, definindo quais condutas e em que circunstâncias são consideradas crimes, bem como as penas a

[85] NUCCI, Guilherme de Souza. *Leis penais e processuais penais comentadas*. 9. ed. rev., atual. e ampl. Rio de Janeiro: Forense, 2015. v. 1. p. 531.

[86] LIMA, Renato Brasileiro de. *Legislação criminal especial comentada*. 9. ed. rev., atual. e ampl. Salvador: JusPODIVM, 2021. p. 568.

eles cominadas."[87-88] Há, portanto, uma importante limitação ao poder do Estado de se intrometer no âmbito das liberdades individuais.

A Lei nº 13.869, de 05.09.2019, que dispõe sobre os crimes de abuso de autoridade, deu nova redação ao *caput* do artigo 10, acrescentando-lhe duas novas condutas, além de introduzir o parágrafo único ao dispositivo.

No *caput* incrimina-se a realização de interceptação sem autorização judicial ou com objetivos não autorizados em lei. O objeto da proteção são as comunicações telefônicas, de informática ou telemática. Por sua vez, a Lei de Abuso de Autoridade acrescentou a conduta de promover escuta ambiental sem autorização judicial ou com objetivos não autorizados em lei. Por fim, pune-se a conduta de quebrar segredo de justiça.

Cumpre destacar que na conduta de realizar interceptação com objetivos não autorizados em lei há prévia autorização judicial, porém a medida ocorre com finalidade distinta da legislação. Difere da conduta igualmente penalizada do *caput* atinente à realização de interceptação sem autorização judicial, porquanto nesta última, como o próprio texto diz não há deferimento pelo magistrado. Em ambas as situações cuida-se de crime comum, podendo ser praticado por qualquer pessoa.

Especificamente em relação à escuta ambiental sem autorização judicial (acrescentada pela Lei de Abuso de Autoridade), Renato Brasileiro de Lima[89] entende que há que se fazer uma análise sistemática com o disposto no art. 10-A da Lei de Interceptações (inserido pelo Pacote Anticrime), concluindo-se que este último artigo, por ser norma especial em relação ao *caput* do art. 10, revoga tacitamente o ponto, de modo que quando houver a captação ambiental sem autorização judicial o agente responderá pelo crime do art. 10-A da Lei 9.296/1996.

Ainda, de acordo com autor supramencionado, a conduta de promover a escuta ambiental com objetivos não autorizados em lei (também acrescentada pela Lei de Abuso de Autoridade) permanece tipificada pelo *caput* do art. 10, não tendo sido revogada pela entrada em vigor do Pacote Anticrime

[87] FISCHER, Douglas. *Delinquência econômica e estado social e democrático de direito: uma teoria à luz da constituição.* Porto Alegre: Verbo Jurídico, 2006. p. 67.

[88] O princípio da legalidade contido no artigo 5º, inciso II, da Constituição Federal: "ninguém será obrigado a fazer ou a deixar de fazer alguma coisa senão em virtude de lei", e no inciso XXXIX também do art. 5º da Carta Constitucional: "não há crime sem lei anterior que o defina, nem pena sem prévia cominação legal", e no Código Penal, em seu art. 1º: "não há crime sem lei anterior que o defina. Não há pena sem prévia cominação legal."

[89] LIMA, Renato Brasileiro de. *Legislação criminal especial comentada.* 9. ed. rev., atual. e ampl. Salvador: JusPODIVM, 2021. p. 570.

(que inseriu o art. 10-A da Lei 9.296/1996), na medida em que este último normativo silenciou quanto à interceptação ambiental neste aspecto "com objetivos não autorizados em lei".

A Lei de Abuso de Autoridade também incluiu o parágrafo único ao art. 10, passando a dispor que na mesma pena incorrerá a autoridade judicial que determinar a execução da conduta prevista no *caput* com o objetivo não autorizado em lei. Nesta hipótese, cuida-se de crime próprio, porquanto o sujeito ativo é a autoridade judicial.

O artigo ora sob análise também prevê a conduta do agente que quebrar segredo de justiça decorrente das interceptações (vide art. 8º da Lei n. 9.296/1996 – preservação do sigilo das diligências, gravações e transcrições). Cuida-se aqui de crime próprio porquanto apenas poderá ser perpetrado por quem tem o dever de manter o sigilo (como por exemplo, o Procurador da República, a autoridade policial, o funcionário autorizado da operadora de telefonia).

O crime previsto no artigo 10 coexiste com o tipo do artigo 151, § 1º, inciso II, última parte, do Código Penal (violação de comunicação telegráfica, radioelétrica ou telefônica), porquanto aquele se refere aos agentes da interceptação ou àqueles que violaram o segredo da justiça e que deveriam manter o sigilo em razão de cargo ou profissão exercidos. O tipo previsto no Código Penal diz respeito aos terceiros que tiveram conhecimento da conversa alheia, mantida ao telefone, refere-se àqueles que divulgaram o que deveria ser mantido em segredo.[90]

Art. 10-A
Realizar captação ambiental de sinais eletromagnéticos, ópticos ou acústicos para investigação ou instrução criminal sem autorização judicial, quando esta for exigida:

[90] Art. 151 – Devassar indevidamente o conteúdo de correspondência fechada, dirigida a outrem:
Pena – detenção, de um a seis meses, ou multa.
Sonegação ou destruição de correspondência
§ 1º – Na mesma pena incorre:
I – quem se apossa indevidamente de correspondência alheia, embora não fechada e, no todo ou em parte, a sonega ou destrói;
Violação de comunicação telegráfica, radioelétrica ou telefônica
II – quem indevidamente divulga, transmite a outrem ou utiliza abusivamente comunicação telegráfica ou radioelétrica dirigida a terceiro, **ou conversação telefônica entre outras pessoas.**

Pena – reclusão, de 2 (dois) a 4 (quatro) anos, e multa.

§ 1º Não há crime se a captação é realizada por um dos interlocutores.

§ 2º A pena será aplicada em dobro ao funcionário público que descumprir determinação de sigilo das investigações que envolvam a captação ambiental ou revelar o conteúdo das gravações enquanto mantido o sigilo judicial.”

1. Notas introdutórias

Originariamente o art. 10 da Lei nº 9.296/1996 tinha a seguinte redação: “constitui crime realizar interceptação de comunicações telefônicas, de informática ou telemática, ou quebrar segredo da Justiça, sem autorização judicial ou com objetivos não autorizados em lei.” A Lei nº 13.869, de 05.09.2019, como mencionado no tópico anterior, conferiu nova redação ao aludido art. 10 ao acrescentar que constitui crime promover escuta ambiental sem autorização judicial ou com objetivos não autorizados em lei, a saber: “constitui crime realizar interceptação de comunicações telefônicas, de informática ou telemática, **promover escuta ambiental** ou quebrar segredo da Justiça, sem autorização judicial ou com objetivos não autorizados em lei.”

A seu turno a Lei nº 13.964/2019 (Pacote Anticrime) acrescentou à Lei de Interceptação um novo delito no art. 10-A atinente à realização de captação ambiental sem autorização judicial.

Como já aventado em tópico anterior, Renato Brasileiro de Lima[91] ao tratar sobre o assunto dispõe que: “pelo menos em relação à *captação ambiental sem autorização judicial*, o art. 10-A da Lei n. 9.296/96 passa a funcionar como norma especial em relação ao art. 10, *caput*, da Lei n. 9.296/96, produzindo, neste ponto, sua revogação tácita (...). Por outro lado, como o novel crime do art. 10-A da Lei n. 9.296/96 versa apenas sobre a realização de captação ambiental sem autorização judicial, silenciando, porém, quanto à determinação da medida *com objetivos não autorizados em lei*, parece-nos que, neste ponto, subsiste vigente e válido o art. 10, *caput*, da Lei n. 9.296/96, com redação dada pela Lei n. 13.869/19.”

O §1º deste dispositivo assenta que não há crime se a captação é realizada por um dos interlocutores (gravação ambiental clandestina), reforçando que a Lei nº 9.296/1996 abarca a interceptação ambiental propria-

[91] LIMA, Renato Brasileiro de. *Nova lei de abuso de autoridade*. Salvador: JusPODIVM, 2020. p. 345.

mente dita (captação por terceiro sem o consentimento dos interlocutores) e a escuta ambiental (captação por terceiro com o conhecimento de um dos interlocutores).

O § 2º do art. 10-A dispõe que a pena será aplicada em dobro ao funcionário público que descumprir determinação de sigilo das investigações que envolvam a captação ambiental ou revelar o conteúdo das gravações enquanto mantido o sigilo judicial. Esta causa de aumento de pena (registre-se, não prevista na nova redação conferida ao art. 10 da Lei nº 9.296/1996 pela Lei de Abuso de Autoridade) demonstra a gravidade da conduta perpetrada por funcionário público incumbido de realizar a captação ambiental.

Bibliografia

ANDRADE. Manuel da Costa. *Das escutas telefônicas*. COSTA, José de Faria & SILVA, Marco Antonio Marques da (Coord.). *Direito penal especial, processo penal e direitos fundamentais – visão luso-brasileira*. São Paulo: Quartier Latin, 2006.

BADARÓ, Gustavo Henrique. *Processo penal*. 5. ed. rev., atual. e ampl. São Paulo: RT, 2017.

BALTAZAR JUNIOR, José Paulo. *Crimes federais*. 10. ed. rev., atual. e ampl. São Paulo: Saraiva, 2015.

BITENCOURT, Cezar Roberto. *Tratado de direito penal, Parte geral*. 22.ed. São Paulo: Saraiva, 2016. v. 1.

CAPEZ, Fernando. *Legislação penal especial*. 5. ed. São Paulo: Damásio de Jesus, 2006.

DE SANCTIS, Fausto Martin. *Interceptações telefônicas e direitos fundamentais*. BASTOS, Marcelo Lessa; AMORIM, Pierre Souto Maior Coutinho de (org.). *Tributo a Afrânio Silva Jardim: escritos e estudos*. 2. ed. Rio de Janeiro: Lumem Juris, 2014.

DOS SANTOS, Juarez Cirino. *Manual de direito penal. Parte geral*. Conceito Editorial, 2011.

FERNANDES, Antonio Scarance. *Processo penal constitucional*. 5. ed. rev., atual. e ampl. São Paulo: RT, 2007.

FERRAZ JUNIOR, Tércio Sampaio. *Sigilo de dados: o direito à privacidade e os limites à função fiscalizadora do Estado*. Cadernos de Direito Constitucional e Ciência Política, n. 1. Disponível em: <www.revistas.usp.br/rfdusp/article/download/67231/69841>. Acesso em 05.09.2019.

FISCHER, Douglas. *Delinquência econômica e estado social e democrático de direito: uma teoria à luz da constituição*. Porto Alegre: Verbo Jurídico, 2006.

FISCHER, Douglas. *O que é garantismo penal (integral)?* CALABRICH, Bruno; FISCHER, Douglas; PELELLA, Eduardo (org). *Garantismo penal integral: questões penais e processuais, criminalidade moderna e a aplicação do modelo garantista no Brasil.* Salvador: JusPodivm, 2010.

FRAGOSO, Heleno. *Lições de direito penal. Parte especial.* 11. ed. rev. e atual. por Fernando Fragoso. Rio de Janeiro: Forense, 1995.

GOMES, Luiz Flávio; MACIEL, Silvio. *Interceptação telefônica: comentários à Lei 9.296, de 24.07.1996.* 2. ed. rev. e atual. São Paulo: RT, 2013.

GRECO, Rogério. *Código penal comentado.* 9. ed. Niteroi: Impetus, 2015.

GRECO FILHO, Vicente. *Interceptação telefônica: considerações sobre a lei n. 9.269, de 24 de julho de 1996.* 2. ed. rev., atual. e ampl. São Paulo: Saraiva, 2005.

GRECO FILHO, Vicente. *Interceptação Telefônica.* 3. ed. Saraiva, 2015.

GRINOVER, Ada Pellegrini; GOMES FILHO, Antonio Magalhães; FERNANDES, Antonio Scarance. *As nulidades no processo penal.* 11. ed. rev. atual. e ampl. São Paulo: RT, 2009.

LIMA, Renato Brasileiro de.*Legislação criminal especial comentada.* 9. ed. rev., atual. e ampl. Salvador: JusPODIVM, 2021.

LIMA, Renato Brasileiro de. *Nova lei de abuso de autoridade.* Salvador: JusPODIVM, 2020.

LOPES JUNIOR, Aury. *Direito processual penal.* 11. ed., 2. tir. São Paulo: Saraiva, 2014.

MENDES, Gilmar Ferreira; BRANCO, Paulo Gustavo Gonet. *Curso de direito constitucional.* 9. ed. rev. e atual. São Paulo: Saraiva, 2014.

NUCCI, Guilherme de Souza. *Código de processo penal comentado,* 18. ed. Rio de Janeiro: Forense, 2019.

NUCCI, Guilherme de Souza. *Código penal comentado.* 19. ed. rev. atual. e ampl. Rio de Janeiro: Forense, 2019.

NUCCI, Guilherme de Souza. *Leis penais e processuais penais comentadas.* 9. ed. rev., atual. e ampl., Rio de Janeiro: Forense, 2015. v. 1.

OLIVEIRA, Eugênio Pacelli de. *Curso de processo penal.* 21. ed., Atlas, 2017.

PAULSEN, Leandro. *Crimes federais.* São Paulo: Saraiva, 2017.

PRADO, Luiz Regis. *Curso de direito penal brasileiro.* 7. ed. rev. atual. ampl. São Paulo: RT, 2008. v. 2.

PRADO, Luiz Regis. *Tratado de direito penal brasileiro.* Parte especial. São Paulo: RT, 2014. v.6.

SCHAUN JALIN, Mauricio; GRECO FILHO, Vicente (coord.). *Código penal comentado: doutrina e jurisprudência.* 2. ed. Barueri/SP: Manole, 2019.

SCHMITT, Ricardo Augusto. *Sentença penal condenatória. Teoria e prática.* 11. ed., 2017.

SEBASTIÃO FILHO, Jorge. *Interceptação telefônica como medida cautelar probatória nos delitos econômicos.* Curitiba: Juruá, 2012.

PARTE 3

LEI Nº 8.137, DE 27 DE DEZEMBRO DE 1990

Define crimes contra a ordem tributária, econômica e contra as relações de consumo, e dá outras providências.

1. Noções introdutórias

O ramo do Direito de que cuida esta Lei, o Direito Penal Tributário, possui disciplinamento constitucional lastreado no Capítulo I do Título VI da Constituição Federal, que versa sobre o Sistema Tributário Nacional (arts. 145 a 162, todos da CF), além de outros preceitos constantes em outros títulos, a saber: nos Títulos I e II, que tratam, respectivamente, "Dos Princípios Fundamentais" e "Dos Direitos e Garantias Fundamentais."

O Direito Penal Tributário insere-se ainda no espectro do Direito Penal Econômico, encontrando este assento no Capítulo I do Título VII "Dos Princípios Gerais da Atividade Econômica" (arts. 170/181), assim, aquele (Direito Penal Tributário), da mesma forma que o seu gênero (Direito Penal Econômico), tem sido objeto de uma ampla reflexão, estando sujeito a movimentos descriminalizadores e mais recentemente a uma onda neocriminalizadora.

A Ministra Ellen Gracie, à época da discussão acerca da edição da Súmula Vinculante nº 24, teceu considerações quanto às dimensões da sonegação fiscal no País, demonstrando serem "de tal monta que elas seguramente permitiriam o estabelecimento de programas de eliminação da pobreza extrema que ainda sofremos, de melhoria das condições de saúde, de educação, enfim, tudo aquilo que todos nós desejamos para o nosso País poderia ocorrer com muito mais rapidez se houvesse, como deveria haver, métodos eficientes e estruturas eficientes para essa cobrança."[92]

[92] Disponível em: http://www.stf.jus.br/arquivo/cms/jurisprudenciaSumulaVinculante/anexo/SUV_24__PSV_29.pdf. Acesso em 16.05.2023.

A legislação criminal tributária tem causado profunda discussão na seara jurídica, decorrente, de um lado, da rejeição social existente quanto à imposição fiscal e, de outro, da necessidade da intervenção estatal sancionar as condutas ilícitas que lesionam a ordem tributária em razão do desatendimento à imposição tributária. Contudo, sem a persecução penal dificilmente haveria cumprimento da obrigação tributária pela sociedade tendo em vista a elevada carga tributária existente.

Vale notar que a Lei nº 8.137/1990 compreende não apenas os crimes contra a ordem tributária (arts. 1º a 3º), mas também crimes contra a ordem econômica (art. 4º) e crimes contra as relações de consumo (art. 7º).

Demais disso, os crimes tributários não estão compreendidos apenas nesta legislação específica, havendo previsão no Estatuto Penal Repressivo, valendo citar, exemplificativamente, os arts. 168-A (apropriação indébita previdenciária), 334 do C.P (descaminho) e 337-A (sonegação de contribuição previdenciária).

Dentre os crimes contra a ordem tributária previstos na lei ora sob análise, deve-se registrar, em linhas gerais, os crimes perpetrados por particulares previstos nos arts. 1º e 2º, bem como os levados a efeito por funcionários públicos (art. 3º).

2. Bem jurídico e os delitos fiscais

Hans Welzel ensina que bem jurídico constitui "todo estado social desejável que o direito quer resguardar",[93] preexistindo até à construção normativa, sendo por isso imprescindível à sociedade. É por meio dele que o legislador seleciona as condutas que são passíveis de criminalização, diante do valor que representa.

Miguel Reale Júnior evidencia sua importância, estabelecendo que "o bem jurídico exerce, na esfera da Política Legislativa, importante função ao orientar o legislador na decisão de qual conduta deva ser reprimida por meio da ameaça penal ou de sanção administrativa. E mais: auxilia a definir, dentre múltiplas formas que a conduta possa apresentar, qual aquela especial que, dadas suas características, exige-se seja reprimida com mais eficácia, ou por meio da sanção penal ou por via administrativa."[94]

Hoje, espera-se que o Direito Penal proteja também bens de caráter universal, como o meio ambiente, o consumidor e a ordem econômica. Logo,

93 WELZEL, Hans. *Derecho penal alemán*. Santiago-Chile: Jurídica, 1976. p. 15.

94 REALE JÚNIOR, Miguel. Despenalização no direito penal econômico: uma terceira via entre o crime e a infração administrativa? *Revista Brasileira de Ciências Criminais,* 1999, n. 28. p. 122.

faz-se corrente a ideia de que o Estado deve intervir na economia, não para concorrer com a iniciativa privada, mas para assegurar uma redistribuição de riqueza por meio de uma política fiscal que possa obter recursos para o atendimento das necessidades sociais. Essa intervenção busca, então, regular a iniciativa privada, corrigindo seus excessos, permitindo atingir aqueles objetivos.

O Estado vale-se do Direito Penal para imobilizar as condutas que de alguma forma inibem a realização de atividades econômicas caracterizadas, segundo Francisco Muñoz Conde,[95] por sua rentabilidade social (transporte, saúde, educação etc.). Tiedemann[96] deixa claro que, para distinguir os delitos econômicos daqueles que correspondem ao Direito Penal patrimonial, deve-se levar em conta o bem jurídico coletivo ou supra individual, que ele intitula de social.

Nos crimes contra a ordem tributária o legislador quis proteger, num primeiro momento, valores a que tem direito a receber a Fazenda Pública, sua credibilidade, bem como a regularidade na obtenção de sua receita, evitando-se manobras fraudulentas, e, em um segundo plano, a capacidade da máquina estatal em fomentar as políticas públicas que garantam o bem-estar de todos os cidadãos.

Esse caráter dúplice é possível vislumbrar nas lições de Antônio Corrêa[97] e Paulo José da Costa Júnior,[98] bem como nas de Luiz Vicente Cernicchiaro, ao qualificá-lo como bifronte: "de um lado, compreende o interesse público de o Estado obter os meios para a realização de suas atividades; de outro avulta o interesse do Tesouro, patrimonial, relacionado com a receita do Estado."

Assim, o bem jurídico não traduz apenas interesse patrimonial. Alcança também os limites da política econômica, o que faz aumentar o significado do delito tributário.

[95] CONDE, Francisco Muñoz. Principios politicocriminales que inspiran el tratamiento de los delitos contra el orden socioeconómico en el proyecto de Código Penal Español de 1994. *Revista Brasileira de Ciências Criminais*, n. 11, p. 09.

[96] TIEDEMANN, Klaus Bruno. *Poder económico y delito* (Introducción al derecho penal económico y de la empresa). Barcelona: Ariel, 1985. p. 12 e 19-20.

[97] CORRÊA, Antônio. *Dos Delitos contra a ordem tributária: comentários à Lei nº 8.137, de 27.12.1990.* São Paulo: Saraiva, 1994, p. 89.

[98] COSTA JÚNIOR, Paulo José da. *Infrações tributárias e delitos fiscais.* São Paulo: Saraiva, 2000, p. 114-115.

Quem, ilustrativamente, sonega o tributo não afeta apenas o patrimônio público, repercutindo na arrecadação. Vai além. Atinge a Economia, ocasionando, assim, com isso, reflexo nas atividades do Estado.[99]

Os tipos que tutelam a ordem tributária devem ser caracterizados como crimes que asseguram valores econômicos. Como salientado acima, o objeto de proteção dos delitos tributários não mais tem sido, exclusivamente, os valores a receber e sua regularidade. Entendimento contrário levaria – ao arrepio dos preceitos constitucionais – a punição de pessoas pela simples conduta de não pagar os tributos devidos. Não é isso que objetivou o legislador.

Em razão dos graves reflexos sociais que provoca, o delito econômico, em especial o tributário, não pode ser retratado ou revisitado sob à luz meramente fiscal, isto é, no interesse arrecadador estatal, numa reprodução fria dos preceitos extrapenais, porquanto interesses mais relevantes e fundamentais à sociedade são objetos de proteção legal.

Daí a necessidade da intervenção penal, sem a qual a imposição fiscal, longe de se constituir norma de aceitação social, redundaria numa mera intenção do legislador, pouco eficaz para o fomento das sérias necessidades sociais.

Cabe, pois, ao Direito Penal contribuir para a concretização dos objetivos nacionais quando o artifício da fraude busca iludir o pagamento do tributo.

Wagner Balera sintetizou adequadamente o objetivo da norma penal ao dispor que "a lei de tributação descreve *in abstrato* o fato imponível. Mas será tarefa da norma penal qualificar a antijuridicidade do mesmo fato. Sendo inconfundível com o primeiro, vem a ser este último aspecto determinante da criminalização. Admite, pois, que no Direito Penal Tributário se perpetra 'antijurídica defraudação do fato'."[100]

O fato imponível, segundo Luiz Vicente Cernicchiaro, "interessa (é relevante) ao Direito Tributário e ao Direito Penal. Ao primeiro para legitimar a exigência do pagamento. Ao segundo, para punir o agente da sonegação."[101]

[99] MARTINS, Ives Gandra da Silva; BRITO, Edvaldo (org.). *Direito tributário: direito penal tributário (coleção doutrinas essenciais, v. VIII)*. São Paulo: RT, 2011, p. 323-324.

[100] BALERA, Wagner. *Crimes contra a ordem tributária. Pesquisas tributárias Nova série.* Ives Gandra da Silva Martins (coord.). São Paulo: RT, 1995, p. 153.

[101] MARTINS, Ives Gandra da Silva; BRITO, Edvaldo (org.). *Direito tributário: direito penal tributário (coleção doutrinas essenciais, v. VIII)*. São Paulo: RT, 2011, p. 321.

O perigo de se permitir a responsabilização criminal por ofensa a ordem tributária é o de ao desejar a ressocialização de pessoas que não são culpadas por agressões insuportáveis a valores consagrados com a ajuda de sanções jurídico-penais, segundo Klaus Roxin, "estaremos sob a ameaça do perigo de uma associação colectivista que oprime o livre desenvolvimento da personalidade."[102]

O bem jurídico dos delitos aludidos deve, pois, ser visto sob diversos ângulos, aí residindo as dificuldades desta esfera do Direito Penal, que convive, sobretudo, com a "imprecisão e a indeterminação de seu objeto jurídico, que alguns reconduzem a um vago interesse no equilíbrio do sistema econômico: a uma genérica ordem pública econômica."[103]

Assim, em suma, o objeto de proteção é uma determinada forma de intervenção do Estado na economia, bem recolhendo seus impostos, não para concorrer com a iniciativa privada, mas para assegurar uma redistribuição de riqueza por meio de uma política fiscal que possa obter recursos para o atendimento das necessidades sociais. Esta intervenção busca, então, regular a iniciativa privada, corrigindo seus excessos, e permitir que se atinja aqueles objetivos.

Inseridos que estão na criminalidade econômica, urge asseverar que, pela dimensão dos danos materiais e morais, os delitos que atentam contra a ordem tributária, têm se revelado uma constante ameaça a qualquer sociedade. Todavia, o intérprete deve se nortear pela prevenção geral do delito, que não pode desrespeitar as garantias consagradas no Estado de Direito.

Como afirmado acima, nos crimes contra a ordem tributária tutela-se os seguintes bens jurídicos: 1) valores a receber e sua regularidade; 2) capacidade da máquina em fomentar políticas públicas. O primeiro diz respeito ao que de imediato se aguarda com a definição do tipo penal, ou seja, a efetiva e regular obtenção de tributos, enquanto, o segundo, visa assegurar condições ao Estado de realizar as atividades indispensáveis para as quais foi concebido.

[102] ROXIN, Klaus. *Problemas fundamentais de direito penal.* Tradução: Ana Paula dos Santos Luís Natscheradetz (Textos I, II, III, IV, V, VI, VII e VIII), Maria Fernanda Palma (Texto IX) e Ana Isabel de Figueiredo (Texto X). 3. ed. Lisboa: Vega Universidade; Direito e Ciência Jurídica, 1998, p. 41.

[103] CONDE, Francisco Muñoz. Principios politicocriminnales que inspiran el tratamiento de los delitos contra el orden socioeconómico en el proyecto de Codigo Penal Español de 1994. *Revista Brasileira de Ciências Criminais*, n. 11, p. 8.

Reflexamente, pode-se dizer, ainda, que o objeto de proteção abarca a Administração Pública, a fé pública e a livre concorrência.

Esse caráter permite melhor se situar na questão, afastando-se de visão meramente fiscal.

Os crimes fiscais propriamente ditos surgiram com a legislação de 1965 (Lei nº 4.729, de 14.07.1965), posteriormente derrogada pela Lei nº 8.137, de 27.12.1990, por regular esta quase que inteiramente a matéria.

Até a Lei de 1965 aplicava-se o tipo do artigo 334 do Código Penal, que sanciona condutas consistentes em descaminho. A Lei nº 4.729/1965, em seu art. 5º alterou o art. 334 do Código Penal, incluindo os §§ 1º, 2º e 3º, e estabelecia o delito de sonegação fiscal em um só dispositivo (art. 1º), com pena de detenção de 6 (seis) meses a 2 (dois) anos, e multa de duas a cinco vezes o valor do tributo (antes, aplicava-se o tipo do art. 334 do Código Penal, apenando condutas consistentes em descaminho).[104]

O Direito Penal existe para prevenir o delito (prevenção geral e especial) e eventual entendimento de que a sonegação corriqueira justificaria reprimenda menor, acaso consagrado, estimularia a prática delitiva, porquanto estaria abraçada com a nota de normalidade.

A atividade criminosa, ainda que corriqueira, não é causa de exclusão de ilicitude ou de culpabilidade, muito menos de tipicidade.

O valor em causa, nem de longe, pode ser tido por insignificante. O pagamento de tributos é o preço de se viver em uma sociedade minimamente civilizada e a relutância em adimpli-lo é considerada, em muitos países, grave crime, sendo punida, por algumas legislações, com pena de prisão perpétua ou de elevada monta, dada a ofensa, *per se*, a interesse tutelado da coletividade ante a redução de políticas públicas em razão da atitude egocêntrica e antissocial do infrator.

Doutra parte, não se vislumbra a qualificação de corriqueira a sonegação que remonta a valor por demais expressivo, notadamente em decorrência

[104] GAMA, Guilherme Calmon Nogueira; GOMES, Abel Fernandes (Sonegação fiscal ou crime contra a ordem tributária – Exegese do artigo 2º, inciso I, da Lei nº 8.137/90. *Temas de direito penal e processo penal: em especial na Justiça Federal.* Rio de Janeiro: Renovar, 1999. p. 97), COSTA JÚNIOR, Paulo José da; DENARI, Zelmo (*Infrações tributárias e delitos fiscais.* São Paulo: Saraiva, 2000. p. 109) e BRITO MACHADO, Hugo (*Curso de direito tributário.* 16. ed. São Paulo: Malheiros, 1999, p. 38) revelaram que a Lei nº 4.729/1965 definia os delitos como de mera conduta. Entretanto, as condutas ali previstas, na sua maioria, são típicas de crimes formais, salvo com relação ao inciso I ("prestar declaração falsa"), que caracterizou como delito material, consumando-se com a contrafação.

de um comportamento que mais se revela atrevido, irregular, presunçoso e excêntrico.

3. Sujeitos

Os crimes contra a ordem tributária, de modo geral, são comuns, podendo ser praticados por qualquer pessoa, não necessariamente o contribuinte ou o responsável tributário (CTN, art. 121). Não há possibilidade de responsabilização penal da pessoa jurídica, embora muitas das vezes o delito é perpetrado no âmbito desta, todavia a responsabilidade penal será de seus administradores ou responsáveis.

O art. 11, *caput*,da Lei nº 8.137/1990, assim redigido "quem, de qualquer modo, inclusive por meio de pessoa jurídica, concorre para os crimes definidos nesta lei, incide nas penas a estes cominadas, na medida de sua culpabilidade", limita-se a reproduzir o quanto disposto no artigo 29 do Código Penal, que trata do concurso de pessoas, a saber: "quem, de qualquer modo, concorre para o crime incide nas penas a este cominadas, na medida de sua culpabilidade."

Pontue-se que em se tratando de crimes societários, há que se atentar para o fato de que a conduta dos réus nem sempre resta amplamente especificada na denúncia, mas deve constar da narrativa o liame entre a conduta e a autoria, a permitir o exercício da ampla defesa e do contraditório, ou seja, cabe na denúncia demonstrar o nexo causal entre as funções dos denunciados (por exemplo, sócios-gerentes) e a suposta conduta delitiva. Durante a persecução criminal haverá, se o caso, a constatação da ocorrência do fato típico e antijurídico em relação à pessoa imputada.

A jurisprudência de nossos C. Tribunais Superiores, em sede de crimes executados no âmbito societário, estabeleceu a desnecessidade de que a denúncia ou a queixa descreva efetiva e pormenorizadamente cada uma das condutas que, em tese, teriam sido levadas a efeito por cada um dos agentes, bastando, para que se possa aduzir preenchidos os requisitos constantes do art. 41 do Diploma Processual Penal, a demonstração do vínculo dos indiciados com a sociedade comercial e a narração das condutas delituosas de forma a possibilitar o exercício da ampla defesa:

> "AGRAVO REGIMENTAL NO HABEAS CORPUS. PENAL E PROCESSUAL PENAL. CRIME CONTRA ORDEM TRIBUTÁRIA. CRIME SOCIETÁRIO. ARTIGO 1º, II, DA LEI Nº 8.137/90. HABEAS CORPUS SUBSTITUTIVO DE RECURSO EXTRAORDINÁRIO. INADMISSIBILIDADE. COMPETÊNCIA DO SUPREMO TRIBUNAL FEDERAL

PARA JULGAR HABEAS CORPUS: CRFB/88, ART. 102, I, D E I. HIPÓTESE QUE NÃO SE AMOLDA AO ROL TAXATIVO DE COMPETÊNCIA DESTA SUPREMA CORTE. TRANCAMENTO DA AÇÃO PENAL. EXCEPCIONALIDADE. INÉPCIA DA DENÚNCIA. INOCORRÊNCIA. NEGATIVA DE AUTORIA. ANÁLISE DE FATOS E PROVAS. VEDAÇÃO. ALEGAÇÃO DE OFENSA AOS PRINCÍPIOS DA AMPLA DEFESA, DO CONTRADITÓRIO E DO DEVIDO PROCESSO LEGAL. AUSÊNCIA DE TERATOLOGIA NO ATO IMPUGNADO. ATUAÇÃO EX OFFICIO DO STF INVIÁVEL. REVOLVIMENTO DO CONJUNTO FÁTICO-PROBATÓRIO. INADMISSIBILIDADE NA VIA ELEITA. AGRAVO REGIMENTAL DESPROVIDO.

1. Nos crimes societários é prescindível a descrição minuciosa e detalhada das condutas de cada autor, bastando a descrição do fato típico, das circunstâncias comuns, os motivos do crime e indícios suficientes da autoria ainda que sucintamente, a fim de garantir o direito à ampla defesa e contraditório. Precedentes: HC 118.891, Primeira Turma, Relator Min. Edson Fachin, DJe 20/10/2015, HC 116.781, Segunda Turma, Relator Min. Teori Zavascki, DJe 15/04/2014, HC 101.754, Segunda Turma, Relatora a Ministra Ellen Gracie, DJe 25/06/10. (...)"

(STF, HC 136822 AgR, Rel. Min. Luiz Fux, Primeira Turma, julgado em 09.12.2016, processo eletrônico *DJe* 16.12.2016)

Sujeito passivo é a pessoa jurídica titular do direito de cobrar o tributo, a União, Estado, Município, Distrito Federal, autarquias.

3.1. Possibilidade de aplicação da teoria do domínio do fato em crimes societários envolvendo crimes contra a ordem tributária

Pontue-se a possibilidade de aplicação da teoria do domínio do fato para crimes societários envolvendo crimes contra a ordem tributária desde que comprovada a atuação do agente em nome e no interesse do grupamento com o objetivo de favorecê-lo de modo inidôneo.

Diversas considerações específicas devem ser analisadas nos crimes praticados por meio de pessoas jurídicas ou no interesse destas, cujos pilares consistem no domínio da posição organizacional e na responsabilização penal por omissão, ao cabo das quais se permitirá aplicar a tese supramencionada, rechaçando, assim, eventual argumento de responsabilidade penal objetiva.

A organização da atividade empresarial pode desenvolver-se a ponto de ser estruturada mediante uma série de relações funcionais com divisão e sobreposição de incumbências e especializações tão complexa que a observação exterior da atuação do grupamento pode tornar-se opaca no que concerne à visualização dos limites das funções e responsabilidades individuais dos seus vários integrantes.

É sabido que, embora aludida fragmentação atenda ao imperativo da eficiência empresária, tal evolução não foi sentida na adaptação de conceitos da dogmática penal para melhor abarcar ilícitos que defluem do protagonismo econômico e financeiro da pessoa jurídica, desconectando o Direito Penal Positivo da realidade social e, inclusive, dos demais ramos do Direito, que consideram plenamente a vontade das pessoas jurídicas como alicerce seguro da sua responsabilidade.

A conduta humana, como fundamento básico da dogmática penal liberal é historicamente atribuível às pessoas físicas, em quem se pode identificar a vontade e a liberdade psicológica para agir. Sendo a dignidade pensante privativa do homem, o comportamento culpável é inerente ao indivíduo como tal.[105]

Todavia, no que tange à observação de um grupo psicológico, Sigmund Freud afirmou em 1921 que a característica mais notável deste é que, "independentemente dos membros que o compõem, estes sentem, agem e pensam de maneira muito diferente daquela pela qual cada um sentiria, agiria e pensaria individualmente." Inclusive, consideravahaver uma redução da capacidade intelectual pela força inconsciente do grupo.[106]

Por isso, a ausência de resposta penal à infração cometida pela pessoa jurídica torna extremamente difícil para o Estado contrapor a vulneração de certos bens penalmente relevantes particularmente sensíveis ao fenômeno empresarial, de modo que, considerando a superlativa repercussão social deste, redobra-se a necessidade de assegurar a aplicação do Direito Penal minimamente em face de pessoas físicas que se aproveitam da estrutura organizacional para cometer delitos ou para cometê-los em benefício da empresa.

O delito perpetrado no interesse do grupamento frequentemente decorre da intervenção com variados graus e amplitudes de diferentes

[105] SANCTIS, Fausto Martin De. *Responsabilidade penal das corporações e criminalidade moderna*. 2. ed. São Paulo: Saraiva, 2009, p. 85.

[106] Sigmund Freud considerava haver uma redução da capacidade intelectual, além de despertar instintos primitivos, simplesmente pela forma inconsciente do grupo (Psicologia de grupo e a análise do ego, in *Edição standart brasileira das obras psicológicas completas de Sigmund Freud*. Rio de Janeiro: Imago, 1976, p. 107).

agentes, impactando a sociedade por intermédio das pessoas físicas atuantes nas respectivas estruturas organizacionais.

Nesse contexto de demasiada importância assumida pelas organizações acompanhada por proporcional défice de imputabilidade, emerge a especial necessidade de se desvendar a atuação das pessoas físicas por detrás da personalidade jurídica do grupamento no qual se inserem. Embora os indivíduos exprimam a vontade do órgão, exprimem também a sua vontade própria, pessoal.

Ocorrida a prática delitiva no seio empresarial, a mencionada opacidade da vontade psicológica individual pode ser legalmente contornada à luz dos alicerces de punibilidade já mencionados: o domínio da posição institucional de uma fonte de perigo para bens jurídicos e a responsabilização penal por omissão.

Boa parte da doutrina e da jurisprudência se compadece por perquirir o justo equilíbrio constitucional, que seria premente, entre a prerrogativa liberal de criar uma organização e a responsabilidade pelos resultados danosos que podem advir do seu exercício.

Nesse diapasão, faz todo o sentido aprofundar o entendimento de Heloísa Estellita,[107] perfilhado por expressiva doutrina, de que: "(...) todos aqueles que têm controle, ainda que parcial, sobre atividades da empresa que possam gerar riscos penais para terceiros têm também o dever de agir para evitar a prática de crimes em suas esferas de gerenciamento. Essa é a ideia que preside hoje a afirmação majoritária na literatura no sentido de que os dirigentes de empresas têm um especial dever de agir para evitar resultados típicos. Esse dever também é chamado de dever de garantidor. Trata-se, assim, na sua elaboração mais recente, de se estabelecer um equilíbrio entre a liberdade de se organizar em empresa e a responsabilidade pelos perigos ou danos advindos do exercício desta liberdade."

No mencionado estudo, destaca-se que a criminalidade no contexto da empresa é o resultado da intervenção de diferentes agentes que prestam aportes de naturezas distintas, dificultando a captura do que seria a contribuição típica individual para a consumação do delito naquilo que batizou de "irresponsabilidade organizada."

Embora a estruturação empresarial das organizações modernas tenha em grande medida superado a divisão de tarefas rígidas com visualização

[107] Uma aproximação às formas de responsabilidade penal individual em empresas (25 de fevereiro de 2019), pg. 18. FGV Direito SP Série de Trabalhos de Pesquisa n. CL001, disponível em SSRN: https://ssrn.com/abstract=3340950. Acessado em 16.05.2023..

nítida das competências, ainda assim pode-se visualizar características inerentes a níveis hierárquicos distintos como estratégico (diretoria), tático (gerência) e operacional. A alta administração, que define como devem se dar o posicionamento e os relacionamentos sociais da organização, será sempre afeta ao proprietário, diretor, presidente, assim como o estabelecimento de metas, processos e controles competirá aos executivos, gerentes, etc., e, finalmente, a execução compete aos subordinados em geral.

A compreensão dos níveis hierárquicos da organização permite correlacionar os indivíduos neles inseridos com as respectivas responsabilidades. Para a execução de um crime de interesse do grupamento, frequentemente o ocupante do nível estratégico não precisará realizar qualquer ação típica e mesmo assim pode deter controle absoluto de sua realização.

O que importa verificar, nesse quadro, é se há comprovada atuação em nome e no interesse do grupamento com o objetivo de favorecê-lo de modo inidôneo, depreendendo-se o engajamento criminal daqueles que concorreram dentro de suas competências organizacionais para garantir a prática delitiva.

Ao conceber a estrutura organizacional, o ocupante do nível estratégico pode estruturar ou tolerar um corpo de agentes que atue criminosamente em favor do grupamento que encabeça, configurando, potencialmente, crimes de autoria mediata ou de omissão penalmente relevante.

Pela teoria unitária do crime, estampada no art. 29 do Código Penal, o agente que desempenha o papel central do acontecer típico pode ter a sua culpabilidade acentuada em face do executor do fato típico. Nessa concepção, embora o executor a nível material detenha controle imediato da ação típica, por estar sujeito à estrutura organizacional, pode ser substituído ou suplantado discricionariamente pelos níveis superiores.

A cúpula da organização pode, então, eventualmente ser punida em virtude de omitir-se diante do fato penalmente relevante, por deixar de intervir para evitar o resultado tipificado na norma penal, constituindo condição *sine qua non* para a sua ocorrência. Isso deve ocorrer quando a ingerência do comandante da organização estiver caracterizada como dominante a ponto de controlar a atuação dos subordinados na realização do fato delituoso.

Em contextos como tais, em que se mostra árdua a comprovação cabal do controle fático da ação delitiva, faz-se necessário identificar eventual assunção da chamada posição de garante, sendo a empresa uma fonte de perigo para os bens jurídicos com os quais entra em contato, devendo o seu dirigente atuar diligentemente no exercício de seu domínio sobre a atividade empresarial.

No já mencionado artigo, Heloísa Estellita[108] associa validamente a empresa a uma fonte de perigo que deve ser vigiada pelo seu dirigente: "Dessa atividade podem decorrer riscos de lesão aos bens jurídicos de outros indivíduos e/ou da coletividade. Para ficar com dois exemplos simples, a integridade física de consumidores ou a arrecadação tributária ou o meio ambiente. Na medida em que os titulares desses bens jurídicos, que podem ser afetados pelas atividades da empresa, não têm como se proteger gerindo os perigos advindos dessas atividades – tal qual no caso do proprietário do imóvel [o proprietário do imóvel que deixa de tomar medidas preventivas para que um muro em estado precário não caia sobre pedestres não pratica meramente um crime de omissão de socorro, mas, sim, um crime de lesões corporais. Neste caso, a relação especial que gera o dever de agir para evitar uma lesão ao bem jurídico decorre do fato de que esse proprietário do imóvel tem sob seu controle uma fonte de perigo – o muro de sua casa – e o fato de ser proprietário desse imóvel e poder excluir todos os demais (as possíveis vítimas) de sua área de controle – neste caso uma intervenção no imóvel para a manutenção do muro –, tem como consequência o dever especial de cuidar para que dele não advenham lesões a terceiros] – pode-se concluir que também as empresas são fontes de perigo e que seus titulares devem vigiar essas fontes de perigo para que não causem lesões a bens jurídicos de terceiros. Daí que, quem tem o controle, ainda que parcial, sobre essa fonte de perigo, tem também o dever de agir para que dela não advenham lesões a bens jurídicos de terceiros, são, assim, garantidores de vigilância."

No ordenamento jurídico brasileiro, a responsabilidade penal decorrente do cometimento de crimes comissivos mediante a violação do dever de agir encontra previsão expressa no artigo 13, § 2º, do Código Penal, que traz à lume as hipóteses em que há relevância da omissão para fins penais (situações em que o agente devia e podia agir, a fim de que não se configurasse a consumação delitiva).

O dispositivo em tela informa que a omissão é penalmente relevante quando o omitente devia e podia agir para evitar o resultado. Por outro lado, o dever de agir compete a quem: a) tenha por lei obrigação de cuidado, proteção ou vigilância; b) de outra forma, assumiu a responsabilidade

[108] Uma aproximação às formas de responsabilidade penal individual em empresas (25 de fevereiro de 2019), pg. 18. FGV Direito SP Série de Trabalhos de Pesquisa n. CL001, disponível em SSRN: https://ssrn.com/abstract=3340950. Acessado em 16.05.2023.

de impedir o resultado; c) com seu comportamento anterior, criou o risco da ocorrência do resultado.

No precedente abaixo colacionado, o Superior Tribunal de Justiça bem examina que a responsabilidade penal do omitente é descrita como a ausência de uma conduta necessária:

> "PENAL E PROCESSO PENAL. RECURSO EM HABEAS CORPUS. 1. HOMICÍDIO CULPOSO POR OMISSÃO. ACIDENTE DE TRABALHO. IMPUTAÇÃO AOS SÓCIOS. INÉPCIA DA DENÚNCIA. NÃO VERIFICAÇÃO. 2. POSIÇÃO DE GARANTE. OMISSÃO E NEGLIGÊNCIA DESCRITAS. 3. OBSERVÂNCIA DO ART. 41 DO CPP. AMPLA DEFESA GARANTIDA. 4. RECURSO EM HABEAS CORPUS IMPROVIDO.
>
> 1. Os recorrentes foram denunciados por homicídio culposo por omissão, em razão de negligência ao permitir ambiente de trabalho inseguro e omissão relacionada ao descumprimento das diversas Normas Regulamentadoras de observância obrigatória descritas na inicial. A hipótese dos autos traz, portanto, dois elementos normativos: omissão e culpa, ambos descritos na inicial acusatória, motivo pelo qual não há se falar em inépcia. 2. Não há necessidade de se descrever a conduta individualizada de cada um dos recorrentes porque o que se imputa é exatamente a ausência de conduta, a ausência do dever de cuidado legalmente atribuído aos recorrentes. Com efeito, nos crimes comissivos por omissão atribui-se a responsabilidade penal àquele que possui dever jurídico especial de agir para evitar o resultado, ou seja, ao garante. Os recorrentes, qualificados como sócios do grupo Aço Cearense, possuem, em tese, o dever de agir, haja vista terem, por lei, obrigação de cuidado, proteção ou vigilância, com relação a seus funcionários. Dessa forma, não é possível, na via eleita, trancar a ação penal por inépcia da denúncia, porquanto devidamente narrada a imputação, a qual se apoia em conduta omissiva e negligente dos recorrentes. 3. Assim, 'não pode ser acoimada de inepta a denúncia formulada em obediência aos requisitos traçados no artigo 41 do Código de Processo Penal, descrevendo perfeitamente as condutas típicas, cuja autoria é atribuída aos pacientes devidamente qualificado, circunstâncias que permitem o exercício da ampla defesa' (HC 183.660/RJ, Rel. Ministro Jorge Mussi, Quinta Turma, julgado em 14/02/2012, DJe 29/02/2012). 4. Recurso em habeas corpus improvido."
>
> (STJ, RHC – RECURSO ORDINARIO EM HABEAS CORPUS – 53018 2014.02.77716-5, REYNALDO SOARES DA FONSECA, QUINTA TURMA, DJE DATA:30/06/2017)

Vale ressaltar que o nexo causal entre a inércia do garantidor e a consequente violação da lei penal deve ser de conhecimento do agente. Mais uma vez atentando ao estudo de Heloisa Estellita,[109] não se ignora o argumento contra a punição exagerada do indivíduo responsável por não se omitir, que deve ser correlacionada com o perfil próprio de seu papel organizacional: "A fragmentação da informação no âmbito das empresas terá por consequência bastante comum que os garantidores também só tenham um conhecimento fragmentado dos processos de risco oriundos da empresa, omitindo a ação devida porém sem conhecimento da situação típica, o que caracteriza a forma clássica de erro de tipo que afasta o dolo e permite a punição por culpa."

O preenchimento do elemento subjetivo deve se perfazer, nestes moldes, com a verificação concreta do objetivo de beneficiar o agrupamento mediante violação da lei penal, restando apreensível tal finalidade diretamente do descumprimento da incumbência de controlar o risco penal empresarial. Não se considera objetiva esta responsabilização porque é fruto da vontade finalística dirigida para o próprio favor, de forma que não ultrapassa os limites do princípio da culpabilidade vigentes.

Vale dizer, para resultar a responsabilidade penal da pessoa jurídica impõe-se que a "realização da conduta delituosa seja uma ação ou omissão em nome do grupamento, tendo por objeto assegurar o seu funcionamento, sua organização ou seus objetivos, em seu benefício, político, religioso, social e econômico."[110]

Como se vê, desnecessário que o agente pratique pessoalmente o fato típico, sendo possível a aplicação da teoria do domínio do fato, desde que demonstrada pela análise do caso concreto que os agentes detinham o comando fático da atividade empresarial e ingerência nas atividades criminosas.

4. Competência

A competência para o julgamento dos crimes contra a ordem tributária será da Justiça Estadual ou Federal, dependendo da natureza do ente beneficiá-

[109] ESTELLITA, Heloisa. Uma aproximação às formas de responsabilidade penal individual em empresas (25 de fevereiro de 2019), pg. 18. FGV Direito SP Série de Trabalhos de Pesquisa n. CL001, disponível em SSRN: https://ssrn.com/abstract=3340950. Acessado em 16.05.2023.

[110] SANCTIS, Fausto Martin De. *Responsabilidade penal das corporações e criminalidade moderna*. 2. ed. São Paulo: Saraiva, 2009, p. 89.

rio do tributo objeto da conduta delituosa a ser apurada: Estados, Municípios, Distrito Federal ou União e autarquias.

A teor da Súmula nº 122 do STJ, "compete a justiça federal o processo e julgamento unificado dos crimes conexos de competência federal e estadual, não se aplicando a regra do art. 78, II, 'a', do Código de Processo Penal." Deste modo, se forem sonegados tributos federais e estaduais, a competência será da Justiça Federal.

Outra questão que se coloca atinente à competência guarda relação em se perquirir qual o foro competente para tramitar investigação afeta a potencial perpetração de crime material contra a ordem tributária: se o local do domicílio fiscal da pessoa jurídica contribuinte ao tempo da constituição definitiva do crédito tributário ou se o local atual do domicílio fiscal de tal ente moral.

Com efeito, a teor do art. 70 do Código de Processo Penal (que trata do critério empregado pelo legislador com o desiderato de determinar o foro competente em razão do lugar da infração), depreende-se que a competência, a princípio, é estabelecida no local em que consumada a infração penal ou, sendo hipótese de tentativa delitiva, no local em que efetivado o último ato de execução ("a competência será, de regra, determinada pelo lugar em que se consumar a infração, ou, no caso de tentativa, pelo lugar em que for praticado o último ato de execução").

Por sua vez, especificamente no que concerne a delitos materiais contra a ordem tributária, o C. Supremo Tribunal Federal pacificou entendimento, ao editar a Súmula Vinculante 24, no sentido de que somente é possível falar-se em tipificação de condutas enquadráveis no art. 1º da Lei nº 8.137/1990 após o lançamento definitivo do tributo à luz de que as infrações dispostas em mencionado preceito legal possuem a característica de serem crimes materiais ("não se tipifica crime material contra a ordem tributária, previsto no art. 1º, incisos I a IV, da Lei nº 8.137/90, antes do lançamento definitivo do tributo").

Nesse diapasão, algumas decorrências podem e devem ser inferidas: (a) a consumação de crime material contra a ordem tributária pressupõe necessariamente a existência de prévia constituição definitiva do crédito tributário (o que é atingido por meio do lançamento com pechas de definitividade na seara administrativa) e (b) o termo inicial da prescrição punitiva estatal está relacionado com a data de tal constituição definitiva do crédito tributário (tendo em vista que ela somente começa a correr do dia em que o delito se consumou – art. 111, I, do Código Penal –, o que, na seara dos crimes materiais contra a ordem tributária, ocorre com o lançamento definitivo da exação nos lindes administrativos).

Concatenando o que se acaba de sustentar, tendo em vista que o local competente para investigação e para ulterior Ação Penal é aquele em que se consumou o crime (art. 70 do Código de Processo Penal) e, especificamente em sede de crimes materiais contra a ordem tributária, tal consumação ocorre quando esgotada a instância administrativa (vale dizer, após a constituição definitiva do crédito tributário – Súmula Vinculante 24/STF), depreende-se que competente será o Juízo que abarque a sede de domicílio fiscal da pessoa física ou da pessoa jurídica ao tempo em que, em tese, teria se consumado o crime material tributário, ou seja, o local de domicílio fiscal ao tempo do lançamento definitivo da exação (ou, em outras palavras, da constituição definitiva do crédito tributário).

Aliás, tal constatação e conclusão já foi objeto de várias deliberações tanto pelo C. Superior Tribunal de Justiça como pela 4ª Seção do TRF/3, sempre referendando que a competência deve ser firmada no juízo do local de domicílio fiscal do contribuinte ao tempo da constituição definitiva do crédito tributário. Seguem ementas de tais julgados:

> "(...) 1. Em atenção ao disposto no verbete 24 da Súmula Vinculante, pacificou-se neste Superior Tribunal de Justiça o entendimento segundo o qual a competência para processar os delitos materiais contra a ordem tributária é estabelecida no domicílio fiscal em que houve a consumação da infração penal, ou seja, aquele em que ocorreu a constituição definitiva do crédito tributário, sendo irrelevante que a fraude tenha sido perpetrada em local diverso. (...)" (STJ, RHC 53.434/SP, Rel. Min. Jorge Mussi, Quinta Turma, julgado em 07.03.2017, *DJe* de 15.03.2017)

> "(...) 1. Conforme o disposto no enunciado n. 24 da Súmula vinculante do STF, os delitos contra ordem tributária tipificados no art. 1º e incisos da Lei 8.137/1990 consumam-se no momento da constituição do crédito tributário. 2. Não se deve, assim, confundir o momento consumativo da sonegação fiscal com aquele em que a fraude é praticada, máxime quando se tem em conta que não há tipicidade do delito antes do lançamento definitivo do crédito tributário. 3. Com isso em mente, a jurisprudência desta Corte assentou-se no sentido de que, 'tratando-se de crime material contra a ordem tributária (art. 1º da Lei n. 8.137/1990), a competência para processar e julgar o delito é do local onde houver ocorrido a sua consumação, por meio da constituição definitiva do crédito tributário, sendo irre-

levante a mudança de domicílio fiscal do contribuinte' (CC 120.850/BA, Rel. Ministro MARCO AURÉLIO BELLIZZE, TERCEIRA SEÇÃO, julgado em 08/08/2012, DJe 30/08/2012). 4. Incide, assim, em tais hipóteses, a regra prevista no art. 70 do Código de Processo Penal, que determina a competência do Juízo do lugar em que se consumou o delito ou, na hipótese de tentativa, do lugar em que foi praticado o último ato de execução. (...)" (STJ, CC 144.872/RJ, Rel. Min. Reynaldo Soares da Fonseca, Terceira Seção, julgado em 25.02.2016, *DJe* de 02.03.2016)

"(...) 2. Esta Corte tem decidido que o foro competente para o processamento e o julgamento de crime material contra a ordem tributária é o do domicílio fiscal do contribuinte, na data da constituição definitiva do crédito na esfera administrativa, de acordo com a Súmula n. 24 do Supremo Tribunal Federal (TRF 3ª Região, 4ª Seção, CJ n. 00019933420154030000, Rel. Des. Fed. Mauricio Kato, j. 20.08.15; 1ª Seção, CJ n. 00310908420124030000, Des. Fed. Rel. Luiz Stefanini, j. 07.02.13; CJ n. 00017823720114030000, Des. Fed. Rel. Nelton dos Santos, j. 17.03.11; CC n. 00332191420024030000, Des. Fed. Rel. Johonsom Di Salvo, j. 07.05.03). 3. Manutenção do trâmite do inquérito policial perante o Juízo da 1ª Vara Federal de Jundiaí (SP), Subseção Judiciária que abrange o Município de Cajamar (SP), domicílio fiscal da empresa na data da constituição definitiva do crédito. (...)" (TRF3, Quarta Seção, CJ – Conflito De Jurisdição – 5023482-37.2018.4.03.0000, Rel. Des. Fed. Andre Custodio Nekatschalow, julgado em 10.12.2018, Intimação via sistema DATA: 12.12.2018)

"(...) 1. O crime previsto no art. 1º da Lei nº 8.137/90, tem natureza material, consumando-se com a constituição definitiva do crédito tributário. Entendimento da Súmula Vinculante nº 24. 2. O juízo competente para o processamento e julgamento da ação penal, nos termos do art. 70 do Código de Processo Penal, é aquele do local em que o contribuinte possuía domicílio fiscal na data da consumação do crime, por meio da constituição definitiva do crédito tributário. (...)" (TRF3, Quarta Seção, CJ – Conflito de Jurisdição – 21550 – 0003586-30.2017.4.03.0000, Rel. Des. Fed. José Lunardelli, julgado em 21.09.2017, *e-DJF3* Judicial 1 de 29.09.2017)

"(...) 1. Estatui o art. 70 do C.P.P. que a competência será, de regra, determinada pelo lugar em que se consumar a infração. 2. Por outro lado, no âmbito do Supremo Tribunal Federal, a partir do julgamento do HC nº 81.611, os crimes contra a ordem tributária têm sua consumação definitiva a partir do lançamento do tributo, tal entendimento foi sedimentado com a edição da Súmula Vinculante nº 24, editada em dezembro de 2009. 3. Destarte, em tais casos, o delito deverá ser investigado pelo Juízo com competência no local sede empresa à época em que tipificada a infração, ou seja, quando constituído definitivamente o crédito. (...)" (TRF3, Quarta Seção, CJ - Conflito De Jurisdição - 21475 - 0003126-43.2017.4.03.0000, Rel. Des. Fed. Cecilia Mello, julgado em 20.07.2017, *e-DJF3* Judicial de 28.07.2017)

"(...) 1. O crime previsto no art. 1º da Lei nº 8.137/90 tem natureza material, consumando-se com a constituição definitiva do crédito tributário, ainda que a omissão de informação ou declaração falsa tenham se dado em datas anteriores. 2. O juízo competente para o acompanhamento do inquérito policial, nos termos do art. 70 do Código de Processo Penal, é aquele do local em que localizada a pessoa jurídica à época da consumação do delito. (...)"

(TRF3, Quarta Seção, CJ - Conflito De Jurisdição - 20516 - 0007511-68.2016.4.03.0000, Rel. Juiz Convocado Alessandro Diaferia, julgado em 21.07.2016, *e-DJF3* Judicial de 29.07.2016)

5. Direito Penal - princípios da intervenção mínima e da *ultima ratio* - crimes contra a ordem tributária

Alguns sustentam que o Direito Penal deveria ser regido pelos princípios da intervenção mínima e da *ultima ratio*, de modo que não se confundiria o mero ilícito tributário com o ilícito tributário penalmente relevante.

Acrescente-se, ainda, a existência de vedação à prisão por dívida (exceto nas hipóteses constitucionalmente aceitas), razão pela qual uma ação penal não poderia ser utilizada como mecanismo para forçar o pagamento da exação. Desta feita, por força deste entendimento alguns almejam a exaração de provimento judicial absolutório.

Cumpre salientar que o princípio da intervenção mínima do Direito Penal deve ser aplicado ao lado do postulado da *ultima ratio* no sentido de que o Direito Penal não pode ser a primeira opção prevista no ordenamento jurídico como forma de debelar uma situação concreta (daí porque a necessidade de intervenção mínima e no contexto da última fronteira para restabelecer a paz social).

Em outras palavras, entende-se que o Direito Penal não deve interferir em demasia na vida do indivíduo para tolher sua autonomia ou sua liberdade na justa medida em que determinados fatos ou determinada situação ensejam a incidência de outros ramos do Direito (que se mostram aptos a afastar a crise que se instaurou).

Na falta de solução adequada à lide instaurada na sociedade, não resolvida, portanto, pela atuação dos demais segmentos do Direito, tem cabimento ser chamado à baila o legislador pátrio a fim de que a conduta não pacificada seja tipificada como delito por meio da edição de uma lei penal incriminadora.

A propósito, destaque-se que o Estado de Direito historicamente sempre exigiu a presença de um Direito Penal fragmentário, ou seja, mínimo no sentido de que não incrimine qualquer conduta no plano dos fatos e dos acontecimentos da vida (princípio da intervenção mínima), sob o pálio do conceito de que a tipificação de ações/omissões deve ocorrer quando os demais ramos da Ciência Jurídica não foram o bastante para restabelecer a harmonia social (postulado da *ultima ratio*), conforme já restou consignado pelo C. Supremo Tribunal Federal, quando do julgamento do HC nº 107638 (Rel. Min. Cármen Lúcia, Primeira Turma, julgado em 13.09.2011, PROCESSO ELETRÔNICO *DJe*-187 de 28.09.2011): "a existência de um Estado Democrático de Direito passa, necessariamente, por uma busca constante de um direito penal mínimo, fragmentário, subsidiário, capaz de intervir apenas e tão-somente naquelas situações em que outros ramos do direito não foram aptos a propiciar a pacificação social."

Sem prejuízo do exposto, ainda de acordo com o C. Supremo Tribunal Federal, "o Direito Penal constitui a última *ratio legis* quanto às condutas humanas, por isso que deve incidir somente quando indispensável para a manutenção da ordem jurídica, posto inexistir norma jurídica para controlar e sancionar ações que violem expectativas normativas de maior intensidade" (INQ n. 3674, Rel. Min. Luiz Fux, Primeira Turma, julgado em 07.03.2017, Acórdão Eletrônico *DJe-209* de 14.09.2017).

Importante salientar que o C. Superior Tribunal de Justiça fez coro ao entendimento de que o Direito Penal não deve ser chamado a regular toda e qualquer situação da vida real (sob pena, inclusive, de haver a banalização de condutas incriminadas sem a presença de efetivo potencial lesivo a bem jurídico relevante, culminando, assim, no descrédito do Direito Penal), conforme pode ser inferido do excerto que segue: "de acordo com o princípio da intervenção mínima, o direito penal não deve interferir em demasia na vida em sociedade, devendo ser utilizado somente quando os demais ramos do direito não forem suficientes para proteger os bens de maior importância" (HC 215.522/RS, Rel. Min. Gurgel de Faria, Quinta Turma, julgado em 20.10.2015, *DJe* 10.11.2015).

Entretanto, se no passado o Direito Penal surgiu para proteger os institutos básicos dos Estados e os interesses mais elementares ao cidadão, garantindo-se certos preceitos sem os quais não resultaria possível a convivência ou a vida em sociedade, hoje não se pretende apenas garantir tais preceitos de conveniência porquanto se trata de sociedades muito mais complexas com alto grau de judicialização dos problemas sociais.

Mudaram-se as estratégias de proteção jurídico-penal, notadamente no Direito Penal Econômico, que passou a ter um protagonismo maior na sociedade, porque busca fazer funcionar honestamente as regras de mercado.

Em outras palavras, visa ao correto funcionamento das sociedades, dos mercados, da honestidade das regras de títulos públicos etc., evitando-se a concorrência desleal. Em última instância, o Direito Penal Econômico obriga a intervenção estatal para regulação e organização da ordem socioeconômica.

Tratando de sistema jurídico social central mais relevante, o decisivo é a incompatibilidade da conduta com a norma, no caso, a tributária. Leva-se em consideração, objetivamente, se a conduta corresponde aos fatos a que a norma penal estabeleça o dever de evitar. Ora, nada há de inconstitucional punir-se pelo crime contra a ordem tributária.

Nesse diapasão, os delitos previstos na Lei nº 8.137/1990 (crimes contra a ordem tributária) não padecem de qualquer vício que os tornem contrários ao Texto Constitucional de 1988. Isso porque os preceitos insculpidos na lei especial têm como escopo tutelar bem jurídico consistente no regular exercício da competência tributária delineada no bojo da Constituição Federal a partir de seu art. 145, função esta que tem o desiderato de permitir a implantação de políticas públicas de variadas matizes, em especial aquelas vinculadas à saúde, à educação, à habitação, à segurança, à seguridade social etc., valores caros e ínsitos ao próprio caráter democrático e republicano de nosso Estado de Direito.

Desta feita, mostra-se extremamente relevante e necessária a intervenção do Direito Penal a incriminar condutas que tenham como alvedrio a perpetração de infrações penais que atingem a regular atuação tributária do Estado, não apenas porque há desfalque patrimonial, mas, principalmente, a fim de manter a higidez de todo um sistema social previsto na Constituição Federal que somente pode ser custeado por meio do exercício arrecadatório de exações fiscais.

Em última instância, o patrimônio público amealhado por meio do adimplemento de créditos tributários (e que deveria ser empregado apenas e tão somente para cumprimento do interesse público primário a que foi feita menção) deve e merece ser respeitado por todos e, nesse diapasão, infrações que o dilapidem devem ser perseguidas pela atuação do Direito Penal como última fronteira.

Importante ser dito que não se está a sustentar que a mera infração às normas tributárias teria o condão de tipificar, incontinente, crime na senda penal. Realmente há que ser feita distinção entre a conduta configuradora de ilícito tributário (a ser solvida no campo próprio da legislação tributária tendo como base as normas gerais previstas no Código Tributário Nacional e nas legislações pertinentes a cada tributo) e a atividade configuradora de crime (ilícito tributário penalmente relevante) a impor a incidência do Direito Penal.

Por certo, por exemplo, a sonegação tributária executada por meio das diversas condutas previstas no art. 1º da Lei nº 8.137/1990 tem importância no mundo fenomênico (até mesmo porque afasta a possibilidade do atingimento do interesse público presente na sociedade como, por exemplo, educação, saúde, segurança, habitação etc.), devendo, assim, ser objeto de incidência do Direito Penal (ao lado, obviamente, da possibilidade de execução do crédito tributário constituído a teor da Lei de Execução Fiscal e das regras processuais aplicáveis à matéria).

Consigne-se, por oportuno, que não se está cogitando de prisão por dívidas àquele que infringiu a norma tributária e, portanto, cometeu sonegação fiscal, bem como não se pode vislumbrar o fato de que a ação penal acaso em curso estaria sendo utilizada como um subterfúgio a impor ao contribuinte o dever de pagar tributo.

A prisão, acaso fixada pelo Poder Judiciário, será decorrente do reconhecimento da execução de um fato típico e antijurídico no qual evidenciada a culpabilidade do agente que atuou em desrespeito à norma penal que veda condutas sonegatórias que repercutem na vida de todos os cidadãos (tanto que o Direito Penal, nestas hipóteses, é chamado à baila para fins de debelação de crise decorrente da contumaz supressão e da relevante omissão de aspectos exteriores de riqueza que ensejam tributação) e não decorrente de mera dívida de valor.

E, nesse contexto, a ação penal mostrar-se-á como veículo por meio da qual cabível o exercício da pretensão punitiva estatal a incidir sobre indigitado agente que tenha atuado ao arrepio da legislação tributária e fiscal de regência.

Portanto, em tais situações, de rigor considerar-se correta a incidência do Direito Penal para tutelar as máculas ao bem jurídico tutelado pelos crimes contra a ordem tributária (Lei nº 8.137/1990).

6. Princípio da insignificância a afastar a tipicidade das condutas

O princípio da insignificância (ou da bagatela) demanda ser interpretado à luz dos postulados da mínima intervenção do Direito Penal e da *ultima ratio*, já retratados anteriormente nesta obra.

O sistema jurídico "há de considerar a relevantíssima circunstância de que a privação da liberdade e a restrição de direitos do indivíduo somente se justificam quando estritamente necessárias à própria proteção das pessoas, da sociedade e de outros bens jurídicos que lhes sejam essenciais, notadamente naqueles casos em que os valores penalmente tutelados se exponham a dano, efetivo ou potencial, impregnado de significativa lesividade."[111]

Dentro de tal contexto, a insignificância surge como forma de afastar a aplicação do Direito Penal a fatos de somenos importância (e que, portanto, podem ser debelados com supedâneo nos demais ramos da Ciência Jurídica – fragmentariedade do Direito Penal), afastando a tipicidade da conduta sob o aspecto material ao reconhecer que ela possui um reduzido grau de reprovabilidade e que houve pequena ofensa ao bem jurídico tutelado, remanescendo apenas a tipicidade formal, ou seja, a adequação do fato à lei penal incriminadora.

Consigne-se que a jurisprudência do C. Supremo Tribunal Federal tem exigido, para a aplicação do referido postulado, o preenchimento concomitante dos seguintes requisitos: 1) mínima ofensividade da conduta do agente; 2) ausência de periculosidade social da ação; 3) reduzido grau de reprovabilidade do comportamento e 4) relativa inexpressividade da lesão jurídica. Logo, depreende-se que a incidência da bagatela demanda análise criteriosa caso a caso.

Especificamente no que tange aos crimes perpetrados contra a ordem tributária, nota-se que o legislador quis proteger valores que a Fazenda Pública tem direito de perceber (inclusive a credibilidade de sua atuação), bem como a regularidade na obtenção de suas receitas (evitando-se manobras fraudulentas), além da capacidade da máquina estatal de fomentar as

[111] LIMA, Renato Brasileiro de. *Legislação criminal especial comentada: volume único*. 9. ed. rev., atual. e ampl. Salvador: JusPODIVM, 2021, p. 220.

políticas públicas que garantem o bem estar de todos os cidadãos (interesse público primário – objetivo de assegurar redistribuição de riqueza por meio de uma política fiscal que obtém recursos para o atendimento das necessidades sociais).

Como se vê, não apenas o caráter patrimonial é resguardado de modo que, neste ponto, cumpre ressalvar meu entendimento pessoal acerca da impossibilidade de aplicação do princípio da insignificância em sede de crime tributário, porquanto, ainda que se possa em determinados casos considerar pequena a expressão do valor em discussão, não há que se falar no reduzido grau de reprovabilidade da conduta típica, tampouco na inexpressividade da lesão jurídica, considerando que os delitos desta seara atingem igualmente o interesse público.

A despeito de tal apontamento, curvo-me ao entendimento preconizado pelo C. Superior Tribunal de Justiça, em sede de Recurso Representativo da Controvérsia (que adiante será mencionado), de observância obrigatória sob o pálio do disposto no art. 927, III, do Código de Processo Civil, e que também tem sido adotado pelo TRF/3, no sentido da possibilidade de aplicação do postulado da insignificância na senda de crimes tributários.

Feitas tais considerações, tem-se que a Administração Tributária edita normas sobre o valor mínimo que permite inscrição em dívida ativa de modo que se tem entendido que, se a Fazenda não executa civilmente importe até certo patamar, não haveria justificativa a permitir a existência de persecução penal.

Dentro desse contexto, adviria desta constatação a possibilidade de aplicação do princípio da insignificância que, analisado em conjunto com os postulados da fragmentariedade e da mínima intervenção estatal na seara penal, teria o condão de afastar a tipicidade penal em determinadas situações.

Ressalte-se que o *quantum* fixado pela Fazenda Nacional para fins de arquivamento das execuções fiscais vem sendo adotado como parâmetro para fins de aplicação do princípio da bagatela. Sob tal viés, o valor a ser considerado deve ser aquele aferido no momento da constituição definitiva do crédito tributário, excluídos os juros e a multa aplicados ao importe do tributo sonegado já no momento da inscrição do crédito em dívida ativa.

Anteriormente, a importância delimitadora da significância penal girava em R$ 10.000,00 (dez mil reais) com fundamento no art. 20 da Lei nº 10.522, de 19.07.2002, com a redação dada pela Lei nº 11.033, de 21.12.2004, e pelo art. 14 da Lei nº 11.941, de 27.05.2009.

Todavia, tal importe foi elevado por força da edição da Portaria nº 75, de 22.03.2012, do Ministério da Fazenda, a saber: "art. 1º. Determinar: I – a não inscrição na Dívida Ativa da União de débito de um mesmo devedor com a Fazenda Nacional de valor consolidado igual ou inferior a R$ 1.000,00 (mil reais); e II – o não ajuizamento de execuções fiscais de débitos com a Fazenda Nacional, cujo valor consolidado seja igual ou inferior a R$ 20.000,00 (vinte mil reais)."

No âmbito do C. Superior Tribunal de Justiça, a questão já foi objeto de discussão no Recurso Especial Representativo de Controvérsia nº 1.112.748/TO, oportunidade em que se firmou orientação no sentido de que incide o princípio da insignificância aos crimes federais contra a ordem tributária e ao de descaminho na hipótese de o débito tributário não ultrapassar a quantia de R$ 10.000,00 (dez mil reais) nos termos do art. 20 da Lei nº 10.522/2002.

Vale colacionar o aresto, frise-se, de observância obrigatória:

> "(...) I – Segundo jurisprudência firmada no âmbito do Pretório Excelso – 1ª e 2ª Turmas – incide o princípio da insignificância aos débitos tributários que não ultrapassem o limite de R$ 10.000,00 (dez mil reais), a teor do disposto no art. 20 da Lei nº 10.522/02. II – Muito embora esta não seja a orientação majoritária desta Corte (vide EREsp 966077/GO, 3ª Seção, Rel. Min. Laurita Vaz, DJe de 20/08/2009), mas em prol da otimização do sistema, e buscando evitar uma sucessiva interposição de recursos ao c. Supremo Tribunal Federal, em sintonia com os objetivos da Lei nº 11.672/08, é de ser seguido, na matéria, o escólio jurisprudencial da Suprema Corte. Recurso especial desprovido."
>
> (REsp 1.112.748/TO, Rel. Min. Felix Fischer, Terceira Seção, julgado em 09.09.2009, *DJe* de 13.10.2009)

Em tal ocasião, verificou-se que tanto o C. Supremo Tribunal Federal como o C. Superior Tribunal de Justiça adotavam a possibilidade de aplicação do princípio em tela com base no parâmetro estatuído no art. 20 da Lei nº 10.522/2002.

Com o advento da edição das Portarias nºs 75 e 130, ambas do Ministério da Fazenda, a 3ª Seção do C. Superior Tribunal de Justiça revisou no ano de 2018 a tese fixada no paradigma mencionado (REsp nº 1.112.748/TO) a fim de adequá-la ao entendimento externado pela C. Suprema Corte no sentido de considerar o parâmetro estabelecido nestes atos infralegais, que estabeleceram o patamar de R$ 20.000,00 (vinte mil reais), como limite para aplicação do princípio da insignificância aos crimes tributários federais e de descaminho.

Eis a ementa do acórdão:

> "(...) 1. Considerando os princípios da segurança jurídica, da proteção da confiança e da isonomia, deve ser revisto o entendimento firmado, pelo julgamento, sob o rito dos repetitivos, do REsp n. 1.112.748/TO – Tema 157, de forma a adequá-lo ao entendimento externado pela Suprema Corte, o qual tem considerado o parâmetro fixado nas Portarias n. 75 e 130/MF – R$ 20.000,00 (vinte mil reais) para aplicação do princípio da insignificância aos crimes tributários federais e de descaminho.
>
> 2. Assim, a tese fixada passa a ser a seguinte: incide o princípio da insignificância aos crimes tributários federais e de descaminho quando o débito tributário verificado não ultrapassar o limite de R$ 20.000,00 (vinte mil reais), a teor do disposto no art. 20 da Lei n. 10.522/2002, com as atualizações efetivadas pelas Portarias n. 75 e 130, ambas do Ministério da Fazenda.
>
> 3. Recurso especial improvido. Tema 157 modificado nos termos da tese ora fixada."
>
> (REsp 1688878/SP, Rel. Min. Sebastião Reis Júnior, Terceira Seção, julgado em 28.02.2018, *DJe* de 04.04.2018)

Assim, se de acordo com o Auto de Infração atinente, por exemplo, a determinado Imposto de Renda Pessoa Física em que o agente lançou, a título de dedução na base de cálculo da exação em determinados anos calendários, informações que posteriormente não se comprovaram, tendo, assim, suprimido crédito tributário titularizado pelo Fisco no importe inferior ao acima citado (valor no qual compreendido apenas o imposto devido),embora configure crime contra a ordem tributária, encontra-se dentro dos critérios empregáveis para fins de reconhecimento do delito de bagatela, devendo ser reconhecida a atipicidade material da conduta, com absolvição com supedâneo no art. 386, III, do Código de Processo Penal.

Nesse sentido colaciono julgado do TRF3:

> "PENAL. CRIME CONTRA A ORDEM TRIBUTÁRIA. ARTIGO 1º, INCISO I, DA LEI N. 8.137/1990. PRELIMINAR DE PRESCRIÇÃO DA PRETENSÃO PUNITIVA REJEITADA. MATERIALIDADE DELITIVA COMPROVADA. APLICAÇÃO DO PRINCÍPIO DA INSIGNIFICÂNCIA A AFASTAR A TIPICIDADE. CRITÉRIOS E PARÂMETROS. INCIDÊN-

CIA NO CASO CONCRETO. DECRETO DE ABSOLVIÇÃO. APELAÇÃO DA DEFESA PARCIALMENTE PROVIDA.

(...)

3. A materialidade delitiva restou comprovada nos autos por meio do processo administrativo fiscal e os documentos que o integram, sobretudo o Demonstrativo Consolidado do Crédito Tributário, o auto de infração do tributo e o Termo de Constatação Fiscal, procedimento que culminou na constituição definitiva do crédito tributário em 06.06.2007, assim como a Representação Fiscal para Fins Penais que descreve os fatos, documentos que demonstram a efetiva supressão e redução de imposto de renda durante os anos de 2000 e 2001, no valor originário de R$ 9.909,90 (nove mil, novecentos e nove reais e noventa centavos).

4. O princípio da insignificância surge como instrumento de interpretação restritiva do tipo penal, no sentido de excluir ou afastar a própria tipicidade penal nos delitos de violação mínima e assegurar que a intervenção penal somente ocorra nos casos de lesão de certa gravidade.

5. A insignificância tem o condão de afastar a tipicidade da conduta sob o aspecto material ao reconhecer que ela possui um reduzido grau de reprovabilidade e que houve pequena ofensa ao bem jurídico tutelado, remanescendo apenas a tipicidade formal.

6. A jurisprudência do Pretório Excelso tem exigido para a aplicação do referido princípio o preenchimento concomitante dos seguintes requisitos: 1) mínima ofensividade da conduta do agente; 2) ausência de periculosidade social da ação; 3) reduzido grau de reprovabilidade do comportamento; e 4) relativa inexpressividade da lesão jurídica. Logo, a jurisprudência de nossa Corte Maior determina a aplicação do princípio de forma criteriosa e realizada caso a caso.

7. No que tange aos crimes perpetrados contra a ordem tributária, nota-se que o legislador quis proteger, em um primeiro momento, valores que a Fazenda Pública tem direito de perceber (inclusive a credibilidade de sua atuação), bem como a regularidade na obtenção de suas receitas (evitando-se manobras fraudulentas), e, em um segundo plano, a capacidade da máquina estatal de fomentar as políticas públicas que garantem o bem estar de todos os cidadãos (interesse público primário – objetivo de assegurar redistribuição de riqueza por meio de uma política fiscal que obtêm recursos para o atendimento das necessidades sociais), de modo que, a princípio, não poderia ser invocado o princípio da insignificância em sede de crime de sonegação fiscal.

8. Todavia, o C. Superior Tribunal de Justiça, em sede de Recurso Representativo da Controvérsia (REsp nº 1.112.748/TO), de observância obrigatória sob o pálio do disposto no art. 927, III, do Código de Processo Civil, firmou posicionamento, que também tem sido adotado por esta Décima Primeira Turma deste E. Tribunal Regional, no sentido da possibilidade de aplicação do postulado da insignificância na senda de crimes tributários.

9. O *quantum* fixado pela Fazenda Nacional para fins de arquivamento das execuções fiscais vem sendo adotado como parâmetro para fins de aplicação do princípio da bagatela. Sob tal viés, o valor a ser considerado deve ser aquele aferido no momento da constituição definitiva do crédito tributário, excluídos os juros e a multa aplicados ao importe do tributo sonegado já no momento da inscrição do crédito em dívida ativa.

10. Com o advento da edição das Portarias nºs 75 e 130, ambas do Ministério da Fazenda, a 3ª Seção do C. Superior Tribunal de Justiça, ao julgar o REsp 1688878/SP, revisou a tese fixada no paradigma mencionado (REsp nº 1.112.748/TO) a fim de adequá-la ao entendimento externado pela E. Suprema Corte no sentido de considerar o parâmetro estabelecido nestes atos infralegais, que estabeleceram o patamar de R$ 20.000,00 (vinte mil reais), como limite para aplicação do princípio da insignificância aos crimes tributários federais e de descaminho.

11. O valor a ser considerado na hipótese dos autos é o do imposto devido – R$ 9.909,90 (nove mil, novecentos e nove reais e noventa centavos), sem o acréscimo de juros de mora e multa, que não concernem a débito gerado originariamente pela conduta do réu, não devendo ser considerados para fins de tipicidade penal.

12. Montante inferior a R$ 20.000,00 (vinte mil reais) e ausência de contumácia delitiva do autor, impondo-se a aplicação do princípio da insignificância.

13. Preliminar rejeitada. Apelação da Defesa parcialmente provida. Decreto de absolvição."

(TRF3, Apelação Criminal nº 2007.61.07.011314-9/SP, Rel. Desembargador Federal Fausto De Sanctis, Décima Primeira Turma, *DJe* 12/06/2020)

7. Incompatibilidade do princípio da insignificância à hipótese de contumácia delitiva

Conforme exposto anteriormente, para a aplicação do princípio da insignificância exige-se a presença dos pressupostos da mínima ofensividade da conduta do agente; ausência de periculosidade social da ação; reduzido grau de reprovabilidade do comportamento e relativa inexpressividade da lesão jurídica. A ausência de qualquer destes requisitos caracteriza a relevância material do fato formalmente típico.

Na hipótese de conduta praticada em contexto de habitualidade delitiva, visualiza-se obstinação deliberada de oposição à convivência de acordo com as normas jurídicas.

A contumácia criminosa, a escolha do meio de vida criminoso, não pode importar em inexpressividade da lesão jurídica, nem em mínima ofensividade da conduta, ou mesmo ausência de periculosidade social e tampouco reduzido grau de reprovabilidade, mas exatamente o seu oposto, inviabilizando a aplicação do princípio em tela, o qual se restringe a condutas despidas de ofensividade mínima.

Em relação aos crimes tributários federais não basta que os valores iludidos no caso concreto sejam inferiores ao paradigma de R$ 20.000,00 para que determinada conduta seja reputada inofensiva, há de se verificar se há reiteração delitiva.

A lesão constante ao Fisco por meio de comedidos delitos adquire vulto pelo desvalor da própria ação global do agente, observável pelo conjunto da obra criminosa. A propósito, a jurisprudência do Supremo Tribunal Federal enfatiza a relevância penal do descaminho (entendimento que deve ser estendido aos crimes contra a ordem tributária), independentemente do valor iludido, quando presente a reiteração delitiva:

> "(...) 1. O princípio da insignificância não incide na hipótese de contrabando de cigarros, tendo em vista que, além do valor material, os bens jurídicos que o ordenamento jurídico busca tutelar são os valores éticos-jurídicos e a saúde pública. Precedentes: HC 120550, Primeira Turma, Relator Min. Roberto Barroso, DJe 13/02/2014; ARE 924.284 AgR, Segunda Turma, Relator Min. Gilmar Mendes, DJe 25/11/2015, HC 125847 AgR, Primeira Turma, Relator Min. Rosa Weber, DJe 26/05/2015, HC 119.596, Segunda Turma, Relator: Min. Cármen Lúcia, DJe 26/03/2014. 2. A reiteração delitiva do delito de descaminho e figuras assemelhadas impede o reconhecimento do princípio da insignificância, ainda que o valor apurado esteja dentro dos limites fixados pela jurisprudência pacífica desta Corte para fins de reconhecimento da atipicidade. Precedentes: HC 133.566, Segunda Turma, Rel. Min. Cármen Lúcia DJe de 12/05/2016, HC 130.489AgR, Primeira Turma, Rel. Min. Edson Fachin DJe de 09/05/2016, HC 133.736 AgR, Segunda Turma, Relator Min. Gilmar Mendes, DJe

18/05/2016. 3. In casu, o paciente foi denunciado como incurso nas sanções do artigo 334, caput, §1º, alínea d, do Código Penal, por ter sido flagrado ingressando no território nacional com grande quantidade de maços de cigarros de origem estrangeira, desacompanhados da documentação legal, cujo valor total dos tributos federais não recolhidos aos cofres públicos seria, em tese, de R$ 13.593,48 (treze mil, quinhentos e noventa e três reais e quarenta e oito centavos). 4. A superveniência do julgamento do mérito de ação penal pela instância a quo torna prejudicada a impetração, considerando-se o advento do novo título prisional. Precedentes: HC 125.614, Primeira Turma, Relator Min. Rosa Weber, DJe 18/09/2015, Rcl 21.548 AgR, Segunda Turma, Relator: Min. Dias Toffoli, DJe 11/11/2015. 5. A competência originária do Supremo Tribunal Federal para conhecer e julgar habeas corpus está definida, exaustivamente, no artigo 102, inciso I, alíneas d e i, da Constituição da República, sendo certo que o paciente não está arrolado em qualquer das hipóteses sujeitas à jurisdição desta Corte. 6. Agravo regimental desprovido."

(STF, HC-AgR 129382, Luiz Fux, STF, 1ª Turma, *DJ* 16.09.2016)

Desta forma, a habitualidade delitiva constitui fator idôneo ao afastamento do princípio da insignificância, ainda que a conduta criminosa não supere o referencial de R$ 20.000,00 em matéria de crimes tributários federais.

Assim, mesmo que o valor dos tributos iludidos pelo agente seja inferior ao patamar acima previsto, incorrerá o agente exatamente na mencionada impossibilidade de aplicação do princípio da insignificância diante de crimes contra a ordem tributária pela presença da habitualidade delitiva, ainda que a totalidade dos tributos iludidos não ultrapasse o patamar de R$ 20.000,00, por força do desvalor da própria ação de quem faz do crime meio de vida, atentando contra a ordem jurídica (mesmo que a contumácia seja em relação à existência dos Processos Administrativos e sejam relacionados a fatos semelhantes).

8. Princípio da insignificância e exclusão dos juros, multa e correção monetária

Delineadas as premissas acima, é importante o registro que na adoção do princípio da insignificância, deve-se observar o valor do crédito tributário apurado originalmente no procedimento de lançamento, ou seja, com exclusão dos juros de mora e multa, pois não concernem a débito gerado originariamente pela conduta dos agentes e não devem ser considerados para fins de tipicidade penal, porquanto serão aplicados a título de mora, descumprimento de obrigação acessória ou outra finalidade.

Estes são consectários civis pelo não recolhimento do imposto no prazo definido pela norma legal e correspondem à obrigação acessória, decorrente do não pagamento do valor principal.

Confira-se, neste sentido, o seguinte julgado:

> "(...) 1. O crime de sonegação fiscal aperfeiçoa-se com a supressão ou a redução do tributo ou contribuição previdenciária mediante fraude.
>
> 2. Os juros e multa são consectários civis do não recolhimento do imposto no prazo previsto em lei e correspondem à obrigação acessória, decorrente do não pagamento do valor principal.
>
> 3. Para fins de aplicação do princípio da insignificância, considera-se o valor fixado no momento da consumação do crime (constituição definitiva do crédito tributário), que corresponde ao valor principal do tributo suprimido ou reduzido, descontados juros e multa.
>
> 4. Recurso em sentido estrito desprovido."
>
> (TRF3, Quinta Turma, – Recurso Em Sentido Estrito – 8447 – 0001670-07.2017.4.03.6128, Rel. Desembargador Federal Mauricio Kato, julgado em 19.03.2018, *e-DJF3* Judicial 1 de 26.03.2018)

O valor a ser atribuído para a incidência do princípio da insignificância deve ser o obtido no momento da consumação do crime, vale dizer, por ocasião da constituição definitiva do crédito tributário, correspondente, portanto, ao valor principal do tributo suprimido ou reduzido, descontados juros e multa.

No que tange à correção monetária, a par de eventual discussão se seria apenas atualização do valor para o presente momento, o C. Superior Tribunal de Justiça tem precedentes no sentido de que não deve ser igualmente considerada para fins de reconhecimento do delito de bagatela. Confira-se:

> "PROCESSO PENAL. RECUSO EM HABEAS CORPUS. CRIMES CONTRA A ORDEM TRIBUTÁRIA. TRANCAMENTO DO INQUÉRITO POLICIAL. POSSIBILIDADE. ATIPICIDADE. VALOR DO TRIBUTO. LEI ESTADUAL N. 16.381/2017. CONSTRANGIMENTO ILEGAL EVIDENCIADO. RECURSO PROVIDO.
>
> 1. No tocante à aplicação do princípio da insignificância, a Terceira Seção desta Corte Superior firmou orientação, no julgamento dos REsps

1.709.029/MG e 1.688.878/SP, representativos da controvérsia, relatoria do em. Ministro Sebastião Reis Júnior, no sentido de que incide o referido princípio aos crimes tributários federais e de descaminho quando o débito tributário verificado não ultrapassar a quantia de vinte mil reais, estabelecida no art. 20 da Lei n. 10.522/2002, com as atualizações efetivadas pelas Portarias n. 75 e 130, ambas do Ministério da Fazenda.

2. Consolidou-se, ainda, o entendimento de que 'a aplicação da bagatela aos tributos de competência estadual encontra-se subordinada à existência de norma do ente competente no mesmo sentido da norma federal, porquanto a liberalidade da União para arquivar, sem baixa na distribuição, as execuções fiscais de débitos com a Fazenda Nacional cujo valor consolidado seja igual ou inferior a R$ 20.000,00 não se estende, de maneira automática, aos demais entes federados.' (HC 480.916/SP, Rel. Ministro ANTONIO SALDANHA PALHEIRO, SEXTA TURMA, julgado em 11/6/2019, DJe 21/06/2019). Portanto, para fins de ver aplicado o princípio da bagatela, é necessária a existência de lei local no mesmo sentido da lei federal, o que ocorreu no caso.

3. A Lei Estadual n. 16.381/2017, do Ceará, estabelece em seu art. 2º o limite de 60 salários mínimos para créditos de natureza tributária ou não tributárias, e de 10 salários mínimos para créditos de natureza tributária ou não tributárias inscritos em dívida ativa.

4. Na hipótese, o procedimento investigativo foi instaurado após a conclusão do Contencioso Administrativo Tributário da SEFAZ/CE, constituindo o valor principal do imposto devido no total de R$ 7.725,77, cabendo esclarecer que, para verificar a insignificância da conduta, o valor do crédito tributário objeto do crime tributário material é aquele apurado originalmente no procedimento de lançamento, não sendo possível o acréscimo de juros e correção monetária para aferição do valor.

5. Considerando que o valor está abarcado no limite estabelecido pela legislação estadual do Ceará, imperiosa a constatação de atipicidade da conduta, com a incidência do princípio da insignificância. Julgados nesse sentido.

6. Recurso em habeas corpus provido para para determinar o trancamento do Inquérito Policial (processo n. 0892114-89.2014.8.06.0001)."

(STJ, RHC 106210/CE, 5ª Turma, Min. Rel. Ribeiro Dantas, j. 06.08.2019, DJe 13.08.2019)

"PENAL. HABEAS CORPUS. CRIMES CONTRA A ORDEM TRIBUTÁRIA. TRANCAMENTO DO INQUÉRITO POLICIAL. POSSIBILIDADE. ATIPICIDADE. VALOR DO TRIBUTO. LEI ESTADUAL N. 14.272/2010. CONSTRANGIMENTO ILEGAL EVIDENCIADO.

1. De acordo com a jurisprudência do Superior Tribunal de Justiça, o trancamento de inquérito policial, por meio de habeas corpus ou recurso em habeas corpus, é medida de exceção, sendo cabível, tão somente, quando inequívoca a ausência de justa causa, a atipicidade do fato ou a inexistência de autoria por parte do indiciado.

2. A razão para a aplicabilidade do princípio da insignificância em delitos contra a ordem tributária está contida na orientação de que a avaliação da tipicidade possui como parâmetro aquele objetivamente estipulado para a atuação do Estado em matéria de execução fiscal, ou seja, o valor do tributo devido.

3. A Terceira Seção desta Corte, revisando a tese firmada por ocasião do julgamento do REsp n. 1.112.748/TO, consolidou o entendimento de que incide o princípio da insignificância aos crimes tributários federais e de descaminho quando o débito tributário verificado não ultrapassar o limite de R$ 20.000,00, a teor do disposto no art. 20 da Lei n. 10.522/2002, com as atualizações efetivadas pelas Portarias n. 75 e 130 do Ministério da Fazenda (REsp n. 1.709.029/MG, relator Ministro SEBASTIÃO REIS JÚNIOR, TERCEIRA SEÇÃO, julgado em 28/2/2018, DJe 4/4/2018).

4. A aplicação da bagatela aos tributos de competência estadual encontra-se subordinada à existência de norma do ente competente no mesmo sentido da norma federal, porquanto a liberalidade da União para arquivar, sem baixa na distribuição, as execuções fiscais de débitos com a Fazenda Nacional cujo valor consolidado seja igual ou inferior a R$ 20.000,00 não se estende, de maneira automática, aos demais entes federados.

5. A Lei n. 14.272/2010 do Estado de São Paulo dispõe que 'Fica o Poder Executivo, por meio dos órgãos competentes da Procuradoria Geral do Estado, autorizado a não propor ações, inclusive execuções fiscais, assim como requerer a desistência das ajuizadas, para cobrança de débitos de natureza tributária ou não tributária, cujos valores atualizados não ultrapassem 600 (seiscentas) Unidades Fiscais do Estado de São Paulo – UFESPs', valor atualizado para 1.200 UFESP' pela Resolução n. 21/2017 da Procuradoria-Geral do Estado de São Paulo.

6. Na hipótese, o valor principal do tributo, desconsiderados juros, correção e multas, é de R$ 4.687,97, de modo que, tendo em vista o dis-

posto na Lei estadual n. 14.272/2010, incide o princípio da insignificância, nos moldes da jurisprudência desta Corte acerca do tema.

7. Ordem concedida para determinar o trancamento do Inquérito Policial 0004281-95.2018.8.26.0348, ressalvada a possibilidade de reabertura caso existam outros débitos cuja soma dos valores ultrapasse o limite estabelecido no art. 1º da Lei estadual n. 14.272/2010."

(STJ, HC 480916/SP, 6ª Turma, Min. Rel. Antonio Saldanha Palheiro, j. 11.06.2019, DJe 21.06.2019)

Desse modo, o valor a ser considerado é o do tributo devido, montante que configura crime contra a ordem tributária e encontra-se dentro dos critérios empregáveis para fins de reconhecimento do delito de bagatela e desde que não haja contumácia delitiva dos réus.

9. Persecução penal e decisão definitiva na esfera administrativa. Ação Penal Pública Incondicionada

O artigo 43 da Lei nº 12.350, de 20.12.2010, deu nova redação ao *caput* do artigo 83 da Lei nº 9.430, de 27.12.1996, a saber: "a representação fiscal para fins penais relativa aos crimes contra a ordem tributária previstos nos arts. 1º e 2º da Lei nº 8.137, de 27 de dezembro de 1990, e aos crimes contra a Previdência Social, previstos nos arts. 168-A e 337-A do Decreto-Lei nº 2.848, de 7 de dezembro de 1940 (Código Penal), será encaminhada ao Ministério Público depois de proferida a decisão final, na esfera administrativa, sobre a exigência fiscal do crédito tributário correspondente."

Este artigo havia sido regulamentado pelo art. 1º do Decreto nº 2.730, de 10.08.1998 ("**art. 1º.** O Auditor-Fiscal do Tesouro Nacional formalizará representação fiscal, para os fins do art. 83 da Lei nº 9.430, de 27 de dezembro de 1996, em autos separados e protocolizada na mesma data da lavratura do auto de infração, sempre que, no curso de ação fiscal de que resulte lavratura de auto de infração de exigência de crédito de tributos e contribuições administrados pela Secretaria da Receita Federal do Ministério da Fazenda ou decorrente de apreensão de bens sujeitos à pena de perdimento, constatar fato que configure, em tese: **I** – crime contra a ordem tributária tipificado nos arts. 1º e 2º da Lei nº 8.137, de 27 de dezembro de 1990; **II** – crime de contrabando ou descaminho").

O Decreto nº 2.730/1998, em seu art. 2º, estabelecia que: "encerrado o processo administrativo-fiscal, os autos da representação fiscal para fins penais serão remetidos ao Ministério Público Federal, se: **I** – mantida a imputação de multa agravada, o crédito de tributos e contribuições, inclusive acessórios, não for extinto pelo pagamento; **II** – aplicada, administrativamente, a pena de perdimento de bens, estiver configurado em tese, crime de contrabando ou descaminho".

Este Decreto foi revogado pelo Decreto nº 10.930, de 07.01.2022, com fundamento no artigo 16 da Lei Complementar nº 95, de 26.02.1998, contudo não há alteração das disposições do art. 83 da Lei nº 9.430/1996.

Acerca do tema discutiu-se se a referida norma (art. 83) teria criado uma condição específica para a ação penal, ou seja, se o oferecimento da denúncia pelo órgão ministerial estaria circunscrito à atuação administrativa. Com o julgamento da ADI nº 1.571 perante o Supremo Tribunal Federal solucionou-se a questão no sentido de que:

> "Ação direta de inconstitucionalidade. 2. Art. 83 da Lei no 9.430, de 27.12.1996. 3. Argüição de violação ao art. 129, I da Constituição. Notitia criminis condicionada 'à decisão final, na esfera administrativa, sobre a exigência fiscal do crédito tributário'. 4. A norma impugnada tem como destinatários os agentes fiscais, em nada afetando a atuação do Ministério Público. É obrigatória, para a autoridade fiscal, a remessa da notitia criminis ao Ministério Público. 5. Decisão que não afeta orientação fixada no HC 81.611. Crime de resultado. Antes de constituído definitivamente o crédito tributário não há justa causa para a ação penal. O Ministério Público pode, entretanto, oferecer denúncia independentemente da comunicação, dita 'representação tributária', se, por outros meios, tem conhecimento do lançamento definitivo. 6. Não configurada qualquer limitação à atuação do Ministério Público para propositura da ação penal pública pela prática de crimes contra a ordem tributária. 7. Improcedência da ação" (STF, ADI 1571, Relator(a): GILMAR MENDES, Tribunal Pleno, julgado em 10/12/2003, DJ 30-04-2004 PP-00029EMENT VOL-02149-02 PP-00265)

Portanto, o Ministério Público é o exclusivo titular da ação penal de modo que esta norma do artigo 83 destina-se aos agentes fazendários, que são seus destinatários (versa apenas sobre o momento em que a administração encaminhará a *notitia criminis* ao órgão ministerial), não impedindo a atuação do *Parquet*, que, possuindo elementos que comprovem o lançamento definitivo do crédito tributário (nos crimes materiais contra a ordem tributária) e indícios de materialidade e autoria delitivas poderá instaurar a ação penal, independentemente de ter recebido a representação fiscal das Receitas Estadual ou Federal.

A despeito da independência das instâncias (lastreada no artigo 935 do Código Civil[112]), nota-se uma correlação entre elas em casos de tal jaez (crime de resultado contra a ordem tributária). Não se pode na esfera criminal iniciar uma persecução penal se na via administrativa ainda se esteja discutindo a definitividade do lançamento. Atento a essa premissa, mesmo antes de encaminhada a *notitia criminis* pelas autoridades fazendárias poderá o órgão ministerial antecipar-se (já que o art. 83 não dispôs uma condição de procedibilidade) e demonstrar a materialidade delitiva, quando tomar previamente conhecimento por outros meios acerca do crédito tributário definitivo.

Aqui tem inteira aplicação as lições do Ministro Assis Toledo, citado por Fabio Machado de Almeida Delmanto ao propugnar que "a ilicitude penal não se restringe ao campo do direito penal: projeta-se por todo o direito. Por isso é que Welzel define a ilicitude como sendo 'a contradição da realização do tipo de uma norma proibitiva com o ordenamento jurídico como um todo.' Disso resulta que um dado ilícito penal não pode deixar de ser igualmente ilícito em outras áreas do direito, pois um ato lícito, civil, administrativo, etc., não pode ser ao mesmo tempo um ilícito penal' (Princípios Básicos de Direito Penal, Saraiva, 1986, p. 153)."[113]

Tanto é que mesmo na hipótese de a denúncia ter sido oferecida quando o crédito tributário já havia sido devidamente constituído e posteriormente existir ato expedido pela fiscalização no sentido de anulação do lançamento definitivo, haverá que se reconhecer a atipicidade da conduta na esfera criminal. Nesse sentido entendeu o STF nos autos do HC n. 102477 (Rel. Ministro Gilmar Mendes, Segunda Turma, julgado em 28.06.2011, DJe 10.08.2011), ao reconhecer a atipicidade da conduta (crime contra a ordem tributária - Lei 8.137/90, art. 1º, I e II) com o trancamento da ação penal.

Não é incomum, por outro lado, que recursos na esfera administrativa visem apenas o retardamento do lançamento definitivo, todavia não se pode minimizar o direito assegurado constitucionalmente de o contribuinte defender-se na via administrativa para negar a existência de um ilícito tributário impugnando a autuação administrativa.

[112] Art. 935. A responsabilidade civil é independente da criminal, não se podendo questionar mais sobre a existência do fato, ou sobre quem seja o seu autor, quando estas questões se acharem decididas no juízo criminal.

[113] MARTINS, Ives Gandra da Silva; BRITO, Edvaldo (org.). *Direito tributário: direito penal tributário (coleção doutrinas essenciais, v. VIII)*. São Paulo: RT, 2011, p. 116.

O artigo 83 estipula, portanto, o momento em que a administração fazendária deverá encaminhar ao Ministério Público os expedientes contendo informação acerca do suposto cometimento de crimes previstos nos artigos 1º e 2º, ambos da Lei nº 8.137/1990.

Este dispositivo, frise-se, não estipula uma condição de procedibilidade para a instauração da ação penal, todavia antes de constituído definitivamente o crédito tributário não há justa causa para a ação penal nos crimes materiais contra a ordem tributária.

Como bem pontuado por Renato Brasileiro de Lima[114]: "embora a denúncia do Ministério Público não esteja condicionada à representação da autoridade fiscal (ADI 1.571), já que se trata de crime de ação penal pública incondicionada, enquanto não houver o lançamento do tributo pendente de decisão definitiva do processo administrativo, o Estado não pode dar início à persecução penal em relação aos crimes materiais contra a ordem tributária (...). Logo, pelo menos enquanto não houver o 'trânsito em julgado' no âmbito administrativo e a inscrição do débito na dívida pública, não se pode admitir a deflagração da persecução penal."

Os tipos penais instituídos no art. 1º, como sustentado por Luiz Flávio Gomes e Alice Bianchini, albergam "conceitos normativos, cujas definições são encontradas fora do ramo do direito penal, lhe são anteriores e dele são pressupostos. Consoante Paulo José da Costa Júnior e Zelmo Denari, 'se a norma penal tributária, para tipificar uma conduta, se utiliza de conceitos normativos hauridos do direito tributário, é esta disciplina que deverá ser consultada para precisar o alcance da norma. Em suma, é o direito tributário que deverá explicar e definir o que é 'tributo', e 'contribuição social' ou 'sujeito passivo de obrigação', com vistas à tipificação do crime contra a ordem tributária'."[115]

Nucci[116] reputa acerto do julgamento (acima mencionado) da ADIN nº 1.571-DF, Rel. Min. Gilmar Mendes, Tribunal Pleno, p.m, *DJ* de 30.04.2004, julgada improcedente e que fora proposta pelo Procurador--Geral da República para esclarecer se o artigo 83 havia criado uma con-

[114] LIMA, Renato Brasileiro de. *Legislação criminal especial comentada: volume único*. 9. ed. rev., atual. e ampl. Salvador: JusPODIVM, 2021, p. 318/319.

[115] GOMES, Luiz Flávio; BIANCHINI, Alice. BADARÓ, Gustavo Henrique (org.). *Prévio exaurimento da via administrativa e crimes tributários. Direito penal e processo penal: leis penais especiais I (coleção doutrinas essenciais, v. 4)*. São Paulo: RT, 2015, p. 128.

[116] NUCCI, Guilherme de Souza. *Leis penais e processuais penais comentadas*. 9. ed. rev., atual. e ampl., Rio de Janeiro: Forense, 2015. v. 1, p. 606.

dição de procedibilidade para a atuação do órgão acusatório, na medida em que "o que a lei buscou alcançar é a certeza de ter havido supressão ou redução indevida – ou qualquer outro ato fraudulento – no campo dos delitos contra a ordem tributária, antes que agentes fazendários oficiassem ao Ministério Público para a tomada das medidas cabíveis. Afinal, não teria mesmo sentido a instauração de inquérito policial, com eventual indiciamento dos prováveis sonegadores, podendo até mesmo haver ajuizamento de ação penal, para, durante a investigação ou processo criminal, concluir-se, na esfera administrativa, inexistir qualquer débito tributário."

Somente quando o tributo se tornar exigível poderá, como afirmado acima, o órgão ministerial oferecer denúncia independentemente da vinda da representação tributária se por outros meios tomar conhecimento do lançamento definitivo.

A constituição definitiva do crédito tributário é o indicativo da supressão ou redução do tributo, elementos que integram o *caput* do art. 1º (incisos I a IV), que é um crime material, exigindo para sua caracterização a apuração definitiva do crédito tributário. Para Nucci, "considerando o lançamento como indispensável, emerge o referido art. 1º como um crime condicionado, vale dizer, sem o advento da condição de finalização da apuração do débito tributário não se aperfeiçoa o tipo penal, logo, não se pode considerá-lo consumado."[117]

Para a ocorrência do crime tipificado no art. 1º (incisos I a IV) desta Lei exige-se a efetiva produção de resultado naturalístico, consubstanciado na supressão ou redução do tributo. Daí é que, na esteira do entendimento exposto por Marcus A. Manhães Bastos,[118] "perfaz-se necessário para a realização do fato típico tributário, a ensejar a existência de conduta punível, a efetiva existência de débito fiscal – momento anterior ao da conduta tendente à redução ou ao não pagamento da dívida fiscal."

Portanto, qual seria o momento a partir do qual existe o débito tributário para a perfeita aferição se houve ou não a conduta típica? Quando há a efetiva constituição do crédito tributário.

Prossegue o referido autor, asseverando acertadamente que "só se haverá falar em conduta voltada à sonegação de tributos se houver, não só o efetivo nascimento da obrigação tributária, mas, também, a consequente constituição do crédito tributário, é dizer, ainda que se pratique atos tendentes a supressão

[117] Op. cit., p. 607.

[118] MARTINS, Ives Gandra da Silva; BRITO, Edvaldo (org.). *Direito tributário: direito penal tributário (coleção doutrinas essenciais, v. VIII)*. São Paulo: RT, 2011, p. 490-496.

ilícita de tributo futuro, na expectativa de que o fato gerador se realizará, tal não redundará na realização de crime definido no art. 1º da Lei 8.137/90 caso alguma circunstância superveniente venha a afastar a efetiva constituição do crédito tributário, por absoluta inexistência de materialidade delitiva."

Assim, para ele, pouco importa o emprego do termo "tributo", pois, "associado à ideia de redução ou supressão de tributo, dúvidas não podem restar, no espírito do hermeneuta, de que há necessidade da existência de débito fiscal constituído – frise-se, só passa a existir a relação crédito-débito com a ocorrência do fenômeno da constituição, ainda que tais existências exsurjam em momentos instantâneos. Acresça-se a isto a ideia de que não importa o momento em que a fraude venha a ser perpetrada pelo sujeito ativo do delito em tese: impõe-se a ocorrência do fato imponível da obrigação tributária e, na sequência, a efetiva constituição do crédito fiscal."

9.1. Crédito tributário e o momento em que ocorre o seu lançamento definitivo

A certeza e liquidez do crédito tributário são obtidas a partir do lançamento fiscal, pois neste momento resta claro o dever de pagar o tributo, bem como a apresentação do seu valor líquido.

Assim, se a certeza e a liquidez do crédito tributário são externadas pelo ato jurídico do lançamento, até que este sobrevenha, não se tem a materialidade do delito, portanto, o fato imponível ainda não se encontrará revestido da tipicidade nas esferas tributária e penal. Em síntese, o lançamento fiscal conferirá a liquidez, certeza e a exigibilidade do tributo.

O art. 142 do CTN atribui com exclusividade ao agente da administração fiscal o poder de constituir o crédito tributário por meio do ato jurídico do lançamento ("**Art. 142.** Compete privativamente à autoridade administrativa constituir o crédito tributário pelo lançamento, assim entendido o procedimento administrativo tendente a verificar a ocorrência do fato gerador da obrigação correspondente [verificação da subsunção do fato concreto à hipótese legal], determinar a matéria tributável, calcular o montante do tributo devido [base de cálculo e alíquotas correspondentes], identificar o sujeito passivo e, sendo caso, propor a aplicação da penalidade cabível. **Parágrafo único.** A atividade administrativa de lançamento é vinculada e obrigatória, sob pena de responsabilidade funcional".

Após a notificação do sujeito passivo do ato de lançamento, por meio da entrega do auto de infração e da notificação fiscal de débito, estará constituído o crédito tributário.

Abalizada doutrina considera que "sempre entendemos que se tem por definitivamente constituído o crédito tributário com a notificação do sujeito passivo do ato do lançamento (auto de infração, autuação fiscal, termo de verificação fiscal, notificação fiscal de lançamento de débito etc). Ultimada a notificação do sujeito passivo não mais se cogita de prazo decadencial. A partir de então, inicia-se o prazo prescricional de cinco anos para cobrança do crédito tributário que, apesar de exigível, precisa ser previamente inscrito na dívida ativa para conferir-lhe exequibilidade."[119]

Paulo de Barros Carvalho[120] ensina que "nasce o crédito tributário no exato instante em que irrompe o laço obrigacional, isto é, ao acontecer, no mundo físico exterior, aquele fato hipoteticamente descrito no suposto normativo' (*Curso de Direito Tributário*, 7. ed. São Paulo, Saraiva, 1995, p. 250). O mesmo autor preleciona que o 'lançamento é o ato jurídico administrativo, da categoria dos simples, modificativos ou assecuratórios ou vinculados, mediante o qual se declara ali acontecimento de fato jurídico tributário, se identifica o sujeito passivo da obrigação correspondente, se determina a base de cálculo e a alíquota aplicável *formalizando o crédito e estipulando os termos de sua exigibilidade*' (ob. cit., p. 260). Explicando a diferença entre as expressões *auto de infração e lançamento*, aquele professor salienta a possibilidade de na peça nominada *auto de infração* existirem aqueles dois atos. Neste caso, aduz que '*na parte que exigir tributo será ato de lançamento; na que impuser penalidade, ato de imposição de multa*' (ob. cit., p. 274). É também do mesmo autor a afirmação de que 'o lançamento, como ato jurídico administrativo que é, pode ser lido como nulo ou anulável. Mas convém lembrar que a anulação não se confunde com a figura da revogação. A Súmula 473 do STF, deixou isso bem claro: 'A Administração revoga ou anula o seu próprio ato; o Judiciário somente anula o ato administrativo...' (ob. cit., p. 275). Feito o lançamento, o crédito, que já existia desde a ocorrência do fato gerador, mas era ilíquido e incerto, passa a ser exigível. Todavia, se o contribuinte impugnar o ato administrativo, a exigibilidade do tributo estará suspensa, nos termos do art. 151, *caput*, do CTN, *verbis*: 'Suspendem a exigibilidade do crédito tributário: I – a moratória; II – o depósito do seu montante

[119] HARADA, Kiyoshi; MUSUMECCI FILHO, Leonardo; POLIDO, Gustavo Moreno. *Crimes contra a ordem tributária*. 2. ed. São Paulo: Atlas, 2015, p. 55.

[120] CARVALHO, Paulo de Barros. Citado por Fabio Machado de Almeida Delmanto *Processo administrativo-fiscal como condição da ação penal*. MARTINS, Ives Gandra da Silva; BRITO, Edvaldo (org.). *Direito tributário: direito penal tributário (coleção doutrinas essenciais, v. VIII)*. São Paulo: R T, 2011, p. 124-125.

integral; III – às reclamações e os recursos, nos termos das Leis reguladoras do processo *tributário administrativo;* IV – a concessão de medida liminar em mandado de segurança'. É ainda do magistério de Paulo de Barros Carvalho a assertiva de que a sustação da exigibilidade do crédito significa 'que o Poder Público, na pendência da solução administrativa, *ficará inibido de inscrever a dívida e procurar o Poder Judiciário para requerer direitos'* (ob. cit., p. 296). E aqui voltamos à nossa questão. Se o recurso administrativo suspende a exigibilidade do crédito, não podendo ser inscrito na dívida ativa nem, portanto, objeto de execução fiscal, como pretender ser possível, então, o início de ação penal por crime contra a ordem tributária, se este mesmo tributo (que está com sua exigibilidade suspensa) é elemento constitutivo do crime?"

José Paulo Baltazar Junior compreende que não há necessidade de se aguardar a solução de eventual discussão judicial cível sobre o débito tributário, assim, com efeito, considerada a presunção de legalidade do lançamento, exige-se tão somente o término do processo administrativo e não do processo judicial cível que lhe sucedeu. Não há, portanto, necessidade de se aguardar o término de eventual ação judicial anulatória.[121]

Aqui cabe destacar uma vez mais que a notificação ao sujeito passivo do lançamento é o ato que materializa a constituição do crédito tributário, passando a fluir daí em diante o prazo prescricional, nos termos do art. 174 do CTN.

O ato do lançamento tributário tem que estar materializado em um documento que confere certeza dos atos praticados pela administração. A partir deste momento o sujeito passivo tem a certeza de que o crédito tributário está constituído.

O lançamento somente será imutável na situação em que o contribuinte, após ter sido devidamente intimado, deixar de oferecer sua defesa por meio de um recurso administrativo ou na hipótese de insucesso em sua defesa nas instâncias recursais da administração fazendária. A partir daí, vale dizer, a partir do momento em que tenha em seu desfavor a decisão administrativa não mais passível de recurso, estará definitivamente constituído o crédito tributário e, portanto, sendo ele exigível.

A impugnação (na qual o contribuinte venha, por exemplo, a contestar a atuação da Administração, a inexistência de tributo devido, a regularidade

[121] BALTAZAR JUNIOR, José Paulo. *Crimes federais*. 10. ed. 2. tiragem. São Paulo: Saraiva, 2016, p. 812.

do auto de infração) por certo suspende a exigibilidade do crédito que não poderá obviamente ser inscrito em dívida ativa, tampouco objeto de execução fiscal.

Por fim, na seara criminal considera-se a data do fato criminoso aquela do lançamento definitivo do tributo e, na sua ausência, a data da inscrição do débito em Dívida Ativa, a qual pressupõe a ausência de pagamento do débito ou sua impugnação no interregno de trinta dias contados da ciência do agente (inteligência do art. 10, inciso V, do Decreto nº 70.235, de 06.03.1972, a saber: "o auto de infração será lavrado por servidor competente, no local da verificação da fata, e conterá obrigatoriamente: (...) V – a determinação da exigência e a intimação para cumpri-la ou impugná-la no prazo de trinta dias").

Ressalte-se, ademais, que a jurisprudência do Superior Tribunal de Justiça é no sentido de que a constituição definitiva do crédito tributário é apta a configurar a materialidade do crime de sonegação fiscal.

Logo, na fase processual de oferecimento da denúncia, não sendo manifesta a atipicidade da conduta, o lançamento definitivo é suficiente ao prosseguimento do feito por meio da instrução criminal.

Confiram-se os seguintes precedentes:

> "PENAL E PROCESSUAL PENAL. AGRAVO REGIMENTAL NO AGRAVO EM RECURSO ESPECIAL. SONEGAÇÃO FISCAL. INDEFERIMENTO DA PRODUÇÃO DE PROVA PERICIAL. NULIDADE. INOCORRÊNCIA. ALEGADA INEXISTÊNCIA DE PROVA DA MATERIALIDADE DELITIVA. SÚMULA 7/STJ. AGRAVO REGIMENTAL DESPROVIDO.
>
> 1. Cabe às instâncias ordinárias a aferição da necessidade da produção probatória, podendo denegar os pleitos formulados pelas partes mediante motivação idônea.
>
> **2. Ademais, em crimes contra a ordem tributária, a constituição definitiva do crédito tributário é apta para comprovar a materialidade. Precedentes.**
>
> 3. A Corte de origem constatou que houve efetiva supressão de elevado montante (R$ 10.926.219,15) de tributos, e não apenas presunção, ao contrário do que aduz a defesa. Assim, a inversão do julgado, no ponto, demandaria o reexame do conjunto fático-probatório dos autos, providência inviável nesta instância especial, nos termos da Súmula 7/STJ.
>
> 4. Agravo regimental desprovido."
>
> (STJ, AgRg no AREsp 1873405/ES, Rel. Min. Ribeiro Dantas, 5ª Turma, j. 24.08.2021, DJe 30.08.2021)

"PENAL E PROCESSO PENAL. RECURSO EM HABEAS CORPUS. 1. TRANCAMENTO DA AÇÃO PENAL. AUSÊNCIA DE EXCEPCIONALIDADE. 2. DUPLA IMPUTAÇÃO. NÃO OCORRÊNCIA. ABSOLVIÇÃO POR ATIPICIDADE. AUSÊNCIA DE CONSTITUIÇÃO DEFINITIVA DO CRÉDITO TRIBUTÁRIO. SUPERVENIÊNCIA DA CONSTITUIÇÃO. NOVA DENÚNCIA. POSSIBILIDADE. 3. INÉPCIA DA DENÚNCIA. NÃO VERIFICAÇÃO. OBSERVÂNCIA DO ART. 41 DO CPP. AMPLA DEFESA ASSEGURADA. 4. RECURSO EM HABEAS CORPUS IMPROVIDO.

1. O trancamento da ação penal na via estreita do habeas corpus somente é possível, em caráter excepcional, quando se comprovar, de plano, a inépcia da denúncia, a atipicidade da conduta, a incidência de causa de extinção da punibilidade ou a ausência de indícios de autoria ou de prova da materialidade do delito.

2. O recorrente havia sido denunciado, em um primeiro momento, como incurso no art. 1º, I, da Lei n. 8.137/1990. Contudo, em virtude da ausência de constituição definitiva do crédito tributário, foi absolvido sumariamente, por atipicidade do fato. Nada obstante, sobrevindo a constituição definitiva do crédito tributário, a conduta se tornou típica, autorizando, assim, a apresentação de nova denúncia. De fato, conforme assentado pelo acórdão recorrido, tem-se que a decisão absolutória não analisou o mérito da ação penal. Nesse contexto, não há se falar dupla imputação, porquanto o crime apenas passou a existir com a constituição definitiva do crédito tributário. **Portanto, se no momento da absolvição não havia tipo penal, tem-se que a constituição definitiva do crédito tributário, em momento posterior, tipifica o crime e autoriza o início da ação penal.**

3. Pela leitura da denúncia, bem como do acórdão recorrido, verifica-se que não há se falar em inépcia nem em ausência de justa causa. Com efeito, presentes a materialidade delitiva e os indícios de autoria, tem-se a justa causa para a ação penal. Ademais, os fatos encontram-se devidamente narrados, em observância ao art. 41 do Código de Processo Penal, autorizando ao recorrente o exercício da ampla defesa. Assim, "não pode ser acoimada de inepta a denúncia formulada em obediência aos requisitos traçados no artigo 41 do Código de Processo Penal, descrevendo perfeitamente as condutas típicas, cuja autoria é atribuída ao acusado devidamente qualificado, circunstâncias que permitem o exercício da ampla defesa no seio da persecução penal, na qual se observará o devido processo legal".

(HC 339.644/MG, Rel. Ministro Jorge Mussi, Quinta Turma, julgado em 08/03/2016, DJe 16/03/2016). 4. Recurso em habeas corpus improvido."

(STJ, RHC 83753/SP, Rel. Min. Reynaldo Soares da Fonseca, 5ª Turma, j. 15.05.2018, DJe 15.06.2018)

9.2. Sentença trabalhista e constituição do crédito tributário

A constituição definitiva do crédito tributário exigida pela Súmula Vinculante nº 24 do STF pode se dar de forma diversa da tratada no tópico precedente, já que o lançamento é apenas uma das modalidades de constituição do crédito tributário, porquanto a própria legislação comporta hipóteses excepcionais em que o crédito se constitui independentemente da manifestação da autoridade fiscal.

Pode ocorrer situação em que não se tem um lançamento tributário realizado a partir da declaração do contribuinte, tampouco um lançamento realizado de ofício pelo Fisco ou ainda não se verifica um prévio procedimento administrativo fiscal (TRF3, ACr n. 2016.61.15.003851-0, Rel. Des. Fed. Mauricio Kato, j. 07.05.2018).

A jurisprudência tem admitido o efeito constitutivo do crédito tributário por meio de sentença trabalhista que reconheça a existência de um vínculo laboral e por conseguinte a obrigação de pagamento de contribuição previdenciária ou de recolhimento de determinado tributo. O título executivo dela decorrente deverá demonstrar a ocorrência do fato gerador e a quantificação do tributo.

Assim tendo o crédito sido constituído com base em sentença trabalhista, não há empecilho na ausência de apuração dos tributos em sede de procedimento administrativo fiscal instaurado para tal finalidade, de modo que a ação penal pode se instaurar validamente.

A sentença trabalhista condenatória, transitada em julgado, é título executivo judicial também das contribuições previdenciárias dela decorrentes, sendo capaz de dispensar a instauração de procedimento administrativo, tornando-se suficiente para constituir o crédito tributário após sua liquidação.

Sobre o tema, confira-se o teor da Súmula Vinculante nº 53 do Colendo Supremo Tribunal Federal: "A competência da Justiça do Trabalho prevista no artigo 114, inciso VIII, da Constituição Federal alcança a execução de ofício das contribuições previdenciárias relativas ao objeto da condenação constante das sentenças que proferir e acordos por ela homologados."

A jurisprudência do Superior Tribunal de Justiça e do TRF3 tem reconhecido a justa causa da ação penal em situações semelhantes, conforme se confere nos julgados a seguir colacionados:

"TRIBUTÁRIO. CONTRIBUIÇÕES SOCIAIS. SENTENÇA TRABALHISTA QUE É EM SI TÍTULO EXECUTIVO. ART. 114, INC. VIII, DA CF/1988. LANÇAMENTO TRIBUTÁRIO. PRAZO DECADENCIAL.

1. Na origem, trata-se de Ação Declaratória de Inexistência de Relação Jurídica Tributária cumulada com Pedido de Repetição de Indébito ajuizada pela recorrente, que alega a incompetência da Justiça do Trabalho para constituir os créditos tributários relacionados às Contribuições Previdenciárias incidentes sobre as verbas reconhecidas em Reclamatórias Trabalhistas após 5 (cinco) anos do mês da efetiva prestação de serviços.

2. A parte recorrente alega violação dos arts. 489, § 1º, e 1.022, I, do CPC/2015; 22, I, e 43, § 2º, da Lei 8.212/1991; 113, 114, 116, 142, 150, § 4º, e 173, I, do CTN. Sustenta: '[...] o acórdão, ao defender que 'a autoridade responsável pelo lançamento e cobrança de contribuições previdenciárias relacionadas a verbas reconhecidas no âmbito da Justiça do Trabalho, advindas de reclamatórias trabalhistas, é a autoridade judicial', concluindo que 'quem constitui o crédito é o Magistrado do Trabalho', viola frontalmente o previsto no CTN sobre o que é a obrigação tributária (art. 113), o que é o fato gerador da obrigação principal (art. 114) e a quem compete constituir o crédito tributário (art. 142)'.

3. Não se configura a alegada ofensa aos arts. 489, § 1º, IV e VI, e 1.022, II, parágrafo, II, do CPC/2015, uma vez que o Tribunal a quo julgou integralmente a lide e solucionou, de maneira amplamente fundamentada, a controvérsia, em conformidade com o que lhe foi apresentado.

4. O Superior Tribunal de Justiça entende que a sentença proferida pela Justiça do Trabalho, ao condenar o empregador a cumprir obrigação trabalhista e recolher as verbas a ela relacionadas, também reconhece uma obrigação tributária, consistindo a própria sentença no título que fundamenta o crédito. Precedentes: REsp 1.591.141/SP, Rel. Ministro Paulo De Tarso Sanseverino, Terceira Turma, julgado em 5.12.2017, DJe de 18.12.2017; REsp 1.170.750/SP, Rel. Ministro Luis Felipe Salomão, Quarta Turma, julgado em 27.8.2013, DJe de 19.11.2013; REsp 967.626/RS, Rel. Ministro Castro Meira, Segunda Turma, julgado em 9.10.2007, DJe de 27.11.2008.

5. O Tribunal Superior do Trabalho, analisando a possibilidade de aplicação das regras previstas no CTN, relativas ao lançamento tributário, entende que '(...) não pode ser contado o prazo decadencial a partir do fato gerador (data da prestação do serviço) em relação ao crédito trabalhista reconhecido em sentença ou acordo. Isso porque somente se verificou a constituição do crédito (lançamento) no momento da decisão, sendo o

Magistrado do Trabalho a autoridade responsável por tal ato.' (AIRR-1215-71.2011.5.04.0007, 8ª Turma, Relatora Ministra Dora Maria da Costa, DEJT 16.8.2019).

6. Também o Supremo Tribunal Federal, no julgamento do RE 569.056, sob a sistemática da repercussão geral, reconheceu que 'o lançamento, a notificação e a apuração são todos englobados pela intimação do devedor para o seu pagamento. Afinal, a base de cálculo é o valor mesmo do salário' (RE 569.056, Relator(a):Min. MENEZES DIREITO, Tribunal Pleno, julgado em 11/09/2008, REPERCUSSÃO GERAL – MÉRITO DJe-236 DIVULG 11-12-2008 PUBLIC 12-12-2008 EMENT VOL-02345-05 PP-00848 RTJ VOL-00208-02 PP-00859 RDECTRAB v. 16, n. 178, 2009, p. 132-148 RET v. 12, n. 72, 2010, p. 73-85) 5. Recurso Especial não provido."

(STJ, REsp 1764790/SC, Rel. Ministro HERMAN BENJAMIN, SEGUNDA TURMA, julgado em 19/05/2020, DJe 25/06/2020)

"HABEAS CORPUS. PENAL E PROCESSUAL PENAL. INQUÉRITO POLICIAL. REQUISIÇÃO. MINISTÉRIO PÚBLICO FEDERAL. LEGITIMIDADE PASSIVA. TRIBUNAL REGIONAL FEDERAL. COMPETÊNCIA. TRANCAMENTO. INQUÉRITO POLICIAL. AÇÃO PENAL. EXAME APROFUNDADO DE PROVAS. INADMISSIBILIDADE. SENTENÇA TRABALHISTA. SÚMULA VINCULANTE N. 24 DO SUPREMO TRIBUNAL FEDERAL. ADMISSIBILIDADE. SONEGAÇÃO FISCAL. CRIMES DE FALSIDADE MATERIAL OU IDEOLÓGICA. ABSORÇÃO. POTENCIALIDADE LESIVA. CASUÍSTICA. ORDEM DENEGADA.

1. A requisição para instauração de inquérito policial por membro do Ministério Público Federal é ato que não se sujeita ao juízo de discricionariedade da autoridade policial, uma vez que retira dela qualquer juízo a respeito da necessidade de instauração do procedimento, devendo atender de pronto a determinação. Compete ao Tribunal Regional Federal conhecer e julgar habeas corpus contra ato praticado por membro do Ministério Público Federal (CR, art. 108, I, a) (TRF da 3ª Região, HC n. 2010.03.00.015193-5, Rel. Des. Fed. André Nekatschalow, j. 14.03.11).

2. Com fundamento no art. 108, I, a, da Constituição da República, compete ao Tribunal o habeas corpus impetrado para o trancamento de inquérito policial instaurado por requisição de Procurador da República (RE n. 377.356, Rel. Min. Cezar Peluso, j. 07.10.08, Informativo STF n. 523).

3. O trancamento do inquérito policial ou da ação penal pela via de habeas corpus é medida de exceção, que só é admissível quando emerge dos autos, de forma inequívoca, ausência de provas da materialidade e autoria, a

atipicidade da conduta ou a extinção da punibilidade (STJ, HC n. 292858, Rel. Min. Reynaldo Soares da Fonseca, j. 19.11.15).

4. A sentença trabalhista constitui título executivo judicial das contribuições sociais a dispensar a instauração de procedimento administrativo para a formação do título extrajudicial (STJ, REsp n. 200902395252, Rel. Min. Luis Felipe Salomão, j. 27.08.13; TRF da 3ª Região, ApReeNec 00016084420104036117, Rel. Des. Fed. Antonio Cedenho, j. 21.07.15), de modo que igualmente faz prova da materialidade delitiva em atendimento à Súmula Vinculante n. 24 do Supremo Tribunal Federal (TRF da 3ª Região, ACr n. 2016.61.15.003851-0, Rel. Des. Fed. Mauricio Kato, j. 07.05.18).

5. A questão da absorção ou não do delito de falsidade material ou ideológica pelo delito de sonegação fiscal não pode ser resolvida abstratamente pelo mero confronto dos tipos penais. É certo que o delito de sonegação fiscal implica a fraude, o que envolve por vezes a prática do delito de falso e, nessa medida, este é absorvido por aquele. Mas pode suceder, também, que a par de o documento falso render ensejo à sonegação, remanesce a ofender a fé pública, passível de ser empregado para iludir terceiros de boa-fé. Conclui-se que o delito de falsum é absorvido pela sonegação se neste exaure sua potencialidade lesiva; e, ao contrário, subsiste como crime autônomo se sua potencialidade lesiva transcende a prática da sonegação. Daí que os delitos de falso podem ser considerados como absorvidos pela sonegação (TRF da 3ª Região, HC n. 200503000663112, Rel. Juiz Fed. Conv. Higino Cinacchi, j. 28.11.05) como inversamente subsistem autonomamente quando apresentarem potencial lesivo autônomo (STF, HC n. 84453, Rel. Min. Marco Aurélio, j. 17.08.04; HC n. 91469, Rel. Min. Joaquim Barbosa, j. 20.05.08; HC n. 83115, Rel. Min. Gilmar Mendes, j. 04.05.04; HC n. 80801, Rel. Min. Marco Aurélio, j. 29.05.01).

6. Em regra, a incidência do princípio da consunção não é passível de análise em sede de habeas corpus, pois necessária a análise aprofundada dos fatos para averiguar a eventual autonomia delitiva e a potencialidade lesiva de cada conduta (STJ, HC n. 380.695/MS, Rel. Min. Reynaldo Soares da Fonseca, j. 20.04.17; AgRg no HC n. 380.761/MS, Rel. Min. Sebastião Reis Júnior, j. 09.03.17; AREsp n. 611.237/MS, Rel. Min. Nefi Cordeiro, j. 02.09.16).

7. Ordem denegada."

(TRF3, 5ª Turma, HC – HABEAS CORPUS, 5001999-14.2019.4.03.0000, Rel. Desembargador Federal ANDRE CUSTODIO NEKATSCHALOW, julgado em 11/04/2019, e – DJF3 Judicial 1 DATA: 15/04/2019)

"PENAL E PROCESSUAL PENAL. APELAÇÃO CRIMINAL. CRIME DO ART. 337-A DO CÓDIGO PENAL. SONEGAÇÃO DE CONTRIBUIÇÃO PREVIDENCIÁRIA. CONSTITUIÇÃO DEFINITIVA. SÚMULAS VINCULANTES Nº 24 E 53. COMPETÊNCIA DA JUSTIÇA DO TRABALHO. JUSTA CAUSA CONFIGURADA. EXTINÇÃO DA PUNIBILIDADE. PAGAMENTO. AUSÊNCIA DE COMPROVAÇÃO. ÔNUS DA DEFESA. MATERIALIDADE E AUTORIA DO DELITO. AUSÊNCIA DE IMPUGNAÇÃO. DOSIMETRIA. REVISÃO DE OFÍCIO. APELO DEFENSIVO DESPROVIDO.

1 – Ação penal que preenche a condição inserta na Súmula Vinculante nº 24, pois a sentença condenatória proferida pela Justiça do Trabalho é título executivo das contribuições previdenciárias dela decorrentes e, portanto, naquela seara se discute o valor do tributo e após a liquidação, considera-se constituído o crédito tributário. Súmula Vinculante nº 53.

2 – Rejeitado o pedido de reconhecimento de extinção da punibilidade, formulado com espeque no art. 9º, §2º, da Lei nº 10.684/2003, pois ausente demonstração de pagamento do crédito tributário. Ônus da defesa, nos termos do art. 156 do Código de Processo Penal.

3 – Materialidade e autoria do crime que restaram incontroversas e não foram objeto de impugnação no recurso defensivo.

4 – Demonstrada, portanto, a responsabilidade penal do acusado quanto ao delito do art. 337-A, I, c.c. o art. 71, ambos do Código Penal, por ter omitido, na condição de sócio e administrador da pessoa jurídica empregadora, informações acerca da remuneração paga a um empregado, no período de 02/02/1992 a 10/02/2006, reduzindo, mediante tal conduta, contribuições previdenciárias no montante de R$71.815,35 (setenta e um mil oitocentos e quinze reais e trinta e cinco centavos).

5 – Mantida a valoração negativa dos antecedentes criminais do acusado, que conta com condenação transitada em julgado pela prática de crime contra a ordem tributária.

6 – Pena de multa e regime inicial de cumprimento da pena revistos de ofício.

7 – Apelação defensiva desprovida."

(TRF/3, ACR 0001704-43.2007.4.03.6124, Relator Des. Fed. José Lunardelli, Décima Primeira Turma, julgado em 04.04.2017, e-DJF3 Judicial 1 18.04.2017).

Tem-se a presença de elementos concernentes à materialidade delitiva, quando a sentença proferida pela Justiça Trabalhista condenar a empresa a pagar ao reclamante verbas trabalhistas e as correspondentes contribuições previdenciárias, tributos e obrigações acessórias e em sede de liquidação apurando crédito previdenciário ou tributário, restando cumpridos, assim, os requisitos da Súmula Vinculante nº 24 do STF.

9.3. Súmula Vinculante nº 24 do Supremo Tribunal Federal

A Súmula Vinculante nº 24 do Supremo Tribunal Federal, editada em 2009, dispõe neste sentido e veio pacificar a questão: "não se tipifica crime material contra a ordem tributária, previsto no art. 1º, incisos I a IV, da Lei nº 8.137/90, antes do lançamento definitivo do tributo."

O crédito deve estar predefinido, porquanto em havendo dúvida sobre a sua existência, não se pode dar início à persecução penal. Deve haver a precedente apuração da existência do crédito tributário.

Portanto, resta claro que o lançamento definitivo do tributo é condição essencial para a instauração da ação penal nos crimes previstos no art. 1º, incisos I a IV, da Lei nº 8.137/1990, sob pena de não restar configurada a tipicidade diante da ausência de tributo que possa ter sido suprimido ou reduzido.

Como restou salientado na discussão desta Súmula Vinculante, o legislador optou em estabelecer uma política de arrecadação sem abrir mão do tipo penal: "o cidadão que eventualmente tenha praticado um ato de sonegação tem o direito dado pela lei federal de pagar e quitar esse tributo até o lançamento tributário; evitando, com esse pagamento, que venha a ser processado e punido. É uma política tributária que foi estabelecida pelo Estado brasileiro. Podemos divergir dessa política, mas como julgadores, nós não podemos refazê-la."[122]

A Súmula Vinculante refere-se ao artigo 1º, incisos I a IV, de modo que o inciso V do referido artigo ("negar ou deixar de fornecer, quando obrigatório, nota fiscal ou documento equivalente, relativa a venda de mercadoria ou prestação de serviço, efetivamente realizada, ou fornecê-la em desacordo com a legislação") não demanda o aguardo do lançamento definitivo do crédito para a tipificação do crime, tratando-se, pois, de crime formal, como se verá adiante.

[122] Voto proferido pelo Ministro Dias Toffoli em que ele relembra que há várias leis de parcelamento, citando a Lei nº 10.684, de 30.05.2003. Disponível em: http://www.stf.jus.br/portal/cms/verTexto.asp?servico=jurisprudenciaSumulaVinculante. Acesso em 26.07.2019.

Nucci[123] considera "quanto ao crime previsto no art. 2º da Lei nº 8.137/1990, não se exige condição objetiva de punibilidade, pois o delito é formal, aperfeiçoando-se com a atividade do agente, sem qualquer resultado naturalístico. Entretanto, devemos ressaltar que, havendo investigação fazendária quanto às condutas previstas no mencionado art. 2º, parece-nos dever o Ministério Público, embora possa promover, juntamente com a polícia, investigação paralela, agir com idêntica cautela para propor a ação penal. Não teria sentido a Receita Federal, por exemplo, findar um procedimento administrativo, concluindo que determinado contribuinte prestou declaração autêntica, tendo havido, um erro qualquer no processamento dos dados, ao mesmo tempo em que a mesma pessoa é denunciada, na esfera criminal, como incursa no art. 2º, I, da Lei 8.137/90, por ter feito declaração falsa."

Esta mesma opinião é externada por Fabio Machado de Almeida Delmanto. Este autor considera que "a omissão só será relevante, típica portanto, se estiver caracterizada a existência material do fato que deve ser declarado, qual seja, a existência certa do tributo, o que, em nosso entendimento, só existirá com a decisão final na via administrativa. E isto se aplica também para a *omissão* descrita no inciso I do art. 2º." Destaca, ainda, que em sua percepção a semelhança, ou mesmo homogeneidade, entre as condutas descritas nos arts. 1º e 2º da Lei 8.137/90, exigem tratamento igual (término do procedimento administrativo-fiscal para o recebimento de denúncia), sob pena de violação do princípio da proporcionalidade.[124]

9.4. Aplicação da Súmula Vinculante nº 24 do Supremo Tribunal Federal a fatos pretéritos a 2009

No que tange à tese de que referida Súmula Vinculante somente se aplicaria aos crimes cometidos após sua vigência (editada em 2009), vale destacar que o tema também já foi decidido pelos tribunais superiores e, inclusive, pela Suprema Corte, a qual se posicionou no sentido de que não se está diante de norma mais gravosa, mas de consolidação de interpretação judicial, não havendo que se falar em retroatividade *in malam partem*:

[123] BALTAZAR JUNIOR, José Paulo. *Crimes federais*. 10. ed. 2. tiragem. São Paulo: Saraiva, 2016, p. 607-608.

[124] MARTINS, Ives Gandra da Silva; BRITO, Edvaldo (org.). *Direito tributário: direito penal tributário (coleção doutrinas essenciais, v. VIII)*. São Paulo: RT, 2011, p. 124-128.

> "Agravo regimental em recurso extraordinário com agravo. 2. Penal e Processual Penal. Sonegação de contribuição previdenciária. Continuidade delitiva. Condenação. 3. Ausência de repercussão geral (Tema 660). 4. Prescrição retroativa. 4.1. A tese ventilada no extraordinário não foi discutida no acórdão contestado. Incidência das súmulas 282 e 356. 4.2. Inocorrência de aplicação regressiva *in malam partem* da Súmula Vinculante 24. Consolidação da jurisprudência do STF que, há muito, tem entendido que 'a consumação do crime tipificado no art. 1º da Lei 8.137/1990 somente se verifica com a constituição do crédito fiscal, começando a correr, a partir daí, a prescrição' (HC n. 85.051/MG, rel. min. Carlos Velloso). 5. Ausência de argumentos capazes de infirmar a decisão agravada. 6. Agravo regimental a que se nega provimento."
>
> (STF, ARE n. 897714 AgR, Rel. Ministro Gilmar Mendes, Segunda Turma, julgado em 25.08.2015, *DJe* de 08.09.2015)

> "AGRAVO REGIMENTAL NO RECURSO EXTRAORDINÁRIO CRIMINAL COM AGRAVO. SÚMULA VINCULANTE 24. AUSÊNCIA DE OFENSA AO ART. 5º, XL E LVII, DA CF. PRESCRIÇÃO DA PRETENSÃO PUNITIVA ESTATAL. NÃO OCORRÊNCIA. AGRAVO A QUE SE NEGA PROVIMENTO. I – O Supremo Tribunal Federal tem admitido a aplicação da Súmula Vinculante 24 a fatos anteriores a sua edição, porquanto o respectivo enunciado apenas sintetiza a jurisprudência dominante desta Corte e, dessa forma, não pode ser considerada como retroação de norma mais gravosa ao réu. II – Ambas as Turmas desta Corte possuem entendimento de que os 'recursos excepcionais (recurso extraordinário e recurso especial), quando declarados inadmissíveis, não obstam a formação da coisa julgada, inclusive da coisa julgada penal, retroagindo a data do trânsito em julgado, em virtude do juízo negativo de admissibilidade, ao momento em que esgotado o prazo legal de interposição das espécies recursais não admitidas' (ARE 969.022-AgR/MT, Rel. Min. Celso de Mello). III – Agravo regimental a que se nega provimento."
>
> (STF, ARE n. 1053709 AgR, Rel. Ministro Ricardo Lewandowski, Segunda Turma, julgado em 16.03.2018)

Pode, portanto, ter aplicação aos crimes cometidos antes de sua vigência, não se podendo invocar violação ao princípio da irretroatividade de lei mais gravosa.

Muitas vezes não fica clara a data exata em que ocorreu a constituição definitiva do crédito tributário, todavia pode-se pressupor que se houve o encaminhamento da autuação para a Procuradoria da Fazenda Nacional realizar o ajuizamento de executivo fiscal, resta evidente a constituição definitiva do crédito tributário em data precedente, razão pela qual pode-se afirmar que houve o estrito cumprimento do posicionamento plasmado no verbete vinculante que foi transcrito, não devendo ser acolhida eventual tese de atipicidade da conduta.

9.5. Prescrição nos crimes materiais contra a ordem tributária

Rememore-se que se os fatos guardam relação com a prática de crime material contra ordem tributária (art. 1º, incisos I a IV, da Lei nº 8.137/1990), o termo inicial do prazo de prescrição da pretensão punitiva estatal se inicia quando da constituição definitiva do crédito tributário, ocasião em que efetivamente consumado o delito e a partir do qual se mostra preenchida a condição objetiva de punibilidade consagrada pelo C. Supremo Tribunal Federal quando da edição de sua Súmula Vinculante nº 24. A propósito:

> "(...) 1. A contagem do prazo prescricional em relação ao crime previsto no art. 1º da Lei n. 8.137/1990 inicia-se no momento da constituição definitiva do crédito tributário, ocasião em que é, efetivamente, consumado o delito e preenchida a condição objetiva de punibilidade necessária para a deflagração da ação penal. (...)"
> (STJ, HC 219.752/SC, Rel. Min. Rogerio Schietti Cruz, 6ª Turma, *DJe* 03.11.2015)

> "(...) 2. Considerando que o crime imputado ao recorrente consuma-se com a constituição definitiva do crédito tributário, nos termos do Enunciado nº 24 da Súmula Vinculante do Supremo Tribunal Federal, impossível se cogitar do início do curso do prazo prescricional, como pretendido na inicial da insurgência, em momento anterior. (...)"
> (STJ, RHC 36.070/RS, Rel. Min. Jorge Mussi, 5ª Turma, *DJe* de 21.08.2014)

> "Agravo regimental no recurso ordinário em habeas corpus. Crime contra a ordem tributária. Prescrição. 1. O termo inicial da prescrição da ação dos crimes materiais previstos no art. 1º da Lei n º 8.137/1990) é a data da consumação do delito, que, conforme a jurisprudência do Supremo Tribunal Federal, corresponde à data da constituição definitiva do crédito tributário. Precedentes. 2. Agravo regimental a que se nega provimento."
> (STF, RHC 122339 AgR, Rel. Ministro Roberto Barroso, Primeira Turma, julgado em 04.08.2015, processo eletrônico *DJe* 01.09.2015)

Nesse diapasão, a constituição definitiva do crédito tributário deve figurar como termo inicial da contagem da prescrição da pretensão punitiva.

9.6. A Súmula Vinculante nº 24 e o delito de descaminho

No que toca à aplicação da Súmula Vinculante 24/STF ("não se tipifica crime material contra a ordem tributária, previsto no art. 1º, incisos I a IV, da Lei nº 8.137/90, antes do lançamento definitivo do tributo") no contexto do crime de descaminho, não se aproveita eventual tese de atipicidade da conduta ante o pacífico entendimento de que os delitos previstos na Lei nº 8.137/1990 e no art. 334 do Código Penal possuem objetividades jurídicas diversas.

Nesse ponto, calha ser rememorado que dentre os bens jurídicos tutelados pela Lei nº 8.137/1990 tem-se a regularidade da atividade arrecadatória do Estado ao passo que, no âmbito de criminalização do art. 334 do Código Penal, nota-se o objetivo do legislador de proteger a administração pública em suas mais diversas matizes: proteção não só do sistema arrecadatório estatal – o que permite certa aproximação com os delitos contra a ordem tributária –, mas principalmente a tutela das atividades comerciais de maneira isonômica, nunca podendo ser esquecido o intento de se fortalecer o comportamento probo e íntegro daqueles que se relacionam com a coisa pública.

Sem prejuízo do aduzido, o crime do art. 334 do Código Penal possui natureza jurídica de delito formal, prescindindo, consequentemente, da aquilatação do importe tributado iludido, enquanto os delitos elencados no art. 1º da Lei nº 8.137/1990, natureza material, exige, dentro de tal peculiaridade, a constituição definitiva do crédito tributário para fins de persecução penal nos exatos termos constantes da Súmula Vinculante 24/STF, que, aliás, apenas se refere ao art. 1º (incisos I a IV) da legislação esparsa anteriormente referida.

Portanto, tendo como supedâneo os dois pontos salientados, quais sejam, diferentes objetividades jurídicas entre os delitos do art. 334 do Código Penal e os da Lei nº 8.137/1990 e natureza de delito formal (e não material), impossível a aplicação do entendimento pretoriano vinculante, posicionamento este que encontra o beneplácito, inclusive, do C. Supremo Tribunal Federal, do C. Superior Tribunal de Justiça e do TRF/3, conforme é possível ser inferido dos julgados que seguem:

> "(...) 1. 'A consumação do delito de descaminho e a posterior abertura de processo-crime não estão a depender da constituição administrativa do

débito fiscal. Primeiro, porque o delito de descaminho é rigorosamente formal, de modo a prescindir da ocorrência do resultado naturalístico. Segundo, porque a conduta materializadora desse crime é 'iludir' o Estado quanto ao pagamento do imposto devido pela entrada, pela saída ou pelo consumo de mercadoria. E iludir não significa outra coisa senão fraudar, burlar, escamotear' (HC 99.740, Segunda Turma, Relator o Ministro Ayres Britto, DJe de 1º.02.11). No mesmo sentido: HC 120.783, Primeira Turma, Relatora a Ministra Rosa Weber, DJe de 11.04.14. (...)" (STF, RHC 119960, Rel. Min. Luiz Fux, Primeira Turma, julgado em 13.05.2014, Processo Eletrônico *DJe*-105 de 02.06.2014)

"(...) 3. Desnecessária a constituição definitiva do crédito tributário na esfera administrativa para configuração dos crimes de contrabando e descaminho. Precedente. (...)"

(STF, HC 120783, Rel. Min. Rosa Weber, Primeira Turma, julgado em 25.03.2014, Processo Eletrônico *DJe* de 11.04.2014)

"(...) 2. Quanto aos delitos tributários materiais, esta nossa Corte dá pela necessidade do lançamento definitivo do tributo devido, como condição de caracterização do crime. Tal direção interpretativa está assentada na idéia-força de que, para a consumação dos crimes tributários descritos nos cinco incisos do art. 1º da Lei 8.137/1990, é imprescindível a ocorrência do resultado supressão ou redução de tributo. Resultado aferido, tão-somente, após a constituição definitiva do crédito tributário. (Súmula Vinculante 24). 3. Por outra volta, a consumação do delito de descaminho e a posterior abertura de processo-crime não estão a depender da constituição administrativa do débito fiscal. Primeiro, porque o delito de descaminho é rigorosamente formal, de modo a prescindir da ocorrência do resultado naturalístico. Segundo, porque a conduta materializadora desse crime é 'iludir' o Estado quanto ao pagamento do imposto devido pela entrada, pela saída ou pelo consumo de mercadoria. E iludir não significa outra coisa senão fraudar, burlar, escamotear. Condutas, essas, minuciosamente narradas na inicial acusatória. (...)"

(STF, HC 99740, Rel. Min. Ayres Britto, Segunda Turma, julgado em 23.11.2010, *DJe*-020 de 01.02.2011)

"(...)1. O fato de um dos bens jurídicos tutelados pelo crime de descaminho ser a arrecadação tributária não leva à conclusão automática de que a sua natureza jurídica é a mesma do crime previsto no art. 1º da Lei nº 8.137/90. De rigor conceder tratamento adequado às especificidades de cada tipo, a fim de lhes emprestar a iluminação interpretativa mais conivente com a natureza de cada crime, com o sistema jurídico como um todo, e com a linguagem utilizada pelo legislador. 2. A norma penal do art. 334 do Código Penal – elencada sob o Título XI: 'Dos Crimes Contra a Administração Pública' – visa proteger, em primeiro plano, a integridade do sistema de controle de entrada e saída de mercadorias do país, como importante instrumento de política econômica. Engloba a própria estabilidade das atividades comerciais dentro do país, refletindo na balança comercial entre o Brasil e outros países. A fraude pressuposta pelo tipo, ademais, denota artifícios mais amplos para a frustração da atividade fiscalizadora do Estado do que o crime de sonegação fiscal, podendo se referir tanto à utilização de documentos falsificados, quanto, e em maior medida, à utilização de rotas marginais e estradas clandestinas para sair do raio de visão das barreiras alfandegárias. 3. A exigência de lançamento tributário definitivo no crime de descaminho esvazia o próprio conteúdo do injusto penal, mostrando-se quase como que uma descriminalização por via hermenêutica, já que, segundo a legislação aduaneira e tributária, a regra nesses casos é a incidência da pena de perdimento da mercadoria, operação que tem por efeito jurídico justamente tornar insubsistente o fato gerador do tributo e, por conseguinte, impedir a apuração administrativa do valor devido. 4. O descaminho não se submete à Súmula Vinculante nº 24 do Supremo Tribunal Federal, expressa em exigir o exaurimento da via administrativa somente em 'crime material contra a ordem tributária, previsto no art. 1º, incisos I a IV, da Lei nº 8.137/90'. 5. Em suma: o crime de descaminho se perfaz com o ato de iludir o pagamento de imposto devido pela entrada de mercadoria no país. Não é necessária a apuração administrativo-fiscal do montante que deixou de ser recolhido para a configuração do delito, embora este possa orientar a aplicação do princípio da insignificância quando se tratar de conduta isolada. Trata-se de crime formal, e não material, razão pela qual o resultado da conduta delituosa relacionada ao quantum do imposto devido não integra o tipo legal. Precedente da Quinta Turma do STJ e do STF. 6. Ordem de habeas corpus denegada"

(STJ, HC 270.285/RS, Rel. Min. Laurita Vaz, Quinta Turma, julgado em 26.08.2014, *DJe* de 02.09.2014)

"(...) 1. O objeto jurídico tutelado no descaminho é a administração pública, considerada sob o ângulo da função administrativa que, vista pelo prisma econômico, resguarda o sistema de arrecadação de receitas; pelo prisma da concorrência leal, tutela a prática comercial isonômica; e, por fim, pelo ângulo da probidade e moralidade administrativas, garante, em seu aspecto subjetivo, o comportamento probo e ético das pessoas que se relacionam com a coisa pública. 2. Havendo indícios de infração penal – qual a de descaminho – punível com a pena de perdimento, entre as quais se insere a prática de descaminho, cabe à fiscalização, efetivada pela Secretaria da Receita Federal, apreender, quando possível, os produtos ou mercadorias importadas/exportadas. 3. A apreensão de bens pelos agentes fiscais enseja a lavratura de representação fiscal ou auto de infração, a desaguar em duplo de procedimento: 1º) envio ao Ministério Público e 2º) instauração de procedimento de perdimento. 4. Uma vez efetivada a pena de perdimento, inexistirá a possibilidade de constituição de crédito tributário. 5. A descrição típica do descaminho exige a realização de engodo para supressão (no todo ou em parte) do pagamento de direito ou imposto devido no momento da entrada, saída ou consumo da mercadoria. Impõe, portanto, a ocorrência desse episódio, com o efetivo resultado ilusório, no transpasse das barreiras alfandegárias. 6. A ausência do pagamento do imposto ou direito no momento do desembaraço aduaneiro, quando exigível, revela-se como o resultado necessário para consumação do crime. 7. A instauração de procedimento administrativo para constituição definitiva do crédito tributário no descaminho, nos casos em que isso é possível, não ocasiona nenhum reflexo na viabilidade de persecução penal. 8. Recurso não provido"

(STJ, REsp 1343463/BA, Rel. Min. Maria Thereza de Assis Moura, Rel. p/ Acórdão Ministro Rogerio Schietti Cruz, Sexta Turma, julgado em 20.03.2014, *DJe* de 23.09.2014)

"(...) 4. Ao contrário do que sucede com o delito de sonegação fiscal, cuja natureza material exige a constituição definitiva do crédito tributário para instauração da ação Penal (STF, Súmula Vinculante n. 24), o delito de contrabando ou descaminho é de natureza formal, não sendo necessário o prévio esgotamento da instância administrativa (TRF da 3ª Região, ACR n. 200261810065925, Rel. Juiz Fed. Conv. Silvio Gemaque, unânime, j. 29.06.10; TRF da 3ª Região, HC n. 201003000138852, Rel. Juiz Fed. Conv. Silvia Rocha, unânime, j. 06.07.10; TRF da 3ª Região, ACR n. 200261810067120, Rel. Des. Fed. Henrique Herkenhoff, unânime, j. 29.09.09; TRF da 3ª Região, HC n. 200803000042027, Rel. Des. Fed. Nelton dos Santos, unânime, j. 24.09.09; TRF da 3ª Região, HC n. 200903000243827, Rel. Juiz. Fed. Conv. Marcio Mesquita, unânime, j. 25.08.09). (...)"

(TRF3, Quinta Turma, ApCrim – Apelação Criminal – 78875 – 0001893-14.2017.4.03.6110, Rel. Des. Fed. André Nekatschalow, julgado em 24.06.2019, *e-DJF3* Judicial de 28.06.2019)

"(...) 2. Prisão que remanesce hígida, mesmo após a denúncia do paciente pelo crime capitulado no art. 334, caput, do Código Penal, vez que o entendimento pacificado no âmbito do Supremo Tribunal Federal e do Superior Tribunal de Justiça é de que o descaminho é crime formal, não sendo necessária a constituição definitiva do crédito tributário para a sua configuração, já que não possui a mesma natureza jurídica do delito previsto no art. 1º da Lei nº 8.137/90, sendo-lhe inaplicável a Súmula Vinculante nº 24. (...)"

(TRF3, 11ª Turma, HC – Habeas Corpus – 5012646-68.2019.4.03.0000, Rel. Des. Fed. Nino Oliveira Toldo, julgado em 18.06.2019, Intimação via sistema DATA: 25.06.2019)

"(...) 3. O delito de descaminho é crime de natureza formal, bastando para sua configuração a simples ilusão do pagamento do tributo devido pela entrada de mercadoria em território nacional. A constituição definitiva do crédito tributário não é necessária para a tipificação do crime do artigo 334 do Código Penal. (...)" (TRF3, 11ª, Ap. – Apelação Criminal – 76866 – 0001763-63.2013.4.03.6110, Rel. Des. Fed. José Lunardelli, julgado em 27.11.2018, *e-DJF3* Judicial 1 DATA:04.12.2018)

Como pode ser extraído do entendimento jurisprudencial acima compilado a obrigatoriedade de lançamento tributário definitivo no crime de descaminho esvaziaria o próprio conteúdo do injusto penal e, acaso aceita, representaria "uma descriminalização por via hermenêutica", já que, na forma da legislação aduaneira e tributária, a regra é a aplicação da pena de perdimento da mercadoria, operação que tem por efeito jurídico justamente tornar insubsistente o fato gerador do tributo e, por conseguinte, impedir a apuração administrativa do valor devido.

Portanto, irrelevante a apuração administrativo-fiscal do montante que deixou de ser recolhido para a configuração do delito, porquanto o resultado da conduta delituosa relacionada ao *quantum* do imposto devido não integra o tipo legal, não obstante este serviria ao propósito de nortear os parâmetros para a adoção da aplicação do princípio da insignificância.

10. Extinção da punibilidade

O **artigo 14 da Lei nº 8.137/1990**, originalmente assim redigido: "extingue-se a punibilidade dos crimes definidos nos arts. 1º a 3º quando o agente promover o pagamento de tributo ou contribuição social, inclusive acessórios, antes do recebimento da denúncia", foi revogado pelo artigo 98 da Lei nº 8.383, de 30.12.1991.

A **Lei nº 9.249, de 26.12.1995**, no seu artigo 34 previu que: "extingue-se a punibilidade dos crimes definidos na Lei nº 8.137, de 27.12.1990, e na Lei nº 4.729, de 14.07.1965, quando o agente promover o pagamento do tributo ou contribuição social, inclusive acessórios, antes do recebimento da denúncia."

O S.T.F. apenas admitia a extinção de punibilidade desde que fosse satisfeito integralmente o débito pelo pagamento. Entretanto, a norma não utilizou a expressão efetivar o pagamento, mas consignou o comportamento de "promover o pagamento". Este significa "dar impulso a", "favorecer o progresso de", "fazer avançar". Acresça-se que a norma não distinguiu a forma do pagamento, podendo ser parcial ou total, sendo incabível ao intérprete fazê-lo.

O S.T.J. aceitava o parcelamento do débito para a extinção da punibilidade, desde que efetuado antes do recebimento da denúncia. Confira-se o seguinte precedente: "pacificou-se no Superior Tribunal de Justiça a compreensão segundo a qual, nos crimes contra a ordem tributária, o parcelamento antecedente à denúncia extingue a punibilidade" (Resp. nº 249.812/SP, 6ª Turma, Rel. Min. Paulo Galotti, j. 17.05.2001, *v.u.*, *DJU* de 18.02.2002, p. 525).[125]

Este artigo continua em vigor e deve ser aplicado para fatos ocorridos até sua alteração por lei posterior. Assim, se a adesão ao programa de parcelamento tiver ocorrido até a entrada em vigor da Lei nº 9.964/2000 (que foi publicada em 11.04.2000 epassou a prever a suspensão do processo penal a partir da adesão ao parcelamento e a extinção da punibilidade com o pagamento integral do débito) deve ter inteira aplicação a Lei nº 9.249/1995.

O C. Superior Tribunal de Justiça sedimentou o entendimento de que a adesão ao parcelamento é causa extintiva da punibilidade, mesmo que não haja a quitação integral do débito tributário. Neste sentido, confira-se ainda os seguintes julgados:

> "HABEAS CORPUS. APROPRIAÇÃO INDÉBITA PREVIDENCIÁRIA. WRIT SUBSTITUTIVO DE RECURSO ESPECIAL. FALTA DE CABIMENTO. VERIFICAÇÃO DE EVENTUAL COAÇÃO ILEGAL À LIBERDADE DE LOCOMOÇÃO. VIABILIDADE. PRETENSÃO DE

[125] Em idêntico sentido: STJ *Recurso Especial* nº 112211, Rel. Edson Vidigal, j. 26.05.1997, p. 09.08.1997, bem como *Habeas Corpus* nº 7.691, Rel. Fernando Gonçalves, j. 29.06.1999.

RECONHECIMENTO DA EXTINÇÃO DA PUNIBILIDADE. ADESÃO AO REFIS. VIGÊNCIA DA LEI N. 9.249/1995. PARCELAMENTO DO DÉBITO TRIBUTÁRIO ANTES DO RECEBIMENTO DA DENÚNCIA. PROMOÇÃO DO PAGAMENTO CAPAZ DE EXTINGUIR A PUNIBILIDADE, NOS TERMOS DO ART. 34 DA LEI N. 9.249/1995. ALEGAÇÃO DE QUE NÃO DEVEM SER APLICADAS AS REGRAS PREVISTAS NA LEI N. 9.964/2000. PROCEDÊNCIA. COAÇÃO ILEGAL EVIDENCIADA. CONCESSÃO DE ORDEM DE HABEAS CORPUS DE OFÍCIO.

(...)

3. A partir do julgamento do RHC n. 11.598/SC, pela Terceira Seção do Superior Tribunal de Justiça, adotou-se nesta Corte o entendimento de que o parcelamento do débito tributário antes do recebimento da denúncia, na vigência da Lei n. 9.249/1995, equivale a promover o pagamento do tributo, requisito previsto no art. 34 do referido diploma legal para o reconhecimento da extinção da punibilidade.

4. No caso, observa-se que, além de a empresa representada pelo paciente ter ingressado no Programa de Recuperação Fiscal ainda na vigência da Lei n. 9.249/1995 (em 27/3/2000), ou seja, antes da entrada em vigor da Lei n. 9.964, de 11/4/2000, a adesão ao programa ocorreu dois anos antes do oferecimento da denúncia, que se deu em 20/6/2002, devendo, portanto, ser reconhecida a extinção da punibilidade do acusado.

5. Writ não conhecido. Ordem de habeas corpus concedida de ofício, para declarar a extinção da punibilidade do paciente pelo crime de apropriação indébita previdenciária, imputado na Ação Penal n. 1999.61.81.001611-1, da 9ª Vara Federal Criminal da Seção Judiciária de São Paulo."

(STJ, 6ª Turma, HC 284.989/SP, Rel. Min. Sebastião Reis Júnior, j. 02.06.2015, DJe 15.06.2015)

"AGRAVO REGIMENTAL NO RECURSO ESPECIAL. PEDIDO DE PARCELAMENTO DO DÉBITO TRIBUTÁRIO. VIGÊNCIA DAS LEIS Nº 9.964/00 E 10.684/03. SUSPENSÃO DO CURSO DO PROCESSO. ART. 34 DA LEI 9.249/95. EXTINÇÃO DA PUNIBILIDADE. INAPLICABILIDADE. AGRAVO REGIMENTAL A QUE SE NEGA PROVIMENTO.

1. A Terceira Seção desta Corte, interpretando o art. 34 da Lei nº 9.249/95, firmou o entendimento de que o simples parcelamento do débito tributário leva à extinção da punibilidade, desde que efetuado na vigência da mencionada norma.

2. Tratando-se de crime supostamente praticado entre 1995-1998, tendo sido requerido o parcelamento quando já em vigor o artigo 15 da Lei

9.964/00 e posteriormente o artigo 9º da Lei 10.684/03, a extinção da punibilidade fica condicionada ao seu pagamento integral. Precedentes desta Corte e do Supremo Tribunal Federal.

3. Agravo Regimental a que se nega provimento."

(STJ, 6ª Turma, AgRg no REsp 1182214 / SC, Relator(a) Ministra MARIA THEREZA DE ASSIS MOURA (1131), DJe 18/03/2013)

"PENAL E PROCESSO PENAL. APELAÇÃO CRIMINAL. APROPRIAÇÃO INDÉBITA PREVIDENCIÁRIA. DÉBITO INCLUÍDO NO REFIS ANTES DO RECEBIMENTO DA DENÚNCIA. INCIDÊNCIA DO ART. 34 DA LEI Nº 9.249 /95. EXTINÇÃO DA PUNIBILIDADE.

1. Segundo a jurisprudência do Superior Tribunal de Justiça, a lei vigente à época do parcelamento representa o marco delimitador quanto à extinção da punibilidade ou à suspensão do processo e do curso da prescrição. Se a adesão ao parcelamento ocorreu ainda na vigência da Lei nº 9.249/95, o caso é de extinção da punibilidade. Porém, se o foi quando a Lei nº 9.964/2000 já se encontrava em vigor, a hipótese é apenas de suspensão do processo e do curso da prescrição.

2. Considerando que o deferimento do pedido do parcelamento do débito sob a égide da Lei nº 9.249 /95 e antes do recebimento da denúncia, o caso é de extinção da punibilidade do delito previsto no art. 168-A do Código Penal.

3. Apelação da defesa provida."

(APELAÇÃO CRIMINAL Nº 0000872-77.2000.4.03.6181/SP, RELATOR: Desembargador Federal NINO TOLDO, D.E. 02/05/2016).

A lei vigente ao tempo do parcelamento representa o marco delimitador quanto à extinção da punibilidade ou à suspensão do processo e do curso da prescrição. Assim, se a adesão ao parcelamento ocorreu na vigência da Lei nº 9.249/1995, deve ser reconhecida a extinção da punibilidade do acusado pelo parcelamento do débito.

A **Lei nº 9.964, de 10.04.2000** (Instituiu o Programa de Recuperação Fiscal – REFIS – para os débitos de pessoas jurídicas), estabeleceu no artigo 15, *caput*: "é suspensa a pretensão punitiva do Estado, referente aos crimes previstos nos arts. 1º e 2º da Lei nº 8.137, de 27 de dezembro de 1990, e no art. 95 da Lei nº 8.212, de 24 de julho de 1991, durante o período em que a pessoa jurídica relacionada com o agente dos aludidos crimes estiver incluída no Refis, desde que a inclusão no referido Programa tenha ocorrido antes do recebimento da denúncia criminal" e em seu § 3º estabeleceu que: "extingue-se a punibilidade dos crimes referidos neste artigo quando a pessoa jurídica relacionada com o agente efetuar o pagamento integral dos débitos oriundos de tributos e contribuições sociais, inclusive acessórios, que tiverem sido objeto de concessão de parcelamento antes do recebimento da denúncia criminal."

Nesta hipótese parece não haver dúvida que somente com o pagamento integral antes do recebimento da denúncia criminal podia-se extinguir a punibilidade.

O § 3º do artigo 15 da Lei nº 9.964/2000 está inserido no dispositivo que previu a suspensão da pretensão punitiva do Estado, e do lapso prescricional (§1º), daquele que ingressou no REFIS.

Ora, percebe-se que o referido parágrafo, frise-se, que contemplou a extinção pelo integral pagamento, apenas tem aplicação para os casos de ingresso no REFIS. Entretanto, se alternativamente ao ingresso no REFIS, nos termos do que preleciona o artigo 12 do mesmo diploma legal ("alternativamente ao ingresso no Refis, a pessoa jurídica poderá optar pelo parcelamento, em até sessenta parcelas mensais, iguais e sucessivas, dos débitos referidos no art. 1º, observadas todas as demais regras aplicáveis àquele Programa"), a pessoa jurídica obtiver o parcelamento da dívida tributária, aí sim seria caso de se aplicar o disposto no artigo 34 da Lei nº 9.249/1995, não revogado pela lei que instituiu o REFIS.

Portanto, há plena vigência desse artigo 34, conforme se pode observar do seguinte julgado do T.R.F. da 4ª Região: "cuidando-se de norma mista beneficiando o acusado de um lado, mas de outro o desfavorecendo, consolidou-se na jurisprudência do Supremo Tribunal Federal e do Superior Tribunal de Justiça que não pode a mesma ser cindida e aplicada tão-somente a parte que beneficia o agente. 2. Na esteira desse entendimento, as disposições do artigo 15 (suspensão da pretensão punitiva do Estado) e § 1º (suspensão da prescrição) da Lei nº 9.964/2000 somente poderão ser aplicadas após o dia 11.04.2000, data em que começou a vigorar aquele diploma legal, eis que a suspensão do prazo prescricional é hipótese mais gravosa para o réu (art. 5º, SL, CF/88, e art. 2º, parágrafo único, CP). Como o artigo 1º da referida Lei dispõe que o Programa de Recuperação Fiscal (REFIS) é destinado a promover a regularização dos débitos com vencimento até 29.02.2000, tornam-se praticamente inaplicáveis os dispositivos referentes à suspensão do processo e do prazo prescricional ali contidos. 3. Nada obstante, por ser flagrantemente mais benéfica para o réu e, em obediência ao princípio *tempus regit actum*, mantém-se a aplicação da disposição inscrita no artigo 34 da Lei nº 9.249/1995, que determina a EXTINÇÃO da punibilidade quando o agente promover o pagamento do tributo ou contribuição social, inclusive acessórios, antes do recebimento da exordial acusatória, incluindo-se na expressão 'promover o pagamento' o parcelamento do débito, consoante entendimento pacificado nesta Corte e no Egrégio Superior Tribunal de Justiça...." (*Habeas Corpus* nº 2150, Rel. Élcio Pinheiro de Castro, j. 08.06.2000, *v.u.*, *DJU* de 02.08.2000, p.246).[126]

Com relação à comprovação do ingresso ao REFIS, bastava ao interessado juntar o Termo de Opção, cuja validade ficava condicionada às formas de homologação. Ou seja, para se apurar a data do ingresso no REFIS, dever-se-ia levar em consideração a data do Termo de Opção, mas sua eficácia restava sujeita à validação pelas autoridades fiscais. Dessa forma evitava-se expedientes fraudulentos que buscassem, de forma irregular, a suspensão da pretensão punitiva.

A jurisprudência manifestou-se a respeito, devendo-se mencionar: o Tribunal Regional Federal da 4ª Região, por unanimidade, no Recurso em Sentido Estrito nº 2000.71.00.040667-7, Rel. José Luiz Germano da Silva, julgado em 02.10.2001, sublinhou, no item 1 da ementa, que "a inclusão no REFIS, em regra, independe de manifestação expressa do Comitê Gestor do REFIS, homologando, ou não, o Termo de Opção. A homologação da opção se faz necessária para fins de expedição da certidão prevista no art. 206 do CTN (art. 12 do Decreto 3.431/2000), a suspensão do registro do CADIN e suspensão da exigibilidade dos débitos ajuizados não garantidos (art. 4º, § 5º, do Decreto nº 3.431/2000)."

Ainda sobre os artigos 1º, incisos I e II, e 2º, inciso I, ambos da Lei nº 8.137/1990, anote-se que há entendimento de que não se pode caracterizar de irregular a conduta do juiz que, antes de receber a denúncia, intime o denunciado para informar sobre eventual pagamento de tributo.

Assim, não se prescindiria da arrecadação fiscal e se evitaria o início de uma ação penal quando a pessoa já tiver pago previamente o tributo, e não se tem notícia nos autos, ou estivesse disposta a fazê-lo para impedir sua instauração. A simples intimação judicial, e os transtornos normalmente

[126] Neste sentido ainda temos: TRF 4ª Região (*Habeas Corpus* nº 2471/RS, Rel. Vilson Darós, j. 19.10.2000, *v.u.*, *DJU* de 14.03.2001, p. 282); TRF 4ª Região (Inquérito nº 228/SC, Rel. Amir Sarti, j. 06.06.2001, *v.u.*, *DJU* de 04.07.2001, p. 575) e TRF 4ª Região (*Habeas Corpus* nº 2736/RS, Rel. Tania Terezinha Cardoso Escobar, j. 26.04.2001, *v.u*, *DJU* de 13.06.2001, pontificando que: "... optando-se pelas disposições da Lei do REFIS, o procedimento nela previsto deve ser obedecido, sujeitando-se as partes às exigências e aos direitos conferidos pela novel legislação...").

causados por esta, seria o necessário e suficiente para impedir o cometimento de futuros ilícitos dessa natureza, mostrando-se desnecessária a ação e, claro, a sanção criminal (artigo 59 do Código Penal).

O **art. 9º, *caput*, da Lei nº 10.684, de 30.05.2003** (Parcelamento Especial – PAES ou REFIS II), dispõe que "é suspensa a pretensão punitiva do Estado, referente aos crimes previstos nos arts. 1º e 2º da Lei nº 8.137, de 27 de dezembro de 1990, e nos arts. 168-A e 337-A do Decreto-Lei nº 2.848, de 7 de dezembro de 1940 – Código Penal, durante o período em que a pessoa jurídica relacionada com o agente dos aludidos crimes estiver incluída no regime de parcelamento." O § 1º: "a prescrição criminal não corre durante o período de suspensão da pretensão punitiva." E o § 2º: "extingue-se a punibilidade dos crimes referidos neste artigo quando a pessoa jurídica relacionada com o agente efetuar o pagamento integral dos débitos oriundos de tributos e contribuições sociais, inclusive acessórios." O art. 1º desta Lei preconiza que "os débitos junto à Secretaria da Receita Federal ou à Procuradoria-Geral da Fazenda Nacional, com vencimento até 28 de fevereiro de 2003, poderão ser parcelados em até cento e oitenta prestações mensais e sucessivas."

Observe-se que o pagamento, causa extintiva de punibilidade, não foi condicionado a um marco temporal. Bastava que fosse realizado em qualquer momento, logo, poderia ser antes ou após o recebimento da denúncia.

Neste sentido, confira-se o seguinte julgado do STF: "Ação Penal. Crime tributário. Tributo. Pagamento após o recebimento da denúncia. Extinção da punibilidade. Decretação. HC concedido de ofício para tal efeito. Aplicação retroativa do art. 9º da Lei Federal nº 10.684/03, cc. art. 5º, XL, da CF, e art. 61 do CPP. O pagamento do tributo, a qualquer tempo, ainda que após o recebimento da denúncia, extingue a punibilidade do crime tributário" (*Habeas Corpus* nº 81929, Relator Min. Sepúlveda Pertence, Relator p/ Acórdão: Min. Cezar Peluso, 1ª T., *DJ* de 27.02.2004).

Tanto a Lei nº 9.964/2000 (REFIS), quanto a Lei nº 10.684/2003 (PAES ou REFIS II) foram tidas como norma penal de incidência ampla e por serem mais benéficas, foram admitidas pela jurisprudência as suas aplicações retroativas.

Posteriormente, com a entrada em vigor da **Lei nº 11.941, de 27.05.2009** (Parcelamento Excepcional – PAEX ou REFIS IV), em seus artigos 68 e 69, teve-se a seguinte situação:

> "Art. 68. É suspensa a pretensão punitiva do Estado, referente aos crimes previstos nos arts. 1º e 2º da Lei nº 8.137, de 27 de dezembro de 1990, e nos arts.

168-A e 337-A do Decreto-Lei nº 2.848, de 7 de dezembro de 1940 - Código Penal, limitada a suspensão aos débitos que tiverem sido objeto de concessão de parcelamento, enquanto não forem rescindidos os parcelamentos de que tratam os arts. 1º a 3º desta Lei, observado o disposto no art. 69 desta Lei.

Parágrafo único. A prescrição criminal não corre durante o período de suspensão da pretensão punitiva."

"Art. 69 Extingue-se a punibilidade dos crimes referidos no art. 68 quando a pessoa jurídica relacionada com o agente efetuar o pagamento integral dos débitos oriundos de tributos e contribuições sociais, inclusive acessórios, que tiverem sido objeto de concessão de parcelamento.

Parágrafo único. Na hipótese de pagamento efetuado pela pessoa física prevista no § 15 do art. 1º desta Lei, a extinção da punibilidade ocorrerá com o pagamento integral dos valores correspondentes à ação penal."

Entrou em vigor a **Lei nº 12.382, de 25.02.2011**, dando em seu artigo 6º nova redação ao artigo 83 da Lei nº 9.430, de 27.12.1996, reconhecendo os efeitos do parcelamento, a saber:

"Art. 6º. O art. 83 da Lei nº 9.430, de 27 de dezembro de 1996, passa a vigorar acrescido dos seguintes §§ 1º a 5º, renumerando-se o atual parágrafo único para § 6º:

"Art. 83. ....

§ 1º Na hipótese de concessão de parcelamento do crédito tributário, a representação fiscal para fins penais somente será encaminhada ao Ministério Público após a exclusão da pessoa física ou jurídica do parcelamento.

§ 2º É suspensa a pretensão punitiva do Estado referente aos crimes previstos no *caput*, durante o período em que a pessoa física ou a pessoa jurídica relacionada com o agente dos aludidos crimes estiver incluída no parcelamento, desde que o pedido de parcelamento tenha sido formalizado antes do recebimento da denúncia criminal.

§ 3ºA prescrição criminal não corre durante o período de suspensão da pretensão punitiva.

§ 4º Extingue-se a punibilidade dos crimes referidos no *caput* quando a pessoa física ou a pessoa jurídica relacionada com o agente efetuar o pagamento integral dos débitos oriundos de tributos, inclusive acessórios, que tiverem sido objeto de concessão de parcelamento.

§ 5º O disposto nos §§ 1º a 4º não se aplica nas hipóteses de vedação legal de parcelamento.

§ 6º As disposições contidas no *caput* do art. 34 da Lei nº 9.249, de 26 de dezembro de 1995, aplicam-se aos processos administrativos e aos inquéritos e processos em curso, desde que não recebida a denúncia pelo juiz."

José Paulo Baltazar Junior[127] em relação a esta sucessão de Leis predica que "a Lei 12.382/2011, em seu art. 6º, modificou substancialmente a disciplina da extinção da punibilidade em crimes tributários, para limitar a extinção da punibilidade pelo parcelamento aos casos em que isso ocorrer antes do recebimento da denúncia (Lei 9.430/96, art. 83, § 6º, c/c Lei 9.249/95, art. 34). Como a lei fez expressa menção ao parcelamento, nada dispondo sobre pagamento, tenho que segue em vigor, para o pagamento, a regra anterior, da Lei 11.941/09, admitindo efeitos penais independentemente de ter o pagamento ocorrido antes ou depois do recebimento da denúncia (STF, HC 116828, Toffoli, 1ª T., 13.8.2013)."

Este autor propugna a seguinte orientação que encontra amparo na orientação jurisprudencial prevalente derivada da aplicação dos artigos 68 e 69, ambos da Lei nº 11.941/2009 e do art. 6º da Lei nº 12.382/2011:[128]

"a) o pagamento integral, incluindo o principal, multa e juros, a qualquer tempo, inclusive após o trânsito em julgado da condenação e início da execução, determina a extinção da punibilidade, para os crimes contra a ordem tributária em geral (Lei 8.137, arts. 1º e 2º), bem como para os crimes contra a ordem tributária previdenciária (CP, arts. 168-A e 337-A), restando excluído o descaminho (CP, art. 334) e outros crimes contra a previdência social, como o estelionato (CP, art. 171);

b) o parcelamento, a qualquer tempo, determina a suspensão da punibilidade e, em consequência, de eventual ação penal, enquanto o acusado ou a empresa se mantiverem adimplentes com o parcelamento, em regime que abrange os crimes contra a ordem tributária em geral (Lei 8.137, arts. 1º e 2º), bem como a sonegação de contribuição previdenciária (CP, art. 337-A), excluída a apropriação indébita previdenciária (CP, art. 168-A), porque os débitos decorrentes de contribuições descontadas e não recolhidas não podem ser parcelados (Lei 10.666/03, art. 7º), tendo sido vetado o § 2º do art. 5º da Lei 10.684/03, que autorizava, de forma excepcional, o parcelamento daqueles débitos;

[127] BALTAZAR JUNIOR, José Paulo. *Crimes federais*. 10. ed. 2. tiragem. São Paulo: Saraiva, 2016. p. 865.

[128] Ob. cit., p. 866-867.

c) o art. 68 da Lei 11.941/09 é regra permanente, e sua aplicação não fica limitada aos parcelamentos concedidos no regime do PAEX, mas tem efeito também em relação aos parcelamentos ordinários ou regulados por leis posteriores ou anteriores, uma vez que se cuida de norma penal mais benéfica e, portanto, retroativa, como já se afirmava em relação ao art. 9º da Lei 10.684/03 (STJ, RHC 15896, 6ª T., u., 30.5.06);

d) o art. 34 da Lei 9.249/95 foi revogado por incompatibilidade com o art. 9º da Lei 10.684/03, de modo que não há falar, no regime atual, em extinção da punibilidade em razão do mero parcelamento, ainda que anterior ao recebimento da denúncia, o que possibilitará tão somente a suspensão da punibilidade, operando-se a extinção apenas com o pagamento integral;

e) o dispositivo segue sendo aplicável, porém, para fatos ocorridos durante sua vigência, ou seja, ocorridos antes da entrada em vigor da Lei 10.684/03, cuidando-se de ultratividade da lei penal mais benigna que segue sendo aplicável para os fatos ocorridos antes da entrada em vigor da lei nova que agravou a situação para o acusado (STJ, RHC 19.120, Dipp, 5ª T., u. 4.5.06; STJ, REsp 250266, Maria Thereza, 6ª T., u., 26.6.07; STJ, RHC 18476, Laurita, 5ª T., u., 25.10.07);

f) a Lei 12.382/11, ao restringir uma causa de extinção de punibilidade, é considerada lei penal, e, sendo desfavorável, não se aplica aos fatos ocorridos antes de sua entrada em vigor, em relação aos quais o parcelamento, a qualquer tempo, atrairá os efeitos penais da extinção da punibilidade ou suspensão do processo e do prazo prescricional, conforme o regramento anterior;

g) a Lei 12.382/11 disciplina os casos de parcelamento, enquanto aqueles de pagamento integral continuam sujeitos às regras da Lei 11.941/09."

Observe-se que já na primeira análise da Lei nº 12.382/2011 (que alterou o art. 83 da Lei nº 9.430/1996), o parcelamento do débito somente trará como consequência a suspensão da pretensão punitiva se celebrado antes do Juiz aceitar a exordial acusatória. Conquanto o § 4º do artigo 83 da Lei nº 9.430/1996 não faça menção expressa ao momento do pagamento, surgiram entendimentos no sentido de que a quitação integral, decorrente de parcelamento, somente teria o condão de extinguir a punibilidade se efetuada antes do juízo positivo de admissibilidade da peça acusatória, tornando-se um irrelevante penal o adimplemento em momento processual posterior.

Nessa linha de raciocínio, o § 6º desse dispositivo prevê que as disposições do *caput* do artigo 34 da Lei nº 9.249/1995 (*Extingue-se a punibilidade dos crimes definidos na Lei nº 8.137, de 27 de dezembro de 1990, e na Lei nº 4.729, de 14 de julho de 1965, quando o agente promover o pagamento do tributo ou contribuição social, inclusive acessórios, antes do recebimento da denúncia*), somente serão aplicáveis aos inquéritos e processos em curso se houver adimplemento antes de admitida a exordial.

Contudo, a detida análise da legislação pertinente revela que a atual legislação em nada afetou a vigência e aplicação do citado § 2º do artigo 9º da Lei nº 10.684/2003 que, ao contrário de seu *caput*, não tem natureza temporária. A interpretação sistemática do ordenamento jurídico conduz à conclusão de que o pagamento integral do crédito tributário, a qualquer tempo, deve acarretar a extinção da pretensão punitiva estatal.

Nesse sentido é a jurisprudência do Supremo Tribunal Federal, merecendo transcrição o acórdão abaixo e trecho de decisão monocrática acerca do tema, ambos de relatoria do Ministro Dias Toffoli:

> "Habeas corpus. Crime contra a ordem tributária. Aplicação do princípio da insignificância. Tese não analisada pelo Superior Tribunal de Justiça. Impossibilidade de conhecimento pela Suprema Corte. Inadmissível supressão de instância. Precedentes. Não conhecimento do writ. Requerimento incidental de extinção da punibilidade do paciente pelo pagamento integral do débito tributário constituído. Possibilidade. Precedente. Ordem concedida de ofício.
>
> 1. Não tendo sido analisada pelo Superior Tribunal de Justiça defesa fundada no princípio da insignificância, é inviável a análise originária desse pedido pela Suprema Corte, sob pena de supressão de instância, em afronta às normas constitucionais de competência.
>
> 2. Não se conhece do habeas corpus.
>
> 3. O pagamento integral de débito – devidamente comprovado nos autos – empreendido pelo paciente em momento anterior ao trânsito em julgado da condenação que lhe foi imposta é causa de extinção de sua punibilidade, conforme opção político-criminal do legislador pátrio. Precedente.
>
> 4. Entendimento pessoal externado por ocasião do julgamento, em 9/5/13, da AP nº 516/DF-ED pelo Tribunal Pleno, no sentido de que a Lei nº 12.382/11, que regrou a extinção da punibilidade dos crimes tributários nas situações de parcelamento do débito tributário, não afetou o disposto no § 2º do art. 9º da Lei 10.684/03, o qual prevê a extinção da punibilidade em razão do pagamento do débito, a qualquer tempo.

5. Ordem concedida de ofício para declarar extinta a punibilidade do paciente.

(HC 116828, Relator(a):Min. DIAS TOFFOLI, Primeira Turma, julgado em 13/08/2013, PROCESSO ELETRÔNICO DJe-206 DIVULG 16-10-2013 PUBLIC 17-10-2013)

(...)

A edição da Lei nº 12.382/11 veio à balha, novamente, a perplexidade em torno do tema, disciplinando-se a extinção da punibilidade pelo pagamento do seguinte modo: 'Art. 6 º – O art. 83 da Lei nº 9.430, de 27 de dezembro de 1996, passa a vigorar acrescido dos seguintes §§ 1º a 5º, renumerando-se o atual parágrafo único para § 6º: 'Art. 83. (...) § 1º Na hipótese de concessão de parcelamento do crédito tributário, a representação fiscal para fins penais somente será encaminhada ao Ministério Público após a exclusão da pessoa física ou jurídica do parcelamento. § 2º É suspensa a pretensão punitiva do Estado referente aos crimes previstos no caput, durante o período em que a pessoa física ou a pessoa jurídica relacionada com o agente dos aludidos crimes estiver incluída no parcelamento, desde que o pedido de parcelamento tenha sido formalizado antes do recebimento da denúncia criminal. § 3º A prescrição criminal não corre durante o período de suspensão da pretensão punitiva. § 4º Extingue-se a punibilidade dos crimes referidos no caput quando a pessoa física ou a pessoa jurídica relacionada com o agente efetuar o pagamento integral dos débitos oriundos de tributos, inclusive acessórios, que tiverem sido objeto de concessão de parcelamento. § 5º O disposto nos §§ 1º a 4º não se aplica nas hipóteses de vedação legal de parcelamento. § 6º As disposições contidas no caput do art. 34 da Lei no 9.249, de 26 de dezembro de 1995, aplicam-se aos processos administrativos e aos inquéritos e processos em curso, desde que não recebida a denúncia pelo juiz" (destaques nossos).

Verifica-se que o legislador tentou, agora, estabelecer novo regramento para a matéria relativa à extinção da punibilidade pelo pagamento, vinculando sua ocorrência, novamente, a termo inicial situado antes do recebimento da denúncia. **Contudo, verifica-se que o art. 34 da Lei nº 9.249/95 já havia sido revogado pelo § 2º do art. 9º da Lei nº 10.684/03, o qual, por sua vez, penso, igualmente, não ter sido revogado pela Lei nº 12.382/11. É aqui necessário fazer a devida distinção entre o pagamento direto (estabelecido na Lei nº 10.684/2003) e aquele resultante de parcelamento (disciplinado pela novel Lei nº 12.382/11). Dessa forma, no meu entendimento, o sistema segue sendo disciplinado, de modo**

geral, quanto à extinção da punibilidade pelo pagamento, consoante o disposto no art. 9º, § 2º, da Lei nº 10.684/03, com a possibilidade de o pagamento se dar a qualquer tempo, qualquer que haja sido a modalidade de pagamento."

(HC 119245 MC, Relator(a): Min. DIAS TOFFOLI, julgado em 06/09/2013, publicado em PROCESSO ELETRÔNICO DJe-178 DIVULG 10/09/2013 PUBLIC 11/09/2013)

No mesmo seguimento tem sido a jurisprudência do Superior Tribunal de Justiça e do TRF/3:

"PENAL. RECURSO ORDINÁRIO EM HABEAS CORPUS. CRIME CONTRA A ORDEM TRIBUTÁRIA. PAGAMENTO INTEGRAL DO TRIBUTO. EXTINÇÃO DA PUNIBILIDADE. CONSTRANGIMENTO ILEGAL EVIDENCIADO. TRANCAMENTO DA AÇÃO PENAL.

1. É possível o reconhecimento da extinção de punibilidade, mesmo após o recebimento da denúncia, quando existe prova convergente e pré-constituída no sentido da ocorrência do pagamento integral dos tributos devidos. Precedentes.

2. No caso, as informações prestadas pelo Chefe do Núcleo Fiscal de Cobrança de Marília/SP indicam que, após a inscrição do débito em dívida ativa, foram realizados três recolhimentos, em 13/6/2016, 11/7/2016 e 22/7/2016, suficientes para liquidar integralmente o valor devido.

3. Recurso provido para trancar a ação penal na origem."

(RHC 98.508/SP, Rel. Ministro ANTONIO SALDANHA PALHEIRO, SEXTA TURMA, julgado em 23/10/2018, DJe 13/11/2018)

"PENAL. RECURSO ORDINÁRIO EM HABEAS CORPUS. SONEGAÇÃO FISCAL. TRANCAMENTO DE INQUÉRITO POLICIAL. BEM IMÓVEL DADO EM GARANTIA DE EXECUÇÃO FISCAL. IMPOSSIBILIDADE. EXTINÇÃO DA PUNIBILIDADE QUE SÓ SE OCORRE PELO PAGAMENTO. INTELIGÊNCIA DO ART. 9º, § 2º, DA LEI N. 10.684/03. RECURSO ORDINÁRIO DESPROVIDO.

I – A jurisprudência do excelso Supremo Tribunal Federal, bem como desta eg. Corte, há muito já se firmou no sentido de que o trancamento do inquérito policial, por meio do habeas corpus, conquanto possível, é medida excepcional, cujo cabimento ocorre apenas nas hipóteses excepcionais em que, prima facie, mostra-se evidente, v.g., a atipicidade do fato ou a inexistência de autoria por parte do indiciado, situações essas não ocorrentes in casu (Precedentes).

II - Não obstante tenha sido oferecido bem à penhora em sede de embargos à execução fiscal, com valor de mercado suficiente para garantir a dívida com a Fazenda Estadual, tal medida não tem o condão de se equiparar ao **pagamento do débito tributário, única medida capaz de extinguir a punibilidade do crime de sonegação fiscal, nos termos do art. 9º, § 2º, da Lei n. 10.684/03 (Precedentes do STF e do STJ).**

Recurso ordinário desprovido."

(RHC 42.644/SP, Rel. Ministro FELIX FISCHER, QUINTA TURMA, julgado em 06/10/2015, DJe 19/10/2015)

"HABEAS CORPUS. **QUITAÇÃO INTEGRAL DO DÉBITO TRIBUTÁRIO. EXTINÇÃO DA PUNIBILIDADE.** ORDEM CONCEDIDA.

1. De acordo com os documentos acostados aos autos, os débitos tributários inscritos em dívida ativa sob os nºs 80717001997, 80617002629, 802170001042 e 80617002630 foram integralmente pagos, conforme se verifica através dos DI nº 7858806 e nº 7858805.

2. As provas dos autos demostram a adesão ao parcelamento e posterior quitação integral do débito, o que acarreta a extinção da punibilidade, nos termos do artigo 9º, § 2º, da Lei nº 10.684/03.

3. O Juízo impetrado oficiou a Procuradoria da Fazenda, que confirmou a quitação integral do crédito tributário em apreço (DI nº 8120776).

4. Diante disso, é medida de rigor a extinção da punibilidade dos pacientes, não havendo que se falar em supressão de instância com a concessão da ordem de habeas corpus nesses autos. Isso porque seria cabível a concessão do presente habeas corpus inclusive de ofício, já que se trata de garantia à liberdade de locomoção, direito fundamental consagrado pelo ordenamento jurídico brasileiro.

5. Ordem concedida para extinguir a punibilidade dos pacientes no bojo da ação penal nº 0004668-17.2017.4.03.6105, ante o pagamento integral do débito tributário."

(TRF 3ª Região, 5ª Turma, HC - HABEAS CORPUS - 5028954-19.2018.4.03.0000, Rel. Juiz Federal Convocado SILVIO CESAR AROUCK GEMAQUE, julgado em 23/01/2019, Intimação via sistema DATA: 19/02/2019)

"PENAL. PROCESSO PENAL. HABEAS CORPUS. PAGAMENTO DO DÉBITO TRIBUTÁRIO. EXTINÇÃO DA PUNIBILIDADE.

1. O pagamento do débito tributário que ensejou a propositura da ação penal enseja o reconhecimento da extinção da punibilidade, nos

termos do art. 9º, § 2º, da Lei 10.684 de 2003, e do art. 69 da Lei 11.941 de 2009.

2. A extinção da punibilidade constitui matéria de ordem pública, quepodeser conhecida de ofício, em qualquer grau de jurisdição, nos termos do artigo 61 do Código de Processo Penal, porque o Estado não tem mais interesse em punir o acusado, o que pode se dar em qualquer fase do processo, não havendo óbice à sua apreciação pelo juízo de primeiro grau, mesmo após prolatada sentença de mérito.

3. Ordem concedida parcialmente para que a autoridade impetrada aprecie o pedido."

(TRF 3ª Região, 5ª Turma, HC - HABEAS CORPUS - 5020270-08.2018.4.03.0000, Rel. Juiz Federal Convocado RAQUEL COELHO DAL RIO SILVEIRA, julgado em 22/10/2018, Intimação via sistema DATA: 27/11/2018)

"HABEAS CORPUS. CRIME CONTRA A ORDEM TRIBUTÁRIA. PAGAMENTO INTEGRAL DO DÉBITO. TRANCAMENTO DE AÇÃO PENAL. ORDEM CONCEDIDA.

1. A denúncia imputa ao paciente a prática do delito previsto no art. 1º, inciso I, da Lei nº 8.137/90, diante da omissão em declarar rendimentos tributáveis ao Fisco, aduzindo que 'o crédito tributário em questão, vinculado ao Processo Administrativo Fiscal nº 19515.00134/2010-73, foi definitivamente constituído em 02/04/2014 (fl. 320 do apenso) e inscrito em Dívida Ativa da União em 10/10/2014, encontrando-se ativo e exigível, sem registro de pagamento integral ou parcelamento vigente'.

2. Entretanto, de acordo com o que consta no extrato da Procuradoria--Geral da Fazenda Nacional acostado aos autos, no dia 02/03/2017, o Processo Administrativo Fiscal nº 19515.002.134/2010-73 foi "extinto por pagamento com ajuizamento a ser cancelado".

3. A decisão ora impugnada, por sua vez, publicada no dia 23/11/2017, ou seja, após quase 9 meses da decisão administrativa que extinguiu o processo administrativo fiscal por pagamento, aduziu que "segundo informação da PFN, o crédito tributário encontra-se na situação 'ativa com ajuizamento a ser prosseguido', não havendo que se falar, ao menos por ora, em extinção da punibilidade".

4. Contudo, o que se vislumbra dos documentos que acompanharam a impetração é que houve o pagamento integral e a extinção do débito tributário vinculado ao Processo Administrativo Fiscal nº 19515.00134/2010-73, razão pela qual o trancamento da ação penal é medida que se impõe.

5. Cumpre ressaltar que, de acordo com o art. 9º, §2º, da Lei nº 10.684/2003, o pagamento integral do débito tributário, a qualquer tempo, é causa de extinção da punibilidade. Precedentes.

6. Ordem concedida para determinar o trancamento da ação penal nº 0000563-60.2017.4.03.6181."

(TRF 3ª Região, 5ª Turma, HC - HABEAS CORPUS - 5002418-68.2018.4.03.0000, Rel. Desembargador Federal PAULO GUSTAVO GUEDES FONTES, julgado em 25/04/2018, Intimação via sistema DATA: 02/05/2018)

Ademais, ressalte-se, por oportuno, que a extinção da punibilidade constitui matéria de ordem pública, que pode ser conhecida de ofício, em qualquer grau de jurisdição, nos termos do artigo 61 do Código de Processo Penal, considerando que o Estado não tem mais interesse em punir o acusado, o que pode se dar em qualquer fase do processo, não havendo óbice à sua apreciação pelo juízo de primeiro grau, mesmo após prolatada sentença de mérito.

11. Alegação de erro sobre elementos do tipo e erro sobre a ilicitude do fato

O contribuinte pode alegar a ocorrência de erro de tipo e erro sobre a ilicitude do fato sob o argumento, por exemplo, de crer na idoneidade de empresas que com ele transacionavam, razão pela qual não poderia supor que estaria sonegando tributo. Todavia, estas questões, no mais das vezes, confundem-se com o mérito, sendo usualmente uma tese que visa o afastamento da responsabilidade subjetiva do acusado pelo cometimento do crime tributário.

Nesse sentido, colaciono julgado do E. TRF/3:

"(...) 1. - Não há falar-se em trancamento da ação penal em tela, tendo em vista a informação da Secretaria da Receita Federal de fls. 474/475, dando conta que o crédito tributário em referência tornou-se definitivamente constituído na esfera administrativa em 26 de outubro de 2001, sendo encaminhado para inscrição em Dívida Ativa da União em 18 de fevereiro de 2002. 2. - Materialidade delitiva comprovada por meio do procedimento administrativo-fiscal encartado aos autos, particularmente, pelas declarações de imposto de renda pessoa jurídica ideologicamente falsas, apresentadas ao Fisco, e demais elementos colhidos da escrituração da empresa, tais como páginas do Livro Diário, em que atestada pela Auditoria Fiscal as rasuras e inserções de elementos inexatos, aptas à redução do faturamento líquido da empresa, com conseqüente redução de tributos. 3. – Autoria também demonstrada, ante todo o contexto probatório produzido. 4. – A alegação de erro de tipo escusável também é claramente protelatória e, inclusive, confunde-se com todas as demais questões analisadas, já que, mais uma vez, o acusado tenta isentar-se, imputando toda a responsabilidade à contadoria, isto é, ao escritório da acusada Vanja Batista. 5. – As dificuldades financeiras acarretadoras de inexigibilidade de outra conduta (excludente de culpabilidade) devem ser de tal monta que ponham em risco a própria sobrevivência da empresa, cabendo ao acusado cabal demonstração de tal circunstância, nos termos do art. 156 do CPP, sendo que a simples existência de protestos e ações judiciais em curso são circunstâncias normais no dia-a-dia de qualquer empresa, sendo necessário, para o reconhecimento da exculpante, provas robustas da precariedade econômico-financeira, o que, porém, não foi trazido pela defesa. 6. – O caso dos autos, ao contrário do entendimento esposado em primeiro grau, revela a ocorrência de continuidade delitiva, nos termos do artigo 71 do Código Penal, porquanto os delitos previstos nos incisos I a V do artigo 1º da Lei nº 8.137/90 são da mesma espécie, tendo sido previstos no bojo do mesmo tipo penal e praticados nas mesmas condições de tempo, lugar e modo de execução. Precedentes desta Corte. 7. – Concurso material afastado, com a conseqüente redução da pena."

(TRF3, ACR 06071072119954036105, Desembargador Federal Luiz Stefanini, Primeira Turma, *DJU* de18.09.2007)

Comprovando-se que o réu optou por reduzir tributos e contribuições mediante fraude (caracterizado, por exemplo, pelo lançamento de notas fiscais frias, com valores adulterados e oriundas de empresa inexistente de fato, em documento ou livro exigido pela lei fiscal), resta caracterizado o escopo de simular despesas e reduzir suas obrigações tributárias.

Infrutífera é a tentativa usualmente adotada de responsabilização do contador pela sonegação fiscal. Frise-se que, em sendo o réu administrador da empresa, tem o dever de controlar os atos de quem exerce o serviço de contabilidade e, ainda que não pratique os trâmites burocráticos fiscais, a ele incumbe a responsabilidade gerencial.

Não se pode aceitar o fato de um réu, como administrador da empresa, não ter ciência e ingerência acerca das questões financeiras e contábeis da sociedade, abstendo-se de verificar o cumprimento das obrigações tributárias e ignorando, por conveniência, seu papel de gestor, ao fundamento de não possuir conhecimentos técnicos para tanto.

Avançando no exame da questão, deve-se fazer uma distinção entre elisão e evasão fiscal para após ser analisada a possibilidade de ocorrência de erro de tipo.

Busca-se os conceitos expostos por Sylvio César Afonso para quem, a elisão fiscal "é um procedimento lícito que se realiza antes da ocorrência do fato gerador do tributo, visando à economia fiscal; é um negócio jurídico indireto, em que os sujeitos da relação jurídica pretendem obter finalidade diversa da do negócio efetivado. Por exemplo, a hipótese de um prestador de serviço que, com base em lei, elege sede social em município cuja alíquota do ISS é pequena, embora sua atividade se exerça em outro município cuja alíquota é bem maior." De seu turno, a evasão fiscal "é um ato comissivo ou omissivo, de natureza ilícita, praticado com o escopo de diminuir ou eliminar a obrigação tributária, mediante, por exemplo, fraude fiscal e adulteração de documentos. Difere de elisão fiscal, por ser esta uma economia tributária de caráter lícito."[129]

Ainda pode ser considerada a existência de quatro critérios para a diferenciação entre elisão fiscal e evasão fiscal (sonegação fiscal):[130] "a) natureza dos meios: na elisão, os meios são lícitos; na sonegação, não; b) ocorrência do fato gerador: na elisão, a economia fiscal pressupõe a adoção de forma alternativa, de molde a evitar a verificação do pressuposto de incidência; na simulação, o fato gerador ocorre efetivamente, mas vem desnaturado, em sua exteriorização formal, pelo artifício utilizado, de maneira que não é tipologicamente reconhecido, em sua aparência, como o pressuposto de incidência legal; c) eficácia dos meios: na elisão, a forma jurídica, conquanto alternativa, é real; na simulação, é mero pretexto; d) resultados: na elisão, os resultados são reais; na sonegação, os efeitos são diversos daqueles ostensivamente indicados."

Ocorre erro de tipo em havendo a supressão ou redução no recolhimento do tributo em razão de erro na interpretação tributária. A supressão ou redução do tributo incide sobre elemento constitutivo do tipo. Deve restar plenamente comprovado que a prática adotada pelo contribuinte era

[129] MARTINS, Ives Gandra da Silva; BRITO, Edvaldo (org.). *Direito tributário: direito penal tributário (coleção doutrinas essenciais, v. VIII)*. São Paulo: RT, 2011. p. 763.

[130] LIMA, Renato Brasileiro de. *Legislação criminal especial comentada: volume único*. 9. ed. rev., atual. e ampl. Salvador: JusPODIVM, 2021, p. 223.

factível no âmbito tributário, de modo a demonstrar que a operação por ele realizada seria lícita.

Luiz Renato Pacheco Chaves de Oliveira[131] preconiza que a "legislação tributária apresenta uma série de situações em que é possível a adoção de medidas prévias à ocorrência do fato gerador (ou fato imponível tributário) com o objetivo de reduzir, de forma lícita, o montante a pagar a título de tributos. Tais práticas são denominadas de elisão fiscal, que se contraporiam à evasão fiscal, que pode ser definida como a forma de reduzir ou suprimir tributos por meio de atuação ilegal e normalmente posterior à ocorrência do fato gerador. Como exemplo de prática elisiva, temos a utilização do arrendamento mercantil ou *leasing*, em que não há incidência de ICMS, por não haver transferência da propriedade de mercadoria, bastante comum no caso de empresas aéreas e que encontra respaldo na jurisprudência do STJ: REsp 439.884. Ocorre que o Fisco visa mais e mais impedir a utilização de práticas elisivas, sendo que o parágrafo único do art. 116 do CTN, a chamada 'norma geral antielisiva', demonstra a forma como o problema é encarado pelas receitas dos entes federativos. Ocorre que, se o contribuinte, mediante determinada manobra, visou reduzir ou mesmo suprimir tributo de forma lícita, ainda que haja glosa pelo Fisco e cobrança do tributo, no âmbito penal o fato deve ser considerado atípico."

Nos termos do art. 20, *caput*, do CP, "o erro sobre elemento constitutivo do tipo legal de crime exclui o dolo, mas permite a punição por crime culposo, se previsto em lei." Remarque-se que os crimes tributários (arts. 1º a 3º da Lei nº 8.137/1990) somente são puníveis a título de dolo, assim, nos termos do art. 18, parágrafo único, do CP, a consequência do erro de tipo em crimes desta espécie é a atipicidade da conduta ("salvo os casos expressos em lei, ninguém pode ser punido por fato previsto como crime, senão quando o pratica dolosamente").

Propugna referido autor, juiz federal, que "para haver a caracterização do erro sobre elemento normativo do tipo no caso dos crimes tributários deve haver prova cabal de que a prática era viável no âmbito tributário, devendo a defesa trazer à baila, por exemplo, artigos jurídicos de doutrinadores de escol, decisões judiciais ou administrativas sobre a matéria, entendendo que a operação era legal, consultas ao Fisco sobre a matéria etc. Caso comprovada a tentativa de elisão, não cabe ao juízo penal adentrar no

[131] MARTINS, Ives Gandra da Silva; BRITO, Edvaldo (org.). *Direito tributário: direito penal tributário (coleção doutrinas essenciais, v. VIII)*. São Paulo: RT, 2011, p. 307-309.

mérito da legalidade da exação tributária, a uma por lhe faltar competência para tanto e a duas por ser absolutamente desnecessário. Ainda que haja tributo devido, se não houver dolo não há conduta penalmente relevante e, consequentemente, não há crime."

A perquirição sobre a incidência de erro de proibição ou erro sobre a ilicitude do fato pode ocorrer, por exemplo, na hipótese de um acusado que tenha parcelado o débito tributário, todavia o pagamento das prestações avençadas tenha ocorrido sem a incidência da taxa SELIC, em afronta ao disposto no artigo 13 da Lei nº 10.522, de 19.07.2002, *in verbis*:

> "Art. 13. O valor de cada prestação mensal, por ocasião do pagamento, será acrescido de juros equivalentes à taxa referencial do Sistema Especial de Liquidação e de Custódia – SELIC para títulos federais, acumulada mensalmente, calculados a partir do mês subsequente ao da consolidação até o mês anterior ao do pagamento, e de 1% (um por cento) relativamente ao mês em que o pagamento estiver sendo efetuado.
>
> § 1º O valor mínimo de cada prestação será fixado em ato conjunto do Secretário da Receita Federal do Brasil e do Procurador-Geral da Fazenda Nacional.
>
> § 2º No caso de parcelamento de débito inscrito em Dívida Ativa da União, o devedor pagará custas, emolumentos e demais encargos legais."

Aliás, no que se refere à legalidade da taxa SELIC, vale ressaltar que o entendimento do Superior Tribunal de Justiça é no sentido da aplicação da referida taxa a partir da sua instituição nos moldes estabelecidos pela Lei nº 9.065, de 20.06.1995 (art. 13) no cálculo do valor da dívida ativa da União e de suas autarquias. Precedentes: AgRg no Ag 1021729/SC, REsp 1070246/RS, EREsp 398182/PR e EREsp 418940/MG.

A chamada Taxa SELIC incide quando se tratar de tributos não pagos nos prazos previstos na legislação tributária (Lei nº 8.981, de 20.01.1995, artigo 84). Nesse sentido:

> "(...) 1. Os arts. 103 e 105 do CPC não foram objeto de debate no âmbito do acórdão recorrido, a despeito da oposição de embargos de declaração.
>
> Incidência da Súmula 211/STJ, por ausência de prequestionamento.
>
> 2. A simples confissão de dívida, acompanhada de pedido de parcelamento, não configura denúncia espontânea. Precedentes: AgRg no REsp 1050664/DF, Rel. Min. Humberto Martins, Segunda Turma, DJe de

23.4.2009; AgRg nos EREsp 1045661/RS, Rel. Min. Denise Arruda, Primeira Seção, DJe de 16.2.2009.

3. A jurisprudência deste Tribunal é uníssona quanto à aplicação da taxa Selic como índice de correção monetária e juros de mora na atualização dos débitos tributários.

4. A investigação acerca da ausência dos requisitos da CDA, bem como o reconhecimento do suposto cerceamento de defesa causado pelo indeferimento da produção de prova pericial enseja o revolvimento de matéria fático-probatória. Incidência da Súmula 7/STJ.5. Agravo regimental não provido."

(STJ, AgRg no REsp 924.104/RS, Rel. Ministro Mauro Campbell Marques, Segunda Turma, julgado em 03.09.2009, *DJe* de 22.09.2009)

"(...) 1. É legítima a utilização da taxa SELIC como índice de correção monetária e de juros de mora na atualização dos créditos tributários (EResp nº 291.257/SC, 1ª Seção, Min. Luiz Fux, DJ de 06.09.2004).

2. Recurso especial a que se dá provimento."

(STF, REsp 764.971/MG, Rel. Ministro Teori Albino Zavascki, Primeira Turma, julgado em 23.08.2005, *DJ* de 05.09.2005 p. 324)

"PROCESSO CIVIL. EMBARGOS DE DECLARAÇÃO. APONTADO VÍCIO DE OMISSÃO. ARTIGO 1.022, II, CPC. CRITÉRIOS PARA APLICAÇÃO DE JUROS DE MORA E CORREÇÃO MONETÁRIA INCIDENTES NAS CONDENAÇÕES DA FAZENDA PÚBLICA.DÉBITO TRIBUTÁRIO. INCIDÊNCIA DA TAXA SELIC.

1. Os embargos de declaração se destinam a integrar pronunciamento judicial que contenha omissão, obscuridade, contradição ou erro material, nos termos do artigo 1.022 do Código de Processo Civil. Não se prestam à revisão da decisão, a não ser que a superação daqueles vícios produza esse efeito, denominado infringente.

2. Com efeito, nos autos, trata-se de crédito de natureza tributária, no tocante à compensação dos valores recolhidos indevidamente a título de contribuição previdenciária incidente sobre a remuneração percebida pelos segurados autônomos e empresários, conforme previsto no art. 3º da Lei nº 7.787/89 e, posteriormente, no art. 22 da Lei nº 8.212/91, em sua redação original.

3. Há muito está pacificado o entendimento jurisprudencial no sentido da legalidade da aplicação da Taxa SELIC ao cálculo dos juros moratórios incidentes sobre créditos de natureza tributária, consagrado no julgamento

do REsp 1.073.846/SP, apreciado sob o rito do artigo 543-C do Código de Processo Civil de 1973.

4. Assim, se tratando de crédito tributário, deve ser aplicada a taxa SELIC, que engloba correção monetária e juros de mora, sendo o índice de correção de tributos federais.

5. Embargos de declaração conhecidos e providos, para sanar a omissão apontada, reconsiderando o acórdão anteriormente proferido."

(TRF3, 11ª Turma, ApelRemNec – APELAÇÃO / REMESSA NECESSÁRIA – 0044189-48.1998.4.03.6100, Rel. Desembargador Federal JOSE MARCOS LUNARDELLI, julgado em 11.12.2020, Intimação via sistema DATA: 16/12/2020)

No que diz respeito ao desconhecimento da lei, dispõe o artigo 21 do Código Penal:

"Art. 21 – O desconhecimento da lei é inescusável. O erro sobre a ilicitude do fato, se inevitável, isenta de pena; se evitável, poderá diminuí-la de um sexto a um terço.

Parágrafo único – Considera-se evitável o erro se o agente atua ou se omite sem a consciência da ilicitude do fato, quando lhe era possível, nas circunstâncias, ter ou atingir essa consciência."

O erro de proibição ou erro sobre a ilicitude do fato não se equipara ao mero desconhecimento da lei.

Trata-se do desconhecimento de que sua conduta é contrária à legislação. Assim, a mera alegação de desconhecimento da lei não é suficiente para a caracterização de erro de proibição.

A ignorância da lei é inescusável e não se confunde com a ausência de potencial conhecimento da ilicitude, já que a consciência da ilicitude resulta da apreensão do sentido axiológico das normas de cultura, independentemente de leitura do texto legal (STJ, RHC 4772/SP, Rel. Min. Vicente Leal, 6ª T. RSTJ, v. 100, p. 287). Inclusive, para a reprovação penal, sequer é necessária a real consciência da ilicitude, bastando a possibilidade de obtê-la (consciência potencial), isto é, a possibilidade de extraí-la das normas de cultura, dos princípios morais e éticos, enfim, dos conhecimentos adquiridos na vida em sociedade.

No caso ora exemplificado, a alegação do réu recairia sobre desconhecimento acerca da incidência da taxa SELIC, o que esbarra na realidade fática em geral, pois é sabido que os valores pagos em atraso à Fazenda Nacional sofrem a incidência de consectários, sendo obrigação do devedor informar-se junto ao órgão competente e efetuar o respectivo pagamento de acordo com as normas regentes à época.

O cumprimento dessa obrigação, portanto, não está condicionado à intimação do interessado, de modo que se torna irrelevante que o Fisco tenha notificado ou não o devedor acerca do valor dos consectários.

Além disso, questionamentos atinentes ao valor do débito remanescente não podem ser feitos na esfera criminal, em razão do princípio da tripartição dos poderes, cabendo a Justiça Criminal a análise do tema na esfera criminal e com base nas informações constantes nos autos.

12. Alegação de inexigibilidade de conduta diversa

É certo que referida causa supralegal tem sido aceita, de forma restrita, nas situações de tributos descontados ou cobrados do contribuinte de fato, como nos casos do artigo 168-A do Código Penal e do artigo 2º, inciso II, da Lei nº 8.137/1990, cujas condutas prescindem de fraude.

Para que se justifique a exclusão da culpabilidade nesses casos, tais dificuldades devem ser intensas, devem extrapolar a mera situação de penúria, isto é, deve-se analisar se estava em risco a própria sobrevivência da empresa, se não foi o próprio agente quem, por meio de gestão temerária ou fraudulenta, deu causa à má situação financeira, e se a prática da conduta tipificada foi medida última, excepcional e ocasional (e não rotineira).

Contudo, referida causa supralegal de exclusão de culpabilidade da inexigibilidade da conduta diversa não se aplica ao delito do artigo 1º, inciso I, da Lei nº 8.137/1990, pois a sonegação pressupõe o emprego de fraude por parte do agente, o que torna absolutamente irrelevante a existência de dificuldades financeiras da pessoa jurídica e sua capacidade econômica para eventual recolhimento do tributo.

Portanto, tais dificuldades podem até impedir o pagamento do tributo, mas não justificam a omissão de informações ou prestação de informações falsas à autoridade fazendária. Em tais hipóteses o acusado é processado e condenado penalmente por ter reduzido tributos mediante omissão de informações ou prestação de informações inidôneas às autoridades fazendárias e não por deixar de pagar o crédito tributário constituído, o que, por si só, não constitui fato típico.

Em conclusão, crimes dessa natureza não consubstanciam um mero inadimplemento, mas punem os artifícios para ludibriar os órgãos de arrecadação e fiscalização de tributos, os quais geram a supressão e redução de tributos.

Nesse sentido é consolidada a jurisprudência do TRF/3:

"(...) 1. A materialidade do delito está comprovada pela representação fiscal para fins penais, sendo as informações corroboradas pelo depoimento judicial do auditor fiscal, supervisor da fiscalização que apurou o crédito tributário em questão.

2. A autoria delitiva e o dolo também estão caracterizados. O conjunto probatório é conclusivo acerca da intenção deliberada do acusado de frustrar o pagamento dos tributos devidos, mediante omissão de informações.

3. O elemento subjetivo é o dolo genérico, ou seja, a vontade livre e consciente de omitir, parcial ou totalmente, as informações legalmente exigidas, o que, por consequência, acarreta a supressão ou a diminuição dos tributos devidos.

4. A excludente supralegal de culpabilidade da inexigibilidade de conduta diversa não se aplica ao delito do art. 1º, I da Lei nº 8.137/1990. A sonegação pressupõe uma conduta clandestina por parte do agente, o que torna irrelevante a existência de dificuldades financeiras da pessoa jurídica, que pode eventualmente impedir o pagamento do tributo, mas não justifica a omissão de informações à autoridade fazendária. Condenação mantida.

5. Apelação não provida."

(TRF3, Décima Primeira Turma, Apelação Criminal – 65903 – 0005111-73.2011.4.03.6138, Rel. Desembargador Federal Nino Toldo, julgado em 04.09.2018, *e-DJF3* Judicial de 12.09.2018)

"(...) 1. O delito de sonegação fiscal consuma-se quando, em decorrência das condutas previstas nos incisos I a V, resultar a supressão ou a redução do tributo devido, isto é, no momento em que ocorrer efetiva lesão à Fazenda Pública.

2. A prisão que poderá ser imposta é mera consequência jurídica do ato ilícito pelo agente praticado previsto nos artigo 1º da Lei nº 8.137/90, e não será com base no art. 5º, inciso LXVII, da CRFB.

3. Materialidade e autoria. Configuração.

4. Para a configuração do delito previsto no artigo 1º, inciso I, da Lei nº 8.137/90, exige-se tão somente o dolo genérico.

5. A alegação de dificuldades financeiras como excludente é inaceitável quando a conduta omissiva resulta de uma ação fraudulenta engendrada para reduzir ou suprimir as obrigações tributárias do contribuinte.

6. Dosimetria. Pena definitiva de 02 (dois) anos de reclusão e 10 (dez) dias-multa. Substituição da pena privativa de liberdade.

7. Recurso da acusação provido."

(TRF3, Quinta Turma, Apelação Criminal - 66557 - 0006904-10.2014.4.03.6181, Rel. Desembargador Federal Mauricio Kato, julgado em 19.03.2018, *e-DJF3* Judicial de 26.03.2018)

13. Reconhecimento ou não da ocorrência de concurso formal ante a supressão de diversos tributos e de crime continuado

Em algumas situações o órgão ministerial pleiteia o reconhecimento do concurso formal, quando há supressão de dois ou mais tributos distintos, por exemplo, Imposto de Renda Pessoa Jurídica (IRPJ) e Contribuição sobre o Lucro Líquido (CSLL), bem como de incidência de crime continuado, tendo em vista que a omissão de informações nas Declarações de Débitos e Créditos Tributários Federais ou Estaduais (DCTF) teria sido reiterada.

No que tange ao concurso formal, a conduta exemplificada consiste em deixar de prestar declaração ou prestá-la em desacordo com a realidade, por meio da qual, o agente atinge o bem jurídico tutelado, que é a arrecadação tributária (art. 1º da Lei nº 8.137/1990).

O ilícito recai sobre a omissão de informação ou a declaração inverídica prestada para suprimir ou reduzir o pagamento dos tributos, inclusive caso o agente declare corretamente os dados, mas não pague os tributos, o crime não resta configurado. Logo, como já se afirmou precedentemente, a criminalização não recai propriamente sobre o tributo em si.

As declarações incompatíveis prestadas pelos agentes podem ocasionar a redução do *quantum* devido a título, por exemplo, de Imposto de Renda Pessoa Jurídica (IRPJ) ereflexos, Contribuição Social sobre o Lucro Líquido - CSLL, Contribuição para o Programa de Integração Social - PIS e Contribuição para Financiamento da Seguridade Social - COFINS, referentes a um determinado exercício. Nesse contexto, a diversidade das espécies tributárias não constitui condição suficiente, por si só, para a incidência da regra do concurso formal.

Destaque-se que no caso exemplificado os quatro tributos em tese sonegados seriam uma consequência da informação inverídica prestada pelo agente, e não podem ser considerados de forma isolada. Portanto, não haveria que se falar em concurso formal, mas sim, de crime único.

Nesse sentido é a jurisprudência do C. Superior Tribunal de Justiça e do E. TRF/3:

"(...) I – In casu, o réu apresentou em 2003 declaração com informações falsas, referentes ao ano calendário de 2002, sobre a receita da sociedade empresária da qual era contador, o que ocasionou a supressão ou redução de 4 (quatro) tributos federais (IRPJ, CSLL, COFINS e PIS).

II – 'Não há concurso formal, mas crime único, na hipótese em que o contribuinte, numa única conduta, declara Imposto de Renda de Pessoa Jurídica com a inserção de dados falsos, ainda que tal conduta tenha obstado o lançamento de mais de um tributo ou contribuição. 4. Recurso improvido' (Resp 1294687/PE, Sexta Turma, Rel. Min. Maria Thereza de Assis Moura, Dje 24/10/2013).

Agravo regimental desprovido."

(STJ, AgRg no Resp 1552955/PE, Rel. Ministro Felix Fischer, Quinta Turma, julgado em 08.02.2018, *Dje* 21.02.2018)

"(...) 9 – 'Não há concurso formal, mas crime único, na hipótese em que o contribuinte, numa única conduta, declara Imposto de Renda de Pessoa Jurídica com a inserção de dados falsos, ainda que tal conduta tenha obstado o lançamento de mais de um tributo ou contribuição.' (STJ, Resp 1294687/PE, Sexta Turma, Rel. Min. Maria Thereza de Assis Moura, *Dje* de 24.10.2013).

(...) 11 – Apelo defensivo desprovido."

(TRF3, Décima Primeira Turma, Apelação Criminal – 75930 – 0014885-22.2016.4.03.6181, Rel. Desembargador Federal José Lunardelli, julgado em 04.09.2018, *e-DJF3* Judicial de 12.09.2018)

"(...) 1. Apelante denunciado pela prática do crime previsto no artigo 1º, inciso I, da Lei nº 8.137/90.

2. Prescrição. Inocorrência.

3. A perícia pleiteada é dispensável, porquanto a prova carreada aos autos no transcorrer da instrução criminal comprova a materialidade do delito, e a denúncia encontra-se alicerçada em inquérito policial instaurado em decorrência do procedimento-administrativo fiscal que goza de presunção de veracidade.

4. Preliminares rejeitadas.

5. A materialidade e a autoria delitivas restaram comprovadas pelo conjunto probatório.

6. Dosimetria. Na primeira etapa da dosimetria da pena, existindo circunstâncias judiciais desfavoráveis, justificou-se a exasperação da pena-base acima do mínimo legal – 02 (dois) anos e 02 (dois) meses de reclusão – em atenção ao artigo 59 do Código Penal Na segunda-fase, ausentes as circuns-

tâncias obrigatórias (atenuantes ou agravantes). Por fim, na terceira fase do sistema trifásico, o Juízo 'a quo' aplicou o concurso formal (artigo 70, do CP) sob o fundamento de que mediante uma só omissão foram sonegados valores de mais de um tributo, majorando a pena de 1/6 (um sexto) resultando definitiva em 02 (dois) anos e 06 (seis) meses de reclusão e 15 (quinze) dias-multa. Concurso formal afastado. A sonegação de vários tributos como decorrência de uma única conduta não enseja a incidência do concurso formal. Trata-se de crime único. Pena reduzida para 02 (dois) anos e 02 (dois) meses de reclusão e pagamento de 12 (doze) dias-multa, mantido o valor unitário fixado na sentença, bem, como o regime inicial aberto e a substituição da sanção corporal por duas penas restritivas de direitos.

(...)

(TRF 3ª Região, Quinta Turma, Apelação Criminal - 70247 - 0001679-29.2004.4.03.6126, Rel. Desembargador Federal Paulo Fontes, julgado em 20.08.2018, *e-DJF3* Judicial de 10.09.2018)

Por outro lado, tendo ficado comprovado que os réus atuaram de forma reiterada, por exemplo, por três anos fiscais consecutivos, com semelhança das condições de tempo, lugar e maneira de execução, deve ser reconhecido o crime continuado (artigo 71 do Código Penal).

A jurisprudência do Superior Tribunal de Justiça é no sentido da exasperação da pena, conforme o número de infrações, como se segue: "A propósito do patamar de exasperação da pena pelo reconhecimento de crime continuado, esta Corte Superior de Justiça compreende que se aplica a fração de aumento de 1/6 (um sexto) pela prática de 2 infrações; 1/5 (um quinto) para 3 infrações; 1/4 (um quarto) para 4 infrações; 1/3 (um terço) para 5 infrações; ½ (metade) para 6 infrações e 2/3 (dois terços) para 7 ou mais infrações" (STJ; REsp 1848553/MG; Rel. Min. Laurita Vaz; 6ª Turma; j. 02.03.2021; DJe 11.03.2021). Este entendimento vem sendo adotado também pelo TRF3 (ACR 00041266820094036108; Rel. Des. Fed. José Lunardelli; Décima Primeira Turma; j. 25.03.2021).

14. Da quebra do sigilo bancário diretamente pela autoridade fazendária e da possibilidade de compartilhamento dos elementos obtidos perante o Ministério Público Federal sem que, para tanto, tenha que haver ordem judicial autorizativa

A Lei nº 8.021, de 12.04.1990 (que dispõe sobre a identificação dos contribuintes para fins fiscais) e a Lei Complementar nº 105, de 10.01.2001 (que dispõe sobre o sigilo das operações de instituições financeiras) legitimam a atuação fiscalizatória da Administração Tributária, a saber:

> "Art. 8º da Lei nº 8.021/1990 - Iniciado o procedimento fiscal, a autoridade fiscal poderá solicitar informações sobre operações realizadas pelo contribuinte em instituições financeiras, inclusive extratos de contas bancárias, não se aplicando, nesta hipótese, o disposto no art. 38 da Lei nº 4.595, de 31 de dezembro de 1964." **(este artigo 38 foi revogado pela Lei nº 105/2001).**
>
> "Art. 6º da Lei Complementar nº 105/2001 - As autoridades e os agentes fiscais tributários da União, dos Estados, do Distrito Federal e dos Municípios somente poderão examinar documentos, livros e registros de instituições financeiras, inclusive os referentes a contas de depósitos e aplicações financeiras, quando houver processo administrativo instaurado ou procedimento fiscal em curso e tais exames sejam considerados indispensáveis pela autoridade administrativa competente.
>
> Parágrafo único. O resultado dos exames, as informações e os documentos a que se refere este artigo serão conservados em sigilo, observada a legislação tributária." **(Regulamentado pelo Decreto nº 3.724, de 10.01.2001)**[132]

[132] Art. 1º Este Decreto dispõe, nos termos do art. 6º da Lei Complementar nº 105, de 10 de janeiro de 2001, sobre requisição, acesso e uso, pela Secretaria da Receita Federal e seus agentes, de informações referentes a operações e serviços das instituições financeiras e das entidades a elas equiparadas, em conformidade com o art. 1º, §§ 1ºe 2º, da mencionada Lei, bem assim estabelece procedimentos para preservar o sigilo das informações obtidas.
Art. 2º Os procedimentos fiscais relativos a tributos e contribuições administrados pela Secretaria da Receita Federal do Brasil - RFB serão executados por ocupante do cargo efetivo de Auditor-Fiscal da Receita Federal do Brasil e terão início mediante expedição prévia de Termo de Distribuição do Procedimento Fiscal - TDPF, conforme procedimento a ser estabelecido em ato do Secretário da Receita Federal do Brasil. (Redação dada pelo Decreto nº 8.303, de 2014)
§ 1º Nos casos de flagrante constatação de contrabando, descaminho ou de qualquer outra prática de infração à legislação tributária, em que o retardamento do início do procedimento fiscal coloque em risco os interesses da Fazenda Nacional, pela possibilidade de subtração de prova, o Auditor-Fiscal da Receita Federal do Brasil deverá iniciar imediatamente o procedimento fiscal e, no prazo de cinco dias, contado da data de seu início, será expedido TDPF especial, do qual será dada ciência ao sujeito passivo. (Redação dada pelo Decreto nº 8.303, de 2014)
§ 2º Entende-se por procedimento de fiscalização a modalidade de procedimento fiscal a que se referem o art. 7º e seguintes do Decreto nº 70.235, de 6 de março de 1972. (Redação dada pelo Decreto nº 6.104, de 2007).
§ 3º O TDPF não será exigido nas hipóteses de procedimento de fiscalização: (Redação dada pelo Decreto nº 8.303, de 2014)

I – realizado no curso do despacho aduaneiro;
II – interno, de revisão aduaneira;
III – de vigilância e repressão ao contrabando e descaminho, realizado em operação ostensiva;
IV – relativo ao tratamento automático das declarações (malhas fiscais).

§ 4º O Secretário da Receita Federal do Brasil estabelecerá os modelos e as informações constantes do TDPF, os prazos para sua execução, as autoridades fiscais competentes para sua expedição, bem como demais hipóteses de dispensa ou situações em que seja necessário o início do procedimento antes da expedição do TDPF, nos casos em que haja risco aos interesses da Fazenda Nacional. (Redação dada pelo Decreto nº 8.303, de 2014)

§ 5º A Secretaria da Receita Federal do Brasil, por intermédio de servidor ocupante do cargo de Auditor-Fiscal da Receita Federal do Brasil, somente poderá examinar informações relativas a terceiros, constantes de documentos, livros e registros de instituições financeiras e de entidades a elas equiparadas, inclusive os referentes a contas de depósitos e de aplicações financeiras, quando houver procedimento de fiscalização em curso e tais exames forem considerados indispensáveis. (Redação dada pelo Decreto nº 6.104, de 2007).

§ 6º A Secretaria da Receita Federal do Brasil, por intermédio de seus administradores, garantirá o pleno e inviolável exercício das atribuições do Auditor-Fiscal da Receita Federal do Brasil responsável pela execução do procedimento fiscal. (Redação dada pelo Decreto nº 6.104, de 2007).

Art. 3º Os exames referidos no § 5º do art. 2º somente serão considerados indispensáveis nas seguintes hipóteses: (Redação dada pelo Decreto nº 6.104, de 2007).

I – subavaliação de valores de operação, inclusive de comércio exterior, de aquisição ou alienação de bens ou direitos, tendo por base os correspondentes valores de mercado;
II – obtenção de empréstimos de pessoas jurídicas não financeiras ou de pessoas físicas, quando o sujeito passivo deixar de comprovar o efetivo recebimento dos recursos;
III – prática de qualquer operação com pessoa física ou jurídica residente ou domiciliada em país com tributação favorecida ou beneficiária de regime fiscal de que tratam os art. 24 e art. 24-A da Lei nº 9.430, de 27 de dezembro de 1996; (Redação dada pelo Decreto nº 8.303, de 2014)
IV – omissão de rendimentos ou ganhos líquidos, decorrentes de aplicações financeiras de renda fixa ou variável;
V – realização de gastos ou investimentos em valor superior à renda disponível;
VI – remessa, a qualquer título, para o exterior, por intermédio de conta de não residente, de valores incompatíveis com as disponibilidades declaradas;
VII – previstas no art. 33 da Lei nº 9.430, de 1996;
VIII – pessoa jurídica enquadrada, no Cadastro Nacional da Pessoa Jurídica (CNPJ), nas seguintes situações cadastrais:
a) cancelada;
b) inapta, nos casos previstos no art. 81 da Lei nº 9.430, de 1996;
IX – pessoa física sem inscrição no Cadastro de Pessoas Físicas (CPF) ou com inscrição cancelada;
X – negativa, pelo titular de direito da conta, da titularidade de fato ou da responsabilidade pela movimentação financeira;
XI – presença de indício de que o titular de direito é interposta pessoa do titular de fato; e (Redação dada pelo Decreto nº 8.303, de 2014)

XII - intercâmbio de informações, com fundamento em tratados, acordos ou convênios internacionais, para fins de arrecadação e fiscalização de tributos. (Incluído pelo Decreto nº 8.303, de 2014)

§ 1º Não se aplica o disposto nos incisos I a VI, quando as diferenças apuradas não excedam a dez por cento dos valores de mercado ou declarados, conforme o caso.

§ 2º Considera-se indício de interposição de pessoa, para os fins do inciso XI deste artigo, quando:

I - as informações disponíveis, relativas ao sujeito passivo, indicarem movimentação financeira superior a dez vezes a renda disponível declarada ou, na ausência de Declaração de Ajuste Anual do Imposto de Renda, o montante anual da movimentação for superior ao estabelecido no inciso II do § 3ºdo art. 42 da Lei nº 9.430, de 1996;

II - a ficha cadastral do sujeito passivo, na instituição financeira, ou equiparada, contenha:

a) informações falsas quanto a endereço, rendimentos ou patrimônio; ou

b) rendimento inferior a dez por cento do montante anual da movimentação.

Art. 4º Poderão requisitar as informações referidas no § 5º do art. 2º as autoridades competentes para expedir o TDPF.(Redação dada pelo Decreto nº 8.303, de 2014)

§ 1º A requisição referida neste artigo será formalizada mediante documento denominado Requisição de Informações sobre Movimentação Financeira (RMF) e será dirigida, conforme o caso, ao:

I - Presidente do Banco Central do Brasil, ou a seu preposto;

II - Presidente da Comissão de Valores Mobiliários, ou a seu preposto;

III - presidente de instituição financeira, ou entidade a ela equiparada, ou a seu preposto;

IV - gerente de agência.

§ 2º A RMF será precedida de intimação ao sujeito passivo para apresentação de informações sobre movimentação financeira, necessárias à execução do procedimento fiscal. (Redação dada pelo Decreto nº 8.303, de 2014)

§ 3º O sujeito passivo poderá atender a intimação a que se refere o § 2º por meio de:_(Redação dada pelo Decreto nº 8.303, de 2014)

I - autorização expressa do acesso direto às informações sobre movimentação financeira por parte da autoridade fiscal; ou (Incluído pelo Decreto nº 8.303, de 2014)

II - apresentação das informações sobre movimentação financeira, hipótese em que responde por sua veracidade e integridade, observada a legislação penal aplicável. (Incluído pelo Decreto nº 8.303, de 2014)

§ 4º As informações prestadas pelo sujeito passivo poderão ser objeto de verificação nas instituições de que trata o art. 1º, inclusive por intermédio do Banco Central do Brasil ou da Comissão de Valores Mobiliários, bem assim de cotejo com outras informações disponíveis na Secretaria da Receita Federal.

§ 5º A RMF será expedida com base em relatório circunstanciado, elaborado pelo Auditor-Fiscal da Receita Federal do Brasil encarregado da execução do procedimento fiscal ou pela chefia imediata. (Redação dada pelo Decreto nº 8.303, de 2014)

§ 6º No relatório referido no parágrafo anterior, deverá constar a motivação da proposta de expedição da RMF, que demonstre, com precisão e clareza, tratar-se de situação enquadrada em hipótese de indispensabilidade prevista no artigo anterior, observado o princípio da razoabilidade.

§ 7º Na RMF deverão constar, no mínimo, o seguinte:

I - nome ou razão social do sujeito passivo, endereço e número de inscrição no CPF ou no CNPJ;

II – número de identificação do TDPF a que se vincular; (Redação dada pelo Decreto nº 8.303, de 2014)
III – as informações requisitadas e o período a que se refere a requisição;
IV – nome, matrícula e assinatura da autoridade que a expediu;
V – nome, matrícula e endereço funcional dos Auditores-Fiscais da Receita Federal do Brasil responsáveis pela execução do procedimento fiscal; (Redação dada pelo Decreto nº 8.303, de 2014)
VI – forma de apresentação das informações (em papel ou em meio magnético);
VII – prazo para entrega das informações, na forma da legislação aplicável;
VIII – endereço para entrega das informações;
IX – código de acesso à Internet que permitirá à instituição requisitada identificar a RMF.
§ 8º A expedição da RMF presume indispensabilidade das informações requisitadas, nos termos deste Decreto.
Art. 5º As informações requisitadas na forma do artigo anterior:
I – compreendem:
a) dados constantes da ficha cadastral do sujeito passivo;
b) valores, individualizados, dos débitos e créditos efetuados no período;
II – deverão:
a) ser apresentadas, no prazo estabelecido na RMF, à autoridade que a expediu ou aos Auditores-Fiscais da Receita Federal do Brasil responsáveis pela execução do procedimento fiscal correspondente; (Redação dada pelo Decreto nº 8.303, de 2014)
b) subsidiar o procedimento de fiscalização em curso, observado o disposto no art. 42 da Lei nº 9.430, de 1996;
c) integrar o processo administrativo fiscal instaurado, quando interessarem à prova do lançamento de ofício.
§ 1º Somente poderão ser solicitados, por cópia autêntica, os documentos relativos aos débitos e aos créditos, nos casos previstos nos incisos VII a XI do art. 3º.
§ 2º As informações não utilizadas no processo administrativo fiscal deverão, nos termos de ato da Secretaria da Receita Federal, ser entregues ao sujeito passivo, destruídas ou inutilizadas.
§ 3º Quem omitir, retardar injustificadamente ou prestar falsamente à Secretaria da Receita Federal as informações a que se refere este artigo ficará sujeito às sanções de que trata o art. 10, **caput**, da Lei Complementar nº 105, de 2001, sem prejuízo das penalidades cabíveis nos termos da legislação tributária ou disciplinar, conforme o caso.
Art. 6º De conformidade com o disposto no art. 9º da Lei Complementar nº 105, de 2001, o Banco Central do Brasil e a Comissão de Valores Mobiliários, por seus respectivos Presidentes ou servidores que receberem delegação de competência para a finalidade específica, deverão comunicar, de ofício, à Secretaria da Receita Federal, no prazo máximo de quinze dias, as irregularidades e os ilícitos administrativos de que tenham conhecimento, ou indícios de sua prática, anexando os documentos pertinentes, sempre que tais fatos puderem configurar qualquer infração à legislação tributária federal.
Parágrafo único. A violação do disposto neste artigo constitui infração administrativo-disciplinar do dirigente ou servidor que a ela der causa, sem prejuízo da aplicação do disposto no art. 10, **caput**, da Lei Complementar nº 105, de 2001, e demais sanções civis e penais cabíveis.
Art. 7º As informações, os resultados dos exames fiscais e os documentos obtidos em função do disposto neste Decreto serão mantidos sob sigilo fiscal, na forma da legislação pertinente.

§ 1º A Secretaria da Receita Federal deverá manter controle de acesso ao processo administrativo fiscal, ficando sempre registrado o responsável pelo recebimento, nos casos de movimentação.

§ 2º Na expedição e tramitação das informações deverá ser observado o seguinte:

I – as informações serão enviadas em dois envelopes lacrados:

a) um externo, que conterá apenas o nome ou a função do destinatário e seu endereço, sem qualquer anotação que indique o grau de sigilo do conteúdo;

b) um interno, no qual serão inscritos o nome e a função do destinatário, seu endereço, o número do TDPF ou do processo administrativo fiscal e, claramente indicada, observação de que se trata de matéria sigilosa; (Redação dada pelo Decreto nº 8.303, de 2014)

II – o envelope interno será lacrado e sua expedição será acompanhada de recibo;

III – o recibo destinado ao controle da custódia das informações conterá, necessariamente, indicações sobre o remetente, o destinatário e o número do TDPF ou do processo administrativo fiscal. (Redação dada pelo Decreto nº 8.303, de 2014)

§ 3º Aos responsáveis pelo recebimento de documentos sigilosos incumbe:

I – verificar e registrar, se for o caso, indícios de qualquer violação ou irregularidade na correspondência recebida, dando ciência do fato ao destinatário, o qual informará ao remetente;

II – assinar e datar o respectivo recibo, se for o caso;

III – proceder ao registro do documento e ao controle de sua tramitação.

§4º O envelope interno somente será aberto pelo destinatário ou por seu representante autorizado.

§ 5º O destinatário do documento sigiloso comunicará ao remetente qualquer indício de violação, tais como rasuras, irregularidades de impressão ou de paginação.

§ 6º Os documentos sigilosos serão guardados em condições especiais de segurança.

§ 7º As informações enviadas por meio eletrônico serão obrigatoriamente criptografadas.

Art. 8º O servidor que utilizar ou viabilizar a utilização de qualquer informação obtida nos termos deste Decreto, em finalidade ou hipótese diversa da prevista em lei, regulamento ou ato administrativo, será responsabilizado administrativamente por descumprimento do dever funcional de observar normas legais ou regulamentares, de que trata o art. 116, inciso III, da Lei nº 8.112, de 11 de dezembro de 1990, se o fato não configurar infração mais grave, sem prejuízo de sua responsabilização em ação regressiva própria e da responsabilidade penal cabível.

Art. 9º O servidor que divulgar, revelar ou facilitar a divulgação ou revelação de qualquer informação de que trata este Decreto, constante de sistemas informatizados, arquivos de documentos ou autos de processos protegidos por sigilo fiscal, com infração ao disposto no art. 198 da Lei nº 5.172, de 25 de outubro de 1966_(Código Tributário Nacional), ou no art. 116, inciso VIII, da Lei nº 8.112, de 1990, ficará sujeito à penalidade de demissão, prevista no art. 132, inciso IX, da citada Lei nº 8.112, sem prejuízo das sanções civis e penais cabíveis.

Art. 10. O servidor que permitir ou facilitar, mediante atribuição, fornecimento ou empréstimo de senha ou qualquer outra forma, o acesso de pessoas não autorizadas a sistemas de informações, banco de dados, arquivos ou a autos de processos que contenham informações mencionadas neste Decreto, será responsabilizado administrativamente, nos termos da legislação específica, sem prejuízo das sanções civis e penais cabíveis.

Parágrafo único. O disposto neste artigo também se aplica no caso de o servidor utilizar-se, indevidamente, do acesso restrito.

Analisando, contudo, o tema em face das normas constantes da Lei Complementar nº 105, de 10.01.2001, a questão perpassa necessariamente pela possibilidade do levantamento do sigilo inerente aos dados bancários decorrente da proteção constitucional dispensada à privacidade, erigida à categoria de direito fundamental do cidadão (a teor do disposto no art. 5º, X, da Constituição Federal: "Todos são iguais perante a lei, sem distinção de qualquer natureza, garantindo-se aos brasileiros e aos estrangeiros residentes no País a inviolabilidade do direito à vida, à liberdade, à igualdade, à segurança e à propriedade, nos termos seguintes: (...) X – são invioláveis a intimidade, a vida privada, a honra e a imagem das pessoas, assegurado o direito a indenização pelo dano material ou moral decorrente de sua violação"), previsão esta que objetiva proteger o cidadão da atuação indevida estatal (e até mesmo do particular, sob o pálio da aplicação horizontal dos direitos fundamentais) no âmbito de sua esfera pessoal.

Importante consignar que o direito ora em comento não pode ser interpretado como absoluto, de modo a figurar como uma salvaguarda a práticas delitivas, podendo, assim, ceder diante do caso concreto quando aplicáveis aspectos atinentes à ponderação de interesses constitucionais em jogo.

Desta forma, ainda que se proteja a privacidade inerente aos dados bancários do cidadão, justamente porque não há que se falar em direitos fundamentais absolutos, mostra-se plenamente possível o afastamento da proteção que recai sobre esse interesse individual a fim de que prevaleça no caso concreto outro interesse, também constitucionalmente valorizado, que, no mais das vezes, é titularizado por uma coletividade ou por toda a sociedade.

Art. 11. Configura infração do servidor aos deveres funcionais de exercer com zelo e dedicação as atribuições do cargo e de observar normas legais e regulamentares, nos termos do art. 116, incisos I e III, da Lei nº 8.112, de 1990, sem prejuízo da responsabilidade penal e civil cabível, na forma dos arts. 121 a 125 da daquela Lei, se o fato não configurar infração mais grave:

I – não proceder com o devido cuidado na guarda e utilização de sua senha ou emprestá-la a outro servidor, ainda que habilitado;

II – acessar imotivadamente sistemas informatizados da Secretaria da Receita Federal, arquivos de documentos ou autos de processos, que contenham informações protegidas por sigilo fiscal.

Art. 12. O sujeito passivo que se considerar prejudicado por uso indevido das informações requisitadas, nos termos deste Decreto, ou por abuso da autoridade requisitante, poderá dirigir representação ao Corregedor-Geral da Secretaria da Receita Federal, com vistas à apuração do fato e, se for o caso, à aplicação de penalidades cabíveis ao servidor responsável pela infração.

Art. 13. A Secretaria da Receita Federal editará instruções necessárias à execução do disposto neste Decreto.

Art.14. Este Decreto entra em vigor na data de sua publicação.

Dentro desse contexto, lançando mão da mencionada ponderação de interesses entre direitos com assento constitucional, mostra-se possível o afastamento do sigilo bancário (protegido pelo direito fundamental à privacidade) nas hipóteses em que se vislumbra a ocorrência de prática atentatória aos interesses fazendários, vale dizer, atos que redundem em supressão e em omissão de tributos a prejudicar o implemento de políticas públicas e de planos governamentais (que alcançam e que são de interesse de toda a sociedade, culminando na atuação estatal materializada na atividade arrecadatória), cabendo destacar que ficou a cargo da Lei Complementar nº 105/2001 disciplinar as situações em que lícita a ocorrência do afastamento do direito fundamental ora em comento. A propósito:

> "(...) 1. O sigilo bancário ostenta proteção constitucional, o que se dá no âmbito do direito fundamental à privacidade (Constituição da República, art. 5º, X). Trata-se de resguardo da Lei Maior ao indivíduo em sua esfera pessoal e, por conseguinte, ao trato privado de seus assuntos, atividades e interesses. Não obstante isso, pode a legislação infraconstitucional disciplinar hipóteses específicas de levantamento dessa proteção, de maneira a conciliá-la com a tutela de outros interesses igualmente protegidos constitucionalmente, desde que assegurada a mínima intervenção possível nos direitos individuais, e a necessidade concreta da medida. (...)"
>
> (TRF3, 4ª Seção, Embargos Infringentes e de Nulidade 0006960-34.2000.4.03.6181, Rel. Des. Fed. José Lunardelli, *e-DJF3 Judicial* de 25.08.2017)

A Lei Complementar nº 105/2001, em seu art. 6º, disciplina a possibilidade de atuação da autoridade fazendária com o desiderato de obtenção de documentos bancários diretamente de instituições financeiras, sem a necessidade de ordem judicial nesse sentido, desde que cumpridos os ditames constantes do comando legal, para o fim de apuração da ocorrência de obrigação tributária não adimplida pelo sujeito passivo da relação jurídica tributária, permitindo, assim, a constituição do crédito tributário não declarado.

Nesse sentido: "as autoridades e os agentes fiscais tributários da União, dos Estados, do Distrito Federal e dos Municípios somente poderão examinar documentos, livros e registros de instituições financeiras, inclusive os referentes a contas de depósitos e aplicações financeiras, quando houver processo administrativo instaurado ou procedimento fiscal em curso e tais exames sejam considerados indispensáveis pela autoridade administrativa competente."

A questão que se põe guarda relação com a possibilidade de compartilhamento desses dados obtidos pela administração fazendária diretamente das instituições bancárias (o que caracterizaria quebra de sigilo bancário supedaneado na Lei Complementar indicada) com órgão de persecução penal a fim de que fosse possível a instauração de investigação (e de posterior ação penal) com o objetivo de aferir a eventual prática de infração penal perpetrada contra a ordem tributária (especialmente, das condutas típicas descritas na Lei nº 8.137/1990).

Com efeito, analisando a questão delimitada acima, nota-se que ela já foi enfrentada pelo C. Supremo Tribunal Federal, quando do julgamento do RE 601314 (Rel. Min. Edson Fachin, Tribunal Pleno, julgado em 24.02.2016, acórdão eletrônico repercussão geral – mérito *DJe*-198 de 16.09.2016), cuja observância se mostra obrigatória ante o reconhecimento da repercussão geral da questão constitucional (mediante a aplicação do art. 927, III, do Código de Processo Civil), no sentido de que "o art. 6º da Lei Complementar 105/01 não ofende o direito ao sigilo bancário, pois realiza a igualdade em relação aos cidadãos, por meio do princípio da capacidade contributiva, bem como estabelece requisitos objetivos e o translado do dever de sigilo da esfera bancária para a fiscal" (uma das teses firmadas atinente ao Tema 225/STF). A propósito, segue ementa do precedente vinculante:

> "(...) 1. O litígio constitucional posto se traduz em um confronto entre o direito ao sigilo bancário e o dever de pagar tributos, ambos referidos a um mesmo cidadão e de caráter constituinte no que se refere à comunidade política, à luz da finalidade precípua da tributação de realizar a igualdade em seu duplo compromisso, a autonomia individual e o autogoverno coletivo. 2. Do ponto de vista da autonomia individual, o sigilo bancário é uma das expressões do direito de personalidade que se traduz em ter suas atividades e informações bancárias livres de ingerências ou ofensas, qualificadas como arbitrárias ou ilegais, de quem quer que seja, inclusive do Estado ou da própria instituição financeira. 3. Entende-se que a igualdade é satisfeita no plano do autogoverno coletivo por meio do pagamento de tributos, na medida da capacidade contributiva do contribuinte, por sua vez vinculado a um Estado soberano comprometido com a satisfação das necessidades coletivas de seu Povo. 4. Verifica-se que o Poder Legislativo não desbordou dos parâmetros constitucionais, ao exercer sua relativa liberdade de conformação da ordem jurídica, na medida em que estabeleceu requisitos objetivos para a requisição de informação pela Administração Tributária às instituições financeiras, assim como manteve o sigilo dos dados a respeito das transações

financeiras do contribuinte, observando-se um translado do dever de sigilo da esfera bancária para a fiscal. 5. A alteração na ordem jurídica promovida pela Lei 10.174/01 não atrai a aplicação do princípio da irretroatividade das leis tributárias, uma vez que aquela se encerra na atribuição de competência administrativa à Secretaria da Receita Federal, o que evidencia o caráter instrumental da norma em questão. Aplica-se, portanto, o artigo 144, §1º, do Código Tributário Nacional. 6. Fixação de tese em relação ao item 'a' do Tema 225 da sistemática da repercussão geral: 'O art. 6º da Lei Complementar 105/01 não ofende o direito ao sigilo bancário, pois realiza a igualdade em relação aos cidadãos, por meio do princípio da capacidade contributiva, bem como estabelece requisitos objetivos e o translado do dever de sigilo da esfera bancária para a fiscal'. 7. Fixação de tese em relação ao item 'b' do Tema 225 da sistemática da repercussão geral: 'A Lei 10.174/01 não atrai a aplicação do princípio da irretroatividade das leis tributárias, tendo em vista o caráter instrumental da norma, nos termos do artigo 144, §1º, do CTN'. 8. Recurso extraordinário a que se nega provimento."

Seria possível cogitar-se de que o precedente acima transcrito somente teria aplicação na senda tributária (ou seja, para fins de constituição da obrigação tributária), sem a possibilidade de compartilhamento das informações bancárias obtidas para fins processuais penais (atinente a eventual prática ofensiva à ordem tributária).

Todavia, tal entendimento não merece prevalência na justa medida em que o próprio C. Supremo Tribunal Federal já teve a oportunidade de declarar válido o compartilhamento de informações financeiras, obtidas pela quebra diretamente promovida pela autoridade da administração tributária, com o órgão de persecução penal estatal para que tais provas sirvam de elementos a configurar crime contra a ordem tributária, conforme é possível ser visto do julgado que segue:

"(...) 1. Esta Corte tem entendimento no sentido de que as decisões judiciais não precisam ser necessariamente analíticas, bastando que contenham fundamentos suficientes para justificar suas conclusões (AI 791.292-QO-RG, Rel. Min. Gilmar Mendes). A decisão está devidamente fundamentada, embora em sentido contrário ao interesse da parte agravante. 2. O Supremo Tribunal Federal, ao apreciar o RE 601.314, Rel. Min. Edson Fachin, após reconhecer a repercussão geral da matéria, assentou a constitucionalidade do art. 6º da Lei Complementar nº 105/2001, que permitiu o fornecimento de informações sobre movimentações financeiras diretamente ao Fisco, sem autorização judicial. 3. Esta Corte entende ser possível a utilização de dados obtidos pela Secretaria da Receita Federal para fins de instrução penal. Precedentes. 4. Agravo interno a que se nega provimento."

(STF, RE 1041272 AgR, Rel. Min. Roberto Barroso, 1ª Turma, *DJe-227* de 04.10.2017)

"EMENTA CONSTITUCIONAL. PROCESSUAL PENAL. COMPARTILHAMENTO COM O MINISTÉRIO PÚBLICO, PARA FINS PENAIS, DOS DADOS BANCÁRIOS E FISCAIS DO CONTRIBUINTE, OBTIDOS PELO FISCO NO LEGÍTIMO EXERCÍCIO DE SEU DEVER DE FISCALIZAR, SEM A INTERMEDIAÇÃO DO PODER JUDICIÁRIO. TRANSFERÊNCIA DE INFORMAÇÕES EM FACE DA PROTEÇÃO CONSTITUCIONAL DA INTIMIDADE E DO SIGILO DE DADOS. ART. 5º, INCISOS X E XII, DA CONSTITUIÇÃO FEDERAL. QUESTÃO EMINENTEMENTE CONSTITUCIONAL. MATÉRIA PASSÍVEL DE REPETIÇÃO EM INÚMEROS PROCESSOS, A REPERCUTIR NA ESFERA DO INTERESSE PÚBLICO. TEMA COM REPERCUSSÃO GERAL."

(STF, RE 1055941 RG, Relator(a): Min. Dias Toffoli, julgado em 12.04.2018, *DJe*-083 de 30.04.2018)

Desta feita, diante da conjugação dos entendimentos perfilhados anteriormente e tendo como base a força vinculante de provimentos judiciais exarados pelo C. Supremo Tribunal Federal nos quais assentada a repercussão geral da questão constitucional debatida, imperioso o reconhecimento da licitude da prova obtida mediante a requisição de informações bancárias diretamente pelo Fisco às instituições financeiras, podendo, sem qualquer problema, haver o compartilhamento de tais elementos probatórios para fins de instauração de relação processual penal em que investigada a prática de infração à ordem tributária.

Registre-se que, em 16.07.2019, por meio de decisão monocrática proferida no bojo do Recurso Extraordinário nº 0010713-69.2010.4.03.6109 o Ministro Dias Toffoli decidiu suspender nacionalmente a tramitação de qualquer investigação criminal com base em dados do BACEN, COAF e da Receita Federal compartilhados com o Ministério Público sem que tenha havido prévia manifestação judicial e o fez com espeque no art. 1.035, § 5º, do CPC.[133]

[133] Deve ficar consignado, contudo, que essa decisão não atinge as ações penais e/ou procedimentos investigativos (Inquéritos ou PICs), nos quais os dados compartilhados pelos órgãos

Esta decisão foi exarada na contramão do tratamento internacional conferido à matéria, notadamente da legislação brasileira de lavagem de dinheiro. O art. 14, § 2º, da Lei nº 9.613/1998, dispõe que "o COAF deverá, ainda, coordenar e propor mecanismos de cooperação e de troca de informações que viabilizem ações rápidas e eficientes no combate à ocultação ou dissimulação de bens, direitos e valores." Por sua vez, o art. 15 estabelece que "o COAF comunicará às autoridades competentes para a instauração dos procedimentos cabíveis, quando concluir pela existência de crimes previstos nesta Lei, de fundados indícios de sua prática, ou de qualquer outro ilícito."

A exigência para que haja autorização judicial prévia permitindo o compartilhamento das informações fiscais e bancárias entre tais órgãos, enfra-

administrativos de fiscalização e controle, que foram além da identificação dos titulares das operações bancárias e dos montantes globais, ocorreram com a devida supervisão do Poder Judiciário e com a sua prévia autorização. Ante o exposto e observada a ressalva acima destacada : 1) determino, nos termos do art. 1.035, § 5º, do CPC, a suspensão do processamento de todos os processos judiciais em andamento, que tramitem no território nacional e versem sobre o Tema 990 da Gestão por Temas da Repercussão Geral; 2) determino, com base no poder geral de cautela , a suspensão do processamento de todos os inquéritos e procedimentos de investigação criminal (PICs), atinentes aos Ministérios Públicos Federal e estaduais, em trâmite no território nacional, que foram instaurados à míngua de supervisão do Poder Judiciário e de sua prévia autorização sobre os dados compartilhados pelos órgãos de fiscalização e controle (Fisco, COAF e BACEN), que vão além da identificação dos titulares das operações bancárias e dos montantes globais, consoante decidido pela Corte (v.g. ADIs nsº 2.386, 2.390, 2.397 e 2.859, Plenário, todas de minha relatoria, julg. 24/2/16, DJe 21/10/16); Consigno que a contagem do prazo da prescrição nos aludidos processos judiciais e procedimentos ficará suspensa, consoante já decidido no RE nº 966.177-RG-QO, cuja ementa transcrevo, na parte que interessa: 1. A repercussão geral que implica o sobrestamento de ações penais, quando determinado este pelo relator com fundamento no art. 1.035, § 5º, do CPC, susta o curso da prescrição da pretensão punitiva dos crimes objeto dos processos suspensos, o que perdura até o julgamento definitivo do recurso extraordinário paradigma pelo Supremo Tribunal Federal. (Tribunal Pleno, Relator o Ministro Luiz Fux , DJe de 1º/2/19 grifos nossos) À Secretaria, para que adote as providências cabíveis, mormente quanto à cientificação dos órgãos do sistema judicial pátrio e dos Ministérios Públicos Federal e estaduais. Oficiem-se, ainda, solicitando informações pormenorizadas a respeito do procedimento adotado em relação ao compartilhamento de dados e ao seu nível de detalhamento das informações aos seguintes órgãos: i) Procuradoria-Geral da República; ii) Tribunal de Contas da União; iii) Receita Federal do Brasil; iv) Conselho de Controle de Atividades Financeiras (COAF); v) Procuradorias-Gerais de Justiça; e vi) Conselho Nacional do Ministério Público; Dê-se ciência desta decisão às seguintes instituições: i) Advocacia Geral da União; ii) Defensoria Pública da União e dos estados; e iii) Conselho Federal da Ordem dos Advogados do Brasil. Cópia da presente decisão deverá acompanhar as missivas.

quece a apuração de ilícitos financeiros, fiscais e os de lavagem de dinheiro, afastando o tratamento célere que a questão demanda.

O julgamento do Recurso Extraordinário nº 1.055.941 foi concluído em 28.11.2019, oportunidade em foi revogada a tutela provisória anteriormente concedida, que determinou o sobrestamento dos feitos e a suspensão do prazo prescricional dos processos, que foram instaurados em razão de dados compartilhados diretamente pelos órgãos de fiscalização e controle (Fisco, COAF e BACEN) com os Ministérios Públicos Federal e estaduais, contendo informações sobre movimentação bancária e fiscal dos contribuintes em geral, que não se limitaram à identificação dos titulares e dos montantes globais.

De outro giro, na sessão realizada em 05.12.2019, o Plenário do Supremo Tribunal Federal estabeleceu a seguinte tese de repercussão geral: "1. É constitucional o compartilhamento dos relatórios de inteligência financeira da UIF e da íntegra do procedimento fiscalizatório da Receita Federal do Brasil, que define o lançamento do tributo, com os órgãos de persecução penal para fins criminais, sem a obrigatoriedade de prévia autorização judicial, devendo ser resguardado o sigilo das informações em procedimentos formalmente instaurados e sujeitos a posterior controle jurisdicional. 2. O compartilhamento pela UIF e pela RFB, referente ao item anterior, deve ser feito unicamente por meio de comunicações formais, com garantia de sigilo, certificação do destinatário e estabelecimento de instrumentos efetivos de apuração e correção de eventuais desvios."

Assim, as ações penais que ficaram suspensas retornaram seu curso, anotando-se a suspensão do prazo prescricional no lapso compreendido entre 15.07.2019 e 28.11.2019.

Importante mencionar que os órgãos citados, embora tivessem acesso a tais dados, eram obrigados a preservar o sigilo dos dados, havendo apenas o traslado das informações.

Por fim, deve-se frisar que "não se pode confundir sigilo financeiro com sigilo fiscal. Este último funciona como um dever de segredo e confidencialidade da situação tributária dos contribuintes, pessoas físicas ou jurídicas. Está amparado pelo art. 198 do Código Tributário Nacional (CTN), que dispõe que é vedada a divulgação, por parte da Fazenda Pública ou de seus servidores, de informação obtida em razão do ofício sobre a situação econômica ou financeira do sujeito passivo ou de terceiros e sobre a natureza e o estado de seus negócios ou atividades."[134] É permitida a requisição de informações pelo Poder Judiciário à autoridade fiscal, na hipótese de estar instaurado um processo administrativo (CTN, art. 198, § 1º, I e II) com a finalidade de investigar o sujeito passivo por infração administrativa, bem como é possível a divulgação de informações na forma do art. 198, § 3º, I, II e III, do CTN, bem como a troca de informações entre as Receitas Federal, Estadual, Municipal e do Distrito Federal a fim de prestarem mútua assistência para a fiscalização.

15. Pedido de absolvição fundado no fato de que a autoridade fiscal não aplicou multa agravada de 150% a impor a conclusão de que o acusado não agiu com o intuito doloso de, fraudulentamente, suprimir ou reduzir tributo

Não se sustenta argumento de que um édito penal condenatório transitado em julgado teria sido exarado de forma contrária ao texto expresso da lei e/ou à evidência dos autos na justa medida em que não haveria prova de atuação dolosa tendo em vista que a autoridade administrativa fiscal não aplicou, quando da lavratura dos autos de infração, multa agravada de 150% (quando reconhecida sonegação, fraude ou conluio) de modo que, ausente o reconhecimento do intuito fraudulento no âmbito administrativo (justamente porque incidiu, na espécie, a multa de 75% e não a de 150%), descaracterizada encontrar-se-ia a materialidade delitiva do crime previsto no art. 1º, I, da Lei nº 8.137/1990, o que imporia a absolvição com espeque no art. 386, III, do Diploma Processual Penal. Tal entendimento não se sustenta, como se verá a seguir.

Importa destacar que o tipo penal previsto no art. 1º, I, da Lei nº 8.137/1990, pune, a título de crime contra a ordem tributária, o agente que suprime ou reduz tributo/contribuição social e qualquer acessório mediante a omissão de informação ou mediante a prestação de declaração falsa às autoridades tributárias ("constitui crime contra a ordem tributária suprimir ou reduzir tributo, ou contribuição social e qualquer acessório, mediante as seguintes condutas: I – omitir informação, ou prestar declaração falsa às autoridades fazendárias ..."), de molde a se concluir pela ausência de qualquer elementar vinculada à perpetração ou ao reconhecimento, por parte da autoridade administrativa-fiscal, de sonegação/fraude/conluio, vale dizer, no sentido de que a tipificação no artigo anteriormente

[134] LIMA, Renato Brasileiro de. *Legislação criminal especial comentada: volume único*. 9. ed. rev., atual. e ampl. Salvador: JusPODIVM, 2021, p. 235.

transcrito pressuporia, para além do cumprimento do comando contido na Súmula Vinculante nº 24/STF, a imposição de multa agravada de 150% (ao invés da multa "normal" de 75%).

Cabe salientar que o ardil, para fins de reconhecimento da execução do crime descrito acima, está exatamente na omissão em se prestar informações ou na prestação falsa de tais informações à autoridade administrativa com competência para tributar, sem que seja necessária a presença dos elementos ensejadores ao assentamento de situação relativa à multa agravada de 150% (que, estritamente para fins administrativos, tem cabimento quando a autoridade tributária constata situações previamente descritas em normativo afetas ao conceito de sonegação/fraude/conluio).

Aliás, cumpre trazer à colação julgado emanado do TRF/3 no sentido de que o tipo penal do art. 1º da Lei nº 8.137/1990 não torna impositiva a aplicação da multa agravada para fins de configuração da infração penal, que apenas exige o lançamento tributário com ares de definitividade na esfera administrativa (a teor da Súmula Vinculante nº 24/STF). Consignou-se não haver correlação no fato de que, acaso a autoridade fiscal não tenha aplicado a tal multa agravada, estar-se-ia afastada, por si só, para fins de persecução penal, a presença do elemento anímico doloso na conduta daquele que suprimiu ou que reduziu tributação.

Segue a ementa do precedente em tela:

> "(...) 1. Apelação criminal interposta pela defesa contra a sentença que condenou os réus como incursos no artigo 1º, incs. I e II, da Lei 8.137/90. (...) 7. O tipo penal do artigo 1º da Lei 8.137/90 não exige a necessidade da manutenção da multa agravada para a sua caracterização, bastando apenas o lançamento definitivo do tributo. (...) 11. Em razão da independência das instâncias, o fato da autoridade fazendária ter afastado a multa agravada por não vislumbrar comprovado o 'evidente intuito de fraude', não implica necessariamente em ausência de comprovação de dolo para o MPF deixar de oferecer a denúncia, nem tampouco na absolvição pelo Juízo criminal. (...)"
>
> (TRF3, Primeira Turma, Apelação Criminal - 49514 - 0007337-94.2004.4.03.6106, Rel. Des. Fed. Hélio Nogueira, julgado em 27.10.2015, *e-DJF3* Judicial de 04.11.2015)

Importante realçar, outrossim, que uma breve incursão à jurisprudência do C. Supremo Tribunal Federal que se formou a partir de 1998 com reflexos até os dias atuais relativa à aplicação do princípio do não-confisco (art.

150, IV, da Constituição Federal) na senda das multas tributárias (moratórias e, principalmente, punitivas) aponta no sentido da inconstitucionalidade das multas punitivas que exorbitem o percentual de 100% (cem por cento) da exação elidida, de molde a referendar, até mesmo, a incidência, tão somente, de multa "normal" no percentual de 75% (setenta e cinco por cento).

A propósito, colaciona-se plêiade de julgados aptos a demonstrar que o C. Pretório Excelso vem sistematicamente afastando multas punitivas confiscatórias, o que tem o condão de chancelar que o reconhecimento de infração contra a ordem tributária não está adstrito à imposição de multa punitiva em patamar de 150% (cento e cinquenta por cento), tida, ao que parece, como inconstitucional:

> "AÇÃO DIRETA DE INCONSTITUCIONALIDADE - LEI Nº 8.846/94 EDITADA PELA UNIÃO FEDERAL - ALEGAÇÃO DE OFENSA AOS POSTULADOS CONSTITUCIONAIS DA FEDERAÇÃO E DA SEPARAÇÃO DE PODERES - INOCORRÊNCIA - EXERCÍCIO, PELA UNIÃO FEDERAL, DE SUA COMPETÊNCIA IMPOSITIVA, COM ESTRITA OBSERVÂNCIA DOS LIMITES QUE DEFINEM ESSA ATRIBUIÇÃO NORMATIVA - DIPLOMA LEGISLATIVO QUE NÃO USURPA A ESFERA DE COMPETÊNCIA TRIBUTÁRIA DOS ESTADOS-MEMBROS E DOS MUNICÍPIOS - LEGITIMIDADE DO PODER REGULAMENTAR DEFERIDO AOS MINISTROS DE ESTADO - ATRIBUIÇÃO REGULAMENTAR DE SEGUNDO GRAU QUE POSSUI EXTRAÇÃO CONSTITUCIONAL (CF, ART. 87, PARÁGRAFO ÚNICO, II) - INOCORRÊNCIA DE OUTORGA, PELA LEI Nº 8.846/94, DE DELEGAÇÃO LEGISLATIVA AO MINISTRO DA FAZENDA - PODER REGULAMENTAR SECUNDÁRIO DESVESTIDO DE CONTEÚDO NORMATIVO PRIMÁRIO - TRANSGRESSÃO, NO ENTANTO, PELA LEI Nº 8.846/94 (ART. 3º E SEU PARÁGRAFO ÚNICO), AO PRINCÍPIO CONSTITUCIONAL DA NÃO--CONFISCATORIEDADE TRIBUTÁRIA - SUSPENSÃO CAUTELAR DA EFICÁCIA DE TAL PRECEITO LEGAL - MEDIDA CAUTELAR DEFERIDA, EM PARTE. A TRIBUTAÇÃO CONFISCATÓRIA É VEDADA PELA CONSTITUIÇÃO DA REPÚBLICA. - É cabível, em sede de controle normativo abstrato, a possibilidade de o Supremo Tribunal Federal examinar se determinado tributo ofende, ou não, o princípio constitucional da não-confiscatoriedade consagrado no art. 150, IV, da Constituição da República. Hipótese que versa o exame de diploma legislativo (Lei 8.846/94, art. 3º e seu parágrafo único) que ins-

tituiu multa fiscal de 300% (trezentos por cento). – A proibição constitucional do confisco em matéria tributária – ainda que se trate de multa fiscal resultante do inadimplemento, pelo contribuinte, de suas obrigações tributárias – nada mais representa senão a interdição, pela Carta Política, de qualquer pretensão governamental que possa conduzir, no campo da fiscalidade, à injusta apropriação estatal, no todo ou em parte, do patrimônio ou dos rendimentos dos contribuintes, comprometendo-lhes, pela insuportabilidade da carga tributária, o exercício do direito a uma existência digna, ou a prática de atividade profissional lícita ou, ainda, a regular satisfação de suas necessidades vitais básicas. – O Poder Público, especialmente em sede de tributação (mesmo tratando-se da definição do 'quantum' pertinente ao valor das multas fiscais), não pode agir imoderadamente, pois a atividade governamental acha-se essencialmente condicionada pelo princípio da razoabilidade que se qualifica como verdadeiro parâmetro de aferição da constitucionalidade material dos atos estatais. (...)."

(STF, ADI 1075 MC, Rel. Min. Celso de Mello, Tribunal Pleno, julgado em 17.06.1998, *DJ* 24-11-2006 PP-00059 EMENT VOL-02257-01 PP-00156 RTJ VOL-00200-02 PP-00647 RDDT n. 139, 2007, p. 199-211 RDDT n. 137, 2007, p. 236-237)

"(...) I – É aplicável a proibição constitucional do confisco em matéria tributária, ainda que se trate de multa fiscal resultante do inadimplemento pelo contribuinte de suas obrigações tributárias. Precedentes. II – Eficácia erga omnes da medida cautelar na ação direta de inconstitucionalidade, conforme disposto no art. 11, § 1º, da Lei 9.868/99. III – Inexistência de novos argumentos capazes de afastar as razões expendidas na decisão ora atacada, que deve ser mantida. IV – Agravo regimental improvido."

(STF, AI 482281 AgR, Rel. Min. Ricardo Lewandowski, Primeira Turma, julgado em 30.06.2009, DJe-157 DIVULG 20-08-2009 PUBLIC 21-08-2009 EMENT VOL-02370-07 PP-01390 LEXSTF v. 31, n. 368, 2009, p. 127-130)

"(...) I – Esta Corte firmou entendimento no sentido de que são confiscatórias as multas fixadas em 100% ou mais do valor do tributo devido. Precedentes. II – Agravo regimental improvido."

(STF, RE 657372 AgR, Rel. Min. Ricardo Lewandowski, Segunda Turma, julgado em 28.05.2013, ACÓRDÃO ELETRÔNICO DJe-108 DIVULG 07-06-2013 PUBLIC 10-06-2013)

"(...) Surge inconstitucional multa cujo valor é superior ao do tributo devido. Precedentes: Ação Direta de Inconstitucionalidade nº 551/RJ –

Pleno, relator ministro Ilmar Galvão – e Recurso Extraordinário nº 582.461/ SP – Pleno, relator ministro Gilmar Mendes, Repercussão Geral."

(STF, RE 833106 AgR, Rel. Min. Marco Aurélio, Primeira Turma, julgado em 25.11.2014, PROCESSO ELETRÔNICO DJe-244 DIVULG 11-12-2014 PUBLIC 12-12-2014)

"AGRAVO REGIMENTAL EM RECURSO EXTRAORDINÁRIO COM AGRAVO. DIREITO TRIBUTÁRIO. MULTA CONFISCATÓRIA. REDUÇÃO. PERCENTUAL INFERIOR AO VALOR DO TRIBUTO. POSSIBILIDADE. 1. É admissível a redução da multa tributária para mantê-la abaixo do valor do tributo, à luz do princípio do não confisco. Precedentes. 2. Agravo regimental a que se nega provimento."

(STF, ARE 776273 AgR, Rel. Min. Edson Fachin, Primeira Turma, julgado em 15.09.2015, PROCESSO ELETRÔNICO DJe-195 DIVULG 29-09-2015 PUBLIC 30-09-2015)

"DIREITO TRIBUTÁRIO. AGRAVO INTERNO EM RECURSO EXTRAORDINÁRIO COM AGRAVO. MULTA PUNITIVA DE 120% REDUZIDA AO PATAMAR DE 100% DO VALOR DO TRIBUTO. ADEQUAÇÃO AOS PARÂMETROS DA CORTE. 1. A multa punitiva é aplicada em situações nas quais se verifica o descumprimento voluntário da obrigação tributária prevista na legislação pertinente. É a sanção prevista para coibir a burla à atuação da Administração tributária. Nessas circunstâncias, conferindo especial destaque ao caráter pedagógico da sanção, deve ser reconhecida a possibilidade de aplicação da multa em percentuais mais rigorosos, respeitados os princípios constitucionais relativos à matéria. 2. A Corte tem firmado entendimento no sentido de que o valor da obrigação principal deve funcionar como limitador da norma sancionatória, de modo que a abusividade revela-se nas multas arbitradas acima do montante de 100%. Entendimento que não se aplica às multas moratórias, que devem ficar circunscritas ao valor de 20%. Precedentes. 3. Agravo interno a que se nega provimento, com aplicação da multa prevista no art. 557, § 2º, do CPC/1973."

(STF, ARE 938538 AgR, Rel. Min. Roberto Barroso, Primeira Turma, julgado em 30.09.2016, PROCESSO ELETRÔNICO DJe-225 DIVULG 20.10.2016 PUBLIC 21.10.2016)

Ademais, o STF reputou constitucional a aludida questão, reconhecendo a existência de repercussão geral da questão suscitada:

"RECURSO EXTRAORDINÁRIO. TRIBUTÁRIO. MULTA FISCAL QUALIFICADA. SONEGAÇÃO, FRAUDE E CONLUIO. 150% SOBRE A TOTALIDADE OU DIFERENÇA DO IMPOSTO OU CONTRIBUIÇÃO NÃO PAGA, NÃO RECOLHIDA, NÃO DECLARADA OU DECLARADA DE FORMA INEXATA (ATUAL § 1º C/C O INCISO I DO CAPUT DO ARTIGO 44 DA LEI FEDERAL Nº 9.430/1996). VEDAÇÃO AO EFEITO CONFISCATÓRIO. MATÉRIA CONSTITUCIONAL. QUESTÃO RELEVANTE DOS PONTOS DE VISTA ECONÔMICO E JURÍDICO. TRANSCENDÊNCIA DE INTERESSES. REPERCUSSÃO GERAL RECONHECIDA."

(STF, RE 736090 RG, Relator(a): LUIZ FUX, Tribunal Pleno, julgado em 29/10/2015, PROCESSO ELETRÔNICO DJe-240 DIVULG 26-11-2015 PUBLIC 27-11-2015)

Portanto, à luz de todo o exposto, não há qualquer correlação a imbricar que a persecução penal por crime contra a ordem tributária pressuporia a imposição pela autoridade administrativa fiscal de multa agravada no patamar de 150% (cento e cinquenta por cento).

16. Renda proveniente de ilícito

Discute-se se deve haver a tributação sobre a renda proveniente de atividades ilícitas, já que se tributa a renda e não o delito, e consequentemente, a existência de crime contra a ordem tributária na hipótese de sonegação fiscal.

O Supremo Tribunal Federal, em julgado paradigmático de tráfico de drogas envolvendo sociedades comerciais organizadas, com lucros vultosos subtraídos à contabilização regular das empresas e subtraídos à declaração de rendimentos assim entendeu e considerou que "a exoneração tributária dos resultados econômicos de fato criminoso – antes de ser corolário do princípio da moralidade – constitui violação do princípio da isonomia fiscal, de manifesta inspiração ética."

A Defesa argumentou ser inadmissível a tributação do produto financeiro de atividades criminosas e, por conseguinte, não poderia haver a imputação de crime de sonegação fiscal.

Todavia, o entendimento prevalente foi o de ser possível a tributação sobre rendimentos auferidos de atividade ilícita, seja de natureza civil ou penal. O pagamento de tributo não é uma sanção, mas uma arrecadação decorrente de renda ou lucro percebidos, mesmo que obtidos de forma ilícita.

Segundo o artigo 118 do Código Tributário Nacional,[135] a validade dos atos praticados pelo contribuinte deve ser abstraída da consideração do fato como gerador da obrigação tributária. Da norma deflui a desnecessidade de consideração da liceidade do fato para a sua identificação como detonador da dívida fiscal.

Conforme lição de Aliomar Baleeiro, "pouco importa, para a sobrevivência da tributação sobre determinado ato jurídico, a circunstância de ser ilegal, ou imoral, ou contrário aos bons costumes, ou mesmo criminoso o seu objeto, como o jogo proibido, a prostituição, o lenocínio, a corrupção, o curandeirismo, o câmbio negro etc (Direito Tributário Brasileiro, 4ª ed., pg. 409.). O imposto de renda tem como fato gerador a disponibilidade econômica, sem outra consideração. A origem espúria do aumento patrimonial não é objeto de tutela pelo Direito Tributário, mas objetividade jurídica do Direito Penal. A interferência recíproca entre as noções de crime e de obrigação tributária ensejaria uma posição mais favorável ao fruto da conduta ilícita, pela isenção decorrente" (Habeas Corpus nº 77.530-4-RS, 1ª Turma, Rel. Min. Sepúlveda Pertence, *v.u.*, j. 25.08.1998).

Em idêntico sentido, confira-se julgado do Superior Tribunal de Justiça: "são tributáveis, *ex vi* do art. 118 do Código Tributário Nacional, as operações ou atividades ilícitas ou imorais, posto a definição legal do fato gerador é interpretada com abstração da validade jurídica dos atos efetivamente praticados pelos contribuintes, responsáveis ou terceiros, bem como da natureza do seu objeto ou dos seus efeitos" (REsp nº 182.563/RJ, Rel. Min. José Arnaldo da Fonseca, 5ª Turma, decisão de 27.10.1998).

O TRF-4 Região também decidiu em idêntico sentido:

> "PENAL. CRIME CONTRA A ORDEM TRIBUTÁRIA. LEI Nº 8.137/90. SONEGAÇÃO. IRRF. PIS. COFINS. QUADRILHA. ART. 288 DO CP. FALSIDADE IDEOLÓGICA. ART. 299 DO CP. PROCESSO ADMINISTRATIVO. PARCELAMENTO. TRIBUTAÇÃO DOS ATOS ILÍCITOS. PRESCRIÇÃO. AUTORIA. MATERIALIDADE. DOSIMETRIA DA PENA. CONSEQUÊNCIAS. MULTA. FIXAÇÃO. SUBSTITUIÇÃO. (...) 3. É possível a tributação do resultado econômico dos atos delituosos, havendo crime de sonegação fiscal em face da ausência de declaração

[135] Art. 118. A definição legal do fato gerador é interpretada abstraindo-se:
I – da validade jurídica dos atos efetivamente praticados pelos contribuintes, responsáveis, ou terceiros, bem como da natureza do seu objeto ou dos seus efeitos;
II – dos efeitos dos fatos efetivamente ocorridos.

ao Fisco dos rendimentos decorrentes das atividades ilícitas. Precedente do STF."

(TRF4, Apelação Criminal nº 2002.71.00.016614-6-RS, Rel. para acórdão Des. Fed. Paulo Afonso Brum Vaz, 8ª Turma, por maioria, j. 28.03.2007, *DE* de 26.04.2007)

Renato Brasileiro de Lima,[136] por sua vez, leciona que a jurisprudência anterior ao CTN resistia em tributar atividades ilícitas ao fundamento de que o Estado não poderia se aproveitar de um ato ilegal. No entanto, este entendimento não deve prevalecer, já que não se pode admitir que o Estado tribute rendimentos auferidos pelo contribuinte em decorrência do exercício de atividades lícitas e deixe de lado os rendimentos obtidos de forma espúria. Assim, oportuno ter o legislador admitido a tributação de tais atividades ao considerar irrelevante para a definição do fato gerador a natureza do seu objeto (art. 118, inciso I, CTN).

Ainda de acordo com o referido autor "isso não significa dizer que a tributação nesse caso tenha como hipótese de incidência um ato ilícito, contrariando-se o conceito de tributo constante do art. 3º do CTN ["tributo é toda prestação pecuniária compulsória, em moeda ou cujo valor nela se possa exprimir, que não constitua sanção de ato ilícito, instituída em lei e cobrada mediante atividade administrativa plenamente vinculada"]. Tomando-se o exemplo do imposto de renda, se alguém obteve rendimento por conta da prática do jogo do bicho, o tributo em questão será devido. Não pelo fato de incidir sobre uma atividade ilícita, mas porque teria ocorrido a hipótese de incidência do tributo, que é a aquisição de disponibilidade econômica ou jurídica dos rendimentos. No imposto de renda, a situação prevista em lei como necessária suficiente para o nascimento da obrigação tributária é a aquisição da disponibilidade econômica ou jurídica da renda ou dos proventos de qualquer natureza (CTN, art. 43), pouco importando se decorrente de atividade lícita ou ilícita."

Em contraposição, tem-se o entendimento adotado por Misabel Abreu Machado Derzi[137], que considera ser "o ilícito intributável", de modo que o perdimento dos bens e valores objeto ou fruto do delito deve ser a reprimenda adotada.

[136] LIMA, Renato Brasileiro de. *Legislação criminal especial comentada: volume único.* 9. ed. rev., atual. e ampl. Salvador: JusPODIVM, 2021, p. 225.

[137] MARTINS, Ives Gandra da Silva; BRITO, Edvaldo (org.) *Direito tributário: direito penal tributário (coleção doutrinas essenciais, v. VIII)*. São Paulo: RT, 2011, p. 367 e 375-376.

Esclarece que o tributo, que não é sanção de ato ilícito, repousa exatamente na presunção de riqueza, em fato signo presuntivo de renda, capital ou patrimônio. Não seria ético, conhecendo o Estado a origem criminosa dos bens e direitos, que legitimasse a ilicitude, associando-se ao delinquente e dele cobrando uma quota, a título de tributo. Comprovada a última hipótese, a solução jurídica correta é o perdimento de bens e recursos.

Conclui que "os crimes contra a ordem tributária não atraem o perdimento de bens. Eles configuram, como acontece nas infrações penais, via de regra, a convivência do ilícito penal com o ilícito tributário. Pelas razões expostas, o ilícito penal desencadeia a aplicação de sanções de caráter penal, sanções que não podem ser o perdimento dos bens, pois, paralelamente, o ilícito tributário (singelo descumprimento de obrigação jurídica, decorrente de fato lícito) suporta a execução fiscal, cobrando a Fazenda Pública o seu crédito, em juízo, como qualquer credor, desde que o inscreva em dívida ativa, depois de prévio procedimento administrativo, assentado no contraditório e na ampla defesa (art. 5º da CF/88)."

17. Da eventual consunção entre o crime contra a ordem tributária e o delito de lavagem de dinheiro

Indaga-se se eventual crime de sonegação fiscal seria apenas um meio para o cometimento do crime de lavagem de dinheiro. Desse modo, seria imprescindível o reconhecimento do princípio da consunção, ante o reconhecimento que o delito tributário, em verdade, teria constituído um passo intermediário para o cometimento do crime de ocultação de valores.

Em que pesem tais alegações, o delito de lavagem de dinheiro não requer, necessariamente, o cometimento de delito tributário para sua consecução. Além disso, muitas das vezes, não há como reconhecer que o crime tributário tenha sido utilizado como um meio para a prática da ocultação de valores. É consabido que o crime de lavagem de dinheiro é autônomo em relação ao delito subjacente, sendo que aquele constitui um processo dinâmico que visa promover um distanciamento dos valores obtidos de maneira ilícita, ou seja, evitar uma associação entre os ativos auferidos com a atividade criminosa e o delito precedente.

Os crimes acima tutelam bens jurídicos diversos, pois na lavagem de dinheiro os objetos jurídicos a serem preponderantemente protegidos são a ordem socioeconômica e o bem jurídico tutelado pelo crime subjacente. Na sonegação fiscal, por sua vez, são tutelados o interesse arrecadatório estatal e a higidez do sistema tributário. Acrescento ainda na lavagem a tutela da Administração da Justiça.

Além disso, não se pode esquecer que antes de julho de 2012, o crime de sonegação fiscal sequer constituía delito subjacente do crime de lavagem de dinheiro, de forma que delitos desse jaez, não podiam ser categorizados como meios para a consecução da lavagem de dinheiro.

18. Sonegação de Contribuição Previdenciária X Sonegação Fiscal: Tipo Objetivo

O objeto do delito de sonegação de contribuição previdenciária é a própria contribuição social previdenciária (art. 337-A, CP), ao passo que a sonegação fiscal (art. 1º, Lei nº 8.137/1990) tem objeto mais amplo, qualquer tributo.

Destaque-se que o art. 1º da Lei n. 8.137/1990 traz em seu "caput" *tributo, ou contribuição social*, no entanto, atualmente está superada a discussão se as contribuições são ou não tributos, sendo adotada, majoritariamente na doutrina e jurisprudência, a teoria pentapartida, que reconhece cinco espécies tributárias: impostos, taxas, contribuições de melhoria, empréstimos compulsórios e contribuições.

Importante ser dito que são quatro as espécies de contribuições, as quais estão arroladas no art. 149 da Constituição Federal (sociais, de intervenção no domínio econômico e de interesse das categorias profissionais ou econômicas – apelidadas de "corporativas") e no art. 149-A da Constituição Federal (contribuição para custeio de serviço de iluminação pública – COSIP ou CIP, que, aliás, substituiu a taxa de iluminação pública declarada inconstitucional pelo STF – Súmula 670 e Súmula Vinculante 41):

> "Art. 149. Compete exclusivamente à União instituir contribuições sociais, de intervenção no domínio econômico e de interesse das categorias profissionais ou econômicas, como instrumento de sua atuação nas respectivas áreas, observado o disposto nos arts. 146, III, e 150, I e III, e sem prejuízo do previsto no art. 195, § 6º, relativamente às contribuições a que alude o dispositivo."

> "Art. 149-A. Os Municípios e o Distrito Federal poderão instituir contribuição, na forma das respectivas leis, para o custeio do serviço de iluminação pública, observado o disposto no art. 150, I e III."

As contribuições sociais apresentam duas subespécies: as contribuições sociais gerais e as contribuições sociais da seguridade social. Se a destinação legal da receita for custear saúde, assistência ou previdência, será uma contribuição para a seguridade social; se outras áreas, como educação ou moradia, tratar-se-á de contribuição geral.

O art. 195 da Constituição Federal prevê as contribuições sociais para a seguridade social:

> "Art. 195. A seguridade social será financiada por toda a sociedade, de forma direta e indireta, nos termos da lei, mediante recursos provenientes dos orçamentos da União, dos Estados, do Distrito Federal e dos Municípios, e das seguintes contribuições sociais:
>
> I – do empregador, da empresa e da entidade a ela equiparada na forma da lei, incidentes sobre:
>
> a) a folha de salários e demais rendimentos do trabalho pagos ou creditados, a qualquer título, à pessoa física que lhe preste serviço, mesmo sem vínculo empregatício;
>
> b) a receita ou o faturamento;
>
> c) o lucro;
>
> II – do trabalhador e dos demais segurados da previdência social, podendo ser adotadas alíquotas progressivas de acordo com o valor do salário de contribuição, não incidindo contribuição sobre aposentadoria e pensão concedidas pelo Regime Geral de Previdência Social;
>
> III – sobre a receita de concursos de prognósticos.
>
> IV – do importador de bens ou serviços do exterior, ou de quem a lei a ele equiparar."

Por sua vez, dentro das contribuições para a seguridade social, existe outra subdivisão, pois há aquelas que são destinadas especificamente para a previdência, chamadas de contribuições sociais previdenciárias, quais sejam: contribuição da empresa sobre a folha de pagamento (art. 195, I, "a", CF) e contribuição do segurado (art. 195, II, CF).

Apenas a supressão/redução de contribuições sociais previdenciárias é apta a configurar o delito do art. 337-A do Código Penal, importando a supressão/redução das demais espécies tributárias no crime do art. 1º da Lei n. 8.137/1990.

As contribuições devidas ao FNDE (Salário-Educação), INCRA, SENAI, SESI e SEBRAE não cuidam de contribuições previdenciárias, porquanto não se amoldam às contribuições dispostas no art. 195, I, "a", e II, da Constituição Federal.

Nesse sentido, a título exemplificativo, o Supremo Tribunal Federal já decidiu sobre a natureza jurídica da contribuição ao SEBRAE e ao INCRA, reputando-as contribuições de intervenção no domínio econômico, bem como do Salário-Educação, contribuição social geral. Confira-se:

> "Recurso extraordinário. Repercussão geral. Tributário. Contribuição ao INCRA incidente sobre a folha de salários. Recepção pela CF/88. Natureza jurídica. Contribuição de intervenção no domínio econômico (CIDE). Referibilidade. Relação indireta. Possibilidade. Advento da EC nº 33/01, incluindo o § 2º, III, a, no art. 149 da CF/88. Bases econômicas. Rol exemplificativo. Contribuições interventivas incidentes sobre a folha de salário. Higidez. 1. Sob a égide da CF/88, diversos são os julgados reconhecendo a exigibilidade do adicional de 0,2% relativo à contribuição destinada ao INCRA incidente sobre a folha de salários. **2. A contribuição ao INCRA tem contornos próprios de contribuição de intervenção no domínio econômico (CIDE).** Trata-se de tributo especialmente destinado a concretizar objetivos de atuação positiva do Estado consistentes na promoção da reforma agrária e da colonização, com vistas a assegurar o exercício da função social da propriedade e a diminuir as desigualdades regionais e sociais (arts. 170, III e VII; e 184 da CF/88). 3. Não descaracteriza a exação o fato de o sujeito passivo não se beneficiar diretamente da arrecadação, pois a Corte considera que a inexistência de referibilidade direta não desnatura as CIDE, estando, sua instituição 'jungida aos princípios gerais da atividade econômica'. 4. O § 2º, III, a, do art. 149, da Constituição, introduzido pela EC nº 33/2001, ao especificar que as contribuições sociais e de intervenção no domínio econômico 'poderão ter alíquotas' que incidam sobre o faturamento, a receita bruta (ou o valor da operação) ou o valor aduaneiro, não impede que o legislador adote outras bases econômicas para os referidos tributos, como a folha de salários, pois esse rol é meramente exemplificativo ou enunciativo. 5. É constitucional, assim, a CIDE destinada ao INCRA devida pelas empresas urbanas e rurais, inclusive, após o advento da EC nº 33/01. 6. Recurso extraordinário a que se nega provimento. **7. Tese fixada para o Tema nº 495: 'É constitucional a contribuição de intervenção no domínio econômico destinada ao INCRA devida pelas empresas urbanas e rurais, inclusive após o advento da EC nº 33/2001'.**
>
> (STF, RE 630.898/RS, Tribunal Pleno, Rel. Min. Dias Toffoli, j. 08.04.2021, Publicação: 11.05.2021)

"Recurso extraordinário. 2. Tributário. 3. Contribuição para o SEBRAE. Desnecessidade de lei complementar. **4. Contribuição para o SEBRAE. Tributo destinado a viabilizar a promoção do desenvolvimento das micro e pequenas empresas. Natureza jurídica: contribuição de intervenção no domínio econômico.** 5. Desnecessidade de instituição por lei complementar. Inexistência de vício formal na instituição da contribuição para o SEBRAE mediante lei ordinária. 6. Intervenção no domínio econômico. É válida a cobrança do tributo independentemente de contraprestação direta em favor do contribuinte. 7. Recurso extraordinário não provido. 8. Acórdão recorrido mantido quanto aos honorários fixados."

(STF, RE 635.682/RJ, Tribunal Pleno, Rel. Min. Gilmar Mendes, j. 25.04.2013, Publicação: 24.05.2013)

"AGRAVO INTERNO. RECURSO EXTRAORDINÁRIO. CONTRIBUIÇÃO PREVIDENCIÁRIA. SALÁRIO-EDUCAÇÃO. ARTIGO 149 DA CF. BASE DE CÁLCULO. FOLHA DE SALÁRIOS. CONFORMIDADE COM O TEMA 325 DA REPERCUSSÃO GERAL. 1. O Tribunal de origem entendeu que a contribuição social do salário educação recolhida ao Fundo Nacional de Desenvolvimento da Educação - FNDE pode ter como base de cálculo a folha de salários, uma vez que a relação constante do art. 149, § 2º, III, alínea a, da CF/1988, incluída pela Emenda Constitucional 33/2001, não constitui rol taxativo. 2. O acórdão recorrido encontra-se em conformidade com a tese firmada por esta CORTE, no Tema 325 da repercussão geral (RE 603.624-RG, de minha relatoria), no sentido de que a alteração realizada por aquela Emenda Constitucional 33/2001, no artigo 149, § 2º, III, da Carta da República, não estabeleceu uma delimitação exaustiva das bases econômicas passíveis de tributação a toda e qualquer contribuição social e de intervenção no domínio econômico. 3. Esse entendimento abrange não só as contribuições de intervenção no domínio econômico - CIDE, nas quais se incluem as contribuições para o SEBRAE - APEX - ABDI, mas também toda e qualquer contribuição social, à exceção daquelas destinadas à seguridade social de que trata o art. 195 da Constituição. **4. Uma vez que a contribuição social do salário educação, recolhida ao Fundo Nacional de Desenvolvimento da Educação-FNDE, tem natureza jurídica de contribuição social geral,** a ela também se aplica o Tema 325 da repercussão geral. 5. Agravo interno a que se nega provimento. Na forma do art. 1.021, §§ 4º e 5º, do Código de Processo Civil de 2015, em caso de votação unânime, condeno o agravante a pagar ao agravado multa de um por cento do valor atualizado da causa, cujo depósito prévio passa a ser condição para a interposição de qualquer outro recurso (à exceção da Fazenda Pública e do beneficiário de gratuidade da justiça, que farão o pagamento ao final)."

(STF, RE 1.250.049 AgR/RJ, 1ª Turma, Rel. Min. Alexandre de Moraes, j. 08.04.2021, Publicação: 15.04.2021)

Assim, acaso reste demonstrado que os agentes tenham suprimido/reduzido contribuições previdenciárias e contribuições a terceiras entidades (que são espécie tributária diversa das contribuições previdenciárias), será possível a condenação por ambos os delitos de sonegação previdenciária e sonegação fiscal.

Cite-se precedente do Superior Tribunal de Justiça abordando especificamente o tema:

"PROCESSO PENAL. AGRAVO REGIMENTAL NO RECURSO ESPECIAL. SONEGAÇÃO DE CONTRIBUIÇÃO PREVIDENCIÁRIA – ART. 337-A, I DO CP. CRIME CONTRA A ORDEM TRIBUTÁRIA – ART. 1º, I DA LEI 8.137/90. CONCURSO FORMAL. CONTINUIDADE DELITIVA. AGRAVO NÃO PROVIDO. **1. A previsão contida no art. 337-A do CP é restritiva, ou seja, aplica-se tão somente à sonegação de contribuição previdenciária, de modo que os demais casos de sonegação fiscal devem ser enquadrados no crime capitulado no art. 1º da Lei 8.137/1990. Desse modo, havendo a prática simultânea dos respectivos ilícitos, como no caso dos autos, resta configurada a prática de dois crimes.** 2. É possível a aplicação do concurso formal e do crime continuado, na hipótese em que a imputação versar sobre delitos de espécie diversas, como no caso dos autos. Precedentes. 3. Agravo regimental desprovido."

(STJ, AgRg no REsp 1949471/RS, 5ª Turma, Rel. Min. Ribeiro Dantas, j. 19.10.2021, DJe 27.10.2021)

Frise-se que esse julgamento abordou exatamente as contribuições devidas a terceiras entidades, conforme se verifica do trecho do voto que ora se transcreve:

"Não obstante os argumentos expendidos pela agravante, estes não possuem o condão de infirmar os fundamentos insertos na decisão agravada.

Conforme destaquei anteriormente, a questão atinente à prática dos crimes capitulados nos arts. 337-A do Código Penal (sonegação de contribuição previdenciária) e 1º da Lei 8.137/1990 (sonegação fiscal), foi tratada pelo Tribunal de origem nos seguintes termos:

'O art. 1º da Lei nº 8.137/90 prevê a supressão ou redução de tributo, ou contribuição social e qualquer acessório. Similarmente, o art. 337-A do CP tipifica a supressão ou redução de contribuição social previdenciária e qualquer acessório. Sendo assim, o primeiro tipo é mais amplo, abrangendo todas as espécies de tributos, enquanto o segundo é específico, referindo-se apenas a contribuições sociais previdenciárias e seus acessórios.

Nesse passo, a sonegação de tributos referentes ao SESC, SENAC, SEBRAE, FNDE e INCRA (contribuições sociais destinadas a terceiros – não previdenciárias) configura o crime do art. 1º da Lei nº 8.137/90, e não do art. 337-A do CP, sob pena de aplicação analógica do Direito Penal e violação ao princípio da taxatividade.

[...].

Diante desse quadro, dou provimento ao apelo ministerial no ponto para afastar a emendatio libelli operada na sentença, enquadrando as condutas nos tipos do art. 337-A, I, do CP e do art. 1º, I, da Lei 8.137/90, nos moldes da tipificação constante na denúncia' (e-STJ, fls. 301-303).

Como se vê, o Tribunal de origem concluiu que a previsão contida no art. 1º da Lei 8.137/1990 é mais ampla e abrange todas as espécies de tributos, enquanto o art. 337-A do Código Penal trata apenas das contribuições sociais previdenciárias e seus acessórios, bem como de que não se poderia enquadrar a sonegação de tributos referentes ao SESC, SENAC, SEBRAE, FNDE e INCRA no tipo capitulado no art. 337-A do CP sob pena de aplicação analógica e violação ao princípio da taxatividade.

De fato, a previsão contida no art. 337-A do CP é restritiva, ou seja, aplica-se tão somente à sonegação de contribuição previdenciária, de modo que os demais casos de sonegação fiscal devem ser enquadrados no crime capitulado no art. 1º da Lei 8.137/1990.

Desse modo, havendo a prática simultânea dos respectivos ilícitos, como no caso dos autos, resta configurada a prática de dois crimes."

CAPÍTULO I
Dos Crimes Contra a Ordem Tributária

SEÇÃO I
Dos crimes praticados por particulares

Art. 1º

Constitui crime contra a ordem tributária suprimir ou reduzir tributo, ou contribuição social e qualquer acessório, mediante as seguintes condutas: (Vide Lei nº 9.964, de 10.4.2000)

I – omitir informação, ou prestar declaração falsa às autoridades fazendárias;

II – fraudar a fiscalização tributária, inserindo elementos inexatos, ou omitindo operação de qualquer natureza, em documento ou livro exigido pela lei fiscal;

III – falsificar ou alterar nota fiscal, fatura, duplicata, nota de venda, ou qualquer outro documento relativo à operação tributável;

IV – elaborar, distribuir, fornecer, emitir ou utilizar documento que saiba ou deva saber falso ou inexato;

V – negar ou deixar de fornecer, quando obrigatório, nota fiscal ou documento equivalente, relativa a venda de mercadoria ou prestação de serviço, efetivamente realizada, ou fornecê-la em desacordo com a legislação.

Pena – reclusão de 2 (dois) a 5 (cinco) anos, e multa.

Parágrafo único. A falta de atendimento da exigência da autoridade, no prazo de 10 (dez) dias, que poderá ser convertido em horas em razão da maior ou menor complexidade da matéria ou da dificuldade quanto ao atendimento da exigência, caracteriza a infração prevista no inciso V.

1. Tipo objetivo

As condutas de "suprimir ou reduzir tributo, contribuição social e qualquer acessório" compõem o tipo objetivo do artigo 1º. Estas condutas são complementadas por uma das condutas fraudulentas elencadas nos incisos deste artigo.

Há que se ter a fraude.

O inadimplemento não constitui crime, de modo que se a pessoa declara os fatos geradores à repartição fazendária competente, se declara todas as hipóteses de incidência na periodicidade imposta pelo Código Tributário

Nacional, mas deixa de efetuar o pagamento do tributo, não haverá a tipicidade.

Como já afirmado precedentemente nesta obra, "a sonegação fiscal também não deve ser confundida com o planejamento legal tributário ou elisão fiscal, que é a prática legítima do contribuinte consistente em evitar a ocorrência do fato gerador do tributo ou diminuir o valor do tributo a pagar, sem a utilização de fraude."[138]

A supressão do tributo ocorre pelo não pagamento e a redução se dá quando o agente recolhe a menor o valor devido, sempre mediante fraude. As condutas constantes dos incisos em aludido artigo têm, pois, o escopo de estabelecer os modos pelos quais o resultado (supressão ou redução de tributo, contribuição social e qualquer acessório) será alcançado.

Trata-se de crime de ação vinculada.

1.1. Descrição das condutas do art. 1º

O **art. 1º, inciso I**, prescreve que: "constitui crime contra a ordem tributária suprimir ou reduzir tributo, ou contribuição social e qualquer acessório, mediante as seguintes condutas: I – omitir informação, ou prestar declaração falsa às autoridades fazendárias."

Em relação ao inciso I, haverá a supressão ou a redução de tributo, contribuições sociais e qualquer acessório, a partir da omissão de uma informação ou a partir da prestação de informações falsas às autoridades fazendárias. Há, pois, uma modalidade omissiva, onde o quedar-se inerte perfectibiliza a fraude, bem como uma modalidade comissiva, a partir de um atuar prestando informações inverídicas.

O STJ já decidiu que movimentações financeiras não informadas na Declaração de Imposto de Renda caracteriza o delito previsto no art. 1º, I, da Lei nº 8.137/1990 (REsp 1326034/PE, Rel. Ministro Og Fernandes, Sexta Turma, *DJe* 09.10.2012).

Registre-se, ademais, que a conduta omissiva de não prestar declaração ao Fisco com o objetivo de reduzir ou suprimir tributo, quando atinge o resultado almejado também configura o crime de sonegação fiscal (art. 1º, I). Nesse sentido, o STJ já decidiu que:

> "PENAL. RECURSO ESPECIAL. SONEGAÇÃO FISCAL. ACÓRDÃO A QUO QUE FIRMOU A ATIPICIDADE DA CONDUTA. OMISSÃO NA

[138] GONÇALVES, Victor Eduardo Rios; BALTAZAR JUNIOR, José Paulo. *Legislação penal especial.* 2 ed. São Paulo: Saraiva, 2016, p. 542.

APRESENTAÇÃO DE DECLARAÇÕES (DIPJ). FATO TÍPICO. ACÓRDÃO CASSADO.

1. A conduta omissiva de não prestar declaração ao Fisco com o fim de obter a redução ou supressão de tributo, quando atinge o resultado almejado, consubstancia crime de sonegação fiscal, na modalidade do inciso I do art. 1º da Lei n. 8.137/1990.

2. A constituição do crédito tributário, por vezes, depende de uma obrigação acessória do contribuinte, como a declaração do fato gerador da obrigação tributária (lançamento por declaração). Se o contribuinte não realiza tal ato com vistas a não pagar o tributo devido ou a reduzir o seu valor, comete o mesmo crime daquele que presta informação incompleta.

3. A circunstância de o Fisco dispor de outros meios para constituir o crédito tributário, ante a omissão do contribuinte em declarar o fato gerador, não afasta a tipicidade da conduta; o arbitramento efetivado é uma medida adotada pelo Fisco para reparar a evasão decorrente da omissão e uma evidência de que a conduta omissiva foi apta a gerar a supressão ou, ao menos, a redução do tributo na apuração.

4. No caso concreto, verifica-se que o Juízo de piso firmou expressamente que as declarações omitidas implicaram redução de tributos, os quais só foram apurados mediante procedimento administrativo fiscal, e que o recorrido agiu de forma dolosa, circunstâncias que firmam, a priori, a tipicidade do crime.

5. Recurso especial provido a fim de cassar o acórdão impugnado, determinando-se que o Tribunal a quo prossiga no julgamento do apelo defensivo, afastada a tese de atipicidade."

(STJ, REsp 1561442/SP, Rel. Ministro SEBASTIÃO REIS JÚNIOR, SEXTA TURMA, julgado em 23/02/2016, DJe 09/03/2016)

Aludido tema será retomado em tópico adiante com maiores detalhamentos.

Já o **art. 1º, inciso II, dispõe:** – "fraudar a fiscalização tributária, inserindo elementos inexatos, ou omitindo operação de qualquer natureza, em documento ou livro exigido pela lei fiscal."

Aludido normativo é muito similar ao disposto no inciso I. A diferença entre eles encontra-se no objeto, porquanto no inciso I a omissão ou a falsidade incide sobre a declaração entregue à autoridade fazendária; no inciso II a inserção de elementos inexatos (conduta comissiva) ou a omissão de operação de qualquer natureza (conduta omissiva) incide sobre documento ou livro exigido pela lei fiscal de propriedade da empresa (escrituração fiscal).

O **art. 1º, inciso III**, dispõe: "falsificar ou alterar nota fiscal, fatura, duplicata, nota de venda, ou qualquer outro documento relativo à operação tributável."

Aqui a falsidade material e a alteração recaem sobre o documento. Como exemplos, citam-se: "a) a nota calçada, assim chamada porque, em notas preenchidas à mão, a falsificação se dá com a colocação de um calço, de modo que o valor efetivo da venda sai na primeira via, que é entregue ao cliente, enquanto a via cativa, que fica no talonário, é preenchida posteriormente com um valor menor, de modo a diminuir a receita, possibilitando a sonegação de ICMS, IPI e Imposto de Renda; b) a nota paralela ou talão frio, que consiste na impressão de dois ou mais talonários ou formulários de notas fiscais, com os mesmos números de série, registrando-se contabilmente apenas as notas de valor menor."[139]

Descreve o delito de falsidade de documento particular, distinguindo-se do crime do art. 172 do Código Penal (duplicata simulada),[140] porquanto no art. 1º, inciso III, o fim é de supressão ou redução de tributo, enquanto que neste pouco importa a intenção do agente e também porque se cuida de falsidade ideológica.

O art. 1º, inciso IV, dispõe: "elaborar, distribuir, fornecer, emitir ou utilizar documento que saiba ou deva saber falso ou inexato."

Trata-se de tipo que abarca as modalidades de falsidade material e ideológica, bem ainda o uso de documento falso. Visa atacar o comércio ilegal de documentos (venda de notas frias), valendo citar "como exemplo a prática do passivo fictício, consistente na utilização de notas frias, com valores adulterados ou de empresas inexistentes, que já não estão em atividade ou não prestaram o serviço ou a venda de modo a simular despesas para reduzir o valor devido a título de imposto de renda" (TRF4, ACR nº 1998.04.01.016551-7, Rel. Desembargador Federal Élcio Pinheiro de Castro, Oitava Turma, *DJ* de 20.02.2002).

[139] GONÇALVES, Victor Eduardo Rios; BALTAZAR JUNIOR, José Paulo. *Legislação penal especial.* 2 ed. São Paulo: Saraiva, 2016, p. 547.

[140] Art. 172 – Emitir fatura, duplicata ou nota de venda que não corresponda à mercadoria vendida, em quantidade ou qualidade, ou ao serviço prestado. (Redação dada pela Lei nº 8.137, de 27.12.1990)
Pena – detenção, de 2 (dois) a 4 (quatro) anos, e multa. (Redação dada pela Lei nº 8.137, de 27.12.1990)
Parágrafo único. Nas mesmas penas incorrerá aquele que falsificar ou adulterar a escrituração do Livro de Registro de Duplicatas. (Incluído pela Lei nº 5.474 de 1968)

O **art. 1º, inciso V**, dispõe: "negar ou deixar de fornecer, quando obrigatório, nota fiscal ou documento equivalente, relativa à venda de mercadoria ou prestação de serviço, efetivamente realizada, ou fornecê-la em desacordo com a legislação."

Neste inciso são três as condutas incriminadas. A primeira seria a negativa de fornecimento, quando obrigatório, de nota fiscal ou documento equivalente a cliente ou comprador.

A segunda conduta incriminada é a de deixar de fornecer nota fiscal ou documento equivalente, com a consequente supressão ou redução de tributo devido.

A terceira modalidade de conduta incriminada é a de fornecer, em desacordo com a legislação, nota fiscal ou documento equivalente.

Visou atacar as dificuldades encontradas na obtenção de informações pela fiscalização.

Note-se que a jurisprudência tem sido no sentido de que o crime disposto no inciso V do art. 1º da Lei n. 8.137/1990 é formal, porquanto não incluído na exigência da Súmula Vinculante n. 24 do STF. Nesse sentido (STJ, HC n. 195.824/DF, Rel. Ministra Laurita Vaz, Quinta Turma, *DJe* 06.06.2013).

Na mesma linha:

> "AGRAVO REGIMENTAL EM RECURSO ESPECIAL. PENAL. CRIME CONTRA A ORDEM TRIBUTÁRIA (LEI N. 8.137/90, ART. 1º, INC. V). CRIME FORMAL. PRESCINDIBILIDADE DO PROCESSO ADMINISTRATIVO. PRESCRIÇÃO DA PRETENSÃO PUNITIVA RECONHECIDA. RECURSO DESPROVIDO.
>
> 1. O delito do art. 1º, inciso V, da Lei nº 8.137/90 é formal e prescinde do processo administrativo-fiscal para o desencadeamento da persecução penal, não estando abarcado pela condicionante da Súmula Vinculante nº 24 do STF. Assim, a prescrição para o referido crime ocorre na forma prevista no art. 111, inciso I, do Código Penal. Precedentes.
>
> 2. O delito se consuma com o decurso do prazo de 10 (dez) dias sem que o sujeito passivo atenda à exigência da autoridade fiscal (Lei nº 8.137/90, art. 1º, p. ún.).
>
> 3. De acordo com a jurisprudência do Superior Tribunal de Justiça, a atual redação do art. 110, § 1º, do Código Penal, incluída pela Lei nº 12.234/2010, segundo a qual a prescrição não pode, em nenhuma hipótese, ter como termo inicial data anterior à denúncia, não se aplica à espécie,

tendo em vista a proibição da retroatividade da lei penal mais rigorosa. Precedentes.

4. Prescrição da pretensão punitiva reconhecida no caso concreto.

5. Negado provimento ao agravo regimental."

(STJ, AgRg no REsp 1534688/SP, Rel. Ministra Maria Thereza de Assis Moura, Sexta Turma, *DJe* 28.03.2016)

Mais recentemente, e no mesmo sentido (crime formal): (STJ, AgRg no AREsp 1616971/MG, Rel. Ministro Reynaldo Soares da Fonseca, Quinta Turma, *DJe* 09.03.2020).

No entanto, *s.m.j.*, não haveria motivo para a diferenciação entre os incisos I a IV do art. 1º (abarcados pela Súmula Vinculante n. 24 – crime material) e o inciso V, na medida em que a conduta de "negar ou deixar de fornecer, quando obrigatório, nota fiscal ou documento equivalente, relativa à venda de mercadoria ou prestação de serviço, efetivamente realizada, ou fornecê-la em desacordo com a legislação" apenas teria relevância quando houver a supressão ou redução do tributo, o que evidenciaria tratar-se de crime material.

1.1.2. Impossibilidade de desclassificação do art. 1º, I, para o art. 2º, I

Alega-se, muitas das vezes, a ocorrência de erro material e formal do procedimento administrativo, da denúncia e da sentença quanto à imputação no artigo 1º, I, da Lei nº 8.137/1990, pois não teria havido efetiva supressão ou redução de tributos, sendo o caso de desclassificar a conduta para o delito previsto no artigo 2º, I, da Lei nº 8.137/1990. Daí se fazerem necessárias algumas considerações.

Como já se afirmou, as condutas previstas nos incisos do artigo 1º da Lei nº 8.137/1990 têm a finalidade de estabelecer os modos pelos quais o resultado – supressão ou redução de tributo, contribuição social e qualquer acessório – será alcançado. Na hipótese do inc. I, não basta a mera omissão ou prestação de declaração falsa já que se faz necessária a ocorrência de supressão ou redução do tributo. De outra parte, o artigo 2º, I, da Lei nº 8.137/1990, apesar da semelhança com a redação do artigo 1º, I, diferencia-se deste na medida em que se trata de crime formal, não dependendo sua consumação do resultado, qual seja, a efetiva supressão ou redução do tributo.

Além disso, a expressão do art. 2º, I, "para eximir-se, total ou parcialmente, de pagamento de tributo" configura o elemento subjetivo do tipo, isto é, a intenção específica do agente e, uma vez, sendo obtido este intento, vai-se, assim, caracterizar o exaurimento deste delito de sonegação fiscal.

Nessa toada, no art. 2º, I, não é necessário que ele consiga se eximir total ou parcialmente de pagamento de tributo, mas apenas que ele tenha esse intuito.

Portanto, tendo havido a constituição regular do crédito tributário sonegado em razão da omissão, por exemplo, está-se diante de crime de natureza material, tendo em vista que efetivamente houve lesão ao erário, atestada pelo Fisco mediante o lançamento do crédito tributário, de modo que tal conduta necessariamente subsome-se ao artigo 1º, inciso I, da Lei nº 8.137/1990, não havendo que se falar em desclassificação para o delito estampado no art. 2º, I.

O STJ já decidiu que:

> "(...) 1. Constitui o delito do art. 1º, I, da Lei n. 8.137/1990 suprimir tributo mediante omissão de informação de renda à autoridade fazendária. A efetiva lesão ao fisco impede a desclassificação da conduta para o delito do art. 2º, I, da Lei n. 8.137/1990, que prescinde de resultado material.
>
> 2. Inviável, por ausência de prequestionamento, o processamento do recurso especial para análise das teses relacionadas à inexistência de dolo, ao erro de tipo ou a estado de necessidade, bem como à violação do art. 59 do CP, porquanto o acórdão da apelação não emitiu juízo de valor sobre os temas.
>
> 3. O termo inicial da prescrição dos crimes materiais tributários é a data do lançamento definitivo, após o encerramento do procedimento administrativo-fiscal, visto que, somente a partir daí, consoante entendimento do Supremo Tribunal Federal, está caracterizado o elemento normativo do tipo penal e preenchida a condição objetiva de punibilidade.
>
> 4. Agravo regimental não provido."
>
> (STJ, AgRg no REsp 1430892/PB, Rel. Ministro Rogerio Schietti Cruz, Sexta Turma, julgado em 15.03.2018, *DJe* de 27.03.2018)

Assim, no que tange à possibilidade de desclassificação, apesar da semelhança com a redação do artigo 1º, I, o artigo 2º, I, da Lei nº 8.137/1990, diferencia-se na medida em que se trata de crime formal, não dependendo sua consumação do resultado, qual seja a efetiva supressão ou redução do tributo.

Como bem prelecionado por Renato Brasileiro de Lima:[141] "a simples comparação entre o art. 2º, inciso I, e o art. 1º, inciso I, ambos da Lei n.

[141] LIMA, Renato Brasileiro de. *Legislação criminal especial comentada: volume único*. 9. ed. rev., atual. e ampl. Salvador: JusPODIVM, 2021, p. 256.

8.137/90, demonstra que o primeiro funciona como nítido *soldado de reserva* em relação a este, que restará caracterizado quando, a despeito do emprego de fraude pelo agente, não ocorrer o resultado *supressão ou redução de tributo.*"

No artigo 1º para a consumação do delito não bastaria a simples omissão ou prestação de declaração falsa, como, aliás, pretendeu o legislador ao prescrever o artigo segundo. Sem a supressão ou a redução do tributo não estará consumado o delito.[142]

Exigindo-se, portanto, conduta com eficácia de ofensa ao bem jurídico, com prejuízo patrimonial ao erário público, é que o legislador contemplou a conduta com pena bastante superior: previu para o artigo 1º a sanção de reclusão, de 2 (dois) a 5 (cinco) anos, e multa; para o artigo 2º, detenção, de 6 (seis) meses a 2 (dois) anos, e multa, sendo que tais delitos, nos termos do artigo 15 da Lei nº 8.137/1990, são de ação pública incondicionada.

1.1.3. A não apresentação da Declaração de Imposto de Renda Pessoa Física em sua integralidade

Nas hipóteses onde não houve entrega da declaração de ajuste anual, vinha me posicionando no sentido de que os fatos deveriam amoldar-se ao tipo penal do artigo 2º, inciso I, da Lei nº 8.137/1990. Adotava o entendimento de que se o réu omitiu totalmente informações referentes a um determinado ano-calendário, em razão de não ter apresentado declaração de ajuste anual no exercício seguinte, deixando de informar ao Fisco, por exemplo, os valores percebidos pelos serviços prestados no exercício da sua profissão, tal capitulação jurídica não se amoldaria ao art. 1º, inciso I.

Entendia que, sem que houvesse a entrega da Declaração, não se teria por perfectibilizado o delito previsto no inciso I do artigo 1º, mas sim o inciso I do artigo 2º, que dispensa a referida entrega.

Desta feita, em meu entendimento, ficava alterada a classificação jurídica dos fatos para o tipo penal do artigo 2º, inciso I, da Lei nº 8.137/1990. Este posicionamento não era aceito pelos demais desembargadores que compunham a 11ª Turma do TRF/3, que entendiam pela atipicidade da con-

[142] Na Apelação criminal nº 1999.04.01.071196-6, o Tribunal Regional Federal da 4ª Região, Rel. João Pedro Gebran Neto, por votação unânime, decidiu que "2 – O traço distintivo entre os tipos penais previstos no artigo 1º, I, e artigo 2º, I, ambos da Lei nº 8137/90 reside na existência, ou não, respectivamente, de supressão ou redução de tributos. O primeiro crime é, portanto, material, dependendo para sua consumação do resultado naturalístico, ao passo que o segundo é crime formal, de consumação antecipada."

duta (ao fundamento de que a omissão ou a informação falsa pressupõe a existência de uma declaração que não traz todos os elementos necessários ao cálculo dos tributos devidos ou traz dados inverídicos, de modo que com a não apresentação da declaração não haveria a prática de fraude). Neste sentido confira-se o seguinte julgado:

> "PENAL E PROCESSUAL PENAL. ARTIGO 1º, I, DA LEI 8.137/90. *EMENDATIO LIBELLI.* ART. 383 DO CÓDIGO DE PROCESSO PENAL. DESCLASSIFICAÇÃO PARA O DELITO DO ARTIGO 2º, I, DA LEI 8.137/1990. ATIPICIDADE. ABSOLVIÇÃO.
>
> 1. Imputou-se ao recorrente a prática do delito previsto no artigo 1º, I, da Lei 8.137/1990, o qual preceitua o seguinte: 'constitui crime contra a ordem tributária suprimir ou reduzir tributo, ou contribuição social e qualquer acessório, mediante as seguintes condutas: I – omitir informação, ou prestar declaração falsa às autoridades fazendárias.' Por sua vez, o art. 2º, inciso I, dispõe que: 'constitui crime da mesma natureza: I – fazer declaração falsa ou omitir declaração sobre rendas, bens ou fatos, ou empregar outra fraude, para eximir-se, total ou parcialmente, de pagamento de tributo'.
>
> 2. Enquanto o inciso I do artigo 1º sanciona a omissão de informações ou a prestação de declaração falsa às autoridades fazendárias, o inciso I do artigo 2º coíbe a declaração falsa ou a omissão de declaração sobre rendas, bens ou fatos, ou o emprego de outra fraude.
>
> 3. No caso concreto, o réu foi denunciado e, posteriormente, condenado pela prática do delito estampado no inciso I do artigo 1º da Lei nº 8.137/1990, porquanto omitiu tributos referentes ao ano calendário de 2006, em razão de não ter apresentado declaração de ajuste anual do exercício de 2007, deixando de informar ao Fisco os valores percebidos pelos serviços prestados no exercício da sua profissão de médico.
>
> 4. Os fatos atribuídos ao acusado são atípicos, uma vez que a não apresentação da declaração de ajuste anual, por si só, não caracteriza a materialidade delitiva do crime a ele imputado, uma vez que a omissão ou a informação falsa pressupõe a existência de uma declaração que não traz todos os dados necessários ao cálculo dos tributos devidos ou traz dados inverossímeis. Assim, no caso concreto, ao não apresentar a declaração, o apelante não praticou a fraude inerente ao tipo penal em questão e, por consequência, sua conduta é penalmente atípica. Nesse sentido, julgados desta Turma.
>
> 5. De ofício, absolvição do acusado, com fundamento no art. 386, III, do Código de Processo Penal, restando prejudicada a sua apelação."

(TRF3, Décima Primeira Turma, Ap. - Apelação Criminal - 60874 - 0003216-54.2012.4.03.6102, Rel. Des. Fed. Fausto De Sanctis. Rel. para acórdão Des. Fed. Nino Toldo, julgado em 12.12.2017, *e-DJF3* Judicial 1 de 26.01.2018)

Todavia, melhor refletindo a respeito do assunto e com supedâneo em abalizada doutrina e jurisprudência, verifico que quando há omissão total na entrega da declaração de ajuste anual e o Fisco promoveu a constituição do tributo sonegado apesar dessa omissão, na realidade se está diante da figura do artigo 1º, inciso I, da Lei n. 8.137/1990.

O tipo penal em comento faz referência, além de outras condutas, à supressão de tributo mediante omissão de informação. *In casu*, a omissão na entrega da declaração de ajuste anual constitui delito, em razão de o contribuinte utilizar-se de tal expediente com o único fim de eximir-se criminosamente do pagamento de tributos.

Além disso, tendo havido a constituição regular do crédito tributário, sonegado em razão da omissão, se está diante de crime de natureza material, tendo em vista que efetivamente houve lesão ao erário, atestada pelo Fisco mediante o lançamento do crédito tributário, de modo que tal conduta necessariamente subsome-se ao artigo 1º, inciso I, da Lei nº 8.137/1990.

Nesse sentido, trago à colação julgado do TRF3:

"PENAL. PROCESSO PENAL. ART. 1º, I, DA LEI N. 8.137/90. SONEGAÇÃO. LANÇAMENTO. PRESCRIÇÃO DA PRETENSÃO PUNITIVA. INTERESSE RECURSAL. MATERIALIDADE. AUTORIA. DOLO ESPECÍFICO.

1. Aduz o apelante que estaria prescrita a pretensão punitiva estatal quanto às NFLD n. 35.745.474-0 (COMPROT n. 14485.002014/2007-51) e n. 35.745.475-8 (COMPROT n. 19839.009867/2010-86) (fls. 969/989). Não obstante, referidos débitos dizem respeito às condutas de omitir informações e deixar de recolher contribuições previdenciárias dos vendedores e a diferenças de valores não recolhidos a título de pro labore, condutas pelas quais foi o réu absolvido (CP, art. 337-A, I), de modo que carece de interesse recursal.

2. No que tange aos débitos pelos quais foi o réu condenado pela prática do crime do inciso I do art. 1º da Lei n. 8.137/90, considerando-se a pena em concreto fixada na sentença, de 2 (dois) anos e 8 (oito) meses (excluída a majoração decorrente da continuidade delitiva), ausente recurso da acusação, têm-se o prazo prescricional de 8 (oito) anos do art. 109, IV, do Código

Penal. Uma vez que não decorreu tal prazo entre quaisquer marcos interruptivos, não há falar em prescrição.

3. Embora a mera inadimplência, ainda que aí seja incluída aquela decorrente da obrigação acessória, não configure ipso facto o crime de sonegação, é necessário verificar, caso a caso, se o contribuinte omisso na entrega da declaração de rendimentos objetiva, por meio dessa omissão, fraudar o fisco, de sorte a jamais recolher o tributo devido: a omissão, nessa hipótese, resolve-se em mero estratagema fraudulento e é portanto alcançado pelo tipo do inciso I do art. 1º da Lei n. 8.137/90.

4. Materialidade, autoria e dolo comprovados em relação ao acusado.

5. A alegação da defesa técnica de que as movimentações financeiras adotadas pela Receita Federal para realizar o arbitramento do tributo não constituíram renda, sendo referentes a vendas relacionadas a exercícios anteriores e empréstimos de terceiros decorrentes de dificuldades financeiras, os quais foram todos declarados em 2004, após o encerramento das atividades da empresa em 2003 (fls. 969/989), não foram acompanhadas de provas, não havendo o réu se desincumbido de seu ônus probatório (CPP, art. 156), razão pela qual não há falar, igualmente, em inexigibilidade de conduta diversa ou estado de necessidade.

6. Recurso conhecido em parte e, nesta, desprovido."

(TRF3, Ap. 00058323720044036181, DESEMBARGADOR FEDERAL ANDRÉ NEKATSCHALOW, QUINTA TURMA, e-DJF3 Judicial 1 DATA:25/05/2018 FONTE_REPUBLICACAO:.)

Nessa mesma linha, já teve oportunidade de se manifestar o Colendo Superior Tribunal de Justiça mais de uma vez:

"RECURSO ESPECIAL. DIREITO PENAL. LEGISLAÇÃO EXTRAVAGANTE. DELITO CONTRA A ORDEM TRIBUTÁRIA. ART. 1º, I, DA LEI N. 8.137/1990. RECEITA FEDERAL. LESÃO EVIDENCIADA. NÃO APRESENTAÇÃO DA DECLARAÇÃO DE DÉBITOS E CRÉDITOS TRIBUTÁRIOS – DCTF. OMISSÃO DE INFORMAÇÕES ÀS AUTORIDADES FAZENDÁRIAS EVIDENCIADA. SONEGAÇÃO DE TRIBUTOS. ALÍQUOTAS DE PIS E COFINS REDUZIDAS INDEVIDAMENTE. PROGRAMA DE INTEGRAÇÃO SOCIAL – PIS. CONTRIBUIÇÃO PARA O FINANCIAMENTO DE SEGURIDADE SOCIAL – COFINS. CONTRADITÓRIO E AMPLA DEFESA ATENDIDOS. AUTORIA E MATERIALIDADE. EXISTÊNCIA.

1. A questão suscitada no recurso especial é de índole estritamente jurídica e cinge-se a estabelecer se a omissão na entrega da Declaração de Débitos e Créditos Tributários – DCTF – consubstancia conduta apta a firmar a tipicidade do crime do art. 1º, I, da Lei n. 8.137/1990.

2. A conduta omissiva de não prestar declaração ao Fisco com o fim de obter a redução ou supressão de tributo, quando atinge o resultado almejado, consubstancia crime de sonegação fiscal, na modalidade do inciso I do art. 1º da Lei n. 8.137/1990.

3. A constituição do crédito tributário, por vezes, depende de uma obrigação acessória do contribuinte, como a declaração do fato gerador da obrigação tributária (lançamento por declaração). Se o contribuinte não realiza tal ato com vistas a não pagar o tributo devido ou a reduzir o seu valor, comete o mesmo crime daquele que presta informação incompleta.

4. A circunstância de o Fisco dispor de outros meios para constituir o crédito tributário, ante a omissão do contribuinte em declarar o fato gerador, não afasta a tipicidade da conduta; o arbitramento efetivado é uma medida adotada pela Receita Federal para reparar a evasão decorrente da omissão e uma evidência de que a conduta omissiva foi apta a gerar a supressão ou, ao menos, a redução do tributo na apuração.

5. No caso concreto, resta evidenciada a tipicidade material da conduta dos recorridos ao deixarem de prestar as declarações referentes ao faturamento da empresa à Receita Federal, no período compreendido entre novembro/1998 e dezembro/1999, ocasionando a supressão dos tributos PIS e COFINS no período respectivo.

6. Recurso especial provido a fim de cassar o acórdão a quo, determinando-se que o Tribunal de origem prossiga no julgamento dos apelos interpostos, afastada a tese de atipicidade, nos termos do voto."

(STJ, REsp 1637117/SP, Rel. Ministro SEBASTIÃO REIS JÚNIOR, SEXTA TURMA, julgado em 07/03/2017, DJe 13/03/2017)

"AGRAVO REGIMENTAL NO RECURSO ESPECIAL. SONEGAÇÃO FISCAL. DESCLASSIFICAÇÃO. IMPOSSIBILIDADE. TESES NÃO ANALISADAS NO ACÓRDÃO DE APELAÇÃO. FALTA DE PREQUESTIONAMENTO. PRESCRIÇÃO. CRIME TRIBUTÁRIO. TERMO INICIAL. LANÇAMENTO DEFINITIVO. AGRAVO REGIMENTAL NÃO PROVIDO.

1. Constitui o delito do art. 1º, I, da Lei n. 8.137/1990 suprimir tributo mediante omissão de informação de renda à autoridade fazendária. A efetiva lesão ao fisco impede a desclassificação da conduta para o delito do art. 2º, I, da Lei n. 8.137/1990, que prescinde de resultado material.

2. Inviável, por ausência de prequestionamento, o processamento do recurso especial para análise das teses relacionadas à inexistência de dolo, ao erro de tipo ou a estado de necessidade, bem como à violação do art. 59 do CP, porquanto o acórdão da apelação não emitiu juízo de valor sobre os temas.

3. O termo inicial da prescrição dos crimes materiais tributários é a data do lançamento definitivo, após o encerramento do procedimento administrativo-fiscal, visto que, somente a partir daí, consoante entendimento do Supremo Tribunal Federal, está caracterizado o elemento normativo do tipo penal e preenchida a condição objetiva de punibilidade.

4. Agravo regimental não provido."

(STJ, AgRg no REsp 1430892/PB, Rel. Ministro ROGERIO SCHIETTI CRUZ, SEXTA TURMA, julgado em 15/03/2018, DJe 27/03/2018)

"AGRAVO REGIMENTAL. RECURSO ESPECIAL. PENAL. CRIME CONTRA A ORDEM TRIBUTÁRIA. ARTIGO 1º, I, DA LEI 8.137/90. SONEGAÇÃO FISCAL. OMISSÃO NA ENTREGA DE DECLARAÇÃO. DELITO MATERIAL. OBRIGAÇÃO ACESSÓRIA. DESCUMPRIMENTO.

1. Comete o crime previsto no artigo 1º, I, da Lei 8.137/90, aquele que deixa de apresentar a declaração de ajuste anual ao Fisco, suprimindo o pagamento do tributo devido e apurado em procedimento administrativo fiscal válido.

2. Não se exige, para a configuração do delito de sonegação fiscal, que o agente pratique um ato comissivo a fim de reduzir o montante dos tributos exigíveis. A omissão no dever de informar o fato gerador à Receita Federal caracteriza a infração do artigo 1º, I, da Lei 8.137/90 caso haja a constituição definitiva do crédito pelo órgão fiscal.

3. A previsão típica do artigo 1º, I, da Lei 8.137/90 cuida daquelas condutas em que o resultado naturalísitico efetivamente ocorreu e restou comprovado pelo lançamento definitivo do crédito tributário, caracterizando crime de natureza material, ao contrário da infração do artigo 2º, I, do mesmo diploma legal.

4. In casu, como houve o lançamento do crédito pela autoridade fazendária, a hipótese é de incidência do artigo 1º, I, da referida Lei.

5. Agravo regimental a que se nega provimento."

(STJ, AgRg no REsp 1252463/SP, Rel. Ministro JORGE MUSSI, QUINTA TURMA, julgado em 15/10/2015, DJe 21/10/2015)

Renato Brasileiro de Lima leciona que: "o inciso I do art. 1º refere-se à falsidade ideológica, e não à falsidade material, fazendo referência a duas condutas criminosas que se complementam: a) omitir informação (conduta omissiva): consiste em deixar de inserir ou não fornecer informação que devia ser prestada às autoridades fazendárias, geralmente relacionada ao fato jurídico do qual emana a obrigação tributária. Trata-se de crime omissivo impróprio, porquanto é indispensável a produção do resultado supressão ou redução de tributo. A título de exemplo, suponha-se o contribuinte que, embora tendo renda tributável, não entrega a declaração de rendimentos, suprimindo o pagamento do imposto de renda devido à omissão de informações."[143]

Em suma, a omissão voluntária na entrega de declaração de bens e rendas, com o intuito de furtar-se ao pagamento de tributos, constitui fato típico e deve ser coibido pelo Direito Penal.

Nem se diga que a possibilidade de constituição posterior do crédito tributário pela Fazenda Pública tornaria atípica a conduta de omissão de entrega de declaração de renda pelo contribuinte.

O tipo penal em comento não faz distinção entre a omissão parcial e a omissão total. Se a omissão parcial constitui delito, com muito mais propriedade é o caso da omissão total, quando assim feita com o intuito de sonegação do tributo devido.

Ademais, a omissão do contribuinte acarreta ônus desproporcional e não razoável ao Fisco, que se vê obrigado a lançar mão de expediente trabalhoso e custoso para a identificação de fatos jurídico-tributários, que não foram declarados pelos contribuintes.

Importa destacar que nem sempre a identificação dos fatos sobre os quais incidem normas de exação tributária é de fácil operacionalização. Mesmo quando possível identificá-los com menor esforço, existe necessidade de desenvolvimento de atividade fiscalizatória do Fisco, que se encontra jungida a critérios procedimentais rígidos, tendo em vista a adstrição da Administração Pública ao princípio do processo legal.

Em razão disso, a omissão no cumprimento das obrigações tributárias dos contribuintes mediante a não entrega das declarações exigidas por lei, põe em risco a arrecadação tributária, tendo em vista a possiblidade do transcurso do prazo decadencial para a constituição do crédito tributário.

[143] LIMA, Renato Brasileiro de. *Legislação criminal especial comentada: volume único*. 9. ed. rev., atual. e ampl. Salvador: JusPODIVM, 2021, p. 245.

Importa destacar se há conduta dolosa do contribuinte consistente na omissão da entrega das declarações, relativa a determinados anos-calendário, com o intuito de eximir-se do pagamento do tributo devido. O ânimo que move o contribuinte que faz uso de tal expediente – omissão na entrega de declaração – em nada difere daquele que se utiliza de expediente fraudulento para eximir-se da sua responsabilidade tributária.

Em última análise, o bem jurídico tutelado pela Lei nº 8.137/1990, qual seja, ordem tributária, é violado, pois se deixa de pagar tributo devido ao ente público, seja mediante fraude, seja em razão de omissão na entrega da declaração.

Ao se exigir que o Fisco tenha capacidade de monitoramento de todos os fatos jurídico-tributários, impõe-se ônus demasiadamente gravoso, quando não irreal, ao ente estatal, tendo em vista a impossibilidade desse controle sobre todas as situações fáticas geradoras de obrigação tributária. Para que um País seja minimamente civilizado, mostra-se necessário que seus cidadãos promovam o adimplemento de suas obrigações sem necessidade de vigilância. A imposição tributária se traduz num ônus em se desejar viver em sociedade. Assim, a não entrega de declaração de ajuste anual de renda constitui delito, que deve ser coibido pelo Direito Penal.

2. Elemento Subjetivo

O tipo penal descrito no artigo 1º e seus incisos, da Lei nº 8.137/1990, requer a existência do dolo consistente na vontade livre e consciente de suprimir ou reduzir tributo por meio das condutas elencadas no dispositivo legal. Prescinde de um especial fim de agir. Não importa o motivo pelo qual o agente foi levado à prática do crime, sendo suficiente que sua conduta se amolde ao comportamento descrito na norma.

Embora integralizado pelo elemento fraude, não se exige ânimo específico, ou seja, não há a exigência da intenção de fraudar a fiscalização, bastando o intento de reduzir ou suprimir tributo. Basta o dolo, não havendo, ainda, previsão para a modalidade culposa.

Significa dizer, a título exemplificativo, em que pese o agente escriturasse em seus livros contábeis as transações supostamente realizadas por sua empresa, as inconsistências, acaso verificadas, relativas à efetividade das operações, e a falta de correspondência entre as notas fiscais e os pagamentos, demonstrariam o claro desígnio de furtar-se dos reais valores dos tributos e contribuições devidos, a partir de uma atuação vocacionada a reduzir ou suprimir tributo.

Remarque-se que se o agente, sabedor destas irregularidades na contabilidade, não adotasse providências para verificar a regularidade fiscal de sua empresa, seria evidente que assumiu os riscos implicados, agindo, no mínimo, com dolo eventual.

Acerca do tema destaque-se o seguinte julgado:

"(...)

1 - Imputa-se ao apelante, na qualidade de responsável pela empresa, a prática do crime descrito no artigo 1º, inciso I, da Lei nº. 8.137 /90, por suprimir o pagamento de tributos no total de R$1.793.949,40, mediante declaração falsa e inexata, na declaração de imposto de renda da pessoa jurídica no ano-calendário 2002.

2 - Materialidade demonstrada pela prova documental coligida (extratos bancários, livro caixa, livro de saída de mercadorias, etc.) que aponta que o réu realizou as vendas escrituradas em seu livro caixa, omitindo, no entanto, tais rendimentos de sua declaração à Receita Federal. Em razão de tais omissões (declarações falsas e inexatas) foi suprimido tributo no montante de R$1.793.949,40 (um milhão setecentos e noventa e três mil novecentos e quarenta e nove reais e quarenta centavos).

3 - A autoria restou inconteste: o conjunto probatório demonstra que o réu era o titular da empresa e único responsável pelas declarações falsas e inexatas prestadas à Receita Federal.

4 - A alegação de ausência de dolo não convence. O dolo do tipo penal do art. 1º da Lei nº 8.137/90 é genérico, bastando, para a tipicidade da conduta, que o sujeito queira não pagar, ou reduzir, tributos, consubstanciado o elemento subjetivo em uma ação ou omissão voltada a este propósito.

5 - A incidência de tributos é inerente ao exercício da atividade mercantil. Além disso, o réu laborava no ramo habitualmente desde 1995, não se tratando, desse modo, de pessoa ignorante. Ademais, o art. 21, 1ª parte, do Código Penal, é expresso: 'O desconhecimento da lei é inescusável.'

6 - Afastada a alegação de inexigibilidade de conduta diversa como causa supralegal de exclusão da culpabilidade em razão de dificuldades financeiras.

7 - Para que caracterizem a excludente, as adversidades devem ser de tal ordem que coloquem em risco a própria existência do negócio, sendo certo que apenas a impossibilidade financeira devidamente comprovada nos autos poderia justificar a omissão nos recolhimentos. No caso dos autos, no entanto, os meses nos quais houve omissão de receita foram justamente aqueles nos quais a empresa auferiu maior rendimento.

8 – Não há demonstração da impossibilidade financeira alegada no período dos ilícitos, não tendo a defesa se desincumbido do ônus de provar o quanto alegado, nos termos do artigo 156, primeira parte, do Código de Processo Penal.

9 – A dosimetria da pena não comporta reparos. A pena base foi fixada no mínimo legal, inexistindo atenuantes ou agravantes.

10 – A sonegação de vultosa quantia (R$ 1.793.949,40) não é ínsita ao tipo penal, vale dizer, não consubstancia elementar da figura típica e justifica a incidência da majorante específica em comento (art. 12, I, da Lei nº 8.137/90), na terceira fase do sistema trifásico, disso não resultando *bis in idem* ou ofensa à taxatividade.

11 – Mantida a substituição da pena corporal por duas restritivas de direitos, eis que presentes os requisitos do art. 44 do Código Penal.

12 – Alterada, de ofício, a destinação da pena pecuniária em favor da União. 13 – Apelo desprovido.

(TRF3, ACR 00126649020084036102, Desembargador Federal José Lunardelli, Primeira Turma, *e-DJF3* Judicial de 27.06.2014)

3. Consumação e tentativa

Como já mencionado anteriormente, nos termos da Súmula Vinculante nº 24, é necessário o lançamento definitivo para a configuração do crime contra a Ordem Tributária estatuído no artigo 1º, incisos I a IV, da Lei nº 8.137/1990, cuidando-se, portanto, de crime material.

Enquanto não houver o esgotamento da via administrativa não haverá que se falar na ocorrência de fato punível, inexistindo justa causa para o início da ação penal.

Para que este delito reste perfectibilizado há a necessidade da efetiva supressão ou redução do tributo, exigindo-se, portanto, conduta com eficácia de ofensa ao bem jurídico, com prejuízo patrimonial ao erário público. É dizer, a consumação do crime delineado no artigo 1º da referida lei somente se verifica com a constituição do crédito fiscal, começando a correr, inclusive, a partir daí a prescrição penal (STF, HC nº 85051/MG, Relator Ministro Carlos Velloso, Segunda Turma, j. 07.06.2005).

Com efeito, para o início da ação penal deve estar demonstrado na peça vestibular acusatória a constituição definitiva do crédito tributário.

O Pretório Excelso já consignou que "a ausência de constituição definitiva do crédito tributário inviabiliza o desenvolvimento válido da persecução criminal, acarretando o trancamento da ação penal por ausência de justa causa, o que não impede o oferecimento de nova denúncia (ou aditamento da já existente) após o exaurimento da via administrativa, a teor do disposto na Súmula Vinculante nº 24" (ARE 1047419 AgR, Rel. Dias Toffoli, processo eletrônico, Segunda Turma, Dje 20.04.2018).

Não menos importante registrar o seguinte julgado: "(...) 1. A Súmula Vinculante nº 24 tem por objetivo garantir que o processo penal no qual foram imputados os crimes materiais tributários somente se inicie após a constituição definitiva do crédito. 2. Se, ao tempo do recebimento da denúncia, o crédito havia sido definitivamente constituído na esfera administrativa, o recebimento da denúncia ocorreu de modo válido. 3. A superveniência de cancelamento da inscrição em dívida ativa, por vícios formais relacionados à intimação no procedimento administrativo fiscal, não enseja a nulidade do recebimento da denúncia, nem o trancamento da ação penal, pois não foram anuladas as premissas fáticas e jurídicas que embasaram o lançamento tributário. A materialidade do crime tributário ficou, assim, preservada. 4. A manutenção da ação penal, nessas condições, é medida que se impõe, por motivos de celeridade e eficiência processual. A prudência recomenda, no entanto, a suspensão da ação penal (CPP, art. 93) e da prescrição da pretensão punitiva (CP, art. 116, I), até o julgamento final do processo administrativo. 5. Agravo interno a que se nega provimento" (Rcl 31194 AgR, Rel.: Roberto Barroso, Primeira Turma, processo eletrônico, DJe 12.12.2019).

Questão controversa é a da possibilidade de instauração de Inquérito Policial antes da constituição definitiva do crédito tributário.

Há julgado do Pretório Excelso pontuando ser inviável a instauração da persecução penal, ainda que na fase inquisitorial, enquanto não houver o esgotamento na via administrativa:

> "DIREITO PENAL E PROCESSUAL PENAL. AGRAVO REGIMENTAL EM RECURSO EXTRAORDINÁRIO. CRIME CONTRA A ORDEM TRIBUTÁRIA. REJEIÇÃO DA DENÚNCIA. AUSÊNCIA DE CONSTITUIÇÃO DEFINITIVA DO CRÉDITO TRIBUTÁRIO.
>
> 1. O acórdão do Tribunal de origem está alinhado à jurisprudência desta Corte no sentido de que se torna 'juridicamente inviável a instauração de persecução penal, mesmo na fase investigatória, enquanto não se concluir, perante órgão competente da administração tributária, o procedimento fiscal tendente a constituir, de modo definitivo, o crédito tributário' (Inq 3.175, Rel. Min. Celso de Mello). Precedentes. 2. Agravo interno a que se nega provimento."
>
> (STF, RE 1090879 AgR, Rel. Ministro Roberto Barroso, Primeira Turma, processo eletrônico *DJe* 30.04.2020)

No entanto, também há precedentes flexibilizando esse entendimento, ou seja, de que o Inquérito Policial possa ser iniciado antes do lançamento definitivo, ao menos nos casos de embaraço à fiscalização tributária ou diante de indícios de crimes não fiscais conexos com os ora em exame.

Nesse sentido o Supremo Tribunal Federal já pontuou que:

> "DIREITO TRIBUTÁRIO. AGRAVO REGIMENTAL EM RECURSO EXTRAORDINÁRIO COM AGRAVO. CRIMES CONTRA A ORDEM TRIBUTÁRIA. TERMO INICIAL. CONSTITUIÇÃO DEFINITIVA DO CRÉDITO TRIBUTÁRIO. INÍCIO DA PERSECUÇÃO PENAL ANTES DO LANÇAMENTO DEFINITIVO DO TRIBUTO. POSSIBILIDADE. MITIGAÇÃO DA SÚMULA VINCULANTE 24. EXCEPCIONALIDADE. MULTA ISOLADA E DE REVALIDAÇÃO. LEGITIMIDADE. CARÁTER CONFISCATÓRIO. REEXAME DE FATOS E PROVAS. IMPOSSIBILIDADE. SÚMULA 279/STF. VIOLAÇÃO AO PRINCÍPIO DO DEVIDO PROCESSO LEGAL. OFENSA REFLEXA. PRECEDENTES.
>
> 1. Os crimes contra a ordem tributária pressupõem a prévia constituição definitiva do crédito na via administrativa para fins de tipificação da conduta. A jurisprudência desta Corte deu origem à Súmula Vinculante 24, a qual dispõe: 'Não se tipifica crime material contra a ordem tributária, previsto no artigo 1º, incisos I a IV, da Lei nº 8.137/90, antes do lançamento definitivo do tributo'.
>
> 2. Não obstante a jurisprudência pacífica quanto ao termo inicial dos crimes contra a ordem tributária, o Supremo Tribunal Federal tem decidido que a regra contida na Súmula Vinculante 24 pode ser mitigada de acordo com as peculiaridades do caso concreto, sendo possível dar início à persecução penal antes de encerrado o procedimento administrativo, nos casos de embaraço à fiscalização tributária ou diante de indícios da prática de outros delitos, de natureza não fiscal.
>
> 3. O Tribunal de origem, com apoio no acervo fático-probatório e na interpretação da legislação infraconstitucional aplicável à espécie, decidiu pela legitimidade da multa isolada e da multa de revalidação. Para firmar entendimento diverso do acórdão recorrido, seria indispensável o reexame da legislação infraconstitucional e do acervo probatório dos autos, providências vedadas em sede de recurso extraordinário.
>
> 4. Esta Corte já decidiu que as alegações de afronta aos princípios da legalidade, do devido processo legal, do contraditório, da ampla defesa, dos limites da coisa julgada e da prestação jurisdicional, quando dependentes

de exame de legislação infraconstitucional, configurariam ofensa constitucional indireta.

5. Agravo regimental a que se nega provimento."

(STF, ARE 936653 AgR, Rel. Roberto Barroso, Primeira Turma, processo eletrônico, *DJe* 13.06.2016)

"AGRAVO REGIMENTAL EM HABEAS CORPUS. INTERCEPTAÇÃO TELEFÔNICA. POSSIBILIDADE DE PRORROGAÇÕES SUCESSIVAS COM ESTRITA OBSERVÂNCIA DOS REQUISITOS CONSTITUCIONAIS E LEGAIS. AUSÊNCIA DE TRANSCRIÇÃO INTEGRAL DAS GRAVAÇÕES, PORÉM CONTEÚDO ACESSÍVEL A DEFESA. NÃO COMPROVAÇÃO DE PREJUÍZO. DISPENSÁVEL A CONSTITUIÇÃO DEFINITIVA DO CRÉDITO TRIBUTÁRIO PARA INÍCIO DA FASE INVESTIGATÓRIA. PLURALIDADE DE CRIMES INVESTIGADOS. INEXISTÊNCIA DE NULIDADES.

1. Nos termos do art. 5º, XII, da Constituição Federal, a interceptação telefônica dependerá de ordem judicial (cláusula de reserva jurisdicional), que, de acordo com o art. 1º da Lei nº 9.296/1996, deverá ser expedida pelo juiz competente, em decisão devidamente fundamentada que demonstre sua conveniência e indispensabilidade.

2. Há possibilidade de sucessivas renovações dentro do prazo legal, sempre precedidas de novas e fundamentadas decisões judiciais, que apontem a presença dos requisitos legais e a manutenção da indispensabilidade desse meio de prova, inclusive com a referência à permanência das razões inicialmente legitimadoras da interceptação (Ag. Reg. no Habeas Corpus 130.860, Primeira Turma, Rel. Min. ALEXANDRE DE MORAES, j. 16/10/2017; Habeas Corpus 139.370, Primeira Turma, Rel. Min. MARCO AURÉLIO; Red. p/Acórdão, MIN. ROBERTO BARROSO, j. 06/03/2018).

3. Os relatórios de inteligência foram apresentados como documentos oficiais no pedido de interceptação e sua veracidade foi atestada pelo Ministério Público, de modo que não cabe falar em nulidade, sobretudo se considerado que não houve qualquer alegação sobre eventual manipulação ou inconsistências.

4. Tendo a defesa acesso à totalidade das gravações, é dispensável a transcrição integral das conversas quando irrelevantes para o esclarecimento dos fatos. Não demonstrados, concretamente, os reflexos negativos do ato coator para a ampla defesa e o contraditório, incide o princípio pas de nullité sans grief.

5. Os fatos investigados não se relacionam com o exercício da advocacia. Somente no curso da investigação, verificou-se a condição de advogado do agravante, diversamente do que alega a defesa. Esta SUPREMA CORTE já decidiu que "o simples fato de o paciente ser advogado não pode lhe conferir imunidade na eventual prática de delitos no exercício de sua profissão" (HC 96.909, Rel. Min. ELLEN GRACIE, Segunda Turma, DJe de 11/12/2009).

6. Não há afronta à Súmula Vinculante 24/STF. Embora se exija o lançamento definitivo do crédito tributário para o início da persecução penal nos crimes de sonegação fiscal, o mesmo entendimento não se aplica à mera fase investigatória (HC 106.152, Relatora Min. ROSA WEBER, Primeira Turma, DJe de 24/5/2016). Tampouco há nulidade se a medida cautelar teve como finalidade apurar não só a suposta prática do delito de sonegação fiscal, mas também de outros crimes, como formação de quadrilha, lavagem de dinheiro e corrupção.

7. Agravo regimental a que se nega provimento."

(STF, HC 130596 AgR, Rel. Alexandre de Moraes, Primeira Turma, processo eletrônico, *DJe* 29.08.2018)

"RECLAMAÇÃO - ALEGADO DESRESPEITO AO ENUNCIADO CONSTANTE DA SÚMULA VINCULANTE Nº 24/STF - INOCORRÊNCIA - INVESTIGAÇÃO CRIMINAL INSTAURADA PARA APURAÇÃO DE DIVERSOS DELITOS, ENTRE ELES CRIMES MATERIAS CONTRA A ORDEM TRIBUTÁRIA PREVISTOS NA LEI Nº 8.137/90 (art. 1º, incisos I e II) - DECISÃO DO JUÍZO "A QUO" DEFERINDO A QUEBRA DOS SIGILOS BANCÁRIO E FISCAL DOS ORA AGRAVANTES - ATO JUDICIAL RECLAMADO QUE NÃO DESRESPEITOU O ENUNCIADO SUMULAR VINCULANTE INVOCADO COMO REFERÊNCIA PARADIGMÁTICA - PARECER DA PROCURADORIA-GERAL DA REPÚBLICA PELO NÃO PROVIMENTO DESTA ESPÉCIE RECURSAL - RECURSO DE AGRAVO IMPROVIDO. - A jurisprudência desta Suprema Corte orienta-se no sentido de que a instauração de persecução penal para apuração de crime material contra a ordem tributária previsto no art. 1º, incisos I a IV, da Lei nº 8.137/90, antes do lançamento definitivo do tributo, desde que guarde relação de conexidade com outros delitos, de natureza diversa, não transgride o enunciado constante da Súmula Vinculante nº 24/STF. Precedentes."

(STF, Rcl 32656 AgR, Celso de Mello, Segunda Turma, processo eletrônico *DJe* 12.05.2020)

Note-se que em relação ao inciso V do art. 1º ("negar ou deixar de fornecer, quando obrigatório, nota fiscal ou documento equivalente, relativa a venda de mercadoria ou prestação de serviço, efetivamente realizada, ou fornecê-la em desacordo com a legislação") o entendimento jurisprudencial, como já mencionado anteriormente, tem sido no sentido de tratar-se de crime formal, sendo desnecessário o prévio exaurimento da via administrativa para que se desencadeie a persecução penal:

> "PENAL E PROCESSO PENAL. AGRAVO REGIMENTAL NO AGRAVO EM RECURSO ESPECIAL. CRIME CONTRA A ORDEM TRIBUTÁRIA (ART. 1º, V, DA LEI N. 8.137/1990). SÚMULA VINCULANTE N. 24. INAPLICABILIDADE. CRIME FORMAL. DESNECESSIDADE DE EXAURIMENTO DA ESFERA ADMINISTRATIVA. PRESCRIÇÃO. AGRAVO REGIMENTAL NÃO PROVIDO.
>
> 1. Nos termos da jurisprudência desta Corte, o crime descrito no art. 1º, inciso V, da Lei n. 8.137/1990 ostenta natureza formal, ao contrário das condutas elencadas nos incisos I e IV do referido dispositivo, e a sua consumação prescinde da constituição definitiva do crédito tributário. Por consectário, o prévio exaurimento da via administrativa não configura condição objetiva de punibilidade (RHC n. 31.062/DF, Rel. Ministro RIBEIRO DANTAS, Quinta Turma, julgado em 2/8/2016, DJe 12/8/2016).
> 2. Agravo regimental não provido."
>
> (STJ, AgRg no AREsp 1616971/MG, Rel. Ministro Reynaldo Soares da Fonseca, Quinta Turma, *DJe* 09.03.2020)

Admite-se, em tese, a tentativa no delito do art. 1º da lei ora sob análise. Especificamente no que tange à tentativa, contudo, Renato Brasileiro de Lima[144] pontua que: "Como se trata de crime plurissubsistente, admite-se, pelo menos em tese, a tentativa do crime do art. 1º da Lei n. 8.137/1990. Porém ao invés de se utilizar o art. 14 do Código Penal para fins de adequação típica de subordinação mediata, o agente deverá ser responsabilizado pelo crime do art. 2º, inciso I, da Lei n. 8.137/90, que se distingue do crime do art. 1º pelo fato de ser natureza formal, prescindindo da produção do resultado supressão ou redução do tributo para o reconhecimento de sua modalidade consumada."

[144] LIMA, Renato Brasileiro de. *Legislação criminal especial comentada: volume único*. 9. ed., rev., atual. e ampl. Salvador: JusPodivm, 2021, p. 242.

4. Materialidade delitiva

Como já se consignou precedentemente, em se tratando de crime de sonegação fiscal, a materialidade do crime acaba sendo comprovada por meio da constituição definitiva do crédito tributário e da cópia do Procedimento Administrativo Fiscal, onde constam os termos de verificação fiscal, consolidação do crédito tributário e auto de infração, os quais gozam de presunção de legitimidade e veracidade, porquanto se cuidam de atos administrativos. Neste sentido colaciono o seguinte julgado:

> "(...) 1. Réus condenados pela prática do crime previsto no artigo 1º, inciso I, da Lei nº 8.137/90, em concurso formal, nos termos do artigo 71 do Código Penal, à pena de 04 (quatro) anos, 02 (dois) meses e 12 (doze) dias de reclusão, em regime inicial semiaberto, além do pagamento de 21 (vinte e um) dias-multa, arbitrado cada dia-multa em 1/30 (um trigésimo) do salário mínimo vigente à época dos fatos.
>
> 2. Em se tratando de crime de sonegação fiscal, a materialidade delitiva resta comprovada através da constituição definitiva do crédito tributário e da cópia do procedimento administrativo fiscal, notadamente dos Termos de Verificação Fiscal, Autos de Infração e Demonstrativos de Consolidação do Crédito Tributário que, como atos administrativos que são, gozam de presunção de legitimidade e veracidade.
>
> 3.Os autos de infração, lavrados por servidor público federal, gozam de presunção de legitimidade e veracidade.
>
> (...)"
>
> (TRF3, ACR nº 00010440920074036105, Relator Desembargador Federal Souza Ribeiro, Segunda Turma, *D.E* de 16.12.2016)

O delito de sonegação fiscal não exige exame pericial para demonstrar o corpo de delito quando a materialidade delitiva já exsurge do procedimento administrativo fiscal, o qual é realizado por técnicos da área contábil – os auditores fiscais – e oportuniza ao fiscalizado a apresentação da documentação que entender pertinente, bem como goza de presunção de veracidade. Todavia, acaso a Defesa traga documentos diversos daqueles que instruíram o procedimento, aptos a alterar as conclusões da ação fiscal, poderá haver necessidade de nova análise pericial.

No sentido de ser desnecessário o exame de corpo de delito nos crimes contra a ordem tributária, transcrevo trecho do voto do Exmo. Ministro Sebastião Reis Júnior, do C. STJ:

"Quanto à alegação de violação dos arts. 158 e 167 do Código de Processo Penal, como assentado monocraticamente, na esteira do Supremo Tribunal Federal, que exige a constituição definitiva do crédito tributário para a tipificação dos delitos contra a ordem tributária descritos no art. 1º, I a IV, da Lei n. 8.137/1990 (Súmula Vinculante 24/STF), o Superior Tribunal de Justiça entende que basta a comprovação da constituição definitiva do crédito para provar a materialidade delitiva. (...) O exame de corpo de delito é exigido para análise da materialidade da 'infração que deixa vestígio', na dicção do art. 158 do Código de Processo Penal. O vestígio, segundo Nucci, é o rastro, a pista ou o indício deixado por algo ou alguém. Há delitos que deixam sinais aparentes da sua prática, como ocorre com o homicídio, uma vez que se pode visualizar o cadáver. Outros delitos não os deixam, tal como ocorre com o crime de ameaça, quando feita oralmente' (NUCCI, Guilherme de Souza. Código de processo penal comentado. 11ª ed., rev., atual. e ampl., São Paulo: Editora Revista dos Tribunais, 2012, pág. 381/382). Nesse sentido, não há vestígio sujeito a exame pericial no crime em comento, cujo resultado é a supressão de tributo, demonstrável pelo seu lançamento definitivo. A Súmula Vinculante 24/STF é clara quando afirma que não se tipifica crime material contra a ordem tributária, previsto no art. 1º, incisos I a IV, da Lei nº 8.137/90, antes do lançamento definitivo do tributo. Patente, assim, que o crédito em questão foi objeto de procedimento administrativo fiscal, não havendo falar na necessidade de exame de corpo de delito em razão da inexistência de vestígios." (STJ, AgRg no Agravo em Recurso Especial n. 764.486/SP, j. 16.08.2016, DJe 31/08/2016)

Em se tratando de crime perpetrado por meio de pessoa jurídica, o procedimento administrativo fiscal presta-se à apuração do crédito tributário por ela devido e, dado ser esta a responsável pelo pagamento do tributo, é suficiente sua intimação por meio de seu representante legal ao tempo da fiscalização, a quem caberá a entrega da documentação solicitada pelo auditor fiscal e eventual impugnação dos débitos apurados.

A responsabilidade fiscal não se confunde com a responsabilidade penal, a qual será constatada em devido processo penal, no qual o acusado pela sonegação fiscal poderá exercer seu direito ao contraditório e à ampla defesa, produzindo, inclusive, as provas que poderia ter feito no procedimento administrativo, naquilo que diz respeito à materialidade e autoria delitivas.

No sentido da desnecessidade de participação do réu no procedimento administrativo colaciono precedente do Superior Tribunal de Justiça:

"RECURSO ORDINÁRIO EM HABEAS CORPUS. APROPRIAÇÃO INDÉBITA PREVIDENCIÁRIA E SONEGAÇÃO DE CONTRIBUIÇÕES PREVIDENCIÁRIAS (ARTIGOS 168-A E 337-A DO CÓDIGO PENAL). CONSTITUIÇÃO DEFINITIVA DO CRÉDITO PREVIDENCIÁRIO. INSTAURAÇÃO DA AÇÃO PENAL. POSTERIOR ANULAÇÃO DO PROCESSO ADMINISTRATIVO APENAS QUANTO AO RECORRENTE POR IRREGULARIDADE FORMAL. CRÉDITO QUE PERMANECE DEFINITIVAMENTE CONSTITUÍDO QUANTO À PESSOA JURÍDICA QUE É A DEVEDORA PRINCIPAL. DESNECESSIDADE DE ESGOTAMENTO DA VIA ADMINISTRATIVA QUANTO A CADA UM DOS ACUSADOS NO PROCESSO CRIMINAL. CONSTRANGIMENTO ILEGAL NÃO CARACTERIZADO. DESPROVIMENTO DO RECLAMO.

(...).

2. Quando os ilícitos tributários são praticados na gestão de pessoas jurídicas e em favor destas, é irrelevante, para a persecução penal, que os responsáveis pelas condutas delituosas tenham integrado pessoalmente a relação procedimental deflagrada na esfera administrativa com a finalidade de constituir o crédito.

3. No caso dos autos, após a constituição definitiva do crédito previdenciário, o recorrente impetrou mandado de segurança que foi julgado procedente para determinar o reinício do procedimento administrativo fiscal tão somente no que se refere a ele, excluindo seu nome da CDA de n. 31.138.871-1 e intimando-o do lançamento para, querendo, providenciar sua defesa.

4. O simples fato de o procedimento administrativo haver sido anulado quando ao recorrente não interfere na comprovação da materialidade dos delitos a ele assestados, uma vez que teriam sido praticados no âmbito de pessoa jurídica com relação a quem o crédito previdenciário permanece definitivamente constituído, o que é suficiente para que possa ser deflagrada a persecução penal.

5. Recurso improvido."

(STJ, RHC 40411/RJ, Rel. Min. Jorge Mussi, 5ª Turma, j. 23.09.2014, DJe 30.09.2014)

"PROCESSO PENAL. HABEAS CORPUS. SONEGAÇÃO FISCAL. (1) PROCEDIMENTO FISCAL. AUSÊNCIA. PLEITO DE TRANCAMENTO. INFORMAÇÕES DA RECEITA. PROCEDIMENTO FISCAL REALIZADO. CRÉDITO CONSTITUÍDO. (2) ILEGITIMIDADE PASSIVA. PACIENTE QUE NÃO PERTENCE AO QUADRO SOCIETÁRIO. CON-

DIÇÃO DE PROCURADOR. CONDUTA DESCRITA NA INICIAL. ILEGALIDADE. AUSÊNCIA.

1. Tendo sido realizado procedimento administrativo fiscal em relação ao crédito tributário que, por meio de pessoa jurídica, teria ocorrido o delito de sonegação, há lastro para a promoção da ação penal. Não é necessário que se promova, em relação a cada um dos corréus, na qualidade de pessoas físicas, procedimento administrativo.

2. O simples fato de o paciente não pertencer ao quadro societário da pessoa jurídica não inviabiliza a imputação do crime de sonegação fiscal, dado que o liame causal estaria estabelecido em razão de sua qualidade de procurador da empresa, tendo inclusive sua participação sido suficientemente descrita na inicial acusatória.

3. Ordem denegada."

(STJ, HC 86.309/MS, Rel. Ministra Maria Thereza de Assis Moura, Sexta Turma, *DJe* 28.02.2011)

Observe-se que não cabe ao Juízo substituir a atuação que compete às partes, assim, se forem requeridas diligências pela Defesa que possam ser por ela obtidas, eventual indeferimento judicial não implica em qualquer cerceamento de defesa, se o magistrado atribuir o dever de sua produção ao interessado. Tampouco se pode alegar inobservância ao princípio do contraditório, na medida em que o Juízo não favorece quaisquer dos envolvidos, possibilitando a constituição de provas tanto por parte da acusação quanto pela defesa de forma isonômica.

Demais disso, cumpre registrar que, de modo recorrente, as defesas técnicas alegam a atipicidade da conduta descrita no art. 1º, I, da Lei nº 8.137/1990, sob o fundamento de que a movimentação bancária injustificada, por si só, não implicaria na omissão de receitas e supressão de tributos.

Como acima mencionado, a prova da materialidade delitiva nos crimes de sonegação fiscal tem sido comprovada por meio da constituição definitiva do crédito tributário e da cópia do Procedimento Administrativo Fiscal e as defesas não trazem, via de regra, elementos aptos a infirmar a presunção de legitimidade e veracidade de que goza o procedimento administrativo fiscal, tampouco as conclusões nele obtidas da existência de supressão/redução de tributos mediante a omissão de informações às autoridades fazendárias.

A fim de atestar a regularidade de suas movimentações financeiras, o fiscalizado deve comprovar, quando instado pela Receita Federal, a origem dos recursos utilizados em suas operações bancárias, sob pena de, em não realizando, caracterizar a presunção de omissão de rendimentos estatuída no artigo 42 da Lei nº9.430/1996 (fatos que ensejam a constituição do crédito tributário), caracterizando, assim, o crime previsto no artigo 1º, inciso I, da Lei 8.137/1990.

Em relação ao artigo 42 da Lei nº 9.430, de 27.12.1996 ("Caracterizam-se também omissão de receita ou de rendimento os valores creditados em conta de depósito ou de investimento mantida junto a instituição financeira, em relação aos quais o titular, pessoa física ou jurídica, regularmente intimado, não comprove, mediante documentação hábil e idônea, a origem dos recursos utilizados nessas operações"), cumpre esclarecer que não há inconstitucionalidade declarada pela Suprema Corte Constitucional e o Superior Tribunal de Justiça reconhece a legalidade do dispositivo, que considera omissão de receita tributável os depósitos em conta corrente sem correspondente comprovação de sua origem pelo contribuinte:

> "TRIBUTÁRIO E PROCESSUAL CIVIL. ALEGAÇÕES GENÉRICAS DE OFENSA AO ART. 535 DO CPC. SÚMULA 284/STF. IMPOSTO DE RENDA. OMISSÃO DE RENDIMENTOS. DEPÓSITOS BANCÁRIOS. ART. 42 DA LEI 9.430/1996. LEGALIDADE. DECADÊNCIA. TERMO INICIAL. AUSÊNCIA DE PAGAMENTO ANTECIPADO. INCIDÊNCIA DO ART. 173, I, DO CTN.
>
> (...)
>
> 4. A jurisprudência do STJ reconhece a legalidade do lançamento do imposto de renda com base no art. 42 da Lei 9.430/1996, tendo assentado que cabe ao contribuinte o ônus de comprovar a origem dos recursos a fim de ilidir a presunção de que se trata de renda omitida (AgRg no REsp 1.467.230/RS, Rel. Ministro Mauro Campbell Marques, Segunda Turma, DJe 28.10.2014; AgRg no AREsp 81.279/MG, Rel. Ministro Humberto Martins, Segunda Turma, DJe 21.3.2012).
>
> 5. Agravo Regimental não provido."
>
> (STJ, AgRg no AREsp 664675/RN, 2ª Turma, Rel. Min. Herman Benjamin, j. 05.05.2015, DJe 21.05.2015)

> "HABEAS CORPUS. IMPETRAÇÃO EM SUBSTITUIÇÃO AO RECURSO CABÍVEL.UTILIZAÇÃO INDEVIDA DO REMÉDIO CONSTITUCIONAL. NÃO CONHECIMENTO.
>
> 1. A via eleita se revela inadequada para a insurgência do impetrante contra o ato apontado como coator, pois o ordenamento jurídico prevê

recurso específico para tal fim, circunstância que impede o seu formal conhecimento. Precedentes.

2. O alegado constrangimento ilegal será analisado para a verificação da eventual possibilidade de atuação ex officio, nos termos do artigo 654, § 2º, do Código de Processo Penal.

CRIME CONTRA A ORDEM TRIBUTÁRIA. PACIENTE QUE SE RECUSOU A PRESTAR ESCLARECIMENTOS À AUTORIDADE FISCAL MESMO APÓS INTIMADO. ACUSADO QUE SE MANTEVE SILENTE DURANTE O INTERROGATÓRIO JUDICIAL. CONDENAÇÃO FUNDAMENTADA NAS PROVAS OBTIDAS DURANTE O PROCEDIMENTO ADMINISTRATIVO TRIBUTÁRIO E NO DECORRER DA INSTRUÇÃO CRIMINAL.PRESUNÇÃO DE OMISSÃO DE RENDAS PREVISTA NO ARTIGO 42 DA LEI 9.430/1996. POSSIBILIDADE. CONSTRANGIMENTO ILEGAL NÃO CARACTERIZADO.

1. O inciso LXIII do artigo 5º da Constituição Federal confere ao acusado o direito à não autoincriminação, permitindo que, por ocasião do interrogatório, cale-se acerca dos fatos criminosos que lhe são imputados, ou ainda, e via de consequência do sistema de garantias constitucionais, negue a autoria delitiva, sem que isso dê ensejo à apenação criminal ou mesmo à valoração negativa pelo magistrado, que poderá, no máximo, desconsiderá-las quando do cotejo com os demais elementos probatórios colacionados.

2. No caso dos autos, o paciente, intimado pela Receita Federal a comprovar a origem dos recursos movimentados em suas contas bancárias, não o fez, também quedando-se silente quando interrogado judicialmente.

3. Conquanto o contribuinte não seja obrigado a prestar os esclarecimentos solicitados pela autoridade fiscal, ao não fazê-lo permite à Receita Federal presumir determinados fatos que ensejam a constituição do crédito tributário.

4. Assim, a fim de atestar a regularidade de suas movimentações financeiras, o paciente deveria comprovar, quando instado pela Receita Federal, a origem dos recursos utilizados em suas operações bancárias, sob pena de, não o fazendo, restar caracterizada a presunção de omissão de rendimentos prevista no artigo 42 da Lei 9.430/1996 que, de acordo com a jurisprudência dos Tribunais Superiores, é apta a caracterizar o crime previsto no artigo 1º, inciso I, da Lei 8.137/1990. Precedentes.

5. Ademais, da leitura do aresto objurgado, constata-se que embora o Tribunal Regional Federal da 1ª Região tenha mencionado que o acusado manteve-se calado quando inquirido pelo togado de origem, não entendeu

comprovada a autoria do delito somente em razão do seu silêncio, apontando provas produzidas tanto no procedimento administrativo tributário quanto no curso da ação penal hábeis a justificar o decreto condenatório.

6. Habeas corpus não conhecido."

(STJ, HC 280.305/GO, Rel. Ministro Jorge Mussi, Quinta Turma, *DJe* 25.02.2015)

O imposto de renda tem como fato gerador a aquisição de disponibilidade econômica de renda ou proventos de qualquer natureza (art. 153, III, da CF/1988 c.c. art. 43 do CTN). Tais dispositivos conjugados com o art. 42 da Lei 9.430/1996 autorizam a incidência do tributo sobre os valores considerados como omissão de receita, cuja origem dos recursos financeiros o titular da conta não tenha logrado comprovar. É a própria lei definindo que os depósitos bancários de origem não comprovada caracterizam omissão de receita ou rendimentos. Portanto, não é o depósito bancário em si que caracteriza o fato gerador do imposto de renda (e demais tributos em comento) e legitima o lançamento de ofício pelo Fisco, mas sim o depósito desacompanhado de prova da origem, depois de intimado o contribuinte a fazê-lo. Trata-se de presunção legal relativa passível de ser ilidida caso justificada a origem dos recursos.

Aludido normativo (art. 42 da excogitada lei) não criou uma hipótese de incidência tributária, mas estabeleceu uma forma de apuração de um fato gerador, qual seja a renda prevista no art. 43 do Código Tributário Nacional.

Portanto, verificada a discrepância de depósitos bancários, o sujeito passivo tributário deve ser intimado a comprovar a regularidade de sua origem, o que não pode ser imposto à fiscalização.

Como se vê, não há que se falar em inconstitucionalidade do disposto no artigo 42 da Lei nº 9.430/1996, restando caracterizada a presunção de omissão de rendimentos nele prevista quando o contribuinte não comprova a origem dos recursos utilizados em suas operações bancárias, e essa omissão de informação ao Fisco é apta a configurar o crime previsto no artigo 1º, inciso I, da Lei nº 8.137/1990.

Ainda no que concerne à materialidade vale destacar que José Paulo Baltazar Junior entende que multas, juros e correção monetária não podem ser objeto do crime, nem mesmo o descumprimento de obrigação tributária acessória, ainda que se converta em principal em razão do descumprimento. Salienta que: "como os dispositivos legais fazem menção ao tributo, a tipicidade deve ser dupla, tributária e penal, de modo que, não sendo devido o tributo, não há crime (Silva: 170). Na mesma linha, em caso de descumprimento de obrigação tributária acessória, como a emissão de nota fiscal ou declaração, mas inexistindo tributo devido, não há falar em crime contra a ordem tributária, mas mero ilícito administrativo."[145]

Art. 1º, parágrafo único

1. Considerações

A incidência deste dispositivo é permeada de discussão doutrinária e jurisprudencial.

Sustentam, alguns, que se cuida de crime autônomo, que não guarda correlação com o inciso V. Seria crime formal e configurar-se-ia mediante o dolo, consistente na vontade deliberada de não atender à ordem da autoridade fazendária, independentemente de qualquer resultado que eventualmente o sujeito queira alcançar.

O crime então perfectibilizar-se-ia pelo descumprimento às exigências emanadas das autoridades fiscais durante o procedimento de fiscalização, porquanto os documentos atinentes às atividades do contribuinte, pessoa física ou jurídica, que sejam capazes de gerar débitos tributários, devem ser apresentados quando assim o exigirem os agentes fiscais para que sejam devidamente examinados.

Nesta linha, Andreas Eisele preconiza que,[146] "diversamente dos demais crimes contra a ordem tributária, a norma veiculada pelo dispositivo em análise não tutela o patrimônio público (embora possa conferir-lhe tutela de forma indireta), mas a eficácia da atividade administrativa de fiscalização, caracterizando um uso funcional (utilitarismo) do Direito Penal."

Prossegue o autor, ponderando que o tipo "serve de instrumento a um órgão da Administração (o Fisco), no desempenho de suas funções fiscalizadoras das atividades relevantes perante o ordenamento jurídico tributário, configurando uma expressão da desigualdade existente (no sistema político social e democrático de Direito) entre os indivíduos (particulares), que compõem a esfera privada das relações sociais, e o Estado (que repre-

[145] BALTAZAR JUNIOR, José Paulo. *Crimes federais*. 10. ed. 2. tiragem. São Paulo: Saraiva, 2016, p. 807-808.

[146] EISELE, Andreas. *Crimes contra a ordem tributária*, 2. ed., São Paulo: Dialética, 2002, p. 161-162, 165.

senta o âmbito público de tais relações). Em síntese, visa otimizar a eficácia do poder de polícia estatal, exercido na esfera fiscal de cunho tributário." Assim, não se exige a ocorrência de efetivo prejuízo ao erário, mas restará consumado se não for apresentada justificativa para o não cumprimento da obrigação.

Neste sentido, no julgamento do Recurso em Sentido Estrito nº 2002.61.14.001196-0, a 1ª Turma do TRF/3, por unanimidade, Relatoria do Des. Fed. Nelton dos Santos, em 02.03.2004, em julgamento do qual participei, sedimentou que, no Direito Penal, inúmeros são os dispositivos legais em que o parágrafo, embora ligado ao tema tratado no *caput,* estampa crime autônomo, não contido na descrição principal e, sim, equiparado ou, em alguns casos, apenas relacionado a ela, como, por exemplo, o art. 289 do Código Penal.

Desse modo, segundo o Relator, não teria sentido interpretação que conduzisse ao entendimento de que seria necessário para a configuração do delito tipificado no parágrafo único do art. 1º que exista supressão ou redução de tributo e o dolo específico.

O referido julgado traz o entendimento de que seria absolutamente inadmissível "a assertiva de que, assim, como os incisos do art. 1º da Lei nº 8.137/1990, o parágrafo único apenas descreve conduta por meio da qual se suprime ou reduz tributo. Fosse isso verdade, por que se teria valido o legislador de um parágrafo e não de mais um inciso? Não teria sido mais fácil e lógico inserir um inciso VI, em vez de criar um parágrafo único? Sim, com certeza, sim. Talvez se dissesse que o parágrafo único faz expressa remissão ao inciso V, que, por sua vez, é apenas uma das modalidades pelas quais se pode praticar a conduta de suprimir ou reduzir tributo, contribuição social ou qualquer acessório; e que, desse modo, também a conduta descrita no parágrafo único pressuporia a supressão ou a redução. Nem esse argumento convence. O inciso V, por si só, não configura infração penal; ele precisa do que contém o *caput* do artigo. A infração é, pois, a resultante da soma dos dois textos, o da cabeça do artigo e o do inciso V. Assim, ao referir-se à infração prevista no inciso V, o parágrafo único quer dizer, evidentemente, a infração integrada pelo *caput* e pelo inciso. Logo, ao afirmar que a falta de atendimento da exigência da autoridade, no prazo de dez dias, caracteriza a infração prevista no inciso V, o parágrafo único quer dizer que a conduta nele prevista equivale àquela do *caput* integrado pelo referido inciso. Em outras palavras, a simples falta de atendimento da exigência da autoridade no prazo de dez dias equivale, para fins penais, a suprimir ou reduzir tributo, ou contribuição social e qualquer acessório, mediante a conduta de negar ou deixar de fornecer, quando obrigatório, nota fiscal ou documento equivalente, relativa a venda de mercadoria ou prestação de serviço, efetivamente realizada, ou fornecê-la em desacordo com a legislação. Tem-se, pois, dois delitos penais, autônomos, apesar de equiparados: a) suprimir ou reduzir tributo, ou contribuição social e qualquer acessório, mediante a conduta de negar ou deixar de fornecer, quando obrigatório, nota fiscal ou documento equivalente, relativa a venda de mercadoria ou prestação de serviço, efetivamente realizada, ou fornecê-la em desacordo com a legislação; e, b) deixar de atender à exigência da autoridade, no prazo de dez dias. Poder-se-ia objetar, ainda, que o simples desatendimento à exigência da autoridade não pode equivaler à supressão ou redução de tributo. A tal assertiva é preciso, porém, redarguir: é bom e importante que equivalham as condutas. Com efeito, se se considerasse menos grave a conduta de deixar de atender à exigência da autoridade e, por conseguinte, se ela fosse punida mais brandamente, o agente poderia, com manifesta vantagem, valer-se da desobediência para ocultar a supressão ou a redução. Se para descobrir a redução ou supressão do tributo o Fisco precisa examinar determinados livros e papéis, deixar de apresentá-los não pode ser punido menos severamente do que suprimir ou reduzir o tributo, sob pena de ser compensador, para quem sonega, praticar a conduta prevista no parágrafo único, evitando, assim, a revelação da sonegação. Diga-se, finalmente, que vincular a conduta de deixar de atender à exigência da autoridade fiscal com a de suprimir ou reduzir tributo, contribuição social ou qualquer acessório significaria, em muitos casos, frustrar uma das principais finalidades da regra em análise. Suponha-se que determinado contribuinte, intimado pelo Fisco a apresentar livros e papéis atinentes à sua atividade tributável, deixe de fazê-lo no prazo legal. Entendendo-se necessária a ação de suprimir ou reduzir o tributo, a conduta do agente seria atípica, não obstante pudesse ter sido praticada com o único intuito de ocultar a supressão ou redução. E a supressão ou redução, por sua vez, ocultada pelo desatendimento à exigência do Fisco, poderia nunca ser descoberta e restar igualmente sem punição. É esse o desiderato da Lei nº 8.137/1990? Evidente que não. Em suma, pode-se afirmar, sem temor de erro, que o crime previsto no parágrafo único do art. 1º é autônomo, formal e contenta-se com o dolo genérico, consubstanciado na vontade deliberada de não atender à ordem da autoridade, independentemente de qualquer resultado que, eventualmente, o sujeito queira alcançar."

Guilherme de Souza Nucci, no entanto, preconiza que o parágrafo único do art. 1º é merecedor de censura por ferir o princípio da legalidade.

Considera que não há nenhuma relação entre o atendimento a alguma exigência formulada pela autoridade fazendária, na sua atividade fiscalizadora, e a conduta típica prevista no inciso V[147] ("negar ou deixar de fornecer, quando obrigatório, nota fiscal ou documento equivalente, relativa a venda de mercadoria ou prestação de serviço, efetivamente realizada, ou fornecê-la em desacordo com a legislação"). Não está definido o que seja "quanto ao atendimento da exigência" tampouco restou definido qual a autoridade responsável.

Nucci considera inaplicável este parágrafo, "salvo se a autoridade fazendária conceder, efetivamente, dez dias para a apresentação de qualquer documento indispensável à fiscalização, cientificando o contribuinte de modo expresso (e comprovado), desde que não se trate de dado cuja busca demande prazo flexível, pois complexa a sua elaboração ou exibição."

José Paulo Baltazar Junior[148] considera uma forma específica de desobediência, perpetrada em relação a uma ordem emitida pela autoridade fazendária. Reputa exacerbada a pena se comparada com a estabelecida no art. 330 do CP, bem como entende ferir o dispositivo o direito constitucional da não-autoincriminação. Considera este autor que embora o contribuinte possa ser instado pela autoridade fazendária a apresentar os documentos fiscais, poderia se recusar a fazê-lo sob o argumento de não ser obrigado a entregar documentos que poderiam vir a incriminá-lo.

Rui Stoco, de seu turno, assevera não estar este parágrafo atrelado ao inciso definidor de infração penal que imediatamente o precede, com o que concordamos. Salienta, neste sentir, que bastaria ter o legislador constado que também configura crime punido com a mesma pena a falta de atendimento à exigência da autoridade.

Salienta que "o contribuinte tem obrigação de colocar à disposição da autoridade todos os documentos constantes de seus arquivos, relativos a venda de mercadorias ou a prestação de serviços, tais como talonários com cópias de notas fiscais, guias de recolhimento, cópias de informações fiscais, controle de emissão de faturas e duplicatas, livros de registros diversos,

[147] NUCCI, Guilherme de Souza. *Leis penais e processuais penais comentadas.* 9. ed. rev., atual. e ampl., Rio de Janeiro: Forense, 2015. v. 1, p. 621.

[148] GONÇALVES, Victor Eduardo Rios; BALTAZAR JUNIOR, José Paulo. *Legislação penal especial.* 2 ed. São Paulo: Saraiva, 2016, p. 561.

ainda que a contabilidade seja feita com o auxílio da informática."[149] Contudo, em seu entendimento, a omissão ou a falta de atendimento do contribuinte à exigência da autoridade fazendária só configurará crime se sua conduta objetivar suprimir ou reduzir tributo.

Heloisa Estellita Salomão traz à discussão o princípio constitucional da não autoincriminação em razão das disposições do parágrafo único do art. 1º. A dúvida que surge é a contrariedade entre o dever do contribuinte em colaborar com a investigação tributária e o direito deste em não cooperar para sua própria incriminação.[150]

Esta doutrinadora conclui que os contribuintes que possam figurar "como sujeitos ativos da prática de crime contra a ordem tributária têm o direito humano e constitucional a não cooperar com a fiscalização tributária na arregimentação de documentos e informações[151] que possam ser-

[149] MARTINS, Ives Gandra da Silva; BRITO, Edvaldo (org.) *Direito tributário: direito penal tributário (coleção doutrinas essenciais, v. VIII)*. São Paulo: RT, 2011, p. 637.

[150] Heloisa Estellita Salomão consigna que: "integrada a norma inscrita no art. 5º, LXIII, da CF/88, com aquelas inseridas no art. 14, 3, "g", do Pacto Internacional dos Direitos Civis e Políticos, de 1966, e no art. 8º, 2, "g", da Convenção Americana de Direitos Humanos, de 1969 (Pacto de San José da Costa Rica), e à luz do disposto nos arts. 1º, III, 4º, II, 5º, LV, da CF, pode-se afirmar, sem receio, que está consagrado em nosso ordenamento jurídico o direito humano de não cooperar na própria incriminação" (MARTINS, Ives Gandra da Silva; BRITO, Edvaldo - org. *Direito tributário: direito penal tributário (coleção doutrinas essenciais, v. VIII)*. São Paulo: RT, 2011. p. 1060-1075).

[151] **Código Tributário Nacional**

Art. 195. Para os efeitos da legislação tributária, não têm aplicação quaisquer disposições legais excludentes ou limitativas do direito de examinar mercadorias, livros, arquivos, documentos, papéis e efeitos comerciais ou fiscais, dos comerciantes industriais ou produtores, ou da obrigação destes de exibi-los.

Parágrafo único. Os livros obrigatórios de escrituração comercial e fiscal e os comprovantes dos lançamentos neles efetuados serão conservados até que ocorra a prescrição dos créditos tributários decorrentes das operações a que se refiram.

Art. 196. A autoridade administrativa que proceder ou presidir a quaisquer diligências de fiscalização lavrará os termos necessários para que se documente o início do procedimento, na forma da legislação aplicável, que fixará prazo máximo para a conclusão daquelas.

Parágrafo único. Os termos a que se refere este artigo serão lavrados, sempre que possível, em um dos livros fiscais exibidos; quando lavrados em separado deles se entregará, à pessoa sujeita à fiscalização, cópia autenticada pela autoridade a que se refere este artigo.

Art. 197. Mediante intimação escrita, são obrigados a prestar à autoridade administrativa todas as informações de que disponham com relação aos bens, negócios ou atividades de terceiros:

I - os tabeliães, escrivães e demais serventuários de ofício;

II - os bancos, casas bancárias, Caixas Econômicas e demais instituições financeiras;

III - as empresas de administração de bens;

IV - os corretores, leiloeiros e despachantes oficiais;

vir de provas ou indícios da prática daqueles crimes, não cometendo, com sua recusa, omissão ou oposição, a prática quer do delito de desobediência (art. 330 do CP) quer daquele previsto no art. 1º, parágrafo único, da Lei 8.137/90."

Pondera, no entanto, que "a negativa do contribuinte não gera prejuízo a Fazenda Pública na medida em que poderá ser calculado o valor do tributo devido por arbitramento, neste sentido a letra do art. 148 do CTN."[152] Reputa configurada excludente de ilicitude: exercício regular de direito (art. 23, III, do CP).

Cita[153] acórdão paradigmático do STF sobre o tema, como segue:

> "(...) Não são absolutos os poderes de que se acham investidos os órgãos e agentes da administração tributária, pois o Estado, em tema de tributação, inclusive em matéria de fiscalização tributária, está sujeito à observância de um complexo de direitos e prerrogativas que assistem, constitucionalmente, aos contribuintes e aos cidadãos em geral. Na realidade, os poderes do Estado encontram, nos direitos e garantias individuais, limites intransponíveis, cujo desrespeito pode caracterizar ilícito constitucional. – A administração tributária, por isso mesmo, embora podendo muito, não pode tudo. É que, ao Estado, é somente lícito atuar, 'respeitados os direitos individuais e nos termos da lei' (CF, art. 145, § 1º), consideradas, sobretudo, e para esse específico efeito, as limitações jurídicas decorrentes do próprio sistema instituído pela Lei Fundamental, cuja eficácia – que prepondera sobre todos os órgãos e agentes fazendários – restringe-lhes o alcance do poder de que se acham investidos, especialmente quando exercido em face do contribuinte

V – os inventariantes;

VI – os síndicos, comissários e liquidatários;

VII – quaisquer outras entidades ou pessoas que a lei designe, em razão de seu cargo, ofício, função, ministério, atividade ou profissão.

Parágrafo único. A obrigação prevista neste artigo não abrange a prestação de informações quanto a fatos sobre os quais o informante esteja legalmente obrigado a observar segredo em razão de cargo, ofício, função, ministério, atividade ou profissão.

152 Art. 148 do CTN. Quando o cálculo do tributo tenha por base, ou tome em consideração, o valor ou o preço de bens, direitos, serviços ou atos jurídicos, a autoridade lançadora, mediante processo regular, arbitrará aquele valor ou preço, sempre que sejam omissos ou não mereçam fé as declarações ou os esclarecimentos prestados, ou os documentos expedidos pelo sujeito passivo ou pelo terceiro legalmente obrigado, ressalvada, em caso de contestação, avaliação contraditória, administrativa ou judicial.

153 MARTINS, Ives Gandra da Silva; BRITO, Edvaldo (org.). *Direito tributário: direito penal tributário (coleção doutrinas essenciais, v. VIII)*. São Paulo: RT, 2011, p. 1092.

e dos cidadãos da República, que são titulares de garantias impregnadas de estatura constitucional e que, por tal razão, não podem ser transgredidas por aqueles que exercem a autoridade em nome do Estado. A GARANTIA DA INVIOLABILIDADE DOMICILIAR COMO LIMITAÇÃO CONSTITUCIONAL AO PODER DO ESTADO EM TEMA DE FISCALIZAÇÃO TRIBUTÁRIA – CONCEITO DE 'CASA' PARA EFEITO DE PROTEÇÃO CONSTITUCIONAL – AMPLITUDE DESSA NOÇÃO CONCEITUAL, QUE TAMBÉM COMPREENDE OS ESPAÇOS PRIVADOS NÃO ABERTOS AO PÚBLICO, ONDE ALGUÉM EXERCE ATIVIDADE PROFISSIONAL: NECESSIDADE, EM TAL HIPÓTESE, DE MANDADO JUDICIAL (CF, ART. 5º, XI). – Para os fins da proteção jurídica a que se refere o art. 5º, XI, da Constituição da República, o conceito normativo de 'casa' revela-se abrangente e, por estender-se a qualquer compartimento privado não aberto ao público, onde alguém exerce profissão ou atividade (CP, art. 150, § 4º, III), compreende, observada essa específica limitação espacial (área interna não acessível ao público), os escritórios profissionais, inclusive os de contabilidade, 'embora sem conexão com a casa de moradia propriamente dita' (NELSON HUNGRIA). Doutrina. Precedentes. – Sem que ocorra qualquer das situações excepcionais taxativamente previstas no texto constitucional (art. 5º, XI), nenhum agente público, ainda que vinculado à administração tributária do Estado, poderá, contra a vontade de quem de direito ('invito domino'), ingressar, durante o dia, sem mandado judicial, em espaço privado não aberto ao público, onde alguém exerce sua atividade profissional, sob pena de a prova resultante da diligência de busca e apreensão assim executada reputar-se inadmissível, porque impregnada de ilicitude material. Doutrina. Precedentes específicos, em tema de fiscalização tributária, a propósito de escritórios de contabilidade (STF). – O atributo da auto-executoriedade dos atos administrativos, que traduz expressão concretizadora do 'privilège du preálable, não prevalece sobre a garantia constitucional da inviolabilidade domiciliar, ainda que se cuide de atividade exercida pelo Poder Público em sede de fiscalização tributária. Doutrina. Precedentes. ILICITUDE DA PROVA – INADMISSIBILIDADE DE SUA PRODUÇÃO EM JUÍZO (OU PERANTE QUALQUER INSTÂNCIA DE PODER) – INIDONEIDADE JURÍDICA DA PROVA RESULTANTE DE TRANSGRESSÃO ESTATAL AO REGIME CONSTITUCIONAL DOS DIREITOS E GARANTIAS INDIVIDUAIS. – A ação persecutória do Estado, qualquer que seja a instância de poder perante a qual se instaure, para revestir-se de legitimidade, não pode apoiar-se em elementos proba-

> tórios ilicitamente obtidos, sob pena de ofensa à garantia constitucional do 'due process of law', que tem, no dogma da inadmissibilidade das provas ilícitas, uma de suas mais expressivas projeções concretizadoras no plano do nosso sistema de direito positivo. A 'Exclusionary Rule' consagrada pela jurisprudência da Suprema Corte dos Estados Unidos da América como limitação ao poder do Estado de produzir prova em sede processual penal. – A Constituição da República, em norma revestida de conteúdo vedatório (CF, art. 5º, LVI), desautoriza, por incompatível com os postulados que regem uma sociedade fundada em bases democráticas (CF, art. 1º), qualquer prova cuja obtenção, pelo Poder Público, derive de transgressão a cláusulas de ordem constitucional, repelindo, por isso mesmo, quaisquer elementos probatórios que resultem de violação do direito material (ou, até mesmo, do direito processual), não prevalecendo, em conseqüência, no ordenamento normativo brasileiro, em matéria de atividade probatória, a fórmula autoritária do '"male captum, bene retentum'. Doutrina. Precedentes. – A circunstância de a administração estatal achar-se investida de poderes excepcionais que lhe permitem exercer a fiscalização em sede tributária não a exonera do dever de observar, para efeito do legítimo desempenho de tais prerrogativas, os limites impostos pela Constituição e pelas leis da República, sob pena de os órgãos governamentais incidirem em frontal desrespeito às garantias constitucionalmente asseguradas aos cidadãos em geral e aos contribuintes em particular. – Os procedimentos dos agentes da administração tributária que contrariem os postulados consagrados pela Constituição da República revelam-se inaceitáveis e não podem ser corroborados pelo Supremo Tribunal Federal, sob pena de inadmissível subversão dos postulados constitucionais que definem, de modo estrito, os limites – inultrapassáveis – que restringem os poderes do Estado em suas relações com os contribuintes e com terceiros." (STF, *Habeas Corpus* nº 82.788, Relator Min. Celso de Mello, 2ª T., *v.u.*, *DJ* de 02.06.2006)

A par de toda esta discussão doutrinária e jurisprudencial, e melhor refletindo sobre o tema, pode-se entrever que o parágrafo único do artigo 1º implica em uma forma especial de desobediência em relação a uma ordem revestida de legalidade e emitida por autoridade competente, funcionando como um instrumento de verificação das obrigações tributárias do sujeito passivo.

A preocupação do legislador penal em especificar as variadas formas e técnicas de sonegação fiscal não implica que as condutas descritas nos incisos do art. 1º constituam, por si sós, comportamentos relevantes para o Direito Penal, sendo necessário perquirir, em cada caso, a relação que podem vir a ter com a concreta supressão ou redução de tributo devido.[154]

Sob esse aspecto, note-se que o inciso V do artigo 1º da Lei nº 8.137/1990 abrange a recusa da entrega e o não fornecimento, quando obrigatório, de nota fiscal ou documento equivalente, relativa a venda de mercadoria ou prestação de serviço, efetivamente realizada. Portanto, esse comportamento do contribuinte acaba implicando na ocultação de fato gerador que repercutirá na constituição do crédito tributário.

A conduta descrita no parágrafo único do referido dispositivo, como já se afirmou, consiste em figura autônoma, mas se insere como norma explicativa do alcance do inciso V, concretamente no que diz respeito à obrigatoriedade do fornecimento de nota fiscal ou documento equivalente, de modo que o núcleo essencial da conduta típica permanece descrito no *caput* do artigo 1º, qual seja, efetivamente "suprimir ou reduzir tributo, ou contribuição social e qualquer acessório."

Nesse diapasão, verifica-se que se a conduta narrada na denúncia se referir, por exemplo, à conduta omissiva do réu em não apresentar os documentos solicitados pela fiscalização (Livro Caixa, Livro Diário, Livro Razão, Folhas de Pagamento, Registro de Empregados, Notas Fiscais, Processos Trabalhistas e Recibos de Pagamento, cópia do contrato social, entre vários outros), embora regularmente intimado, e, em função desse descumprimento, terem sido lavrados os Autos de Infração, com aplicação de multa, estar-se-ia diante de um fato atípico. Note-se, portanto, que, neste exemplo, o crédito tributário consistiria tão-somente em multa, não havendo assim, efetiva supressão ou redução de tributos que teria sido gerada por tal conduta, premissa elementar do tipo em questão.

Além disso, nos termos do artigo 3º do Código Tributário Nacional, tributo é toda prestação pecuniária compulsória, em moeda ou cujo valor nela se possa exprimir, que não constitua sanção de ato ilícito, instituída em lei e cobrada mediante atividade administrativa plenamente vinculada, sendo forçoso concluir que a ausência de apresentação desses documentos não implicaria em supressão ou redução de tributo, mas de obrigação acessória (sanção por ato ilícito), conduta que não se encontra tipificada no dispositivo em comento.

[154] BITENCOURT, Cezar Roberto; MONTEIRO, Luciana de Oliveira. *Crimes contra a ordem tributária*. 1. ed., 2. tiragem. São Paulo: Saraiva, 2014, p. 139.

Portanto, neste hipotético caso, não se estaria diante do curso regular de constituição do crédito tributário, mas perante procedimento fiscalizatório com o potencial de desencadear a aplicação de sanções administrativas e, também, penais.

Assim, o denunciado, em se negando a informar, estaria sob a proteção do princípio que veda a autoincriminação, resultando, daí a atipicidade da conduta descrita na denúncia.

Art. 2º

Constitui crime da mesma natureza: (Vide Lei nº 9.964, de 10.4.2000)

I – fazer declaração falsa ou omitir declaração sobre rendas, bens ou fatos, ou empregar outra fraude, para eximir-se, total ou parcialmente, de pagamento de tributo;

II – deixar de recolher, no prazo legal, valor de tributo ou de contribuição social, descontado ou cobrado, na qualidade de sujeito passivo de obrigação e que deveria recolher aos cofres públicos;

III – exigir, pagar ou receber, para si ou para o contribuinte beneficiário, qualquer percentagem sobre a parcela dedutível ou deduzida de imposto ou de contribuição como incentivo fiscal;

IV – deixar de aplicar, ou aplicar em desacordo com o estatuído, incentivo fiscal ou parcelas de imposto liberadas por órgão ou entidade de desenvolvimento;

V – utilizar ou divulgar programa de processamento de dados que permita ao sujeito passivo da obrigação tributária possuir informação contábil diversa daquela que é, por lei, fornecida à Fazenda Pública.

1. Considerações

Trata-se de crime formal, não dependendo da ocorrência de prejuízo ao Estado para a sua configuração, de modo que a ausência de lançamento definitivo não impede o oferecimento de ação penal.

Conquanto o *caput* do art. 2º preconize que os delitos nele arrolados possuem a mesma natureza do art. 1º, não se pode extrair da norma que tenha sido a intenção do legislador considerá-lo crime material. Ao revés, os crimes do art. 2º não possuem esta natureza, não sendo exigida para a sua consumação a supressão ou redução de tributo, contribuição social e qualquer acessório.

Em verdade, tal alegação refere-se à inserção deste tipo penal na Seção I que trata de crimes praticados por particulares contra a Ordem Tributária (Capítulo I da Lei nº 8.137/1990) em contraposição à Seção II que versa sobre crimes praticados por funcionários públicos.

Art. 2º, inciso I

Constitui crime da mesma natureza: (Vide Lei nº 9.964, de 10.4.2000)

I - fazer declaração falsa ou omitir declaração sobre rendas, bens ou fatos, ou empregar outra fraude, para eximir-se, total ou parcialmente, de pagamento de tributo;

1. Considerações

A primeira conduta típica é a de prestar declaração falsa (forma comissiva) e a segunda é a de omitir declaração (forma omissiva), sendo certo que ambas fazem alusão à rendas, bens ou fatos. A terceira conduta é a de empregar outra fraude (forma comissiva).

O artigo 2º, I, da Lei nº 8.137/1990, a despeito da similitude com a redação do artigo 1º, I, diferencia-se deste porquanto se trata de crime formal, não dependendo sua consumação do resultado, qual seja, a efetiva supressão ou redução do tributo.

Ainda, por se tratar de crime formal não há a necessidade de se aguardar a conclusão do procedimento administrativo para o início da persecução penal, não se aplicando, nessa toada a Súmula Vinculante n. 24 do STF. Nesse sentido:

> "Embargos de declaração. Efeitos infringentes. Admissibilidade excepcional. Necessidade de intimação da parte embargada para contra-razões. Art. 2º, inc. I, da Lei nº 8.137/90. Crime formal. Desnecessidade de conclusão do procedimento administrativo para a persecução penal. Visando os embargos declaratórios à modificação do provimento embargado, impõe-se, considerado o devido processo legal e a ampla defesa, a ciência da parte contrária para, querendo, apresentar contra-razões. O tipo penal previsto no artigo 2º, inc. I, da Lei 8.137/90, é crime formal e, portanto, independe da consumação do resultado naturalístico correspondente à auferição de vantagem ilícita em desfavor do Fisco, bastando a omissão de informações ou a prestação de declaração falsa, não demandando a efetiva percepção material do ardil aplicado. Dispensável, por conseguinte, a conclusão de procedimento administrativo para configurar a justa causa legitimadora da persecução. Embargos declaratórios providos."

(STF, RHC 90532 ED, Rel. Joaquim Barbosa, Tribunal Pleno, *DJe* 06.11.2009)

Note-se, ademais, que a expressão do art. 2º, I, "para eximir-se, total ou parcialmente, de pagamento de tributo" configura o elemento subjetivo do tipo, isto é, a intenção específica do agente. Portanto, não é necessário que ele consiga se eximir total ou parcialmente de pagamento de tributo, mas apenas que ele tenha esse intuito.

Como já mencionado anteriormente nesta obra, tendo havido a constituição regular do crédito tributário sonegado em razão da omissão, por exemplo, está-se diante de crime de natureza material, tendo em vista que efetivamente houve lesão ao erário, atestada pelo Fisco mediante o lançamento do crédito tributário, de modo que tal conduta necessariamente subsome-se ao artigo 1º, inciso I, da Lei nº 8.137/1990.

Basta, pois, a simples omissão ou prestação de declaração falsa com o objetivo da supressão ou redução do tributo para a caracterização do inciso I do art. 2º.

A modalidade omissiva do inciso I do art. 2º não admite tentativa, já nas comissivas, em tese, é admissível.

Não menos importante destacar que por se tratar de crime formal o STJ já decidiu que o termo inicial da contagem do prazo prescricional é a data da fraude perpetrada:

> "RECURSO EM HABEAS CORPUS. 1. CRIME CONTRA A ORDEM TRIBUTÁRIA. ART. 2º, I, DA LEI N. 8.137/1990. INÍCIO DO PRAZO PRESCRICIONAL. MOMENTO CONSUMATIVO. CRIME FORMAL E INSTANTÂNEO. FRAUDE CONTRATUAL. CONDUTA QUE NÃO SE PROLONGA NO TEMPO. EFEITOS QUE PERDURAM ATÉ SUA DESCOBERTA. DELITO QUE SE CONSUMA COM A CONDUTA E NÃO COM A DESCOBERTA DA FRAUDE. 2. LAPSO PRESCRICIONAL IMPLEMENTADO. ART. 109, V, DO CP. CONDUTA PERPETRADA NO ANO DE 2000. DENÚNCIA RECEBIDA EM 2/2/2011. FATO COMETIDO ANTES DA LEI N. 12.234/2010. 3. RECURSO EM HABEAS CORPUS A QUE SE DÁ PROVIMENTO, PARA RECONHECER A PRESCRIÇÃO E EXTINGUIR A PUNIBILIDADE DO RECORRENTE.
>
> 1. A celeuma apresentada nos presentes autos diz respeito ao início do prazo prescricional, no que concerne ao crime do art. 2º, inciso I, da Lei n. 8.137/1990. Referido tipo tem natureza de crime formal, instantâneo, sendo suficiente a conduta instrumental, haja vista não ser necessária a efetiva

supressão ou redução do tributo para a sua consumação. No caso, a fraude foi empregada em momento determinado, irradiando seus efeitos até sua descoberta, o que não revela conduta permanente mas apenas de efeitos permanentes, os quais perduraram até a descoberta do engodo.

2. Dessarte, cuidando-se de crime instantâneo, cuja consumação se deu com a alteração fraudulenta do contrato social da empresa, a qual foi perpetrada no ano de 2000, verifico que este deve ser o termo inicial do prazo prescricional, nos termos do art. 111, inciso I, do Código Penal. Importante destacar, ademais, que no caso dos autos não se aplica a parte final do art. 110, § 1º, do Código Penal, haja vista referida alteração legislativa, trazida pela Lei n. 12.234/2010, ser posterior à data dos fatos.

3. Recurso em habeas corpus provido, para reconhecer a prescrição da pretensão punitiva estatal com base na pena aplicada em concreto, extinguindo, por conseguinte, a punibilidade do recorrente."

(STJ, RHC 36.024/ES, Rel. Ministro REYNALDO SOARES DA FONSECA, QUINTA TURMA, julgado em 25/08/2015, DJe 01/09/2015)

Art. 2º, inciso II

Constitui crime da mesma natureza:

(...)

II – deixar de recolher, no prazo legal, valor de tributo ou de contribuição social, descontado ou cobrado, na qualidade de sujeito passivo de obrigação e que deveria recolher aos cofres públicos.

1. Considerações acerca do crime de apropriação indébita tributária

Não tem aplicação com relação às contribuições sociais devidas à Previdência Social desde a edição do art. 95, "d", § 1º, da Lei nº 8.212, de 24.07.1991. Este perdeu vigência com a edição da Lei nº 9.983, de 14.07.2000, em vigor desde 15.10.2000, instituindo o art. 168-A do Código Penal.

As contribuições sociais objetos deste crime são as de intervenção no domínio econômico e as contribuições de interesse das categorias profissionais ou econômicas, divergindo, portanto, das contribuições sociais da seguridade social já objeto do art. 168-A do Código Penal.[155]

[155] Art. 195. A seguridade social será financiada por toda a sociedade, de forma direta e indireta, nos termos da lei, mediante recursos provenientes dos orçamentos da União, dos Estados, do Distrito Federal e dos Municípios, e das seguintes contribuições sociais: (Vide Emenda Constitucional nº 20, de 1998)

I – do empregador, da empresa e da entidade a ela equiparada na forma da lei, incidentes sobre: (Redação dada pela Emenda Constitucional nº 20, de 1998)
a) a folha de salários e demais rendimentos do trabalho pagos ou creditados, a qualquer título, à pessoa física que lhe preste serviço, mesmo sem vínculo empregatício; (Incluído pela Emenda Constitucional nº 20, de 1998)
b) a receita ou o faturamento; (Incluído pela Emenda Constitucional nº 20, de 1998)
c) o lucro; (Incluído pela Emenda Constitucional nº 20, de 1998)
II – do trabalhador e dos demais segurados da previdência social, não incidindo contribuição sobre aposentadoria e pensão concedidas pelo regime geral de previdência social de que trata o art. 201;
(Redação dada pela Emenda Constitucional nº 20, de 1998)
III – sobre a receita de concursos de prognósticos.
IV – do importador de bens ou serviços do exterior, ou de quem a lei a ele equiparar. (Incluído pela Emenda Constitucional nº 42, de 19.12.2003)
§ 1º As receitas dos Estados, do Distrito Federal e dos Municípios destinadas à seguridade social constarão dos respectivos orçamentos, não integrando o orçamento da União.
§ 2º A proposta de orçamento da seguridade social será elaborada de forma integrada pelos órgãos responsáveis pela saúde, previdência social e assistência social, tendo em vista as metas e prioridades estabelecidas na lei de diretrizes orçamentárias, assegurada a cada área a gestão de seus recursos.
§ 3º A pessoa jurídica em débito com o sistema da seguridade social, como estabelecido em lei, não poderá contratar com o Poder Público nem dele receber benefícios ou incentivos fiscais ou creditícios. (Vide Medida Provisória nº 526, de 2011) (Vide Lei nº 12.453, de 2011)
§ 4º A lei poderá instituir outras fontes destinadas a garantir a manutenção ou expansão da seguridade social, obedecido o disposto no art. 154, I.
§ 5º Nenhum benefício ou serviço da seguridade social poderá ser criado, majorado ou estendido sem a correspondente fonte de custeio total.
§ 6º As contribuições sociais de que trata este artigo só poderão ser exigidas após decorridos noventa dias da data da publicação da lei que as houver instituído ou modificado, não se lhes aplicando o disposto no art. 150, III, "b".
§ 7º São isentas de contribuição para a seguridade social as entidades beneficentes de assistência social que atendam às exigências estabelecidas em lei.
§ 8º O produtor, o parceiro, o meeiro e o arrendatário rurais e o pescador artesanal, bem como os respectivos cônjuges, que exerçam suas atividades em regime de economia familiar, sem empregados permanentes, contribuirão para a seguridade social mediante a aplicação de uma alíquota sobre o resultado da comercialização da produção e farão jus aos benefícios nos termos da lei. (Redação dada pela Emenda Constitucional nº 20, de 1998)
§ 9º As contribuições sociais previstas no inciso I do caput deste artigo poderão ter alíquotas ou bases de cálculo diferenciadas, em razão da atividade econômica, da utilização intensiva de mão-de-obra, do porte da empresa ou da condição estrutural do mercado de trabalho. (Redação dada pela Emenda Constitucional nº 47, de 2005)
§ 10. A lei definirá os critérios de transferência de recursos para o sistema único de saúde e ações de assistência social da União para os Estados, o Distrito Federal e os Municípios, e dos Estados para os Municípios, observada a respectiva contrapartida de recursos. (Incluído pela Emenda Constitucional nº 20, de 1998)

Neste sentido, ensina Kiyoshi Arada que "é certo, porém, que as contribuições sociais não formam uma categoria uniforme, pois a própria Constituição distingue aquelas do art. 149, daquelas do art. 195. Temos, ainda, outras contribuições espraiadas no corpo da Carta Política, como veremos. É possível, portanto, reconhecer a existência de subespécies da espécie contribuição social. Entretanto, umas e outras têm como traço comum a destinação específica do produto de sua arrecadação. Pode-se dizer que as contribuições sociais são espécies ou subespécies tributárias vinculadas à atuação indireta do Estado. Têm como fatos geradores uma atuação indireta do Poder Público mediatamente referida ao sujeito passivo da obrigação tributária. Elas se caracterizam pelo fato de, no desenvolvimento pelo Estado de determinada atividade administrativa de interesse geral acarretar maiores despesas em prol de certas pessoas (contribuintes), que passam a usufruir de benefícios diferenciados dos demais (não contribuintes). Têm seu fundamento na maior despesa provocada pelo contribuinte e na particular vantagem a ele proporcionada pelo Estado.[156]

O art. 149 da CF dispõe que "compete exclusivamente à União instituir contribuições sociais, de intervenção no domínio econômico e de interesse das categorias profissionais ou econômicas, como instrumento de sua atuação nas respectivas áreas, observado o disposto nos arts. 146, III, e 150, I e III, e sem prejuízo do previsto no art. 195, § 6º, relativamente às contribuições a que alude o dispositivo."

Estas contribuições têm por escopo atender aos encargos da União na intervenção no domínio econômico a fim de incentivar determinados setores. São as seguintes as Contribuições Interventivas, conforme relação trazida por Kiyoshi Arada: Taxa de Marinha Mercante (TMM), hoje, Adicional do Frete para Renovação da Marinha Mercante (AFRMM), Adicional de Tarifa Portuária (ATP), Contribuição ao Instituto do Açúcar e do Álcool

§ 11. É vedada a concessão de remissão ou anistia das contribuições sociais de que tratam os incisos I, a, e II deste artigo, para débitos em montante superior ao fixado em lei complementar. (Incluído pela Emenda Constitucional nº 20, de 1998)

§ 12. A lei definirá os setores de atividade econômica para os quais as contribuições incidentes na forma dos incisos I, b; e IV do *caput*, serão não-cumulativas. (Incluído pela Emenda Constitucional nº 42, de 19.12.2003)

§ 13. Aplica-se o disposto no § 12 inclusive na hipótese de substituição gradual, total ou parcial, da contribuição incidente na forma do inciso I, a, pela incidente sobre a receita ou o faturamento. (Incluído pela Emenda Constitucional nº 42, de 19.12.2003)

[156] HARADA, Kiyoshi; MUSUMECCI FILHO, Leonardo; POLIDO, Gustavo Moreno. *Crimes contra a ordem tributária*. 2. ed. São Paulo: Atlas, 2015, p. 27.

(IAA), Contribuição ao Instituto Brasileiro do Café (IBC), Contribuição de Intervenção no Domínio Econômico incidente sobre a Importação e a Comercialização de Petróleo e seus Derivados (CIDE). As Contribuições Sociais de Categorias Profissionais ou Econômicas são as seguintes: Contribuição Sindical prevista nos arts. 578 e seguintes da CLT, Contribuições Sociais arrecadadas para manutenção do SENAI, do SENAC, do SESC, do SESI, da OAB, do CRM, etc. E Contribuições Sociais Diversas: PIS/PASEP, Contribuição Social do Salário-Educação, Contribuição para o Seguro de Acidentes do Trabalho (SAT), Contribuições Sociais sobre o Fundo de Garantia do Tempo de Serviço (FGTS), Contribuição Social dos Servidores Públicos e Contribuição de Iluminação Pública.[157]

Com relação a tributos, a apropriação indébita ocorre pelo fato de o sujeito ter a obrigação tributária acessória de recolher um tributo que não é por ele devido e não o repassar ao órgão tributante. Não se trata de fraude.

2. Sujeitos

Cuida-se de crime próprio, sendo exigida uma qualidade especial do sujeito passivo da obrigação tributária responsável pelo desconto ou pela cobrança dos tributos.

3. Elemento subjetivo

O elemento subjetivo é o dolo, não se fazendo, contudo, necessário um especial fim de agir. Não é admitida a modalidade culposa.

4. Consumação e tentativa

O crime consuma-se com o vencimento do prazo para o recolhimento do tributo ou da contribuição social.

Conquanto haja entendimento doutrinário e jurisprudencial que reputa material o crime do inciso II do art. 2º, perfilho o entendimento de tratar-se de crime formal.

O delito resta perfectibilizado com a mera realização da conduta de "deixar de recolher" no vencimento do prazo legal para o recolhimento do tributo e contribuição social descontado ou cobrado, sendo despicienda a perquirição do resultado lesivo.

[157] Ob. cit., p. 28-30 e 35-45.

Renato Brasileiro de Lima preleciona, em consonância com o entendimento sufragrado pelo Supremo Tribunal Federal para o delito tipificado no art. 168-A do Código Penal, tratar-se essa (apropriação indébita previdenciária) espécie de crime material, daí que, sob pena de violação ao princípio da isonomia, referido autor estende tal raciocínio ao crime tipificado no art. 2º, inciso II, da Lei nº 8.137/1990, asseverando que "ante a semelhança entre os dois tipos penais, que se diferenciam tão somente em virtude da espécie de tributo não recolhido, não há por que não se aplicar o mesmo regramento para fins de se concluir que o crime do art. 2º, inciso II, da Lei n. 8.137/90, também tem natureza material, consumando-se, pois, com o lançamento definitivo."[158]

Trata-se de crime omissivo próprio. Não se admite a tentativa.

5. Constitucionalidade do crime de apropriação indébita tributária

O inciso II do art. 2º refere-se a duas situações: deixar de recolher, no prazo legal, valor de tributo ou de contribuição social descontado ou cobrado. A reprovabilidade da conduta reside na circunstância de o agente cobrar ou descontar o tributo e não o recolher a quem de direito, portanto, não se trata de prisão civil por dívida.

De relevo anotar que a constitucionalidade do crime previsto no art. 2º, inciso II, da Lei nº 8.137/1990, foi mais uma vez reafirmada em sede de repercussão geral (Tema 937 - "É constitucional o tipo penal previsto no art. 2º, inc, II da Lei n. 8.137/1990, por não se configurar a conduta nele descrita como mero ilícito civil"), assentando não haver violação ao quanto disposto no art. 5º, LXVII, da CF (ARE 999.425 RG/SC, Rel. Min. Ricardo Lewandowski, *DJe* de 15.03.2017):

> "(...) I - O Tribunal reconheceu a existência de repercussão geral da matéria debatida nos presentes autos, para reafirmar a jurisprudência desta Corte, no sentido de que a os crimes previstos na Lei 8.137/1990 não violam o disposto no art. 5º, LXVII, da Constituição. II - Julgamento de mérito conforme precedentes. III - Recurso extraordinário desprovido."
>
> (STF, ARE 999425 RG, Relator(a): Min. Ricardo Lewandowski, julgado em 02/03/2017, Processo Eletrônico Repercussão Geral - Mérito *DJe*-050 de 16.03.2017)

[158] LIMA, Renato Brasileiro de. *Legislação criminal especial comentada: volume único*. 9. ed. rev., atual. e ampl. Salvador: JusPODIVM, 2021, p. 262.

6. Especificidades

José Paulo Baltazar Junior destaca, "quanto ao IRPF, que é descontado, o funcionamento é o seguinte: a fonte pagadora do rendimento (empregador ou contratante) é obrigada a reter uma parcela desse rendimento e fazer o recolhimento para a Receita Federal. Se a fonte fizer o desconto e não recolher, o crime se consuma, e o sujeito ativo é o responsável tributário (empregador ou contratante), uma vez que o tributo foi descontado do sujeito passivo da obrigação, que é o empregado ou prestador de serviço. O IPI, ao contrário, é cobrado. A sistemática, em rápidas linhas, é a seguinte: quando uma operação é sujeita a cobrança do IPI, como, por exemplo, a compra de uma mercadoria, o consumidor paga o valor da mercadoria mais o valor do tributo. Se a mercadoria vale 100 reais, o vendedor deve cobrar 110 reais, porque 10 reais são devidos de IPI. O valor de 10 reais, cobrado em razão do IPI, não pertence ao vendedor, mas sim à União, para quem esse valor deve ser recolhido."[159] Desse modo, acaso o vendedor não repasse à União o valor devido, estará perfectibilizado o crime estampado no art. 2º, inc. II.

Nesta última hipótese (IPI), não se admite a tese de exclusão de culpabilidade por inexigibilidade de conduta diversa diante de dificuldade financeiras do agente, notadamente porque o delito implica efetivo pagamento por parte do comprador da mercadoria, de modo que o responsável tributário não poderia se eximir de sua responsabilidade tributária.

A legislação tributária pode transferir a responsabilidade pelo pagamento do tributo, repassando o encargo para outrem, que assume o dever de cobrar ou descontar o tributo antecipadamente. Como predica Renato Brasileiro de Lima "a cobrança, por sua vez, consiste na exigência feita pelo credor ao devedor para o cumprimento da prestação que constitui o objeto da relação jurídica de caráter obrigacional estabelecida entre eles. Cuida-se de uma obrigação tributária acessória imposta ao contribuinte de tributos indiretos, leia-se, aqueles cuja carga econômica o contribuinte pode repassar a terceiros, como por exemplo, o ICMS, e que deverá ser cumprida quando da realização do fato gerador. De se ver, então, que a cobrança do tributo decorre do regime de substituição tributária (CF, art. 150, §7º), que autoriza o legislador ordinário a nomear como responsável tributário pessoa indiretamente vinculada ao fato gerador de obrigação tributária para

[159] LIMA, Renato Brasileiro de. *Legislação penal especial*. 2 ed. São Paulo: Saraiva, 2016, p. 564.

dela exigir o pagamento antecipado do imposto com base no fato gerador presumido."[160]

Este autor elenca aspectos essenciais que devem compor a prática do crime de apropriação indébita tributária, quais sejam: "1º) Em razão da inexistência de clandestinidade no delito de apropriação indébita, que pressupõe, como elemento estrutural, a posse lícita e legítima de coisa alheia móvel, conclui-se de igual forma que, para o delito de 'apropriação indébita tributária', o fato de o agente, registrar, apurar e declarar em guia própria ou em livros fiscais o imposto devido não tem o condão de elidir ou exercer nenhuma influência na prática do delito; 2º) O sujeito ativo é aquele que ostenta a qualidade de sujeito passivo da obrigação tributária, conforme claramente descrito pelo art. 2º, II, da Lei n. 8.137/1990, que não distingue o sujeito passivo direto do indireto da obrigação tributária e, por isso, nada impede que o sujeito ativo do crime possa ser, ao menos em tese, tanto o contribuinte (sujeito passivo direto da obrigação tributária) quanto o responsável tributário (sujeito passivo indireto da obrigação tributária); 3º) Exige, para sua configuração, que a conduta seja dolosa (elemento subjetivo do tipo), consistente na consciência (ainda que potencial) de não recolher o valor do tributo; 4º) A descrição típica do crime contém a expressão 'valor de tributo ou de contribuição social, descontado ou cobrado', o que, indiscutivelmente, restringe a abrangência do sujeito ativo do delito, haja vista que nem todo sujeito passivo de obrigação tributária que deixa de recolher tributo ou contribuição social responde pelo crime do art. 2º, II, da Lei n. 8.137/1990, mas somente aqueles que 'descontam' ou 'cobram' o tributo ou contribuição. Em relação a esse último aspecto é de fundamental importância que se esclareça o alcance dos termos 'descontado' e 'cobrado' de que trata do referido dispositivo legal. A interpretação consentânea com a dogmática penal do termo 'descontado' é a de que ele se refere aos tributos diretos quando há responsabilidade tributária por substituição, enquanto o termo 'cobrado' deve ser compreendido nas relações tributárias havidas com tributos indiretos (incidentes sobre o consumo), de maneira que não possui relevância o fato de o ICMS ser próprio ou por substituição, porquanto, em regra, não haverá ônus financeiros para o contribuinte de direito, na medida em que o valor do tributo é repassado ao consumidor final."[161]

[160] LIMA, Renato Brasileiro de. *Legislação criminal especial comentada: volume único*. 9. ed. rev., atual. e ampl. Salvador: JusPODIVM, 2021, p. 260.
[161] *Ob cit,* p. 105-106.

Deve-se atentar que o STF fixou a tese de que "O contribuinte que deixa de recolher, de forma contumaz e com dolo de apropriação, o ICMS cobrado do adquirente da mercadoria ou serviço incide no tipo penal do art. 2º, II, da Lei nº 8.137/1990":

> "Direito penal. Recurso em Habeas Corpus. Não recolhimento do valor de ICMS cobrado do adquirente da mercadoria ou serviço. Tipicidade. 1. O contribuinte que deixa de recolher o valor do ICMS cobrado do adquirente da mercadoria ou serviço apropria-se de valor de tributo, realizando o tipo penal do art. 2º, II, da Lei nº 8.137/1990. 2. Em primeiro lugar, uma interpretação semântica e sistemática da regra penal indica a adequação típica da conduta, pois a lei não faz diferenciação entre as espécies de sujeitos passivos tributários, exigindo apenas a cobrança do valor do tributo seguida da falta de seu recolhimento aos cofres públicos. 3. Em segundo lugar, uma interpretação histórica, a partir dos trabalhos legislativos, demonstra a intenção do Congresso Nacional de tipificar a conduta. De igual modo, do ponto de vista do direito comparado, constata-se não se tratar de excentricidade brasileira, pois se encontram tipos penais assemelhados em países como Itália, Portugal e EUA. 4. Em terceiro lugar, uma interpretação teleológica voltada à proteção da ordem tributária e uma interpretação atenta às consequências da decisão conduzem ao reconhecimento da tipicidade da conduta. Por um lado, a apropriação indébita do ICMS, o tributo mais sonegado do País, gera graves danos ao erário e à livre concorrência. Por outro lado, é virtualmente impossível que alguém seja preso por esse delito. 5. Impõe-se, porém, uma interpretação restritiva do tipo, de modo que somente se considera criminosa a inadimplência sistemática, contumaz, verdadeiro modus operandi do empresário, seja para enriquecimento ilícito, para lesar a concorrência ou para financiar as próprias atividades. 6. A caracterização do crime depende da demonstração do dolo de apropriação, a ser apurado a partir de circunstâncias objetivas factuais, tais como o inadimplemento prolongado sem tentativa de regularização dos débitos, a venda de produtos abaixo do preço de custo, a criação de obstáculos à fiscalização, a utilização de "laranjas" no quadro societário, a falta de tentativa de regularização dos débitos, o encerramento irregular das suas atividades, a existência de débitos inscritos em dívida ativa em valor superior ao capital social integralizado etc. 7. Recurso desprovido. 8. Fixação da seguinte tese: O contribuinte que deixa de recolher, de forma contumaz e com dolo de apropriação, o ICMS cobrado do adquirente da mercadoria ou serviço incide no tipo penal do art. 2º, II, da Lei nº 8.137/1990."

(STF, RHC 163334, Rel.: Roberto Barroso, Tribunal Pleno, julgado em 18.12.2019, processo eletrônico *DJe* 12.11.2020)

Portanto, de acordo com o Pretório Excelso, em se tratando do não recolhimento do ICMS deverá existir contumácia, porquanto na ausência desta deverá ser reconhecida a atipicidade da conduta.

6.1. Alegação de inconstitucionalidade do preceito secundário do tipo penal do artigo 168-A do Código Penal e sua paridade com o artigo 2º, inciso II, da Lei nº 8.137/1990

Postula-se, em algumas oportunidades, a aplicação da suspensão do processo com base na inconstitucionalidade do preceito secundário do delito previsto no artigo 168-A do Código Penal, alegando-se disparidade com a pena cominada pelo artigo 2º, inciso II, da Lei nº 8.137/1990.

Referida pretensão esbarra no princípio da legalidade e não pode ser acolhida.

De início, vale ressaltar que a inconstitucionalidade do preceito secundário do artigo 168-A do Código Penal não foi declarada em nenhum momento pelo Supremo Tribunal Federal, tampouco questionada naquela C. Corte, de modo que referida disposição legal continua em pleno vigor.

Demais disso, não há razões que ensejem a declaração incidental de inconstitucionalidade do aludido dispositivo.

Igualmente, não se sustenta a alegação de paridade do crime do art. 168-A do Código Penal com o previsto no artigo 2º, inciso II, da Lei nº 8.137/1990. O tipo previsto no estatuto penal protege a seguridade social, ao passo que o segundo tutela a ordem tributária. Trata-se, portanto, de proteção a bens jurídicos diversos, o que, apesar da similitude entre os delitos, justifica o tratamento distinto das penas.

Confira-se, neste sentido, os seguintes julgados:

> "(...)
>
> 1. Não há violação ao princípio da isonomia pelo art. 168-A do Código Penal em face do art. 2º, II, da Lei n. 8.137/90, uma vez que as normas tutelam bens jurídicos diversos e as condutas têm potencialidade lesiva muito desigual, o que justifica diferença dos preceitos secundários dos tipos penais, não sendo o momento processual adequado para sustentar a inconstitucionalidade do preceito. (...)"
>
> (TRF3, Primeira Turma, Ap. - Apelação Criminal - 53839 - 0007859-27.2003.4.03.6181, Rel. Desembargador Federal José Lunardelli, julgado em 15.10.2013, *e-DJF3* Judicial 1 de 23.10.2013)

"(...) Impertinente a alegação de que a inicial acusatória teria ofendido, maculado ou dificultado o exercício constitucional do direito de defesa (assegurado a todo e qualquer acusado sob o pálio do devido processo legal e de seus corolários – ampla defesa e contraditório), pois de sua simples análise verifica-se quais imputações são impingidas ao réu, além de possibilitar a efetiva compreensão da questão de fundo (com todas as peculiaridades que este feito contém), adimplindo, assim, ao disposto no artigo 41 do Código de Processo Penal. A exordial narra com clareza a prática do crime previsto no artigo 168-A do Código Penal, relatando a apropriação indébita de contribuições previdenciárias descontadas dos empregados da empresa autuada não foram repassadas ao INSS no prazo legal. Há suficiente qualificação do denunciado na peça acusatória, o qual foi apontado como sócio e responsável pela administração da empresa autuada, conforme consta no contrato de constituição de sociedade por quotas de responsabilidade limitada e conforme apurado no bojo de procedimento administrativo administrado pela autarquia.

– A inconstitucionalidade do preceito secundário do artigo 168-A do Código Penal não foi declarada em nenhum momento pelo Supremo Tribunal Federal, tampouco questionada naquela E. Corte, de modo que referida disposição legal continua em pleno vigor. Demais disso, não há razões que ensejem a declaração incidental do aludido dispositivo.

– Não se sustenta a alegação de paridade do crime imputado ao réu com o previsto no artigo 2º, inciso II, da Lei nº 8.137/1990. O tipo previsto no artigo 168-A do Código Penal protege a seguridade social, ao passo que o segundo tutela a ordem tributária. Trata-se, portanto, de tutela de bens jurídicos diversos, não sendo razoável a alegada semelhança entre esses crimes.

(TRF3, APELAÇÃO CRIMINAL Nº 0012962-92.2007.4.03.6110/SP, Rel. Des. Fed. Fausto De Sanctis, 11ª Turma, julgado em 25.07.2019)

Art. 2º, inciso III

Constitui crime da mesma natureza:

(...)

III – exigir, pagar ou receber, para si ou para o contribuinte beneficiário, qualquer percentagem sobre a parcela dedutível ou deduzida de imposto ou de contribuição como incentivo fiscal;

1. Considerações

Cuidou a Lei de prever hipóteses em que o empregado da pessoa jurídica de direito privado, captadora de recursos do Estado, pratica as condutas então descritas, não se tratando de crime funcional. Evita-se, pois, a comercialização de incentivos fiscais.

Trata-se de norma penal em branco, porquanto somente a lei tributária estabelecerá o que seja "parcela dedutível ou deduzida de imposto ou de contribuição como incentivo fiscal."

Este crime, em regra, será absorvido pela sonegação posterior, configurando-se, apenas, quando os documentos não venham a ser efetivamente utilizados para a sonegação.

José Paulo Baltazar Junior[162] destaca, em relação ao tipo objetivo, que se perfaz nas modalidades de "exigir, pagar ou receber", o seguinte: "na modalidade exigir, assemelha-se à concussão ou à extorsão, embora pouco comum na prática judiciária e sem a exigência de grave ameaça. Exemplifica-se com o caso do responsável por uma entidade beneficente que exige uma parte do valor que o doador poderá descontar do IR, para conceder o documento a ser eventualmente apresentado à Receita Federal. A segunda modalidade consiste em pagar a vantagem a quem tem condições de conceder o documento comprobatório do incentivo fiscal. Se a utilização do documento resultar em efetiva supressão do tributo, ocorrerá o crime do art. 1º, restando absorvida a conduta aqui mencionada. A terceira conduta é receber, que poderia ser praticada, por exemplo, pelo profissional da saúde ou responsável por entidade assistencial ou cultural que recebe a vantagem a fim de fornecer o documento comprobatório da doação ou pagamento que permitirá a dedução no pagamento do tributo. Também aqui, porém, o médico ou odontólogo que fornecer o recibo falso, sem que tenha sido prestado o serviço, responderá como partícipe pelo crime do art. 1º, restando aplicável o delito em comento somente quando não sobrevier a efetiva redução."

O elemento subjetivo, além do dolo, requer o desejo de apropriação, diante do emprego da expressão "para si ou para o contribuinte beneficiário", consumando-se o crime com as condutas de "exigir, pagar ou receber." A primeira modalidade é formal, as duas outras são materiais, logo, admitindo estas a tentativa.

[162] BALTAZAR JUNIOR, José Paulo. *Legislação penal especial.* 2 ed. São Paulo: Saraiva, 2016, p. 567.

Art. 2º, inciso IV

Constitui crime da mesma natureza:

(...)

IV – deixar de aplicar, ou aplicar em desacordo com o estatuído, incentivo fiscal ou parcelas de imposto liberadas por órgão ou entidade de desenvolvimento

1. Considerações

Este dispositivo visou coibir a burla aos incentivos fiscais.

O objeto deste crime é o incentivo fiscal ou as parcelas de impostos liberadas por órgão ou entidade de desenvolvimento. Tipo subjetivo é o dolo. Consuma-se, na modalidade "deixar de aplicar", com o vencimento do prazo para o emprego dos recursos. Aqui, o crime é omissivo próprio, não admitindo a tentativa. Na modalidade "aplicar em desacordo com o estatuído", consuma-se com a efetiva aplicação em outra finalidade. É a forma comissiva, admitindo-se a tentativa.

Cuida-se de crime próprio, já que é exigida uma qualidade especial do sujeito ativo, consubstanciada na pessoa física com poder de mando na empresa que recebe incentivo fiscal ou parcelas de imposto liberadas por órgão ou entidade de desenvolvimento.

Art. 2º, inciso V

Constitui crime da mesma natureza:

(...)

V – utilizar ou divulgar programa de processamento de dados que permita ao sujeito passivo da obrigação tributária possuir informação contábil diversa daquela que é, por lei, fornecida à Fazenda Pública.

1. Considerações

O tipo objetivo é "utilizar" ou "divulgar".

O sujeito faz inserir nos registros contábeis, por meio do processamento de dados, informações diversas daquelas que deveria prestar ao Fisco, com o intuito de lesá-lo. Ou seja, utiliza programa de processamento de dados com dados contábeis distintos do que deveria apresentar à fiscalização – contabilidade paralela; ou divulga instrumento informático capaz de proporcionar a sonegação fiscal por parte de seus usuários.

Trata-se de crime formal. A consumação ocorre com a simples "utilização ou divulgação, ainda que não venha a ser fornecida informação falsa à Fazenda Pública ou mesmo que o produto não chegue sequer a ser utilizado. Se o programa foi efetivamente utilizado, possibilitando a sonegação, o agente que o utilizou responderá somente pelo crime do art. 1º, enquanto o fornecedor poderá responder, ainda assim, pelo crime em comento, conforme tenha ou não o dolo de colaborar para aquele específico fato de sonegação."[163]

Daí porque a utilização ou divulgação já se afigura suficiente para a consumação do delito. Na modalidade "utilizar" não se admite a tentativa, por ser unissubsistente, todavia, na modalidade "divulgar", sendo conduta plurissubsistente, admite-se a ocorrência da tentativa.

Renato Brasileiro de Lima salienta tratar-se este tipo de uma espécie de contabilidade paralela ("caixa dois"), destacando que, "mais uma vez, trata-se de verdadeiro soldado de reserva em relação ao crime progressivo do art. 1º da Lei n. 8.137/90, no sentido de que sua tipificação ocorrerá apenas quando não houver a supressão ou redução do tributo. Deveras, se a utilização de programa de processamento de dados com informações contábeis diversas daquelas que são fornecidas à Fazenda Pública permitir que o agente obtenha o resultado 'supressão ou redução de tributo', o crime do art. 2º, inciso V, da Lei n. 8.137/90 será absorvido pelo delito do art. 1º com base no princípio da consunção."[164]

Não é admitida a modalidade culposa, sendo punido apenas a título doloso. Não há, contudo, a necessidade de um especial fim de agir.

SEÇÃO II
Dos crimes praticados por funcionários públicos

Art. 3º

Constitui crime funcional contra a ordem tributária, além dos previstos no Decreto-Lei nº 2.848, de 7 de dezembro de 1940 – Código Penal (Título XI, Capítulo I):

[163] *Op. cit*, p. 570.

[164] LIMA, Renato Brasileiro de. *Legislação criminal especial comentada: volume único*. 9. ed. rev., atual. e ampl. Salvador: JusPODIVM, 2021, p. 266.

I - extraviar livro oficial, processo fiscal ou qualquer documento, de que tenha a guarda em razão da função; sonegá-lo, ou inutilizá-lo, total ou parcialmente, acarretando pagamento indevido ou inexato de tributo ou contribuição social;

II - exigir, solicitar ou receber, para si ou para outrem, direta ou indiretamente, ainda que fora da função ou antes de iniciar seu exercício, mas em razão dela, vantagem indevida; ou aceitar promessa de tal vantagem, para deixar de lançar ou cobrar tributo ou contribuição social, ou cobrá-los parcialmente. Pena - reclusão, de 3 (três) a 8 (oito) anos, e multa.

III - patrocinar, direta ou indiretamente, interesse privado perante a administração fazendária, valendo-se da qualidade de funcionário público. Pena - reclusão, de 1 (um) a 4 (quatro) anos, e multa.

1. Considerações

Cuida-se de crimes funcionais específicos, porém o próprio artigo faz menção aos crimes previstos no Código Penal (Título XI, Capítulo I, arts. 312 a 327 - dos crimes praticados por funcionário público contra a administração em geral).

Note-se que o legislador no artigo 3º fixou penas distintas para o inciso II e III, nada constando em relação ao inciso I, donde se conclui que a pena para o delito do inciso I seria a mesma atribuída ao inciso II (interpretação conforme a Lei Complementar nº 95, de 26.02.1998).

Art. 3º, inciso I

(...)

I - extraviar livro oficial, processo fiscal ou qualquer documento, de que tenha a guarda em razão da função; sonegá-lo, ou inutilizá-lo, total ou parcialmente, acarretando pagamento indevido ou inexato de tributo ou contribuição social;

1. Considerações

No inciso I, tem-se as condutas "extraviar" (desviar); "sonegar" (esconder, ocultar, é fazer desaparecer, não sendo propriamente conduta negativa), bem como "inutilizar" (tornar imprestável aos fins), havendo a necessidade da ocorrência do resultado naturalístico compreendido na expressão "acarretando pagamento indevido ou inexato de tributo ou contribuição social."

Trata-se de crime material à medida que a redação típica impõe que não basta o extravio, a sonegação ou a inutilização de livro oficial, processo fiscal ou qualquer outro documento, porquanto o tipo penal exige o pagamento indevido ou inexato de tributo para que se possa falar em consumação.

Admite-se a tentativa.

Este tipo penal embora constitua um crime praticado pelo funcionário público contra a ordem tributária, "pode, indiretamente, atingir o contribuinte, provocando pagamento inexato ou indevido (a maior, em favor do Estado). Porém, se o extravio, a sonegação ou a inutilização causar recolhimento inexato ou indevido (a menor, em detrimento do Estado), é mais do que óbvio que o bem jurídico realmente objeto da tutela penal foi atingido (arrecadação estatal). Em função disso, ressaltando novamente que se trata de delito contra a ordem tributária, pensamos que, se em razão do extravio, sonegação ou inutilização do livro, processo ou documento, o contribuinte não efetuar recolhimento algum, por uma questão de lógica, aplica-se este dispositivo e não o previsto no art. 314 do Código Penal,[165] que, como já mencionamos, é nitidamente subsidiário. A ausência de pagamento do tributo é muito mais grave do que o recolhimento inexato ou indevido. Logo, para dar senso à norma, onde se lê 'pagamento indevido ou inexato' leia-se também 'acarretando ausência de pagamento de tributo ou contribuição social'."[166]

Não se admite a modalidade culposa. O elemento subjetivo é o dolo.

Trata-se de crime próprio, somente podendo ser praticado pelo funcionário público fazendário. Sujeito ativo é o funcionário público fazendário que detenha a guarda dos objetos descritos – livro oficial, processo fiscal ou qualquer documento – de que tenha a guarda em razão da função.

Nada obsta o concurso com o particular, a teor do que dispõe o art. 30 do C.P.

O sujeito passivo é a União, Estados, Municípios, Distrito Federal e autarquias, bem ainda o contribuinte prejudicado pela conduta.

[165] Art. 314 – Extraviar livro oficial ou qualquer documento, de que tem a guarda em razão do cargo; sonegá-lo ou inutilizá-lo, total ou parcialmente: Pena – reclusão, de um a quatro anos, se o fato não constitui crime mais grave. Trata-se de crime formal, não se exigindo o efetivo prejuízo para a administração pública ou para o administrado.

[166] NUCCI, Guilherme de Souza. *Leis penais e processuais penais comentadas*. 9. ed. rev., atual. e ampl., Rio de Janeiro: Forense, 2015. v. 1. p. 632.

Art. 3º, inciso II

(...)

II – exigir, solicitar ou receber, para si ou para outrem, direta ou indiretamente, ainda que fora da função ou antes de iniciar seu exercício, mas em razão dela, vantagem indevida; ou aceitar promessa de tal vantagem, para deixar de lançar ou cobrar tributo ou contribuição social, ou cobrá-los parcialmente. Pena – reclusão, de 3 (três) a 8 (oito) anos, e multa.

1. Considerações

No inciso II as condutas "exigir" (determinar), entende-se como delito formal, assim como a conduta "solicitar" (pedir); já na hipótese "receber" (obter), o crime é material; "aceitar promessa" (anuir), afigura-se formal. Este inciso guarda relação com os arts. 316 (concussão) e 317 (corrupção passiva), ambos do CP, embora voltado para os crimes contra a ordem tributária.[167]

A Lei n. 8.137/1990 abarcou os delitos de concussão e de corrupção passiva em um único artigo, de modo diverso do Código Penal.

[167] **Concussão**
Art. 316 – Exigir, para si ou para outrem, direta ou indiretamente, ainda que fora da função ou antes de assumi-la, mas em razão dela, vantagem indevida:
Pena – reclusão, de 2 (dois) a 12 (doze) anos, e multa. (Redação dada pela Lei nº 13.964, de 2019)
Excesso de exação
§ 1º – Se o funcionário exige tributo ou contribuição social que sabe ou deveria saber indevido, ou, quando devido, emprega na cobrança meio vexatório ou gravoso, que a lei não autoriza: (Redação dada pela Lei nº 8.137, de 27.12.1990)
Pena – reclusão, de 3 (três) a 8 (oito) anos, e multa. (Redação dada pela Lei nº 8.137, de 27.12.1990)
§ 2º – Se o funcionário desvia, em proveito próprio ou de outrem, o que recebeu indevidamente para recolher aos cofres públicos:
Pena – reclusão, de dois a doze anos, e multa.
Corrupção passiva
Art. 317 – Solicitar ou receber, para si ou para outrem, direta ou indiretamente, ainda que fora da função ou antes de assumi-la, mas em razão dela, vantagem indevida, ou aceitar promessa de tal vantagem:
Pena – reclusão, de 2 (dois) a 12 (doze) anos, e multa. (Redação dada pela Lei nº 10.763, de 12.11.2003)
§ 1º – A pena é aumentada de um terço, se, em conseqüência da vantagem ou promessa, o funcionário retarda ou deixa de praticar qualquer ato de ofício ou o pratica infringindo dever funcional.
§ 2º – Se o funcionário pratica, deixa de praticar ou retarda ato de ofício, com infração de dever funcional, cedendo a pedido ou influência de outrem:
Pena – detenção, de três meses a um ano, ou multa.

Assim, ante a existência de lei específica, o fiscal que exigir, solicitar ou receber, para si ou para outrem, direta ou indiretamente, ainda que fora da função ou antes de iniciar seu exercício, mas em razão dela, vantagem indevida; ou aceitar promessa de tal vantagem, para deixar de lançar ou cobrar tributo ou contribuição social, ou cobrá-lo parcialmente, incidirá nas penas do art. 3º da Lei n. 8.137/1990, e não no crime de concussão ou corrupção passiva do Código Penal.

A exigência e a solicitação podem ser explícitas ou veladas, bastando para a caracterização da exigência o temor de represálias por parte do agente público, em razão da condição de autoridade. Não se exige a promessa de causar mal determinado.[168] O elemento normativo, a vantagem indevida, pode ser de qualquer ordem, não somente vantagem financeira, econômica.

Trata-se de crime próprio, somente podendo ser praticado pelo funcionário público fazendário. Sujeito ativo é o funcionário público fazendário. Admite-se o concurso de agentes com o particular, nos termos do art. 30 do CP, desde que haja ciência por parte deste da condição especial de que se reveste o funcionário público fazendário.

O sujeito passivo é a União, Estados, Municípios, Distrito Federal e autarquias, além do indivíduo que sofre com concussão e corrupção fazendárias.

O elemento subjetivo está evidenciado pela expressão "para deixar de lançar ou cobrar tributo ou contribuição social, ou cobrá-los parcialmente." Acaso não seja esta a finalidade da cobrança restará configurado o crime tipificado no Código Penal.

Art. 3º, inciso III

(...)

III – patrocinar, direta ou indiretamente, interesse privado perante a administração fazendária, valendo-se da qualidade de funcionário público. Pena – reclusão, de 1 (um) a 4 (quatro) anos, e multa.

[168] GONÇALVES, Victor Eduardo Rios; BALTAZAR JUNIOR, José Paulo. *Legislação penal especial.* 2. ed. São Paulo: Saraiva, 2016, p. 573.

1. Considerações

O artigo 321 do Código Penal[169] (advocacia administrativa) assemelha-se ao tipo do inciso III, entretanto, este, em razão do princípio da especialidade, deve ter inteira aplicação em se tratando de questões afetas à ordem tributária.

O delito consiste em patrocinar, direta ou indiretamente, interesse privado (legítimo ou ilegítimo) perante a Administração Pública Fazendária, valendo-se das condições e facilidades que o cargo de funcionário público fazendário lhe proporciona.

No inciso III "patrocinar" (defender, interceder em benefício de outrem) interesse privado, deve-se entendê-lo formal. Não depende da ocorrência de prejuízo ao Estado. Consuma-se com a intermediação, independentemente da obtenção de qualquer resultado favorável, o que se ocorrer será mero exaurimento do crime. A tentativa é admissível.

O objeto material é o interesse privado frente à Administração Pública Fazendária.

Nucci[170] considera que "o objeto da conduta é o interesse privado (qualquer ganho ou meta do particular, lícito ou ilícito, justo ou injusto) em confronto com o interesse da administração fazendária. O funcionário, valendo-se do seu cargo ou função, interfere na atividade de arrecadação de tributos, para, de algum modo, privilegiar o contribuinte. Pode fazê-lo de modo direto (sem intermediário) ou indireto (usando terceira pessoa). Note-se que o tipo não exige prejuízo para a arrecadação, pois o forte do delito é a imoralidade da conduta, que termina por diferenciar as pessoas contribuintes diante do fisco. A figura similar, prevista no art. 321 do Código Penal, é a advocacia administrativa. Na área fazendária da administração, aplica-se, em homenagem ao critério da especialidade, o disposto no art. 3º, III, desta Lei."

Rui Stoco pontou o desacerto do legislador diante da previsão assemelhada de figuras penais particularizadas pelo sujeito ativo em ofensa ao princípio da isonomia, salientando que "o que mais agrava a situação é o

---

[169] **Advocacia administrativa**

Art. 321 – Patrocinar, direta ou indiretamente, interesse privado perante a administração pública, valendo-se da qualidade de funcionário:

Pena – detenção, de um a três meses, ou multa.

Parágrafo único – Se o interesse é ilegítimo:

Pena – detenção, de três meses a um ano, além da multa.

[170] NUCCI, Guilherme de Souza. *Leis penais e processuais penais comentadas*. 9. ed. rev., atual. e ampl., Rio de Janeiro: Forense, 2015. v. 1, p. 634.

fato de a lei definir, no mesmo contexto, crimes praticados por funcionário público contra a ordem tributária. Ora, o extravio, sonegação ou inutilização de livro ou documento constante do art. 3º, inc. I da lei em estudo já constitui figura criminosa prevista no art. 314 do CP. A ação física de exigir, solicitar ou receber vantagem indevida, constante do n. II do art. 3º dessa lei também encontra previsão expressa nos arts. 316 (concussão) e 317 (corrupção ativa) do CP. Também o patrocínio infiel do inc. III já constava do art. 321 do CP. É incrível, mas hoje temos a previsão de 3 modalidades de patrocínio infiel em nossa legislação: a) a figura genérica do art. 321 do CP, prevendo a pena de 3 meses a 1 ano de detenção; b) a do art. 91 da Lei de Licitações (Lei nº 8.666/93), estabelecendo a pena de 6 meses a 2 anos de detenção [vide alteração da Lei nº 14.133, de 01.04.2021]; e c) a do art. 3º, III, da Lei 8.137/90, fixando a pena de 1 a 4 anos de reclusão. A nós parece que a imposição de penas diversas para hipóteses assemelhadas ofende o princípio da isonomia, pois o que se pune é o patrocínio de interesse privado perante a administração pública. A objetividade jurídica é uma só, pouco importando se o servidor age quando responsável pelo recolhimento de imposto ou por processo licitatório."

Prossegue o autor, testificando que leis penais que tipificam condutas iguais como ensejadoras do mesmo delito, mas que impõem penas quantitativa e qualitativamente desiguais ofendem, a um só tempo, os princípios da proporcionalidade e da humanização da pena e, portanto, desatendem, ainda, ao princípio da igualdade.[171]

Trata-se de crime próprio, somente podendo ser praticado pelo funcionário público fazendário. Sujeito ativo é o funcionário público fazendário. Admite-se o concurso de agentes com o particular, desde que este seja sabedor da condição especial de funcionário público do outro, nos termos do art. 30 do CP (STJ, HC 119.097/DF, Rel. Ministra Laurita Vaz, Quinta Turma, DJe 07.05.2012). O sujeito passivo é a União, Estados, Municípios, Distrito Federal e autarquias e eventualmente a pessoa prejudicada.

O elemento subjetivo está representado pelo dolo, não se exigindo especial fim de agir.

[171] STOCO, Rui. BADARÓ. Gustavo Henrique (org.). *Sonegação fiscal – temas controvertidos. Direito penal e processo penal: leis penais especiais I (coleção doutrinas essenciais, v. 4)*. São Paulo: RT, 2015, p. 172-173.

CAPÍTULO II
Dos crimes Contra a Economia e as Relações de Consumo

Art. 4º

Constitui crime contra a ordem econômica:

I – abusar do poder econômico, dominando o mercado ou eliminando, total ou parcialmente, a concorrência mediante qualquer forma de ajuste ou acordo de empresas; (Redação dada pela Lei nº 12.529, de 2011).

a) (revogada); (Redação dada pela Lei nº 12.529, de 2011).

b) (revogada); (Redação dada pela Lei nº 12.529, de 2011).

c) (revogada); (Redação dada pela Lei nº 12.529, de 2011).

d) (revogada); (Redação dada pela Lei nº 12.529, de 2011).

e) (revogada); (Redação dada pela Lei nº 12.529, de 2011).

f) (revogada); (Redação dada pela Lei nº 12.529, de 2011).

II – formar acordo, convênio, ajuste ou aliança entre ofertantes, visando: (Redação dada pela Lei nº 12.529, de 2011).

a) à fixação artificial de preços ou quantidades vendidas ou produzidas; (Redação dada pela Lei nº 12.529, de 2011).

b) ao controle regionalizado do mercado por empresa ou grupo de empresas; (Redação dada pela Lei nº 12.529, de 2011).

c) ao controle, em detrimento da concorrência, de rede de distribuição ou de fornecedores. (Redação dada pela Lei nº 12.529, de 2011).

Pena – reclusão, de 2 (dois) a 5 (cinco) anos e multa. (Redação dada pela Lei nº 12.529, de 2011).

III – (revogado); (Redação dada pela Lei nº 12.529, de 2011).

IV – (revogado); (Redação dada pela Lei nº 12.529, de 2011).

V – (revogado); (Redação dada pela Lei nº 12.529, de 2011).

VI – (revogado); (Redação dada pela Lei nº 12.529, de 2011).

VII – (revogado). (Redação dada pela Lei nº 12.529, de 2011).

1. Notas introdutórias ao inciso I do art. 4º

A Constituição Federal no artigo 170 preceitua que: "a ordem econômica, fundada na valorização do trabalho humano e na livre iniciativa, tem por fim assegurar a todos existência digna, conforme os ditames da justiça social, observados os seguintes princípios: I – soberania nacional; II – propriedade privada; III – função social da propriedade; IV – livre concorrência; V – defesa do consumidor; VI – defesa do meio ambiente, inclusive mediante tratamento diferenciado conforme o impacto ambiental dos produtos e serviços e de seus processos de elaboração e prestação (Redação dada pela Emenda Constitucional nº 42, de 19.12.2003); VII – redução das desigualdades regionais e sociais; VIII – busca do pleno emprego; IX – tratamento favorecido para as empresas de pequeno porte constituídas sob as leis brasileiras e que tenham sua sede e administração no País (Redação dada pela Emenda Constitucional nº 6, de 1995). Parágrafo único. É assegurado a todos o livre exercício de qualquer atividade econômica, independentemente de autorização de órgãos públicos, salvo nos casos previstos em lei."

Bem ainda a Constituição Federal confere proteção ao consumidor na forma do inciso XXXII do art. 5º ("o Estado promoverá, na forma da lei, a defesa do consumidor") e o art. 173, § 4º, testifica que "a lei reprimirá o abuso do poder econômico que vise à dominação dos mercados, à eliminação da concorrência e ao aumento arbitrário dos lucros". Portanto, a proteção ao consumidor é garantia humana fundamental e também atividade estatal de controle da ordem econômica.

O conceito de concorrência pode ser extraído da Cartilha do Conselho Administrativo de Defesa Econômica – CADE,[172] como segue:

> "A concorrência é um processo empreendido por determinados agentes econômicos que se caracteriza pela busca de vantagens (diferenciação) obtidas por meio de estratégias deliberadas com o objetivo de gerar ganhos excepcionais (lucros de monopólio), ainda que temporários.
>
> A Constituição Federal de 1988 apresenta um capítulo dedicado aos Princípios Gerais da Atividade Econômica (artigos 170 e seguintes da Constituição Federal). Neste, insere-se a livre concorrência como um dos fundamentos basilares e determina a repressão ao abuso do poder econômico que vise eliminar a concorrência, dominar mercados e aumentar arbitrariamente os lucros.
>
> O inciso IV do art. 170 da Constituição Federal de 1988 trata do princípio da livre concorrência, que se baseia no pressuposto de que a concorrência não pode ser restringida ou subvertida por agentes econômicos com poder de mercado. Nesse sentido, é dever do Estado zelar para que as organizações com poder de mercado não abusem deste poder de forma a prejudicar a livre concorrência.
>
> A livre concorrência disciplina os ofertantes de bens e serviços de forma a manterem os seus preços nos menores níveis possíveis, sob o risco de

[172] Disponível em: https://cdn.cade.gov.br/Portal/acesso-a-informacao/perguntas-frequentes/cartilha-do-cade.pdf. Acesso em 16.05.2023.

que outras empresas conquistem seus clientes. Em tal ambiente, a única maneira de obter lucros adicionais é a introdução de novas formas de produzir que reduzam custos em relação aos concorrentes.

Além disso, as empresas atuantes em um mercado de livre concorrência tendem a ficar afinadas com os desejos e expectativas dos consumidores, porque estão permanentemente ameaçadas por produtos de qualidade superior ou por novos produtos. Portanto, a livre concorrência, além de garantir os menores preços para o consumidor e maior leque de escolha de produtos, também estimula a criatividade e a inovação.

Nas economias de mercado, baseadas na livre concorrência, os preços refletem a escassez relativa de bens e serviços e sinalizam a necessidade de investimentos e a melhor aplicação dos recursos da sociedade.

Portanto, a defesa da concorrência garante que o processo de busca por diferenciação seja passível de ser empreendido por qualquer agente econômico que tiver capacidade para tanto; e que os lucros excepcionais sejam obtidos de forma salutar, por meio de inovação e outros fatores socialmente desejáveis, e não por restrição artificial à capacidade dos demais agentes econômicos.

O artigo 170 também prevê punição para os atos praticados contra a ordem econômica. Para o cumprimento destas regras constitucionais, é necessária a existência de uma estrutura institucional capaz de fiscalizar a ordem econômica e impedir as práticas anticoncorrenciais ou abusivas e para isso existe a Lei nº 12.529/11."

2. Bem jurídico

Tutela-se a ordem econômica, a livre concorrência e a livre iniciativa.

3. Sujeitos

Trata-se de crime comum, todavia, via de regra, o sujeito ativo é o empresário, conceito que deve ser extraído do art. 966 do Código Civil: "considera-se empresário quem exerce profissionalmente atividade econômica organizada para a produção ou a circulação de bens ou de serviços. Parágrafo único. Não se considera empresário quem exerce profissão intelectual, de natureza científica, literária ou artística, ainda com o concurso de auxiliares ou colaboradores, salvo se o exercício da profissão constituir elemento de empresa."

Sujeito passivo é a sociedade.

4. Tipo objetivo

Constitui crime contra a ordem econômica abusar do poder econômico, dominando o mercado ou eliminando, total ou parcialmente, a concorrência mediante qualquer forma de ajuste ou acordo de empresas. É o excesso praticado por aquele que detém o domínio do mercado compreendido este como a atividade de compra e venda de produtos ou a eliminação total ou parcial da concorrência.

A Lei nº 12.529, de 30.11.2011 (estrutura o Sistema Brasileiro de Defesa da Concorrência - SBDC e dispõe sobre a prevenção e a repressão às infrações contra a ordem econômica, orientada pelos ditames constitucionais de liberdade de iniciativa, livre concorrência, função social da propriedade, defesa dos consumidores e repressão ao abuso do poder econômico), alterou a redação do art. 4º da Lei nº 8.137/1990 e revogou seus arts. 5º e 6º. Nucci[173] conquanto tenha entendido acertada esta opção, tece severas críticas ao legislador salientando que "se tivessem sido mantidos os referidos tipos penais, estaríamos diante de um Direito Penal fantoche ou figurante, a serviço da mera imagem de rigor punitivo, na verdade, inexistente. Condutas são consideradas criminosas, mas a esfera administrativa é extremamente mais eficiente e poderosa, quando quer e pode, na apuração e punição da infração contra a ordem econômica. O Direito penal, que não pode punir a pessoa jurídica, ficando circunscrito à pessoa física, quase sempre oculta, faz o papel de coadjuvante de um cenário dominado pelo Poder Executivo. O Judiciário é colocado à margem da criminalidade do colarinho branco. (...) A mesma lei considera infração administrativa contra a ordem econômica todas as condutas antes previstas nos arts. 4º, 5º e 6º da Lei 8.137/90 e mais algumas. Assim fazendo, torna-se draconiana ('constituem infração da ordem econômica, independentemente de culpa, os atos sob qualquer forma manifestados, que tenham por objeto ou possam produzir os seguintes efeitos, ainda que não sejam alcançados...', conforme art. 36), pretendendo a punição, com ou sem culpa, com ou sem resultado efetivo, das mesmas condutas que a lei penal luta, ingenuamente, para punir, apenas e tão somente, quando houver dolo e se atingirem a lesão ao bem jurídico tutelado. Vamos além. Poder-se-ia dizer que o Direito Penal, com todo o seu rigor, ficaria reservado aos agentes criminosos descobertos, processados e punidos, de maneira superior e exemplar: um bode expiatório

[173] NUCCI, Guilherme de Souza. *Leis penais e processuais penais comentadas.* 9. ed. rev., atual. e ampl., Rio de Janeiro: Forense, 2015. v. 1, p. 637-638.

para consolidar o caráter intimidativo da pena. *Ad argumentandum*, apenas, pois assim não ocorre. As penas administrativas são muito mais severas. Somente para ilustrar, uma multa é capaz de atingir o patamar de dois bilhões de reais (art. 37, II, Lei 12.529/2011), algo impensável na seara penal. Não bastasse, pode o juiz criminal optar pela pena de dois, três ou quatro anos de reclusão e substitui-la por penas restritivas de direitos. Imaginemos: condena-se o infrator à ordem econômica à proibição de frequentar lugares, associada à prestação pecuniária, convertida em pagamentos de alguns salários mínimos a um orfanato. Chega-se ao descrédito do Direito Penal figurante ou fantoche do que realmente interessa, isto é, engordar os cofres públicos do Poder Executivo. (...) A Lei 12.529/2011 fez a sua opção pela consolidação da esfera administrativa punitiva, abandonando o cenário penal, pois seguiu a nossa orientação e descriminalizou quase todas as condutas previstas nesse campo (revogou-se parte do art. 4º e, integralmente, os arts. 5º e 6º)."

A definição de abuso do poder econômico definida pelo Conselho Administrativo de Defesa Econômica – CADE[174] é "o comportamento de uma empresa ou grupo de empresas que utiliza seu poder de mercado para prejudicar a livre concorrência, por meio de condutas anticompetitivas. A existência de poder de mercado por si só não é considerada infração à ordem econômica."

Ajuste ou acordo de empresas pode ser compreendido pela formação de cartel, cuja definição também pode ser extraída da Cartilha do CADE:

> "Cartel é qualquer acordo ou prática concertada entre concorrentes para fixar preços, dividir mercados, estabelecer quotas ou restringir produção, adotar posturas pré-combinadas em licitação pública, ou que tenha por objeto qualquer variável concorrencialmente sensível. Os cartéis, por implicarem aumentos de preços e restrição de oferta e nenhum benefício econômico compensatório, causam graves prejuízos aos consumidores tornando bens e serviços completamente inacessíveis a alguns e desnecessariamente caros para outros.
>
> É importante ressaltar que a mera constatação de preços idênticos não é, isoladamente, indício suficiente que aponte a existência de um cartel. São necessários, além de dados econômicos, indícios factuais de que há ou houve algum tipo de acordo ou coordenação entre os empresários do setor

[174] Disponível em: https://cdn.cade.gov.br/Portal/acesso-a-informacao/perguntas-frequentes/cartilha-do-cade.pdf. Acesso em 16.05.2023.

para aumentar ou combinar o preço dos produtos ou serviços ofertados. Alguns exemplos de provas já utilizadas para se caracterizar e punir cartéis foram atas de reuniões, escutas telefônicas, mensagens trocadas entre concorrentes etc.

Por isso, essa conduta anticoncorrencial é considerada, universalmente, a mais grave infração à ordem econômica existente. Segundo estimativas da Organização de Cooperação e Desenvolvimento Econômico - OCDE, os cartéis geram um sobrepreço estimado entre 10 e 20% comparado ao preço em um mercado competitivo."

Pune-se, portanto, a conduta daquele que prejudica a livre concorrência por meio de condutas anticompetitivas, na medida em que o poder de mercado considerado por si só não resvalaria na ordem econômica.

Como já afirmado em tópico precedente, a relevância da livre concorrência é tamanha que foi objeto de tutela pela própria Carta Magna, sendo imperiosa a existência de mecanismos de controle para obstar o exercício irregular do poderio econômico pelas empresas.

5. Elemento subjetivo

É o dolo.

6. Consumação e tentativa

A consumação está condicionada à produção do resultado consubstanciado na dominação do mercado ou na eliminação, total ou parcial, da concorrência. Trata-se de crime material. Não se admite a forma culposa. Admite-se a tentativa.

7. Competência

A competência será da Justiça Estadual ou Federal, dependendo do âmbito de abrangência da prática delitiva. Se o crime foi praticado em um município ou estado, a competência será da Justiça Estadual, acaso tenha se estendido a mais de um estado da Federação, haverá interesse da União em preservar a regularidade da economia.

A Lei não fixou expressamente a competência da Justiça Federal tal qual o fez em relação à Lei nº 7.492/1986, de modo que em regra a competência será da Justiça Comum Estadual (inteligência do art. 109, inciso VI, da CF).

Infere-se, a teor do art. 109, VI, da Constituição Federal, a atribuição, pelo Poder Constituinte Originário, de competência aos magistrados federais para julgar os crimes contra o sistema financeiro nacional e os delitos contra a ordem econômico-financeira em situações preestabelecidas em lei: "aos juízes federais compete processar e julgar: (...) VI – os crimes contra a organização do trabalho e, nos casos determinados por lei, contra o sistema financeiro e a ordem econômico-financeira."

Dentro de tal contexto, diferentemente do que ocorre no seio da Lei nº 7.492/1986 (cujo art. 26 prevê expressamente a competência para o julgamento de delitos contra o Sistema Financeiro Nacional à cargo da Justiça Federal nos exatos termos preconizados pelo anteriormente transcrito art. 109, VI, da Constituição Federal; "a ação penal, nos crimes previstos nesta lei, será promovida pelo Ministério Público Federal, perante a Justiça Federal), não se nota a existência de previsão legal equivalente no bojo da Lei nº 8.137/1990 (cujo Capítulo II criminaliza condutas atentatórias à economia e às relações de consumo), de molde que, a princípio e em tese, não seria lícita a atribuição de competência à Justiça Federal para fins de julgamento das infrações penais perpetradas contra a ordem econômico-financeira.

Ocorre, entretanto, que a jurisprudência do C. Superior Tribunal de Justiça, debruçando-se sobre o tema especialmente em face da lacuna legislativa citada acima, firmou-se, ainda nos idos de 2004 (replicando o posicionamento em 2009), no sentido de que, havendo na imputação constante da denúncia premissa de que o pretenso cartel espraiava efeitos e tinha atuação em âmbito regional ou nacional, denotando-se, portanto, potencial mácula à ordem econômica em diversas localidades do território nacional, a competência para tal persecução penal deveria recair sobre a Justiça Federal justamente motivada pela inferência de que tal controle de mercado assumia feições supra regionais. Nesse sentido:

> "HABEAS CORPUS. CRIME CONTRA A ORDEM ECONÔMICA. CARTELIZAÇÃO. LEI Nº 8.137/90. COMPETÊNCIA. INTERESSE NACIONAL. RESTRIÇÃO À ATIVIDADE PROFISSIONAL EM VÁRIOS ESTADOS. JUSTIÇA FEDERAL.
>
> Inexistindo determinação expressa, os crimes contra a ordem econômica, previstos na Lei 8.137/90, reclamam a jurisdição estadual ou federal na medida em que restar comprovado o interesse em jogo, se local ou se nacional. *In casu,* ante a figura do crime sobrevindo da prática de cartel, onde a atuação do agente teve reflexo em vários estados-membros, restringindo o livre exercício da atividade profissional de transportadores pelo Brasil afora, resta patente o interesse supra regional pelo qual se firmam a necessidade de interferência da União e a competência da Justiça Fede-

ral. Tal se dá porque, apesar de a conduta ilícita ser oriunda de um núcleo determinado, a sua propensão ofensiva à ordem econômica se faz sentir em localidades diversas e em territórios distintos. Ordem denegada." (STJ, HC 32.292/RS, Rel. Min. José Arnaldo da Fonseca, Quinta Turma, julgado em 01.04.2004, *DJ* de 03.05.2004)

"HABEAS CORPUS PREVENTIVO. CRIME CONTRA A ORDEM ECONÔMICA. FORMAÇÃO DE CARTEL. COMPETÊNCIA. EMPRESAS DO RAMO DE GÁS INDUSTRIAL. CONTROLE DO MERCADO NACIONAL. INTERESSE SUPRA-REGIONAL. COMPETÊNCIA DA JUSTIÇA FEDERAL. PRECEDENTE DO STJ. INTELIGÊNCIA DA SÚMULA 150/STJ. EXISTÊNCIA DE BIS IN IDEM NA DENÚNCIA E ILICITUDE DA PROVA. QUESTÕES A SEREM APRECIADAS NO JUÍZO COMPETENTE. PARECER DO MPF PELA DENEGAÇÃO DA ORDEM. ORDEM PARCIALMENTE CONCEDIDA, PORÉM, PARA RECONHECER, EM PRINCÍPIO, A COMPETÊNCIA DA JUSTIÇA FEDERAL, SEM PREJUÍZO DA AVALIAÇÃO ULTERIOR DO JUIZ FEDERAL SOBRE A SUA PRÓPRIA COMPETÊNCIA.

1. A Lei 8.137/90, relativa aos crimes contra a ordem econômica, não contém dispositivo expresso fixando a competência da Justiça Federal, competindo, em regra, à Justiça Estadual o julgamento dessa espécie de delito; todavia, isso não afasta, de plano, a competência da Justiça Federal, desde que se verifique hipótese de ofensa a bens, serviços ou interesses da União, suas autarquias ou empresas públicas, nos exatos termos do art. 109, inciso IV, da Carta Constitucional, ou que, pela magnitude da atuação do grupo econômico ou pelo tipo de atividade desenvolvida, o ilícito tenha a propensão de abranger vários Estados da Federação, prejudicar setor econômico estratégico para a economia nacional ou o fornecimento de serviços essenciais. 2. A diretriz para a fixação dessa competência é dada pela denúncia; e, na hipótese em discussão, a inicial acusatória aponta para a existência de formação de cartel por empresas do ramo de produção e comercialização de gás industrial, com atuação em todo o território brasileiro, visando ao controle do mercado nacional, sugerindo, inclusive, que teria havido fraude à licitações de empresas públicas e privadas sediadas em diferentes Estados. 3. A persecução criminal se iniciou por provocação da Secretaria de Direito Econômico do Ministério da Justiça, que vinha investigando inúmeras denúncias contra os acusados e forneceu os dados iniciais necessários para o início da Ação Penal, também aludindo ao âmbito nacional da infração. 4. Já decidiu esta Corte que, quando a propensão ofensiva à ordem econômica

se faz sentir em localidades diversas e em territórios distintos, evidenciado o interesse supra-regional, exsurgem a necessidade de interferência da União e a competência da Justiça Federal."

(HC 32.292/RS, Rel. Min. José Arnaldo da Fonseca, DJU 03.05.04). (...) (STJ, HC 117.169/SP, Rel. Min. Napoleão Nunes Maia Filho, Quinta Turma, julgado em 19.02.2009, *DJe* de 16.03.2009)

O STJ novamente bem explicitou que: "(...) 1. Esta Corte Superior de Justiça firmou o entendimento de que, como as Leis 8.137/90 e 8.176/91, que tratam de crimes contra a ordem econômica, não definiram a competência para o processo e julgamento dos crimes nelas previstos, compete, em regra, à Justiça Estadual o exame de crimes nelas previstos. 2. O eventual deslocamento da competência para o julgamento de tais delitos para a Justiça Federal depende da demonstração de ofensa direta a bens, serviços ou interesses da União, suas autarquias ou empresas públicas, nos exatos termos do inciso IV do art. 109 da Carta Magna, o que se daria, por exemplo, diante de eventual dano ou ameaça de dano que tivesse o condão de atingir vários Estados da Federação, prejudicar setor econômico estratégico para a economia nacional ou o fornecimento de serviços essenciais. (...)" (CC 152.511/MT, Rel. Ministro Reynaldo Soares da Fonseca, Terceira Seção, *DJe* 26.06.2017)

Portanto, a despeito de a competência, em regra, ser da Justiça Estadual, nas hipóteses em que houver dano (ou ameaça de dano) a resvalar por vários Estados da Federação, prejudicando o setor econômico ou o fornecimento de serviços essenciais, colocando em risco o mercado nacional, excepcionalmente será da Justiça Federal.

Art. 4º, inciso II

Constitui crime contra a ordem econômica:

(...)

II – formar acordo, convênio, ajuste ou aliança entre ofertantes, visando: (Redação dada pela Lei nº 12.529, de 2011).

a) à fixação artificial de preços ou quantidades vendidas ou produzidas; (Redação dada pela Lei nº 12.529, de 2011).

b) ao controle regionalizado do mercado por empresa ou grupo de empresas; (Redação dada pela Lei nº 12.529, de 2011).

c) ao controle, em detrimento da concorrência, de rede de distribuição ou de fornecedores. (Redação dada pela Lei nº 12.529, de 2011).

Pena – reclusão, de 2 (dois) a 5 (cinco) anos e multa. (Redação dada pela Lei nº 12.529, de 2011).

1. Notas introdutórias

O inciso II elenca condutas que já estariam inseridas no abuso do poder econômico (inciso I) porquanto formar acordo, convênio, ajuste ou aliança entre empresas para controlar o mercado ou prejudicar a concorrência trata-se do abuso do poder econômico para dominar o mercado ou eliminar, ainda que parcialmente, a concorrência, de modo que o inciso I já seria suficiente para abarcar as condutas ora previstas.

2. Bem jurídico

Tutela-se a ordem econômica, a livre concorrência e a livre iniciativa.

3. Sujeitos

Trata-se de crime comum, podendo ser praticado pelo empresário.

Sujeito passivo é a sociedade.

4. Tipo objetivo

Cuida-se aqui de uma união de esforços voltados a um mesmo propósito anticompetitivo, tendo como especial fim de agir a fixação artificial de preços ou quantidades vendidas ou produzidas; o controle regionalizado do mercado por empresa ou grupo de empresas; controle, em detrimento da concorrência, de rede de distribuição ou de fornecedores.

Na fixação artificial de preços ou quantidades vendidas ou produzidas há um acordo entre os agentes com o objetivo de aumentar ou reduzir o preço de forma ilusória, o que causa prejuízos à livre concorrência, e via de consequência, aos próprios consumidores.

No controle regionalizado do mercado por empresa ou grupo de empresas o acordo entre os agentes ocorre com o objetivo de impedir o surgimento de novos concorrentes, tendo como pretensão o domínio do mercado.

A seu turno, no controle, em detrimento da concorrência, de rede de distribuição ou de fornecedores, o ajuste perfaz-se entre os agentes com a finalidade precípua de prejudicar a livre concorrência, colocando-se em posição de privilégio na cadeia econômica-estratégica.

Nucci[175] salienta no que tange à fixação artificial de preços ou quantidades vendidas ou produzidas que "o cerne do pacto formado entre empresas ofertantes diz respeito ao estabelecimento fingido de preços (valor, que se expressa em dinheiro, suficiente para comprar um bem ou adquirir um serviço) ou de quantidades (número de unidades) vendidas ou produzidas. O objeto da aliança é elevar ou baixar os preços, de maneira irreal, bem como passar ao mercado a falsa imagem de que há grande (ou pequeno) estoque de determinada mercadoria disponível. Conforme a estratégia, os concorrentes podem sentir inaptidão para a competição, pois o preço é muito alto ou muito baixo, bem como o estoque é elevado ou ínfimo. Em suma, manipula-se a oferta de bens e serviços para iludir a concorrência e os consumidores em geral, conquistando justamente o domínio da situação. Por isso, é conduta já prevista no inciso I. No controle regionalizado do mercado: o pacto estabelecido entre empresas fornecedoras de bens e serviços pode objetivar a divisão do mercado em setores, cada empresa dominando uma parte. Por isso, menciona-se a regionalização do mercado. Pouco importa a redação da alínea, uma vez que, assim agindo, ocorre o abuso do poder econômico, com o fito de domínio do mercado, através do ajuste entre empresas, o que já foi previsto no inciso I. No controle de rede de distribuição ou fornecimento: o pacto dos ofertantes pode ter a finalidade de controlar (manter o domínio) uma rede de distribuição ou de fornecimento de bens ou serviços. Ora, ao mencionar que tal situação se dá em detrimento da concorrência, voltamos ao inciso I. Cuida-se de abuso do poder econômico com o fito de eliminar, total ou parcialmente, a concorrência, através do ajuste de empresas."

5. Elemento subjetivo

Exige um especial fim de agir consistente em fixar artificialmente preços ou quantidades vendidas ou produzidas, em controle regionalizado do mercado, e em controle, em detrimento da concorrência, de rede de distribuição ou de fornecedores.

6. Consumação e tentativa

Trata-se de modalidade de crime formal. É possível a tentativa. Não se admite a modalidade culposa.

[175] NUCCI, Guilherme de Souza. *Leis penais e processuais penais comentadas*. 9. ed. rev., atual. e ampl., Rio de Janeiro: Forense, 2015. v.1, p. 642-643.

Ao contrário do inciso I, não se exige o resultado naturalístico. Basta o acordo, ajuste, convênio ou aliança para a consumação, devendo-se ressaltar que os resultados dispostos nas alíneas "a", "b" e "c" (inciso II) estão atrelados ao elemento subjetivo. A eventual consecução desses resultados trata-se de mero exaurimento do crime.

Art. 5º (Revogado pela Lei nº 12.529, de 30.11.2011)

Art. 6º (Revogado pela Lei nº 12.529, de 30.11.2011)

Art. 7º

Constitui crime contra as relações de consumo:

I – favorecer ou preferir, sem justa causa, comprador ou freguês, ressalvados os sistemas de entrega ao consumo por intermédio de distribuidores ou revendedores;

II – vender ou expor à venda mercadoria cuja embalagem, tipo, especificação, peso ou composição esteja em desacordo com as prescrições legais, ou que não corresponda à respectiva classificação oficial;

III – misturar gêneros e mercadorias de espécies diferentes, para vendê-los ou expô-los à venda como puros; misturar gêneros e mercadorias de qualidades desiguais para vendê-los ou expô-los à venda por preço estabelecido para os demais mais alto custo;

IV – fraudar preços por meio de:

a) alteração, sem modificação essencial ou de qualidade, de elementos tais como denominação, sinal externo, marca, embalagem, especificação técnica, descrição, volume, peso, pintura ou acabamento de bem ou serviço;

b) divisão em partes de bem ou serviço, habitualmente oferecido à venda em conjunto;

c) junção de bens ou serviços, comumente oferecidos à venda em separado;

d) aviso de inclusão de insumo não empregado na produção do bem ou na prestação dos serviços;

V – elevar o valor cobrado nas vendas a prazo de bens ou serviços, mediante a exigência de comissão ou de taxa de juros ilegais;

VI – sonegar insumos ou bens, recusando-se a vendê-los a quem pretenda comprá-los nas condições publicamente ofertadas, ou retê-los para o fim de especulação;

VII – induzir o consumidor ou usuário a erro, por via de indicação ou afirmação falsa ou enganosa sobre a natureza, qualidade do bem ou serviço, utilizando-se de qualquer meio, inclusive a veiculação ou divulgação publicitária;

VIII – destruir, inutilizar ou danificar matéria-prima ou mercadoria, com o fim de provocar alta de preço, em proveito próprio ou de terceiros;

IX – vender, ter em depósito para vender ou expor à venda ou, de qualquer forma, entregar matéria-prima ou mercadoria, em condições impróprias ao consumo;

Pena – detenção, de 2 (dois) a 5 (cinco) anos, ou multa.

Parágrafo único. Nas hipóteses dos incisos II, III e IX pune-se a modalidade culposa, reduzindo-se a pena e a detenção de 1/3 (um terço) ou a de multa à quinta parte

1. Considerações

O artigo 7º cuida dos crimes contra as relações de consumo, embora a Lei nº 8.078, de 11.09.1990, tenha disposto sobre a proteção do consumidor.

O bem jurídico tutelado é a relação de consumo, tratando-se, via de regra de crimes cuja competência é da Justiça Estadual, razão pela qual não será objeto de estudo na presente obra.

CAPÍTULO III
Das Multas

Art. 8º

Nos crimes definidos nos arts. 1º a 3º desta lei, a pena de multa será fixada entre 10 (dez) e 360 (trezentos e sessenta) dias-multa, conforme seja necessário e suficiente para reprovação e prevenção do crime.

Parágrafo único. O dia-multa será fixado pelo juiz em valor não inferior a 14 (quatorze) nem superior a 200 (duzentos) Bônus do Tesouro Nacional BTN

1. Considerações

Este artigo, da mesma forma como procedeu o artigo 49 do Código Penal, estabeleceu entre 10 e 360 dias-multa a fixação da pena de multa de acordo com a reprovabilidade da conduta do acusado e prevenção do crime.

O seu parágrafo único quantifica o dia-multa em Bônus do Tesouro Nacional – BTN's[176] substituído pela Unidade Fiscal de Referência – UFIR (artigo 1º da Lei nº 8.383, de 30.12.1991).[177] A UFIR foi substituída pelo Índice Nacional de Preços ao Consumidor Amplo Especial – IPCA-E.

Sustento que seria o caso de aplicação do art. 12 do C.P ("as regras gerais deste Código aplicam-se aos fatos incriminados por lei especial, se esta não dispuser de modo diverso"). A sanção pecuniária cumulada com a sanção privativa trata-se de importante punição dos crimes contra a ordem tributária. A motivação do agente é essencialmente econômica, cujo comportamento eleito visa primordialmente iludir as autoridades fazendárias para não pagar, pagar menos ou nada honrar os tributos devidos. Ora, não teria sentido agora entender diante da revogação da BTN que esvaziada restou a sanção pecuniária.

O art. 12 manda que as regras gerais do Código sejam aplicadas a toda a legislação extravagante, de forma que não mais dispondo de modo diverso, diante da revogação da BTN, há de ter aplicação a regra geral constante do § 1º do artigo 49, que fixa o dia-multa entre um trigésimo do maior salário mínimo mensal vigente ao tempo do fato e cinco vezes esse salário. Poderá o juiz, a teor do artigo 10 da Lei nº 8.137/1990, diminuí-la até a décima parte ou elevá-la ao décuplo.

[176] A Lei nº 8.177, de 01.03.1991 extinguiu o BTN: "art. 3º Ficam extintos a partir de 1º de fevereiro de 1991:
I – o BTN Fiscal instituído pela Lei nº 7.799, de 10 de julho de 1989;
II – o Bônus do Tesouro Nacional (BTN) de que trata o art. 5º da Lei nº 7.777, de 19 de junho de 1989, assegurada a liquidação dos títulos em circulação, nos seus respectivos vencimentos;
III – o Maior Valor de Referência (MVR) e as demais unidades de conta assemelhadas que são atualizadas, direta ou indiretamente, por índice de preços."

[177] Art. 1º Fica instituída a Unidade Fiscal de Referência (Ufir), como medida de valor e parâmetro de atualização monetária de tributos e de valores expressos em cruzeiros na legislação tributária federal, bem como os relativos a multas e penalidades de qualquer natureza. (Vide Lei nº 9.430, de 1996).
A Unidade Fiscal de Referência – UFIR foi extinta em decorrência do § 3º do art. 29 da Medida Provisória 2.095-76, de 13.06.2001 (Disponível em: http://idg.receita.fazenda.gov.br/orientacao/tributaria/pagamentos-e-parcelamentos/valor-da-ufir. Acesso em 02.09.2022).

O STJ já decidiu que:

"PENAL E PROCESSO PENAL. AGRAVO REGIMENTAL NO RECURSO ESPECIAL.VIOLAÇÃO AO ART. 8º DA LEI Nº 8.137/90. OCORRÊNCIA. PENA PECUNIÁRIA.EXTINÇÃO DO ÍNDICE BTN. ART. 49, § 1º, DO CÓDIGO PENAL. MULTA.ADEQUAÇÃO LEGAL. RESTABELECIMENTO DA MULTA. AGRAVO REGIMENTAL A QUE SE NEGA PROVIMENTO.

1. O entendimento deste Tribunal Superior é no sentido de que a extinção da BTN, a que faz referência o artigo 8º, parágrafo único, da Lei nº 8.137/90, não conduz à inaplicabilidade da pena de multa, pois tratando-se dos crimes contra a ordem tributária, aplica-se, subsidiariamente, a regra geral contida no artigo 49, § 1º do Código Penal.

2. Agravo regimental a que se nega provimento."

(STJ, AgRg no REsp 1531334/DF, Rel. Ministra MARIA THEREZA DE ASSIS MOURA, SEXTA TURMA, julgado em 01/10/2015, DJe 23/10/2015)

No mesmo sentido o seguinte julgado do TRF3: "(...) 9. O BTN – Bônus do Tesouro Nacional, utilizado como parâmetro de cálculo do valor do dia-multa pelo art. 8º, parágrafo único, da Lei 8.137/1990, foi extinto pela Lei 8.177, de 01.03.1991 (art. 3º), de modo que os critérios para a fixação do dia-multa são extraídos do art. 49, § 1º, c.c. o art. 60 do Código Penal. Em se tratando de recurso exclusivo da defesa, o valor de cada dia-multa há de ser fixado no mínimo legal, ou seja, 1/30 (um trigésimo) do valor do salário mínimo mensal vigente ao tempo do fato, devidamente corrigido." (ACR nº 2017.61.04004396-5, Rel. Desembargador Federal Fausto De Sanctis, Décima Primeira Turma, *DJe* 28.08.2020)

Art. 9º

A pena de detenção ou reclusão poderá ser convertida em multa de valor equivalente a:

I – 200.000 (duzentos mil) até 5.000.000 (cinco milhões) de BTN, nos crimes definidos no art. 4º;

II – 5.000 (cinco mil) até 200.000 (duzentos mil) BTN, nos crimes definidos nos arts. 5º e 6º;

III – 50.000 (cinquenta mil) até 1.000.000 (um milhão de BTN), nos crimes definidos no art. 7º.

1. Considerações

Aludido normativo autoriza a substituição das penas de detenção ou reclusão por multa, não tendo aplicação aos crimes contra a ordem tributária (arts. 1º a 3º), aplicando-se tão somente para os crimes previstos nos arts. 4º a 7º (dos crimes contra a ordem econômica e as relações de consumo).

No que tange ao fato de o BTN ter sido utilizado como parâmetro de cálculo, vide tópico anterior.

Art. 10.

Caso o juiz, considerado o ganho ilícito e a situação econômica do réu, verifique a insuficiência ou excessiva onerosidade das penas pecuniárias previstas nesta lei, poderá diminuí-las até a décima parte ou elevá-las ao décuplo.

1. Considerações

Permitiu o legislador a valoração do ganho ilícito bem como da situação econômica do acusado para a incidência das penas pecuniárias, ficando a critério da autoridade judicial a sua fixação dentro do patamar estabelecido no artigo. A aplicação da pena de multa deve, no entanto, guardar simetria com a pena privativa de liberdade imposta ao acusado.

Diferencia-se do disposto no art. 60, § 1º, do CP, que estatui "a multa pode ser aumentada até o triplo, se o juiz considerar que, em virtude da situação econômica do réu, é ineficaz, embora aplicada no máximo."

O art. 51 do Código Penal, em sua redação anterior à Lei n. 13.964/2019 (Pacote Anticrime), prescrevia que transitada em julgado a sentença condenatória, a multa será considerada dívida de valor, aplicando-se lhes as normas da legislação relativa à dívida ativa da Fazenda Pública, inclusive no que concerne às causas interruptivas e suspensivas da prescrição. De seu turno, o art. 50 prescreve que a multa deve ser paga dentro de 10 (dez) dias depois de transitada em julgado a sentença. A requerimento do condenado e conforme as circunstâncias, o juiz pode permitir que o pagamento se realize em parcelas mensais.

Não tendo sido realizado o pagamento pelo acusado após a intimação pelo juízo da execução penal discutia-se acerca da competência e legitimidade para a cobrança dessa dívida de valor.

O STJ editou a Súmula nº 521 dispondo que: "A legitimidade para a execução fiscal de multa pendente de pagamento imposta em sentença condenatória é exclusiva da Procuradoria da Fazenda Pública".

De outra senda, no julgamento da ADI 3.150 o Plenário do Supremo Tribunal Federal, por maioria de votos, definiu, em 13.12.2018, que o Ministério Público é o principal legitimado para executar a cobrança das multas pecuniárias fixadas em sentenças penais condenatórias. Entendeu-se que, por ter natureza de sanção penal, a competência da Fazenda Pública para executar as multas dar-se-ia tão somente diante da inércia do órgão ministerial.

O tema foi debatido conjuntamente na Ação Direta de Inconstitucionalidade (ADI) 3.150, de relatoria do Ministro Marco Aurélio, e na 12ª Questão de Ordem apresentada na Ação Penal (AP) 470, de relatoria do Ministro Luís Roberto Barroso.

A controvérsia teve por escopo a dicção do artigo 51 do Código Penal ao prever a conversão da multa pecuniária em dívida de valor após o trânsito em julgado da sentença condenatória e determinar que a cobrança se efetue nos termos da legislação atinente à dívida ativa. O julgamento foi retomado com o voto do Ministro Luís Roberto Barroso, que reafirmou o entendimento apresentado na 12ª Questão de Ordem na AP 470 no sentido da procedência parcial da ADI 3150.

Segundo ele, o fato de a redação do artigo 51 do Código Penal transformar a multa em dívida de valor não retira a competência do órgão acusatório para efetuar sua cobrança. Ele reafirmou que a multa pecuniária é uma sanção penal prevista no art. 5º, inciso XLVI, alínea "c", da CF, o que impossibilita alteração de sua natureza jurídica por meio de lei. Asseverou ainda que a Lei de Execuções Penais testifica a atribuição do Ministério Público para executar a dívida, bem ainda que a condenação criminal é um título executivo judicial, sendo incongruente sua inscrição em dívida ativa, que é um título executivo extrajudicial. Reafirmando seu voto na 12ª Questão de Ordem na AP 470, o Ministro salientou que, caso o Ministério Público não proponha a execução da multa no prazo de 90 dias após o trânsito em julgado da sentença, o juízo criminal comunicará ao órgão competente da Fazenda Pública para efetuar a cobrança junto ao juízo de execução fiscal.[178]

[178] Disponível em: https://portal.stf.jus.br/processos/downloadPeca.asp?id=15340737159&ext=.pdf. Acesso em 16.05.2023. O Tribunal, por maioria, julgou parcialmente procedente o pedido formulado na ação direta para, conferindo interpretação conforme à Constituição ao art. 51 do Código Penal, explicitar que a expressão "aplicando-se-lhes as normas da legislação relativa à dívida ativa da Fazenda Pública, inclusive no que concerne às causas interruptivas e suspensivas da prescrição", não exclui a legitimação prioritária do Ministério Público para a cobrança da multa na Vara de Execução Penal, nos termos do voto do Ministro Roberto Barroso, Redator para o acórdão, vencidos os Ministros Marco Aurélio (Relator) e Edson Fachin, que o julgavam

Ocorre que com o advento da Lei nº 13.964/2019 (Pacote Anticrime), promovendo a alteração do art. 51 do CP ("Transitada em julgado a sentença condenatória, a multa será executada perante o juiz da execução penal, e será considerada dívida de valor, aplicáveis as normas relativas à dívida ativa da Fazenda Pública, inclusive no que concerne às causas interruptivas e suspensivas da prescrição"), colocou-se fim à discussão supramencionada, na medida em que estatuiu a legitimidade exclusiva do órgão ministerial para executar a pena de multa.

Ora, tal conclusão se impõe simplesmente em razão de a Fazenda Pública não poder atuar perante o juízo das execuções penais, sequer havendo que se falar, outrossim, em sua legitimidade subsidiária na hipótese de o *Parquet* quedar-se inerte. Portanto, a multa pecuniária é dívida de valor e a ela se aplicam os normativos da Fazenda Pública, no entanto, é uma sanção penal prevista constitucionalmente (no art. 5º, inciso XLVI, alínea "c"), sendo exclusiva a atribuição do Ministério Público para executá-la perante o juízo das Execuções Penais.

CAPÍTULO IV
Das Disposições Gerais

Art. 11.

Quem, de qualquer modo, inclusive por meio de pessoa jurídica, concorre para os crimes definidos nesta lei, incide nas penas a estes cominadas, na medida de sua culpabilidade.

Parágrafo único. Quando a venda ao consumidor for efetuada por sistema de entrega ao consumo ou por intermédio de outro em que o preço ao consumidor é estabelecido ou sugerido pelo fabricante ou concedente, o ato por este praticado não alcança o distribuidor ou revendedor.

1. Notas ao concurso de agentes

A única distinção em relação ao artigo 29 do Código Penal é a definição de que o crime possa ser praticado pela intermediação de pessoa jurídica.

improcedente. Ausentes, justificadamente, os Ministros Celso de Mello e Gilmar Mendes. Presidência do Ministro Dias Toffoli. Plenário, 13.12.2018.

A despeito de a inserção da pessoa jurídica neste artigo não se deve perder de vista a impossibilidade de responsabilização criminal desta.

A interpretação possível é que a par de tal ente figurar em algumas hipóteses como sujeito passivo da relação tributária (sendo, portanto, o responsável pelo cumprimento da obrigação tributária), a responsabilização criminal na hipótese de ocorrência de crime contra a ordem tributária incidirá sobre a pessoa física responsável.

Não se desconhece que o art. 173, §5º, da CF, estatui que “a lei, sem prejuízo da responsabilidade individual dos dirigentes da pessoa jurídica, estabelecerá a responsabilidade desta, sujeitando-a às punições compatíveis com sua natureza, nos atos praticados contra a ordem econômica e financeira e contra a economia popular.”

Todavia, este preceito não pode conduzir ao entendimento de que haveria a responsabilização criminal do ente jurídico. Isso “não afasta eventual responsabilidade extrapenal da pessoa jurídica. Com efeito, constatada a sonegação por parte do ente fictício, o crédito tributário deverá ser inscrito em dívida ativa, com subsequente ajuizamento de execução fiscal, quando, então, poderão ser pleiteadas medidas de constrição patrimonial, como, por exemplo, o bloqueio das contas bancárias, a penhora e indisponibilidade de bens, assim como medidas de natureza diversa, tais como a proibição de contratar com o poder público, a impossibilidade de obtenção de certidão negativa, etc. E tudo isso sem prejuízo da responsabilização da pessoa física, *ex vi* do art. 135 do CTN.[179]

O art. 19 do Código Penal ao prescrever que “pelo resultado que agrava especialmente a pena, só responde o agente que o houver causado ao menos culposamente” é um claro indicativo da vedação da responsabilidade penal objetiva.

Em crimes contra a ordem tributária, não raras vezes, identifica-se que a prática delitiva ocorrente no seio de uma pessoa jurídica pode se dar pela conduta reprovável de um dos sócios, sem que os demais tenham ciência ou a ela anuído, ainda que minimamente, a título de dolo eventual.

Daí porque, na análise da autoria delitiva, a aferição da responsabilização criminal de cada um dos acusados deve ser perquirida a fim de se evitar indevida imputação. O exame dos contratos sociais ou estatutos da pessoa jurídica possibilitará a constatação da responsabilidade de cada um no

[179] LIMA, Renato Brasileiro de. *Legislação criminal especial comentada: volume único*. 9. ed. rev., atual. e ampl. Salvador: JusPODIVM, 2021, p. 296.

ambiente corporativo, mas as provas documental (consistente, por exemplo, na assinatura de termo de encerramento fiscal, no endereçamento de correspondência à Fazenda Pública) e testemunhal (funcionários da empresa, pessoas que com ela contrataram, notadamente depoimento dos agentes fiscais que empreenderam as fiscalizações) servirão de baliza para que o julgador possa bem aquilatar o detentor do domínio sobre o fato delituoso, ou seja, sobre quem poderia recair a responsabilização criminal. Vale dizer, a comprovação de que determinado comportamento típico do acusado (sócio, administrador) o vincule ao resultado criminoso.

Como já anteriormente delineado nesta obra (item 3. Sujeitos), em se tratando de crimes societários, há que se atentar para o fato de que a conduta dos réus nem sempre resta amplamente especificada na denúncia, mas deve constar da narrativa o liame entre a conduta e a autoria, a permitir o exercício da ampla defesa e do contraditório, ou seja, cabe na denúncia o *Parquet* demonstrar o nexo causal entre as funções dos denunciados (p. ex. sócios-gerentes) e a suposta conduta delitiva. Durante a persecução criminal haverá a constatação da ocorrência do fato típico e antijurídico em relação à pessoa imputada.

Nesta toada, não se admite denúncia genérica, devendo haver minimamente um nexo causal do fato descrito e a pessoa denunciada.

Questão recorrente nas estratégias de defesa é a imputação de responsabilização a um contador da empresa que seria o detentor das informações pela escrituração contábil do ente jurídico. Como preleciona Renato Brasileiro de Lima,[180] "essa discussão ganha ainda mais relevo se levarmos em consideração que é relativamente comum que o sujeito passivo da obrigação tributária, seja ele contribuinte, seja ele responsável tributário, delegue a um terceiro, geralmente um empregado, por meio de acordo ou convenção particular, a responsabilidade de fato pelo pagamento dos tributos devidos. Nesses casos, não se pode presumir a responsabilidade penal do empregado, sob pena de evidente violação ao princípio da culpabilidade. Se o art. 123 do CTN dispõe que os acordos e convenções particulares, relativos à responsabilidade pelo pagamento tributário, não são oponíveis à Fazenda Pública para modificar a definição legal do sujeito passivo das respectivas obrigações tributárias, há de se ter em mente que esse dispositivo é válido apenas para fins tributários. Para fins de responsabilização penal, é imprescindível demonstrar que o agente teria sido o executor material da

[180] *Ob. cit.*, p. 297.

conduta incriminada, e que possuía um vínculo subjetivo com ela, é dizer que agira de maneira dolosa."

Ainda sobre o tema importante remeter o leitor ao item 3.1 desta obra intitulada "Possibilidade de aplicação da teoria do domínio do fato em crimes societários envolvendo crimes contra a ordem tributária".

Art. 12.

São circunstâncias que podem agravar de 1/3 (um terço) até a metade as penas previstas nos arts. 1º, 2º e 4º a 7º:

I – ocasionar grave dano à coletividade;

II – ser o crime cometido por servidor público no exercício de suas funções;

III – ser o crime praticado em relação à prestação de serviços ou ao comércio de bens essenciais à vida ou à saúde.

1. Notas às causas de aumento de pena previstas no art. 12

Na terceira fase da dosimetria da pena, o magistrado deverá elevar a pena se presentes as circunstâncias elencadas nos incisos I a III, em um terço até metade, dos crimes previstos nos arts. 1º, 2º e 4º a 7º desta Lei.

Nucci[181] pondera em relação ao inciso I do art. 12 ser uma impropriedade a inserção do art. 2º, pois em se tratando de crime formal, sem resultar, necessariamente, na supressão ou redução da arrecadação tributária, seria impossível causar grave dano à coletividade.

A jurisprudência do STJ tem sido no sentido de que o grave dano causado à coletividade justifica a incidência da causa de aumento de pena estatuída no art. 12, I, da Lei nº 8.137/1990 (REsp n. 1867116/SC, Rel. Ministro Sebastião Reis Júnior, Sexta Turma, *DJe* 29.09.2020).

José Paulo Baltazar Junior pondera existir duas posições sobre o que deva ser considerado dano grave para a incidência da causa de aumento: "para a primeira, considera-se grave o dano quando o valor sonegado superar dez milhões de reais, que é o parâmetro estabelecido pela Portaria 320/2008 da PGFN que regulamentou o Programa de Grandes Devedores, que deverão receber tratamento prioritário por parte daquele órgão (...). Para a segunda, danos na casa dos milhões são suficientes para atrair

[181] NUCCI, Guilherme de Souza. *Leis penais e processuais penais comentadas.* 9. ed. rev., atual. e ampl. Rio de Janeiro: Forense, 2015. v. 1, p. 658.

a incidência da causa de aumento, ainda que não superado aquele limite, como no caso em que a sonegação superava quatro milhões de reais (STJ, HC 36.804, Dipp, 5ª T., v.u., 21.09.2004)."[182]

O STJ baliza como grave dano à coletividade (para os tributos federais) o critério de um milhão de reais:

> "PENAL. AGRAVO REGIMENTAL NO RECURSO ESPECIAL. CRIME CONTRA A ORDEM TRIBUTÁRIA. ART. 1º, INCISOS I E II, DA LEI N. 8.137/1990. CAUSA DE AUMENTO DE PENA. ART. 12, INCISO I, DA LEI N. 8.137/1990. GRAVE DANO À COLETIVIDADE.
>
> 1. De acordo com a mais recente jurisprudência desta Corte, 'a majorante do grave dano à coletividade, prevista pelo art. 12, I, da Lei 8.137/90, restringe-se a situações de especialmente relevante dano, valendo, analogamente, adotar-se para tributos federais o critério já administrativamente aceito na definição de créditos prioritários, fixado em R$ 1.000.000,00 (um milhão de reais), do art. 14, caput, da Portaria 320/PGFN' (REsp n. 1.849.120/SC, relator Ministro NEFI CORDEIRO, TERCEIRA SEÇÃO, julgado em 11/3/2020, DJe 25/3/2020). Precedente.
>
> 2. Na hipótese, o montante do tributo suprimido foi de R$ 1.660.903, 64, de acordo com o acórdão recorrido, valor que, portanto, autoriza a incidência da referida majorante.
>
> 3. Agravo regimental desprovido."
>
> (STJ, AgRg no REsp 1871684/SC, Rel. Ministro Antonio Saldanha Palheiro, Sexta Turma, *DJe* 18.12.2020)

Ainda, de acordo com a orientação do Superior Tribunal de Justiça, "em se tratando de tributos estaduais ou municipais, o critério deve ser, por equivalência, aquele definido como prioritário ou de destacados créditos (grandes devedores) para a fazenda local" (REsp 1867116/SC, Rel. Ministro Sebastião Reis Júnior, Sexta Turma, julgado em 22/09/2020, DJe 29/09/2020).

Demais disso, cumpre salientar que a Terceira Seção do Superior Tribunal de Justiça decidiu que o dano tributário é valorado considerando seu valor atual e integral, incluindo os acréscimos legais de juros e multa (STJ, REsp 1849120/SC, Rel. Ministro Nefi Cordeiro, Terceira Seção, *DJe* 25.03.2020). No voto do e. Relator delineou-se que: "embora realmente já

[182] GONÇALVES, Victor Eduardo Rios; BALTAZAR JUNIOR, José Paulo. *Legislação penal especial.* 2 ed. São Paulo: Saraiva, 2016, p. 558-559.

tenha esta Corte precedente de que não se deve considerar os acréscimos legais (juros, multa etc.), somente o valor do tributo não recolhido (HC 412.205/PE, Rel. Ministro JOEL ILAN PACIORNIK, QUINTA TURMA, julgado em 20/02/2018, DJe 02/03/2018), o dano tributário merece compreender o valor integral na sua apuração, aí se incluindo todos acréscimos. Já na execução tributária, são os acréscimos considerados para fins de sua valoração como necessária ou de especial interesse fazendário. Também no crime o dano tributário deve valorar todos acréscimos legais, pois incidentes obrigatoriamente pela falta de cumprimento da obrigação legal de recolhimento adequado e tempestivo dos tributos."

No que tange ao inciso II do art. 12, embora haja previsão no art. 3º de condutas praticadas por funcionário público, pode ele cometer ou colaborar para que seja praticado outros crimes tributários previstos na Lei nº 8.137/1990, de modo ser necessária a estipulação desta causa de aumento de pena em relação a outros delitos.

No que concerne ao inciso III do art. 12 se o crime for praticado em relação à prestação de serviços ou ao comércio de bens essenciais à vida ou à saúde deve incidir a causa de aumento de pena.

Serviços ou atividades essenciais definidos no art. 10 da Lei nº 7.783, de 28.06.1989 (dispõe sobre o exercício do direito de greve, define as atividades essenciais, regula o atendimento das necessidades inadiáveis da comunidade, e dá outras providências), são: "I – tratamento e abastecimento de água; produção e distribuição de energia elétrica, gás e combustíveis; II – assistência médica e hospitalar; III – distribuição e comercialização de medicamentos e alimentos; IV – funerários; V – transporte coletivo; VI – captação e tratamento de esgoto e lixo; VII – telecomunicações; VIII – guarda, uso e controle de substâncias radioativas, equipamentos e materiais nucleares; IX – processamento de dados ligados a serviços essenciais; X – controle de tráfego aéreo e navegação aérea (redação dada pela Lei nº 13.903, de 19.11.2019); XI – compensação bancária; XII – atividades médico-periciais relacionadas com o regime geral de previdência social e a assistência social (redação dada pela Lei nº 13.846, de 18.06.2019); XIII – atividades médico-periciais relacionadas com a caracterização do impedimento físico, mental, intelectual ou sensorial da pessoa com deficiência, por meio da integração de equipes multiprofissionais e interdisciplinares, para fins de reconhecimento de direitos previstos em lei, em especial na Lei nº 13.146, de 6 de julho de 2015 (Estatuto da Pessoa com Deficiência); e(Incluído pela Lei nº 13.846, de 2019); XIV – outras prestações médico-periciais da carreira de Perito Médico Federal indispensáveis ao atendimento das necessidades inadiáveis da comunidade. (Incluído pela Lei nº 13.846, de 2019); XV – atividades portuárias (incluído pela Lei nº 14.047, 24.08.2020).”

Impende ainda registrar que a jurisprudência de nossos C. Tribunais Superiores firmou a possibilidade de o magistrado reconhecer a ocorrência da causa de aumento de pena prevista no art. 12, I, da Lei nº 8.137/1990, se ocasionado grave dano à coletividade, a despeito da ausência da menção de sua capitulação legal na exordial acusatória, quando se mostra possível inferir tal conclusão da denúncia, que expressamente menciona o valor da tributação suprimida.

Assim, tendo como supedâneo a premissa de que o acusado se defende dos fatos que lhe são imputados (dentre eles, o valor expressamente indicado do tributo sonegado), seria lícito ao juiz, quando da prolação do édito penal condenatório, reconhecer a causa de aumento em tela, sem que tal proceder possa caracterizar qualquer ofensa ao devido processo legal (e aos seus corolários da ampla defesa e do contraditório). A propósito:

> “(...) 1. O princípio da congruência, dentre os seus vetores, indica que o acusado defende-se dos fatos descritos na denúncia e não da capitulação jurídica nela estabelecida. Destarte, faz-se necessária apenas a correlação entre o fato descrito na peça acusatória e o fato pelo qual o réu foi condenado, sendo irrelevante a menção expressa na denúncia de eventuais causas de aumento ou diminuição de pena. Precedentes: RHC 115.654, Primeira Turma, Relatora a Ministra Rosa Weber, DJe de 21.11.13; HC 92.484-ED, Segunda Turma, Relator o Ministro Joaquim Barbosa, DJe de 19.06.12; HC 103.431, Primeira Turma, Relator o Ministro Marco Aurélio, DJe de 30.05.11; HC 102.375, Primeira Turma, Relatora a Ministra Cármen Lúcia, DJe de 20.08.10; RHC 97.669, Segunda Turma, Relator o Ministro Eros Grau, DJe de 12.02.10; AI 625.389-AgR, Primeira Turma, Relator o Ministro Carlos Britto, DJe de 19.06.13. 2. *In casu*, consoante destacou o Superior Tribunal de Justiça, ‘de fato, a denúncia não efetivou pedido expresso para que fosse reconhecida a aludida majorante, contudo é certo que dela consta que o paciente ‘reduziu tributo federal, qual seja, Imposto de Renda da Pessoa Jurídica – IRPJ, no montante de R$ 2.836.392,38 (dois milhões, oitocentos e trinta e seis mil e trezentos e noventa e dois reais)’, reduziu, ‘por 12 vezes, a Contribuição para o Programa de Integração Social – PIS, no montante de R$ 15.948,27 (quinze mil, novecentos e quarenta e oito reais)’, e ‘reduziu, por 12 vezes, a Contribuição Social sobre o Lucro Líquido, instituída pela Lei n. 7.689/9, no montante de R$ 847.523,63 (oitocentos e quarenta

e sete mil e quinhentos e vinte e três reais)' (fl. 57). Os valores, assim, são eloquentes e mostram, de forma induvidosa, tal como consignou o acórdão impugnado, a ocorrência de 'grave dano a coletividade', de que fala a circunstância de especial aumento do citado art. 12, inciso I, da Lei dos Crimes contra a Ordem Tributária". (...) (STF, RHC 119962, Rel. Min. Luiz Fux, 1ª Turma, *DJe* de 16.06.2014).

"(...) III – Ao interpretar a regra contida no art. 383, do Código de Processo Penal, esse col. Tribunal entende que o réu se defende dos fatos narrados na denúncia e não da sua capitulação legal, que é sempre provisória, podendo o juiz, no momento da sentença, atribuir definição jurídica diversa, nos termos do artigo 383, do Código de Processo Penal, ainda, que em consequência, tenha de aplicar pena mais grave (AgRg no AREsp 193.387/SP, Quinta Turma, de minha relatoria, DJe de 12/3/2015, v.g.). IV – 'O princípio da congruência, dentre os seus vetores, indica que o acusado defende-se dos fatos descritos na denúncia e não da capitulação jurídica nele estabelecida. Destarte, faz-se necessária apenas a correlação entre o fato descrito na peça acusatória e o fato pelo qual o réu foi condenado, sendo irrelevante a menção expressa na denúncia de eventuais causas de aumento ou diminuição de pena' (RHC 119.962/SP, Primeira Turma, Rel. Min. Luiz Fux, DJ e 16/6/2014). V – No caso dos autos, o montante dos tributos suprimidos/reduzidos atinge o valor de R$ 3.898.025,55 (três milhões oitocentos e noventa e oito mil vinte e cinco reais e cinqüenta e cinco centavos). Esse valor, expressamente descrito na denúncia, denota a existência de grave dano à coletividade. (...)

(STJ, HC 303.576/PE, Rel. Min. Felix Fischer, 5ª Turma, *DJe* 11.06.2015).

Dentro desse contexto, não se vislumbra qualquer óbice à aplicação da causa de aumento de pena em razão da ausência de sua expressa menção na denúncia ofertada numa relação processual desde que haja a indicação da quantia sonegada pelo acusado na exordial acusatória (de modo a restar assegurado o contraditório ao acusado a incidir sobre tal aspecto da acusação).

E, nesse diapasão, tendo em vista a aferição do valor sonegado, de rigor a incidência da causa de aumento de pena prevista no art. 12, I, da Lei nº 8.137/1990, quando patente a ocorrência de grave dano à coletividade em decorrência da sonegação perpetrada à míngua das políticas públicas que poderiam ter sido executadas caso tal importância tivesse sido incorporada aos cofres públicos.

Sequer é possível cogitar-se da existência de situação limítrofe (conforme pode desejar fazer crer a defesa de um acusado) a caracterizar se a importância sonegada era de monta (ou não) a causar grave dano à coletividade. Isso porque acaso incida o valor em patamar considerado pela jurisprudência indicada acima, por si só, já remonta importe que se mostra bem acima de uma trivial (ou comum) sonegação.

Atualmente, verifica-se que a prática de diversos delitos é corriqueira e nem por isso se deve ser condescendente com a criminalidade, impondo penas menores, simplesmente porque é comum a ofensa ao bem jurídico tutelado pela norma penal. Citem-se, como exemplo, o terrorismo, o tráfico (seja de armas, seja de drogas), a pedofilia, o roubo, a lavagem de capitais, a corrupção (que, aliás, sempre existiu) e o homicídio (executado desde que o homem existe). Todos crimes comuns ou corriqueiros. Entretanto, não é porque o delito se tornou banal que a repressão deve se esmaecer e a pena ficar mais branda. Muito pelo contrário!

Na verdade, o Direito Penal existe para prevenir o delito (prevenção geral e especial) e eventual entendimento de que a sonegação corriqueira justificaria reprimenda menor, se consagrado, estimularia a prática delitiva, porquanto estaria abraçada com a nota de normalidade. A atividade criminosa, ainda que corriqueira, não é causa de exclusão de ilicitude ou de culpabilidade, muito menos de tipicidade. O pagamento de tributos é o preço de se viver em uma sociedade minimamente civilizada e a relutância em adimpli-lo é considerada, em muitos países, grave crime, sendo punida, por algumas legislações, com pena de prisão perpétua ou de elevada monta, dada a ofensa, *per se*, a interesse tutelado da coletividade ante a redução de políticas públicas em razão da atitude egocêntrica e antissocial do infrator.

Doutra parte, não se vislumbra a qualificação de corriqueira a sonegação que remonta a valor por demais expressivo, notadamente em decorrência de um comportamento que mais se revela atrevido, irregular, presunçoso e excêntrico.

A jurisprudência considera inadmissível *bis in idem* valorar negativamente a gravidade do dano na primeira fase da dosimetria da pena, como circunstância judicial e, posteriormente, também como causa de aumento (artigo 12, inciso I, da Lei nº 8.137/1990). No sentido de valoração negativa do alto valor na terceira fase, cito o julgado a seguir:

> "(...) 1. Em consonância com a orientação jurisprudencial da Primeira Turma do Supremo Tribunal Federal, esta Corte não admite habeas corpus substitutivo de recurso próprio, sem prejuízo da concessão da ordem,

de ofício, se existir flagrante ilegalidade na liberdade de locomoção do paciente.

2. O modus operandi do ora paciente quanto ao delito de sonegação fiscal, praticado por intermédio de terceira pessoa, como "laranja", trouxe maior complexidade e grau de reprovabilidade ao fato, justificando a valoração negativa da culpabilidade e, em consequência, o aumento da pena-base. Precedentes.

3. No que diz respeito à continuidade delitiva, o Tribunal a quo aumentou a pena em 1/4, porém, a jurisprudência desta Corte firmou-se no sentido de que a prática de três delitos, como no caso em análise, atrai a incidência da fração de 1/5. Precedentes.

4. O grave dano causado à coletividade, evidenciado pelo valor das exações, superior a 5 milhões de Reais (fl. 97), justifica a incidência da causa de aumento de pena prevista no art. 12, I, da Lei n. 8.137/90.

5. Habeas corpus não conhecido. Ordem concedida, de ofício, para reduzir a fração da continuidade delitiva para 1/5, fixando as penas do paciente em 4 anos de reclusão, em regime inicialmente semiaberto, além de 192 dias-multa."

(STJ, HC 431.435/PE, Rel. Ministro Joel Ilan Paciornik, Quinta Turma, julgado em 17.05.2018, *DJe* de 01.06.2018)

Destaque-se que o elevado montante sonegado (nos casos em que o valor seja inferior ao estipulado como grave dano à coletividade pela atual jurisprudência do STJ) deve ser valorado negativamente como consequências do crime (art. 59 do CP), na primeira fase da dosimetria, conforme é possível ser aferido pelos seguintes julgados a seguir:

"(...) 1. Na linha da jurisprudência iterativa desta Corte Superior, é admissível a valoração negativa das consequências do crime de sonegação fiscal quando expressivo o valor do crédito tributário suprimido ou reduzido na forma do art. 1º da Lei 8.137/1990. Incidência da Súmula 568/STJ. (...)"

(STJ, AGARESP 201700431270, Relator Ministro Reynaldo Soares Fonseca, Quinta Turma, julgado em 23.05.2017, v.u., *DJE* de 31.05.2017)

"(...) consequências do crime devem ser valoradas negativamente, uma vez que o crédito tributário, consolidado em 07/2002, totalizava R$ 88.110,73, inscrito em dívida ativa em 29/01/2003, no valor de R$ 187.235,30. A jurisprudência do STJ firmou entendimento no quanto à possibilidade de consideração do elevado valor do tributo sonegado como consequências do crime (...)."

(TRF3, ACR 00004217720004036108, Relator Des. Fed. Hélio Nogueira, Primeira Turma, julgado em 21.03.2017, e-DJF3 Judicial 1 28.03.2017)

De outra parte, o Código Penal não estabelece patamares para as circunstâncias judiciais previstas em seu artigo 59, de modo que, a princípio, mostra-se possível o aumento da pena base até o seu limite máximo em razão de uma única circunstância considerada desfavorável. Portanto, é possível a majoração da pena-base em patamar mais elevado levando-se em conta apenas uma circunstância judicial consubstanciada no vetor consequências do crime. Nesse sentido, trago à colação o julgado abaixo do Colendo Superior Tribunal de Justiça:

> "I - A Terceira Seção desta Corte, seguindo entendimento firmado pela Primeira Turma do col. Pretório Excelso, firmou orientação no sentido de não admitir a impetração de habeas corpus em substituição ao recurso adequado, situação que implica o não-conhecimento da impetração, ressalvados casos excepcionais em que, configurada flagrante ilegalidade apta a gerar constrangimento ilegal, seja possível a concessão da ordem de ofício.
>
> II - Na hipótese, analisando o aumento da pena-base efetivado pelo magistrado e mantido pelo eg. Tribunal de origem, a r. sentença condenatória evidenciou, com base em dados empíricos, o desvalor das consequências do crime, quais sejam: 'Quanto às conseqüências, verifico que as lesões provocadas na vítima resultaram em incapacidade para ocupações habituais por mais de trinta dias, conforme atesta o auto de exame de corpo de delito de fl. 305-A.
>
> Considero essas circunstâncias algo de excepcional no contexto dos fatos, e compreendo que não estão valoradas automaticamente no tipo penal do homicídio tentado, levando-se em conta que uma tentativa de homicídio pode não resultar em lesões corporais (no caso de tentativa branca), e mesmo uma tentativa cruenta pode resultar em lesões menos graves ou duradouras – Isso exige aumento de pena nesta fase, em um ano de reclusão.' Desse modo, não há que se falar em ilegalidade na exasperação da reprimenda-base, porquanto demonstrado as consequências do crime desvaforáveis ao paciente, o que exige resposta penal superior, em atendimento aos princípios da proporcionalidade e da individualização da pena. Precedentes.
>
> III - Quanto ao critério numérico de aumento para cada circunstância judicial negativa, insta consignar que 'A análise das circunstâncias judiciais

do art. 59 do Código Penal não atribui pesos absolutos para cada uma delas a ponto de ensejar uma operação aritmética dentro das penas máximas e mínimas cominadas ao delito'. Assim, é possível que 'o magistrado fixe a pena-base no máximo legal, ainda que tenha valorado tão somente uma circunstância judicial, desde que haja fundamentação idônea e bastante para tanto.' (AgRg no REsp 143071/AM, Sexta Turma, Rel. Min. Maria Thereza de Assis Moura, DJe 6/5/2015). No presente caso, em relação ao quantum de exasperação na primeira fase da dosimetria, não há desproporção na reprimenda-base aplicada, porquanto existe motivação particularizada, vinculada à discricionariedade e à fundamentação da r. sentença, ausente, portanto, notória ilegalidade a justificar a concessão da ordem de ofício. Precedentes.

IV – Em relação à fração da tentativa, observa-se que as instâncias ordinárias destacaram a adequação da fração mínima aplicada, levando em conta o critério do iter criminis, que foi substancialmente percorrido e chegou muito próximo da consumação, uma vez que o paciente: "acertou a vítima com dois tiros, um na região axilar, outro na região do abdômen, tendo percorrido os atos executórios à integralidade. Por outro lado, entendo que também deve ser sopesada, neste quesito, a proximidade de violação ao bem jurídico protegido (a ofendida correu risco de morte). Assim, dadas as peculiaridades do caso, correta a redução da reprimenda no patamar de 1/3 da pena." Portanto, inexiste constrangimento ilegal a ser sanado, pois o acórdão recorrido se encontra em consonância com a jurisprudência desta Corte, que considera idôneo, no tocante ao quantum de redução pela tentativa, o critério do iter criminis percorrido. Ademais, a alteração da fração correspondente à tentativa exigiria o reexame do iter criminis percorrido pela agente, o que é inviável nesta sede, de cognição sumária, onde é vedado o exame aprofundado das provas.

Precedentes.

Habeas corpus não conhecido."

(STJ, HC 426.444/RS, Rel. Ministro FELIX FISCHER, QUINTA TURMA, julgado em 01.03.2018, *DJe* de 07.03.2018)

Como se vê, o elevado montante sonegado (nos casos em que o valor seja inferior ao estipulado como grave dano à coletividade pela atual jurisprudência do STJ) poderá ser valorado negativamente como consequências do crime, na primeira fase da dosimetria, sendo certo, inclusive, a depender do valor, em patamar superior ao usualmente utilizado para cada circunstância judicial disposta no art. 59 do CP.

Art. 15.

Os crimes previstos nesta lei são de ação penal pública, aplicando-se-lhes o disposto no art. 100 do Decreto-Lei nº 2.848, de 7 de dezembro de 1940 – Código Penal.

1. Considerações

A ação penal, em relação aos crimes contra a ordem tributária previstos nesta Lei, é pública incondicionada.

Nesse sentido a Súmula n. 609 do STF "É pública incondicionada a ação penal por crime de sonegação fiscal."

Portanto, o Ministério Público é o exclusivo titular da ação valendo citar mais uma vez que a norma do artigo 83 da Lei n. 9.430, de 27.12.1996 (como já mencionado no tópico "Persecução penal e decisão definitiva na esfera administrativa. Ação Penal Pública Incondicionada"), destina-se aos agentes fazendários, que são seus destinatários (versa apenas sobre o momento em que a administração encaminhará a *notitia criminis* ao órgão ministerial), não impedindo a atuação do *Parquet*, que, possuindo elementos que comprovem o lançamento definitivo do crédito tributário (nos crimes materiais contra a ordem tributária) e indícios de materialidade e autoria delitivas poderá instaurar a ação penal, independentemente de ter recebido a representação fiscal das Receitas Estadual ou Federal.

Sob este enfoque, o art. 83 da Lei n. 9.430/1996 estipula o momento em que a administração fazendária deverá encaminhar ao Ministério Público os expedientes contendo informações acerca de suposto crime. Tal normativo não dispõe, portanto, uma condição de procedibilidade para a instauração da ação penal, todavia antes de constituído definitivamente o crédito tributário não há justa causa para a ação penal nos crimes materiais contra a ordem tributária.

Referências Bibliográficas

BALERA, Wagner. *Crimes contra a ordem tributária. Pesquisas tributárias Nova série.* Ives Gandra da Silva Martins (coord.). São Paulo: RT, 1995.

BALTAZAR JUNIOR, José Paulo. *Crimes federais.* 10. ed. 2. tiragem. São Paulo: Saraiva, 2016.

–. *Legislação penal especial.* 2 ed. São Paulo: Saraiva, 2016.

BITENCOURT, Cezar Roberto; MONTEIRO, Luciana de Oliveira. *Crimes contra a ordem tributária.* 1. ed., 2. tiragem. São Paulo: Saraiva, 2014.

BRITO MACHADO, Hugo. *Curso de direito tributário*. 16. ed. São Paulo: Malheiros, 1999.

CARVALHO, Paulo de Barros. Citado por Fabio Machado de Almeida Delmanto *Processo administrativo-fiscal como condição da ação penal*. MARTINS, Ives Gandra da Silva; BRITO, Edvaldo (org.). *Direito tributário: direito penal tributário (coleção doutrinas essenciais, v. VIII)*. São Paulo: RT, 2011.

CONDE, Francisco Muñoz. Principios politicocriminales que inspiran el tratamiento de los delitos contra el orden socioeconómico en el proyecto de Código Penal Español de 1994. *Revista Brasileira de Ciências Criminais*, n.11.

CORRÊA, Antônio. *Dos Delitos contra a ordem tributária: comentários à Lei nº 8.137, de 27.12.1990*. São Paulo: Saraiva, 1994.

COSTA JÚNIOR, Paulo José da. *Infrações tributárias e delitos fiscais*. São Paulo: Saraiva, 2000.

EISELE, Andreas. *Crimes contra a ordem tributária*, 2. ed., São Paulo: Dialética, 2002.

FREUD, Sigmund. Psicologia de grupo e a análise de ego, in Edição standart brasileira das obras psicológicas completas de Sigmund Freud. Rio de Janeiro: Imago, 1976.

GAMA, Guilherme Calmon Nogueira; GOMES, Abel Fernandes. Sonegação fiscal ou crime contra a ordem tributária – Exegese do artigo 2º, inciso I, da Lei nº 8.137/90. *Temas de direito penal e processo penal: em especial na Justiça Federal*. Rio de Janeiro: Renovar, 1999.

GONÇALVES, Victor Eduardo Rios; BALTAZAR JUNIOR, José Paulo. *Legislação penal especial*. 2 ed. São Paulo: Saraiva, 2016.

GOMES, Luiz Flávio; BIANCHINI, Alice. BADARÓ, Gustavo Henrique (org.). *Prévio exaurimento da via administrativa e crimes tributários. Direito penal e processo penal: leis penais especiais I (coleção doutrinas essenciais, v. 4)*. São Paulo: RT, 2015.

HARADA, Kiyoshi; MUSUMECCI FILHO, Leonardo; POLIDO, Gustavo Moreno. *Crimes contra a ordem tributária*. 2. ed. São Paulo: Atlas, 2015.

LIMA, Renato Brasileiro de. *Legislação criminal especial comentada: volume único*. 9. ed. rev., atual. e ampl. Salvador: JusPODIVM, 2021.

MARTINS, Ives Gandra da Silva; BRITO, Edvaldo (org.). *Direito tributário: direito penal tributário (coleção doutrinas essenciais, v. VIII)*. São Paulo: RT, 2011.

NUCCI, Guilherme de Souza. *Leis penais e processuais penais comentadas*. 9. ed. rev., atual. e ampl., Rio de Janeiro: Forense, 2015. v. 1.

REALE JÚNIOR, Miguel. Despenalização no direito penal econômico: uma terceira via entre o crime e a infração administrativa? *Revista Brasileira de Ciências Criminais*, 1999, n. 28.

ROXIN, Klaus. *Problemas fundamentais de direito penal*. Tradução: Ana Paula dos Santos Luís Natscheradetz (Textos I, II, III, IV, V, VI, VII e VIII), Maria Fernanda Palma (Texto IX) e Ana Isabel de Figueiredo (Texto X). 3. ed. Lisboa: Vega Universidade; Direito e Ciência Jurídica, 1998.

SANCTIS, Fausto Martin De.*Responsabilidade penal das corporações e criminalidade moderna*. 2ª ed. São Paulo: Saraiva, 2009.

STOCO, Rui. BADARÓ. Gustavo Henrique (org.). *Sonegação fiscal – temas controvertidos. Direito penal e processo penal: leis penais especiais I (coleção doutrinas essenciais, v. 4)*. São Paulo: RT, 2015.

TIEDEMANN, Klaus Bruno. *Poder económico y delito* (Introducción al derecho penal económico y de la empresa). Barcelona: Ariel, 1985.

WELZEL, Hans. *Derecho penal alemán*. Santiago-Chile: Jurídica, 1976.

PARTE 4
Lei de lavagem de dinheiro

LEI Nº 9.613, DE 03.03.1998

Dispõe sobre os crimes de "lavagem" ou ocultação de bens, direitos e valores; a prevenção da utilização do sistema financeiro para os ilícitos previstos nesta Lei; cria o Conselho de Controle de Atividades Financeiras – COAF, e dá outras providências.

1. Noções introdutórias

A compreensão da lavagem de dinheiro como crime de alta danosidade social começou a tomar lugar porque, em certo momento, constatou-se que ela propicia a perpetuação de graves delitos e a percepção de seus frutos ilícitos.

A lavagem de dinheiro tem reclamado a atenção de todos diante do alto grau de sofisticação das atividades criminosas, que, já há algum tempo, organizaram-se, profissionalizaram-se e transnacionalizaram-se.

Propiciando a transformação daquilo que é ilegal em legal, o crime organizado atuava livremente por total ineficácia dos diplomas nacionais e internacionais que não eram compatíveis com essa nova realidade. Nesse ponto, Gilson Dipp, há tempos, em magistral lição pontificou que tal crime possui feição transnacional:

> "Ele ultrapassa as fronteiras. Aproveita-se do peso do Estado, dos Poderes Executivo, Legislativo e Judiciário, que estão regulados, quase amarrados, ao princípio da territorialidade, ou seja, de que a lei se aplica apenas nos seus limites. É um conceito totalmente ultrapassado. O Estado, não abdicando da sua soberania, precisa desenvolver uma ampla cooperação internacional. Se insistirmos no conceito de soberania do século 19, permi-

tiremos que o crime organizado exerça o seu poder em detrimento da soberania formal."[183]

A noção de que esse tipo de delinquência atinge sobremaneira a Ordem Econômica e Social fez com que fosse reconhecida a necessidade de se estabelecer de forma precisa um novo delito, também pertencente à criminalidade econômica, caracterizada, em princípio, por não possuir valoração social negativa.

Necessário pontuar particularidades atinentes ao papel de relevo internacional que o delito de lavagem de dinheiro representa para a criminalidade organizada, como se pode denotar pelo Preâmbulo da Convenção de Viena de 1988, aoenunciar que as condutas provenientes do crime organizado "minam as bases de uma economia lícita e ameaçam a estabilidade, a segurança e a soberania dos Estados, além de invadir, contaminar e corromper as estruturas do Estado, as atividades comerciais e financeiras legítimas e a sociedade em todos os seus níveis."

Francisco de Assis Betti, ao abordar os crimes econômicos de uma maneira geral, compreende-os como crimes em que haja:

> "Constatação da ausência de valoração social negativa, que procede de vários fatores: apego excessivo aos bens materiais, como o lucro; egoísmo exagerado dos detentores do capital, que devotam total desprezo às classes menos favorecidas e a certeza da impunidade. A maioria desses crimes é abafada pelas autoridades coniventes e, quando vêm a público, as provas são mal produzidas, os fatos são de difícil apuração, exigindo assessoria técnica especializada nas diversas áreas de que se originaram, culminando, quase sempre, na impunidade."[184]

No início, o crime de lavagem estava vinculado ao delito de tráfico ilícito de entorpecentes, tendo como ponto de partida, na Europa, uma Recomendação do Conselho da Europa de 1980. A Convenção das Nações Unidas contra o Tráfico Ilícito de Entorpecentes e Substâncias Psicotrópicas (Convenção de Viena de 1988) é considerada o marco internacional, propi-

[183] Legislação brasileira atrapalha o combate à lavagem de dinheiro [Entrevista]. *Consultor Jurídico*. Disponível em: https://www.conjur.com.br/2004-nov-03/legislacao_atrapalha_combate_lavagem_dinheiro. Acesso em: 02.06.2023.

[184] BETTI, Francisco de Assis. *Aspectos dos crimes contra o sistema financeiro no Brasil – comentários às Leis 7.492/86 e 9.613/98*. Belo Horizonte: Del Rey, 2000, p. 20.

ciando, no mundo, a sua análise político-criminal, enquanto a Lei nº 9.613, de 03.03.1998, é a referência nacional.

A preocupação em caracterizar a lavagem de dinheiro como delito autônomo teve íntima conexão com o tráfico internacional de drogas. Com efeito, dois aspectos parecem ter sido decisivos para que houvesse uma mobilização internacional no sentido de se punir quem tornava aparentemente lícita a riqueza proveniente do tráfico ilícito de drogas.

Um deles é a já previsível ineficácia dos meios repressivos de combate ao narcotráfico; outro fator é representado pelo impacto econômico-financeiro que a movimentação dos chamados narcodólares, no rumo da aparente licitude, provoca na economia de muitos países, interferindo, sobremaneira, nas normais relações de produção, concorrência e consumo.

Deste modo, o grande impulso internacional para a adoção de medidas de combate à lavagem de dinheiro, ou seja, o marco legal internacional global foi mesmo a Convenção das Nações Unidas de Viena de 1988 (promulgada no Brasil pelo Decreto nº 154, de 26.06.1991), que teve como escopo específico o combate ao tráfico de entorpecentes e substâncias psicotrópicas.

Possuía-se a ideia da falência dos diplomas tradicionais em fazer face a essa nova realidade. Referido normativo internacional surge diante da preocupação constante de variados países na luta contra crimes importantes, considerados uma ameaça real a todos por permitirem o fluxo de capitais ilegais, além de causarem séria desconfiança nas instituições incumbidas de seu combate.

De fato, toda delinquência capaz de produzir significativo resultado econômico propicia a perpetração de graves delitos em escala capaz de ameaçar não apenas a ordem econômica, mas também a ordem social, em detrimento da própria existência do Estado soberano. Assim ocorreu, e ocorre, com os frutos ilícitos decorrentes do empreendimento de tráfico de drogas por organizações criminosas, o que motivou esforços internacionais para combatê-las de maneira efetiva pela punição autônoma da lavagem de dinheiro, reprimindo, assim, o proveito econômico do crime subjacente e a potencialidade de praticar novos crimes.

Mireille Delmas-Marty e Geneviève Giudicelli-Delage asseguram que foi:

> "A partir do final dos anos 1980 que a comunidade internacional se conscientizou da inadequação – e mesmo da inutilidade – dos direitos nacionais em face de uma criminalidade cada vez mais eficaz em escala

internacional e prospera precisamente sobre o terreno da disparidade e da ausência de harmonização das legislações nacionais (...). A Convenção da ONU, assinada em Viena em 20 de dezembro de 1988, traduz a primeira resposta de harmonização."[185]

Não se pode deixar de ter em vista que o delito de lavagem de dinheiro aparece como medida para cercear o proveito e o uso de bens adquiridos com as vantagens da infração. É, pois, delito derivado de outro, não existindo sem que a infração subjacente se perfaça. Trata-se, nas palavras de Jean Larguier e Philippe Conte, de uma "infração de consequência" e não um comportamento anterior ou contemporâneo ao ato principal ou a essa tentativa.[186]

Para usufruir os bens ilícitos, de tranquila forma, a criminalidade tem se aparelhado, como também o Estado, obrigando este a efetivar os mais modernos mecanismos de combate ao crime.

Francisco de Assis Betti aduz nem sempre ser "fácil para o delinquente a utilização do produto do crime. A imprevidência nos gastos com excentricidades que sempre acompanham o dinheiro obtido com facilidade e a aquisição imediata de bens acima de seu padrão pessoal de vida revelam sinais exteriores de riqueza, despertando suspeitas, sugerindo investigação pela polícia ou pelo imposto de renda. Por isso, os infratores experientes procuram organizar um projeto de inversão do produto do crime, contando com cooperadores dispostos a ocultar esses recursos e a encobrir as pistas que esse dinheiro deve seguir, com o objetivo de iludir a ação repressora."[187]

Na medida em que a sociedade tem se apercebido que grave não é apenas a violência expressada por meio de sangue e armas, mais e mais os Estados têm ratificado instrumentos normativos internacionais, sem restrição, denotando não mais tolerar em seus territórios a continuidade de uma delinquência desmedida.

Carla Veríssimo De Carli salienta que um fator-chave específico para o incremento da economia global ilícita e para a atuação de grupos organizados teria sido a política repressiva dos governos nacionais. Em acréscimo, pondera que "a demanda dos consumidores no mercado é um lado

185 DELMAS-MARTY, Mireille; GIUDICELLI-DELAGE, Geneviève. *Droit pénal des affaires*. 4. ed. Paris: Presses Universitaire de France, 2000. p. 309-310.

186 CONTE, Philippe; LARGUIER, Jean. Le recel de choses et le blanchiment. *Droit pénal des affaires*. 11. ed. Paris: Dalloz; Armand Colin, 2004. p. 238.

187 *Op. cit.*, p. 39.

da moeda, quando se fala dos lucros do crime organizado. O outro lado é o papel do Estado. O lucro sempre aumenta quando o comércio de bens ou de serviços é declarado ilegal."[188]

Desse modo, considera que sem os ganhos excessivos obtidos com o tráfico internacional e sem a possibilidade de "lavar o dinheiro sujo em negócios legítimos, nenhuma organização criminosa teria ficado tão rica, como na Itália (quando se pensa na Máfia) ou em qualquer outro lugar do mundo."

O vínculo existente entre lavagem de dinheiro - criminalidade organizada obrigou uma intervenção estatal contundente e mais imediata até como forma de sua sobrevivência. Pelo teor do artigo terceiro da Convenção de Viena (promulgada no Brasil pelo Decreto nº 154, de 26.06.1991) cada país signatário compromete-se a tomar as medidas necessárias ao combate do narcotráfico, tipificando como delitos penais, em seu Direito interno, as condutas ali mencionadas, quando cometidos internacionalmente.

Os referidos comportamentos são divididos, pelo próprio artigo terceiro, em três grupos. O primeiro grupo (item "a" do art. 3) relaciona-se com o tráfico propriamente dito, quando tipifica a produção, fabricação, extração, preparação ou oferta para venda [3, a) i)], o cultivo [3, a) ii)], a posse ou aquisição para qualquer das condutas subjacentes [3, a) iii)], transporte e distribuição [3, a) iv)] e a organização, gestão ou financiamento de qualquer das condutas anteriores [3, a) v)]. O segundo (item "b" - art. 3) trata da lavagem de dinheiro em que os Estados signatários comprometem-se a tipificar a conversão ou transferência de bens cuja origem esteja vinculada aos delitos previstos no item "a" [3, b) i)] e a ocultação ou encobrimento da origem, natureza, localização, destino ou propriedade dos mesmos [3, b) ii)]. Finalmente, o terceiro grupo (item "c" do art. 3) cuida de outras modalidades de condutas vinculadas ao narcotráfico ou à lavagem de dinheiro, como a aquisição, posse ou utilização de bens provenientes do narcotráfico [3, c) i)], a posse de materiais ou equipamentos relacionados com o tráfico de entorpecentes [3, c) ii)], a instigação ou o induzimento à prática dos delitos ali tipificados [3, c) iii)] e a participação em comissão em qualquer dos delitos ali tipificados [3, c) iv)].

[188] *Lavagem de Dinheiro: ideologia da criminalização e análise do discurso.* Porto Alegre: Verbo Jurídico, 2012, p. 72.

Em suma, historicamente, à evidência, o crime de lavagem de dinheiro é, por essência, um crime derivado porque sua configuração depende da existência de uma infração subjacente e, segundo a Convenção de Viena, o branqueamento de capitais depende de crimes relacionados ao tráfico ilícito de entorpecentes.

Posteriormente, em 1992, nas Bahamas, a Assembleia Geral da OEA aprovou e adotou um Regulamento Modelo sobre delitos de lavagem de dinheiro relacionados com o tráfico ilícito de entorpecentes, cuidando, no seu artigo segundo, de definir quais seriam os comportamentos ensejadores de incriminação. Isso motivou a promulgação de diversas legislações na América Latina, como na Colômbia (Lei nº 333, de 1996), no Chile (Lei nº 9.366/1995), no Paraguai (Lei nº 1.015/1997) e na Venezuela, sendo que na Argentina, no Equador, no México e no Peru já existiam leis sobre lavagem de dinheiro antes da aprovação do Regulamento Modelo das Bahamas, mas posteriores à Convenção de Viena.

Outro relevante marco internacional é a Convenção das Nações Unidas contra a Criminalidade Organizada Transnacional (Palermo, 2000), a qual categoricamente reafirma a necessidade de asfixiamento patrimonial das organizações criminosas, com reforço ao combate à lavagem de dinheiro.

Quando promulgada a Lei de Lavagem de Dinheiro no Brasil (1998), o crime em questão já tinha perdido, em muitos dos países que incriminam este tipo de conduta, o caráter de crime exclusivamente derivado dos crimes relativos ao tráfico de entorpecentes. Espanha, Suíça, Áustria, Estados Unidos, Canadá, Austrália e México, todos estes países já não tipificavam apenas a lavagem de dinheiro como apêndice do tráfico de entorpecentes.

Dada a evidência que o problema do branqueamento de dinheiro não é uma questão exclusiva do narcotráfico e diante das consequências deletérias da introdução de dinheiro proveniente de determinados crimes na economia formal, muitas legislações passaram a estender o conceito de lavagem de dinheiro, associando-a a outros tipos de delitos subjacentes.

Vale destacar que doutrinariamente passou-se a classificar as legislações subsequentes à Convenção de Viena e que tinham como crime subjacente o tráfico de entorpecentes, como leis de 1ª geração. Posteriormente, com a associação do crime de lavagem a outros delitos, as legislações passaram a prever um rol delineado de crimes subjacentes, tendo sido classificadas como de 2ª geração.

À época de sua edição, a Lei nº 9.613/1998, por apresentar um rol taxativo de delitos (para além do crime de tráfico de entorpecentes foram listados outros delitos igualmente considerados como de especial gravidade), foi classificada como de 2ª geração. Finalmente, e como se verá adiante, as leis de 3ª terceira geração são aquelas que consideram qualquer infração penal como infração subjacente. Atualmente, assim está categorizada a legislação brasileira, após as modificações trazidas pela Lei nº 12.683/2012.

A desvinculação do delito de lavagem de dinheiro da questão do narcotráfico, se, por um lado, mostrou-se necessária, pois não se via justificativa para incriminar apenas aquela forma de enriquecimento ilícito, por outro, veio provocar sérias questões doutrinárias, uma das quais relacionadas ao bem jurídico tutelado.

De fato, quando era delito única e exclusivamente vinculado à questão das drogas, poder-se-ia alegar que a objetividade jurídica era, ainda que de modo indireto e reflexo, a mesma dos crimes de narcotráfico. Isto fica bem claro na Convenção de Viena, que não faz distinção formal entre o narcotráfico propriamente dito e o seu consequente enriquecimento.

Perdendo sua vinculação exclusiva com o delito do qual se originou, surgiram muitas questões sobre a objetividade jurídica da lavagem de dinheiro. Não resta dúvida, hoje, que tal crime está inserido no contexto do Direito Penal Econômico, por ser a Ordem Socioeconômica a atingida (de modo indireto tutela-se a Administração da Justiça) e tendo em vista a inclusão no mercado de vultosas quantias de dinheiro provenientes de crime, interferindo nas normais relações de produção, consumo e concorrência.

Outra dificuldade que existe em relação à lavagem de dinheiro é que sua forma de execução, muitas das vezes, não é simples, nem segue uma regra predeterminada. A execução do delito, em algumas oportunidades, passa por processos amiúde complexos e sofisticados, por intermédio de atos concatenados e fracionados, que ao final vão conferir aparência lícita a "dinheiro sujo."

Com efeito, é possível, numa conceituação singela, definir lavagem de dinheiro como o processo por meio do qual se transforma bens adquiridos de forma criminosa em bens aparentemente lícitos. Entretanto, a tipificação desta conduta não pode, em face das necessidades imperiosas da legalidade e segurança jurídica, ser feita de forma tão simples.

O Senador Antonio Carlos Valadares, autor do Projeto de Lei do Senado nº 209/2003, que acabou convertido na Lei nº 12.683, de 09.07.2012, alterando a Lei nº 9.613, de 03.03.1998, destaca ser a lavagem de dinheiro um dos estratagemas mais maléficos e eficientes no estímulo ao crescimento da criminalidade, notadamente do crime organizado e, em grande medida, da corrupção.

Salienta que "não é uma questão nacional, é uma 'pandemia', que aflige países desenvolvidos e emergentes. Quanto maior a soma de dinheiro que a atividade criminosa obtém, mais complexa a tarefa de lhe dar procedência. Lavar dinheiro tornou-se uma espécie de 'ciência', que mobiliza cérebros sofisticados a serviço da criminalidade."[189]

Na lição de Pierpaolo Cruz Bottini e Gustavo Henrique Badaró, lavagem de dinheiro "é o ato ou a sequência de atos praticados para mascarar a natureza, origem, localização, disposição, movimentação ou propriedade de bens, valores e direitos de origem delitiva ou contravencional, com o escopo último de reinseri-los na economia formal com aparência de licitude."

Referidos autores, em complemento ao seu raciocínio, consideram, em suma, que lavagem de dinheiro trata-se "do movimento de afastamento dos bens de seu passado sujo, que se inicia com a ocultação simples e termina com a introdução no circuito comercial ou financeiro, com aspecto legítimo."[190]

Identifica-se, classicamente, no delito de lavagem de dinheiro, três fases da conduta, a bem saber: ocultação ou colocação ou *placement*, em que se procura tirar a visibilidade dos bens adquiridos criminosamente; controle, dissimulação ou *layering*, em que se busca afastar o dinheiro de sua origem ilícita, dissimulando os vestígios de sua obtenção; integração ou *integration*, etapa em que o dinheiro ilícito reintegra-se na economia sob uma aparência de licitude. Soma-se a isto a fase de reciclagem ou *recycling* consistente no apagamento de todos registros de fases anteriores concretizadas.

Diante da complexidade das condutas e do processo que compõe a lavagem de dinheiro, percebe-se a quase completa impossibilidade de se incriminar a conduta senão por meio de tipos mistos, prevendo mais de uma forma de conduta, e abertos, pois o elevado número de condutas descritas na Convenção de Viena, adotadas pela maioria dos países, reclama interferência para completar o tipo, dentro dos limites ali previstos.

Além disso, o delito de lavagem de dinheiro é sempre derivado, de modo que necessariamente terá que ser feita, em maior ou menor grau, alguma conexão com a infração subjacente. Todas estas questões fazem com que tal delito possua inúmeras peculiaridades, que, pouco a pouco, estão sendo interpretadas pela doutrina e jurisprudência.

[189] Por um sistema mais eficiente de combate à Lavagem de Dinheiro. *Revista Jurídica Consulex*, ano XVI, n. 361, fev. 2012, p. 26-27.

[190] *Lavagem de Dinheiro: aspectos penais e processuais penais: comentários à Lei 9.613/1998, com alterações da Lei 12.683/2012*. São Paulo: RT, 2012, p. 21.

Carla Veríssimo De Carli preconiza que "a essência do processo, portanto, é separar o dinheiro de sua fonte (o delito antecedente); movimentá-lo tantas vezes quanto possível, criando camadas de operações (através de interpostas pessoas, físicas e jurídicas) que o distanciam cada vez mais da origem e tornam imensamente difícil recompor as pistas de autoria, para, ao final, reinvesti-lo em uma atividade inserida na economia legal, de forma que pareça ser inteiramente legítimo."[191]

No caso brasileiro, a tipificação da lavagem de dinheiro não foi feita no próprio corpo do Código Penal, representando uma indiscutível dificuldade, pois, o referido delito, se fosse codificado, passaria a ter uma imediata adequação aos princípios e regras do Código Penal. Tratando-se de sistema harmônico e hierárquico, não se criaria espaço para exceções injustificáveis. Assim é na França, Itália, Suíça, Colômbia e EUA.

O Brasil, todavia, preferiu adotar outra opção. Seguindo sua tendência descodificadora, a lavagem de dinheiro foi prevista em legislação especial, com a nítida intenção de criar um diploma legal que procura exaurir toda esta restrita faixa da realidade em apenas um diploma legal, contendo disposições de natureza penal, processual penal e administrativa.

A lavagem de dinheiro está contida no art. 1º da Lei nº 9.613/1998, alterada pela Lei nº 12.683/2012, que pretende ilustrar, em um dispositivo único, todas as modalidades de conduta consideradas típicas, compreendendo um sem-número de condutas, todas punidas com o mesmo grau de rigor. Portanto, a pena *in abstracto* é a mesma, por exemplo, para quem oculta, dissimula, converte em ativos lícitos, adquire, recebe, troca, negocia, bens, direitos ou valores provenientes, direta ou indiretamente, de infração penal.

Utilizou-se o legislador dos chamados tipos mistos alternativos,[192] prevendo uma série de condutas com o intuito de abarcar todas as modalidades possíveis de lavagem de dinheiro. As modalidades previstas no art. 1º envolvem todas as etapas da lavagem, passando pela ocultação, controle e integração, chegando a alguns excessos, como se verá a seguir.

Não obstante, não faz qualquer distinção no tocante à pena, de modo que qualquer modalidade de conduta considerada lavagem de dinheiro terá a mesma pena, independentemente da existência de outras com maior ou menor potencial lesivo.

[191] *Lavagem de Dinheiro: ideologia da criminalização e análise do discurso*. Porto Alegre: Verbo Jurídico, 2012, p. 119.

[192] Assim reconhecido na AP nº 470 (*Mensalão*) pelo S.T.F.

Isso deixa a cargo do intérprete e do aplicador do Direito a responsabilidade de definir, no caso concreto, quais condutas mereçam maior ou menor reprovabilidade no âmbito da lavagem. Esta opção do legislador de não fazer, previamente, distinções valorativas entre as modalidades de conduta tem seus aspectos positivos, mas tem sido objeto de críticas diante de eventuais injustiças.

Há que se considerar que o bem jurídico tutelado, que não se restringe à proteção à Ordem Socioeconômica/Financeira (de modo indireto também tutela a Administração da Justiça), obriga a determinação de pena importante. As penas previstas pela Lei nº 9.613/1998 variam de um mínimo de três e no máximo dez anos de reclusão, sendo prevista uma causa de aumento, de um a dois terços, no parágrafo 4º do artigo 1º, se o crime for cometido de forma reiterada ou por intermédio de organização criminosa (redação dada pela Lei nº 12.683, de 09.07.2012). Há previsão de causa de diminuição de pena, de um a dois terços, no parágrafo 5º, no caso de colaboração espontânea do acusado com as autoridades.

O pacote anticrime (Lei nº 13.964, de 24.12.2019) incluiu no art. 1º da Lei de Lavagem de Dinheiro, o parágrafo 6º, prevendo duas técnicas especiais de investigação consubstanciadas na ação controlada e na infiltração de agentes para a apuração do crime de lavagem de dinheiro. Remarque-se que preteritamente já se fazia possível a adoção de tais técnicas de investigação na Lei nº 12.850, de 02.08.2013, todavia, referia-se à apuração de fatos envolvendo organização criminosa.Note-se que especificamente em relação à ação controlada, a própria lei de lavagem já admitia aludida técnica em seu art. 4º B, tendo o pacote anticrime inovado apenas ao introduzir na lei de branqueamento a figura do agente infiltrado. Esse também é o entendimento de Renato Brasileiro de Lima[193].

Contudo, o emprego destas técnicas de investigação quando não se apurava a prática de crimes por organização criminosa era objeto de questionamentos nos tribunais, fato agora superado pela entrada em vigor do pacote anticrime.

[193] LIMA, Renato Brasileiro de. *Legislação criminal especial comentada*: volume único, 9. ed. rev. atual e ampl. Salvador: JusPodivm, 2021, p. 703/704.

1.1. Aspectos dogmáticos da Lei n. 9.613/1998

Quanto à terminologia, adotou-se a expressão lavagem de dinheiro.[194] Em linhas gerais, a origem da expressão remonta à década de 1920, em Chicago, (nos EUA – *money laundering*, nos casos atrelados a Al Capone), onde as autoridades competentes americanas encontravam dificuldades em atrelar a sua fortuna com as atividades ilícitas subjacentes. Al Capone atuava no mercado clandestino de bebidas e para despistar os valores advindos das atividades ilícitas investia em lavanderias naquela cidade, tudo com o objetivo de conferir uma aparência lícita para valores provenientes de crimes.

Na redação original da Lei nº 9.613/1998 (classificada em seu nascedouro como de 2ª geração), o delito de lavagem de dinheiro estava circunscrito ao crime de terrorismo (introduzido no ordenamento jurídico brasileiro pela Lei nº 13.260/2016), ao tráfico de armas, munições ou material destinado a sua produção, tráfico de entorpecentes, aos crimes contra a Administração Pública, aos delitos contra o Sistema Financeiro Nacional, ao contrabando, à extorsão mediante sequestro e a crimes cometidos por organização criminosa.[195]

[194] Na Itália, fala-se em *reciclaggio di denaro sporco*, na França, *Blanchiment des capitaux*, na Bélgica, *Blanchissement d'Argent*, na Espanha, *Blanqueo de capitales ou lavado de ativos*, em Portugal, *branqueamento*, nos EUA e Reino Unido, *money laudering* e, na Alemanha, *Geldwaschen* ou *Geldwäscherei*.

[195] A Convenção das Nações Unidas contra o Crime Organizado Transnacional conceitua *Grupo criminoso organizado* como sendo *grupo estruturado de três ou mais pessoas, existente há algum tempo e atuando concertadamente com o propósito de cometer uma ou mais infrações graves ou enunciadas na presente Convenção, com a intenção de obter, direta ou indiretamente, um benefício econômico ou outro benefício material* (artigo 2º). Com o advento da Lei nº 10.217, de 11.04.2001, que alterou o artigo 1º da Lei nº 9.034, de 03.05.1995 (ações praticadas por organizações criminosas), esta última passou a contemplar e disciplinar ações praticadas por quadrilha ou bando (artigo 288, CP), associações criminosas (artigo 2º da Lei nº 2.889, de 01.10.1956, associarem-se mais de três pessoas para a prática do genocídio) e organizações criminosas (cujo conceito apenas existia por força da Convenção mencionada). A Lei nº 12.850, de 02.08.2013, que revogou a Lei nº 9.034, de 03.05.1995, define organização criminosa e dispõe sobre a investigação criminal, os meios de obtenção da prova, infrações penais correlatas e o procedimento criminal:
Art. 1º Esta Lei define organização criminosa e dispõe sobre a investigação criminal, os meios de obtenção da prova, infrações penais correlatas e o procedimento criminal a ser aplicado.
§ 1º Considera-se organização criminosa a associação de 4 (quatro) ou mais pessoas estruturalmente ordenada e caracterizada pela divisão de tarefas, ainda que informalmente, com objetivo de obter, direta ou indiretamente, vantagem de qualquer natureza, mediante a prática de infrações penais cujas penas máximas sejam superiores a 4 (quatro) anos, ou que sejam de caráter transnacional.
§ 2º Esta Lei se aplica também:
I – às infrações penais previstas em tratado ou convenção internacional quando, iniciada a execução no País, o resultado tenha ou devesse ter ocorrido no estrangeiro, ou reciprocamente;

Com as alterações da Lei nº 10.701, de 09.07.2003, que complementou o inciso II (para acrescentar ao terrorismo a expressão **e seu financiamento**), e da Lei nº 10.467, de 11.06.2002, que acrescentou o inciso VIII, o art. 1º passou a ter a seguinte redação:

"Art. 1º Ocultar ou dissimular a natureza, origem, localização, disposição, movimentação ou propriedade de bens, direitos ou valores provenientes, direta ou indiretamente, de crime:

I – de tráfico ilícito de substâncias entorpecentes ou drogas afins;

II – de terrorismo e seu financiamento;

III – de contrabando ou tráfico de armas, munições ou material destinado à sua produção;

IV – de extorsão mediante sequestro;

V – contra a Administração Pública, inclusive a exigência, para si ou para outrem, direta ou indiretamente, de qualquer vantagem, como condição ou preço para a prática ou omissão de atos administrativos;

VI – contra o sistema financeiro nacional;

VII – praticado por organização criminosa;

VIII – praticado por particular contra a administração pública estrangeira (arts. 337-B, 337-C e 337-D do Decreto-lei nº 2.848, de 7 de dezembro de 1940 – Código Penal).

Pena: reclusão de 3 (três) a 10 (dez) anos e multa

§ 1º Incorre na mesma pena quem, para ocultar ou dissimular a utilização de bens, direitos ou valores provenientes de qualquer dos crimes antecedentes referidos neste artigo:

I – os converte em ativos lícitos;

II – os adquire, recebe, troca, negocia, dá ou recebe em garantia, guarda, tem em depósito, movimenta ou transfere;

III – importa ou exporta bens com valores não correspondentes aos verdadeiros.

§ 2º Incorre, ainda, na mesma pena quem:

I – utiliza, na atividade econômica ou financeira, bens, direitos ou valores que sabe serem provenientes de qualquer dos crimes antecedentes referidos neste artigo;

II – às organizações terroristas, entendidas como aquelas voltadas para a prática dos atos de terrorismo legalmente definidos. (Redação dada pela lei nº 13.260, de 2016)

II – participa de grupo, associação ou escritório tendo conhecimento de que sua atividade principal ou secundária é dirigida à prática de crimes previstos nesta Lei.

(...)."

Posteriormente, o Projeto de Lei nº 3443/2008, convertido na Lei nº 12.683, de 09.07.2012, que alterou a Lei nº 9.613, de 03.03.1998, foi bastante debatido por diversos órgãos que participam da Estratégia Nacional de Combate à Corrupção e lavagem de dinheiro (ENCCLA), a qual se posicionou pela abolição do rol dos delitos subjacentes (transformando a legislação em 3ª geração).

Como mencionado anteriormente nesta obra, a legislação brasileira de lavagem de dinheiro desde a sua origem nunca foi de 1ª geração, porquanto já elencava um rol taxativo de crimes subjacentes para além do delito de tráfico de drogas, sendo que após as modificações da Lei n. 12.683/2012, passou a ser classificada como de 3ª geração (qualquer infração penal pode ser subjacente).

Composta por mais de sessenta integrantes (diversas agências estatais, como Receita Federal, Banco Central, Ministério da Justiça, Ministérios Públicos, estadual e federal, Polícia Federal, Justiças estadual e federal etc.), a ENCCLA tenta fazer valer os compromissos internacionais mantidos pelo Brasil, seguindo todos os países integrantes do Grupo de Ação Financeira Internacional em Lavagem de Dinheiro – GAFI (FATF).

Pela alteração promovida pela Lei nº 12.683, de 09.07.2012, o crime de lavagem de dinheiro passa a ser assim definido:

"Art. 1º Ocultar ou dissimular a natureza, origem, localização, disposição, movimentação ou propriedade de bens, direitos ou valores provenientes, direta ou indiretamente, de infração penal.

Pena: reclusão, de 3 (três) a 10 (dez) anos, e multa.

§ 1º Incorre na mesma pena quem, para ocultar ou dissimular a utilização de bens, direitos ou valores provenientes de infração penal:

I – os converte em ativos lícitos;

II – os adquire, recebe, troca, negocia, dá ou recebe em garantia, guarda, tem em depósito, movimenta ou transfere;

III – importa ou exporta bens com valores não correspondentes aos verdadeiros.

§ 2º Incorre, ainda, na mesma pena quem:

I – utiliza, na atividade econômica ou financeira, bens, direitos ou valores provenientes de infração penal;

II – participa de grupo, associação ou escritório tendo conhecimento de que sua atividade principal ou secundária é dirigida à prática de crimes previstos nesta Lei.

§3º A tentativa é punida nos termos do parágrafo único do art. 14 do Código Penal.

§4º A pena será aumentada de um a dois terços, se os crimes definidos nesta Lei forem cometidos de forma reiterada ou por intermédio de organização criminosa.

§5º A pena poderá ser reduzida de um a dois terços e ser cumprida em regime aberto ou semiaberto, facultando-se ao juiz deixar de aplicá-la ou substituí-la, a qualquer tempo, por pena restritiva de direitos, se o autor, coautor ou partícipe colaborar espontaneamente com as autoridades, prestando esclarecimentos que conduzam à apuração das infrações penais, à identificação dos autores, coautores e partícipes, ou à localização dos bens, direitos ou valores objeto do crime."

Ao findar com uma lista fixa de crimes subjacentes, na verdade, tentou-se afinar com o que há de mais moderno em termos de legislação antilavagem. Desse modo, a atuação dos sistemas de prevenção e repressão não se limita mais a certas condutas, já que basta que se constate uma vantagem econômica obtida de forma ilícita e que se objetive conferir aparência de licitude para que seja dado início às investigações.

A eliminação do rol de delitos subjacentes ampliou a abrangência do delito de lavagem de dinheiro, já que qualquer infração penal com potencial para criar ativos de origem ilícita poderá ser subjacente à lavagem. Entretanto, importante mencionar que a lavagem decorrente do financiamento ao terrorismo, sequer exige aplicação de recursos ilícitos porquanto os valores a serem lavados podem ter origem lícita, mas a destinação não o seria, punindo-se o autor da lavagem por tentar escamotear a infração subjacente (financiamento ao terrorismo) em violação à Ordem Econômico-Financeira e à Administração da Justiça. Assim, poder-se-ia considerar que o Brasil, neste ponto, passa a cumprir as 40 Recomendações do GAFI (Grupo de Ação Financeira Internacional), as quais foram revisadas em 2003, 2012 e 2021, com última atualização em fevereiro de 2023.

Note-se que, embora a Lei nº 12.683/2012 tenha revogado o rol taxativo de tipos penais subjacentes à lavagem antes elencados nos incisos do art. 1º da Lei nº 9.613/1998, isto não significou *abolitio criminis*, mas, apenas, a ampliação do referido rol (ampliação típica fundamental), já que, a partir da vigência da Lei nº 12.683/2012, qualquer infração penal (crime ou contravenção penal) passou a poder figurar como delito subjacente. Tratou-se, portanto, de continuidade normativa com ampliação de tipificação (*novatio legis in pejus*), hipótese em que a lei vigente ao tempo do crime (mais benéfica), apesar de revogada, deve ser aplicada em detrimento da nova lei, em observância ao princípio da irretroatividade da lei penal, salvo quando favorecer o acusado.

Nesse sentido, confira-se:

> "PENAL E PROCESSO PENAL. HABEAS CORPUS. 1. IMPETRAÇÃO SUBSTITUTIVA DO RECURSO PRÓPRIO. NÃO CABIMENTO. 2. INVESTIGAÇÃO REALIZADA PELO MINISTÉRIO PÚBLICO. CONSTITUCIONALIDADE. RE N. 593.727/MG. 3. TRANCAMENTO DA AÇÃO PENAL. AUSÊNCIA DE JUSTA CAUSA. NÃO VERIFICAÇÃO. FRAUDE ENTRE PREFEITURA E POSTO DE GASOLINA. NEGATIVA DE AUTORIA. NECESSIDADE DE REVOLVIMENTO DE FATOS E PROVAS. INVIABILIDADE NA VIA ELEITA. **4. CRIME DE LAVAGEM DE CAPITAIS. ALEGADA ABOLITIO CRIMINIS. NÃO OCORRÊNCIA.** CONTINUIDADE TÍPICO-NORMATIVA. MERA REVOGAÇÃO DO ROL DE CRIMES ANTECEDENTES. 5. INCIDÊNCIA DO ART. 327, § 2º, DO CP. ALEGADO BIS IN IDEM. AGENTE POLÍTICO. EX-PREFEITO. CAUSA QUE NÃO PODE INCIDIR. ANALOGIA IN MALAM PARTEM. 6. HABEAS CORPUS NÃO CONHECIDO. ORDEM CONCEDIDA DE OFÍCIO PARA DECOTAR DA DENÚNCIA A CAUSA DE AUMENTO DO ART. 327, § 2º, DO CP.
>
> (...)
>
> 4. **Quanto à alegação de que o paciente não poderia ser denunciado pelo crime de lavagem, em virtude de alegada abolitio criminis, tem-se que a alteração da redação trazida na Lei n. 9.613/1998 não representou abolitio criminis, haja vista a continuidade normativa. De fato, o crime de lavagem de dinheiro continua a existir no ordenamento jurídico, tendo apenas se tornado mais ampla sua tipificação, uma vez que não precisa que o crime antecedente esteja previsto em rol taxativo antes trazido na lei. Nada obstante, tendo o crime sido praticado antes da alteração legislativa, a denúncia teve o cuidado de imputar ao paciente a conduta conforme previsão legal à época dos fatos.**
>
> (...)

6. Habeas corpus não conhecido. Ordem concedida de ofício, apenas para decotar da denúncia a causa de aumento do art. 327, § 2º, do Código Penal."

(STJ, Quinta Turma, Habeas Corpus – 276245, Autos nº 2013.02.86545-5, Julg. em 13.06.2017, Rel. Reynaldo Soares da Fonseca, DJe de 20.06.2017)

A Lei nº 12.683/2012 não apenas findou com uma lista *numerus clausus* de infrações subjacentes, mas também acrescentou ao *caput* do art. 1º da Lei nº 9.613/1998 a expressão infração penal, abarcando, portanto, como subjacente, não apenas os crimes, mas também as contravenções penais.

Certamente, a inovação trazida pelo legislador não estaria imune a críticas, sendo uma delas o fato de que a inclusão das contravenções penais e das infrações de menor potencial ofensivo, cujas penas são menos severas exatamente em razão da menor lesividade das condutas, acaba por criar situações em que o autor da infração penal subjacente estará sujeito a uma pena mais severa pela lavagem do que a prevista para a infração subjacente.

Certo é que hodiernamente "jogo do bicho" e exploração de jogos de azar, dentre eles, cassinos clandestinos, bingos eletrônicos, caça-níqueis, contravenções penais lucrativas e que acabam por fomentar a prática de outros delitos também passaram a ser consideradas infrações subjacentes da lavagem de dinheiro.

Heloisa Estellita e Pierpaolo Cruz Bottini ao enfrentarem esta questão destacam que "se a intenção era atingir o jogo do bicho, melhor seria ter transformado esta conduta em crime em vez de sobrecarregar o sistema penal com um sem-número de condutas de pouca gravidade. Afastou-se, assim, o legislador brasileiro do próprio parâmetro sugerido pela Convenção de Palermo, que demanda crimes subjacentes de alguma gravidade, indicando como standard aqueles cuja pena máxima não seja inferior a quatro anos."[196]

Entretanto, a gravidade do delito foi reconsiderada quando a Convenção das Nações Unidas contra a Corrupção (Mérida, 2003) entendeu que um ano já seria parâmetro para os Estados signatários.

Talvez a exclusão do rol dos crimes subjacentes tenha sido uma medida desarrazoada do legislador, mas tem-se entendido que teria sido mais acertado a fixação de um parâmetro de gravidade da infração subjacente, como um patamar de pena mínima a partir do qual a infração seria considerada

[196] Alterações na legislação de combate à lavagem: primeiras impressões. *Boletim IBCCRIM*, ano 20, n. 237, ago. 2012, p. 2.

passível de gerar a lavagem de dinheiro, como propõe a Convenção de Palermo.[197]

No Brasil, porém, a quantificação das infrações penais carece de uma análise global para que o país se adeque às Convenções e aos parâmetros internacionais que propugnaram a aplicação de penas efetivas, proporcionais e dissuasivas (por exemplo, GAFI, Recomendação nº 35).

Não se deve, de igual modo, olvidar da necessária observância aos princípios da fragmentariedade e da intervenção mínima na aplicação do texto legal, a fim de se evitar excessos e a plena observância à busca da efetividade da lei penal:

> "Uma singela reflexão revela, de fato, o quadro inquietante que se descortina diante da vigência das alterações empreendidas no diploma legal em comento. Repercussão imediata deverá ser a constatação da perda da linha reitora que sempre primou por envidar esforços de prevenção e persecução dirigidos aos delitos mais graves. Significa dizer: no que concerne aos recursos disponíveis ao combate da lavagem, a premissa passará formalmente a nivelar o produto do crime de tráfico de entorpecentes à mera irregularidade tributária passível de regularização na esfera administrativa com efeitos extintivos de punibilidade. Percebe-se que a possibilidade de criminalização como lavagem de hipóteses práticas vinculadas a atividades lícitas e cuja obtenção de ganhos é constantemente posta ao exame da voracidade da autoridade fiscal - não ignorando que entre os bens jurídicos tutelados no delito tributário se prioriza a arrecadação - poderá afetar sensivelmente os princípios da segurança jurídica e da justiça, norteadores do Estado de Direito."[198]

1.2. Abordagem da nomenclatura infração penal subjacente

O crime de lavagem de dinheiro está contido no art. 1º da Lei nº 9.613, de 03.03.1998, dispositivo este alterado pela edição da Lei nº 12.683, de 09.07.2012, que, como já mencionado, acabou por findar com uma lista fixa de crimes subjacentes, de molde que, atualmente, qualquer infração penal pode ensejar o reconhecimento da lavagem (ilação que deve ser compreen-

[197] Editorial da publicação especial do IBCCRIM. Nova lei de lavagem de dinheiro: o excesso e a banalização. *Boletim IBCCRIM*, ano 20, n. 237, ago. 2012, p. 1.

[198] RIOS, Rodrigo Sánchez. Alterações na lei de lavagem de dinheiro: breves apontamentos críticos. *Boletim IBCCRIM*, ano 20, n. 237, ago. 2012, p. 3-4.

dida em coerência com a aplicação dos postulados da *fragmentariedade* e da *mínima intervenção do Direito Penal*).

Cumpre asseverar, novamente, que, de acordo com a doutrina, identificam-se, no delito de lavagem de dinheiro, fases diferentes da conduta, a saber: **ocultação ou colocação ou conversão ou *placement***, em que se procura tirar a visibilidade dos bens adquiridos criminosamente (cite-se, como exemplo, as operações fracionadas de depósitos e transferências em instituições financeiras realizadas de forma pulverizada, em valores inferiores aos submetidos à fiscalização, que, consideradas individualmente, não geram suspeitas – vide STF, AP n. 996, Rel. Edson Fachin, Segunda Turma, julgado em 29.05.2018, usualmente conhecidas como *smurfing* – alusão aos pequenos personagens azuis da ficção); **controle, dissimulação ou *layering***, em que se busca afastar o dinheiro de sua origem, dissimulando os vestígios de sua obtenção; **integração ou *integration***, em que o dinheiro ilícito reintegra-se na economia sob uma aparência de licitude. Soma-se a isto a **fase de reciclagem ou *recycling***, consistente no apagamento de todos os registros de fases anteriores concretizadas.

Imperioso destacar, que, para fins de consumação do delito, não há a necessidade da ocorrência de todas as fases anteriormente declinadas, dispensando-se a comprovação de que os valores que foram ocultados, por exemplo, retornaram ao seu real proprietário (ainda que tal contexto possa ocorrer no mundo fenomênico) – sinteticamente, cada uma das etapas declinadas, isoladamente consideradas, tem o condão de configurar o crime de lavagem de dinheiro. Portanto, sob o aspecto jurídico não há a necessidade da ocorrência de todas as fases da lavagem para a sua configuração.

No que tange à desnecessidade da ocorrência de todas as etapas da lavagem e da sofisticação das condutas, confira-se:

> "Lavagem de dinheiro: L. 9.613/98: caracterização. O depósito de cheques de terceiro recebidos pelo agente, como produto de concussão, em contas-correntes de pessoas jurídicas, às quais contava ele ter acesso, basta a caracterizar a figura de "lavagem de capitais" mediante ocultação da origem, da localização e da propriedade dos valores respectivos (L. 9.613, art. 1º, caput): o tipo não reclama nem êxito definitivo da ocultação, visado pelo agente, nem o vulto e a complexidade dos exemplos de requintada "engenharia financeira" transnacional, com os quais se ocupa a literatura."
>
> (STF, RHC 80816, Rel. Sepúlveda Pertence, Primeira Turma, julgado em 10/04/2001, *DJ* 18.06.2001)

A tipificação deste delito surge como medida tendente a cercear o proveito e o uso de bens adquiridos com as vantagens de infrações. Trata-se de delito derivado de outro, não existindo sem uma infração subjacente, da qual provêm os recursos ocultados, dissimulados ou integrados. Neste diapasão, terá que ser feita, em maior ou menor grau, alguma conexão entre a lavagem de dinheiro e a ocorrência de uma infração subjacente.

Tendo em vista a especial efetividade de que a persecução estatal deve imbuir-se no combate à criminalidade organizada, consagrou-se a percepção de que a repressão à lavagem de dinheiro não exige de antemão prova cabal exaustiva da ocorrência da infração subjacente para que se perfaça a justa causa necessária à deflagração da ação penal, de sorte que o legislador pátrio o fez refletir na Lei nº 9.613/1998, cujo art. 2º, inc. II e § 1º, estabelece que:

> "II - **independem do processo e julgamento das infrações penais antecedentes, ainda que praticados em outro país**, cabendo ao juiz competente para os crimes previstos nesta Lei a decisão sobre a unidade de processo e julgamento;
>
> (...)
>
> § lo **A denúncia será instruída com indícios suficientes da existência da infração penal antecedente,** sendo puníveis os fatos previstos nesta Lei, ainda que desconhecido ou isento de pena o autor, ou extinta a punibilidade da infração penal antecedente."

A autonomia da repressão ao delito de lavagem mostra-se certíssima medida processual penal assimilada pelo sistema normativo atual, o qual exige apenas que a peça acusatória refira elementos indiciários que apontem de modo assertivo para a ocorrência de um fato penalmente relevante (desconsiderada a culpabilidade) que motivou a lavagem de dinheiro imputada, mesmo que praticado em outro país ou em circunstâncias não elucidadas.

Entretanto, ainda que não seja necessária a demonstração cabal de todos os elementos da infração subjacente, deve ao menos haver **indícios suficientes acerca de sua existência**, de modo a permitir o início da ação penal.

Nesse mesmo sentido é o entendimento da jurisprudência:

> "PENAL E PROCESSUAL PENAL. HABEAS CORPUS. CRIME DO ARTIGO 1º, INCISO V, DA LEI 9.613/98. **ABSOLVIÇÃO DO CRIME ANTECEDENTE: INOCORRÊNCIA DO CRIME DE LAVAGEM.**

CRIME DE DESCAMINHO. MODALIDADE TER EM DEPOSITO. APREENSÃO DA MERCADORIA: AUSENCIA DE PROVEITO ECONÔMICO. ORDEM CONCEDIDA.

1. Habeas corpus impetrado contra ato do Juiz Federal da 2ª Vara Criminal da Subseção Judiciária de São Paulo/SP, que rejeitou a absolvição sumária do paciente, nos autos da ação penal nº 0000172-23.2008.403.6181.

2. O paciente foi denunciado porque teria ocultado a propriedade de bens, provenientes de delito contra a Administração Pública, consistente em contrabando e descaminho, crime este apurado nos autos 2007.61.81.014628-5.

3. A Primeira Turma desta Corte, por ocasião do julgamento da apelação 2007.61.81.014628-5, por unanimidade, negou provimento ao apelo da acusação e deu parcial provimento ao recurso do réu para absolvê-lo da prática do crime previsto no art. 334, §1º, "c", c.c art. 29, ambos do Código Penal, com fundamento no art. 386, VII, do Código de Processo Penal, tendo o acórdão transitado em julgado.

4. Considerada a absolvição do crime antecedente, não há que se falar na ocorrência do crime de lavagem de dinheiro.

5. Nos termos do artigo 1º, caput, da Lei 9.613/1998, em sua redação original, vigente ao tempo dos fatos, anteriormente à alteração dada pela Lei 12.683/2012, e artigo 2º, inciso II, e §1º, da referida lei, prescinde-se da condenação em relação ao crime antecedente para que se configure o crime de lavagem de dinheiro, bastando a existência de indícios suficientes da existência do crime antecedente. Não se exige a prova cabal da existência do crime antecedente nem que seja conhecido o autor do crime antecedente.

6. No caso em tela, há uma particularidade, o crime antecedente nessa ação penal foi um crime bem definido e com uma autoria imputada ao mesmo réu do crime de lavagem. E não houve prova suficiente para condenação do réu no crime antecedente, de modo que não restou caracterizado o crime de lavagem, por ausência da prévia ocorrência de crime do qual o numerário seja proveniente.

7. Caso não fosse imputada a autoria conhecida a alguém, o fato de não existir condenação não impediria que o crime de lavagem fosse imputado a outra pessoa. Mas uma vez imputada a autoria do crime de lavagem a um autor, que é o mesmo agente que se imputa o crime de lavagem, a absolvição com relação ao crime antecedente, esvazia a própria imputação de lavagem.

8. O Estado reconheceu em outra ação penal que não existe prova suficiente para relacionar o acusado com a obtenção ilícita daqueles bens. Assim, não há como imputar a esse acusado a mera ocultação da proveniência ilícita desses bens. Se o Estado não conseguiu provar que o agente obteve ilicitamente o bem, não pode mais tentar provar que o agente está ocultando ou dissimulando bem que tinha conhecimento que era ilícito. Sobrevindo sentença absolutória em relação ao crime antecedente, ainda que por insuficiência de provas em relação à autoria delitiva, entendo que não subsiste o crime de lavagem de capitais.

9. Ainda que assim não se entenda, observa-se que foi apontado na denúncia como crime antecedente ao da lavagem de dinheiro, o descaminho na modalidade 'ter em depósito'. Nessa modalidade de descaminho, ter em depósito, a única dissimulação ou ocultação possível seria dos próprios bens descaminhados, mas isso não existe, pois os bens foram aprendidos naquela operação, ou seja, para que seja possível o crime de lavagem nessa modalidade (ter em depósito), teria que se imputar ao paciente a ocultação dos próprios bens descaminhados, o que não ocorreu. Ao contrário, a denúncia imputa ao paciente a conduta de ter adquirido outros bens em nome de terceiras pessoas, na modalidade dissimulação, dissimulando a propriedade daqueles bens.

10. Se as mercadorias, objeto do crime de descaminho, não foram vendidas, pois foram apreendidas, imputando-se ao agente crime na modalidade ter em depósito, como esse agente poderia ter transformado o produto do descaminho apreendido em dinheiro, para posteriormente adquirir os bens que foram colocados em nomes de terceiros? Seria necessário que o agente vendesse o produto descaminhado, para conseguir transformá-los em dinheiro e adquirir aqueles bens que colocou em nome de outras pessoas.

11. É certo que os bens adquiridos em nome de terceiros poderiam ter sido adquiridos com o proveito de outros crimes de descaminho, em outras modalidades, mas não foi esse crime antecedente que a denúncia se referiu. A denúncia é explícita, apontando um crime específico como antecedente, qual seja, o descaminho relativo à apreensão ocorrida no dia 14/11/2007 que resultou na ação penal 2007.61.81.014628-5. E no tocante a esse descaminho, toda mercadoria que era mantida em depósito foi apreendida, não havendo que se falar em proveito econômico advindo do descaminho, de modo que não resta caracterizada um dos elementos objetivos do crime de lavagem, que é a proveniência ilícita dos bens.

12. Ausência de justa causa. Ordem concedida."

(TRF 3ª Região, PRIMEIRA TURMA, HC – HABEAS CORPUS – 52049 – 0033971-34.2012.4.03.0000, Rel. JUIZ CONVOCADO PAULO DOMINGUES, julgado em 22.10.2013, e-DJF3 Judicial 1 DATA: 29.10.2013)

"PENAL E PROCESSUAL PENAL. RECURSO ORDINÁRIO EM HABEAS CORPUS. CRIME DE LAVAGEM DE DINHEIRO. CRIME PREVISTO NO ART. 1º, INCISO V, DA LEI 8.137/1990 COMO DELITO ANTECEDENTE. TRANCAMENTO DAS AÇÕES PENAIS. CONSTRANGIMENTO ILEGAL. OCORRÊNCIA. AUSÊNCIA DE PROCESSO ADMINISTRATIVO-FISCAL. DENÚNCIAS QUE NARRAM A OCORRÊNCIA DE CRIME MATERIAL. APLICABILIDADE DA SÚMULA VINCULANTE N. 24 DO STF. AUSÊNCIA DE MATERIALIDADE DELITIVA. RECURSO PROVIDO.

(...)

2. Embora independa a persecução pelo crime de lavagem de valores do processo e julgamento pelo crime antecedente, na forma do art. 2º, II, da Lei nº 9613/1998, exigido é que a denúncia seja instruída com indícios suficientes da existência da infração penal antecedente (art. 2º, § 1º, da Lei nº 9613/1998, com redação dada pela Lei nº 12.683, de 2012).

(...)

4. Sem crime antecedente, resta configurado o constrangimento ilegal na persecução criminal por lavagem de dinheiro.

(...)"

(STJ, RHC 73.599/SC, Rel. Ministro NEFI CORDEIRO, SEXTA TURMA, julgado em 13.09.2016, DJe de 20.09.2016)

Em suma, deverá o órgão acusatório indicar na denúncia, de maneira certa, específica e individualizada, quais infrações subjacentes levaram à conclusão sobre a origem ilícita dos bens, direitos ou valores, de modo a permitir ao acusado sua ampla defesa e o respeito ao princípio do contraditório.

A devida caracterização do tipo penal do art. 1º da Lei nº 9.613/1998 exige que os fatos delituosos descritos não tenham caráter genérico e indeterminado, sendo devida a demonstração ao menos do vínculo, direto ou indireto, entre alguma infração subjacente e a lavagem de dinheiro.

Especificamente acerca do que se acaba de tratar, vide as palavras de Renato Brasileiro:[199] "Em se tratando de crime de lavagem de capitais,

[199] LIMA. Renato Brasileiro de. *Curso de processo penal.* Rio de Janeiro: Impetus, 2013, p. 173.

porém, não basta demonstrar a presença de lastro probatório quanto à ocultação de bens, direitos ou valores, sendo indispensável que a denúncia também seja instruída com suporte probatório demonstrado que tais valores são provenientes, direta ou indiretamente, de infração penal (Lei 9.613/98, art. 1º, caput, com redação dada pela Lei 12.683/12). **Tem-se aí o que a doutrina chama de justa causa duplicada, ou seja, lastro probatório mínimo quanto à lavagem e quanto à infração precedente.** A propósito, o art. 2º, § 1º, da Lei 9.613/98, estabelece que a denúncia será instruída com indícios suficientes da existência da infração penal antecedente, sendo puníveis os fatos previstos nesta Lei, ainda que desconhecido ou isento de pena o autor, ou extinta a punibilidade da infração penal antecedente."

A esse respeito, válida a referência à fundamentação irretocável trazida no precedente do Tribunal Regional Federal da 1ª Região, no qual se determinou o trancamento da ação penal precisamente em razão da inicial acusatória falhar em delimitar, de maneira **clara, precisa e individualizada,** as infrações subjacentes que embasavam a lavagem de dinheiro. *In verbis*:

> "PENAL. PROCESSUAL PENAL. HABEAS CORPUS. TRANCAMENTO DA AÇÃO PENAL. EXCEPCIONALIDADE. CRIME DE LAVAGEM DE DINHEIRO. LEI N. 9.618/98. INVESTIGAÇÃO DE IRREGULARIDADES NO REPASSE DE VALORES AO PACIENTE. **AUSÊNCIA DE INDICAÇÃO DE FORMA PRECISA E OBJETIVA DOS CRIMES ANTECEDENTES. FALTA DE VINCULAÇÃO ENTRE OS VALORES RECEBIDOS PELO PACIENTE E OS SUPOSTOS EMPRÉSTIMOS FRAUDULENTOS. DENÚNCIA GENÉRICA.** INÉPCIA DA DENÚNCIA. OCORRÊNCIA. COAÇÃO ILEGAL CARACTERIZADA. CONCESSÃO DA ORDEM.
>
> 1. O paciente foi denunciado pelo crime capitulado no artigo 1º, caput, incisos V e VI e § 1º, inciso II, da Lei n. 9.613/98, cujo feito foi instaurado a partir do desmembramento do Inquérito Policial 2.474 em curso no STF, com o escopo de investigar os diversos repasses efetuados pelas empresas SMP&B Comunicação Ltda. e DNA Propaganda Ltda., de propriedade de Marcos Valério Fernandes de Souza, no valor total de R$ 300.000,00 (trezentos mil reais) ao paciente.
>
> 2. De acordo com a jurisprudência consolidada do Superior Tribunal de Justiça, o trancamento de ação penal, pela via do habeas corpus, somente é admissível quando houver demonstração, de plano, da ausência de justa causa para o inquérito ou para a ação penal, assim como a ausência de demonstração inequívoca de autoria ou materialidade, a atipicidade da con-

duta, a absoluta falta de provas, a ocorrência de causa extintiva da punibilidade ou a violação dos requisitos legais exigidos para a peça acusatória.

3. Em casos extremos, todavia, em que a acusação se desenvolve de maneira claudicante, isto é, apresentando denúncia imprecisa, genérica e indeterminada, a jurisprudência não fecha a porta à possibilidade de trancamento da ação penal, especialmente, quando, pela imprecisão ou generalidade da peça acusatória, falhando no dever de bem delimitar e individualizar os fatos delituosos, dificulte a defesa de ordem a concretizar violação à ampla defesa e ao contraditório.

4. Dispõe o artigo 41 do CPP que a denúncia deverá conter a exposição do fato criminoso com suas circunstâncias, a qualificação do acusado e a classificação do crime. Em síntese, a legislação penal exige da denúncia elementos mínimos, em descrição circunstanciada, de ordem a conferir ao acusado, com precisão, determinação e certeza, condições concretas para uma defesa eficaz, em conformidade com as garantias constitucionais do devido processo legal, contraditório e ampla defesa.

5. O Supremo Tribunal Federal tem imposto mesmo ao Ministério Público o dever de deduzir denúncia com idoneidade, de ordem a narrar os fatos de forma certa, determinada e precisa, para propiciar ao acusado a possibilidade de, sabendo a natureza e extensão da acusação contra ele dirigida, bem poder se defender.

6. Nas palavras do Ministro Celso de Mello: 'O sistema jurídico vigente no Brasil – tendo presente a natureza dialógica do processo penal acusatório, hoje impregnado, em sua estrutura formal, de caráter essencialmente democrático – impõe, ao Ministério Público, notadamente no denominado 'reato societario', a obrigação de expor, na denúncia, de maneira precisa, objetiva e individualizada, a participação de cada acusado na suposta prática delituosa. – O ordenamento positivo brasileiro – cujos fundamentos repousam, dentre outros expressivos vetores condicionantes da atividade de persecução estatal, no postulado essencial do direito penal da culpa e no princípio constitucional do 'due process of law' (com todos os consectários que dele resultam) – repudia as imputações criminais genéricas e não tolera, porque ineptas, as acusações que não individualizam nem especificam, de maneira concreta, a conduta penal atribuída ao denunciado' (HC 84580, Relator(a): Min. CELSO DE MELLO, Segunda Turma, julgado em 25/08/2009, DJe-176 Divulg 17-09-2009 Public 18-09-2009 Ement VOL-02374-02 PP-00222 RT v. 98, n. 890, 2009, p. 500-513).

7. No caso, a denúncia relata que o paciente, no ano de 2003, teria recebido das empresas SMP&B Comunicação Ltda. e DNA Propaganda Ltda., de propriedade de Marcos Valério Fernandes de Souza, indicado na AP 470/STF como operador do 'Mensalão', quatro depósitos bancários, que totalizaram o valor total de R$ 300.000,00 (trezentos mil reais). Posteriormente, consoante a denúncia, o paciente, em 23/06/2005, teria retificado sua Declaração do Imposto de Renda referente ao ano-calendário 2003, para declarar os valores recebidos como sendo provenientes de serviços prestados, sem, contudo, ter sido demonstrado documentalmente que se tratava de recursos obtidos em virtude da atividade profissional do paciente.

8. A denúncia, em redação pouco precisa, às vezes sem congruência, indica, num primeiro passo, ao início da descrição dos fatos delituosos, que os chamados crimes antecedentes consistiriam estritamente em empréstimos fraudulentos de onde originariam os recursos, posteriormente, transferidos à conta do paciente; sendo que, contraditoriamente, num segundo passo, em capítulo final, especialmente aberto para descrever e delimitar os crimes antecedentes, parece pretender imputar ao paciente, como crimes antecedentes que compõe a conduta a ele imputada, todos os crimes que eventualmente tenham sido processados e julgados na referida ação 470 (Mensalão).

9. No particular, verifica-se que não há qualquer remissão acerca dos crimes antecedentes ao suposto de crime de lavagem de dinheiro, limitando-se a denúncia a tecer considerações acerca dos crimes apurados na AP 470/STF. Ou seja, a denúncia não logrou demonstrar a vinculação objetiva ou subjetiva dos alegados crimes antecedentes com o ilícito de lavagem de ativos imputado ao paciente. Pior do que não indicar, com certeza e precisão, quais os crimes anteriores de que o acusado deve se defender, é atribuir-lhe uma quantidade indeterminada de delitos, afogando a sua defesa em indeterminação e incerteza.

10. Assim, embora tenha sido consignado na denúncia todos os crimes apurados na AP 470/STF (corrupção ativa, corrupção passiva, evasão de divisas, peculato, lavagem de dinheiro, gestão fraudulenta e formação de quadrilha), não houve a indicação de qual ou quais seria(m) o(s) crime(s) antecedente(s) do crime de lavagem de dinheiro atribuído ao paciente, restando apenas genérica imputação de que seriam os crimes apurados na referida ação penal.

11. Aliás, o próprio Ministério Público Federal – Procuradoria da República no Estado de Minas Gerais, após a realização de diversas diligências, que

objetivavam esclarecimentos por parte dos peritos da Polícia Federal acerca da demonstração de vínculo entre os repasses realizados ao paciente e os supostos empréstimos fraudulentos tomados pelas empresas do empresário Marcos Valério, em manifestação anterior à denúncia ora sob análise, havia requerido, em petição datada de 30/03/2015, o arquivamento do inquérito policial, por entender não presentes as evidências de que os repasses realizados em favor do paciente se vinculavam aos empréstimos fraudulentos tomados pelas empresas do publicitário Marcos Valério, assim como por não reunir elementos indiciários da prática do crime de lavagem de dinheiro. Porém o pedido de arquivamento foi indeferido pelo juízo a quo e a denúncia foi apresentada por determinação da 2ª Câmara de Coordenação e Revisão do MPF.

12. Consta dos autos que a manifestação técnica, que subsidiou à época o pedido de arquivamento do inquérito policial, foi precisa ao certificar que foram apurados apenas, com amparo em laudos produzidos nos autos da AP 470/STF, que o paciente havia recebido quatro repasses que totalizavam R$ 300.000,00, no período de 18/03/2003 a 25/04/2003, sem contudo indicar a origem dos recursos, pois, conforme justificativa apresentada, '(...) para se vincular exatamente os valores recebidos por João Pimenta da Veiga Filho aos 'empréstimos fraudulentos' será necessário reexaminar novamente os valores que ingressaram na conta corrente 60199, da agência 3032, do Banco do Brasil, e na conta corrente 60025952, da agência 009, do Banco Rural, identificando a origem do saldo disponível para efetuar os repasses da empresa DNA Propaganda Ltda. e SMP&B Comunicação Ltda. ao beneficiário João Pimenta da Veiga Filho'.

13. Caracteriza violações ao direito do acusado: de um lado, a inaceitável formulação de denúncia genérica, que não permite ao denunciado discernir com clareza e precisão qual exatamente a conduta, em toda a extensão de seus elementos típicos, que lhe é imputada; de outro, a indesculpável formulação de peça acusatória que endereça ao acusado o crime de lavagem de ativos, o qual apenas se concretiza com a presença de delitos antecedentes, mas não lhe propicia, entretanto, em aberta violação ao disposto no art. 5º, LIV e LV, da CF/88, defesa idônea e suficiente, com todos os meios de prova e recursos a ela inerentes, de ordem a poder confrontar específico elemento do tipo legal incriminador que o Ministério Público afirma presente na conduta supostamente praticada pelo denunciado.

14. O fato de, conforme o art. 2º, II, da Lei 9.613/98, o processo e o julgamento dos crimes previstos nesse estatuto legal independe-

rem do processo e julgamento das infrações penais antecedentes, não infirma nem pode infirmar, seja acentuado, o direito do acusado de ver reconhecida pelo Estado-juiz a conclusão incontornável de que tem o direito de defender-se de todos os elementos que compõem o tipo penal da conduta que concretamente o Estado-acusador lhe imputa.

15. No caso, o tipo penal claramente inclui como um de seus elementos o fato de que só haverá crime de lavagem se os valores eventualmente dissimulados ou omitidos tenham sido provenientes direta ou indiretamente, de infração penal anterior (<u>cito e realço a dicção expressa da Lei</u>): 'ocultar ou dissimular a natureza, origem, localização, disposição, movimentação ou propriedade de bens, direitos ou valores provenientes, direta ou indiretamente, de infração penal'.

16. Portanto, se não há crime anterior, ou se, pelo menos, por defeituosa descrição dos fatos típicos, não se consegue demonstrar o vínculo, objetivo ou subjetivo, entre o delito antecedente e aquele outro cuja prática se atribui ao paciente, obviamente, não se poderá, ao final, impor-lhe um juízo condenatório pelo crime de lavagem de ativos.

17. Configurada a formulação de denúncia genérica e imprecisa, em especial por não individualizar quais seriam os empréstimos fraudulentos e delimitar, entre todos os crimes apurados na AP 470/STF, quais exatamente maculariam os valores repassados ao paciente, resta conformada a sua inépcia, nos termos dos artigos 395, I do CPP e, em consequência, a coação ilegal a que está sendo submetido o paciente (CPP, art. 647), razão pela concedo a ordem de habeas corpus, para determinar o trancamento da ação penal 0010250-17.2016.4.01.3800, em curso na 4ª Vara Federal da Seção Judiciária de Minas Gerais, em relação ao paciente João Pimenta da Veiga Filho."

(Tribunal Regional Federal da 1ª Região, 4ª Turma, Habeas Corpus nº 00160028420174010000, Relator Desembargador Federal Neviton Guedes, julgado em 26.06.2017)

Como se vê, o próprio delito de lavagem de dinheiro contém o elemento normativo infração penal, no sentido de que somente restará caracterizado o delito parasitário desde que eventualmente os proveitos econômicos que tenham sido ocultados, dissimulados, integrados ou reciclados, sejam oriundos de infração penal subjacente.

Significa dizer, na fase do oferecimento da denúncia deverá o órgão ministerial apresentar indícios suficientes de que o objeto material da lavagem esteja vinculado, direta ou indiretamente, com a infração subjacente. Em síntese, deverão ser apresentados indícios acerca da materialidade e autoria da lavagem de dinheiro, além de indícios de materialidade atinente à infração subjacente, a teor do que dispõe o art. 2º, § 1º, da Lei 9.613/1998.

Na mesma linha de raciocínio, vide precedentes do C. Superior Tribunal de Justiça acerca da **justa causa duplicada nos crimes de lavagem**, oportunidade em que se afirmou a necessidade de demonstração de **lastro mínimo probatório acerca do delito acessório e da infração subjacente**:

> "PENAL E PROCESSO PENAL. RECURSO ORDINÁRIO EM HABEAS CORPUS. CRIME DE LAVAGEM DE DINHEIRO. INÉPCIA DA INICIAL ACUSATÓRIA. REQUISITOS DO ART. 41 DO CPP. JUSTA CAUSA DUPLICADA. NÃO DEMONSTRAÇÃO DA CONDUTA ANTECEDENTE E DE LASTRO PROBATÓRIO MÍNIMO. RECURSO PROVIDO.
>
> 1. Nos termos do entendimento consolidado desta Corte, o trancamento da ação penal por meio do habeas corpus é medida excepcional, que somente deve ser adotada quando houver inequívoca comprovação da atipicidade da conduta, da incidência de causa de extinção da punibilidade, da ausência de indícios de autoria ou de prova sobre a materialidade do delito - justa causa do processo penal -, ou ainda quando se mostrar inepta a denúncia por não atender aos requisitos essenciais do art. 41 do Código de Processo Penal - CPP. Precedentes.
>
> 2. A alegação de inépcia da denúncia deve ser analisada de acordo com os requisitos exigidos pelos arts. 41 do CPP e 5º, LV, da CF/1988. Portanto, a peça acusatória deve conter a exposição do fato delituoso em toda a sua essência e com todas as suas circunstâncias, de maneira a individualizar o quanto possível a conduta imputada, bem como sua tipificação, com vistas a viabilizar a persecução penal e o contraditório pelo réu. Precedentes.
>
> **3. A denúncia de crimes de branqueamento de capitais, para ser apta, deve conter, ao menos formalmente, justa causa duplicada, que exige elementos informativos suficientes para alcançar lastro probatório mínimo da materialidade e indícios de autoria da lavagem de dinheiro, bem como indícios de materialidade do crime antecedente, nos termos do art. 2º, § 1º, da Lei 9.613/98.**
>
> **4. Outrossim, por ocasião da elaboração da inicial com indícios suficientes da materialidade da infração antecedente, é despiciendo o conhecimento da autoria, a verificação de seu substrato da culpabilidade e sua punibilidade, sendo irrelevante haver condenação transi-**

tada em julgado ou até mesmo o trâmite processual persecutório, haja vista a autonomia relativa do processo penal do crime acessório da lavagem em relação ao seu antecedente, principal. Entrementes, necessário que se conste na peça acusatória não apenas o modus operandi do branqueamento, mas também em que consistiu a infração antecedente e quais bens, direitos ou valores, dela provenientes, foram objeto da lavagem, sem, contudo, a necessidade de descrição pormenorizada dessa conduta antecedente.

5. **No presente caso, o Parquet não observou sequer a exigência da exposição formal da justa causa duplicada, porquanto, mais do que não demonstrar lastro probatório mínimo do crime antecedente, o que obstaria o prosseguimento da persecução penal por violação à justa causa, o dominus litis nem mesmo indicou a conduta penalmente relevante antecedente, o que leva à inépcia da denúncia. Verifica-se que não é possível à defesa realizar sua resposta à acusação de forma adequada, porquanto indefinidos elementos mínimos do que consistiu a infração antecedente e a origem ilícita dos valores que teriam sido objeto do branqueamento. A denúncia apenas aponta que os valores seriam oriundos do orçamento municipal e o modus operandi do branqueamento, consistente no depósito do cheque, cuja beneficiária é uma sociedade empresária, em conta bancária de terceiro, sem qualquer vínculo formal com a pessoa jurídica da empresa contratada beneficiária.**

6. Recurso provido para que seja trancado o processo penal que apura o crime de lavagem de capitais em questão, haja vista a inépcia da denúncia, facultando-se a oferta de nova denúncia, com o devido preenchimento dos requisitos do art. 41 do CPP."

(RHC 106.107/BA, Rel. Ministro Ribeiro Dantas, Quinta Turma, julgado em 25.06.2019, DJe 01.07.2019)

"PROCESSUAL PENAL. AÇÃO PENAL ORIGINÁRIA. MEMBRO DE TRIBUNAL DE CONTAS ESTADUAL. PRELIMINAR. DELAÇÃO ANÔNIMA. NULIDADE. INOCORRÊNCIA. TEMA 990 DE REPERCUSSÃO GERAL. CONTROVÉRSIA JURÍDICA.DISTINÇÃO. SOBRESTAMENTO DO PROCESSO. INDEFERIMENTO. DENÚNCIA. REQUISITOS. ART. 41 DO CPP. LAVAGEM DE DINHEIRO. ART. 1º DA LEI 9.613/98. CRIME ANTECEDENTE. PECULATO. ART. 312 DO CP. APTIDÃO.JUSTA CAUSA. ART. 395, III, DO CPP. LASTRO PROBATÓRIO MÍNIMO.PRESENÇA. ABSOLVIÇÃO SUMÁRIA. ART. 397 DO CPP. INVIABILIDADE.RECEBIMENTO.

(...)

7. A denúncia ou queixa serão ineptas quando de sua deficiência resultar vício na compreensão da acusação a ponto de comprometer o direito de defesa do acusado.

8. A aptidão da denúncia relativa ao crime de lavagem de dinheiro não exige uma descrição exaustiva e pormenorizada do suposto crime prévio, bastando, com relação às condutas praticadas antes da Lei 12.683/12, a presença de indícios suficientes de que o objeto material da lavagem seja proveniente, direta ou indiretamente, de uma daquelas infrações penais mencionadas nos incisos do art. 1º da Lei 9.613/98.

9. Na presente hipótese, a denúncia contém a correta delimitação dos fatos e da conduta do acusado em relação à suposta prática do crime do art. 1º da Lei 9.613/98, não havendo, por consequência, prejuízo a seu direito de ampla defesa.

10. A justa causa corresponde a um lastro mínimo de prova, o qual deve ser capaz de demonstrar a pertinência do pedido condenatório e que está presente na hipótese em exame, consubstanciada em documentos obtidos na residência do acusado por meio de busca e apreensão; depoimento de testemunha e dados obtidos mediante a quebra de sigilo bancário devidamente autorizada.

(...)."

(APn 923/DF, Rel. Ministra Nancy Andrighi, Corte Especial, julgado em 23.09.2019, *DJe* 26.09.2019)

Cite-se, ainda, importante precedente do C. Supremo Tribunal Federal no mesmo sentido:

"Habeas corpus. Ação penal. Lavagem de dinheiro (art. 1º, V, da Lei nº 9.613/98, com a redação anterior à Lei nº 12.683/12). Trancamento. Inépcia da denúncia. Superveniência de sentença condenatória. Prejudicialidade do writ. Precedentes. Exame da questão de fundo. Admissibilidade. Manifesta inviabilidade da ação penal. Ausência de descrição mínima dos crimes antecedentes da lavagem de dinheiro (art. 41, CPP). Inteligência do art. 2º, II, da Lei nº 9.613/98. Defeito que não se sana pelo advento da condenação. Violação da regra da correlação entre acusação e sentença. Ordem de habeas corpus concedida para determinar o trancamento da ação penal em relação ao crime descrito no art. 1º, V, da Lei n. 9.613/98. 1. A superveniência da sentença condenatória torna superada a alegação de inépcia da denúncia, ainda que anteriormente deduzida. Precedentes. 2. A Segunda

Turma do Supremo Tribunal Federal, embora assentando a prejudicialidade do habeas corpus, tem examinado a questão de fundo para afastar a arguição de inépcia. 3. Na espécie, por maior razão, não há como se deixar de analisar a viabilidade da denúncia, diante de sua manifesta inépcia. 4. Como sabido, o trancamento da ação penal em habeas corpus é medida excepcional, a ser aplicada quando evidente a inépcia da denúncia (HC nº 125.873/PE-AgR, Segunda Turma, Relatora Ministra Cármen Lúcia, DJe de 13/3/15) 5. Denúncia que não descreve adequadamente o fato criminoso é inepta. Precedentes. 6. Nos termos do art. 41 do Código de Processo Penal, um dos requisitos essenciais da denúncia é "a exposição do fato, com todas as suas circunstâncias". 7. Esse requisito, no caso concreto, não se encontra devidamente preenchido em relação ao crime de lavagem de dinheiro. 8. A denúncia não descreve minimamente os fatos específicos que constituiriam os crimes antecedentes da lavagem de dinheiro, limitando-se a narrar que o paciente teria dissimulado a natureza, a origem, a localização, a disposição e a movimentação de valores provenientes de crimes contra a Administração Pública. 9. Não há descrição das licitações que supostamente teriam sido fraudadas, nem os contratos que teriam sido ilicitamente modificados, nem os valores espuriamente auferidos com essas fraudes que teriam sido objeto de lavagem. 10. A rigor, não se cuida de imputação vaga ou imprecisa, mas de ausência de imputação de fatos concretos e determinados. 11. **O fato de o processo e julgamento dos crimes de lavagem de dinheiro independerem do processo e julgamento dos crimes antecedentes (art. 2º, II, da Lei nº 9.613/98) não exonera o Ministério Público do dever de narrar em que consistiram esses crimes antecedentes. 12. O grave defeito genético – ausência de descrição mínima da conduta delituosa – de que padece a denúncia não pode ser purgado pelo advento da sentença condenatória, haja vista que, por imperativo lógico, o contraditório e a ampla defesa, em relação à imputação inicial, devem ser exercidos em face da denúncia, e não da sentença condenatória. 13. A sentença condenatória jamais poderia suprir omissões fáticas essenciais da denúncia, haja vista que o processo penal acusatório se caracteriza precisamente pela separação funcional das posições do juiz e do órgão da persecução. 14. Ademais, sem uma imputação precisa, haveria violação da regra da correlação entre acusação e sentença. 15. A deficiência na narrativa da denúncia inviabilizou a compreensão da acusação e, consequentemente, o escorreito exercício da ampla defesa.** 16. Ordem de habeas corpus concedida para determinar, em relação ao paciente, o trancamento da ação penal quanto ao crime descrito no art. 1º, V, da Lei n. 9.613/98, por inépcia da denúncia."

(HC 132179, Rel. Dias Toffoli, Segunda Turma, julgado em 26.09.2017, processo eletrônico DJe 09.03.2018)

Portanto, exige-se do Ministério Público Federal a demonstração da materialidade delitiva da infração subjacente, além da autoria e materialidade delitivas da lavagem, já que a concretização desta pode-se dar independentemente do conhecimento do autor da infração subjacente.

Indo adiante, cumpre asseverar que eu vinha entendendo no sentido de que a infração tida como subjacente deveria ser necessariamente pretérita aos atos apontados como de lavagem dos proveitos econômicos auferidos – em outras palavras, compreendia-se que não seria possível, em princípio, cogitar-se de lavagem tendo como base patrimônio amealhado anteriormente à prática da primeira infração que potencialmente teria gerado o lucro econômico ao seu agente. Acerca de tais marcações temporais, em feito de minha relatoria, já decidiu a 11ª Turma do C. Tribunal Regional Federal da 3ª Região:

"AGRAVO REGIMENTAL EM HABEAS CORPUS. ORDEM CONCEDIDA. PEDIDO DE EXTENSÃO DOS EFEITOS. CRIME DO ARTIGO 1, INCISO I, DA LEI 9.613/1998. LAVAGEM DE CAPITAIS. DATA DO CRIME ANTECEDENTE É POSTERIOR AO CRIME DE LAVAGEM. ATIPICIDADE DO FATO. AGRAVO REGIMENTAL PROVIDO.

– O crime antecedente (tráfico de drogas) praticado pelo requerente ocorreu em 25.09.2010, e a lavagem de dinheiro, da qual é acusado, especificamente quanto ao imóvel descrito na letra 'o' da denúncia, teria se consumado em abril de 2010, com o registro do citado imóvel em nome de terceiros, de forma que o ato de branqueamento de capitais teria se dado anteriormente à data do crime de tráfico de drogas.

– A imputação do delito de lavagem de capitais ao requerente mostra-se descabida, haja vista que a ocorrência da transação reputada como suspeita é anterior a 25.09.2010.

– Nesse contexto, a determinação temporal da prática do tráfico enquanto delito antecedente delimitava, à época, e delimita ainda o subsequente crime de branqueamento de lavagem de dinheiro dele proveniente, e não, por óbvio, o contrário.

– Diante da atipicidade da conduta imputada ao requerente, resta configurado o constrangimento ilegal.

– Deferido o pedido de extensão, de forma a determinar o trancamento apenas quanto ao item 'o' da denúncia, da ação penal nº 0011209-37.2014.4.03.6181.

– Esta decisão não autoriza a devolução do imóvel, objeto do presente writ, uma vez que nos termos dos §§1º e 2º, do artigo 91, do Código Penal: '... Poderá ser decretada a perda de bens ou valores equivalentes ao produto ou proveito do crime quando estes não forem encontrados ou quando se localizarem no exterior. Na hipótese do §1º, as medidas assecuratórias previstas na legislação processual poderão abranger bens ou valores equivalentes do investigado ou acusado para posterior decretação de perda.', já que o requerente integra associação criminosa voltada ao tráfico internacional de drogas, devendo se apurar a aquisição lícita do referido imóvel.

– Agravo regimental provido."

(TRF 3ª Região, 11ª Turma, HC – HABEAS CORPUS – 5029387-23.2018.4.03.0000, Rel. Desembargador Federal Fausto Martin De Sanctis, julgado em 24.04.2019, Intimação via sistema data: 25.04.2019)

Contudo, **revisitando a temática**, é possível deparar-se com situações concretas em que determinado agente, antes de praticar ato lesivo à Administração Pública, no caso de corrupção passiva/ativa, por exemplo, receba valores que são dissimulados no exterior, passando a constar como beneficiário final, e somente após este ato beneficie um dos licitantes. Ou, ainda, na hipótese em que um traficante recebe valores antes da prática criminosa e os lava servindo-se de interpostas pessoas anteriormente ao envio da droga ao beneficiário final. Tais situações foram por diversas vezes observadas em processos que tramitaram perante a 6ª Vara Federal Criminal Especializada em Crimes Financeiros e em Lavagem de Dinheiro (da qual eu era titular), oportunidades em que houve troca de experiências com o Eminente Juiz Federal Marcelo Costenaro Cavali, então juiz substituto.

Dentro de tal contexto, revendo meu posicionamento, cheguei à conclusão de que, a teor da legislação de regência, os bens lavados devem ser decorrentes de uma infração subjacente não necessariamente pretérita ou antecedente, cronologicamente falando – em outras palavras, basta que a infração da qual decorra a lavagem seja a condição desta.[200] A propósito, o

[200] Como exemplo, nos seguintes feitos de minha relatoria, julgados perante a Décima Primeira Turma do TRF3, a tese supramencionada foi aceita (por maioria): Apelação Criminal nº 2016.60.03.001906-6/MS, Rel. Des. Fed. Fausto De Sanctis, julg. em 26.11.2020; Apelação Criminal nº 2010.60.00.013892-0/MS, Rel. Des. Fed. Fausto De Sanctis, julg. em 12.11.2020; Apela-

art. 1º da Lei nº 9.613/1998, ao estatuir que constitui o delito de lavagem "ocultar ou dissimular a natureza, origem, localização, disposição, movimentação ou propriedade de bens, direitos ou valores provenientes, direta ou indiretamente, de infração penal", exige apenas a proveniência de que o patrimônio lavado seja oriundo de uma infração penal, mas não que esta seja anterior àquele (anterioridade cronológica).

Aliás, o entendimento em tela foi trazido à baila em artigo por meio do qual se infere, de forma percuciente, que não há a necessidade de que haja uma precedência estritamente cronológica propriamente dita, mas apenas jurídica, acerca do que se convencionou nominar "crime antecedente", expressão que seria melhor compreendida, na realidade, por meio da locução "crime subjacente" – vamos ao artigo:[201]

> "(...) Proveniência cronológica ou jurídica de infração penal? Virou voz comum o entendimento de que a infração penal antecedente tem de ser cronologicamente antecedente à lavagem do seu produto. E não só: não bastaria ter sido iniciada a execução, teria de estar consumado o delito antecedente para que se pudesse cogitar da realização de algum ato de lavagem. No caso do 'Mensalão', o STF decidiu que 'A autolavagem pressupõe a prática de atos de ocultação autônomos do produto do crime antecedente (já consumado)' (AP 470 EI-sextos, Rel. p/ Acórdão: Min. Roberto Barroso, Tribunal Pleno, j. 13.03.2014). De fato, como regra, os atos de lavagem do dinheiro ocorreram somente após a ocorrência da infração penal antecedente. Mas não tem de ser assim, nem fática nem juridicamente. Do ponto de vista jurídico, a Lei nº 9.613/1998 não prevê essa antecedência cronológica, mas apenas uma derivação jurídica, quando o art. 1º se refere aos bens, direitos ou valores provenientes, direta ou indiretamente, de infração penal. A antecedência tem de ser lógica – não cronológica. Faticamente, alguns exemplos ilustram como é possível lavar o dinheiro de um

ção Criminal nº 2012.61.02.001144-4/SP, Rel. Des. Fed. Fausto De Sanctis, julg. em 12.11.2020; Apelação Criminal nº 0001155-02.2016.4.03.6000, Rel. Des. Fed. Fausto De Sanctis, julg. em 23.07.2020; Apelação em Pedido de Busca e Apreensão nº 5008202-34.2019.403.6000; Apelação em Pedido de Sequestro de Bens e Valores nº 5008205-86.2019.403.6000; Recurso em Sentido Estrito em Pedido de Decretação de Prisão Preventiva e Temporária 5005120-92.2019.403.6000 julg. em 14.05.2020; Apelação Criminal nº 0015658-38.2015.4.03.6105 julg. em 09.2021.

201 CAVALI, Marcelo Costenaro; LORENCINI, Bruno César. *Separando joio, peste e praga: "caixa dois" eleitoral, corrupção e lavagem de dinheiro. In* Direito, Instituições e Políticas Públicas. O papel do jusidealista na formação do Estado. Coordenação: Alexandre Jorge Carneiro da Cunha Filho, André Tito da Motta Oliveira, Rafael Hamze Issa e Rafael Wallbach Schwind. São Paulo: Quartier Latin do Brasil, 2017, p. 40-41.

crime antes mesmo que ele tenha sua execução iniciada. Pense-se num caso em que um 'matador de aluguel' é contratado para assassinar uma pessoa. O mandante e o futuro executor do delito celebram, então, um 'contrato de prestação de serviços de consultoria em segurança'; os valores são pagos e declarados à Receita Federal. Depois disso, o homicídio contratado é executado. Note-se que todos os atos de dissimulação da natureza do dinheiro recebido ocorreram antes do início da execução do delito, embora a causa real do pagamento já fosse conhecida pelos envolvidos. Seria essa cronologia razão para afastar a ocorrência da lavagem de dinheiro? A resposta para essa pergunta é, a nosso ver, negativa. Os valores recebidos pelo 'matador de aluguel' configuram, uma vez combinados, produto do ilícito a ser perpetrado. É claro que, se o homicídio não vier a ter sua execução iniciada, não se poderá falar em lavagem de dinheiro, pois não houve infração penal antecedente, sequer na forma tentada. Por isso, nos casos em que as condutas próprias do delito de lavagem de dinheiro ocorrerem anteriormente à infração penal antecedente que deu causa ao ativo lavado, o delito da Lei nº 9.613/1998 somente se consumará no momento em que iniciada a execução da infração penal antecedente. A solução apresentada pode parecer heterodoxa, mas, se bem examinada, sua engrenagem não é diversa daquela que rege a incidência de qualquer norma jurídica. É preciso que todos os pressupostos da hipótese de incidência estejam preenchidos para o desencadear de suas consequências jurídicas; por vezes, tais pressupostos são preenchidos em momentos diferentes, de modo que somente quando caracterizado o último dos pressupostos normativos exigidos haverá a incidência da norma. Tampouco existe qualquer empecilho do ponto de vista subjetivo, pois as partes envolvidas conhecem a origem do dinheiro, isto é, sabem que os valores foram pagos para o cometimento de um futuro homicídio – embora ainda não iniciado. De igual modo, não existe razão para afastar a ocorrência da lavagem de dinheiro concomitantemente à infração penal antecedente. O melhor exemplo para ilustrar essa possibilidade encontramos no delito de corrupção. No referido precedente do STF, entendeu-se que a autolavagem pressupõe a prática de atos de ocultação autônomos e posteriores do produto do crime antecedente (já consumado). A conclusão não se sustenta, em primeiro lugar, pelo fato de que é possível a lavagem de dinheiro de infração penal antecedente tentada. Mesmo que o agente não consiga consumar o delito, é possível que a tentativa gere um produto ilícito. Pense-se, para continuar com o exemplo anterior, no caso do homicida que, tendo recebido antecipadamente o pagamento pelo delito, não tem sucesso em consumá-lo. Mas não é só. O crime de corrupção compreende, de fato, a conduta de receber 'direta ou indiretamente' a vantagem indevida. Com isso, mesmo que o valor seja repassado por meio de um intermediário, haverá corrupção. No entanto, desde o advento da Lei nº 9.613/1998, em razão de uma nova política-criminal legislativa, o recebimento indireto dos valores da corrupção, quando gere especiais dificuldades para a sua identificação, apreensão e confisco pelas autoridades competentes – como, por exemplo, quando o pagamento é realizado através de um 'contrato de consultoria' realizado com um 'laranja' –, não caracteriza apenas a corrupção, mas também a lavagem de dinheiro. Essa é, a propósito, a razão de ser da criação do tipo penal da lavagem de dinheiro. A corrupção, no mais das vezes, compreenderá desde a aceitação até o recebimento da vantagem indevida. Tratando-se de crime de ação múltipla, as duas condutas caracterizam um único delito. Por sua vez, a lavagem de dinheiro, envolvendo um processo que compreende atos de ocultação, mas também o recebimento do dinheiro, pode ser compreendida juridicamente como sendo a mesma ação da corrupção. Justamente para esses casos, em que, por meio de uma mesma conduta – recebimento do valor indevido de forma indireta – o autor perpetra dois crimes, o Código Penal prevê a figura do concurso formal (CP, art. 70). Aceitas as premissas sobre a política-criminal da lavagem de dinheiro, no exemplo mencionado a conduta representa violação de bens jurídicos distintos: lesa a probidade na Administração Pública e ofende a Administração da Justiça. É verdade que a diversidade de bens jurídicos não é o único critério a ser adotado na resolução de possíveis concursos de delitos: é possível consunção de um delito por outro mesmo que os tipos penais examinados tutelem bens jurídicos diversos. Mas também se pensarmos, como sugere Figueiredo Dias (DIAS, Jorge de Figueiredo. Direito penal: parte geral. Tomo I. Questões fundamentais. A doutrina geral do crime. São Paulo-Coimbra: RT-Coimbra, 2007. p. 990), na existência de um único ou de uma pluralidade de sentidos autônomos de ilicitude para diferenciar um concurso aparente de um concurso real, verificaremos que, nos casos aqui examinados, a atuação do corrupto possui claramente dois sentidos de ilicitude: o primeiro é o sentido de venda da função pública, o segundo o de recebimento da vantagem já aparentemente imaculada de sua ilicitude originária. O desvalor de registrar a propina como recebimento de um legítimo contrato de consultoria é claramente maior do que o de simplesmente receber o dinheiro e o esconder em casa, sem dificultar sobremaneira a aplicação integral da lei penal no que se refere aos efeitos patrimoniais da condenação. Aquele que recebe a propina como se se tratasse de honorários de consultoria já age com o intuito de criar uma justificativa aparentemente lícita para o dinheiro recebido (...)."

Por este raciocínio, não se nota a necessidade da precedência cronológica da infração subjacente em relação à lavagem de dinheiro, mas apenas que haja uma vinculação daquela infração aos atos de ocultação, de dissimulação, de integração ou de reciclagem, que, portanto, podem ocorrer antes mesmo da execução da infração subjacente.

Veja que não deveria surpreender tal entendimento. As implicações em razão da Súmula Vinculante nº 24 do Supremo Tribunal Federal – STF, a qual preconiza que: "não se tipifica crime material contra a ordem tributária, previsto no art. 1º, incisos I a IV, da Lei nº 8.137/90, antes do lançamento definitivo do tributo", poderiam levar a essa conclusão.

A referida Súmula prevê que a tipificação (e consumação) do delito nos crimes tributários ocorre com o lançamento definitivo do crédito tributário. Acontece que o Direito Penal só pode punir a conduta da pessoa que pratica o ato. A consumação não poderia depender de um ato de terceiro. Ela só poderia existir com ação ou omissão, ainda que outro seja o resultado (conforme dispõe o art. 4º do Código Penal – teoria da atividade), de modo que a consumação não poderia depender de um ato de terceiro que nada tem a ver com o delito.

Falar-se que a materialidade de um crime material dependeria de uma apuração administrativa por si só seria contraditória com a doutrina e mesmo a jurisprudência consagrada aos crimes materiais. Por exemplo, Nelson Hungria preconizava que o corpo não é necessário para a prova do homicídio em havendo certeza moral da existência desse crime. No caso de corrupção, nas modalidades "aceitar" e "receber', não há necessidade de nenhuma comprovação material fora da análise das condutas como tem sido exigida pela Súmula Vinculante n. 24 para os crimes tributários e, finalmente, o fato de mencionar tributo, que seria o elemento normativo do tipo, apenas sugere ao intérprete que se faça um juízo de valor do que seja tributo.

Tributo está definido no Código Tributário Nacional, em seu art. 3º, como estão definidas as contribuições sociais no art. 149 da CF, e isso não faz depender, necessariamente como imposto pela Súmula, da existência de uma apuração administrativa para verificação desse elemento normativo. Existem outros elementos normativos em vários tipos penais (tais como:

como coisa alheia, funcionário público, vantagem indevida) que demandam atividade valorativa que pode, sim, ser feita pelo intérprete, independentemente do resultado obtido pela Administração Pública.

E, finalmente, não se pode distinguir crime tributário como se fosse algo diferente do delito de corrupção, pois ambos tutelam os recursos da Administração Pública. No primeiro caso, o tributo ainda está com o particular, ao passo que na corrupção os valores já estão em poder do Estado, mas são desviados ou apropriados.

A similitude é evidente. Para a identificação da corrupção não se exige um procedimento por parte dos órgãos de controle (Controladoria Geral da União, por exemplo), portanto, sistematicamente não tem coerência exigir para o delito tributário algo que não se pode exigir para o reconhecimento nos casos de crimes contra a Administração Pública.

Em síntese, no crime tributário material não deveria haver a exigência do lançamento definitivo para a sua caracterização. No entanto, o entendimento sumular supramencionado, impõe que a consumação dos crimes de tal jaez ocorra somente com a constituição definitiva do crédito tributário.

Excepcionalmente nas hipóteses em que houver a lavagem de dinheiro e o delito subjacente for um crime tributário material, *s.m.j.*, a Súmula nº 24 poderá ser mitigada. Ora, não se deveria exigir o lançamento definitivo do crime subjacente para dar início à apuração da lavagem decorrente deste crime tributário.

A despeito de tratar-se de entendimento minoritário, há julgado do STF consignando que a regra inserta no aludido entendimento sumular pode ser mitigada nos crimes contra a Ordem Tributária nas hipóteses de embaraço à fiscalização tributária **ou diante de indícios da prática de outros delitos, de natureza não fiscal (possibilidade de se dar início à persecução penal antes de encerrado o procedimento administrativo):**

> "AGRAVO REGIMENTAL NA RECLAMAÇÃO. PENAL E PROCESSUAL PENAL. CRIME MATERIAL CONTRA A ORDEM TRIBUTÁRIA. ALEGADA VIOLAÇÃO À SÚMULA VINCULANTE Nº 24. INADMISSIBILIDADE DA VIA ELEITA. AUSÊNCIA DE ESGOTAMENTO DAS VIAS ORDINÁRIAS. UTILIZAÇÃO DA RECLAMAÇÃO COMO SUCEDÂNEO DE RECURSO OU OUTRAS AÇÕES CABÍVEIS. IMPOSSIBILIDADE. AUSÊNCIA DE IDENTIDADE MATERIAL ENTRE A DECISÃO RECLAMADA E O PARADIGMA INVOCADO. INVESTIGAÇÃO CONCOMITANTE DE CRIMES DE NATUREZA DISTINTA DA FISCAL. VIABILIDADE, EM TESE, DAS DILIGÊNCIAS INVESTIGATÓRIAS.

REVOLVIMENTO DO CONJUNTO FÁTICO-PROBATÓRIO. AGRAVO REGIMENTAL DESPROVIDO.

(...)

8. Sobressai da narrativa dos agravantes que 'são investigados outros crimes além dos tipificados no 'art. 1º, incisos I a IV, da Lei nº 8.137/90', dentre eles, crimes contra a administração em geral e de 'lavagem' ou ocultação de bens, direitos e valores", sendo certo o entendimento sufragado por esta Corte no sentido da prescindibilidade do esgotamento das vias administrativas para a investigação do crime de lavagem de dinheiro, conquanto o crime antecedente possa se consubstanciar em crime material contra a ordem tributária, mostrando-se possível a mitigação do enunciado nº 24 da Súmula Vinculante do Supremo Tribunal Federal na hipótese da investigação de crimes cuja natureza é distinta da fiscal. Precedentes: HC 118.985-AgR, Primeira Turma, Rel. Min. Edson Fachin, DJe de 21/06/2016; e ARE 936.653-AgR, Primeira Turma, Rel. Min. Roberto Barroso, DJe de 14/06/2016. 9. Agravo regimental desprovido."

(Rcl 28147 AgR, Relator(a): LUIZ FUX, Primeira Turma, julgado em 28/11/2017, PROCESSO ELETRÔNICO DJe-080DIVULG 24-04-2018PUBLIC 25-04-2018)

Lado outro, a exigência do lançamento definitivo, que muitas vezes ocorre após a lavagem, leva, necessariamente, a uma inversão do marco temporal: ou seja, a infração subjacente pode ocorrer posteriormente à lavagem de dinheiro, de forma consumada ou tentada. Portanto, a lavagem não requer que a infração subjacente seja cronologicamente anterior, mas apenas que haja uma decorrência lógica.

Devem existir produtos e proveitos de infração subjacente logicamente decorrentes e não cronologicamente decorrentes. Não se impõe a existência de um fato criminoso anterior. Fato criminoso pode ocorrer após a lavagem de dinheiro. Por exemplo, contratação de matador de aluguel que recebe uma vultosa quantia para matar alguém. Ele recebe o valor, lava, coloca em nome de laranjas e somente depois consuma ou tenta o homicídio; no crime tributário, a pessoa lava, coloca os bens em nome de terceiros e depois comete o delito tributário; no caso do delito de corrupção, nas modalidades de "aceitar" ou "receber", a lavagem pode ocorrer antes destas.

A lavagem de dinheiro pode concorrer formalmente com a infração subjacente. Uma conduta pode gerar um delito tributário e ao mesmo tempo gerar lavagem de dinheiro porque o âmbito de proteção do bem jurídico pelo legislador é diverso. Uma conduta, nos termos da teoria do concurso formal, atinge dois resultados: no caso do delito tributário tem uma proteção específica – os recursos que devem ser dirigidos à Administração Pública e as políticas públicas decorrentes da ausência desses recursos, ao passo que a lavagem de dinheiro tem um bem jurídico específico que é a Ordem Econômico-financeira e a Administração da Justiça. Ora pendendo mais à Administração da Justiça, ora à Ordem socioeconômico/financeira, a depender do caso concreto.

A leitura que se faz é que a infração ligada à lavagem de dinheiro possui autonomia mais do que sufragada pelo legislador e acessoriedade limitada. A existência da infração ligada à lavagem de dinheiro é um requisito que acabou se consagrando e a referência à expressão "antecedente" permanece como força de argumentação, pois a lei em nenhum momento sugere que tenha que haver necessariamente algo cronologicamente anterior à lavagem, mesmo quando aduz no artigo 2º, II, III, letra "b", e em seu § 1º à *infração(ões) penal(is) antecedente(s)*. O que tem que ocorrer é algo vinculado. Os valores podem ser lavados antes, durante ou mesmo depois da infração subjacente. Exige-se que o tipo subjacente seja ao menos tentado para a existência da lavagem de dinheiro, não importando a sua concretização em tempo determinado.

Embora o art. 2º da Lei de Lavagem utilize a expressão "infração penal antecedente", a interpretação meramente literal do dispositivo não espelha, nesse caso, a finalidade da lei. *In casu*, devem ser aplicados os métodos sistemático e teleológico de exegese, a fim de que sejam atendidos tanto os fins sociais a que a norma se dirige quanto as exigências do bem comum. Nesse contexto, não é razoável excluir da persecução penal aqueles agentes que praticam a lavagem de bens ou valores comprovadamente advindos do cometimento de infração(ões) subjacente(s) não necessariamente pretérita(s) ou antecedente(s), cronologicamente falando.

Em suma, a existência da infração ligada à lavagem de dinheiro é um requisito, mas a referência à expressão "antecedente" permanece apenas como força de argumentação, pois a lei em nenhum momento sugere que tenha que haver necessariamente algo cronologicamente anterior à lavagem, mesmo quando menciona no artigo 2º, II, III, letra "b", e em seu § 1º a expressão *infração(ões) penal(is) antecedente(s)*. O que se requer é a existência de produtos e proveitos logicamente decorrentes de infração (ões) subjacente(s) e não cronologicamente decorrentes. Não se deve, pois, obrigar a existência de um fato criminoso anterior uma vez que fatos criminosos podem mesmo ocorrer, por mais curioso que possa parecer, após a lavagem de dinheiro, como os exemplos citados, entendimento este reforçado pela consagração da Súmula do STF nº 24 que entende típico o delito tributário material somente com o lançamento definitivo. Assim, urge a existência de algo ilícito vinculado. Os valores decorrentes de uma infração subjacente podem ser lavados antes, durante ou mesmo depois deste.

Por outro lado, cabe enfatizar que o mero aproveitamento da vantagem proveniente da infração subjacente consiste em desdobramento natural (exaurimento) daquela prática delituosa e, portanto, não basta para a caracterização do crime de lavagem de dinheiro. Exige-se uma conduta (ação ou omissão) voltada especificamente à lavagem. No caso *Mensalão* (AP nº 470/MG), p. ex., o STF decidiu que o recebimento da corrupção por terceiros não configura o crime de lavagem de dinheiro, mas concretização do delito contra a Administração Pública. Imprescindível, portanto, para a configuração desse delito, identificar-se a ocorrência de ocultação ou de dissimulação.

Nesse sentido, Renato Brasileiro de Lima[202] pontua:

> "(...) com as mudanças produzidas pela Lei 12.683/12, admitindo que, doravante, qualquer infração penal possa figurar como antecedente de lavagem de capitais, é extremamente importante ressaltar que a tipificação da figura delituosa prevista no caput do art. 1º da Lei n. 9.613/98, na modalidade de ocultação ou dissimulação, demanda a prática de mascaramento do produto direto ou indireto da infração antecedente. Isso significa dizer que o uso aberto do produto da infração antecedente não caracteriza a lavagem de capitais. Logo, se determinado criminoso utiliza o dinheiro obtido com a prática de crimes patrimoniais para comprar imóveis em seu próprio nome, ou se gasta o dinheiro obtido com o tráfico de drogas em viagens ou restaurantes, não há falar em lavagem de capitais. Em síntese, o simples usufruto do produto ou proveito da infração antecedente não tipifica o crime de lavagem de capitais. [...] Portanto, se o agente se limita a comprar um imóvel com o produto da infração antecedente, registrando-o em seu nome, não há falar sequer na prática do tipo objetivo de lavagem de capitais, porquanto aquele que pretende ocultar ou dissimular a origem de valores espúrios jamais registraria a propriedade do imóvel em seu nome. No entanto, se o agente registra o imóvel em nome de um 'laranja', a fim de ocultar o rastrea-

[202] *Legislação criminal especial comentada*. 2. ed. JusPodivm, 2014. p. 306-307.

mento dos valores ilícitos, aí sim dar-se-á o juízo de tipicidade do crime de lavagem de capitais (...)."

No ano de 2019, também em hipótese de corrupção, o STF, pela análise do cenário probatório descrito nos autos, entendeu que, para além do recebimento clandestino da vantagem indevida, restou evidenciada a dissimulação e ocultação próprios do delito de lavagem:

> "HABEAS CORPUS. MATÉRIA CRIMINAL. SUBSTITUTIVO DE RECURSO EXTRAORDINÁRIO. CABIMENTO. DOSIMETRIA DA PENA. **CORRUPÇÃO PASSIVA. LAVAGEM DE DINHEIRO. CONSUNÇÃO. INOCORRÊNCIA**. CONCURSO FORMAL. PLURALIDADE DE CONDUTAS. DOLOS DISTINTOS. INVIABILIDADE. ORDEM DENEGADA. 1. Segundo a jurisprudência desta Suprema Corte, o eventual cabimento de recurso extraordinário não subtrai, por si só, a cognoscibilidade do habeas corpus. Precedentes. 2. O sistema jurídico brasileiro não exclui os autores do delito antecedente do âmbito de incidência das normas penais definidoras do crime de lavagem de bens, direitos ou valores, admitindo, por consequência, a punição da chamada autolavagem. É possível, portanto, em tese, que um mesmo acusado responda, concomitantemente, pela prática dos delitos antecedente e de lavagem, inexistindo bis in idem decorrente de tal proceder. 3. Nada obstante, a incriminação da autolavagem pressupõe a prática de atos de ocultação, dissimulação ou integração autônomos ao delito antecedente, ainda que se verifique, eventualmente, consumações simultâneas. 4. A consunção constitui critério de resolução de conflito aparente de normas penais incidente em casos em que a norma consuntiva contemple e esgote o desvalor da consumida, em hipótese de coapenamento de condutas. Assim, eventual coincidência temporal entre o recebimento indireto de vantagem indevida, no campo da corrupção passiva, e a implementação de atos autônomos de ocultação, dissimulação ou integração na lavagem, não autoriza o reconhecimento de crime único se atingida a tipicidade objetiva e subjetiva própria do delito de lavagem. 5. O habeas corpus consubstancia via processual inadequada para o reconhecimento da ocorrência de consunção, forte na necessidade de exame do acervo probatório para o fim de avaliar o esgotamento do juízo de censura entre as condutas, providência que desborda dos limites cognitivos do writ. **6. Caso concreto em que se reconheceu a constituição de contas secretas e remessa clandestina de recursos ao exterior, atos que consubstanciaram práticas de ocultação, dissimulação ou integra-**

ção, possibilitando fruição oportuna do resultado econômico do crime antecedente. O presente quadro processual diferencia-se, portanto, do enfrentado pelo Tribunal Pleno na AP 470 (EI-sextos e EI-décimos sextos), na qual se afastou a configuração do delito de lavagem em caso de recebimento de vantagem indevida mediante interposta pessoa e em hipótese na qual se exigiria a prática de atos subsequentes para fins de branqueamento do produto da infração penal antecedente. 7. Em caso de concurso de crimes, é incabível o reconhecimento, em habeas corpus, da incidência do critério da exasperação se as instâncias ordinárias atestaram a pluralidade de condutas e a presença de desígnios autônomos. 8. Não configura vulneração ao dever de motivação das decisões judiciais a rejeição de aplicação da regra do concurso formal próprio baseada em óbices normativos ao critério da exasperação. 9. Ordem denegada."

(HC 165036, Rel. Edson Fachin, Segunda Turma, julgado em 09.04.2019, processo eletrônico *DJe* 10.03.2020)

Haverá, assim, tão somente a prática da infração penal subjacente quando apenas houver uma utilização ou um aproveitamento normal das vantagens ilicitamente obtidas. Do contrário, haveria verdadeiro *bis in idem* e punição inadequada do autor do fato subjacente por delito de lavagem de dinheiro. Com isto, ficariam afastadas desta infração penal as condutas de guardar dinheiro em colchão, subornar testemunhas para se conseguir álibi etc.

O STF, nos autos do Inquérito nº 3.515/SP (Rel. Marco Aurélio, Primeira Turma, julgado em 08.10.2019, acórdão eletrônico *DJe* 23.06.2020) explicitou hipótese em que o ato de receber "de forma indireta, valores supostamente provenientes de corrupção, integra o tipo previsto no artigo 317 do Código Penal, de modo que a conduta de esconder notas pelo corpo, sob as vestes, nos bolsos do paletó, junto à cintura e dentro das meias não se reveste de indispensável autonomia em relação ao crime antecedente, não se ajustando à infração versada no artigo 1º, inciso V, da Lei nº 9.613/1998."

Também cumpre asseverar, por exemplo, que a realização de transferências bancárias sucessivas, segregando-se determinado montante de dinheiro em várias contas bancárias diferentes, é conduta que, indubitavelmente, dificulta o rastreamento da quantia inicial advinda da infração subjacente, já que, a cada nova transação, torna-se mais difícil determinar a origem daquele valor, inclusive porque essa prática possibilita que fundos "limpos" e "sujos" se misturem para compor o saldo disponível em cada conta, o que torna ainda mais complexa a localização do produto criminoso original, fato que caracterizaria a lavagem.

No entanto, nem todas e quaisquer transações bancárias envolvendo dinheiro ilícito caracterizam lavagem de dinheiro. Em se constatando, por exemplo, que o produto da infração subjacente foi simplesmente depositado e/ou transferido, uma única vez, para conta(s) bancária(s) claramente identificável(eis) como pertencente(s) à(s) pessoa(s) que cometeu(ram) a infração subjacente, não se haverá que falar em lavagem, mas sim em mero exaurimento, ou seja, mera consequência lógica e natural da anterior ação criminosa. A simples distribuição do produto da infração entre os seus autores, mediante depósito/transferência do quinhão atribuído a cada participante, é desdobramento natural da infração penal subjacente e, portanto, não configura prática de lavagem.

Em suma, se os agentes criminosos não se limitarem a mediante transferências (isoladas) para suas respectivas contas bancárias, simplesmente repartir, entre si, os valores obtidos pela prática de uma infração penal subjacente (o que caracterizaria o mero exaurimento), mas sim efetivarem a remessa dessas quantias a partir de transações bancárias de maneira deliberadamente pulverizadas, isto é, fracionadas e transferidas, múltiplas vezes, para diversas contas bancárias, em sua maioria abertas em nome de pessoas físicas ou jurídicas fictícias (e não em nome dos próprios agentes), restará evidenciada a intenção de mascaramento, e, por via de consequência, a lavagem de dinheiro.

Em outra hipótese, em havendo a imputação de tráfico transnacional de drogas, com a apreensão dos valores oriundos desta infração pela autoridade policial em uma blitz, cujo objetivo era o desembaraço de carregamento de cocaína junto aos fornecedores da droga, devem ser considerados mero desdobramento da traficância (*iter criminis*), não se vislumbrando o cometimento do delito de branqueamento.

No crime de lavagem de dinheiro terá que haver, em maior ou menor grau, alguma conexão entre a lavagem de dinheiro e a ocorrência de uma infração subjacente. Embora este autor adote o entendimento de que é desnecessária a precedência cronológica da infração subjacente em relação ao crime de lavagem de dinheiro, tendo-se em vista que a lavagem pode, excepcionalmente, ocorrer antes mesmo da execução da infração subjacente ao qual se vincula, é evidente que a precedência lógico-jurídica (e não estritamente cronológica) é indispensável. Em outras palavras, é imprescindível, porém, que os ganhos atrelados à suposta prática de corrupção, por exemplo, tenham sido obtidos em data anterior à da prática dos atos de ocultação/dissimulação, mesmo que o ato de corrupção, em si, possa vir a ser praticado depois da lavagem. Nesse contexto lógico-jurídico, faz sentido apenas falar-se em necessidade de demonstração de relação de anterioridade e posterioridade entre os ganhos decorrentes da infração subjacente e a lavagem de dinheiro, embora a infração subjacente possa ocorrer posteriormente.

No caso de a lavagem ter sido cometida anteriormente à infração subjacente, para o reconhecimento de sua consumação indispensável que tenha se iniciado a execução deste último, que, repise-se pode ocorrer depois dela.

2. Bem jurídico

O Direito Penal Econômico, com o passar do tempo, ganhou um especial protagonismo. Visa garantir as condições básicas ou elementos essenciais para o funcionamento da economia de mercado. Ora, as leis desta sozinhas não atenderiam as aspirações evidentes. Daí porque, hoje, a construção de bens jurídicos baseados na confiança ganhou realce já que há de se proteger o correto funcionamento das corporações, das sociedades, do mercado de valores, a honestidade das regras que cercam estes e os papéis públicos etc. Não se cuida de um bem jurídico protegido exatamente por cada figura típica, senão, à função geral de estabilização normativa e a regular atuação dos atores do mercado.

Assim, trata-se de um setor específico da vida social que é preocupação do Direito Penal, talvez um sistema jurídico central e socialmente relevante.

Os critérios de sua legitimação encontram fundamento, também, na teoria normativa da tipicidade, além do sistema causal-finalista. Neste, tem-se como importante o fim do agente que deu causa a um resultado, enquanto naquela, um juízo valorativo que supõe um juízo de imputação, tomando-se em consideração a conduta realizada e o dever de evitar sua ocorrência (especial cuidado exigido do autor). Exemplo de conduta não permitida, o favorecimento de licitantes antes da abertura da licitação, etc.

Ora, os papeis econômicos dos deveres jurídicos no campo econômico implicam em duas modalidades de dever: a) *dever jurídico negativo*, isto é, de comportar-se sem prejudicar ilegitimamente terceiros ou a Administração Pública; b) *dever jurídico positivo*, ou seja, a obrigação de contribuir aos encargos públicos, para o bem-estar coletivo.

Assim, quer pela causalidade/finalismo, quer pela imputação objetiva, o Direito Penal Econômico, no qual se inclui a Lavagem de Dinheiro (apesar de reconhecer que alguns autores apenas classificam o delito como crime contra a Administração da Justiça, como se verá adiante), engloba tipos que partem de uma posição jurídica que deriva de deveres de não lesar e de atuar em benefício dos outros. O desvalor jurídico-penal da conduta não fica alheio ao contexto causal-normativo ou puramente normativo de um tipo estabelecido no subsistema correspondente (Direito Penal Econômico e Administração da Justiça) e que consagra a confiança nas regras e no dever de todos de contribuir para evitar o resultado, ainda que apenas normativo (Lavagem de Dinheiro e obrigação de comunicação de operações suspeitas).

A análise do bem jurídico, isto é, valor digno de tutela penal (função social útil de proteção dos valores sociais), assume demasiada importância quando se estuda o delito de lavagem de dinheiro, dada sua característica intrínseca principal, a da autonomia, o que faz não confundi-lo com aquele definido para as infrações penais subjacentes.

O estudo do bem jurídico assume relevância vital uma vez que refletirá diretamente em outras questões também importantes como a autoria do crime (concurso de infração penal subjacente e lavagem de dinheiro), a ligação com a infração penal subjacente, em havendo perda da pretensão punitiva (por exemplo, *abolitio criminis*) ou absolvição desta última, e no que tange à dosimetria da pena.

A complexidade de identificação do bem jurídico do delito em estudo pode ser melhor esclarecida, como bem revela Jorge Alexandre Fernandes Godinho,[203] a partir da análise dos preâmbulos legais, bem como dos textos de direito internacional.

O preâmbulo da Convenção de Viena (1988), por exemplo, deixa claro que as condutas provenientes da criminalidade organizada "minam as bases de uma economia lícita e ameaçam a estabilidade, a segurança e a soberania dos Estados, além de invadir, contaminar e corromper as estruturas do Estado, as atividades comerciais e financeiras legítimas e a sociedade em todos os seus níveis."

As teses até então defendidas podem ser sintetizadas da seguinte forma:

Saúde Pública: tomou-se em conta o bem jurídico do tráfico de drogas, conforme o critério estabelecido na Convenção de Viena, a primeira a con-

[203] GODINHO, Jorge Alexandre Fernandes. *Do crime de 'branqueamento' de capitais*: introdução e tipicidade. Coimbra: Almedina, 2001. p. 123-124.

ceber o delito de lavagem.[204] Tal posicionamento estava adstrito às leis de 1ª geração (infração subjacente tráfico de drogas). **Crítica:** considerou apenas critérios formais e não critérios materiais vinculados aos interesses ou valores sociais e constitucionais em jogo, à medida que levou em consideração tão-somente o crime de lavagem de dinheiro decorrente do tráfico de drogas. Ora, a saúde pública já é tutelada com a definição do delito subjacente citado, prevendo normalmente severas punições. Não teria sentido protegê-la novamente com a definição da lavagem, cujo efeito inibitório é de duvidosa eficácia, pois o risco da punição do delito subjacente já constituiria elemento intimidador, não se justificando, assim, a repetição deste último. Doutra parte, esse entendimento não permitiria, por exemplo, que outras infrações subjacentes do crime de lavagem de dinheiro fossem alargadas para além das infrações que não protegessem a saúde pública. Não há que se aventar que se deve tecer raciocínio semelhante ao crime de receptação porquanto este representa normalmente a realização do fim visado com delito patrimonial subjacente, enquanto que a lavagem de dinheiro consiste na manutenção de um ganho ilícito já auferido.

Note-se que em razão dessa ótica passou a existir uma posição minoritária na doutrina no sentido de que o bem jurídico tutelado na lavagem de dinheiro seria idêntico ao da infração penal subjacente. Analisando essa vertente Renato Brasileiro de Lima[205] explicita que: "de acordo com uma primeira corrente, a lei de lavagem de dinheiro visa resguardar o mesmo bem jurídico tutelado pela infração antecedente. Assim, o branqueamento de capitais obtidos com o tráfico de drogas afetaria a *saúde pública*, ao passo que a lavagem de dinheiro derivado de furto lesionaria o patrimônio. Ter-se-ia, assim, uma superproteção ao bem jurídico do crime antecedente. Essa posição atém-se às legislações de primeira geração, nas quais o delito antecedente era tão somente o tráfico de drogas. Por consequência, a lavagem de dinheiro tutelaria apenas a saúde pública. Cuida-se de posição minoritária, vez que, admitida a criminalização de um comportamento que incide sobre um bem jurídico já afetado e lesionado por uma conduta anterior, a punição pelo segundo crime estaria fundada na afetação do mesmo bem já lesionado, o que caracterizaria um indesejável *bis in idem*. De mais a mais, por força do princípio da consunção, estaria inviabilizada a punição

[204] Nesse sentido, Rodrigo Santiago em Portugal, e Juana Del Carpio Delgado, na Espanha (citados por Jorge Alexandre Fernandes Godinho, *Do crime de "branqueamento" de capitais*, cit., p. 127).

[205] LIMA, Renato Brasileiro de. *Legislação criminal especial comentada*: volume único, 9. ed. rev. atual e ampl. Salvador: JusPodivm, 2021, p. 666.

da autolavagem, que ocorre quando o autor da lavagem também é o responsável pela infração antecedente, porquanto, para ele, de duas uma, ou o branqueamento seria considerado mero exaurimento da infração antecedente, ou esta seria absorvida pela lavagem em virtude da progressão criminosa."

Administração da Justiça: compromete a eficácia da Administração da Justiça ao obstaculizar o descobrimento e o processamento dos fatos configuradores das infrações subjacentes e da própria lavagem. Tutela o legítimo interesse do Estado em confiscar as vantagens propiciadas pelas infrações penais subjacentes da lavagem. Nas palavras de Jorge Alexandre Fernandes Godinho "é um novo meio de atingir o fim que é o confisco dos lucros do crime."[206] Rodolfo Tigre Maia entende que predominantemente busca-se a proteção da Administração da Justiça, reconhecendo, todavia, a natureza pluriofensiva, inclusive da ordem econômico-financeira.[207] **Crítica:** tem em conta aspecto parcial, relegando outros valores constitucionais e jurídicos de primeira ordem. A consagração desse entendimento não permitiria, por exemplo, punir-se o autor da lavagem quando a infração penal subjacente estiver prescrita. Por outro lado, a pena daquele delito (lavagem) não poderia ser superior a desta última, uma vez que não teria sentido punir mais severamente a pessoa que oculta as vantagens de um determinado delito e, de forma mais branda, o que pratica o delito anterior. Doutro lado, a punição pela lavagem de dinheiro passaria a se constituir em mero fato posterior, certamente absorvido ou impunível, à medida que abre a possibilidade de se interpretá-la como simples desdobramento da infração penal subjacente, sem a relevância esperada pelo legislador.

Ordem Econômica ou Socioeconômica: o que se deseja é a conservação da ordem legal da economia ou o sistema econômico, tanto em seu conjunto, como em suas ordenações parciais e no interesse do indivíduo, comprometendo a credibilidade e confiança nas instituições financeiras. Empresas financiadas por capitais de origem ilícita comprometeriam o normal funcionamento do mercado, adquiririam posições monopolísticas

[206] GODINHO, Jorge Alexandre Fernandes. *Do crime de "branqueamento" de capitais: introdução e tipicidade.* Coimbra: Almedina, 2001. p. 141.

[207] MAIA, Rodolfo Tigre. *Lavagem de dinheiro – lavagem de ativos provenientes de crime. Anotações às disposições criminais da Lei nº 9.613/98.* São Paulo: Malheiros, 1999. p. 57-58.

e suprimiriam a concorrência.[208] Nesse diapasão, Luiz Flávio Gomes[209], Marco Antônio de Barros[210] e André Luís Callegari[211], que afirmam tratar-se apenas de crime contra a ordem econômico-financeira ou socioeconômica. **Crítica:** nem sempre gera desfuncionalidade ou deterioração do sistema econômico, nem prejuízo aos agentes em particular e, ao contrário, pode até gerar desenvolvimento de determinadas atividades do sistema. Por outro lado, ocorre, por vezes, que o financiamento de certas atividades (tráfico de armas, terrorismo e seu financiamento) não dependa de capitais de origem duvidosa porquanto sustentadas por contribuições de atividades privadas. Além disso, a ordem econômica já é protegida com a definição dos delitos econômicos, havendo verdadeiro *bis in idem.* A consagração deste entendimento impediria a punição da lavagem de dinheiro tendo por infração subjacente algum crime contra a ordem econômica, como, por exemplo, a manipulação do Mercado de Capitais e o delito de *insider trading.*

Pluriofensividade: afeta diversos interesses sociais e jurídicos (Sistema Econômico, Administração da Justiça e Ordem Pública) já consagrados.[212] Rodolfo Tigre Maia, como se viu, entende que predominantemente busca-se a proteção da Administração da Justiça, reconhecendo, a natureza pluriofensiva, inclusive da ordem econômico-financeira.[213] **Crítica:** imprecisão e indefinição ao estabelecer o objeto de proteção, além de se constituir em verdadeiro *bis in idem* porquanto se cuidaria de nova punição pela prática de infrações penais subjacentes.

Licitude dos bens que circulam no mercado: proteção do mercado contra atividades que acarretam o ingresso de bens de procedência crimi-

[208] Em igual sentido, Giampiero Azzali, Vicenzo Bruno Muscatiello, na Itália, Eduardo Paz Ferreira e José de Faria Costa, em Portugal, Fabián Caparroz, na Espanha, e Barry Rider, na Inglaterra (citados por GODINHO, Jorge Alexandre Fernandes. *op. cit.*, p. 131-136).

[209] Crimes de lavagem de capitais. Curso de direito penal – crimes de competência da Justiça Federal. Palestra aos 09.09.2004 na Escola de Magistrados da Justiça Federal da 3ª Região.

[210] *Lavagem de Dinheiro: implicações penais, processuais e administrativas. Análise sistemática da Lei nº 9.613, de 03.03.1998.* São Paulo: Oliveira Mendes, 1998. p. 5.

[211] *Direito penal econômico e lavagem de dinheiro: aspectos criminológicos.* Porto Alegre: Livraria do Advogado, 2003. p. 93.

[212] Era inicialmente defendida por Mario Zanchetti, que, posteriormente, sem negar a afirmação da natureza pluriofensiva, dá prevalência ao interesse da Administração da Justiça.

[213] MAIA, Rodolfo Tigre. *Lavagem de dinheiro – lavagem de ativos provenientes de crime. Anotações às disposições criminais da Lei n. 9.613/98.* 1. ed. 2. tir. São Paulo: Malheiros, 2004. p. 57-58.

nosa.[214] **Crítica:** não vale para os sistemas que não adotam qualquer delito como subjacente. Lado outro, a punição pelo crime de lavagem de dinheiro legitimou-se à medida que se observou a profissionalização do delito, com o estabelecimento de organizações criminosas complexas, infiltração de seus agentes no aparelho estatal, alta rentabilidade e internacionalização, não se justificando, pois, punição que não se constitua grave, do ponto de vista criminológico. Ora, a adoção da licitude dos bens como objeto de proteção permitiria a punição pela lavagem de dinheiro a todo e qualquer proveito do delito, confundindo-se com os crimes de receptação e favorecimento real, não se aplicando aos países que restringiram o seu âmbito para determinados crimes subjacentes.

Ordem Socioeconômico/financeira, diretamente, e Administração da Justiça, indiretamente: quando se trata de bem jurídico coletivo, institucional ou supraindividual, há problemas para determinar o tipo penal, não se podendo especificar o desvalor do resultado e identificar o objeto de proteção. Nestes casos, a afetação ao bem jurídico não é uma consequência de um único comportamento individual, senão de uma pluralidade que somente conjuntamente põe em risco ou lesa o interesse supraindividual. Para determinar o objeto de proteção, seleciona-se, pois, aspectos ou componentes do bem jurídico, ou seja, "objetos com função representativa do bem jurídico" (Martínez Buján Pérez, Bustos Ramírez, Abanto, Caro Coria,[215] como também Caty Vidales Rodrigues e Isidoro Blanco Cordero[216]), pelos quais se pode apreciar a afetação do bem jurídico. Nestes casos, fala-se em bem jurídico imediato ou direto, constituído pelo objeto com função representativa, e em bem jurídico mediato, contextual ou abstrato, constituído pelo bem representado. Na consideração do dolo, este deve abarcar o bem jurídico imediato ou direto, não interessando o mediato, contextual ou abstrato. Logo, bem jurídico imediato ou direto na lavagem é a Ordem Econômico-Financeira, eventualmente a livre e leal concorrência, protegida de forma imediata (correto funcionamento do mercado e ao seu livre acesso pelos agentes econômicos). Protege-se

[214] Cf. José de Oliveira Ascensão para quem *o combate à Lavagem de capitais é decisivo, porque previne o envenenamento de todo o sistema econômico-financeiro,* bem ainda Juana Del Carpio Delgado (citados por GODINHO, Jorge Alexandre Fernandes, *op. cit.*, p. 136 e 139).

[215] Citados por Tomás Aladino Gálvez Villegas (in Delito de lavado de activos: analisis de los Tipos Penales Previstos en la Ley nº 27.76, cit., p.46-62).

[216] Mencionados por Jorge Alexandre Fernandes Godinho, *Do crime de "branqueamento" de capitais,* cit., p. 126.

também a eficácia da Administração da Justiça (bem jurídico genérico, contratual ou abstrato), enquanto proporciona segurança a esta no combate e repressão de atos que afetam a ordem econômico-financeira, legitimando o Estado em confiscar as vantagens propiciadas pelos tipos precedentes da lavagem.

Pierpaolo Cruz Bottini e Gustavo Henrique Badaró consideram que, mesmo que em parcela significativa dos casos exista realmente uma pluralidade de bens jurídicos lesionados, o crime de lavagem de dinheiro tutela a Administração da Justiça. Nesta perspectiva tecem importantes considerações quando citam o seguinte exemplo:[217]

> "A identificação dos bens lesionados pelos crimes antecedentes com o bem protegido pela norma da lavagem não merece acolhida pelos problemas já elencados. Também a ordem econômica não parece ser o bem jurídico diretamente protegido pela norma penal em comento. Ainda que a maior parte dos crimes de lavagem afete – ou tenha o condão de afetar – o funcionamento da economia, em especial sob o prisma da livre concorrência, nem sempre isso ocorre. Muitas vezes, o impacto econômico do uso direto do produto do crime é mesmo daquele decorrente da lavagem de dinheiro.
>
> Imagine-se um roubo a banco – agora antecedente possível de lavagem de dinheiro – em consequência do qual seu autor adquira dinheiro suficiente para comprar um barco. Caso ele o compre diretamente, em seu nome, não haverá lavagem de dinheiro, mas mero exaurimento do crime. Por outro lado, se o valor for depositado em conta de terceiro, que efetua a compra em nome de empresa laranja, existirá lavagem de dinheiro.
>
> Note-se que, se o barco foi comprado pelo preço de mercado, em condições idênticas à aquisição do mesmo bem com recursos lícitos, a ordem econômica não foi afetada em qualquer dos casos. Ainda assim, na segunda hipótese haverá lavagem de dinheiro. Isso porque no primeiro caso não houve ocultação, blindagem do bem contra possíveis rastreamentos, nem mascaramento. Já no segundo, houve um movimento de escamoteamento do dinheiro, o que dificultou sua identificação. A única diferença entre as duas situações, capaz de justificar a punição pela lavagem de dinheiro na segunda e a irrelevância da compra direta na primeira, é sua distinta capa-

217 BOTTINI, Pierpaolo Cruz; BADARÓ, Gustavo Henrique. *Lavagem de dinheiro: aspectos penais e processuais penais: comentários à Lei 9.613/1998, com alterações da Lei 12.683/2012*. São Paulo: RT, 2012. p. 57-58.

cidade de afetar o funcionamento da Justiça. A ocultação no segundo caso subtraiu o bem das vistas, prejudicou seu rastreamento, em suma, colocou em risco a administração da Justiça, sem qualquer lesão à ordem econômica. E isso justifica a punição pela lavagem de dinheiro, ainda que a conduta não tenha afetado o funcionamento da economia. Por isso, parece ser a administração da Justiça o bem protegido pela norma penal."

Deve prevalecer, *s.m.j.*, o entendimento que consagra existir ofensa direta a Ordem Socioeconômico/Financeira e, indireta, à Administração da Justiça.

Não cuidando de tutelar de maneira complementar o bem jurídico atingido pela infração subjacente, o que seria possível de sustentar quando a lavagem de dinheiro era diretamente ligada ao tráfico de drogas, a proteção visa propiciar a circulação lícita de valores com o regular funcionamento do mercado e a higidez das instituições financeiras que, via de regra, de alguma forma acabam por ser contaminadas com a prática delituosa.

É certo que, por vezes, não há que se falar em afetação da concorrência, que já possui a proteção imediata dos delitos econômicos, e não se vislumbraria qualquer violação na medida em que montantes não relevantes aferidos com a prática de determinados delitos fossem posteriormente lavados.

Pode-se, invocar, a finalidade de proteção da credibilidade necessária às instituições de crédito e financeiras, sendo fundamental preservar a confiança das pessoas na idoneidade dos procedimentos que, via de regra, acabam utilizando as instituições formais, ainda que para reinvestimento nas atividades ilegais.

Busca, outrossim, a proteção da Administração da Justiça e não exclusivamente esta, pois, do contrário, não se poderia admitir a punição pela lavagem em havendo prescrição da infração penal subjacente, bem ainda a responsabilidade penal da pessoa jurídica (para os que apenas vislumbram a sua possibilidade nas hipóteses dos artigos 173, parágrafo 5º, ordem econômico-financeira, e 225, parágrafo 3º, meio ambiente, ambos da CF).[218]

Doutra parte, como se poderia permitir a punição pela lavagem de dinheiro decorrente de delitos praticados no exterior se o objeto de proteção fosse exclusivamente a Administração da Justiça? O direito interno de

[218] Vide, especificamente, sobre o tema a obra do autor, DE SANCTIS, Fausto Martin. *Responsabilidade penal das corporações*. São Paulo: Saraiva, 2010, e, ainda, Livro Homenagem a Miguel Reale Júnior. Coordenadores: Janaína Conceição Paschoal e Renato de Mello Jorge Silveira. Capítulo: Responsabilidade penal das corporações. Rio de Janeiro: LMJ Mundo Jurídico, 2014.

um país, com a concepção do crime de lavagem, estaria a proteger a Administração da Justiça de outro Estado, por aplicação do preceito da proteção universal, na hipótese de infração penal subjacente ser neste local concretizada, havendo aparente exagero estatal.

Para finalizar, pertinente os apontamentos de Daniel Silveira Menegaz:[219]

> "A dogmática da Lei de Lavagem de Dinheiro apresenta, pelo menos, dois bens jurídicos fundamentais supraindividuais: a ordem socioeconômica e a administração da justiça, valores e interesses que designam a proteção da sociedade e da justiça penal contemporânea, almejando impedir o aumento de vastos campos da macrocriminalidade, obstaculizando o livre proveito dos lucros ilícitos e, ao mesmo tempo, obstruindo reinvestimentos em ações delituosas que possam causar imensuráveis danos, com intuito de solidificar a democracia em um capitalismo menos desigual, possibilitando ao Estado o crescimento econômico sustentado, para que se possa desenvolver um país sem miséria e com dignidade humana.
>
> Diante disso, instala-se o paradoxo do poder punitivo estatal e de sua ingerência na flexibilização dos direitos e garantias fundamentais do cidadão, dispostas na Constituição Federal e nas Convenções Internacionais. Essa questão predominante indica o grau de respeito aos Direitos Humanos e as propostas democráticas para sua consolidação no Estado de Direito, como um país livre, justo e igualitário. Não se vislumbra como deixar os criminosos agirem sem que possam ser impedidos de realizar e continuar cometendo infrações penais. Por outro lado, não se pode desviar da aplicação substancial das garantias, sob pena de transformar-se em um país autoritário, inquisidor e arbitrário."

Cabe mencionar que abarcando as tradicionais três fases da lavagem de dinheiro, conversão/ocultação/*placement*, controle/dissimulação/*layering* e integração/*integration* (ao lado da reciclagem/*recycling* por meio da qual se apagam os rastros dos demais procedimentos de ocultação, dissimulação e integração), não há como desconsiderar ao lado da Administração da Justiça a proteção da Ordem Socioconômico/financeira.

[219] *Lavagem de dinheiro: os mecanismos de controle penal na Justiça Federal no combate à criminalidade.* Curitiba: Juruá, 2012, p. 169.

3. Sujeitos

O sujeito ativo é qualquer pessoa, podendo ser um terceiro ou o próprio agente (autor ou partícipe) da infração decorrente. Trata-se de crime comum.

William Terra de Oliveira considera como sujeito ativo qualquer pessoa,[220] bem como André Luís Callegari[221]. Há, entretanto, entendimento no sentido de que o delito somente pode ser praticado por agente diverso da infração penal subjacente. Nesse sentido, temos Jean Larguier e Philippe Conte ao interpretarem o artigo 324-1 do Código Penal francês, introduzido por Lei de 13.05.1996, porquanto coíbe certas formas de ajuda ao autor de um delito após a prática deste, daí porque se cuida de uma *infração de consequência*, assemelhando-se à receptação de coisas.[222]

Jorge Alexandre Fernandes Godinho assevera, neste diapasão, que:

> "Em Portugal, como na Suíça (art. 305 bis) e na Espanha (art. 301º), a lei não dispõe de modo explícito sobre a questão. Já na Itália (art. 648º bis) e na Alemanha (§ 261), a lei expressamente exclui os coparticipantes no crime precedente. Por seu turno, nos EUA (§ 1956, d, U.S. Code), no Reino Unido (onde, como vimos, é punível o chamado own funds money laundering) e na Bélgica a lei expressamente dispõe que o autor poderá ser punido em concurso efetivo. Na Espanha, a lei contém uma referência pouco clara; a doutrina encontra-se dividida."[223]

Para o citado autor, a lavagem de dinheiro não implica na lesão de um outro bem jurídico, "embora a realização da justiça ser formalmente um bem jurídico diverso, em termos materiais verifica-se que, uma vez consumada a lesão do bem jurídico do crime precedente, surge em seu lugar o bem jurídico que é a realização da justiça."[224]

[220] OLIVEIRA, William Terra de; CERVINI, Raúl; GOMES, Luiz Flávio. *Lei de lavagem de capitais*. São Paulo: RT, 1998. p. 324.

[221] CALLEGARI, André Luís. *Direito penal econômico e lavagem de dinheiro: aspectos criminológicos*. Porto Alegre: Livraria do Advogado, 2003. p. 97.

[222] *Droit pénal des affaires*. 11. ed. Paris: Paris: Dalloz; Armand Colin, 2004, p. 238-241.

[223] GODINHO, Jorge Alexandre Fernandes. *Do crime de "branqueamento" de capitais: introdução e tipicidade*. Coimbra: Almedina, 2001. p. 238.

[224] GODINHO, Jorge Alexandre Fernandes. *Do crime de "branqueamento" de capitais: introdução e tipicidade*. Coimbra: Almedina, 2001. p. 239.

Entendo, todavia, discutível a posição do autor português porquanto, a prevalecer sua tese, não se poderia admitir a autonomia do delito em estudo, tão recomendada em textos internacionais.

Cumpre ressaltar que o crime de lavagem de dinheiro não exige que o réu seja também autor da infração subjacente (STJ, RHC n.39.470/RJ, Rel. Ministro Nefi Cordeiro, Sexta Turma, *DJe* 01.07.2014), mas é possível que isso ocorra, já que não há vedação da autolavagem pela legislação brasileira.

Aliás, hodiernamente tem se tornado cada vez mais remota a *selflaudering*, diante da sofisticação e terceirização das empreitadas criminosas. No entanto, como mencionado, é possível a sua ocorrência – a despeito de entendimento em sentido oposto, como acima mencionado.

O Supremo Tribunal Federal no caso *Mensalão* (AP nº 470/MG), reconheceu a possibilidade da autolavagem, em que pese não tenha sido aplicada à hipótese. Confira-se:

> "Embargos infringentes na AP 470. Lavagem de dinheiro. 1. Lavagem de valores oriundos de corrupção passiva praticada pelo próprio agente: 1.1. O recebimento de propina constitui o marco consumativo do delito de corrupção passiva, na forma objetiva "receber", sendo indiferente que seja praticada com elemento de dissimulação. 1.2. A autolavagem pressupõe a prática de atos de ocultação autônomos do produto do crime antecedente (já consumado), não verificados na hipótese. 1.3. Absolvição por atipicidade da conduta. 2. Lavagem de dinheiro oriundo de crimes contra a Administração Pública e o Sistema Financeiro Nacional. 2.1. A condenação pelo delito de lavagem de dinheiro depende da comprovação de que o acusado tinha ciência da origem ilícita dos valores. 2.2. Absolvição por falta de provas 3. Embargos acolhidos para absolver o embargante da imputação de lavagem de dinheiro."
>
> (AP 470 EI-décimos sextos, Rel. Luiz Fux, Rel. p/ acórdão: Roberto Barroso, Tribunal Pleno, julgado em 13.03.2014, acórdão eletrônico *DJe* 21.08.2014)

Vale dizer, na autolavagem, o autor da infração penal subjacente também seria o agente da lavagem de dinheiro, caso em que seria admissível irrogar à mesma pessoa a responsabilidade por este delito e pela infração penal subjacente na situação em que tenha concorrido para ambos.

Pierpaolo Cruz Bottini e Gustavo Henrique Badaró advertem que isso é possível porque o bem jurídico protegido pela norma em estudo (Administração da Justiça) é, em regra, diferente daquele afetado pela infração anterior, e a distinção material permite a punição em concurso material sem que exista o *bis in idem*. Prosseguem, asseverando que:[225]

> "No crime de lavagem de dinheiro, portanto, não incide a exoneração do autor do ilícito antecedente, como ocorre nos casos de receptação (art. 180 do CP) ou de favorecimento real (art. 349 do CP). A não punição do autor do delito antecedente na receptação decorre da identidade do bem jurídico afetado nas duas fases. Tanto no crime antecedente quanto na receptação, o bem lesionado é o patrimônio, e a incriminação do autor original como receptador violaria o já citado princípio do ne bis in idem.
>
> Por sua vez, o tipo penal de favorecimento real, assim como a lavagem de dinheiro, tutela a administração da Justiça. Portanto, em ambos o bem jurídico protegido é distinto (em regra) daquele lesionado pelo crime anterior e seria aplicável a dupla incriminação. No entanto, no favorecimento real o tipo penal expressamente afasta a punição do autor original, enquanto na lavagem de dinheiro a ressalva inexiste.
>
> Mas, ainda que o art. 349 do CP não indicasse expressamente a exoneração do autor do crime original, ela seria cabível pela inexigibilidade de conduta diversa, pois não parece possível impor ao agente de um delito prévio que não tome medidas e precauções para tornar seguro o proveito dele decorrente. Esse raciocínio, no entanto, não se aplica à lavagem de dinheiro. Ainda que também afete a administração da Justiça, o crime em discussão o faz de forma mais incisiva, mais intensa, pois o agente não se contenta em tornar seguro o proveito do crime. Ele vai além, pois busca tal segurança através da reciclagem, do mascaramento, da reinserção dos bens na economia formal, com aparência lícita. Trata-se de uma lesão qualificada à administração da Justiça que afasta a inexigibilidade de conduta diversa. Do agente do crime anterior se espera que atue para tornar seguro o proveito do crime, mas não que o faça por meio de manobras para conferir a ele aparência lícita, por meio do uso de operações financeiras e comerciais de aspecto legítimo.
>
> Em suma, esse plus em relação ao mero proveito seguro do produto do crime justifica a possibilidade de punição do autor do delito anterior. Por isso o crime é comum, pode ser praticado por qualquer pessoa, até mesmo pelo agente ou partícipe da infração anterior."

[225] *Lavagem de dinheiro: aspectos penais e processuais penais: comentários à Lei 9.613/1998, com alterações da Lei 12.683/2012*. São Paulo: RT, 2012, p. 73-75.

O STF tem reconhecido a possibilidade da autolavagem, obviamente, desde que o agente pratique atos autônomos configuradores do crime parasitário:

"DEPUTADO FEDERAL. OPERAÇÃO SANGUESSUGA. INÉPCIA DA DENÚNCIA NÃO CONFIGURADA. QUADRILHA E CRIMES LICITATÓRIOS. PRESCRIÇÃO. ORGANIZAÇÃO CRIMINOSA. ATIPICIDADE. CORRUPÇÃO PASSIVA E LAVAGEM DE DINHEIRO. COLABORAÇÃO PREMIADA. CORROBORAÇÃO DAS PROVAS OBTIDAS. MATERIALIDADE E AUTORIA COMPROVADAS. CONDENAÇÃO.

(...)

5. Lavagem de capitais e crimes contra a administração pública. Corrupção passiva e autolavagem: quando a ocultação configura etapa consumativa do delito antecedente – caso da corrupção passiva recebida por pessoa interposta – de autolavagem se cogita apenas se comprovados atos subsequentes, autônomos, tendentes a converter o produto do crime em ativos lícitos, e capazes de ligar o agente lavador à pretendida higienização do produto do crime antecedente. Sob uma linguagem de ação típica, as subsequentes e autônomas condutas devem possuir aptidão material para "Ocultar ou dissimular a natureza, origem, localização, disposição, movimentação ou propriedade de bens, direitos ou valores provenientes, direta ou indiretamente, de infração penal" antecedente, ao feitio do artigo 1º da Lei 9.613/98. Lavagem de capitais e crimes licitatórios: reconhecido vínculo direto entre o pagamento da propina e o dinheiro contaminado proveniente de fraudes às licitações anteriores, das quais o acusado participou ou, no mínimo, delas teve ciência inequívoca. No caso, o acusado (i) teve ciência das fraudes às licitações que subsidiaram o dinheiro contaminado da corrupção e **(ii) a propina foi paga mediante expedientes de ocultação e dissimulação da origem criminosa dos recursos.** Após, (iii) **parte dessa propina foi reintroduzida no mercado formal via novos mecanismos de dissimulação que visaram à formação de patrimônio com aparência de licitude (higienização do produto do crime).** 6. A colaboração premiada é meio de obtenção de prova (artigo 3º da Lei 12.850/2013). Não se placita – antes ou depois da Lei 12.850/2013 –, condenação fundada exclusivamente nas declarações do agente colaborador. Na espécie, as provas documentais, testemunhais e perícias produzidas, além corroborarem as declarações dos colaboradores, comprovaram a autoria e o dolo para além de dúvida razoável (beyond a reasonable doubt), inexistentes causas de exclusão de ilicitude e culpabilidade. Condenação, em concurso material, da corrupção passiva com a lavagem de capitais.

(...)."

(AP n. 694, Rel. Rosa Weber, Primeira Turma, julgado em 02.05.2017, acórdão eletrônico *DJe* 31.08.2017)

"HABEAS CORPUS. MATÉRIA CRIMINAL. SUBSTITUTIVO DE RECURSO EXTRAORDINÁRIO. CABIMENTO. DOSIMETRIA DA PENA. CORRUPÇÃO PASSIVA. LAVAGEM DE DINHEIRO. CONSUNÇÃO. INOCORRÊNCIA. CONCURSO FORMAL. PLURALIDADE DE CONDUTAS. DOLOS DISTINTOS. INVIABILIDADE. ORDEM DENEGADA.

(...)

2. O sistema jurídico brasileiro não exclui os autores do delito antecedente do âmbito de incidência das normas penais definidoras do crime de lavagem de bens, direitos ou valores, admitindo, por consequência, a punição da chamada autolavagem. É possível, portanto, em tese, que um mesmo acusado responda, concomitantemente, pela prática dos delitos antecedente e de lavagem, inexistindo bis in idem decorrente de tal proceder. 3. Nada obstante, a incriminação da autolavagem pressupõe a prática de atos de ocultação, dissimulação ou integração autônomos ao delito antecedente, ainda que se verifique, eventualmente, consumações simultâneas. 4. A consunção constitui critério de resolução de conflito aparente de normas penais incidente em casos em que a norma consuntiva contemple e esgote o desvalor da consumida, em hipótese de coapenamento de condutas. Assim, eventual coincidência temporal entre o recebimento indireto de vantagem indevida, no campo da corrupção passiva, e a implementação de atos autônomos de ocultação, dissimulação ou integração na lavagem, não autoriza o reconhecimento de crime único se atingida a tipicidade objetiva e subjetiva própria do delito de lavagem. 5. O habeas corpus consubstancia via processual inadequada para o reconhecimento da ocorrência de consunção, forte na necessidade de exame do acervo probatório para o fim de avaliar o esgotamento do juízo de censura entre as condutas, providência que desborda dos limites cognitivos do writ. 6. Caso concreto em que se reconheceu a constituição de contas secretas e remessa clandestina de recursos ao exterior, atos que consubstanciaram práticas de ocultação, dissimulação ou integração, possibilitando fruição oportuna do resultado econômico do crime antecedente. O presente quadro processual diferencia-se, portanto, do enfrentado pelo Tribunal

Pleno na AP 470 (EI-sextos e EI-décimos sextos), na qual se afastou a configuração do delito de lavagem em caso de recebimento de vantagem indevida mediante interposta pessoa e em hipótese na qual se exigiria a prática de atos subsequentes para fins de branqueamento do produto da infração penal antecedente. 7. Em caso de concurso de crimes, é incabível o reconhecimento, em habeas corpus, da incidência do critério da exasperação se as instâncias ordinárias atestaram a pluralidade de condutas e a presença de desígnios autônomos. 8. Não configura vulneração ao dever de motivação das decisões judiciais a rejeição de aplicação da regra do concurso formal próprio baseada em óbices normativos ao critério da exasperação. 9. Ordem denegada."

(HC 165036, Rel. Edson Fachin, Segunda Turma, julgado em 09.04.2019, processo eletrônico *DJe* 10.03.2020)

A edição nº 166 da Jurisprudência em Teses do STJ, no tema que trata do crime de lavagem de dinheiro, consolidou o entendimento[226] de que: "7) Embora a tipificação da lavagem de dinheiro dependa da existência de uma infração penal antecedente, é possível a autolavagem – isto é, a imputação simultânea, ao mesmo réu, da infração antecedente e do crime de lavagem –, desde que sejam demonstrados atos diversos e autônomos daquele que compõe a realização da primeira infração penal, circunstância na qual não ocorrerá o fenômeno da consunção."

O sujeito passivo é o Estado. Nas palavras de Daniel da Silveira Menegaz[227] "quem efetivamente sofre o delito são os indivíduos que formam a sociedade em todos os seus níveis, pelo enfraquecimento das bases institucionais, que sustentam pretensa distribuição de dignidade social."

4. Tipo objetivo

Artigo 1º, *caput*

"Art. 1º Ocultar ou dissimular a natureza, origem, localização, disposição, movimentação ou propriedade de bens, direitos ou valores provenien-

[226] Os entendimentos foram extraídos de julgados publicados até 26.02.2021.

[227] *Lavagem de dinheiro: os mecanismos de controle penal na Justiça Federal no combate à criminalidade.* Curitiba: Juruá, 2012, p. 67.

tes, direta ou indiretamente, de infração penal (pela redação conferida pela Lei n. 12.683/2012):

Pena: reclusão, de 3 (três) a 10 (dez) anos, e multa."

Ao menos em parte pode-se afirmar que a lavagem de dinheiro se desdobra em três dispositivos do art. 1º da Lei nº 9.613/98, com redação dada pela Lei nº 12.683/2012. Tanto o *caput*, quanto os §§ 1º e 2º e seus respectivos incisos, descrevem condutas que podem ser identificadas como lavagem de dinheiro, sendo de notar que cada qual perfaz uma fase.

A primeira das descrições, contida no *caput*, tem como verbos nucleares do tipo "ocultar" e "dissimular", que, nos dizeres de Pierpaolo Bottini, referem-se, respectivamente, à primeira e à segunda fase da lavagem de dinheiro.[228] O autor citado, ao contrário de entendimento aqui consagrado,[229] adota, como parâmetro para sua análise, um modelo trifásico da lavagem de dinheiro, pelo qual esta é concebida como processo que inclui três etapas distintas: conversão ou colocação ou ocultação ou *placement*, controle ou dissimulação ou *layering* e integração ou *integration*. A primeira delas seria uma conduta no sentido de afastar os ativos de sua fonte criminosa por meio de condutas como alteração qualitativa dos bens ou o próprio distanciamento dos valores do local da prática delituosa. O segundo estágio seria o "mascaramento" ou "dissimulação", que consistiria na realização de uma série de operações comerciais ou financeiras que, por sua quantidade ou outros caracteres qualitativos, dificultam o rastreamento da origem dos bens sendo lavados. Por fim, a etapa de integração se revelaria na reintrodução dos valores na economia formal com renovada aparência de licitude.[230] Apesar de adotar esta mesma classificação[231], Carlos Márcio Rissi Macedo considera que ambas as condutas, tanto "ocultar", quanto "dissimular", do *caput*, estão circunscritas no âmbito da segunda etapa da lavagem, também conhecida como *layering*.[232]

[228] BOTTINI, Pierpaolo Cruz; Badaró, Gustavo Henrique, *Lavagem de dinheiro: Aspectos penais e processuais penais – comentários à Lei 9.613/1998 com as alterações da Lei 12.683/2012*, 2. ed. São Paulo: RT, 2013, p. 65.

[229] Como já afirmado, existe uma quarta fase, a da reciclagem (*recycling*), que implica no desfazimento ou na tentativa de desfazer ou apagar os registros e ou os passos das fases anteriores.

[230] P. C. BOTTINI, ob. cit., p. 25-27.

[231] MACEDO, Carlos Márcio Rissi. *Lavagem de dinheiro: análise crítica das Leis 9.613, de 03 de março de 1998 e 10.701 de 09 de julho de 2003*. Curitiba: Juruá, 2006, p. 35-42.

[232] C. M. R. MACEDO, *ob. cit.*, p. 74-75.

Segundo Bottini, "ocultar" teria como significado um ato inicial, praticado pelo agente, de retirar um bem decorrente de um crime antecedente do âmbito de vigilância das autoridades e do público em geral. Este simples encobrimento seria suficiente para caracterizar a consumação do delito, desde que seja acompanhado do elemento subjetivo do dolo, isto é, da intenção do agente de transformar os valores em ativos lícitos, como forma de garantir uma fruição mais segura dos resultados de crimes antecedentes. Como exemplos de tais condutas, o autor indica o depósito de valores em contas de terceiros, a conversão de capital em moeda estrangeira ou em outros ativos, a compra de imóveis em nome de laranjas, além da fragmentação dos valores em quantias menores, menos capazes de chamar a atenção ou cuja comunicação não seja necessária às autoridades.[233] De acordo com Carla Veríssimo De Carli, esta ocultação pode ser praticada tanto por condutas materiais, quanto por atos jurídicos.[234] Neste ponto, diverge o entendimento de Marcelo Batlouni Mendroni, para o qual "ocultar" seria sinônimo de "lavar", constituindo-se a "dissimulação" uma espécie do gênero "lavagem."[235]

Já a "dissimulação", identificada por Bottini como correspondente à segunda fase, seria uma ação ou conjunto de ações do autor do delito praticados no âmbito dos ciclos comercial e financeiro que visam a frustrar ou dificultar tentativas de reconhecer a conexão dos bens com o fato criminoso dos quais advieram. Também neste caso, exigir-se-ia, para punição do agente, a comprovação do intuito do autor de ludibriar autoridades e o público em geral quanto à origem ilícita dos ativos, como forma de garantir o aproveitamento posterior destes na economia formal. São citados, pelo autor, como modalidades da prática, o uso de transações de contas correntes no país e no exterior, a movimentação de moeda via cabo, a compra e venda em série de imóveis por valores destoantes do mercado e a utilização de retro empréstimos.[236] Para DE CARLI, o verbo "dissimular", do tipo penal, carrega o mesmo sentido dos verbos *disguise* e *déguisement* (do inglês e do francês, respectivamente) das convenções internacionais, os quais são

233 P. C. BOTTINI, *ob. cit.*, p.65-66.

234 DE CARLI, Carla Veríssimo (org.), *et. al. Lavagem de dinheiro:* prevenção e controle penal. Porto Alegre: Verbo Jurídico, 2011, p. 186.

235 MENDRONI, Marcelo Batlouni. *Crime de lavagem de dinheiro*. São Paulo: Atlas, 2006, p. 38.

236 P. C. BOTTINI, *ob. cit.*, p. 66-67.

usados para significar o ato de disfarçar, camuflar, utilizando-se de artifício para tanto.[237]

Esta última autora destaca, ainda, que as condutas que concretamente constituem o ilícito penal do *caput* não seriam, em si, ilícitas, dependendo sua ilegalidade da proveniência delituosa dos bens sobre os quais se opera a conduta e da ciência de tal origem por parte do agente, que assim se comporta com o intuito de ocultar ou dissimular a fonte maculada dos ativos. Por esta razão, para ela, condutas do cotidiano podem caracterizar a prática de lavagem de dinheiro, como a abertura de contas bancárias, a realização de investimentos financeiros, a aquisição de imóveis e a transferência de numerário para fora do País.[238] Não por acaso, considera a autora que se trata de tipo de resultado, dado que não há especificação de ações passíveis de punição, havendo apenas referência à sua aptidão para produzir o resultado descrito.[239] No mesmo sentido se apresenta o entendimento de Bottini.[240] Tais operações, sob uma inspeção cuidadosa da perspectiva econômica, não fariam sentido, sendo esta irracionalidade econômica um indicativo da prática da infração, que restaria claro em práticas como a exploração de empresa deficitária, a declaração de renda superior à devida e o resgate de apólices de seguro que causam prejuízo financeiro.[241] Para Jorge Alexandre Fernandes Godinho, contudo, não se pode falar em crime de resultado, pois jamais estará plenamente alcançado o objetivo de ocultação, sendo sempre possível a realização de uma nova etapa no processo de lavagem que dificulte ao Estado reaver os bens ilicitamente adquiridos.[242] Tratar-se-ia, na realidade de crime de empreendimento, no qual há uma equiparação estabelecida no tipo entre a tentativa e a consumação.[243]

Outros exemplos de condutas típicas trazidos à baila por De Carli incluem: o depósito de pecúnia decorrente de corrupção em conta corrente de terceiro; a colocação do dinheiro em fundos falsos de veículos, junto ao corpo, em cavidades corporais, em mercadorias, entre outros; a transferência de valores por *wire transfer*, mala preta, FedEx, dólar-cabo, *Hawalla*, entre outros; a declaração falsa quanto à fonte dos ativos; o fornecimento

[237] C. V. DE CARLI, *ob. cit.*, p. 186-187.

[238] *Ibidem*, p. 188.

[239] *Ibidem*, p. 198

[240] P. C. BOTTINI, *ob. cit.*, p. 68-69.

[241] C. V. DE CARLI, *ob. cit.*, p. 188.

[242] GODINHO, Jorge Alexandre Fernandes. *Do crime de "branqueamento" de capitais: introdução e tipicidade.* Coimbra: Almedina, 2001, p. 195.

[243] *Ibidem*, p. 196.

de nome distinto do real para depositante; o uso de empresas de fachada; a incorporação imobiliária ou de atividade rural, se estascriam lucros fictícios; o uso de trabalho autônomo de difícil mensuração de seu real valor; o uso de empréstimos de regresso (*loanback*); a realização de doações fictícias; a compra de bilhetes premiados; a simulação de compra e venda de bem não entregue; a lavratura de falso registros contábeis; a declaração de valores falsos em operações realizadas; a mistura de dinheiro legal com aquele conseguido de forma ilícita; a agiotagem, o fracionamento dos valores; a utilização de falsa identidade para possibilitar a internalização de ativos; e a colocação de bens em nome de terceiros.

Tal qual Bottini, ela aponta o caráter essencial, para caracterização do tipo, do conhecimento sobre a origem ilícita dos bens, ou, ao menos, da assunção do risco de que os ativos tenham sido adquiridos ilicitamente. A autora, contudo, não considera necessária a identificação de elemento subjetivo específico, pois este somente seria encontrado na redação do §1º, da norma em questão, o qual demanda, como finalidade da ação, a ocorrência da conduta contida no *caput* (ocultação ou dissimulação).[244]

Em análise do crime de lavagem de dinheiro (branqueamento de capitais, para os lusitanos) no ordenamento português, à luz das normas de Direito Internacional sobre o tema, Godinho sustenta que os verbos "ocultar" e "dissimular" sobrepõem-se em grande medida, o que estaria a indicar que o núcleo verbal duplo do tipo está ligado a uma intenção legislativa de preencher eventuais lacunas a que a utilização de só um dos verbos poderia dar margem.[245] Afirma o autor que as ações contidas no conjunto formado por "ocultar" e "dissimular" teriam em comum a finalidade de fazer com que certas características dos ativos ilícitos se tornem total ou parcialmente imperceptíveis, invisíveis ou inapreensíveis. Haveria uma indefinição das condutas tipificadas, das quais somente se poderia fazer uma análise tendo em vista o bem jurídico tutelado, que, em sua visão, é a realização da justiça por meio do confisco de bens de origem ilícita. Por essa razão, sustenta o jurista que o tipo em que haja os verbos "ocultar" e "dissimular", na verdade, seria crime de perigo concreto, pois somente estaria ferido o bem jurídico se houver real perigo à efetivação da pretensão estatal de rastrear, apreender e confiscar bens ilícitos.[246]

[244] *Ibidem*, p. 188-189.

[245] J. A. F. GODINHO, *ob. cit.*, p. 193.

[246] J. A. F. GODINHO, *ob. cit.*, p.194-195.

Ocultar ou *dissimular* é crime permanente. Enquanto estiver ocultando ou dissimulando há consumação da Lavagem. Caso se encontre na decisão do agente a paralisação ou não do procedimento proibido, caracterizada, pois, a permanência.[247] Nesse sentido, Rodolfo Tigre Maia[248] e Marco Antônio de Barros.[249]

O Supremo Tribunal Federal já teve a oportunidade de se manifestar no sentido de que na modalidade "ocultar" o delito de lavagem de dinheiro é permanente:

> "PENAL E PROCESSUAL PENAL. AÇÃO PENAL ORIGINÁRIA. EX-PREFEITO MUNICIPAL. ATUAL DEPUTADO FEDERAL. DENÚNCIA. ALEGAÇÃO DE NULIDADE DO LAUDO PERICIAL. IMPROCEDÊNCIA. NATUREZA DA PROVA DA MATERIALIDADE DOCUMENTAL E NÃO PERICIAL. AUSÊNCIA DE OPINIÃO TÉCNICA ESPECIALIZADA. PARCIAL EXTINÇÃO DA PUNIBILIDADE PELA PRESCRIÇÃO. CRIME DE LAVAGEM DE DINHEIRO. MODALIDADE OCULTAR. NATUREZA PERMANENTE DO CRIME RECONHECIDA. PRESCRIÇÃO QUE NÃO TERIA OCORRIDO AINDA QUE O CRIME FOSSE

[247] Tanto Basileu Garcia, quanto Giuseppe Bettiol com relação ao conceito de crime permanente, deixam claro que enquanto há lesão ao bem jurídico, frise-se, dependendo pura e exclusivamente da vontade do agente continuar persistindo na conduta, está-se no campo do crime permanente. O primeiro esclarece a diferenciação entre os tipos instantâneos e permanentes: *Também se agrupam os delitos em instantâneos e permanentes. Há aqueles em que, uma vez consumados, pela perfeita conformidade entre o fato e a lei penal, se paralisa o procedimento proibido penalmente, termina a infração. É o que se dá com a maior parte dos delitos, que são os instantâneos. Em outros, os efeitos prosseguem, mesmo após o momento consumativo. Não se trata de efeitos mais ou menos remotos. Em verdade, o que perdura é a lesão ao direito. O delinquente, que já realizou, com a sua conduta, os elementos todos da infração persiste nela [...] Constitui característica indispensável da permanência a possibilidade, por parte do agente, de cessar a conduta criminosa, embora sem fazer desaparecer a infração penal, já consumada. Defluem relevantes consequências da qualidade permanente: a prescrição começa a correr do dia em que cessa a permanência (art. 111, c, do Código Penal); e, enquanto ocorre a permanência, entende-se o agente em flagrante delito (art. 303 do Código de Processo Penal), legitimando-se consequentemente, a sua prisão processual* (in *Instituições de direito penal*, p.205). Por sua vez, Giuseppe Bettiol predica que: *a consumação do crime permanente tem início, pois, quando começa o estado de compressão do bem tutelado e dura todo o tempo através do qual prossegue a lesão (compressão). Mais do que um momento consumativo, fala-se na doutrina de um período consumativo. Pode-se, portanto, definir como permanente aquele crime cuja consumação, pela natureza do bem jurídico ofendido, pode protrair-se no tempo desde que esteja em poder do agente eliminar o estado antijurídico realizado* (*Direito Penal*. Tradução brasileira e notas de Paulo José da Costa Júnior e de Alberto Silva Franco, p. 213). O **TRF/3** decidiu a esse respeito e nesse diapasão (HC nº 1999.03.00.016717-9, Rel. Des. Fed. Suzana Camargo, 5 T., *v.u.*, *DJU* 18.04.00).

[248] *Ob. cit.*, p. 83.

[249] *Ob. cit.*, p. 47-48.

INSTANTÂNEO DE EFEITOS PERMANENTES. IMPROCEDÊNCIA DA ALEGAÇÃO DE RETROATIVIDADE "IN MALAM PARTEM" DA LEI PENAL. ATOS DE LAVAGEM PRATICADOS QUANDO JÁ ESTAVA EM VIGOR A LEI 9.613/98 A DESPEITO DE O CRIME ANTECEDENTE TER SIDO PRATICADO ANTERIORMENTE. MATERIALIDADE, AUTORIA, TIPICIDADE OBJETIVA E SUBJETIVA PROVADAS. CONDENAÇÃO DECRETADA. 1. Materialidade delitiva provada pelos documentos juntados aos autos, os quais são compilados, descritos e organizados em outro documento que não ostenta a característica de prova pericial, por não conter opinião técnica especializada. Preliminar de nulidade da pretensa prova pericial improcedente. 2. Extinção da punibilidade pela incidência da prescrição da pretensão punitiva quanto ao primeiro, segundo, terceiro e quinto fatos descritos na denúncia, tendo em vista a conjugação das regras previstas nos arts. 107, inciso IV, 109, inciso I e II e 115, todos do Código Penal, em razão de o acusado ter mais de 70 (setenta) anos de idade. **3. O crime de lavagem de bens, direitos ou valores, quando praticado na modalidade típica de 'ocultar', é permanente, protraindo-se sua execução até que os objetos materiais do branqueamento se tornem conhecidos, razão pela qual o início da contagem do prazo prescricional tem por termo inicial o dia da cessação da permanência, nos termos do art. 111, III, do Código Penal.** 4. No caso concreto, quanto ao quarto fato descrito na denúncia, a despeito da natureza permanente do crime, foram detectadas movimentações financeiras relativas aos valores ocultados até 03 de maio de 2006, o que afasta a alegação de prescrição ainda que a natureza do crime fosse instantânea de efeitos permanentes. 5. Embora não estivesse em vigor a Lei 9.613/98 quando o crime antecedente (corrupção passiva) foi praticado, os atos de lavagem ocorreram durante sua vigência, razão pela qual não há falar em retroatividade da lei penal em desfavor do réu. A Lei 9.613/98 aplica-se aos atos de lavagem praticados durante sua vigência, ainda que o crime antecedente tenha ocorrido antes de sua entrada em vigor. 6. Demonstrada a materialidade do crime antecedente de corrupção passiva, bem como a procedência dos valores lavados, além da materialidade, a autoria, a tipicidade objetiva e subjetiva do crime de lavagem de dinheiro, não havendo causas de exclusão da ilicitude e culpabilidade, a condenação é medida que se impõe."

(AP 863, Rel. Edson Fachin, Primeira Turma, julgado em 23.05.2017, acórdão eletrônico *DJe*-191DIVULG 28-08-2017PUBLIC 29-08-2017)

A edição nº 166 da Jurisprudência em Teses do STJ, no tema que trata do crime de lavagem de dinheiro, consolidou o entendimento[250] de que: "8) O crime de lavagem de bens, direitos ou valores, quando praticado na modalidade típica de ocultar, é permanente, protraindo-se sua execução até que os objetos materiais do branqueamento se tornem conhecidos."

Aqui cabe acrescentar a tese consolidada pelo STJ também no tema que versa sobre lavagem de dinheiro no sentido de que: "10) A realização, por período prolongado, de sucessivos contratos de empréstimo pessoal para justificar ingressos patrimoniais como se renda fossem – sem que se esclareça a forma e a fonte de pagamento das parcelas, acrescidas de juros, e sem que isso represente, em nenhum momento, uma correspondente redução do padrão de vida do devedor – é apta a configurar, em tese, ato de dissimulação da origem ilícita de valores, elemento constituinte do delito de lavagem de dinheiro, que extrapole o mero recebimento de vantagens indevidas."

É importante ressaltar que, em ocorrendo a dissimulação por meio de múltiplas e sucessivas transferências bancárias (e não por meio de um único ato), forçoso é concluir que, considerando-se a forma específica pela qual se concretiza a prática delitiva, haverá alongamento no tempo da consumação da lavagem. O mascaramento da origem do numerário "vai acontecendo e/ou se concretizando" ao longo do período em que sucessivas transferências de valores relacionadas àquele determinado montante continuam sendo realizadas. Em outras palavras, enquanto perdurarem os atos reiterados um único delito de lavagem se consumará.

O crime de lavagem de dinheiro pode, pois, ser praticado por etapas, por diversos comportamentos, aplicando-se lhe a teoria consagrada para o crime de ação múltipla. Constata-se, por vezes, a multiplicidade de comportamentos, envolvendo diversas etapas. Entretanto, todas elas são penalmente relevantes, o que afastaria a compreensão de crime habitual (cujo delito é único, sendo a habitualidade elementar do tipo), mas deve ter, *s.m.j.*, aplicação do princípio da alternatividade na coexistência de condutas. A pluralidade de verbos poderá ser levada em consideração quando da dosimetria da pena (art. 59 do CP).

As expressões *ocultar* e *dissimular* não exigem a fixação rígida de seus sentidos. Espera-se, com a formulação eleita pelo legislador, apurar o sentido interpretativo que resulta de ambas as expressões de molde a evitar lacunas

[250] Os entendimentos foram extraídos de julgados publicados até 02.06.2023.

de punibilidade que poderiam suscitar. A ocultação/dissimulação requer do intérprete que se proceda a uma valoração voltada para a conservação clandestina de bens, direitos ou valores ilícitos, não se exigindo um resultado, mas tão-somente o distanciamento da origem.

Citando Fabían Caparrós, Jorge Alexandre Fernandes Godinho, a esse respeito, considera que "a origem de certos bens pode ser mais ou menos encoberta, mas não é inteiramente claro em que ponto se poderá afirmar que esse objetivo foi atingido, sendo sempre possível realizar novos atos com vista a distanciar ainda mais os bens de sua procedência."[251]

Para a consumação do delito, no entanto, não há a necessidade da ocorrência dessas três fases, dispensando-se a comprovação de que os valores que foram ocultados, por exemplo, retornem ao seu real proprietário. Em resumo, tais etapas, isoladamente, teriam o condão de configurar o crime de lavagem.

Trata-se, pois, de crime formal dispensando-se para sua caracterização a ocorrência do resultado naturalístico, ou seja, basta que o agente oculte ou dissimule bens, direitos ou valores provenientes direta ou indiretamente de infração penal, sendo certo que na hipótese de sua ocorrência (resultado) restará configurado o exaurimento do crime, fator a ser considerado na primeira etapa da dosimetria da pena (vide art. 59 do C.P).

Neste ponto, cumpre asseverar, por exemplo, que a imputação da lavagem de dinheiro baseada na ocultação de valores oriundos do crime de contrabando em conta bancária capitaneada pelo próprio agente é atípica. Não há previsão legal no ordenamento pátrio do crime de lavagem amparado na mera posse, guarda ou movimentação do produto, desacompanhados de um atuar voltado ao distanciamento do dinheiro sujo, ou seja, à reciclagem do capital.

Em linhas gerais, quando o depósito é realizado em nome do próprio agente não se está diante de ocultação ou dissimulação dos valores espúrios, já que não se vislumbra o afastamento do produto do crime de sua fonte principal, mas sim o exaurimento da infração subjacente. Assim, a responsabilização pela lavagem de dinheiro somente se justifica quando a conduta não seja um mero desdobramento natural da infração subjacente, exigindo-se um atuar voltado especificamente à lavagem.

[251] Qualifica o tipo de Lavagem como crime de empreendimento, ou seja, aquele no qual existe equiparação típica entre tentativa e consumação (*Do crime de branqueamento de capitais: introdução e tipicidade*. Coimbra: Almedina, 2001, p. 195-196).

O depósito de dinheiro em contas de terceiros com o objetivo de ocultar dinheiro oriundo da infração subjacente tem sido reconhecido como suficiente à caracterização da lavagem, senão vejamos:

> "(...) Para fins didáticos, o crime de lavagem de dinheiro se dá em três fases, de acordo com o modelo do GAFI – Grupo de Ação Financeira sobre Lavagem de Dinheiro, a saber: colocação (separação física do dinheiro dos autores do crime; é antecedida pela captação e concentração do dinheiro), dissimulação (nessa fase, multiplicam-se as transações anteriores, através de muitas empresas e contas, de modo que se perca a trilha do dinheiro [paper trail], constituindo-se na lavagem propriamente dita, que tem por objetivo fazer com que não se possa identificar a origem dos valores ou bens) e integração (o dinheiro é empregado em negócios lícitos ou compra de bens, dificultando ainda mais a investigação, já que o criminoso assume ares de respeitável investidor, atuando conforme as regras do sistema). Todavia, o tipo penal do art. 1º da Lei nº 9.613/98 não requer a comprovação de que os valores retornem ao seu proprietário, ou seja, não exige a comprovação de todas as fases (acumulação, dissimulação e integração). O depósito em contas de terceiros, 'para ocultar dinheiro proveniente de crime' (TRF1, AC 20024100004376-3, Carlos Olavo, 4ª T., u., 4.8.04), tem sido reconhecido como suficiente para caracterizar a lavagem. Não se exigem sofisticação ou rebuscamento na ocultação ou dissimulação. Como afirmado pelo STF, o tipo não reclama 'o vulto e a complexidade dos exemplos de requintada 'engenharia financeira' transnacional, com os quais se ocupa a literatura' (STF, RHC 80.816, Pertence, 1ª T., u., 18.6.01). Portanto, a utilização de interpostas pessoas ('laranjas') poderá constituir ocultação da origem, movimentação, disposição e propriedade, conforme o caso concreto. A captação de dinheiro mediante fraude em contratos de financiamento e empréstimos pessoais e posterior depósito em contas de interpostas pessoas, constituem indícios de que havia vínculo de cooperação entre os denunciados com a finalidade de cometer crimes, nos moldes do art. 288 do CP."
>
> (TRF4, RESE nº 5008054-29.2012.404.7200, 7ª TURMA, Juiz Federal José Paulo Baltazar Junior, *v.u.*, 09.04.2014)

Além do dolo direto, admite-se o dolo eventual, ou seja, basta que o agente tenha conhecimento acerca da probabilidade de que os bens, direitos ou valores envolvidos sejam oriundos de infração penal e seja indiferente a essa situação de ilicitude. No julgamento pelo Supremo Tribunal Federal da Apelação nº 470-MG (Caso *Mensalão*) – fatos ocorridos antes da alteração da lei antilavagem – o eminente Ministro Celso de Mello em seu voto observou ser admissível a configuração da Lavagem de Dinheiro mediante dolo eventual, notadamente no que se refere ao *caput* do art. 1º da Lei nº 9.613/1998.

Sustentou que a admissão do dolo eventual apoiar-se-ia no critério da teoria da *cegueira deliberada* ou da *ignorância deliberada*, na qual o sujeito dissimularia não identificar uma situação ilícita para obter a vantagem indevida prometida.

Nada impede o reconhecimento da habitualidade imprópria (uma única ação já seriao suficiente para configurar o tipo e a reiteração dessa conduta não configura uma pluralidade de crimes) ou da continuidade delitiva, desde que várias condutas de distanciamento estejam em questão. O que caracterizará uma ou outra será a existência ou não de interligação por circunstâncias de tempo, modo e espaço.

No caso positivo, ou seja, havendo vinculação de caráter objetivo, vale dizer, realização reiterada de ações objetivamente semelhantes, pode-se reconhecer a continuidade, a causa geral de aumento de pena. Inexistindo a vinculação, caracteriza-se a habitualidade, isto é, a reiteração criminosa penalmente relevante, devendo incidir a causa especial de aumento prevista no § 4º do artigo 1º da Lei nº 9.613/1998.

Com relação à pena prevista, cabe mencionar que o legislador não a limitou porque concebeu de forma totalmente autônoma da infração penal subjacente, revelando ser de extrema importância a conduta de ocultar ou dissimular valores, independentemente da modalidade delitiva da infração subjacente, máxime considerando o bem jurídico tutelado pela lavagem de dinheiro.

Para os que entendem haver incongruência, com ofensa à proporcionalidade das penas, pode-se defender uma limitação da sanção pelo máximo previsto dentre elas nos tipos subjacentes. A questão fica esvaziada, contudo, quando o legislador afastou o rol dos crimes subjacentes, de molde a ficar caracterizada a importância atual do delito em estudo para o combate da criminalidade organizada e a relevância do bem jurídico tutelado.

Como já mencionado, na lavagem de dinheiro a punição somente se justifica quando a conduta não seja desdobramento natural da infração penal subjacente, uma vez que a reprimenda apenas se legitima ao se verificar modo peculiar e eficiente de dificultar a punição do Estado. Exige-se uma conduta (ação ou omissão) voltada especificamente à lavagem. No caso *Mensalão* (AP nº 470/MG), o STF decidiu que o recebimento da corrupção por terceiros não configura o crime de lavagem de dinheiro, mas concretização do delito contra a Administração Pública.

De outra sorte, em acórdão publicado no ano de 2020, igualmente em caso de corrupção, o Pretório Excelso, pela análise das provas constantes nos autos, entendeu que, para além do recebimento clandestino da vantagem indevida,restou evidenciada a dissimulação e ocultação próprios do delito de lavagem: "Caso concreto em que se reconheceu a constituição de contas secretas e remessa clandestina de recursos ao exterior, atos que consubstanciaram práticas de ocultação, dissimulação ou integração, possibilitando fruição oportuna do resultado econômico do crime antecedente. O presente quadro processual diferencia-se, portanto, do enfrentado pelo Tribunal Pleno na AP 470 (EI-sextos e EI-décimos sextos), na qual se afastou a configuração do delito de lavagem em caso de recebimento de vantagem indevida mediante interposta pessoa e em hipótese na qual se exigiria a prática de atos subsequentes para fins de branqueamento do produto da infração penal antecedente" (HC 165036, Rel. Edson Fachin, Segunda Turma, julgado em 09.04.2019, processo eletrônico *DJe* 10.03.2020).

Como se vê, subsistirá apenas a prática da infração penal subjacente quando a conduta de lavagem for considerada uma utilização ou um aproveitamento normal das vantagens ilicitamente obtidas. De modo diverso, restaria configurado *bis in idem*.

Aludido delito surge com o objetivo tendente a cercear o proveito e o uso de bens adquiridos com as vantagens da infração. Cuida-se de delito derivado de outro, não existindo sem a ocorrência de uma infração subjacente, da qual provêm os recursos ocultados, dissimulados ou integrados. É necessário, portanto, uma conexão entre a lavagem de dinheiro e a existência de uma infração subjacente.

Ademais, para a responsabilização por lavagem de dinheiro, basta que a infração subjacente seja um ilícito-típico, sendo desnecessária a comprovação de elementos relativos à culpabilidade. Não é relevante, portanto, a existência de eventual condenação pela sua prática.

Artigo 1º, § 1º

"§ 1º Incorre na mesma pena quem, para ocultar ou dissimular a utilização de bens, direitos ou valores provenientes de infração penal (Redação dada pela Lei nº 12.683, de 09.07.2012):

I – os converte em ativos lícitos;

II – os adquire, recebe, troca, negocia, dá ou recebe em garantia, guarda, tem em depósito, movimenta ou transfere;

III – importa ou exporta bens com valores não correspondentes aos verdadeiros."

Com relação às condutas previstas no § 1º e seus incisos, do artigo em comento, Bottini os considera como modalidades especiais da ocultação e dissimulação contidos no *caput* do dispositivo legal.[252] Considera o autor que a ausência da expressão "direta ou indiretamente", como qualificadora de "bens, direitos e valores", no §1º – a qual está contida na descrição do *caput* – estaria a indicar que este se aplica somente às hipóteses em que o bem seria fruto direto da atividade da infração subjacente.[253] Para Mendroni, por sua vez, a necessidade de tipificação das condutas do §1º residiria na multiplicidade de mecanismos utilizados para lavagem. Enquanto no *caput*, estar-se-ia punindo o resultado do processo de branqueamento de ativos ilícitos, neste dispositivo a punição seria sobre os meios utilizados para atingir tal finalidade.[254] Macedo, a seu turno, sustenta ser possível extrair, da interpretação do tipo, a intenção do legislador de incriminar coautores e partícipes que atuaram no processo de reciclagem, mas não tenham participado da infração subjacente.[255]

O inciso I, segundo Bottini, ao referir-se à conversão de bens advindos de infrações subjacentes em ativos lícitos, nada mais faz que tipificar a transformação de tais bens em outros aptos a integrar, com aparência lícita, o patrimônio do agente.[256] Referindo-se a este tipo penal especificamente, André Luís Callegari destaca que a conduta nele descrita se distingue da do *caput*, na medida em que ela refere-se ao objetivo de "ocultar" ou "dissimular", enquanto a cabeça do artigo trata dos próprios atos de ocultação ou dissimulação.[257] Com ele, concorda Menegaz.[258] Para De Carli, com frequência, a conduta descrita no tipo também se subsumirá ao *caput* do artigo.[259] De acordo com a autora, este tipo se diferenciaria por ser de mera atividade, em que basta a finalidade de ocultar e dissimular, não sendo

[252] P. C. BOTTINI, *ob. cit.*, p. 108.
[253] *Ibidem.*
[254] M. B. MENDRONI, *ob. cit.*, p. 53.
[255] C. M. R. MACEDO, *ob. cit.*, p. 74.
[256] P. C. BOTTINI, *ob. cit.*, p. 109.
[257] CALLEGARI, André Luís. *Lavagem de dinheiro.* Barueri: Manole, 2004, p. 154.
[258] D. S. MENEGAZ, *ob. cit.*, p. 77.
[259] C. V. DE CARLI, *ob. cit.*, p. 201.

necessária a efetiva verificação deste resultado.[260] Segundo ela, qualquer alteração no estado do bem que se dê pela sua substituição por ativo diverso configurará o delito do inciso. Assim seria nos casos de: intensa movimentação patrimonial de pessoas ligadas ao criminoso; movimentação bancária para simular operações financeiras lícitas; transferências bancárias triangulares entre acusados; e conversão de notas de pequeno valor em nota de maior valor, no caso do narcotráfico.[261]

Conforme Bottini, o inciso II, a seu turno, contém diversos verbos típicos, dentre os quais se incluem "adquirir", "receber" e "receber em garantia". Para o professor, estas três condutas não podem ser praticadas pelo mesmo agente que praticou a infração subjacente, argumentando que não faria sentido afirmar que alguém possa "adquirir", "receber" ou "receber em garantia" algo de si mesmo.[262] Com isto, De Carli claramente concorda.[263] Só se poderia cogitar de tal possibilidade se o agente da infração subjacente, após colocar o bem adquirido em um processo de lavagem, recebe-o em etapa posterior de tal cadeia que faça com que, de alguma forma, o bem lhe seja repassado.[264] O autor também destaca as condutas de "guardar" ou "ter em depósito", que teriam natureza permanente, diferentemente dos demais casos.[265] Para De Carli, o tipo em comento estaria a prever condutas que representam a circulação de ativos na economia legal, afetando o que, para ela, é o bem jurídico tutelado pelo tipo, isto é, a ordem socioeconômica.[266] Segundo a autora, seria exemplo concreto da prática o recebimento, ocultação e movimentação de grande quantidade pecúnia em espécie, oriunda de tráfico de drogas, bem como a mantença de tais importâncias na residência de outra pessoa.[267] Callegari, por sua vez, salienta a similaridade entre o delito deste inciso e a receptação constante do Código Penal, deixando claro, no entanto, que ambos não se confundem, pois, para o crime em questão, exige-se a finalidade de "ocultar" ou "dissimular" a origem ilegal dos bens postos em circulação.[268]

[260] C.V. DE CARLI, *ob. cit.*, p. 203.
[261] *Ibidem*, p. 202.
[262] P. C. BOTTINI, *ob. cit.*, p. 109.
[263] C. V. DE CARLI, *ob. cit.*, p. 204.
[264] P. C. BOTTINI, *ob. cit.*
[265] *Ibidem*, p. 110.
[266] C. V. DE CARLI, *ob. cit.*, p. 205.
[267] *Ibidem*, p. 206.
[268] A. L. CALLEGARI, *ob. cit.*, p. 154-155.

Embora não trate especificamente do caso brasileiro, Godinho, ao discorrer sobre o ordenamento lusitano trata dos verbos típicos de "converter" e "transferir", ambos contidos nos incisos I e II, respectivamente, do §1º. Para ele, ambas as ações correspondem à primeira fase criminológica da lavagem de dinheiro, também chamada de *placement*, na qual se afasta o produto da infração de sua aquisição ilícita. Seriam, para ele, exemplo de transferência, tanto ações físicas, como o deslocamento espacial do resultado criminoso, quanto a passagem de tais ativos entre esferas jurídicas patrimoniais distintas.[269]

Por fim, o inciso III, trata de tipo de lavagem de dinheiro que, em função de sua usualidade, teria sido especificado pela norma legal. Trata-se, segundo Bottini da criminalização do comportamento daqueles que, para esconder ativos ilícitos, realizam operações de importação ou exportação com valores bem distintos daqueles praticados pelo mercado.[270] De Carli também aponta a ampla utilização desta modalidade que, por meio de mancomunação entre importador e exportador, utiliza-se falsa representação dos preços da operação para permitir a ocultação ou dissimulação dos valores de origem ilícita que ficam escondidos pela difícil troca de informações entre autoridades aduaneiras e o imenso volume de transações comerciais internacionais.[271] Considera a autora tratar-se de crime de mera atividade.[272]

Para *ocultar ou dissimular*, ou seja, consuma-se aqui ainda que não exista o proveito – espécie de crime formal – converte em ativos lícitos (inciso I); adquire, recebe, troca, negocia, dá ou recebe em garantia, guarda, tem em depósito, movimenta ou transfere (inciso II); importa ou exporta bens com valores não correspondentes aos verdadeiros (inciso III); é instantâneo, à exceção da conduta de *guardar* e *ter em depósito*, que é permanente. Na verdade, o *caput* e o § 1º estabelecem fórmula de interpretação analógica, na qual o primeiro contempla a generalidade enquanto que, o segundo, a particularidade a título exemplificativo.

Em síntese, para a consumação do delito disposto no § 1º do art. 1º basta que o agente pratique quaisquer das condutas delineadas em seus incisos, não se exigindo a produção do resultado.

Quanto ao elemento subjetivo, exige-se que o agente tenha um atuar distinto do dolo (especial fim de agir), consubstanciado na intenção de

[269] J. A. F. GODINHO, *ob. cit.*, pp. 187-189.

[270] P. C. BOTTINI, *ob. cit.*

[271] C. V. DE CARLI, *ob. cit.*, p. 207.

[272] *Ibidem*, p. 208.

ocultar ou dissimular a utilização de bens, direitos ou valores. Nessa toada, é preciso inferir quando da realização da conduta do agente se referido elemento está presente em sua esfera psíquica. Aqui, além do dolo direto, também se admite o dolo eventual.

Artigo 1º, § 2º

> § 2º Incorre, ainda, na mesma pena quem:
>
> I - utiliza, na atividade econômica ou financeira, bens, direitos ou valores provenientes de infração penal (Redação dada pela Lei nº 12.683, de 09.07.2012);
>
> II - participa de grupo, associação ou escritório tendo conhecimento de que sua atividade principal ou secundária é dirigida à prática de crimes previstos nesta Lei. (incluído pela novel legislação)

Quanto ao previsto no inciso I, do §2º, do dispositivo em comento, Bottini consigna que se cuida de conduta semelhante à receptação qualificada - contida no art. 180, §1º, do Código Penal, distinguindo-se desta por: incluir atividades financeiras no âmbito das condutas praticadas com o produto do crime; não exigir do agente que este atue com habitualidade nas atividades em que se utiliza o produto do delito; e por permitir que o agente do delito seja também autor da infração antecedente.[273] Para o autor, embora o tipo do inciso I pareça estar criminalizando a última etapa da lavagem de dinheiro – vale dizer, a integração –, na verdade não o faz, argumentando que a falta da expressão "direta ou indiretamente" no tipo implicaria a aplicação deste somente a condutas relacionadas a bens diretamente provenientes de infrações penais. Segundo ele, sendo a integração uma fase que necessariamente sucede a ocultação e a dissimulação dos valores, não poderia este tipo se aplicar àquela etapa, porquanto um bem que já tenha sido ocultado ou dissimulado não será diretamente produto de delito prévio.[274] Ao analisar tal conduta, De Carli acompanha o entendimento esposado por Sérgio Moro, para quem a mera utilização de bens de origem ilícita em atividade econômica ou financeira configuraria o crime, sendo despicienda a ocorrência de "ocultação" ou "dissimulação" prevista no *caput*.[275]

[273] P. C. BOTTINI, *ob. cit.*, p. 112-113.
[274] *Ibidem*, pp. 113-114.
[275] C.V. DE CARLI, *ob. cit.*, p. 209

Para a autora, estaria o inciso a proteger tanto a possibilidade de as autoridades identificarem os ativos de origem ilícita, quanto a livre concorrência, impedindo que estes sejam prejudicados pela utilização de recursos advindos de infrações penais.[276] De modo similar, Mendroni aponta a desnecessidade, para configuração do tipo, de o agente ter participado da infração subjacente ou das fases da lavagem, bastando que, ao receber recursos de origem ilícita – e, tendo conhecimento desta – utilize-os em atividade econômica ou financeira.[277] No mesmo sentido, Menegaz afirma ser suficiente, para configuração do tipo, a intenção de utilizar bem de que se sabe ser produto de atividade criminosa, não se exigindo o intuito de "ocultar" ou "dissimular" o bem em questão.[278]

No que diz respeito ao inciso II, do mesmo parágrafo, a conduta ali penalizada estaria a se referir à atitude daquele que, pertencendo a grupo, associação ou escritório e sabendo que neles se praticam crimes previstos na Lei nº 9.613/98, mantém-se participando de tal instituição. De acordo com Bottini, a interpretação literal deste dispositivo legal significaria uma responsabilidade penal objetiva de qualquer um que atuasse em empresa ou organização envolvida nos crimes, de modo que, para ele, o tipo deve ser interpretado à luz da razoabilidade e das normas de concurso de agentes presentes no art. 29, do CP, como forma de evitar a dilatação exacerbada do campo de incidência da norma penal.[279] No mesmo sentido se manifesta, Callegari, para quem as condutas englobadas pelo presente tipo penal já estariam abarcadas pela regra do concurso de pessoas no art. 29, do CP.[280] Quanto ao tema, De Carli considera ser o caso de crime de mera conduta, bastando que o agente se associe com ânimo de estabilidade a grupo, associação ou escritório que tenha por finalidade a lavagem de dinheiro, bem como a consciência de tal objetivo, para que se configure o delito previsto no inciso II.[281] Afirma ainda ser o crime autônomo com relação à lavagem de dinheiro, cabendo o concurso material, mas devendo-se afastar eventual incidência do crime de associação criminosa para evitar a dupla punição.[282] De maneira similar, Mendroni concorda que se cuida de crime de

[276] C.V. DE CARLI, *ob. cit.*, p. 210.

[277] M. B. MENDRONI, *ob. cit.*, pp. 54-55.

[278] D. S. MENEGAZ, *ob. cit.*, p. 78.

[279] P. C. BOTTINI, *ob. cit.*, pp. 116-117.

[280] A. L. CALLEGARI, *ob. cit.*, pp. 155-156.

[281] C. V. DE CARLI, *ob. cit.*, p. 213.

[282] C. V. DE CARLI, *ob. cit.*, p. 212-213.

mera conduta, destacando, entretanto, ser necessária a demonstração de dolo direto – não cabendo a utilização de dolo eventual – e de efetivo nexo causal ente a atuação individual e a atividade desenvolvida pela organização. Não bastaria, assim, a realização de tarefas no mesmo ambiente de trabalho – como o de uma copeira, exemplo trazido pelo autor.[283] Já Menegaz corrobora a visão de que o tipo constitui-se em crime de mera conduta, afirmando, também, ter ocorrido grande ampliação do conceito de autoria.

Com a alteração do disposto no inciso I (redação dada pela Lei nº 12.683, de 2012 – *utiliza, na atividade econômica ou financeira, bens, direitos ou valores provenientes de infração penal*), acabou sendo contemplado o dolo eventual, bastando o agente assumir o risco da conduta criminosa. Portanto, admite-se a punição tanto à título de dolo direto quanto de dolo eventual.

Anteriormente à legislação supramencionada, que teve como um dos objetivos ampliar a punição à título de dolo eventual, a redação do art. 1º, § 2º, inciso I, não abarcava essa espécie de dolo, na medida em que continha em sua redação a expressão "que sabe", o que acabou sendo suprimido com a edição da Lei 12.683/2012.

Também vale ressaltar que dentre as condutas típicas previstas acima, uma delas merece atenção especial, uma vez que se torna emblemática ao confirmar os incongruentes caminhos pelos quais vem trilhando a legislação penal especial no país: trata-se do art. 1º, § 2º, inciso II.

Pelo teor do mencionado dispositivo legal, responde pelo crime de Lavagem de Dinheiro, com penas que variam entre 03 e 10 anos, qualquer pessoa que participa de grupo, associação ou escritório cuja atividade é dirigida à prática de crimes previstos nesta Lei.

Cuida-se de uma forma especial de participação, ou, em outras palavras, uma ampliação do conceito de autoria.

No caso em tela, vê-se que o núcleo desta modalidade delitiva é o verbo participar, que significa *ter parte em*. Exige-se, além deste requisito, um elemento subjetivo do tipo, qual seja, o conhecimento de que o grupo, associação ou escritório (definições por demais vagas para se constituir elementos de um tipo penal, diga-se de passagem) pratica algum dos delitos previstos nesta Lei, qual seja, o delito de Lavagem de Dinheiro.

Aqui, abre-se um parênteses para destacar que a despeito da intenção legislativa (Lei nº 12.683/2012) em ampliar a punição da lavagem de dinheiro por meio da admissão do dolo eventual, o mesmo não ocorreu com

[283] M. B. MENDRONI, *ob. cit.*, p. 55-56.

o inciso II do § 2º do art. 1º, porquanto manteve a expressão "tendo conhecimento", o que, *s.m.j.*, obsta a punição a título de dolo eventual.

Não seria concebível, nem pela mais draconiana das interpretações, que este delito pudesse ser imputado à participação e conhecimento relativos às infrações penais subjacentes a que faz alusão o *caput* do art. 1º, pois esta concepção implicaria necessariamente na noção de que não há autonomia dos crimes previstos nessa Lei, bem como implicaria na completa fragmentação do bem jurídico tutelado pelos delitos em questão.

Como visto, a inclusão dos delitos acarreta um desvio de órbita da objetividade jurídica dos crimes de Lavagem de Dinheiro, uma vez que incluídos na seara do Direito Econômico (além de indiretamente a Administração da Justiça) tutelam bens e interesses bem diversos daqueles subjacentes à Lavagem de Dinheiro. Contudo, pode-se reconhecer que o referido diploma afronta princípios informadores do Código Penal porquanto a Lei passa a conferir relevância penal àquele que integra uma organização que pratica Lavagem de Dinheiro e comina a estes partícipes a mesma pena de 03 a 10 anos de reclusão. A legislação atual aparentemente fere os princípios da culpabilidade, da causalidade, da responsabilidade subjetiva e da proporcionalidade.

O artigo 13 do Código Penal determina que "o resultado, de que depende a existência do crime, só é imputável a quem lhe deu causa. Considera-se causa a ação ou omissão sem a qual o resultado não teria ocorrido". A participação em grupo, tendo o conhecimento de sua atividade ilícita, não pode ser considerada causa do resultado, salvo se o agente praticou ou concorreu dolosamente para a prática de alguma das condutas previstas nos outros dispositivos incriminadores da Lei nº 9.613/1998. Destarte, o referido dispositivo revelar-se-ia, então, inútil, tendo em vista que as pessoas seriam punidas pelos demais crimes na medida de sua culpabilidade, segundo a regra do art. 29 do Código Penal.

Assim, se a conduta do agente não concorre dolosamente (pois a Lavagem de Dinheiro, entre nós, só admite a modalidade dolosa) com quaisquer das infrações penais previstas no art. 1º, *caput*, parágrafo 1º e parágrafo 2º, inciso I, não pode haver incidência, em face do princípio da responsabilidade subjetiva cristalizada no Direito Penal Moderno, do tipo previsto no inciso II do mesmo parágrafo 2º.

A mera participação em grupo que desenvolve atividade de branqueamento de dinheiro, mesmo sendo de conhecimento do agente, não pode ser considerada crime se sua participação não for juridicamente relevante para a produção do resultado, sendo que a relevância da participação se subsome pela relação de causalidade conduta/resultado.

Assim, a incidência do tipo questionado só seria possível num sistema que consagrasse o princípio da responsabilidade objetiva da pessoa física, ou melhor, fosse além da responsabilidade objetiva, pois partiria da incriminação da responsabilidade sem causa, transformando o referido tipo num crime de mera conduta, sem vinculação com nenhum resultado naturalístico.

Por outro viés de exercício hermenêutico, só seria concebível a participação a que alude o mencionado inciso II se considerasse todo aquele que integra um grupo, uma associação ou um escritório que pratica Lavagem de Dinheiro como um garantidor, que teria, em face desta previsão legal, um dever semelhante àquele do art. 13, § 2º, do Código Penal.

Em outras palavras, no momento em que a pessoa tivesse conhecimento da atividade ilícita desenvolvida, surgiria, aí, o dever legal de delatar, sob pena de ser considerada cúmplice e responder pelas penas cominadas ao crime de Lavagem como se deles tivesse dado causa.

A inclusão da referida modalidade *especial* de participação poderá chegar a situações injustas, até paradoxais. O parágrafo 4º determina uma causa de aumento de pena, de um a dois terços, se o crime for cometido de forma reiterada ou por intermédio de organização criminosa.

Ora, evidente que o agente, tendo conhecimento de que um grupo, associação ou escritório é dedicado à Lavagem de Dinheiro, por certo vai estar incluso na causa de aumento prevista no parágrafo 4º, pois se trata de crime cometido por intermédio de organização criminosa, e sua participação, amiúde, é reiterada.

Logo, o legislador criminaliza a conduta daquele que utiliza valores, ciente que seja fruto de infração penal subjacente ou que deveria saber (inciso I, nova redação); participa de grupo, associação ou escritório, tendo conhecimento que sua atividade principal ou secundária é dirigida à prática da lavagem (inciso II – aqui apenas o dolo direto). O crime é instantâneo, sendo certo que a participação não significa apenas induzimento, instigação ou auxílio material, mesmo que se adote a teoria formal-objetiva (autor o que realiza a conduta típica) ou a do domínio do fato (aquele que dirige e determina a conduta dos demais).

Carla Veríssimo De Carli em sua análise acerca desde dispositivo testifica que: "o tipo é de difícil delimitação, em razão da utilização dos elementos normativos 'grupo', 'associação' e 'escritório'. Para PRADO, não é possível a identificação clara e sem dubiedade da figura delitiva descrita no tipo. Segundo o autor, o legislador violou aqui o princípio da legalidade, na sua vertente de determinação, que exige que as leis sejam claras, determinadas e objetivas. MAIA, por sua vez, afirma que o dispositivo pretendeu criar um delito associativo de lavagem de dinheiro, mas resultou bastante mal elaborado. Ele descreve uma forma especial de concorrência que permitirá a imputação típica mesmo que o sujeito ativo não esteja praticando os atos característicos da lavagem ou da ocultação de bens, direitos e valores. Essa é também a opinião de BALTAZAR JR., que vê no tipo do §2º, II, a criminalização de uma associação criminosa destinada à prática dos crimes de lavagem de dinheiro. De acordo com o autor, esta é uma associação criminosa específica em relação àquela prevista no art. 288 do Código Penal. Em sua ótica, a expressão escritório pretendeu alcançar as empresas que prestam serviços para a lavagem de dinheiro, também conhecida como blindagem patrimonial. O tipo é autônomo em relação aos delitos de lavagem efetivamente praticados, pelo que as penas serão impostas em concurso material, quando a associação, grupo ou escritório chegar efetivamente a praticá-los. Por sua vez, MORO afirma que o objetivo da lei, com a criação de tal tipo penal de associação foi o de coibir a existência de grupos, associações ou escritórios detentores de serviços especializados e dedicados à lavagem de dinheiro. A eventual incidência deste dispositivo impede o enquadramento da mesma conduta pela prática do crime de associação criminosa (artigo 288 do CP), a fim de evitar dupla punição. Para BARROS, o tipo descreve crimes de mera conduta, de natureza permanente e de perigo abstrato, sendo suficiente para a consumação do delito a simples associação. Pensamos que o tipo é de mera conduta, bastando neste caso a associação com ânimo de estabilidade e *affectio* em grupo, associação ou escritório destinado à prática de lavagem de dinheiro, como atividade principal ou secundária para a consumação do delito, ainda que a lavagem de dinheiro não chegue a se concretizar. É necessário demonstrar que o agente tinha conhecimento dessa finalidade da associação (a prática da lavagem de dinheiro)."[284]

5. Elemento subjetivo

Embora já explicitado nos tópicos anteriores, vale destacar que o crime de lavagem, somente aceita modalidade dolosa, admitindo o dolo direto de

[284] *Lavagem de dinheiro: ideologia da criminalização e análise do discurso.* Porto Alegre: Verbo Jurídico, 2012, p. 216.

primeiro grau, dolo direto de segundo grau (consequências necessárias) e o dolo eventual: basta que saiba ou supõe saber que a fonte dos bens é uma infração penal (art. 1º, *caput*, §1º e seu § 2º, inciso I), não sendo necessário que conheça exatamente a descrição da modalidade típica, nem que tenha conhecimento de que se trate exatamente de um fato culpável e punível. Requer ciência que se cuida de um injusto penal, bastando tratar-se de fato ilícito-típico (bens originários ou supostamente originários – probabilidade/dolo eventual duma infração penal subjacente).

Não requer conhecimento de quem cometeu a infração subjacente, as suas circunstâncias ou que exista um vínculo pessoal entre os autores. O conhecimento (ou a ciência da probabilidade) de que os bens, direitos e valores da lavagem são oriundos de infração penal) deve existir no momento que a ação típica é executada, não tendo relevância penal o chamado *dolo subsequens*, que é aquele que aparece após realizada a conduta, ressalvando-se que o delito é permanente nas modalidades de *ocultar* e *dissimular*.

Pode-se reconhecer o erro de tipo quando o agente desconhece a origem dos atos ilícitos ou quando realiza a ação típica na crença que tais atos possuem origem em ilícitos cíveis ou administrativos.

Não é necessário que a intenção de ocultar ou dissimular os ativos se materialize por meio de uma ação idônea para conseguir este propósito ou que o resultado tenha que se realizar. Logo, a tentativa é admissível. Aliás, o próprio art. 1º, §3º, da Lei n. 9.613/1998 faz alusão à tentativa, no sentido de que esta é punida nos termos § único do art. 14 do C.P.

Pode-se argumentar que a admissão do dolo eventual na vigência da legislação anterior decorreria da previsão genérica do art. 18, I, do CP ("art. 18 – Diz-se o crime: ... I – doloso, quando o agente quis o resultado ou assumiu o risco de produzi-lo"), bem como do quanto disposto no item 40 da Exposição de Motivos 692/1996, relativa à Lei nº 9.613/1998, na medida em que equiparava o Projeto ao crime de Lavagem de Dinheiro a importação ou exportação de bens com valores inexatos (art. 1º, § 1º, III). Exigia o Projeto, àquela época, o dolo direto, admitindo o dolo eventual somente para a hipótese do *caput* do artigo.

O item 40 da Exposição de Motivos 692/1996 estabelecia que:

> "Equipara o projeto, ainda, ao crime de Lavagem de Dinheiro a importação ou exportação de bens com valores inexatos (art. 1º, § 1º, III). Nesta hipótese, como nas anteriores, exige o projeto que a conduta descrita tenha como objetivo a ocultação ou a dissimulação da utilização de bens, direi-

tos ou valores oriundos dos referidos crimes antecedentes. **Exige o projeto, nesses casos, o dolo direto, admitindo o dolo eventual somente para a hipótese do caput do artigo.**"

As construções jurisprudenciais norte-americanas vêm admitindo o dolo eventual por meio da denominada *willful blindness* (*cegueira deliberada*: caso United States v. Campbell, 977 F.2d 854 – 4th Cir. 1992, decidido pelo Quarto Circuito Federal) ou *concious avoidance doctrine* (agiu deliberadamente para *evitar a consciência*: caso United States v. Barnhart, 979 F.2d 647, 651-652 – 8th Cir. 1992), desde que haja prova de que o agente tinha conhecimento da elevada probabilidade de que os bens, direitos ou valores envolvidos eram provenientes de infração penal e que o agente agiu de modo indiferente a esse conhecimento. Logo, diante da nova redação do dispositivo previsto no artigo 1º, *caput* e §§ 1º e 2º, I, é admissível o dolo eventual (vide Lei nº 12.683/2012).

No julgamento pelo Supremo Tribunal Federal da Apelação nº 470-MG (Caso *Mensalão* – iniciado em agosto de 2012 e finalizado em 2013) – fatos ocorridos antes da alteração da lei antilavagem – o eminente Ministro Celso de Mello em seu voto observou ser admissível a configuração da Lavagem de Dinheiro mediante dolo eventual, notadamente no que se refere ao *caput* do art. 1º da Lei nº 9.613/1998.

Sustentou que a admissão do dolo eventual apoiar-se-ia no critério da teoria da *cegueira deliberada* ou da *ignorância deliberada*, na qual o sujeito dissimularia não identificar uma situação ilícita para obter a vantagem indevida prometida:

> "No tocante ao crime de lavagem de dinheiro, observou possível sua configuração mediante dolo eventual, notadamente no que pertine ao caput do art. 1º da referida norma, e cujo reconhecimento apoiar-se-ia no denominado critério da teoria da cegueira deliberada ou da ignorância deliberada, em que o agente fingiria não perceber determinada situação de ilicitude para, a partir daí, alcançar a vantagem prometida. Mencionou jurisprudência no sentido de que o crime de lavagem de dinheiro consumar-se-ia com a prática de quaisquer das condutas típicas descritas ao longo do art. 1º, caput, da lei de regência, sendo pois, desnecessário que o agente procedesse à conversão dos ativos ilícitos em lícitos. Bastaria mera ocultação, simulação do dinheiro oriundo do crime anterior sem a necessidade de se recorrer aos requintes de sofisticada engenharia financeira."
>
> (Rel. Min. Joaquim Barbosa, 27 a 31.08.2012. Informativo 677)

> "Ato contínuo, o decano da Corte, Min. Celso de Mello admitiu a possibilidade de configuração do crime de lavagem de valores mediante dolo eventual, com apoio na teoria da cegueira deliberada, em que o agente fingiria não perceber determinada situação de ilicitude para, a partir daí, alcançar a vantagem pretendida. Realçou que essa doutrina não se aplicaria em relação a Anderson Adauto, João Magno e Paulo Rocha, cujas condutas julgou impregnadas de dolo direto, porque buscaram conferir aparência lícita a dinheiro de origem ilícita. Versou que ao se utilizarem do mecanismo viabilizado pelo Banco Rural e pela SMP&B – a dificultar ou impossibilitar o rastreamento contábil do dinheiro ilícito –, os réus pretenderiam ocultar o rastro de suas participações, sabidamente frutos de crimes contra a Administração Pública e o sistema financeiro nacional. Obtemperou que a legislação pátria consideraria ocultação, dissimulação ou integração etapas que, isoladamente, configurariam crime de lavagem. O Presidente, por vez, quanto aos réus absolvidos vislumbrou não terem eles sido beneficiários nem agentes de ações centrais, tampouco partícipes de qualquer empreitada que significasse reforço às ações delituosas ou pleno conhecimento de crimes antecedentes. No que tange aos demais réus, reputou que saberiam da engenharia financeira desse aparato publicitário-financeiro. Concluiu que o contexto factual o levaria a acatar a denúncia nesta parte."
>
> (AP 470/MG, Rel. Min. Joaquim Barbosa, 15, 17 e 18.10.2012. Informativo nº 684)

A Ministra Rosa Weber ao proferir seu voto, em passagem do aludido julgamento, assim se manifestou, em 27.09.2012, sobre o tema, aceitando o dolo eventual:

> "Prelecionou que o recebimento clandestino da vantagem indevida caracterizaria apenas meio para a consumação ou exaurimento da corrupção passiva, a depender do núcleo do tipo penal envolvido. No entanto, considerou que, apontados como crimes antecedentes também peculatos e gestão fraudulenta, o delito de lavagem de capitais configurar-se-ia em função de condutas de dissimulação, de sorte que o dinheiro já estaria maculado antes da própria corrupção. Versou que haveria elementos para inferir que os acusados teriam agido dolosamente na prática de lavagem de dinheiro, se não com dolo direto, então com dolo eventual. Elucidou que o profissional da lavagem, contratado pelo autor do crime antecedente para realizá-la, adotaria, em geral, postura indiferente em relação à procedência criminosa dos bens envolvidos, e não raramente se recusaria a aprofundar o reconhe-

cimento a respeito. Destarte, ponderou que não admitir o crime de lavagem com dolo eventual indicaria exclusão da possibilidade de punição de formas mais graves desse delito, sendo, uma delas, a terceirização profissional da lavagem."

(AP 470/MG, Rel. Min. Joaquim Barbosa, 24, 26 e 27.9.2012. Informativo nº 681).

Por sua vez, os Ministros Gilmar Mendes e Luiz Fux também admitiram o dolo eventual, conforme Informativos do STF:

"O Min. Gilmar Mendes, no que concerne ao crime em comento, ressaltou ter sido a norma editada para prevenir a utilização dos sistemas financeiro e econômico no país para fins ilícitos, sobretudo com o propósito de impedir a legalização do patrimônio de origem criminosa, ou seja, do produto ou resultado dos crimes antecedentes nela especificados. Destacou que as condutas de ocultar e dissimular exigiriam dolo direto, por se lhe afigurar inconciliáveis com a mera aceitação de produzir o resultado. Afirmou que quem oculta ou dissimula o faria com a vontade de produzir o resultado e não apenas admitir sua ocorrência. Observou não ser necessário conhecimento exato sobre a procedência criminosa dos bens, capitais ou valores. Entendeu imperioso verificar, em concreto, o grau de conhecimento da procedência dos bens, sendo certo que não se poderia situar no campo da mera desconfiança, negligência ou falta de cautela. Registrou não verificar simples transferência de recursos mediante os meios normais e seguros para transações bancárias, mas vultosos valores foram movimentados em espécie, sacados por interposta pessoa, sem olvidar o recebimento em quartos de hotel ou diretamente na sede da SMP&B, que não integrariam o sistema financeiro nacional. Reafirmou que o elemento subjetivo do tipo, dolo, poderia ser avaliado a partir das condições factuais objetivas e não haveria como acolher a tese da ignorância, salvo se fosse admitida como deliberada. Consignou que as transferências de recursos não encontrariam legitimidade ética e legal e que os mecanismos utilizados pelos réus, com artifícios para ocultar a origem e a destinação desses repasses denotariam a concretude da imputação."

(AP 470/MG, Rel. Min. Joaquim Barbosa, 15, 17 e 18.10.2012. Informativo nº 684)

"O Min. Luiz Fux perfilhou, na integralidade, o relator. Acresceu que a conclusão de que os crimes de gestão fraudulenta e de lavagem de capitais poderiam conviver estaria assentada pelo Plenário, quando do julgamento do item IV da exordial acusatória. Afirmou que a ultima ratio do legislador, na lavagem de dinheiro, seria evitar a reinserção de recursos ilícitos na economia. Rememorou entendimento da Corte segundo o qual, não sendo considerada a lavagem de capitais mero exaurimento do crime de corrupção, seria possível que 2 acusados respondessem por ambos os crimes, inclusive em ações penais diversas. Com relação ao argumento sustentado na tribuna de que valores repassados não seriam crime porque supostamente constituiriam 'caixa 2',colacionou doutrina consoante a qual esse sistema paralelo de movimentação de capitais sem registro configuraria ideia elementar de fraude escritural, cujo propósito seria impedir que órgãos de controle fiscalizassem e rastreassem fluxos monetários de relevância jurídica. Estimou que, ainda que se sugerisse o 'caixa 2' a pretexto de apoio político, este denotaria corrupção, porque esta vantagem seria indevida: a) formalmente, porquanto não escriturada; e b) substancialmente, porque acréscimo à remuneração do parlamentar, em razão de sua função. Alfim, frisou que a delação premiada seria ferramenta importante para elucidação de crimes societários, tendo em vista a dificuldade de individualização concreta de autores e partícipes nesses delitos sofisticados (Lei 9.807/99, artigos 13 e 14). A respeito, citou precedente do STF (HC 99736/DF, DJe de 21.5.2010) no sentido de que obstar ao delator a causa de diminuição de pena seria conduta desleal do Estado-juiz."

(AP 470/MG, Rel. Min. Joaquim Barbosa, 24, 26 e 27.9.2012. Informativo nº 681)

Outro importante precedente jurisprudencial ocorreu (em período anterior à alteração promovida pela Lei nº 12.683/2012) no julgamento de feito criminal envolvendo o furto qualificado ao Banco Central ocorrido em Fortaleza. Naquele julgado o juízo de primeiro grau havia condenado os proprietários de concessionária de veículo (por lavagem de dinheiro) que teriam recebido grande numerário em espécie dos autores do furto qualificado para aquisição de 11 (onze) veículos.

Referida sentença restou reformada pelo Eg. Tribunal Regional Federal da 5ª Região. Assim, no tocante à admissibilidade do dolo eventual na vigência da redação anterior da Lei nº 9.613/1998 (inciso II do parágrafo 2º do art. 1º – que não restou modificada com a alteração da Lei nº 12.683/2012), aquela Corte assim decidiu:

"PENAL E PROCESSUAL PENAL. FURTO QUALIFICADO À CAIXA-FORTE DO BANCO CENTRAL EM FORTALEZA. IMPUTA-

ÇÃO DE CRIMES CONEXOS DE FORMAÇÃO DE QUADRILHA, FALSA IDENTIDADE, USO DE DOCUMENTO FALSO, LAVAGEM DE DINHEIRO E DE POSSE DE ARMA DE USO PROIBIDO OU RESTRITO. SENTENÇA CONDENATÓRIA. PRELIMINARES: JUNTADA DE NOVAS RAZÕES RECURSAIS. IMPOSSIBILIDADE. PRECLUSÃO CONSUMATIVA. CERCEAMENTO DE DEFESA. OMISSÃO DA SENTENÇA QUANTO À APRECIAÇÃO DE TODAS AS TESES DA DEFESA. LIVRE CONVENCIMENTO. ALEGAÇÃO DE NULIDADE POR FALTA DE CORRELAÇÃO ENTRE A ACUSAÇÃO (DE LAVAGEM DE DINHEIRO) E A SENTENÇA CONDENATÓRIA. HIPÓTESE DE EMENDATIO LIBELLI. INEXISTÊNCIA. MÉRITO: AUTORIA E MATERIALIDADE. PARCIAL PROCEDÊNCIA DA DENÚNCIA. CRIME CONTRA A ADMINISTRAÇÃO NA PRÁTICA DE FURTO CONTRA A AUTARQUIA. NÃO CONFIGURAÇÃO. SENDO O CRIME PRATICADO POR ORGANIZAÇÃO CRIMINOSA, DEVIDAMENTE CONFIGURADA, RECONHECE-SE O DELITO ANTECEDENTE DO CRIME DE BRANQUEAMENTO DE VALORES. TEORIA DA **CEGUEIRA DELIBERADA** (WILLFUL BLINDNESS). INEXISTÊNCIA DA PROVA DE DOLO EVENTUAL POR PARTE DE EMPRESÁRIOS QUE EFETUAM A VENDA DE VEÍCULOS ANTES DA DESCOBERTA DO FURTO. ABSOLVIÇÃO EM RELAÇÃO AO CRIME DE LAVAGEM DE DINHEIRO. NÃO CONSTITUI CRIME O MERO PORTE DE DOCUMENTO DE TERCEIRO, MORMENTE QUANDO PARENTE PRÓXIMO. ABSOLVIÇÃO PELO CRIME DE FALSA IDENTIDADE. ABSOLVE-SE DA IMPUTAÇÃO DE FORMAÇÃO DE QUADRILHA O ACUSADO DE QUEM NÃO SE DEMONSTROU A RELAÇÃO ESTÁVEL COM OS INTEGRANTES DO BANDO. FIXAÇÃO DAS PENAS: CIRCUNSTÂNCIAS DO ARTIGO 59 DO CÓDIGO PENAL. EXACERBAÇÃO EXCESSIVA DA PENA-BASE. REDUÇÃO. ATENUANTE DA CONFISSÃO ESPONTÂNEA. NÃO INCIDÊNCIA. AFASTAMENTO DA CIRCUNSTÂNCIA ESPECIAL DE AUMENTO EM RELAÇÃO AO DELITO DE LAVAGEM. INEXISTÊNCIA DE PROVA QUANTO À HABITUALIDADE DAS CONDUTAS. REFORMA PARCIAL DA SENTENÇA. I - PRELIMINARES:

(...)

2.4 - Imputação do crime de lavagem em face da venda, por loja estabelecida em Fortaleza, de 11 veículos, mediante o pagamento em espécie: **a transposição da doutrina americana da cegueira deliberada (willful blindness), nos moldes da sentença recorrida, beira, efetivamente, a**

responsabilidade penal objetiva; não há elementos concretos na sentença recorrida que demonstrem que esses acusados tinham ciência de que os valores por ele recebidos eram de origem ilícita, vinculada ou não a um dos delitos descritos na Lei nº 9.613/98. O inciso II do parágrafo 2º do art. 1º dessa lei exige a ciência expressa e não, apenas, o dolo eventual. Ausência de indicação ou sequer referência a qualquer atividade enquadrável no inciso II do parágrafo 2º. – Não há elementos suficientes, em face do tipo de negociação usualmente realizada com veículos usados, a indicar que houvesse dolo eventual quanto à conduta do art. 1º, parágrafo 1º, inciso II, da mesma lei; **na verdade, talvez, pudesse ser atribuída aos empresários a falta de maior diligência na negociação (culpa grave), mas não, dolo, pois usualmente os negócios nessa área são realizados de modo informal e com base em confiança construída nos contatos entre as partes.** – É relevante a circunstância de que o furto foi realizado na madrugada da sexta para o sábado; a venda dos veículos ocorreu na manhã do sábado. Ocorre que o crime somente foi descoberto por ocasião do início do expediente bancário, na segunda-feira subseqüente. Não há, portanto, como fazer a ilação de que os empresários deveriam supor que a vultosa quantia em cédulas de R$ 50,00 poderia ser parte do produto do delito cometido contra a autarquia. – A empresa que explora a venda de veículos usados não está sujeita às determinações dos arts. 9 e 10 da Lei 9.613/98, pois não se trata de comercialização de 'bens de luxo ou de alto valor', tampouco exerce atividade que, em si própria, envolva grande volume de recursos em espécie. – Ausência de ato normativo que obrigue loja de veículos a comunicar ao COAF, à Receita, à autoridade policial ou a qualquer órgão público a existência de venda em espécie. – **Mesmo que a empresa estivesse obrigada a adotar providências administrativas tendentes a evitar a lavagem de dinheiro, a omissão na adoção desses procedimentos implicaria unicamente a aplicação de sanções também administrativas, e não a imposição de pena criminal por participação na atividade ilícita de terceiros, exceto quando comprovado que os seus dirigentes estivessem, mediante atuação dolosa, envolvidos também no processo de lavagem (parágrafo 2º, incisos I e II).**"

(**TRF/5,** ACR nº 200581000145860 (Apelação Criminal – 5520), 2ª Turma, Rel. Des. Fed. Rogério Fialho Moreira, vu,DJ de 22.10.2008, p. 207)

A redação do inciso I do §2º do art. 1º da Lei nº 9.613/1998, a partir da Lei nº 12.6830/2012, não mais adota a expressão "utiliza, na atividade econômica ou financeira, bens, direitos ou valores que sabe serem provenientes de qualquer dos crimes antecedentes referidos neste artigo e, sim, utiliza, na atividade econômica ou financeira, bens, direitos ou valores provenientes de infração penal."

A reforma permite, ao lado do dolo direto, o dolo eventual, como já explicitado anteriormente nesta obra. Assim, incidirá na conduta o agente que empregar na atividade econômica ou financeira bens, direitos ou valores que sabe ou deveria saber serem provenientes de infração penal.

Importante indagação seria se, na redação atual da lei antilavagem, a mera utilização de um bem, direito ou valor proveniente de infração penal configuraria o delito de Lavagem. Neste aspecto, Celso Sanchez Vilardi preleciona:[285]

> "Está claro que não. Em primeiro lugar, ninguém pratica o crime de lavagem de dinheiro sem aderir ao processo acima comentado.
>
> Não se deve falar em ocultação, tipificada pela lavagem, se não se provar que o agente oculta o dinheiro, com o objetivo de reintroduzi-lo na economia legal, após alguma dissimulação que vai lhe conferir aparência de licitude. Do contrário, será crime esconder o dinheiro embaixo da cama, após um roubo. É evidente que o legislador não pune a mera ocultação do objeto do roubo, mas apenas aquela que integra um processo de lavagem. Sem integrar esse processo, estamos diante de mero exaurimento da infração anterior.
>
> Da mesma forma, não há como punir a mera utilização do dinheiro que provém de infração penal. De início, porque não se pune a utilização de bem, direito ou valor 'sujo', mas apenas daquele que possui aparência de licitude, ou seja, que passou por um processo dissimulatório, sem o qual não poderia ser inserido na economia; não poderia ser considerado 'lavado'. Como bem pondera Marco Antonio de Barros, para configurar a utilização prevista no art. 1º, o agente deve utilizar 'o lucro ou patrimônio lavado, o qual se apresenta com aparência de legalidade."

Para o referido autor só se poderia cogitar de utilização de bem, direito ou valor, na hipótese de ele saber da origem criminosa, da aparência de licitude e, ainda assim, decidir utilizá-lo, vale dizer, o agente deve estar ciente da aparência de licitude, sem a qual não estaria participando do processo

[285] A ciência da infração anterior e a utilização do objeto da lavagem. *Boletim IBCCRIM*, ano 20, n. 237, ago. 2012, p. 17-18.

de lavagem. Conclui o autor asseverando que "o legislador não consagrou a lavagem culposa, não tendo sentido falar em dolo eventual na utilização de bem, direito ou valor, que por circunstâncias diversas deveria se presumir de origem ilícita, porque isso feriria o princípio da isonomia, quando se observa o crime de receptação culposa."

Pierpaolo Cruz Bottini e Gustavo Henrique Badaró também discorrendo sobre a admissibilidade do dolo eventual na atual redação da Lei nº 9.613/1998 reputam que a supressão da expressão *que sabe* do art. 1º, § 2º, inciso I, teve o objetivo de agregar a punição pelo dolo eventual na hipótese de uso dos bens de origem *suja*, porquanto foi estendida:

> "... a tipicidade àquele que suspeita da proveniência infracional dos bens, e ainda assim os utiliza na atividade econômica ou financeira, assumindo o risco de praticar lavagem de dinheiro.
>
> Ao contrário do tipo penal do caput, sem qualquer referência ao tipo subjetivo desde sua acepção original, o dispositivo em comento previa exclusivamente o dolo direto, ora suprimido – como mencionado – com a expressa intenção de admitir a forma do dolo eventual. Ainda que não pareça a melhor técnica legislativa, porque, como indicado, nos crimes em que se exige o conhecimento de uma situação/condição prévia a admissão do dolo eventual é sempre expressa no tipo penal (supra II 2.3.2), houve aqui – ao contrário do que ocorre no caput – um movimento legislativo para a inclusão do dolo eventual. Por isso, parece que a restrição existente no caput, que, a nosso ver, só admite o dolo direto, não existe para o §2º. Assim, se o agente é um operador da bolsa de valores e usa dinheiro que sabe ou suspeita proveniente de infração penal para comprar ações, praticará lavagem de dinheiro, desde que presentes os demais elementos subjetivos a seguir apontados estejam presentes."[286]

Registre-se, outrossim, que, a despeito do intuito da Lei nº 12.683/2012 em ampliar a punição da lavagem de dinheiro por meio da admissão do dolo eventual, tal proceder não ocorreu no inciso II do § 2º do art. 1º, já que restou mantida a expressão "tendo conhecimento", o que impede o seu reconhecimento.

Quanto ao elemento subjetivo do § 1º do art. 1º, como mencionado anteriormente, exige-se que o agente tenha um atuar distinto do dolo (especial

[286] *Lavagem de dinheiro: aspectos penais e processuais penais: comentários à Lei 9.613/1998, com alterações da Lei 12.683/2012*. São Paulo: RT, 2012, p. 112.

fim de agir), consubstanciado na intenção de ocultar ou dissimular a utilização de bens, direitos ou valores. Nessa toada, é preciso inferir quando da realização da conduta do agente se referido elemento está presente em sua esfera psíquica. Além do dolo direto, também se admite o dolo eventual.

Em resumo, admite-se o dolo direto e o dolo eventual no disposto no art. 1º, *caput,* § 1º e § 2º, inciso I, sendo certo que no disposto no art. 1º, § 2º, inciso II, passível de reconhecimento apenas o dolo direto.

6. Consumação e tentativa

A consumação do delito de lavagem de dinheiro já foi abordada em tópicos precedentes valendo mencionar novamente que o crime resta perfectibilizado com o primeiro ato de ocultação e/ou dissimulação, não sendo necessário a ocorrência de todas as fases da lavagem, com a introdução na economia formal dos valores com aparência lícita, ou ainda, que haja algum tipo de prejuízo, tratando-se, pois, de crime formal.

Na edição nº 166 do Jurisprudência em teses do Superior Tribunal de Justiça (entendimentos extraídos de julgados publicados até 26.02.2021) consolidou-se o entendimento de que: "5) O tipo penal do art. 1º da Lei n. 9.613/1998 é de ação múltipla ou plurinuclear, consumando-se com a prática de qualquer dos verbos mencionados na descrição típica e relacionando-se com qualquer das fases do branqueamento de capitais (ocultação, dissimulação, reintrodução), não exigindo a demonstração da ocorrência de todos os três passos do processo de branqueamento."

A tentativa é possível, a teor do que dispõe o § 3º do art. 1º da Lei nº 9.613/1998, que faz alusão ao art. 14, II, do Código Penal.

7. Dosimetria penal

A pena será aumentada de 1 a 2/3, se os crimes delineados na lei de lavagem de dinheiro forem cometidos de forma reiterada ou por intermédio de organização criminosa (art. 1º, § 4º). Nesta há uma formal ou material distribuição de funções entre seus membros, determinando os deveres e direitos de cada um, assim como a atividade que deve ser cumprida (existe geralmente estrutura hierárquica). Pela redação do art. 2º da Lei nº 12.694, de 24.07.2012, "considera-se organização criminosa a associação, de 3 (três) ou mais pessoas, estruturalmente ordenada e caracterizada pela divisão de tarefas, ainda que informalmente, com objetivo de obter, direta ou indiretamente, vantagem de qualquer natureza, mediante a prática de crimes cuja pena máxima seja igual ou superior a 4 (quatro) anos ou que sejam de caráter transnacional". Já a Lei nº 12.850, de 02.08.2013, define organização criminosa no art. 1º, § 1º, ao afirmar que "se considera organização criminosa a associação de 4 (quatro) ou mais pessoas estruturalmente ordenada e caracterizada pela divisão de tarefas, ainda que informalmente, com objetivo de obter, direta ou indiretamente, vantagem de qualquer natureza, mediante a prática de infrações penais cujas penas máximas sejam superiores a 4 (quatro) anos, ou que sejam de caráter transnacional". Não requer estatuto, bastando que seja de fato.

O art. 1º, § 4º também versa acerca da figura da reiteração delitiva, que não deve ser confundida com o crime habitual, tampouco com a continuidade delitiva. Para a incidência desta causa de aumento não se faz necessário um liame em razão das condições de tempo, lugar, maneira de execução e outras semelhantes (nesta última hipótese aplicar-se-á as regras dispostas no art. 71 do Código Penal), bastando que o agente invista na prática delitiva reiterada e frequente de lavagem de dinheiro.

A visualização da reiteração nos atos de lavagem de dinheiro, pode ser citada, por exemplo, a partir de valores provenientes do tráfico internacional de drogas, que foram movimentados financeiramente, ao longo de dado período de tempo juridicamente relevante, em contas titularizadas por terceiras pessoas.

Por outro lado, atos pontuais de branqueamento, e, portanto, individualizados (como por exemplo, a ocultação da propriedade de 03 – três – veículos automotores, o que pode ensejar o reconhecimento de 03 – três – delitos autônomos de lavagem unificados por força da incidência da regra prevista no art. 71 do Código Penal), escapa da ideia de reiteração/habitualidade que perfaz a causa de aumento contida no § 4º do art. 1º da Lei nº 9.613/1998.

Sob este enfoque é necessário analisar a forma empregada para escamotear o lucro da infração subjacente, o que permitirá aferir a incidência da referida majorante prevista na lei de lavagem.

Ademais, é comum a diversificação dos mecanismos de lavagem, justamente para que o agente não corra o risco de procedê-la de uma única maneira, o que neste caso, poderia, até mesmo, permitir o reconhecimento da ficção jurídica do crime continuado. Lado outro, caso o agente opte por diversificar a maneira dessa lavagem, deverá arcar com o ônus de possivelmente incidir nas regras do concurso material (artigo 69 do Código Penal).

Nesse sentido, vide o precedente que segue da lavra desta C. Corte Regional:

"PENAL. PROCESSO PENAL. **LAVAGEM DE DINHEIRO** E EVASÃO DE DIVISAS. PRELIMINARES. INÉPCIA DA DENÚNCIA. INFRINGÊNCIA AO PRINCÍPIO DO PROMOTOR NATURAL. NULIDADE DE DOCUMENTOS RECEBIDOS DAS AUTORIDADES ESTRANGEIRAS. AUSÊNCIA DE RATIFICAÇÃO EXPRESSA DA DENÚNCIA NA PRIMEIRA INSTÂNCIA JURISDICIONAL. CARTA ROGATÓRIA. AUSÊNCIA DE PERÍCIA TÉCNICA. DELITOS ANTECEDENTES. MATERIALIDADE. AUTORIA. DOLO. PRINCÍPIO DA CONSUNÇÃO. DOSIMETRIA. PENA-BASE. CIRCUNSTÂNCIAS JUDICIAIS. AGRAVANTE DO ART. 61, II, G, DO CÓDIGO PENAL. CAUSA DE AUMENTO DE PENA DO PARÁGRAFO 4º DO ART. 1º DA LEI N. 9.613/98. CONTINUIDADE DELITIVA. **CONCURSO MATERIAL ENTRE AS CONDUTAS DE LAVAGEM DE DINHEIRO**. APLICAÇÃO DAS REGRAS DO CONCURSO DE CRIMES ÀS PENAS DE MULTA. REUNIÃO DE PROCESSOS. BENEFÍCIOS DA JUSTIÇA GRATUITA. PERDIMENTO DE BENS. REINTERROGATÓRIO. (...) 16. **Os 3 (três) delitos de lavagem de dinheiro deram-se em momentos diferentes, sendo diversas também as formas de ocultação de valores utilizadas em cada caso, o que inviabiliza a incidência das regras atinentes à continuidade delitiva**, não obstante constituam delitos de mesma espécie. **Impõe-se a incidência das regras relativas ao concurso material de crimes, previstas no art. 69 do Código Penal, entre as condutas de lavagem de capitais.** (...)."

(TRF3, QUINTA TURMA, Ap. – APELAÇÃO CRIMINAL – 63927 – 0010705-96.2004.4.03.0000, Rel. Des. Fed. ANDRÉ NEKATSCHALOW, julgado em 13/11/2017, e-DJF3 Judicial 1 DATA: 08/01/2018)

A Lei nº 14.478, de 21.12.2022, que dispôs sobre diretrizes a serem observadas na prestação de serviços de ativos virtuais e na regulamentação das prestadoras de serviços de ativos virtuais, deu nova redação ao art. 1º, § 4º, da Lei nº 9.613/1998, para incluir a perpetração do crime "por meio da utilização de ativo virtual" como circunstância a ensejar o aumento da pena:

"§ 4º A pena será aumentada de 1/3 (um terço) a 2/3 (dois terços) se os crimes definidos nesta Lei forem cometidos de forma reiterada, por intermédio de organização criminosa **ou por meio da utilização de ativo virtual.**"

A entrada em vigor da Lei ocorrerá após decorridos 180 (cento e oitenta) dias de sua publicação oficial (artigo 14).

8. Colaboração premiada – artigo 1º, § 5º

A confissão prevista como circunstância atenuante no artigo 65, inciso III, alínea "d", do Código Penal, ocorre quando o agente aquiesce com a perpetração do crime tanto na esfera policial como quando interrogado em juízo, destacando-se que tal assunção de responsabilidade pelo ilícito se levada em conta para fins de formação do convencimento judicial, faz com que incida o entendimento plasmado na Súmula nº 545 do Superior Tribunal de Justiça ("quando a confissão for utilizada para a formação do convencimento do julgador, o réu fará jus à atenuante prevista no artigo 65, III, d, do Código Penal").

O exame dos aspectos comportamentais do agente para a incidência da sobredita atenuante primeiro deve se ater diretamente à sua personalidade (capacidade de assumir erros e suas consequências) e depois deve se espraiar para a aferição de que ao se dispor a narrar os fatos criminosos já conhecidos (subsidiando as provas outrora amealhadas pelos órgãos de persecução penal em atitude colaborativa pela vinda de informações úteis à elucidação da prática delitiva), evidencia postura proativa em favor da investigação que deve ser valorada positivamente quando da dosimetria da pena.

Todavia, a confissão, por representar apenas a assunção dos fatos delituosos pelo réu (preteritamente desvendados), ainda que retrate a participação de demais agentes no universo criminoso, não tem o alcance de produzir prova em detrimento daqueles. Diversamente, a Colaboração Premiada ocorre no instante em que o indivíduo confessa o crime ou os crimes e se predispõe a delatar os fatos criminosos aos agentes de persecução penal. Significa a admissão da própria conduta delituosa com efetivo auxílio aos agentes de persecução penal para o desvendamento de todo o espectro criminoso, implicando na confissão total, na individualização da responsabilidade dos demais membros, bem como na localização dos bens, direitos ou valores da infração penal. Assim agindo, ao término da persecução criminal poderá obter os benefícios previstos na legislação, quais sejam, perdão judicial, redução de um a dois terços da pena privativa de liberdade e fixação do regime aberto ou semiaberto ou substituição por restritiva de direitos.

Este instituto tem incidência no ordenamento jurídico brasileiro desde as Ordenações Filipinas (Título CXVI, Felipe II, 1603),[287] sendo também validado no direito estrangeiro. No Brasil faz-se a ele menção em diver-

[287] ANSELMO, Márcio Adriano. *Colaboração premiada: O novo paradigma do processo penal brasileiro.* 1. ed. Rio de Janeiro: M. Mallet Editora, 2016, p. 34.

sos diplomas legais, notadamente no Código Penal (artigo 159, § 4º, com a redação dada pela Lei nº 9.269, de 02.04.1996), na Lei nº 7.492, de 16.06.1986 (artigo 25, § 2º, acrescentado pela Lei nº 9.080, de 19.07.1995), na Lei nº 8.072, de 25.07.1990 (artigo 8º, parágrafo único), na Lei nº 8.137, de 27.12.1990 (artigo 16, parágrafo único, acrescentado pela Lei nº 9.080/1995), na Lei nº 9.034, de 03.05.1995 (artigo 6º - este diploma foi revogado pela Lei nº 12.850, de 02.08.2013), na Lei nº 9.613, de 03.03.1998, com a redação dada pela Lei nº 12.683, de 09.07.2012 (artigo 1º, § 5º) (ora sob análise), na Lei nº 9.807, de 13.07.1999 (artigos 13/15), bem ainda na Lei nº 11.343, 23.08.2006 (artigo 41), na Lei nº 12.529, de 30.11.2011 (artigos 86 e 87, além da Lei nº 12.850, de 02.08.2013 (artigo 3-A e seguintes).

No âmbito internacional, podem ser relembradas a Convenção da O.N.U. de Mérida contra a Corrupção, assinada em 09.12.2003, na cidade mexicana de mesmo nome, ratificada pelo Brasil em 15.06.2005, entrando em vigor internacional em 14.12.2005. Aprovada pelo Decreto-Legislativo nº 348, de 18.05.2005, e promulgada pelo Decreto nº 5.687, de 31.01.2006. É resultado da atuação do Escritório das Nações Unidas contra Drogas e Crime (UNODC), que corretamente recomenda: “Cada Estado Parte considerará a possibilidade de prever, em casos apropriados, a mitigação de pena de toda pessoa acusada que preste cooperação substancial à investigação ou ao indiciamento dos delitos qualificados de acordo com a presente Convenção” (artigo 37, 2).

A Colaboração Premiada traz à cena um juízo ético-jurídico retributivo-preventivo, vale dizer, prevenção do crime em geral (em relação a toda a sociedade) e especial (no que se relaciona ao réu) com apenamento em grau diferenciado. Pode ser adjetivada como sendo ética, útil e estratégica. Ética, por dar efetividade aos fins político-criminais e à tutela do bem jurídico protegido pela norma, guardando simetria com a justiça social e o bem-estar da coletividade. Útil, por retirar dos órgãos de persecução penal a exclusiva responsabilidade probatória na formação de culpa do agente criminoso (já que ele trará elementos que respaldarão as investigações). E, finalmente, estratégica, notadamente à Defesa, porquanto o réu será agraciado com um apenamento relativizado sem os ônus inerentes ao desenrolar de uma instrução processual penal.

Este instituto deve ser encorajado pelos órgãos de persecução penal ante os evidentes ganhos obtidos com a cessação da prática criminosa, de modo que a adoção da colaboração premiada representa uma possibilidade (talvez a única) da descoberta de graves crimes, com a restituição dos produtos e proveitos das infrações penais, com a prisão de criminosos, dentre outros, numa verdadeira equação custo-benefício.

A natureza jurídica do instituto da colaboração premiada foi gestada pelos precedentes que se formaram ao longo dos anos no âmbito do Supremo Tribunal Federal e do Superior Tribunal de Justiça restando assentada a sua bilateralidade: um negócio jurídico processual e meio de obtenção de prova. Um negócio jurídico processual porquanto, além de ser qualificada expressamente pela lei como meio de obtenção de prova, seu objeto é a cooperação do imputado para a investigação e para o processo criminal, "atividade de natureza processual, ainda que se agregue a esse negócio jurídico o efeito substancial (de direito material) concernente à sanção premial a ser atribuída a essa colaboração."[288]

O Superior Tribunal de Justiça, com lastro neste precedente, reafirmou esta natureza jurídica do instituto, ressaltando ser a colaboração premiada uma técnica especial de investigação, meio de obtenção de prova "advindo de um negócio jurídico processual personalíssimo, que gera obrigações e direitos entre as partes celebrantes (Ministério Público e colaborador), não possuindo o condão de, por si só, interferir na esfera jurídica de terceiros",[289] ainda que venham a ser nominados quando das declarações prestadas, carecendo, pois, interesse dos delatados no questionamento quanto à validade do acordo de colaboração premiada celebrado por outrem.

Inclusive, tais precedentes deram ensejo à edição pela Lei nº 13.964, de 24.12.2019 (Lei Anticrime) do art. 3º-A na Lei das Organizações Criminosas: "o acordo de colaboração premiada é negócio jurídico processual e meio de obtenção de prova, que pressupõe utilidade e interesse públicos."

O agente colaborador deve elucidar a trama criminosa (o que o difere da figura da testemunha) e deve entregar todos os dados para a confrontação dos crimes que indicar. Assim sendo, a pessoa delatada mantém a sua condição de presumidamente inocente até que a veracidade da versão dada pelo agente colaborador seja confrontada e plenamente confirmada pelos elementos de prova por ele entregues. A prova, direta e indireta, obtida a partir do procedimento de colaboração premiada, deve ser suficiente para o limiar da ação penal, devendo ser lastreada em outros elementos apresenta-

288 Habeas Corpus nº 127.483-PR, Tribunal Pleno, Relator Min. Dias Toffoli, DJe de 04.02.2016.

289 RHC nº 69.988/RJ, Rel. Min. Reynaldo Soares da Fonseca, Quinta Turma, DJe de 07.11.2016.

dos pelo agente colaborador para aferir-se a presença da materialidade dos tipos imputados e indícios de autoria dos agentes delatados.

A Lei nº 9.613/1998 estatui a possibilidade da colaboração premiada para aquele cujas informações fornecidas às autoridades conduzam à apuração das infrações penais (tanto da infração subjacente quanto do delito parasitário), à identificação de todos os autores, coautores e partícipes, ou à localização dos bens, direitos ou valores objetos do crime.

Note-se que a previsão originária do referido instituto quando da entrada em vigor da Lei de Lavagem de Dinheiro (§ 5º do art. 1º) dispunha que "§ 5º A pena será reduzida de um a dois terços e começará a ser cumprida em regime aberto, podendo o juiz deixar de aplicá-la ou substituí-la por pena restritiva de direitos, se o autor, coautor ou partícipe colaborar espontaneamente com as autoridades, prestando esclarecimentos que conduzam à apuração das infrações penais e de sua autoria ou à localização dos bens, direitos ou valores objeto do crime."

Posteriormente, com a redação atribuída pela Lei nº 12.683/2012 o aludido normativo passou a prever que "§ 5ºA pena poderá ser reduzida de um a dois terços e ser cumprida em regime aberto ou semiaberto, facultando-se ao juiz deixar de aplicá-la ou substituí-la, a qualquer tempo, por pena restritiva de direitos, se o autor, coautor ou partícipe colaborar espontaneamente com as autoridades, prestando esclarecimentos que conduzam à apuração das infrações penais, à identificação dos autores, coautores e partícipes, ou à localização dos bens, direitos ou valores objeto do crime".

No que diz respeito à benesse de redução da pena de 1 a 2/3 e fixação do regime inicial aberto ou semiaberto de cumprimento da pena, há que se destacar que a redação originária da lei dispunha apenas sobre o regime inicial aberto, tendo a Lei nº 12.683/2012 incluído também o regime semiaberto.

Ainda, a depender do grau de colaboração, o magistrado poderá deixar de aplicar a pena (perdão judicial como causa extintiva da punibilidade) ou substituí-la, a qualquer tempo, por pena restritiva de direitos, ainda que não estejam preenchidos os requisitos dispostos no art. 44 do CP.

Portanto, repise-se, para que eventualmente possa fazer jus aos benefícios da lei impende que o agente colaborador conduza a um dos seguintes efeitos – de modo alternativo já que Lei nº 12.683/2012 usou a conjunção "ou": à apuração das infrações penais (tanto da infração subjacente quanto da lavagem de dinheiro), à identificação dos autores, coautores e partícipes, ou à localização dos bens, direitos ou valores objetos do crime.

A referida legislação de 2012 também permite que a colaboração premiada seja realizada "a qualquer momento", ou seja, inclusive, após o trânsito em julgado da ação penal. Nesse sentido Renato Brasileiro de Lima[290] explicita que "pode parecer estranho que o dispositivo se refira à celebração do acordo de colaboração premiada *a qualquer tempo*. Todavia, na hipótese de o produto direto ou indireto da infração penal antecedente não ter sido objeto de medidas assecuratórias durante o curso da persecução penal, inviabilizando ulterior confisco, tendo em conta, ademais, que um dos objetivos da colaboração premiada na Lei 9.613/98 é exatamente a localização dos bens, direitos ou valores objeto do crime de lavagem de capitais, é intuitivo que tais informações podem ser prestadas pelo agente mesmo após o trânsito em julgado de sentença condenatória."

9. Ação controlada e infiltração de agentes – artigo 1º, § 6º

O pacote anticrime (Lei nº 13.964, de 24.12.2019) inseriu no art. 1º da Lei de Lavagem de Dinheiro, o parágrafo 6º, prevendo duas técnicas especiais de investigação consubstanciadas na ação controlada e na infiltração de agentes para a apuração do crime de lavagem de dinheiro. Note-se que preteritamente já se fazia possível a adoção de tais técnicas de investigação na Lei nº 12.850, de 02.08.2013, todavia, referia-se à apuração de fatos envolvendo organização criminosa.Note-se que especificamente em relação à ação controlada, a própria lei de lavagem já admitia aludida técnica em seu art. 4º B, tendo o pacote anticrime inovado apenas ao introduzir na lei de branqueamento a figura do agente infiltrado. Com o mesmo entendimento Renato Brasileiro de Lima.[291]

No entanto, como já mencionado alhures nesta obra, o emprego destas técnicas de investigação quando não se apurava a prática de crimes por organização criminosa era objeto de questionamentos nos tribunais, fato agora superado pela entrada em vigor do pacote anticrime.

10. Processo e julgamento dos crimes de lavagem

Artigo 2º

O processo e julgamento dos crimes previsto nesta Lei:

[290] LIMA, Renato Brasileiro de. *Legislação criminal especial comentada*: volume único, 9. ed. rev. atual e ampl. Salvador: JusPodivm, 2021, p. 702.
[291] *Ob. cit.*, p. 703/704.

I – obedecem às disposições relativas ao procedimento comum dos crimes punidos com reclusão, da competência do juiz singular;

II – independem do processo e julgamento das infrações penais antecedentes, ainda que praticados em outro país, cabendo ao juiz competente para os crimes previstos nesta Lei a decisão sobre a unidade de processo e julgamento (Redação dada pela Lei nº 12.683, de 09.07.2012);

III – são da competência da Justiça Federal:

a) quando praticados contra o sistema financeiro e a ordem econômico-financeira, ou em detrimento de bens, serviços ou interesses da União, ou de suas entidades autárquicas ou empresas públicas;

b) quando a infração penal antecedente for de competência da Justiça Federal (Redação dada pela Lei nº 12.683, de 09.07.2012);

§ 1º A denúncia será instruída com indícios suficientes da existência da infração penal antecedente, sendo puníveis os fatos previstos nesta Lei, ainda que desconhecido ou isento de pena o autor, ou extinta a punibilidade da infração penal antecedente (Redação dada pela Lei nº 12.683, de 09.07.2012).

§ 2º No processo por crime previsto nesta Lei, não se aplica o disposto no art. 366 do Decreto-Lei nº 3.689, de 3 de outubro de 1941 (Código de Processo Penal), devendo o acusado que não comparecer nem constituir advogado ser citado por edital, prosseguindo o feito até o julgamento, com a nomeação de defensor dativo(Redação dada pela Lei nº 12.683, de 09.07.2012)."

A leitura que se deve fazer do inciso I do art. 2º deve estar em consonância com o teor do art. 394, § 1º, inciso I, do Código de Processo Penal, no sentido de que o procedimento a ser adotado nos crimes de lavagem de dinheiro será o procedimento comum ordinário, em razão de se tratar de crime cuja sanção máxima cominada é superior a 4 (quatro) anos de pena privativa de liberdade, mas não em virtude de ser punido com pena de reclusão, como consta da redação da lei de lavagem, notadamente porque desde aLei nº 11.719/2008, que alterou o regramento da lei processual penal, a forma de classificação do procedimento comum não leva mais em consideração a natureza da pena.

O artigo 6º, número 2, alínea "a", da Convenção do Conselho da Europa de Estrasburgo (1990), dedicada à Lavagem de Dinheiro, revela não ser relevante o local da prática do delito antecedente, o mesmo dispondo a Convenção da O.N.U. contra o Crime Organizado Transnacional (Palermo, artigo 6º, número 2, alínea "c"), a Convenção da O.N.U. contra a Corrupção (Mérida, artigo 23, número 2, alínea "c") e a Convenção do Conselho da Europa relativa a Apreensão, Perda e Confisco das Vantagens do Crime e ao Financiamento do Terrorismo (Varsóvia, artigo 9º, item 7).

Em todos esses diplomas internacionais há previsão para que os países estabeleçam como requisito da Lavagem que a conduta subjacente constitua uma infração penal. Importante frisar que para a punição por Lavagem de Dinheiro basta que a infração penal subjacente seja um ilícito-típico (desconsiderada a culpabilidade), havendo necessidade efetiva de figurar como crime em outro país (se esta for a hipótese), sob pena de injustamente vir-se a punir alguém por total desconhecimento da lei e ofensa ao preceito da legalidade.

É apenas nesse sentido que se deve interpretar o *caput* do artigo 8º, com a redação atual da Lei nº 9.613/1998 (conferida pela Lei nº 12.683/2012), que permite medidas assecuratórias sobre bens, direitos ou valores oriundos de crimes descritos no artigo 1º praticados no estrangeiro, na hipótese de existência de tratado ou convenção internacional e por solicitação de autoridade estrangeira competente. O artigo 2º, § 1º, ao exigir denúncia instruída com "indícios suficientes" de que o objeto material da lavagem seja proveniente, direta ou indiretamente, de infração penal, "ainda que desconhecido ou isento de pena o autor, ou extinta a punibilidade da infração penal antecedente", reforça tal entendimento.

A atual legislação pátria de lavagem faz alusão ao elemento normativo infração penal, abarcando os crimes e as contravenções penais (redação atribuída pela Lei nº 12.683/2012). Fica de fora, portanto, as infrações cíveis e administrativas.

Nesse sentido, apenas restará caracterizado o delito parasitário desde que eventualmente os proveitos econômicos que tenham sido ocultados, dissimulados, integrados ou reciclados, sejam oriundos de infração penal subjacente.

Louvável a inclusão no § 1º do art. 2º como fator de repressão à Lavagem, no sentido de continuarem puníveis os fatos ainda que tenha havido a extinção de punibilidade da infração penal subjacente. Do contrário, poderia, *s.m.j.*, representar a possibilidade de usufruto do produto de crime, sugerindo a necessidade imperiosa de adoção da Ação Civil de Extinção de Domínio dos bens decorrentes de atividades ilícitas.

Se a infração penal subjacente exigir queixa-crime ou representação do ofendido, não poderá o Estado punir alguém pela Lavagem de Dinheiro porquanto somente se pode considerar uma infração como subjacente se houver manifestação de vontade do ofendido.

Vigora aqui, pois, a necessidade de preservação dos interesses da vítima da infração penal subjacente (sua privacidade) que não pode se expor de forma compulsória pelo Estado, desejoso de confiscar o produto da infração penal.

Entretanto, dificilmente se vislumbrará o tipo de Lavagem de Dinheiro porque normalmente tais crimes não geram proveito econômico. A queixa-crime ou a representação do ofendido do tipo subjacente funcionaria, também para o tipo de Lavagem, como condição de procedibilidade.

Também cumpre asseverar que de acordo com o disposto no inciso II do art. 2º, é possível que a infração subjacente ocorra no exterior e a apuração da lavagem de dinheiro se perfaça no Brasil. Como dito, há a necessidade de que os valores, bens ou direitos decorram de infração penal, independentemente do processamento e julgamento da infração subjacente.

Não há, outrossim, ainda que os crimes tenham sido cometidos na mesma localidade, a necessidade de serem julgados conjuntamente, ficando a cargo do juiz competente a decisão da unidade de processo e julgamento. Tome-se, como exemplo, situação em que o processo da infração subjacente esteja em fase de finalização enquanto o de lavagem em seu nascedouro, não havendo justificativa, portanto, de que se perfaçam simultaneamente.

Note-se ademais que o combate à lavagem de dinheiro não exige de antemão prova cabalda ocorrência da infração subjacente para que se evidencie a justa causa necessária à deflagração da ação penal, nos termos do § 1º do art. 2º.

A autonomia do delito de lavagemdinheiro apenas denota que a peça acusatória refira elementos indiciários que apontem de modo assertivo para a ocorrência de um fato penalmente relevante que motivou a lavagem imputada, mesmo que praticado em outro país ou em circunstâncias não elucidadas.

Portanto, ainda que não seja necessária a demonstração plena de todos os elementos da infração subjacente, deve ao menos haver indícios suficientes acerca de sua existência, de modo a permitir o início da ação penal.

A denúncia deverá indicar quais infrações subjacentes levaram à conclusão acerca da origem espúria dos bens, direitos ou valores, de modo a viabilizar ao acusado a ampla defesa e o contraditório. Impõem-se, ademais, que os fatos descritos não tenham caráter genérico e indeterminado, sendo imperiosa a demonstração ao menos do vínculo, direto ou indireto, entre a infração subjacente e a lavagem de dinheiro.

Há precedente do STJ no sentido de que a aptidão da peça acusatória relativa ao crime de lavagem de dinheiro não exige uma descrição exaustiva e pormenorizada da suposta infração subjacente, bastando a presença de indícios suficientes de que o objeto material da lavagem seja dela proveniente, direta ou indiretamente (Apn n. 923/DF, Rel. Ministra Nancy Andrighi, Corte Especial, DJe 26.09.2019).

Sob este espeque, há a necessidade de se evidenciar na denúncia a justa causa duplicada, ou seja, o lastro mínimo de prova acerca da materialidade da infração subjacente, bem como indícios de autoria e materialidade do crime de lavagem de dinheiro, de modo a corroborar a pertinência do pedido condenatório.

Na edição nº 166 do Jurisprudência em teses do Superior Tribunal de Justiça (entendimentos extraídos de julgados publicados até 26.02.2021) consolidou-se o entendimento de que: "2) Nos crimes de lavagem de dinheiro, a denúncia é apta quando apresentar justa causa duplicada, indicando lastro probatório mínimo em relação ao crime de lavagem de dinheiro e à infração penal antecedente", bem como o de que: "3) A aptidão da denúncia relativa ao crime de lavagem de dinheiro não exige uma descrição exaustiva e pormenorizada do suposto crime prévio, bastando, com relação às condutas praticadas antes da Lei n. 12.683/2012, a presença de indícios suficientes de que o objeto material da lavagem seja proveniente, direta ou indiretamente, de um daqueles crimes mencionados nos incisos do art. 1º da Lei n. 9.613/1998."

No entanto, em alguns casos, o lastro probatório mínimo exigido para dar início à persecução penal exige uma justa causa triplicada. Isso ocorre, por exemplo, quando a infração subjacente também for um delito parasitário, como é o caso do crime de receptação (art. 180 do CP) de bem roubado, havendo a necessidade de na denúncia o órgão acusatório apresentar, para além da justa causa duplicada (lavagem de dinheiro e receptação), elementos atinentes ao crime de roubo (art. 157 do CP).

O Supremo Tribunal Federal no âmbito do *Habeas Corpus* nº 89.739 (Rel. Cezar Peluso, Segunda Turma, DJe 15.08.2008) e no *Habeas Corpus* nº 94.958 (Rel. Joaquim Barbosa, Segunda Turma, DJe 05.02.2009) reconheceu a desnecessidade de a denúncia trazer prova cabal da materialidade da infração subjacente à de lavagem de dinheiro.

No Recurso Especial nº 1.133.944 – PR, o Superior Tribunal de Justiça entendeu que para a configuração do crime de lavagem de dinheiro, não é necessária a prova plena da infração subjacente, mas a demonstração de "indícios suficientes da existência do crime antecedente" (Relator Ministro Felix Fischer, 5ª Turma, v.u., DJ 17.05.2010).

Cabe ponderar que, se para o oferecimento da denúncia bastam indícios suficientes acerca da existência da infração subjacente, para um juízo condenatório, haverá a necessidade de robusta demonstração de quais elementos probatórios ensejaram o convencimento do magistrado sobre a existência dessa infração penal, ainda que essa persuasão tenha advindo da força dos indícios amealhada nos autos.

Oportuno testificar que o art. 239 do Código de Processo Penal arrola o indício como espécie de prova, sendo lícito, senão obrigatório, ao magistrado considerá-lo na formação de seu livre convencimento motivado ao preceituar que: "considera-se indício a circunstância conhecida e provada, que, tendo relação com o fato, autorize, por indução, concluir-se a existência de outra ou outras circunstâncias".

A propósito, Guilherme de Souza Nucci[292] esclarece que:

> "Os indícios são perfeitos tanto para sustentar uma condenação quanto para a absolvição. Há autorização legal para sua utilização e não se pode descurar que há muito preconceito contra essa espécie de prova, embora seja absolutamente imprescindível ao juiz utilizá-la. Nem tudo se prova diretamente, pois há crimes camuflados – a grande maioria – que exigem a captação de indícios para a busca da verdade real."

Inclusive, os Tribunais Superiores já tiveram oportunidade de se manifestar nesse sentido:

> "AGRAVO REGIMENTAL EM AGRAVO DE INSTRUMENTO. ART. 244-A, § 1º, DO ECA. PROVA INDICIÁRIA. SUFICIÊNCIA. CONDENAÇÃO. REEXAME DE PROVAS. SÚMULA 7/STJ. DIVERGÊNCIA JURISPRUDENCIAL. AUSÊNCIA DE SIMILITUDE FÁTICA. 1. O dissídio jurisprudencial, para que seja caracterizado, exige que, em situações fáticas idênticas, tenha havido a divergente interpretação do mesmo dispositivo de lei federal, o que não ocorre no caso concreto, em que não há a referida similitude, uma vez que o julgado recorrido e o paradigma avaliaram questões de fato diferentes. 2. Em se tratando de crime cometido por omissão, a explicitação do nexo de causalidade consiste na demonstração do

[292] NUCCI, Guilherme de Souza. *Código de processo penal comentado*, 16. ed. Rio de Janeiro: Forense, 2017, p. 634.

fato de que o agente, embora sabendo da conduta ilícita e possuindo obrigação e condição de impedir seu resultado, concordou com a sua realização, por meio de sua inação. 3. Situação em que a Corte de origem, não apenas em razão da condição de administrador dos motéis, mas também por meio de outros elementos de convicção, entendeu que o agravante tinha conhecimento da exploração da prostituição de menores que era realizada nos estabelecimentos sob sua responsabilidade e assentia na ocorrência dessas práticas. 4. **Uma sucessão de indícios e circunstâncias, coerente e concatenadas, podem ensejar a certeza fundada que é exigida para a condenação** (REsp n. 130.570/SP, Ministro Felix Fischer, Quinta Turma, DJ 6/10/1997). 5. Para rever se, no caso concreto, os indícios seriam coerentes e veementes, de forma a autorizar um juízo de certeza acerca da culpabilidade do agravante, seria necessária uma análise do seu conteúdo, bem como das circunstâncias fáticas que envolveram as práticas delitivas, providência vedada em recurso especial, por força da Súmula 7/STJ. 6. Agravo regimental improvido."

(STJ, Sexta Turma, AGA – Agravo Regimental no Agravo de Instrumento – nº 1206993 2009.01.82827-6, Rel. Sebastião Reis Júnior, DJE de 13.03.2013)

"HABEAS CORPUS. PROCESSO PENAL. TRÁFICO DE ENTORPECENTES. MINORANTE DO § 4º DO ART. 33 DA LEI N. 11.343/2006. QUANTIDADE E VARIEDADE DA DROGA, MAUS ANTECEDENTES E DEDICAÇÃO À ATIVIDADE CRIMINOSA. INAPLICABILIDADE DA CAUSA DE DIMINUIÇÃO. PRESUNÇÃO HOMINIS. POSSIBILIDADE. **INDÍCIOS. APTIDÃO PARA LASTREAR DECRETO CONDENATÓRIO. SISTEMA DO LIVRE CONVENCIMENTO MOTIVADO. REAPRECIAÇÃO DE PROVAS**. DESCABIMENTO NA VIA ELEITA. ELEVADA QUANTIDADE DE DROGA APREENDIDA. CIRCUNSTÂNCIA APTA A AFASTAR A MINORANTE PREVISTA NO ART. 33, § 4º, DA LEI Nº 11.343/06, ANTE A DEDICAÇÃO DO AGENTE A ATIVIDADES CRIMINOSAS. ORDEM DENEGADA. 1. O § 4º do artigo 33 da Lei de Entorpecentes dispõe a respeito da causa de diminuição da pena nas frações de 1/6 a 2/3 e arrola os requisitos necessários para tanto: primariedade, bons antecedentes, não dedicação à atividades criminosas e não à organização criminosa. 2. Consectariamente, ainda que se tratasse de presunção de que o paciente é dedicado à atividade criminosa, esse elemento probatório seria passível de ser utilizado mercê de, como visto, haver elementos fáticos conducentes a conclusão de que o paciente era dado à atividade delituosa. 3. O princípio processual penal do favor rei não ilide a possibilidade de utilização de presunções hominis ou facti, pelo juiz, para decidir sobre a procedência do ius puniendi, máxime porque **o Código de Processo Penal prevê expressamente a prova indiciária, definindo-a no art. 239 como a circunstância conhecida e provada, que, tendo relação com o fato, autorize, por indução, concluir-se a existência de outra ou outras circunstâncias**. Doutrina (LEONE, Giovanni. Trattato di Diritto Processuale Penale. v. II. Napoli: Casa Editrice Dott. Eugenio Jovene, 1961. p. 161-162). Precedente (HC 96062, Relator(a): Min. MARCO AURÉLIO, Primeira Turma, julgado em 06/10/2009, DJe-213 DIVULG 12-11-2009 PUBLIC 13-11-2009 EMENT VOL-02382-02 PP-00336). 4. **Deveras, o julgador pode, mediante um fato devidamente provado que não constitui elemento do tipo penal, utilizando raciocínio engendrado com supedâneo nas suas experiências empíricas, concluir pela ocorrência de circunstância relevante para a qualificação penal da conduta**. 5. A criminalidade dedicada ao tráfico de drogas organiza-se em sistema altamente complexo, motivo pelo qual **a exigência de prova direta da dedicação a esse tipo de atividade, além de violar o sistema do livre convencimento motivado previsto no art. 155 do CPP e no art. 93, IX, da Carta Magna, praticamente impossibilita a efetividade da repressão a essa espécie delitiva.** (...) 8. Ordem denegada."

(HC – HABEAS CORPUS 111666 – MG, 1ª Turma, Rel. Min. LUIZ FUX, Data de Julgamento 08.05.2012, v.u.)

Não há a necessidade, pois, de se perquirir, por exemplo, quem foi o autor da infração subjacente, tampouco se houve condenação, exigindo-se apenas o convencimento do magistrado de que houve uma infração subjacente e que o produto ou o proveito dela decorrente foi objeto de atos de lavagem.

No caso supramencionado (STJ, REsp nº 1.133.944 – PR), por exemplo, o acusado estava sendo processado por lavagem de dinheiro tendo sido absolvido por tráfico internacional nos EUA porque o Júri considerou não existir prova de sua participação na organização criminosa. No ano de 2016, a aludida Corte novamente se pronunciou no sentido de que:

"PENAL E PROCESSUAL PENAL. AGRAVO REGIMENTAL NO RECURSO ESPECIAL. CRIME DE LAVAGEM DE CAPITAIS. VIOLAÇÃO DO ART. 381, III, DO CPP. NÃO OCORRÊNCIA. INDÍCIOS SUFICIENTES DA EXISTÊNCIA DO CRIME ANTECEDENTE. CON-

FIGURAÇÃO. AUTONOMIA. IRRETROATIVIDADE DA LEI MAIS GRAVOSA. OFENSA. NÃO OCORRÊNCIA. FATO DELITUOSO COMPROVADO. REVISÃO. NÃO CABIMENTO. SÚMULA 7/STJ. PRESCRIÇÃO NÃO CONFIGURADA. AGRAVO IMPROVIDO.

1. Não há falar em violação do art. 381, III, do CPP, quando o acórdão, dando provimento à pretensão condenatória, fundamenta-se por todos os elementos da imputação penal apresentada no início da lide, embora acrescida dos dados da instrução criminal, cumpre com os ditames do art. 381, III, do CPP, não sendo correto tê-la como incongruente ou mesmo desfundamentada" (REsp 751.215/RJ, Rel.Ministra MARIA THEREZA DE ASSIS MOURA, SEXTA TURMA, DJe de 18/12/2009).

2. Permanece típica e punível a lavagem de dinheiro mesmo quando desconhecido ou isento de pena o autor do crime precedente, desde que presentes indícios suficientes da existência deste delito (art.2º, § 1º, da Lei n. 9.613/98).

3. O sujeito ativo do crime de lavagem de dinheiro pode ser, não só o autor, o coautor ou o partícipe do crime antecedente, mas todo aquele que, de alguma forma, concorra para a ocultação ou dissimulação do lucro proveniente da atividade delituosa.

4. A jurisprudência do Superior Tribunal de Justiça é firme no sentido de que, para a configuração do crime do artigo art. 1º da Lei n. 9.613/98, não é necessário que o acusado tenha sido condenado pelo delito antecedente, pois embora derivado ou acessório, o delito de lavagem de dinheiro é autônomo.

5. Inexiste a apontada ofensa ao princípio da irretroatividade de lei mais gravosa, pois a condenação cingiu-se às condutas ocorridas após a vigência da Lei n. 9.613/98.

6. Rever a conclusão do acórdão recorrido, acerca da comprovação do fato delituoso, demandaria incursão em elementos fático-probatórios dos autos, o que encontra óbice na Súmula 7 do STJ.

7. Tendo as condutas relativas ao delito de lavagem ocorrido em 2000, 2001 e 2002, cujo acórdão condenatório foi proferido em 2005, não há falar em prescrição da pretensão punitiva, em face da pena final aplicada em 4 anos e 6 meses de reclusão e 100 dias-multa.

8. Agravo regimental improvido."

(STJ, AgRg no REsp 1244668/MS, Rel. Ministro Nefi Cordeiro, Sexta Turma, julgado em 15.12.2015, DJe 02.02.2016)

A participação na infração penal subjacente não é indispensável à adequação da conduta de quem oculta ou dissimula a natureza, origem, localização, disposição, movimentação ou propriedade de bens, direitos ou valores dela decorrentes, direta ou indiretamente (STJ, RMS 16.813/SP, Rel. Ministro Gilson Dipp, Quinta Turma, julgado em 23.06.2004, DJ 02/08/2004).

Portanto, não se exige que o agente do crime parasitário tenha concorrido para a prática da infração subjacente, sendo suficiente que ele tenha conhecimento quanto à origem espúria dos bens e valores (ciência a ser apurada durante a instrução processual penal, sendo suficiente para a deflagração da ação penal indícios de que os bens, direitos e valores ilícitos decorram da infração penal subjacente).

Nesse sentido o STJ já decidiu que:

> "(...) 1. O trancamento da ação penal por ausência de justa causa exige comprovação, de plano e inequívoca, da atipicidade da conduta, da ocorrência de causa de extinção da punibilidade, da ausência de lastro probatório mínimo de autoria ou de materialidade, o que não se verifica nos presentes autos. **2. Para configuração do crime do artigo art. 1º da Lei n. 9.613/98, não é necessário que o acusado tenha sido condenado pelo delito antecedente, pois embora derivado ou acessório, o delito de lavagem de dinheiro é autônomo, também não se exigindo processo criminal ou condenação pelo prévio delito, nem mesmo que o acusado seja o autor do delito, bastando, para tanto, a presença de indícios suficientes de sua existência, o que se verifica da peça acusatória que ora se analisa,** bem como porque a ação penal que apura o delito de peculato não foi trancada em relação aos demais denunciados. Precedentes. 3. Além dos delitos de associação criminosa e corrupção, a denúncia imputa ao recorrente o mecanismo de ocultação de valores de origem ilícita utilizado pelos envolvidos, os quais teriam sido obtidos por meio do crime de peculato de corréus, de modo que não há se falar em bis in idem. 4. Recurso em habeas corpus improvido."
>
> (RHC – Recurso Ordinario em Habeas Corpus – 94233 2018.00.13944-7, Nefi Cordeiro, STJ – Sexta Turma, DJE DATA:03/09/2018)

Deve-se observar, contudo, que a autonomia da lavagem não pode enveredar para o entendimento de que no caso de *abolitio criminis* e de absolvição da infração penal subjacente por estar provada a inexistência do fato e por não constituir o fato infração penal, por exemplo, (artigo 386, incisos I e III, do C.P.P.), ainda assim houvesse espaço para a jurisdição penal.

É que o delito de lavagem de dinheiro, em face de sua acessoriedade, somente pode ser vislumbrado quando haja, ainda que em tese, a prática da infração penal subjacente, o que não ocorre com o reconhecimento categórico, com trânsito em julgado, da ausência desta última ou no caso da *abolitio criminis*.

Ora, infração penal é elemento normativo disposto no art. 1º da Lei nº 9.613/1998, de sorte que em não existindo a infração penal subjacente não restará caracterizada a tipicidade da lavagem de dinheiro. De outra senda, em hipóteses, por exemplo, em que tenha sido extinta a punibilidade da infração subjacente em decorrência do evento morte ou pela ocorrência da prescrição penal, não se evidenciam como um óbice à persecução penal da lavagem de dinheiro.

10.1. Competência e o delito de Lavagem de Dinheiro

O crime de lavagem de dinheiro, em regra, é de competência da Justiça Estadual, no entanto, em situações peculiares, a competência será da Justiça Federal.

Sob este enfoque, o inciso III do art. 2º da Lei nº 9.613/1998, em sua alínea "a", prevê que será da competência da Justiça Federal "quando praticados contra o sistema financeiro e a ordem econômico-financeira, ou em detrimento de bens, serviços ou interesses da União, ou de suas entidades autárquicas ou empresas públicas", apenas evidenciando as regras já inseridas no art. 109, incisos VI e IV, respectivamente, da Constituição Federal.

Por sua vez, a alínea "b" do inciso III do art. 2º consigna ser de competência da Justiça Federal "quando a infração penal antecedente for de competência da Justiça Federal (Redação dada pela Lei nº 12.683, de 09.07.2012)."

De acordo com esse último dispositivo, sempre que a infração penal subjacente for de competência da Justiça Federal, ou ainda, perante ela estiver tramitando feito em decorrência de conexão, por exemplo, a ela competirá o processamento e julgamento da lavagem de dinheiro.

Tal previsão concretiza o entendimento disposto na Súmula nº 122 do STJ, no sentido de que compete à Justiça Federal o processo e julgamento unificado dos crimes conexos de competência federal e estadual.

Também cumpre destacar que embora não tenha sido previsto no art. 2º da lei de lavagem de dinheiro, a Constituição Federal, em seu inciso V, estatui que os crimes previstos em tratado ou convenção internacional, quando, iniciada a execução no país, o resultado tenha ou devesse ter ocorrido no estrangeiro, ou reciprocamente, será de competência da Justiça Federal.

Ora, a lavagem de dinheiro, como já mencionado anteriormente, é um crime que o Brasil se obrigou a combater e punir por meio de diversos diplomas internacionais (cite-se como exemplo a Convenção de Viena, de Mérida e a Convenção de Palermo), de sorte que em situações onde houver compromisso assumido, além de presentes elementos de internacionalidade, a competência será da Justiça Federal.

A transnacionalidade do tráfico ou da associação para o tráfico de drogas pode ser citado como exemplo de critério definidor da competência da Justiça Federal, nos termos do art. 70 da Lei nº 11.343/2006, c.c. art. 109, V, da Constituição Federal ("Art. 70. O processo e o julgamento dos crimes previstos nos arts. 33 a 37 desta Lei, se caracterizado ilícito transnacional, são da competência da Justiça Federal; Art. 109. Aos juízes federais compete processar e julgar: (...) V – os crimes previstos em tratado ou convenção internacional, quando, iniciada a execução no País, o resultado tenha ou devesse ter ocorrido no estrangeiro, ou reciprocamente ...").

Perceba-se que para a configuração da transnacionalidade o delito deve, tão-somente, ultrapassar os limites da soberania nacional, com ou sem identificação de vínculo entre nacionais e estrangeiros, de modo que serão as circunstâncias do fato, a natureza e a procedência da substância que servirão para evidenciar se a hipótese é ou não de delito transnacional. Em outras palavras, basta que a droga seja originária de outro país e que não tenha havido interrupção do fluxo de comércio com o exterior, sem outros questionamentos, para que se assevere a transnacionalidade do tráfico de entorpecentes ou da associação que tinha por escopo traficar a droga. Se ao menos um dos atos executórios se iniciar fora do território nacional, a competência será da Justiça Federal.

A respeito do tema, pertinente trazer à colação a definição que consta do art. 3º, nº 2, da Convenção contra o Crime Organizado Transnacional (Decreto nº 5.015, de 12 de março de 2004): "(...) a infração será de caráter transnacional se: a) For cometida em mais de um Estado; b) For cometida num só Estado, mas uma parte substancial da sua preparação, planeamento, direção e controle tenha lugar em outro Estado; c) For cometida num só Estado, mas envolva a participação de um grupo criminoso organizado que pratique atividades criminosas em mais de um Estado; ou d) For cometida num só Estado, mas produza efeitos substanciais noutro Estado."

Sem prejuízo do exposto, especificamente no que tange ao inciso V do art. 109 da Constituição Federal, calha indicar que a República Federativa do Brasil ratificou e aprovou o texto da Convenção contra o Tráfico Ilícito de Entorpecentes e de Substâncias Psicotrópicas, aprovada em Viena, em 20 de dezembro de 1988, por meio do Decreto Legislativo nº 162, de 14 de junho de 1991, promulgado pelo Decreto nº 154, de 26 de junho de 1991, bem como é signatária do Acordo sobre Prevenção, Controle, Fiscalização e Repressão ao Uso Indevido e ao Tráfico Ilícito de Entorpecentes e de Substâncias Psicotrópicas, por meio do Decreto Legislativo nº 239, de 17 de dezembro de 1991, promulgado pelo Decreto nº 441, de 6 de fevereiro de 1992.

Ainda, de forma exemplificativa, não menos importante destacar quanto ao tema que o STJ já teve a oportunidade de decidir que: "Sempre que a lavagem ocorrer em instituição bancária situada no estrangeiro, a competência será da Justiça Federal."(CC 32.861/SP, Rel. Ministro GILSON DIPP, TERCEIRA SEÇÃO, julgado em 10/10/2001, DJ 19/11/2001, p. 231).

10.2. Varas especializadas para processar e julgar crimes contra o Sistema Financeiro Nacional e Lavagem de Dinheiro

Ainda, com relação à competência, não mais se discute acerca da constitucionalidade da Resolução nº 314, de 12.05.2003, do Conselho da Justiça Federal. Foram suscitados perante as Varas especializadas alguns conflitos de competência acerca do tema.

Basicamente alegava-se que o Conselho da Justiça Federal teria extrapolado os termos do artigo 105, parágrafo único, inciso II, da Constituição Federal (antes da Emenda nº 45, de 30.12.2004, o seu teor estava circunscrito ao parágrafo único), em razão de lhe competir, tão-somente, a execução da supervisão administrativa e orçamentária, conforme disciplinaram os artigos 4º e 5º, ambos da Lei nº 5.010, de 30.05.1966, posteriormente revogados pela Lei nº 8.472, de 14.10.1992, que dispôs sobre sua composição e competência, sendo verdadeira criação de *justiça especializada*, porque dotada de competência *ratione materiae*, afrontando o preceito do juiz natural (art. 5º, XXXVII e LIII).[293]

O Conselho da Justiça Federal, por meio da Resolução nº 314/2003, recomendou aos Tribunais Regionais Federais que especializassem varas federais criminais com competência exclusiva ou concorrente para o pro-

[293] DELMANTO JÚNIOR, Roberto. Justiça especializada para os crimes de lavagem de dinheiro e contra o Sistema Financeiro Nacional (a inconstitucionalidade da Resolução n 314, de 12.5.2003, do Conselho da Justiça Federal). *Revista do Advogado*, São Paulo, ano 24, n. 78, p. 95-102, set. 2004.

cessamento e julgamento de crimes contra o Sistema Financeiro Nacional e de Lavagem ou ocultação de bens, direitos e valores (art. 1º).

Estas Varas, nos termos da Resolução citada, são Varas Criminais especializadas, sendo de nota o teor do Provimento nº 238, de 27.08. 2004, do Tribunal Regional Federal da 3ª Região (Dispôs sobre a especialização das 2ª e 6ª Varas Criminais da 1ª Subseção Judiciária de São Paulo/SP, para processar e julgar crimes contra o sistema financeiro nacional e crimes de "lavagem" ou ocultação de bens, direitos e valores), mormente o § 1º do artigo 3º, que disciplinou, em São Paulo, a questão: "são consideradas juízo criminal especializado em razão da matéria e terão competência jurisdicional em toda a área territorial da Seção Judiciária do Estado de São Paulo."

Ainda, de acordo com o art. 5º do aludido Provimento, "serão redistribuídos para as Varas Criminais Especializadas, todos os feitos em andamento, de que trata o art. 2º deste Provimento, na Seção Judiciária do Estado de São Paulo, excetuados os que estiverem com a fase instrutória encerrada, observando-se as cautelas de sigilo, a ampla defesa e o devido processo legal."

Não houve violação ao artigo 70 do C.P.P., que trata da competência pelo lugar da infração, porquanto o artigo 99 da Constituição Federal assegura ao Poder Judiciário autonomia administrativa e financeira, podendo proceder à sua auto-organização administrativa.

De igual modo, a Lei que organiza a Justiça Federal (Lei nº 5.010, de 30.05.1966) em seu artigo 12 confere ao Conselho da Justiça Federal poderes para *especializar Varas*, a saber:

> "Art. 12. Nas Seções Judiciárias em que houver mais de uma Vara, poderá o Conselho da Justiça Federal fixar-lhes sede em cidade diversa da Capital, especializar Varas e atribuir competência por natureza de feitos a determinados Juízes."

Assim, não houve incorreção nos diplomas normativos que disciplinaram a matéria.

A 5ª Turma do Tribunal Regional Federal da 3ª Região, por unanimidade, assim decidiu sobre este tema:

> "PENAL. PROCESSO PENAL. SISTEMA FINANCEIRO. LAVAGEM DE CAPITAIS. COMPETÊNCIA. VARAS ESPECIALIZADAS. PROVIMENTO Nº 238 DO CONSELHO DA JUSTIÇA FEDERAL DA 3.ª REGIÃO. PRINCÍPIO DA LEGALIDADE RESPEITADO. NORMA

QUE BUSCA SEU FUNDAMENTO DE VALIDADE NA RESOLUÇÃO Nº 314 DO CONSELHO DA JUSTIÇA FEDERAL E NO ARTIGO 12 DA LEI 5.010/66. NORMAS CONSTITUCIONAIS RELATIVAS A COMPETÊNCIA RESPEITADAS. PRINCÍPIO DO JUIZ NATURAL PRESENTE. COMPETÊNCIA 'RATIONE MATERIAE' DE CARÁTER ABSOLUTO. INTERESSE PÚBLICO. RECURSO DESPROVIDO.

Agiu com acerto a Ilustre Magistrada da 1.ª Vara Federal de Taubaté, quando ordenou a redistribuição do feito a uma das VARAS Federais ESPECIALIZADAS em processar e julgar os crimes contra o sistema financeiro nacional e os crimes de 'lavagem' ou ocultação de bens, direitos e valores, visto que procedeu em respeito ao Provimento nº 238 de 27 de agosto de 2004 do Conselho da Justiça Federal da 3.ª Região.

As normas em nosso ordenamento jurídico se encontram dispostas hierarquicamente, na forma piramidal preconizada por Hans Kelsen, ou seja, uma norma inferior sempre deve buscar seu fundamento de validade em uma norma superior.

O Provimento nº 238, de 27 de agosto de 2004, buscou seu fundamento de validade na Resolução nº 314, de 12 de maio de 2003, do Conselho da Justiça Federal e no artigo 12 da Lei 5.010/66 que cuida da organização judiciária federal.

A Constituição Federal de 1988 deixa a cargo da União legislar sobre direito processual. Amparado na Carta Magna, o Código de Processo Penal deixa a cargo da Lei de Organização Judiciária, cuidar da COMPETÊNCIA em razão da matéria. Referida lei autoriza o Conselho da Justiça Federal dispor sobre a especialização de VARAS e, o Conselho da Justiça Federal, por sua vez, incumbe os Tribunais Regionais Federais deste mister.

Também não há que se falar em desrespeito ao princípio da separação dos poderes, visto que foi o legislador, com amparo constitucional, quem autorizou que medidas administrativas do Poder Judiciário cuidassem de COMPETÊNCIA em razão da matéria.

O processamento e julgamento dos processos relativos aos crimes contra o sistema financeiro e de 'lavagem' de capitais por VARAS ESPECIALIZADAS tampouco ferem o princípio do juiz natural, uma vez que restam respeitadas as normas constitucionais relativas a COMPETÊNCIA.

O juiz titular em Vara especializada é detentor de poder jurisdicional que o autoriza a decidir os feitos relativos a crime contra o sistema financeiro e de 'lavagem' de capitais em toda Seção Judiciária, consoante disposto no artigo 11 da Lei 5.010/66.

A COMPETÊNCIA 'ratione materiae' é de caráter absoluto, assim entendida aquela onde prepondera o interesse público. Neste caso o desrespeito a essa regra de COMPETÊNCIA geraria nulidade também absoluta. Acrescente-se que o interesse público, no caso, encontra amparo na vontade dos poderes constituídos em ver rápida e eficazmente combatida a nefasta prática do crime da 'lavagem' de capitais, no intuito de reaver o dinheiro que auferem, com a prática delituosa, os agentes dos crimes antecedentes descritos na Lei 9.613/98 que cuida do crime de 'lavagem' ou ocultação de bens, direitos e valores e da prevenção da utilização do sistema financeiro para o cometimento dos ilícitos ali previstos.

Recurso a que se nega provimento."

(Recurso em Sentido Estrito nº 3820 - Pr. 2004.61.21.002148-8, 5ª T., Rel. Des. Fed. Ramza Tartuce, DJU de 07.06.2005)

Na decisão do STF acerca da especialização da Vara de Curitiba (Resolução nº 20, de 26.05.2003, do T.R.F. da 4ª Região), o Ministro-Relator Eros Grau (*Habeas Corpus* nº 85.060/PR, 1ª Turma) refutou a alegação de ofensa ao princípio do juiz natural, sendo acompanhado pelo Ministro Carlos Britto, pedindo vista o Ministro Cezar Peluso. Na ocasião, rejeitou-se a alegação de violação ao preceito excogitado, porquanto se entendeu que a questão devia:

> "Ser examinada sob o ângulo da competência territorial, não havendo que se falar em criação de vara federal, mas sim de mera especialização que não a transformaria em competência em razão da matéria (competência absoluta).'Asseverou-se, ainda, que 'embora os fatos tenham ocorrido antes da edição da citada Resolução, descabida a assertiva de que o juízo fora criado pos facto, uma vez que já existiam, à época, as varas federais de Foz do Iguaçu e de Curitiba, ambas competentes para julgar tal tipo de delito. Ademais, a especialização acontecera para racionalizar e garantir persecução penal mais efetiva', revelando, outrossim, na mesma decisão, que '... especializar varas e atribuir competência por natureza de feitos não é matéria alcançada pelo princípio da legalidade (CF, art. 5º, II), ou seja, pela reserva da norma' e, mais adiante, que '... onde e quando não houver transferência de função legislativa não existe delegação, nem derrogação do princípio da divisão dos poderes[...] quando o Executivo expede regulamentos ou o Judiciário, regimentos, não o fazem no exercício de delegação legislativa (...)."[294]

[294] Vide *Informativo STF*, nº 395, de 10.08.2005.

Todavia, como a constitucionalidade da criação das varas criminais federais especializadas em crimes contra o sistema financeiro nacional e crimes de lavagem ou ocultação de bens, direitos e valores foi confirmada pelo Pleno do Supremo Tribunal Federal, quando do julgamento do *Habeas Corpus* nº 88.660, na data de 15.05.2008, a questão restou superada.

Logo, a nossa Corte Suprema afastou alegação de qualquer ilegalidade ou de delegação inconstitucional, pelo menos no que se refere à redistribuição de procedimentos ou inquéritos policiais.

Vale destacar que, em 06.12.2021, o Tribunal Regional Federal da 3ª Região editou o Provimento CJF3R nº 49, dispondo sobre a competência das Varas Federais Criminais no âmbito da Justiça Federal da 3ª Região. Estabeleceu em seu artigo 5º, inciso II, a competência "das 2.ª, 3.ª, 4.ª, 5.ª, 6.ª, 7.ª, 8.ª, 9.ª e 10.ª Varas Federais Criminais da 1.ª Subseção Judiciária – São Paulo, denominadas 'Vara Federal Criminal, de 'lavagem' ou ocultação de bens, direitos e valores e crime contra o sistema financeiro e de Execução de ANPP', para processar e julgar matéria criminal, inclusive os crimes contra o sistema financeiro nacional e os crimes de lavagem de dinheiro ou ocultação de bens, direitos e valores deles decorrentes, além dos demais processos e incidentes relativos a essa matéria, as execuções penais decorrentes de Acordos de Não Persecução Penal (ANPP) por ela homologados, as ações de competência da Lei nº 10.259/2001 (JEF Criminal), bem como cartas de ordem, precatórias e rogatórias criminais". As aludidas Varas Federais Criminais da 1ª Subseção Judiciária de São Paulo são consideradas juízo criminal especializado em razão dessa matéria e terão competência jurisdicional em toda a área territorial da Seção Judiciária do Estado de São Paulo, salvo em relação à jurisdição das Subseções Judiciárias de Campinas e Ribeiro Preto, que possuem Varas Federais especializadas nessa matéria (art. 7º). Portanto, a especialização não se restringiu mais às 2ª, 6ª e 10 ª Varas Federais Criminais de São Paulo.

De outra senda, questão bastante interessante a abordar é saber se prevalece a competência da Vara especializada do delito de Lavagem de Dinheiro quando os fatos narrados na denúncia como sendo infrações subjacentes foram cometidos antes do advento da Lei nº 9.613/1998.

Argumenta-se que, independentemente de ser ou não permanente o tipo da Lavagem, faleceria competência à Vara especializada porquanto, do contrário, significaria reconhecer existentes crimes imprescritíveis sem lastro constitucional, bastando a ocultação de bens ou valores para que o processo pudesse ser, a qualquer tempo, iniciado.

Da mesma forma que o crime de receptação, a Lavagem de Dinheiro é delito derivado de outro, crime acessório, necessitando este último da ocorrência de uma infração subjacente. Impende afirmar, mais uma vez, que a consagração da autonomia da Lavagem significa independência do processo e julgamento com relação às infrações penais subjacentes, que, porém, não pode ser reconhecida apenas em determinadas hipóteses de absolvição (inexistência do fato ou não constituir este infração penal) e no caso de *abolitio criminis*. Logo, a autonomia, apesar de relativa, constitui a marca que caracteriza a Lavagem.

Importante, para que se prestigie a fórmula latina *nullum crimen, nulla poena sine praevia lege* acerca dos preceitos da legalidade e anterioridade, tão e necessariamente festejados, observar a lei vigente quando da realização do fato (*tempus regit actum*), afirmação válida tanto para infração penal subjacente quanto para a Lavagem. Nas hipóteses em que a infração subjacente ocorrera antes da entrada em vigor da Lei nº 9.613/1998, havia a possibilidade da ocultação ou dissimulação do produto do delito como conduta não tipificada. Nesta hipótese, apesar do advento da lei que criou o tipo de Lavagem, não se poderia punir qualquer pessoa pela ocultação ou dissimulação de bens, direitos ou valores, ocorrida antes da sua entrada em vigor, sob pena de ofensa aos princípios citados uma vez que não havia previsão legal incriminando tal comportamento (*novatio legis* incriminadora não retroage).

Todavia, no caso de a ocultação ou dissimulação do produto da infração penal subjacente ocorrer já sob a égide da Lei nº 9.613/1998, possível a responsabilização penal, máxime por não se verificar violação aos preceitos da anterioridade e legalidade. Vale dizer: não sendo típica a conduta ao tempo do fato (ocultação ou dissimulação do produto da infração subjacente), não há como enquadrar-se por Lavagem, não havendo sentido, pois, a reprimenda por esta. Sendo típica, e a conduta (ocultação ou dissimulação) praticada já a partir do advento da Lei nº 9.613/1998 (04 de março), não há como não ter aplicação este diploma legislativo.

Note-se que com o advento da Lei nº 12.683, de 09.07.2012, que extinguiu o rol dos delitos subjacentes estampados no art. 1º da Lei nº 9.613/1998, tal questão foi trazida novamente em discussão.

Os verbos nucleares ocultar e dissimular do crime de lavagem, *sm.j.*, revestem-se da característica da permanência, de modo que na hipótese de a infração subjacente ter sido perpetrada em momento anterior à entrada em vigor da Lei nº 12.683/2012, como por exemplo, uma contravenção, mas os atos de ocultação do produto ou proveitodessa infração se protraírem no tempo, o agente responderá pelo crime de lavagem.

Outro aspecto a ser evidenciado, é o de que ao se estudar o crime de evasão de divisas, previsto no artigo 22, *caput* e seu parágrafo único, da Lei nº 7.492/1986, e a Lavagem de Dinheiro problema que surge é o de saber se, por exemplo, bastaria a existência de depósitos em instituição bancária no exterior para se reconhecer a competência da Justiça Federal já que a infração subjacente, crime contra o Sistema Financeiro Nacional, seria uma infração de competência federal (artigo 2º, III, "a", da Lei nº 9.613/1998).

O artigo 22 da Lei nº 7.492/1986 contempla, a um só tempo, um crime formal (*caput* – "efetuar operação de câmbio não autorizada, com o fim de promover evasão de divisas do País"), um outro material (parágrafo único, primeira parte – "incorre na mesma pena quem, a qualquer título, promove sem autorização legal, a saída de moeda ou divisa para o exterior") e, finalmente, omissivo (parágrafo único, segunda parte – "ou nele mantiver depósitos não declarados à repartição federal competente").

A distinção é importante porquanto sendo os valores decorrentes de atividade lícita, não há que se falar no crime de Lavagem de Dinheiro, mas apenas no delito contra o Sistema Financeiro Nacional de competência da Justiça Federal. Doutra banda, sendo ilícitos os recursos que se pretende evadir, configurada está a Lavagem, mas apenas ela, já que o crime de evasão de divisas previsto no parágrafo único primeira parte (promover a saída) há de restar absorvido por aquela, não servindo o crime financeiro como parâmetro para definição da competência.

Aquele que tenta levar, pois, divisas para o exterior, pessoalmente ou por interposta pessoa, responde, tão-somente, pelo delito de evasão de divisas, desde que fruto de atividade lícita. Contudo, se os valores forem objetos de ilicitude prevista como infração subjacente ao delito de Lavagem, é claro que o crime não mais será de evasão. Logo, o fato de remeter ao exterior valores de origem ilegal, revela-se um meio para a prática da Lavagem de Dinheiro, cuja pena é de três a dez anos, e multa, não sendo caso de aplicação da teoria do crime progressivo diante da diferenciação aqui proposta.

Evasão implica em ofensa exclusiva ao Sistema Financeiro Nacional. Assim, aquele que tenta sair com valores ilícitos ao exterior e é interceptado no aeroporto, com finalidade de esconder a origem, não mais responderá por evasão de divisas, mas exclusivamente por tentativa de Lavagem de Dinheiro. Evasão pressupõe licitude; somente se pode qualificar como *divisas* o que for legítimo.

Lado outro, em se detectando a existência de quantia no estrangeiro não declarada à autoridade competente (manutenção), deve-se investigar, por primeiro, se é hipótese de somas obtidas de forma inidônea, conduta essa que se amoldaria como infração notadamente subjacente da Lavagem, caso em que, diante da diversidade de bens jurídicos tutelados, vislumbrar-se-ia a prática de dois crimes: artigo 22, parágrafo único, 1ª e 2ª figuras, da Lei nº 7.492/1986, e artigo 1º da Lei nº 9.613/1998.

Concluindo, não se pode sempre considerar como de competência da Justiça Federal o crime de Lavagem em instituição financeira situada no estrangeiro. O que define essa competência é a infração penal subjacente. A partir do momento em que se verificar a remessa ou a existência de valores no exterior, deve-se indagar qual seria de fato a infração penal subjacente para configuração da competência (Justiças Federal e Estadual). E evasão (artigo 1º, parágrafo único, primeira figura) somente existirá no caso de somas lícitas destinadas ao estrangeiro sem autorização legal ou desconhecidas das autoridades brasileiras. Se ilícitas, será lavagem, em princípio.

Tal entendimento tanto leva em consideração as duas primeiras hipóteses delituosas previstas no crime financeiro, *caput* (efetuar operação de câmbio) e parágrafo único, primeira parte (promover a saída de divisas), quanto a figura prevista no parágrafo único, segunda parte (não declaração de depósitos no exterior).

Fábio Bittencourt da Rosa, em diapasão ligeiramente dissonante, considerando que ambos os tipos protegem mesmo bem jurídico, esclarece que:[295]

> "Então, quando um tipo penal tutela, de forma indireta, determinado bem jurídico, ainda assim poderá ocorrer o concurso de leis. Isso acontece, por exemplo, na evasão de divisas com a Lavagem de Dinheiro no exterior. Este delito não pode prescindir, nessa forma (lavagem no exterior), da evasão. Mas ambos protegem o mesmo bem jurídico. A evasão diretamente o sistema financeiro nacional e a lavagem, de maneira indireta. Aplica-se a consunção, ficando absorvido o antefato, porque a pena é menor, operando-se a absorção."

O Superior Tribunal de Justiça decidiu, no item quatro da Ementa do Acórdão proferido, à unanimidade, pela 3ª Seção, no Conflito de Compe-

[295] Lei nº 7.492/1986 e o concurso aparente de leis. Direito Federal. *Revista da Ajufe*, ano 23, p. 207, 1. sem. 2005.

tência nº 32.861-SP, 2001/099351-0, Rel. Min. Gilson Dipp, j. 10.10.2001, que:

> "IV. Sempre que a lavagem ocorrer em instituição bancária situada no estrangeiro, a competência será da Justiça Federal."

A existência de valores remetidos ao exterior para fins de ocultação no caso de desdobramento natural da infração penal subjacente, como já se observou anteriormente, não configura a Lavagem de Dinheiro, uma vez que a punição desta somente se justifica ao se verificar modo peculiar e eficiente de dificultar a punição pelo Estado.

Haverá, assim, apenas a prática da infração subjacente sempre que houver apenas uma utilização ou um aproveitamento normal das vantagens ilicitamente obtidas. Do contrário, haveria verdadeiro *bis in idem* e punição inadequada.

10.3. Aplicação do artigo 366 do CPP (artigo 2º, § 2º)

O art. 366 do Código de Processo Penal prevê que: "Se o acusado, citado por edital, não comparecer, nem constituir advogado, ficarão suspensos o processo e o curso do prazo prescricional, podendo o juiz determinar a produção antecipada das provas consideradas urgentes e, se for o caso, decretar prisão preventiva, nos termos do disposto no art. 312.(Redação dada pela Lei nº 9.271, de 17.4.1996)."

Por sua vez, o parágrafo 2º do art. 2º da Lei nº 9.613/1998 dispõe que: "No processo por crime previsto nesta Lei, não se aplica o disposto no art. 366 do Decreto-Lei nº 3.689, de 3 de outubro de 1941 (Código de Processo Penal), devendo o acusado que não comparecer nem constituir advogado ser citado por edital, prosseguindo o feito até o julgamento, com a nomeação de defensor dativo."

De acordo com a exegese do normativo supramencionado da Lei de Lavagem, não se aplica a regra contida no art. 366 do Código de Processo Penal, de modo que o acusado que não comparecer, tampouco constituir causídico, deverá ser citado por edital, com a nomeação de defensor dativo, prosseguindo o feito até o julgamento.

Não há, *concessa venia*, sentido o legislador dar tratamento diverso, afastando regra geral constante do Código de Processo Penal, o qual é corolário da garantia da ampla defesa. É esta disposição que deve ser repensada para aplicação uniforme independentemente do tipo imputado.

11. Medidas assecuratórias previstas no artigo 4º da Lei nº 9.613/1998

"Art. 4º O juiz, de ofício, a requerimento do Ministério Público ou mediante representação do delegado de polícia, ouvido o Ministério Público em 24 (vinte e quatro) horas, havendo indícios suficientes de infração penal, poderá decretar medidas assecuratórias de bens, direitos ou valores do investigado ou acusado, ou existentes em nome de interpostas pessoas, que sejam instrumento, produto ou proveito dos crimes previstos nesta Lei ou das infrações penais antecedentes. (Redação dada pela Lei nº 12.683, de 2012)

§ 1º Proceder-se-á à alienação antecipada para preservação do valor dos bens sempre que estiverem sujeitos a qualquer grau de deterioração ou depreciação, ou quando houver dificuldade para sua manutenção. (Redação dada pela Lei nº 12.683, de 2012)

§ 2º O juiz determinará a liberação total ou parcial dos bens, direitos e valores quando comprovada a licitude de sua origem, mantendo-se a constrição dos bens, direitos e valores necessários e suficientes à reparação dos danos e ao pagamento de prestações pecuniárias, multas e custas decorrentes da infração penal. (Redação dada pela Lei nº 12.683, de 2012)

§ 3º Nenhum pedido de liberação será conhecido sem o comparecimento pessoal do acusado ou de interposta pessoa a que se refere o caput deste artigo, podendo o juiz determinar a prática de atos necessários à conservação de bens, direitos ou valores, sem prejuízo do disposto no § 1º. (Redação dada pela Lei nº 12.683, de 2012)

§ 4º Poderão ser decretadas medidas assecuratórias sobre bens, direitos ou valores para reparação do dano decorrente da infração penal antecedente ou da prevista nesta Lei ou para pagamento de prestação pecuniária, multa e custas. (Redação dada pela Lei nº 12.683, de 2012)"

A Lei nº 12.683/2012 promoveu algumas alterações no artigo 4º da Lei de Lavagem, passando a dispor de forma mais genérica no *caput* sobre "medidas assecuratórias", ao contrário da redação anterior que fazia alusão apenas ao sequestro e à apreensão ("Art. 4º O juiz, de ofício, a requerimento do Ministério Público, ou representação da autoridade policial, ouvido o Ministério Público em vinte e quatro horas, havendo indícios suficientes, poderá decretar, no curso do inquérito ou da ação penal, a apreensão ou o sequestro de bens, direitos ou valores do acusado, ou existentes em seu nome, objeto dos crimes previstos nesta Lei, procedendo-se na forma dos arts. 125 a 144 do Decreto-Lei nº 3.689, de 3 de outubro de 1941 – Código de Processo Penal.").

Além disso, a redação atual faz menção expressa ao fato de que tais medidas constritivas de direitos recaiam não só sobre os bens, direitos ou valores do investigado ou acusado, mas também existentes em nome de interpostas pessoas (a redação anterior mencionava apenas "bens, direitos ou valores do acusado, ou existentes em seu nome").

Note-se, ademais, que a modificação legislativa permitiu que as medidas assecuratórias incidam não só sobre o instrumento, produto ou proveito do crime de lavagem de dinheiro mas também das infrações penais subjacentes (a redação precedente compreendia apenas bens, direitos ou valores objeto dos crimes previstos na Lei nº 9.613/1998.

Destaque-se que o § 4º do artigo 4º também passou a prever as medidas assecuratórias sobre bens, direitos ou valores para reparação do dano decorrente da infração penal subjacente ou da prevista na lei de lavagem, ou ainda, para pagamento de prestação pecuniária, multa e custas. Permitiu, dessa forma, que as medidas constritivas de direitos recaiam não apenas sobre bens ilícitos, como disposto no *caput* do art. 4º mas também sobre bens lícitos.

Outra importante alteração promovida pela Lei nº 12.683/2012 foi a supressão da exigência de que as medidas assecuratórias então previstas na Lei nº 9.613/1998 fossem levantadas se a Ação Penal não fosse iniciada no prazo de cento e vinte dias, contados da data em que ficasse concluída a diligência (antiga redação, art. 4º, § 1º).

Não obstante, na vigência da Lei anterior, a jurisprudência majoritária de nossos Tribunais tenha sustentado não ser referido prazo fatal, admitindo sua dilação nas situações em que restasse devidamente configurada a complexidade do feito, entendo que a alteração da referida Lei atende, pois, satisfatoriamente a busca da verdade real ao suprimir o aludido prazo, que, acaso fosse seguido à risca, feriria gravemente a possibilidade da perfeita apuração dos fatos, que, por definição, na maioria das vezes, apresentam-se complexos e tortuosos.

Entendia-se, àquela época, que tendo sido, após o início das investigações, realizadas diversas diligências pela autoridade policial, dentre elas, exames periciais, quebras de sigilo fiscal e bancário (após determinação judicial), oitivas de testemunhas e de investigados, pedidos de cooperação jurídica internacional para vinda de documentos, não se tratava de inércia do poder estatal, mas observância às vicissitudes do feito criminal que determinavam sua elasticidade por razoável prazo.

Em tais casos, não se cogitava em inobservância ao prazo estabelecido na Lei de regência (artigo 4º, §1º, da Lei nº 9.613, de 03.03.1998 – antiga redação), inclusive, este era o entendimento do Supremo Tribunal Federal que compreendia não se iniciar a contagem do lapso temporal quando em curso diligências necessárias ao deslinde do feito. Neste sentido, voto prolatado pelo Ministro Carlos Ayres Brito: "...33. Tenho, finalmente, que não é de se considerar vencido o prazo a que alude o § 1º do art. 4º da Lei nº 9.613/98, que é de 120 dias. Isso porque, nos termos do parecer da Procuradoria-Geral da República, ainda se encontram inconclusas as diligências por ela requeridas, em ordem a não se poder iniciar a contagem do lapso temporal."[296-297]

Observe-se, entretanto, que a despeito de a redação atual não delimitar um prazo para o início da ação penal, não se questiona que a Constituição Federal elevou a *status* de direito fundamental, "a razoável duração do processo e os meios que garantam a celeridade de sua tramitação", na forma insculpida no artigo 5º, inciso LXXVIII, de modo não ser admissível que as medidas constritivas perdurem *ad infinitum*, sob pena de lesão ao princípio insculpido no artigo 5º, inciso LIV, daquela Carta Constitucional, a saber: "ninguém será privado (...) de seus bens sem o devido processo legal."

De acordo com o princípio da proporcionalidade as regras jurídicas devem ser interpretadas à luz das exigências do caso concreto, sem desvirtuar ou exceder os parâmetros estabelecidos pelo legislador. Este método hermenêutico não implica a inobservância das normas cogentes, ao revés,

[296] Questão de Ordem no Inquérito nº 2.248-9-DF, STF, por seu Tribunal Pleno, *v.u.*, *DJ* de 20.10.2006.

[297] Em julgado do T.R.F/4 a questão também restou bem analisada, com aceitação do princípio da proporcionalidade para aferir cada caso, concluindo-se que se a jurisprudência de nossos Tribunais permitia a dilação de prazos vinculados a inquérito seria possível admiti-la para manutenção de medida constritiva associada à investigação policial, não ferindo a exegese da Lei de Lavagem de dinheiro: *EMENTA: PENAL. PROCESSUAL. LAVAGEM DE DINHEIRO. SEQUESTRO DE BENS. PRAZO DE 120 DIAS. ART. 4º, § 1º, DA LEI Nº 9.613/98. PRINCÍPIO DA RAZOABILIDADE. APLICABILIDADE. 1. Consoante entendimento do STJ, os prazos processuais devem ser considerados sob a luz do princípio da razoabilidade, com o fim de observar à própria* ratio legis *das normas adjetivas e atender às necessidades do caso concreto. 2. Em que pese a Lei nº 9.613/98 já alargar o período de manutenção do sequestro de bens na pendência de inquérito policial, não substitui as funções do legislador o Magistrado que mantém a medida constritiva, principalmente em circunstâncias de extrema complexidade, cujas investigações policiais dependem de diligências a serem realizadas pela Interpol em diversos países, bem como de relatórios fornecidos por instituições financeiras sobre contas bancárias mantidas pelos indiciados.* (Apelação Criminal nº 2004.71.00.040763-8, Oitava Turma, Des. Fed. Élcio Pinheiro de Castro, *v.u.*, *DJU* de 25.05.2005, p. 892).

impõe exame da *ratio legis* de cada dispositivo legal e determina acurado estudo da finalidade e essência do instituto jurídico a ser aplicado.[298]

O Código de Processo Penal determina, no artigo 131, que decorridos sessenta dias da concretização do sequestro, este será levantado se não iniciada a Ação Penal.

Não se desconhece que o art. 17-A da Lei nº 9.613/1998 determina a aplicação subsidiária do Estatuto Processual Penal, no entanto, como expli-

[298] A propósito, confira-se importante lição a respeito no julgado antes referido do Eg. TRF/4: Sobre o tema, assim leciona HUMBERTO ÁVILA: 'A razoabilidade determina que as condições pessoais e individuais dos sujeitos envolvidos sejam consideradas na decisão. Em vez de estabelecer uma estrutura formal de eficácia, como é o caso do dever de proporcionalidade, o dever de razoabilidade impõe a observância da situação individual na determinação das consequências normativas. (...) A razoabilidade traduz uma condição material para a aplicação individual da justiça. Daí porque a doutrina alemã, em especial, atribui significado normativo autônomo ao dever de razoabilidade. ('A distinção entre princípios e regras e a redefinição do dever de proporcionalidade'. (Revista Diálogo Jurídico, Salvador, CAJ – Centro de Atualização Jurídica, v. I, nº 4, julho, 2001, p. 30). É consabido que a incidência pura e simples de uma regra jurídica, sem atentar-se aos critérios racionais que permitem aferir as características e necessidades advindas da hipótese concreta, pode não só desatender aos fins propostos pelo legislador ao criá-la, mas inclusive representar obstáculo à própria razão de ser da Lei. Assim, o Magistrado de forma alguma sub-roga-se nas funções legiferantes. Em verdade, atuando desse modo atende à própria mens legislatoris, como ressalta o já mencionado jurista, verbis: 'Uma regra é aplicável a um caso se, e somente se, suas condições são satisfeitas e sua aplicação não é excluída pela razão motivadora da própria regra ou pela existência de um princípio que institua uma razão contrária (...). Essas considerações levam à conclusão de que a razoabilidade serve de instrumento metodológico para demonstrar que a incidência da norma é condição necessária, mas não suficiente para sua aplicação' (Teoria dos princípios – da definição à aplicação dos princípios jurídicos. São Paulo: Malheiros, 2003, p. 97-98). (...) Por outro lado, descabe sustentar que o preceito em análise não pode ser aplicado no caso sub judice, pois o legislador já o considerou ao duplicar, no artigo 4º, § 1º, da Lei nº 9.613/98, o prazo para manutenção do sequestro de bens. Ora, é cediço que os princípios gerais do direito devem ser observados em todos os níveis de atuação da ordem jurídica, e sua incidência na esfera legislativa não exclui seu emprego na atividade judicante. Assim, percuciente estudo das decisões emanadas pelo E. Superior Tribunal de Justiça revela que o princípio da razoabilidade vem sendo utilizado de forma expressa nas seguintes hipóteses: dilatar o término das investigações policiais quando a defesa lhes impõe obstáculos (HC 36339/BA, HC 34480/PA) flexibilizar os prazos processuais (HC 28340/MA, HC 29069/SP) e manter a prisão preventiva além do tempo legalmente estabelecido (HC 30707/MA, HC 26626/MG e HC 27160/SP). Nesse último caso, cumpre ressaltar, trata-se da manutenção de decreto restritivo da liberdade do indivíduo, em razão da complexidade dos fatos a serem apurados. Ora, se prazos atinentes ao maior valor jurídico da pessoa humana podem ser relativizados em certas circunstâncias, com maior motivo é possível fazê-lo quando se trata de valores patrimoniais, ainda mais se o direito de propriedade sequer é atingido em seu cerne. (Apelação Criminal nº 2004.71.00.040763-8, TRF 4ª Região, Oitava Turma, Des. Fed. Élcio Pinheiro de Castro, v.u., DJU de 25.05.2005, p. 892).

citado anteriormente, a aplicação de prazo específico, a depender do caso concreto, deverá ser flexibilizado, adotando-se o princípio da razoabilidade.

Já o artigo 4º, § 2º, da lei ora sob análise ("O juiz determinará a liberação total ou parcial dos bens, direitos e valores quando comprovada a licitude de sua origem, mantendo-se a constrição dos bens, direitos e valores necessários e suficientes à reparação dos danos e ao pagamento de prestações pecuniárias, multas e custas decorrentes da infração penal. (Redação dada pela Lei nº 12.683, de 2012)", estabeleceu a inversão do ônus da prova da origem lícita, na esteira da Convenção de Viena sobre o Tráfico Ilícito de Entorpecentes e de Substâncias Psicotrópicas (artigo 5º, item 7), na Convenção de Palermo contra o Crime Organizado Transnacional (artigo 12, item 7), na Convenção de Varsóvia sobre Lavagem de Dinheiro e Financiamento do Terrorismo (artigo 3º, item 4) e na Recomendação nº 4º do Grupo de Ação Financeira Internacional – GAFI. Tal previsão abranda os dogmas tradicionais visando à eficaz aplicação do Direito Penal da atualidade.

Por essa razão, a devolução dos bens apreendidos (que tenham sido objeto de sequestro, por exemplo) somente é cabível com a comprovação pelo requerente da origem lícita do bem constrito, havendo, portanto, a inversão do ônus da prova para que ocorra a liberação.

O teor do artigo 4º, § 2º, com a nova redação atual, reafirma a inversão do ônus da prova, pautando-se, como já mencionado, em diversos diplomas e determinações estrangeiras, que o recomenda.

Por sua vez, a Exposição de Motivos da Lei nº 9.613/1998, item 67, deixa evidente que essa inversão restringe-se à apreensão e ao sequestro de ativos.

Ora, Luiz Flávio Gomes sustentou que o significado da norma é a possibilidade de liberação, sem necessidade de se aguardar a decisão final, se o acusado espontaneamente demonstrar a licitude (vide Lei de Lavagem de capitais. São Paulo: Ed. Revista dos Tribunais, 1998, p. 365-366).

Aludida legislação (Lei nº 12.683/2012) também passou a estatuir a alienação antecipada para a preservação do valor dos bens, nas hipóteses em que estiverem sujeitos a deterioração ou depreciação, bem como quando houver dificuldade para a sua manutenção (§ 1º do art. 4º). Tal tema será retomado adiante em tópico específico nesta obra.

Sabe-se que as medidas assecuratórias patrimoniais são providências cautelares (de caráter provisório) que demandam, para a sua decretação, a presença de *fumus boni iuris* (probabilidade de existência do direito invocado pelo autor) e de *periculum in mora* (fundado receio de que haja um dano jurídico irreparável ou de difícil reparação durante o curso do processo principal). Podem ser decretadas ora para se assegurar a devolução do proveito do crime ao final da ação penal ora para se garantir o ressarcimento do prejuízo causado pela conduta delitiva e/ou o futuro pagamento das custas processuais e da pena pecuniária.

A legislação processual penal prevê, grosso modo, três espécies de providências assecuratórias, quais sejam:

1 – O "sequestro de bens móveis e/ou imóveis" (inteligência dos artigos 125 e 132 do CPP), que consiste na apropriação judicial de bem específico (certo e determinado) que caracterize proveito da infração, a fim de se assegurar sua entrega ao final da ação penal principal, caso o réu venha a ser condenado. Pode ser decretado em qualquer fase da persecução penal e se caracteriza por tornar o bem sequestrado indisponível, isto é, sem possibilidade de ser comercializado, além de não se submeter à regra da impenhorabilidade (art. 3º, VI, da Lei nº 8.009/1990). É medida importante para se mitigar a vantagem econômica adquirida com a prática do crime e, em alguns casos, contribuir com a colheita da prova, podendo ser aplicada ainda que o bem proveito da infração esteja em poder de terceiros. Na hipótese de ser decretado o sequestro de um bem imóvel, incumbirá ao juiz ordenar a sua inscrição no Registro de Imóveis;

Ainda em relação ao sequestro, o interesse primário é público, consubstanciado no eventual perdimento de bens (confisco), e em segundo plano, à vítima, para efeitos de condenação dos danos causados pela infração.

Quanto ao sequestro o STJ já decidiu que:

> "PROCESSUAL PENAL. RECURSO ORDINÁRIO EM MANDADO DE SEGURANÇA. SEQUESTRO. NATUREZA E EFEITOS. SUBSTITUIÇÃO DO BEM. IMPOSSIBILIDADE. CONTAMINAÇÃO DA PROPRIEDADE ADQUIRIDA COM PROVENTOS DA INFRAÇÃO. VALORIZAÇÃO IMOBILIÁRIA. SUBSTITUIÇÃO POR VALORES MENORES DA ÉPOCA. NÃO ADMISSÃO. RECURSO DENEGADO.
>
> 1. Enquanto no sequestro são atingidos bens quaisquer adquiridos com proventos do crime, assim de origem ilícita e final perdimento, a hipoteca legal e o arresto afetam bens lícitos do réu – servindo como mera garantia patrimonial para ressarcimento pelo crime.
>
> (...)."
>
> (STJ, RMS 41.540/RJ, Rel. Ministro NEFI CORDEIRO, SEXTA TURMA, julgado em 10/06/2014, DJe 27/06/2014)

Nas hipóteses em que não forem encontrados o produto ou proveito da infração penal, ou ainda, acaso localizados, estiverem no exterior, aplica-se o disposto nos parágrafos 1º e 2º do artigo 91 do Código Penal, a saber: "Art. 91 – São efeitos da condenação:(...) § 1º Poderá ser decretada a perda de bens ou valores equivalentes ao produto ou proveito do crime quando estes não forem encontrados ou quando se localizarem no exterior. (Incluído pela Lei nº 12.694, de 2012) § 2ºNa hipótese do § 1o, as medidas assecuratórias previstas na legislação processual poderão abranger bens ou valores equivalentes do investigado ou acusado para posterior decretação de perda. (Incluído pela Lei nº 12.694, de 2012)."

Com a referida alteração, a medida cautelar de sequestro não fica mais adstrita ao produto indireto da infração penal, podendo incidir também sobre bens lícitos. Esta última hipótese versa acerca do sequestro subsidiário, tema que será retomado adiante em tópico específico.

2 – A "hipoteca legal" (inteligência do art. 134 do CPP), que consiste em direito real de garantia (inscrição em registro público de um gravame de intransferibilidade) e que, em princípio, apenas pode ser promovida após a instauração da ação penal (e não na fase de inquérito). Esta recai sobre bens imóveis, além de aeronaves ou embarcações do(s) autor(es) da infração (exceto aqueles bens insuscetíveis de penhora),sem, contudo, retirá-los da posse do acusado. Destina-se a assegurar a reparação civil dos prejuízos decorrentes da conduta criminosa, bem como o pagamento das custas processuais e da pena pecuniária (sendo facultado ao réu oferecer caução). Portanto, diferentemente do sequestro, que recai sobre os bens adquiridos com o proveito obtido com a infração, a "hipoteca legal" objetiva arrecadar bens de origem lícita para fins de assegurar a reparação do dano causado pela infração penal e o pagamento das custas processuais e pena pecuniária.

O entendimento do STJ tem sido no sentido de que:

> "AGRAVO REGIMENTAL NO RECURSO ESPECIAL. TRÁFICO ILÍCITO DE ENTORPECENTES. HIPOTECA LEGAL SOBRE BENS LÍCITOS. POSSIBILIDADE. LEGITIMIDADE DO MINISTÉRIO PÚBLICO. ART. 142 DO CÓDIGO DE PROCESSO PENAL. CPP. AGRAVO REGIMENTAL DESPROVIDO.
>
> 1. É pacífico o entendimento de que a medida assecuratória da hipoteca legal pode recair sobre bens de origem lícita do acusado, vez que possui a finalidade de assegurar a reparação de dano ex delicto, além de garantir a efetividade do pagamento da multa pecuniária e das custas processuais. Precedentes.

2. O art. 142 do Código de Processo Penal confere legitimidade ao Ministério Público para requerer a medida assecuratória da hipoteca legal, nos casos em que há interesse da Fazenda Pública, hipótese dos autos, não havendo qualquer ilegalidade no procedimento.

3. Agravo regimental desprovido."

(STJ, AgRg no REsp 1909808/RS, Rel. Ministro JOEL ILAN PACIORNIK, QUINTA TURMA, julgado em 09/11/2021, DJe 16/11/2021)

3 – O "arresto de bens móveis e/ou imóveis" – (inteligência dos artigos 136 e 137 do CPP). Consiste na apropriação judicial de bens do(s) autor(es) da infração (exceto aqueles insuscetíveis de penhora), a fim de se assegurar a reparação civil dos prejuízos decorrentes da conduta criminosa, bem como o pagamento das custas processuais e da pena pecuniária (sendo facultado ao réu oferecer caução). Quanto ao "arresto de bens imóveis", trata-se de medida assecuratória que recai sobre bens imóveis de origem lícita a serem submetidos, em momento ulterior, à hipoteca legal (caráter preparatório para uma hipoteca legal superveniente). Este arresto prévio destina-se a evitar a dilapidação do patrimônio, tornando indisponível o bem até que seja possível a efetivação da medida de hipoteca legal. Quanto ao "arresto de bens móveis", este recai, também, sobre patrimônio lícito do agente, porém tem caráter residual, uma vez que ocorrerá se o responsável não possuir bens imóveis de valor suficiente. Nesse caso, os bens arrestados são retirados da posse do acusado, sendo que os bens fungíveis e deterioráveis podem ser avaliados e levados a leilão público antecipadamente, ficando depositado o dinheiro apurado.

É relevante dizer que, além dessas, existem outras medidas assecuratórias previstas no ordenamento pátrio, tais como o "sequestro de bens em favor da Fazenda Pública" (inteligência do Decreto-Lei nº 3.240/1941) e o "sequestro subsidiário" ou "medida assecuratória pelo equivalente" (inteligência do art. 91, §1º e §2º do CP, com redação dada pela Lei nº 12.694/2012), as quais serão abordadas em tópicos específicos adiante.

Acrescente-se, como bem explicitado por Renato Brasileiro de Lima:[299]

"Conquanto não possa ser rotulada como medida cautelar patrimonial propriamente dita, a **apreensão** também funciona como importante instrumento de combate à prática da lavagem de capitais, notadamente quando

[299] LIMA, Renato Brasileiro de. *Legislação criminal especial comentada*: volume único, 9. ed. rev. atual e ampl. Salvador: JusPodivm, 2021, p. 730 e 753.

se tratar de bem móvel que seja produto direto do crime (CPP, art. 240, § 1º, alínea 'b') ou de instrumentos do crime (CPP, art. 240, § 1º, alínea 'd'). Explica, ainda, o autor: "poder-se-ia pensar que não mais seria possível sua utilização em relação aos crimes de lavagem de capitais. Todavia, na medida em que o art. 4º, *caput*, da Lei nº 9.613/98, faz menção expressa à possibilidade de incidência dessas medidas assecuratórias sobre os instrumentos e sobre o produto direto e indireto dos crimes de lavagem de capitais e da infração antecedente, é evidente que a apreensão continua sendo cabível, visto que ela é a medida adequada para a apreensão dos instrumentos do crime e de bens móveis que sejam produto direto do crime. Afinal, esta medida possui dupla finalidade: busca de meios de prova ou apreensão do produto direto do crime."

As medidas cautelares patrimoniais têm como pressupostos necessários à sua decretação a presença do *fumus boni juris* e do *periculum in mora*. Portanto, não se impõe, para a sua adoção, e nem seria necessário que se exigisse, a absoluta certeza de que o objeto constrito, por exemplo na hipótese de sequestro, constitua proveito do crime, bastando, para tanto, que existam suficientes indícios de ilicitude a amparar um juízo de probabilidade.

Em relação à necessidade de identificação do *periculum in mora* para a adoção de medida cautelar assecuratória, a análise do "perigo na demora" estará de modo geral na necessidade de se impedir de imediato a ofensa à administração da justiça por meio da irregular fruição de produtos de crime e nos riscos causados pela circulação de bens ilícitos, com potencial lesão a terceiros de boa-fé.

Neste sentido, confira-se os seguintes precedentes jurisprudenciais:

"PENAL. PROCESSUAL PENAL. CRIMES CONTRA O SISTEMA FINANCEIRO. LAVAGEM DE DINHEIRO. MEDIDA ASSECURATÓRIA. ARRESTO. HIPOTECA LEGAL. ARTIGO 142 DO CPP. PRESSUPOSTOS. INDÍCIOS SUFICIENTES DE AUTORIA E MATERIALIDADE. MULTA. EXCESSO. NÃO-COMPROVAÇÃO.

1. Para o deferimento da medida cautelar de arresto/sequestro exige-se apenas a materialidade do fato criminoso e indícios suficientes da autoria.

2. O *periculum in mora* nas cautelares penais se dá por presunção legal absoluta, prescindindo de demonstrações de dilapidação do patrimônio do acusado.

(...)."

(Apelação Criminal nº 2006.70.00.026753-7/PR, TRF 4ª Região, 7ª Turma, Rel. Des. Federal Néfi Cordeiro, *v.u.*, *D.E.* de 09.07.2009)

"PENAL E PROCESSO PENAL. 'OPERAÇÃO INFLUENZA'. ORGANIZAÇÃO CRIMINOSA. INDÍCIOS SUFICIENTES DE AUTORIA E MATERIALIDADE. ORIGEM ILÍCITA DOS VALORES CONSTRITOS. POSSIBILIDADE.

1. A hipoteca legal (sobre bens imóveis) e o arresto/sequestro (bens móveis) são medidas constritivas de caráter provisório, e para o provimento cautelar bastam os mesmos requisitos para o recebimento da denúncia e aplicando-se a ele o princípio *do in dubio pro societate.*

2. O juízo de certeza que tornará definitiva a obrigação, sobrevirá na eventualidade de sentença condenatória, esta sim, dotada da devida estabilidade.

3. Considerando a possibilidade de o valor constrito ser proveniente de ilícitos cometidos por organização criminosa investigada na chamada 'Operação Influenza' e diante da possibilidade da dissipação ou ocultamento do montante apreendido, é de ser mantida a medida constritiva."

(Apelação Criminal nº 2008.70.00.007468-2/SC, TRF 4ª Região, 7ª Turma, Rel. Des. Federal Tadaaqui Hirose, *v.u.*, *D.E.* de 23.04.2009)

"PROCESSO PENAL. SEQUESTRO E ARRESTO PRÉVIO À HIPOTECA LEGAL. LEI Nº 9.613/98, ART. 4º. CPP, ARTS. 134 E 136. MINISTÉRIO PÚBLICO. LEGITIMIDADE. REQUISITOS. PRINCÍPIOS DA PRESUNÇÃO DE INOCÊNCIA E PROPRIEDADE. VIOLAÇÃO. INOCORRÊNCIA. PERICULUM IN MORA. PRESUNÇÃO. VALOR DA RESPONSABILIDADE.

(...)

2. As medidas cautelares de natureza criminal não vulneram os constitucionais princípios da presunção de inocência e da propriedade. *Periculum in mora* que se presume.

3. Imputada ao agente a prática do crime de lavagem de dinheiro (Lei nº 9.613/98, art. 4º), ao deferimento do sequestro são suficientes mínimos – e não veementes – indícios da origem ilícita do patrimônio a ser indisponibilizado."

(Apelação Criminal nº 2006.70.00.010009-6/PR, TRF 4ª Região, 8ª Turma, Rel. Des. Federal Paulo Afonso Brum Vaz, *v.u.*, *D.E.* de 31.10.2007)

Justifica-se, pois, a constrição judicial quando houver, por exemplo, necessidade de obstar a continuidade da eventual prática delitiva e evitar perigo à ordem econômica pela circulação de bens que provenham, direta ou indiretamente, de infrações subjacentes, bem ainda por prestar-se a elucidar sua origem._

Registre-se que os bens sobre os quais recaem as medidas judiciais em comento nos casos de lavagem de dinheiro estão inseridos no contexto da Convenção de Palermo das Nações Unidas sobre o Crime Organizado Transnacional, de 15.11.2000 (promulgada pelo Decreto nº 5.015, de 12.03.2004, e aprovada pelo Decreto Legislativo nº 231, de 29.09.2003), que determina aos Estados-Partes a criminalização da lavagem do produto do crime (art. 6º), bem como confisco e apreensão "do produto das infrações previstas na presente Convenção ou de bens cujo valor corresponda ao desse produto" (art. 12, 1, a).

Os itens 2, 3 e 4 do artigo 12 da Convenção de Palermo das Nações Unidas sobre o Crime Organizado Transnacional deixam assentado, respectivamente, que: "os Estados Partes tomarão as medidas necessárias para permitir a identificação, a localização, o embargo ou a apreensão dos bens referidos no parágrafo 1 do presente Artigo, para efeitos de eventual confisco; se o produto do crime tiver sido convertido, total ou parcialmente, noutros bens, estes últimos podem ser objeto das medidas previstas no presente Artigo, em substituição do referido produto e se o produto do crime tiver sido misturado com bens adquiridos legalmente, estes bens poderão, sem prejuízo das competências de embargo ou apreensão, ser confiscados até ao valor calculado do produto com que foram misturados."

Com a redação dada Lei nº 12.694, de 24.07.2012, os parágrafos 1º e 2º do art. 91 do Código Penal, como já mencionado, autorizam expressamente a perda de bens ou valores equivalentes ao produto ou proveito do crime quando estes não forem encontrados ou quando se localizarem no exterior, podendo as medidas assecuratórias abranger bens ou valores equivalentes do investigado ou do acusado para posterior decretação de perda.

As Convenções internacionais (Convenção de Palermo e Convenção de Viena) e Recomendação nº 4 do GAFI/FATF revelam a necessidade de perda de bens em caso de futura e eventual condenação, para fins de restituição do ofendido que, no caso, é o Estado.

Note-se que tais medidas cautelares de natureza patrimonial estão condicionadas à fundamentação do magistrado, sendo importante registrar, outrossim, que o entendimento corrente é de que as Comissões Parlamentares de Inquérito – CPIs não possuem poderes de investigação criminal, apesar de possuírem poderes investigatórios, não podendo, pois, decretar quaisquer Medidas Assecuratórias previstas na legislação criminal.

Há que se registrar que a despeito de o *caput* do artigo 4º prever a possibilidade de o juiz decretar, de ofício, as medidas assecuratórias, *s.m.j.*, tem-se que este aspecto específico da lei de lavagem encontra-se revogado tacitamente. Algumas alterações promovidas pelo Pacote Anticrime no Código de Processo Penal, a partir de uma análise sistemática, podem levar a essa conclusão:

> a) "Art. 3º-A. O processo penal terá estrutura acusatória, vedadas a iniciativa do juiz na fase de investigação e a substituição da atuação probatória do órgão de acusação. (Incluído pela Lei nº 13.964, de 2019) (Vigência) (Vide ADI 6.298)(Vide ADI 6.300)(Vide ADI 6.305)";
>
> b) "Art. 282. As medidas cautelares previstas neste Título deverão ser aplicadas observando-se a (...) § 2º As medidas cautelares serão decretadas pelo juiz a requerimento das partes ou, quando no curso da investigação criminal, por representação da autoridade policial ou mediante requerimento do Ministério Público. (Redação dada pela Lei nº 13.964, de 2019) § 3º Ressalvados os casos de urgência ou de perigo de ineficácia da medida, o juiz, ao receber o pedido de medida cautelar, determinará a intimação da parte contrária, para se manifestar no prazo de 5 (cinco) dias, acompanhada de cópia do requerimento e das peças necessárias, permanecendo os autos em juízo, e os casos de urgência ou de perigo deverão ser justificados e fundamentados em decisão que contenha elementos do caso concreto que justifiquem essa medida excepcional. (Redação dada pela Lei nº 13.964, de 2019)";
>
> c)"Art. 311. Em qualquer fase da investigação policial ou do processo penal, caberá a prisão preventiva decretada pelo juiz, a requerimento do Ministério Público, do querelante ou do assistente, ou por representação da autoridade policial. (Redação dada pela Lei nº 13.964, de 2019)."

Ora, não haveria sentido permitir a decretação de ofício pelo magistrado das medidas cautelares patrimoniais enquanto o Estatuto Processual Penal, com as recentes modificações, veda tal possibilidade nas medidas cautelares pessoais.

Outra questão que se coloca em análise é sobre a necessidade da existência de contraditório prévio para a decretação das medidas assecuratórias patrimoniais, quando se é certo que nas referidas cautelares pessoais a intimação prévia dos envolvidos é a tônica. A despeito de ter sido previsto nas cautelares pessoais, certo é também que a primeira parte do § 3º do art. 282 do Código de Processo Penal excepciona tal regramento, ou seja, dispõe que nos casos de urgência ou de perigo de ineficácia da medida estas poderão ser decretadas *inaudita altera pars*.

Sob este espeque, é necessária a análise acurada de cada caso concreto. De toda forma, a jurisprudência pátria tem admitido o deferimento das medidas cautelares patrimoniais sem a intimação prévia da parte contrária:

> "PROCESSO PENAL. AGRAVO REGIMENTAL NO AGRAVO EM RECURSO ESPECIAL. CRIME CONTRA A ORDEM TRIBUTÁRIA (ART. 2º, II, DA LEI N. 8.137/1990). SEQUESTRO DE BENS. DEFERIMENTO SEM A OITIVA PRÉVIA DA PARTE. POSSIBILIDADE. CONTRADITÓRIO POSTERGADO. CONSTRIÇÃO DE BENS DE PESSOA JURÍDICA. POSSIBILIDADE QUANDO UTILIZADA PARA OCULTAÇÃO DE BENS PROVENIENTES DE ILÍCITO. AGRAVO REGIMENTAL NÃO PROVIDO.
>
> **1. A medida cautelar de sequestro, presentes os requisitos essenciais, pode ser deferida sem a prévia oitiva da parte contrária. Precedente.**
>
> 2. A matéria relativa à ausência de indícios de responsabilidade ou de especificação genérica dos bens acautelados não foi prequestionada na origem. Incidência da Súmula n. 282 do STF.
>
> 3. É possível a constrição cautelar de bens de pessoas jurídicas quando estas são utilizadas para fins de ocultação dos bens provenientes de ilícitos. Precedente.
>
> 4. Agravo regimental não provido."
>
> (STJ, AgInt no AREsp 1110340/SC, Rel. Ministro Rogerio Schietti Cruz, Sexta Turma, julgado em 21/11/2017, DJe 28/11/2017)

Portanto, é possível que a medida cautelar patrimonial, presentes os requisitos essenciais, seja deferida sem a prévia oitiva da parte contrária, não havendo que se falar em nulidade, porquanto será conferido à defesa o contraditório postergado. Objetiva-se, em tais situações, analisadas de modo casuístico, a preservação da integridade patrimonial e de eventual dilapidação do patrimônio.

Imperioso mencionar, outrossim, o teor do artigo 387, inciso IV, do Código de Processo Penal, que permitiu ao juiz criminal fixar, de antemão, a indenização devida pelos danos causados pela prática delitiva, alteração louvável porquanto poupa o ofendido de ter que se dirigir ao juízo cível para pleitear o ressarcimento.

A propósito, diz o artigo 387, inciso IV, com a redação dada pela Lei nº 11.719, de 20.06.2008:

> "Art. 387. O juiz, ao proferir sentença condenatória:
>
> (...)

IV – fixarávalor mínimo para reparação dos danos causados pela infração, considerando os prejuízos sofridos pelo ofendido.

(...)"

Com efeito, não se desconhece a existência de posicionamento jurisprudencial e doutrinário no sentido de que a aplicação do artigo mencionado exige (a) o cometimento de um crime após a entrada em vigor da Lei nº 11.719, de 20 de junho de 2008; (b) a existência de pedido expresso do Ministério Público na denúncia ou nas alegações para fixação do valor mínimo do dano causado pela infração; e (c) a indicação dos valores e a existência de provas suficientes a fundamentar o pedido de condenação na reparação dos danos.

Todavia, cumpre consignar que a exigência de indenização do dano causado pelo crime não constitui inovação da Lei nº 11.719/2008, o que poderia respaldar o posicionamento acima referido. Trata-se, na verdade, de efeito da condenação previsto no art. 91, I, do Código Penal, com a redação dada pela Lei nº 7.209, de 11 de julho de 1984, segundo o qual são efeitos da condenação: I – tornar certa a obrigação de indenizar o dano causado pelo crime, efeito este automático da sentença penal condenatória, cuja eficácia prescinde, inclusive, de pronunciamento judicial expresso do magistrado nesse sentido.

Ressalte-se, também, a desnecessidade de haver pedido expresso do Órgão Acusatório para a fixação do valor mínimo da reparação do dano causado pelo crime. Conforme já dito acima, a disposição prevista no art. 91, I, do Código Penal, constitui efeito automático da sentença condenatória. Ademais, não há que se falar em violação às garantias do contraditório e da ampla defesa, pois o valor a ser imposto é extraído da exordial acusatória, bem como da instrução processual, cabendo destacar que, diante da existência de norma expressa no Código Penal, o réu não pode alegar desconhecimento de que, em caso de condenação, restará assentada a certeza da obrigação de indenização pelo dano do crime.

Desse modo, a fixação do valor mínimo a título de reparação na sentença condenatória, ainda que não haja pedido expresso da acusação, não implica em desrespeito às garantias do devido processo legal.

Por seu turno, a atual redação do art. 387, IV, do Código de Processo Penal, conforme consignado pela Lei nº 11.719/2008, apenas visa operacionalizar a regra de direito penal no âmbito processual. Além disso, tratando-se de norma de cunho processual, tem aplicação imediata aos processos em tramitação a teor do disposto no art. 2º do Código de Processo Penal. Nesse sentido:

> "PENAL. APELAÇÕES CRIMINAIS DA ACUSAÇÃO E DA DEFESA. DESCAMINHO/CONTRABANDO DE CIGARROS. ARTIGO 334 DO CP. CORRUPÇÃO ATIVA. ARTIGO 333 DO CP. FORMAÇÃO DE QUADRILHA. ARTIGO 288 DO CP. CONHECIMENTO DO RECURSO INTERPOSTO PELA DEFESA TÉCNICA DO RÉU MARCOS EM CONFRONTO COM A RENÚNCIA DO RÉU AO DIREITO DE RECORRER. INTEMPESTIVIDADE DA APELAÇÃO DO RÉU CLAUCIR. EXCESSO DE PRAZO PARA O JULGAMENTO DA AÇÃO PENAL: INOCORRÊNCIA. RECURSO EM LIBERDADE: NÃO CABIMENTO. NULIDADE DA INTERCEPTAÇÃO TELEFÔNICA: NÃO VERIFICADA. INÉPCIA DA DENUNCIA: NÃO CONFIGURADA. MATERIALIDADES DOS DELITOS DO ARTIGO 334 E 288 DO CP COMPROVADAS. AUTORIAS COMPROVADAS. DOSIMETRIA DA PENA. REGIME DE CUMPRIMENTO DA PENA. SUBSTITUIÇÃO DA PENA PRIVATIVA DE LIBERDADE POR PENAS RESTRITIVAS DE DIREITO. NÃO CABIMENTO. **PEDIDO DE CONDENAÇÃO DOS RÉUS AO PAGAMENTO DE INDENIZAÇÃO AO ERÁRIO.** (...) 27. **Pedido de condenação dos réus ao pagamento de indenização ao erário: nosso ordenamento, antes mesmo da alteração que adveio com a Lei nº 11.719/08, previa que a sentença penal condenatória tornava certa, além da responsabilização criminal, também a responsabilização civil, conforme dispõe o art. 91, inc. I do CP, sendo certo que a novel lei apenas veio a trazer comando no sentido de que a sentença condenatória seja minimamente líquida. Não há necessidade de que o pedido seja expresso na denúncia ou reiterado em memoriais, já que a pretensão acusatória abrange igualmente a condenação de quantia líquida, em seu grau mínimo, em função do ato ilícito praticado.** (...)."
>
> (TRF3, ACR 00014361320114036006; 1ª Turma; Rel. Des. Fed. Hélio Nogueira; e-DJF3 Judicial 1 DATA:12/07/2016)

No entanto, acaso não tenham sido produzidas provas que possam aferir o prejuízo causado ao erário pela prática delitiva, entende-se ser temerária a estipulação de valor mínimo, porquanto pode resultar na atribuição de obrigação civil sem o correspondente nexo de causalidade.

Por tal razão, a reparação de danos deverá ser buscada por meio de ação própria ajuizada perante o Juízo competente, na qual poderá ser realizada a liquidação do dano causado ao ente público.

12. Pressupostos teóricos da restituição de coisas apreendidas

A apreensão de objetos que guardem relação com o fato criminoso, sejam estes de origem lícita ou ilícita, consiste em uma das várias diligências que podem ser realizadas no curso de uma investigação. É medida empregada, sobretudo, para preservar provas, mas também para garantir o futuro retorno da coisa ao legítimo dono e/ou sua eventual perda em favor da União (confisco).

Tem-se que, no processo penal, coisas apreendidas "são aquelas que, de algum modo, interessam à elucidação do crime e de sua autoria, podendo configurar tanto elementos de prova, quanto elementos sujeitos a futuro confisco, pois coisas de fabrico, alienação, uso, porte ou detenção ilícita, bem como as obtidas pela prática do delito." [300]

Nesse sentido, os objetos e/ou coisas apreendidas devem, em princípio, ficar sob a custódia da autoridade policial durante toda a investigação e, após a sua conclusão, deverão ser encaminhados, juntamente com os autos do inquérito, à autoridade judiciária, nos termos do art. 11 do CPP.

A teor do art. 118 do Código de Processo Penal, "antes de transitar em julgado a sentença final, **as coisas apreendidas não poderão ser restituídas enquanto interessarem ao processo.**" Em outras palavras, a coisa apreendida deverá, necessariamente, permanecer sob a custódia do Estado durante todo o período em que se mostrar útil à persecução penal, independentemente de se tratar de coisa de posse lícita e/ou de pertencer a terceiro de boa-fé.

Já o art. 119 do Código de Processo Penal estabelece que, mesmo após o trânsito em julgado da sentença final, **os bens sujeitos a ulterior perdimento e/ou confisco não poderão ser restituídos**, a menos que pertençam ao lesado ou a terceiro de boa-fé. Destaque-se que os dispositivos aos quais o art. 119 do CPP faz referência, quais sejam, os artigos 74 e 100 do Código Penal, tratam-se, na realidade, de disposições anteriores à reforma da Parte Geral do Código Penal (Lei nº 7.209/1984), as quais, atualmente, correspondem ao art. 91, II, do Código Penal (referente aos efeitos da condenação), *in verbis*:

> "Art. 91. São efeitos da condenação:
>
> (...)
>
> II – a perda em favor da União, ressalvado o direito do lesado ou de terceiro de boa-fé:

[300] NUCCI, Guilherme. *Código de processo penal comentado*, 16. ed., Rio de Janeiro: Forense, 2017, p. 358.

a) dos instrumentos do crime, desde que consistam em coisas cujo fabrico, alienação, uso, porte ou detenção constitua fato ilícito;

b) do produto do crime ou de qualquer bem ou valor que constitua proveito auferido pelo agente com a prática do fato criminoso."

Quanto ao art. 120 do Código de Processo Penal, este dispõe que a restituição de bens apreendidos, quando cabível, poderá ser ordenada pela autoridade policial ou juiz, mediante termo nos autos, **desde que não exista dúvida quanto ao direito do reclamante**. Disto se extrai que a parte interessada deverá não apenas demonstrar que é formalmente sua a propriedade e/ou posse daquele bem, mas também comprovar a origem lícita da coisa e/ou dos valores empregados em sua aquisição, ou seja, comprovar a legitimidade de sua propriedade e/ou posse.

Inclusive, acerca da indispensabilidade de a parte interessada comprovar a origem lícita do bem, é pertinente mencionar o que dispõe o art. 123 do Código de Processo Penal:

"Art. 123.Fora dos casos previstos nos artigos anteriores, se dentro no prazo de 90 dias, a contar da data em que transitar em julgado a sentença final, condenatória ou absolutória, os objetos apreendidos não forem reclamados ***ou não pertencerem ao réu***, serão vendidos em leilão, depositando-se o saldo à disposição do juízo de ausentes."

Com efeito, a inteligência do artigo supramencionado determina que, mesmo na hipótese de decisão absolutória, não se há de falar em devolução de objetos apreendidos se o acusado não demonstrar que o bem lhe pertence legitimamente. Ora, se até aquele que é inocentado deve, necessariamente, comprovar ser o titular legítimo de um objeto apreendido para vê-lo devolvido, com mais razão aquele que figura como investigado deve demonstrar a origem lícita do bem constrito para vê-lo restituído.

Concluindo: tanto no curso do Inquérito Policial quanto no da Ação Penal, **a restituição de coisas apreendidas fica condicionada à comprovação de 03 (três) requisitos**, quais sejam: 1) **comprovação de propriedade ou posse legítima do bem, o que engloba a demonstração de sua origem lícita** (art. 120, *caput*, do Código de Processo Penal); 2) **ausência de interesse da manutenção da apreensão à persecução penal** (art. 118 do Código de Processo Penal); e 3) **não estar o bem sujeito à pena de perdimento ou futuro confisco,** nos termos do art. 91, II, do CP.

Em outras palavras, tem-se que instrumentos e produtos do crime não devem ser restituídos em qualquer hipótese, bem como que outras coisas apreendidas apenas poderão ser restituídas a partir do momento em que não mais interessarem ao processo, sempre mediante comprovação de sua origem lícita.

A propósito, acerca do tema ora tratado, *vide* os julgados que seguem:

> "REGIMENTAL NO AGRAVO EM RECURSO ESPECIAL. RESTITUIÇÃO DE COISA APREENDIDA. FALTA DE COMPROVAÇÃO DA LEGITIMA PROPRIEDADE. AUSÊNCIA DE DEMONSTRAÇÃO DA ORIGEM LÍCITA DO RECURSO FINANCEIRO PARA A AQUISIÇÃO DO BEM. COMPROMETIMENTO COM A ATIVIDADE CRIMINOSA. REEXAME DE PROVAS. IMPOSSIBILIDADE. ÓBICE DA SÚMULA N. 7/STJ. ACÓRDÃO RECORRIDO EM CONSONÂNCIA COM A JURISPRUDÊNCIA. INCIDÊNCIA DA SÚMULA N. 83/STJ. INSURGÊNCIA DESPROVIDA. (...) **3. O Superior Tribunal de Justiça ao interpretar o art. 118 do CPP firmou compreensão de que as coisas apreendidas na persecução criminal não podem ser devolvidas enquanto interessarem ao processo.** 4. Encontrando-se o acórdão recorrido em consonância com a jurisprudência firmada nesta Corte Superior de Justiça, a pretensão recursal esbarra no óbice previsto na Súmula nº 83/STJ, também aplicável aos recursos interpostos com fundamento na alínea "a" do permissivo constitucional. (...)."
>
> (STJ, AgRg no AREsp 1049364/SP, Rel. Min. Jorge Mussi, 5ª Turma, v.u., DJe 27.03.2017)

> "INCIDENTE DE RESTITUIÇÃO DE COISAS APREENDIDAS. APREENSÃO DE VEÍCULO. INEXISTÊNCIA DE PROVA DA REAL PROPRIEDADE DO BEM. ARTS. 118 E 120 DO CPP.
>
> **1. Embora o veículo esteja registrado em nome do requerente, tal fato não comprova a real propriedade, pois estava na posse de pessoa que o teria utilizado na prática do tráfico de drogas. 2. A apreensão também deve ser mantida com fundamento no art. 118 do CPP.** 3. Pedido improcedente."
>
> (TRF3, autos nº 0003219-61.2016.4.03.6104, Rel. Des. Fed. Nino Toldo, 11ª Turma, v.u., e-DJF3 18.12.2017)

> "PROCESSO PENAL. APELAÇÃO. RESTITUIÇÃO DAS COISAS APREENDIDAS. INTERESSE AO PROCESSO (CPP, ART. 118). APELAÇÃO DESPROVIDA. **1. A restituição das coisas apreendidas somente pode ocorrer quando não mais interessarem ao processo, conforme pre-**

ceitua o art. 118 do Código de Processo Penal. 2. Em que pese a documentação apresentada pela apelante (fls. 12/14 e 20/41), a apreensão dos bens ainda interessa ao processo, considerando não estarem satisfatoriamente esclarecidas as circunstâncias relativas ao uso do veículo e do semirreboque durante a prática do fato delituoso, o que pode ensejar decisão sobre sua destinação conforme o art. 91, II, do Código Penal (...)."

(TRF3, autos nº 0001602-30.2016.4.03.6116 – Rel. Des. Fed. André Nekatschalow, 5ª Turma, v.u., e-DJF3 28.08.2017)

Importante salientar, nesse ponto, que a **apreensão,** a qual pode recair tanto sobre instrumentos do crime quanto sobre outros objetos que interessem à prova e/ou tenham sido obtidos por meios criminosos, não é a única espécie de medida de constrição de bens prevista no ordenamento pátrio.

Entre os artigos 125 e 144-A do Código de Processo Penal, estão previstas medidas assecuratórias patrimoniais (diversas da apreensão), as quais consistem em providências cautelares (de caráter provisório) que demandam, para a sua decretação, a presença de *fumus boni iuris* (probabilidade de existência do direito invocado pelo autor) e de *periculum in mora* (fundado receio de que haja um dano jurídico irreparável ou de difícil reparação durante o curso do processo principal). Podem ser decretadas ora para se assegurar a devolução do proveito do crime ao final da ação penal ora para se garantir o ressarcimento do prejuízo causado pela conduta delitiva e/ou o futuro pagamento das custas processuais e da pena pecuniária.

13. Medida cautelar de sequestro (incidência do Decreto-Lei nº 3.240/1941)

O ordenamento pátrio prevê a possibilidade de decretação de medida cautelar de sequestro de bens com fundamento no Decreto-Lei nº 3.240, de 08 de maio de 1941, cuja finalidade é assegurar o futuro perdimento em favor da Fazenda Pública dos produtos e proveitos do crime, bem como o ressarcimento de prejuízo causado à Fazenda Pública, *in verbis*:

"Art. 1º Ficam sujeitos a sequestro os bens de pessoa indiciada por crime de que resulta prejuízo para a fazenda pública, ou por crime definido no Livro II, Títulos V, VI e VII da Consolidação das Leis Penais desde que dele resulte locupletamento ilícito para o indiciado.

Art. 2º O sequestro é decretado pela autoridade judiciária, sem audiência da parte, a requerimento do ministério público fundado em representação da autoridade incumbida do processo administrativo ou do inquérito policial.

§ 1º A ação penal terá início dentro de noventa dias contados da decretação do sequestro.

§ 2º O sequestro só pode ser embargado por terceiros.

Art. 3º Para a decretação do sequestro é necessário que haja indícios veementes da responsabilidade, os quais serão comunicados ao juiz em segredo, por escrito ou por declarações orais reduzidas a termo, e com indicação dos bens que devam ser objeto da medida.

Art. 4º O sequestro pode recair sobre todos os bens do indiciado, e compreender os bens em poder de terceiros desde que estes os tenham adquirido dolosamente, ou com culpa grave.

(...)."

Trata-se de norma especial a disciplinar específico meio acautelatório de ressarcimento da Fazenda Pública (STJ RESP nº 132.539-SC, 6ª Turma, Rel. William Patterson, DJU 09.01.1998), de modo que, em razão do princípio da especialidade, prevalece sobre as medidas assecuratórias previstas no Código de Processo Penal, não se havendo de falar em ab-rogação do referido decreto, conforme é possível ser inferido pelos julgados proferidos pelo C. Superior Tribunal de Justiça e por esta E. Corte:

"AGRAVO REGIMENTAL NO RECURSO ESPECIAL. PROCESSO PENAL. CAUTELAR DE SEQUESTRO DE BENS. DECRETO-LEI Nº 3.240/41. NÃO REVOGAÇÃO PELO CPP. SISTEMÁTICA PRÓPRIA. CRIME DE QUE RESULTA PREJUÍZO PARA A FAZENDA PÚBLICA. CABIMENTO. RECURSO A QUE SE NEGA PROVIMENTO.

1. De acordo com reiterados precedentes deste Superior Tribunal de Justiça, o Decreto-lei nº 3.240/41 não foi revogado pelo Código de Processo Penal, tendo sistemática própria o sequestro de bens de pessoas indiciadas ou denunciadas por crime de que resulta prejuízo para a Fazenda Pública, sendo certo, outrossim, que o art. 4º do mencionado diploma dispõe que o sequestro pode recair sobre todo o patrimônio dos acusados e compreender os bens em poder de terceiros, contanto que estes os tenham adquirido com dolo ou culpa grave.

2. Agravo regimental a que se nega provimento."

(STJ, AgRg no REsp 1530872/BA, Rel. Min. Maria Thereza de Assis Moura, Sexta Turma, julgado em 04.08.2015, DJe de 17.08.2015)

"PENAL E PROCESSO PENAL. AGRAVO REGIMENTAL NO RECURSO EM MANDADO DE SEGURANÇA. CRIME CONTRA A ORDEM TRIBUTÁRIA CONEXO A CRIMES FEDERAIS. COMPETÊNCIA DA JUSTIÇA FEDERAL. SÚMULA 122/STJ. CAUTELAR DE SEQUESTRO DE BENS. DECRETO-LEI Nº 3.240/41. LEGALIDADE DA MEDIDA CONSTRITIVA. AGRAVO AO QUAL SE NEGA PROVIMENTO.

(...) 2. Este Superior Tribunal de Justiça já assentou que o sequestro de bens de pessoa indiciada ou já denunciada por crime de que resulta prejuízo para a Fazenda Pública, previsto no Decreto Lei nº 3.240/41, tem sistemática própria e não foi revogado pelo Código de Processo Penal. (...)."

(STJ, AgRg no RMS 24.083/PR, Rel. Min. Maria Thereza de Assis Moura, Sexta Turma, julgado em 03.08.2010, DJe de 16.08.2010)

"APELAÇÃO CRIMINAL. MEDIDA CAUTELAR ASSECURATÓRIA. SEQUESTRO/ARRESTO. BENS. CRIME DE SONEGAÇÃO FISCAL. ART. 1º, INC. I e II, AMBOS DA LEI 8.137/90. DECRETO-LEI Nº 3.240. PRESENÇA DE FUMUS BONI IURIS. PERICULUM IN MORA NÃO DEMONSTRADO. RECURSO NÃO PROVIDO.

(...) 2. O pedido cautelar de sequestro/arresto de bens veio fundamentado no Decreto-Lei n. 3.240, de 08.05.41, que sujeita a sequestro os bens de pessoas indiciadas por crimes de que resulta prejuízo para a Fazenda Pública.

3. Para essa medida de constrição, desnecessário que os bens, inclusive ativos financeiros, tenham qualquer ligação com os ilícitos penais investigados. Destina-se ao ressarcimento do prejuízo causado à Fazenda Pública, para tanto podendo incidir sobre quaisquer bens dos indiciados, mesmo os adquiridos licitamente, sem vinculação com o crime. Não se confunde com o sequestro dos artigos 125 e 132 do Código de Processo Penal que pertinem a bens adquiridos pelos indiciados com os proveitos da infração. (...)."

(TRF3, Quinta turma, ap. – Apelação Criminal – 68518 – 0000829-58.2016.4.03.6124, Rel. Des. Fed. Paulo Fontes, julgado em 05.12.2016, e-DJF3 Judicial de 15.12.2016)

Para que possa ser determinada a medida constritiva ora em comento, o legislador de 1941 impôs ao magistrado, tão somente, o dever de perquirir a presença de indícios veementes da responsabilidade do investigado por crime de que resulte prejuízo para a Fazenda Pública (inteligência do art. 3º de indicada norma). A teor do previsto no art. 4º do Decreto-Lei nº

3.240/1941, é legítimo que a constrição recaia sobre bens lícitos do indiciado, de modo que, para a aplicação do instituto em questão, será irrelevante perquirir se os bens a serem contristados foram ou não adquiridos com proveito de crime (diferentemente do que ocorre em relação ao "sequestro" previsto no Código de Processo Penal). Em suma, o sequestro previsto no Decreto-Lei nº 3.240/1941 pode recair sobre quaisquer bens do indiciado, não se havendo de falar em necessidade de demonstração de que tenham sido adquiridos com proventos do(s) crime(s) investigados. Nesse sentido, confira-se:

> "AGRAVO REGIMENTAL NO AGRAVO EM RECURSO ESPECIAL. CRIMES DE PECULATO-DESVIO E FALSIDADE IDEOLÓGICA. CONFIGURAÇÃO DA AUTORIA E MATERIALIDADE. INCIDÊNCIA DA SÚMULA N. 7 DO SUPERIOR TRIBUNAL DE JUSTIÇA – STJ. SEQUESTRO DE BENS. DECRETO-LEI N. 3.240/41. MEDIDA QUE RECAI EM QUALQUER BEM. MESMO AQUELES DE ORIGEM LÍCITA. PRECEDENTES. AGRAVO REGIMENTAL DESPROVIDO.
>
> (...) 2. A medida de sequestro do art. 4º do Decreto-Lei n. 3.240/41 pode recair sobre quaisquer bens e não apenas aqueles que sejam produtos ou proveito do crime. 3. Agravo regimental desprovido."
>
> (STJ, AgRg no AREsp 1267816/RN, Ministro Joel Ilan Paciornik, 5ª Turma, DJe de 23.05.2019)

Por fim, cabe consignar que a previsão contida no Decreto-Lei nº 3.240/1941 admite, inclusive, a constrição de bens "em poder de terceiros" (inteligência do art. 4º do Decreto-Lei), desde que se demonstre que estes foram adquiridos dolosamente ou com culpa grave. Nesse sentido, confira-se trecho de voto proferido no bojo do Agravo em Recurso Especial nº 1.380.456 – DF (2018/0272435-9), de relatoria do Ministro Nefi Cordeiro: "(...) A jurisprudência desta Corte firmou compreensão no sentido de que a medida de sequestro, deferida com apoio no art. 4º do Decreto-Lei nº 3.240/41, pode recair sobre quaisquer bens dos requerentes e não apenas sobre aqueles que sejam produtos ou proveito do crime, inclusive sobre bens de terceiros não envolvidos diretamente no ilícito penal, desde que devidamente fundamentada a decisão em indícios veementes de que tais bens foram adquiridos ou construídos com finanças produto de crime (RMS 52.442/CE, Rel. Ministro REYNALDO SOARES DA FONSECA, QUINTA TURMA, julgado em 07/05/2019, DJe 20/05/2019) mostrando-se, assim, desnecessária qualquer discussão sobre o fato das recorrentes não figurarem na condição de pessoa indiciada ou investigada na persecução criminal. (...)".

14. Sequestro Subsidiário de Bens ou Medida Assecuratória pelo Equivalente

Os parágrafos 1º e 2º do art. 91 do Código Penal assim dispõem:

> "Art. 91 – São efeitos da condenação:
>
> (...)
>
> II – a perda em favor da União, ressalvado o direito do lesado ou de terceiro de boa-fé:
>
> (...)
>
> b) do produto do crime ou de qualquer bem ou valor que constitua proveito auferido pelo agente com a prática do fato criminoso.
>
> § 1º Poderá ser decretada a perda de bens ou valores equivalentes ao produto ou proveito do crime quando estes não forem encontrados ou quando se localizarem no exterior (Incluído pela Lei nº 12.694, de 2012).
>
> § 2º Na hipótese do § 1º, as medidas assecuratórias previstas na legislação processual poderão abranger bens ou valores equivalentes do investigado ou acusado para posterior decretação de perda (Incluído pela Lei nº 12.694, de 2012)."

Destaque-se que a alteração legislativa promovida pela Lei nº 12.694/2012 decorreu das disposições sobre o tratamento de bens delineadas nas Convenções da Organização das Nações Unidas – ONU sobre o Tráfico Ilícito de Entorpecentes e de Substâncias Psicotrópicas (Viena, promulgada pelo Decreto nº 154, de 26 de junho de 1991), sobre o Crime Organizado Transnacional (Palermo, de 15 de novembro de 2000, promulgada pelo Decreto nº 5.015, de 12 de março de 2004, e aprovada pelo Decreto Legislativo nº 231, de 29 de setembro de 2003), e sobre Corrupção (Mérida, promulgada pelo Decreto nº 5.687, de 31 de janeiro de 2006), sendo tais consideradas marcos globais referenciais sobre o tema.

Nesse diapasão, o art. 5º, item 01, "a", da Convenção de Viena, esclarece que cada parte adotará as medidas necessárias para autorizar o confisco: a) do produto derivado de delitos estabelecidos no parágrafo 1 do Artigo 3, ou de bens cujo valor seja equivalente ao desse produto, bem como o seu item 2 testifica que cada Parte adotará também as medidas necessárias para permitir que suas autoridades competentes identifiquem, detectem e decretem a apreensão preventiva ou confisco do produto, dos bens, dos instrumentos ou de quaisquer outros elementos a que se refere o parágrafo 1 deste Artigo, com o objetivo de seu eventual confisco.

Por sua vez, os itens 02, 03 e 04 do art. 12 da Convenção de Palermo deixam assentado, respectivamente, que: os Estados Partes tomarão as medidas necessárias para permitir a identificação, a localização, o embargo ou a apreensão dos bens referidos no parágrafo 1 do presente Artigo, para efeitos de eventual confisco; se o produto do crime tiver sido convertido, total ou parcialmente, noutros bens, estes últimos podem ser objeto das medidas previstas no presente Artigo, em substituição do referido produto e se o produto do crime tiver sido misturado com bens adquiridos legalmente, estes bens poderão, sem prejuízo das competências de embargo ou apreensão, ser confiscados até ao valor calculado do produto com que foram misturados.

A seu turno, o art. 31, item 05, da Convenção de Mérida, bem elucida que quando esse produto do delito se houver mesclado com bens adquiridos de fontes lícitas, esses bens serão objeto de confisco até o valor estimado do produto mesclado, sem menosprezo de qualquer outra faculdade de embargo preventivo ou apreensão.

Também dentre as conhecidas Quarenta Recomendações do Grupo de Ação Financeira (*Groupe d'Action Financière sur le Blanchiment de Capitanx* – GAFI ou *Financial Action Task Force on Money Laundering* – FATF), do qual o Brasil é integrante desde setembro de 1999 (revisadas em 2003, 2012 e 2021, com última atualização em fevereiro de 2023), há expressa determinação da perda visando adotar medidas para prevenir ou evitar atos que prejudiquem a capacidade do Estado para recuperar bens sujeitos à perda, obstando-se a transferência em cessão dos referidos bens apreendidos e alcançando, inclusive, valores correspondentes ao montante lavado. A Recomendação nº 04 deixa clara a não exigência de condenação criminal prévia para a perda de bens, cabendo a inversão do ônus da prova.

Nesse contexto, infere-se a plena possibilidade, com supedâneo tanto em convenções internalizadas no país como no próprio ordenamento pátrio, de que constrição destinada a fazer frente à obrigação de perda, em favor da União Federal, do produto do crime ou de qualquer bem ou valor que constitua proveito auferido pelo agente com a prática do fato criminoso recaia sobre patrimônio até mesmo preexistente ao marco temporal tido como de perpetração da infração penal, o que é comumente conhecido como sendo medida assecuratória pelo equivalente, expediente que encontra o beneplácito da jurisprudência tanto do C. Superior Tribunal de Justiça como desta E. Corte Regional:

"PROCESSUAL PENAL. RECURSO ORDINÁRIO EM MANDADO DE SEGURANÇA. PROCESSO INCIDENTE DE SEQUESTRO. INSTRUMENTO DE DEFESA. EMBARGOS. CONTUMÁCIA DO RECORRENTE. DECISÃO ACERCA DO SEQUESTRO. NATUREZA DEFINITIVA. AJUIZAMENTO DE MANDADO DE SEGURANÇA SUBSTITUTIVO DO MEIO DE IMPUGNAÇÃO CABÍVEL. PRAZO DA APELAÇÃO DECORRIDO IN ALBIS. DECISÃO DE INADMISSIBILIDADE DO APELO. RECURSO EM SENTIDO ESTRITO. CABIMENTO. INÉRCIA. TRÂNSITO EM JULGADO DO PROCESSO INCIDENTE DE SEQUESTRO. INCIDÊNCIA DA SÚMULA/STF 267. VEDAÇÃO LEGAL À UTILIZAÇÃO DE MANDADO DE SEGURANÇA (LEI 12.016, ART. 5º, III). AUSÊNCIA DE DIREITO LÍQUIDO E CERTO. EXAME DO ARCABOUÇO FÁTICO. DILAÇÃO PROBATÓRIA INCOMPATÍVEL COM O RITO DO MANDADO DE SEGURANÇA. CAPÍTULO DO MÉRITO DO SEQUESTRO. DECADÊNCIA DO MANDAMUS. RECURSO DESPROVIDO. (...) Ademais, a Lei 12.694/2012 alargou o espectro de incidência das medidas cautelares assecuratórias, ao inserir os §§ 1º e 2º do art. 91 do CP. Desse modo, o sequestro pode abranger, igualmente, bens ou valores de origem lícita, equivalentes ao produto ou proveito da infração, se estes não forem encontrados ou se localizarem no exterior. (...)."

(STJ, RMS 49.540/RS, Rel. Min. RIBEIRO DANTAS, QUINTA TURMA, julgado em 12/09/2017, DJe 22/09/2017)

"PENAL. PROCESSO PENAL. DELITOS DOS ARTS. 19 E 20, AMBOS DA LEI N. 7.492/86, 171, DO CÓDIGO PENAL E 1º DA LEI N. 9.613/98. LAVAGEM DE DINHEIRO, BENS E VALORES. DESBLOQUEIO DE VALORES. ORIGEM LÍCITA. PROVA. INEXISTÊNCIA DE PERICULUM IN MORA. EXCESSO DE PRAZO E EXCESSO DA MEDIDA. INDISPONIBILIDADE DE VALORES NAS CONTAS BANCÁRIAS DA PESSOA JURÍDICA. (...) 4. É possível que o sequestro abranja bens ou valores lícitos do criminoso, como forma de compensação, quando não for possível localizar os bens ou valores desviados com a prática do ilícito, a teor do art. 91, §§ 1º e 2º, do Código Penal. (...)."

(TRF3, QUINTA TURMA, Ap. – APELAÇÃO CRIMINAL – 60509 – 0013288-86.2014.4.03.6181, Rel. Des. Fed. ANDRÉ NEKATSCHALOW, julgado em 08/06/2015, e-DJF3 Judicial 1 DATA:16/06/2015)

Cumpre consignar que, embora o denominado "sequestro subsidiário" (inteligência do art. 91, §1º e §2º do CP, com redação dada pela Lei nº12.694/2012) seja providência admitida pelo ordenamento, não há que se cogitar de decretação da indisponibilidade (e, oportunamente, da perda) de bens ou valores lícitos equivalentes ao produto ou proveito do crime sem que, antes, se estime e persiga (previamente) patrimônio ilicitamente adquirido (art. 91, II, "b", do CP).

Sem prejuízo do que se acaba de indicar, o plexo normativo anteriormente descrito acabou sendo fortalecido por meio de instituto trazido à baila por força da edição da Lei n. º 13.964, de 24 de dezembro de 2019, nominado de "confisco alargado", cujas regras de aplicabilidade encontram-se dispostas no art. 91-A do Código Penal – a propósito: "Na hipótese de condenação por infrações às quais a lei comine pena máxima superior a 6 (seis) anos de reclusão, poderá ser decretada a perda, como produto ou proveito do crime, dos bens correspondentes à diferença entre o valor do patrimônio do condenado e aquele que seja compatível com o seu rendimento lícito. § 1º. Para efeito da perda prevista no caput deste artigo, entende-se por patrimônio do condenado todos os bens: I – de sua titularidade, ou em relação aos quais ele tenha o domínio e o benefício direto ou indireto, na data da infração penal ou recebidos posteriormente; e II – transferidos a terceiros a título gratuito ou mediante contraprestação irrisória, a partir do início da atividade criminal. § 2º. O condenado poderá demonstrar a inexistência da incompatibilidade ou a procedência lícita do patrimônio. § 3º. A perda prevista neste artigo deverá ser requerida expressamente pelo Ministério Público, por ocasião do oferecimento da denúncia, com indicação da diferença apurada. § 4º. Na sentença condenatória, o juiz deve declarar o valor da diferença apurada e especificar os bens cuja perda for decretada. § 5º. Os instrumentos utilizados para a prática de crimes por organizações criminosas e milícias deverão ser declarados perdidos em favor da União ou do Estado, dependendo da Justiça onde tramita a ação penal, ainda que não ponham em perigo a segurança das pessoas, a moral ou a ordem pública, nem ofereçam sério risco de ser utilizados para o cometimento de novos crimes."

Quanto à **apreensão,** trata-se de medida que não se confunde com o "sequestro de bens móveis e/ou imóveis", a "hipoteca legal" ou o "arresto de bens móveis e/ou imóveis", pois, embora também sirva para impedir o perecimento de coisas e/ou preservar direitos, trata-se, sobretudo, de meio de obtenção de prova. Além disso, enquanto as referidas medidas assecuratórias somente podem ser efetivadas por ordem judicial, a apreensão pode ser realizada também por autoridade policial (inteligência do artigo 6º, II, do CPP). A apreensão é, pois, medida que possui natureza jurídica mista e, por esta razão, encontra-se disciplinada em capítulo diverso das demais medidas assecuratórias patrimoniais. De qualquer sorte, é certo que a apreensão se assemelha às referidas medidas cautelares de constrição, pois, tal como estas, somente pode ser decretada quando presentes os requisitos *periculum in mora* (risco de desaparecimento de coisa que interesse à prova da infração penal, p. ex.) e *fumus boni iuris* (probabilidade de a coisa ter efetiva relação com o fato criminoso apurado).

Em suma, a diligência de apreensão difere, tecnicamente, da medida cautelar de sequestro, não obstante ambas as medidas possam se referir a objetos que caracterizem produto de crime. Enquanto a apreensão ostenta, sobretudo, caráter probatório, o sequestro destina-se, essencialmente, a cobrir os danos causados pelo crime. **Inclusive, nos termos do art. 132 do CPP, apenas se haverá de falar em sequestro de bens móveis (como medida acautelatória) se não for cabível a apreensão.**Nesse sentido, apenas produtos indiretos do crime, ou seja, produtos adquiridos com os proventos da infração é que poderão, em princípio, ser alvo de sequestro. Em se tratando de produtos (bens móveis) obtidos diretamente a partir da prática delituosa, isto é, de produtos diretos do crime, a medida cabível será a apreensão.

A respeito desse tema, ensina Renato Brasileiro de Lima:[301]

> "Diversamente do que se dá com o produto direto do crime (v. g. carro furtado), que pode ser apreendido, o produto indireto da infração penal é passível de sequestro, nos termos dos arts. 125 a 132 do CPP. Assim, enquanto o dinheiro subtraído da vítima pode ser objeto de apreensão, a motocicleta comprada com essa quantia será objeto de sequestro (CPP, art. 132). Não obstante, na hipótese de haver indevida apreensão do produto indireto da infração penal, nada impede que o juiz faça a conversão desta medida em sequestro. Portanto, apesar de o art. 121 do CPP fazer menção à apreensão de coisa adquirida com os proventos da infração, é tecnicamente incorreto dizer que a coisa adquirida com o provento da infração possa ser objeto de apreensão, já que o CPP prevê, em tal hipótese, o sequestro (art. 132)."

[301] LIMA, Renato Brasileiro de. *Manual de processo penal*, volume único, 10. ed. rev., ampl. e atual. São Paulo: JusPodivm, 2021, p. 1071.

Finda a diligência de apreensão, em se constatando, de plano, i) a posse ou propriedade legítima da coisa (o que engloba a demonstração de sua origem lícita), ii) que a coisa não mais interessa ao processo, iii) e que a coisa não estará sujeita a futuro confisco, poderá a autoridade policial ou judicial, mediante simples pedido formulado pelo interessado, restituí-la, mediante termo nos autos (inteligência do art. 120, *caput*, do CPP), sem que haja necessidade de autuação em apartado.

Porém, se duvidoso o direito do interessado, deverá ser instaurado, em apartado, Incidente de Restituição de Coisas Apreendidas, nos termos do art. 120, §1º, do CPP, determinando-se, sempre, a oitiva do órgão ministerial (inteligência do § 3º do art. 120 do CPP). Haverá, então, sob o crivo do contraditório, uma breve instrução probatória, dado o caráter incidental deste procedimento. É relevante dizer que, tendo-se em vista que a decretação de uma apreensão (tanto quanto a decretação de um sequestro) pressupõe a presença de *fumus boni iuris* e *periculum in mora*, é certo que o ônus da prova quanto à presença dos três requisitos que ensejam a restituição da coisa apreendida (dentre os quais a comprovação da origem lícita do bem) incumbirá à parte interessada. Saliente-se, ainda, que, "aos olhos dos Tribunais Superiores, devido à simplicidade do procedimento incidental de Restituição de Coisas Apreendidas regulamentado pelo art.120 §§ 1º e 2º, não é possível sua utilização quando a complexidade da questão demandar ampla dilação probatória. Nessa linha, como já se pronunciou a 5ª Turma do STJ, caso a complexidade da questão acerca da propriedade de bem apreendido demande ampla dilação probatória, deve o juízo criminal se abster de decidir o processo incidental de restituição, remetendo as partes ao Juízo Cível."[302] Em face de decisão proferida no bojo de Incidente de Restituição de Coisas Apreendidas, dada a sua natureza de "decisão definitiva em sentido estrito ou terminativa de mérito", caberá Apelação, nos termos do art. 593, II, do CPP (recurso não dotado de efeito suspensivo).

Em relação à medida cautelar de sequestro, o Código de Processo Penal determina seja esta, desde o início, autuada em apartado, bem como prevê Embargos (ao invés do Incidente de Restituição de Coisas Apreendidas) como sendo o meio adequado para impugnar a decretação de sequestro (inteligência dos artigos 129 e 130, ambos do CPP), não havendo, contudo, disciplina expressa quanto ao procedimento a ser adotado em tais Embar-

[302] LIMA, Renato Brasileiro de. *Manual de processo penal*, volume único, 10. ed. rev., ampl. e atual. São Paulo: JusPodivm, 2021, p. 1075.

gos. Dispõe o parágrafo único do art. 130 que "não poderá ser pronunciada decisão nesses Embargos antes de passar em julgado a sentença condenatória", o que posterga a discussão acerca da validade do sequestro para a fase final do processo penal.

Nesse contexto, tem prevalecido na jurisprudência o entendimento de que, a par da faculdade de manejo dos Embargos, eventual decisão que, no curso de um inquérito ou ação penal, determine ou indefira o levantamento de Sequestro, possuirá força de definitiva e poderá ser, nos termos do art. 593, II, do CPP, atacada por meio de Apelação.

Importante mencionar que se, por um lado, não há dúvida de que o mecanismo processual adequado para se impugnar decisão que decreta apreensão é o pedido de instauração de Incidente de Restituição de Coisas Apreendidas, assim como não há dúvida de que o mecanismo processual adequado para se impugnar decisão que decreta sequestro é a oposição de Embargos, por outro, a jurisprudência tem admitido a possibilidade de a parte requerer instauração de Incidente de Restituição de Coisas Apreendidas (ao invés de opor os Embargos previstos no art. 130, I, do CPP)também na hipótese de sequestro de bens. Não se deve perder de vista a corriqueira dificuldade de se identificar, de imediato, se determinados bens caracterizam produto direto ou indireto de crime, de modo que é comum ocorrerem apreensões quando deveriam ocorrer sequestros e vice-versa. Na prática forense, observa-se, por vezes, a instauração de Incidente de Restituição de Coisas Apreendidas para impugnar decretos de sequestro (e não apenas de apreensão) – (*vide*, p. ex., julgado proferido no âmbito da Operação "Lava Jato" – TRF4, 8ª Turma, Apelação Criminal nº 5028833-81.2016.4.04.7000/PR, Rel. João Pedro Gebran Neto, Julg. em 15.02.2017 – em que aquela Corte conheceu de Apelação interposta no bojo de Incidente de Restituição de Coisas Apreendidas, o qual havia sido instaurado em primeiro grau, a pedido do interessado, para impugnar decreto de sequestro de valores).

Inclusive, há quem defenda que, antes de interpor Apelação em face de um decreto de sequestro, a parte interessada, deve, necessariamente, formular pedido prévio de restituição ao r. juízo de primeiro grau (tal como se exige quando a hipótese é de decreto de apreensão). De qualquer sorte, o Superior Tribunal de Justiça já se posicionou pela possibilidade de, diante de um decreto de sequestro, a parte interessada apelar diretamente à instância superior.

Nesse sentido, menciona-se o que foi decidido no bojo do Resp nº 1585781, relacionado à Operação "Lava Jato":

"PROCESSUAL PENAL. RECURSO ESPECIAL. OPERAÇÃO "LAVA JATO". CONSTRIÇÃO PATRIMONIAL DETERMINADA À GUISA DE MEDIDA CAUTELAR. DENEGAÇÃO DE SEGUIMENTO AO RECURSO DE APELAÇÃO PELA CORTE FEDERAL. DESNECESSIDADE DE VINCULAR-SE A INTERPOSIÇÃO DO APELO AO PRÉVIO MANEJO DE IRRESIGNAÇÃO PERANTE O JUÍZO DE PRIMEIRO GRAU QUE DECRETOU A MEDIDA. RECURSO PROVIDO.

I – Se o Código de Processo Penal estatui, para as cautelares patrimoniais, mecanismos de impugnação a serem veiculados perante o juízo de primeiro grau, que decretou a medida constritiva, e, não obstante, a jurisprudência vem admitindo que se valha o interessado do recurso de apelação, não há razão idônea conducente ao afastamento do mesmo alvitre no âmbito específico da Lei de Lavagem de Dinheiro.

II – Apesar da possibilidade conferida ao acusado, ou à interposta pessoa, sobre quem recaia a medida assecuratória de bens prevista na Lei 9613/98, de postularem diretamente ao juiz a liberação total ou parcial dos bens, direitos ou valores constritos, atendidos os demais pressupostos legais, isto não elide a possibilidade de manejo de apelação, na forma do art. 593, II, do Código de Processo Penal. Recurso especial provido, para determinar que o eg. Tribunal Regional Federal julgue a apelação como for de direito; declarado o prejuízo quanto à pretensão de anulação do acórdão de desprovimento dos embargos declaratórios."

(STJ, QUINTA TURMA, RECURSO ESPECIAL Nº 1585781 2016.00.43842-7, JULG. EM 28.06.2016, REL. FELIX FISCHER, DJE DE 01.08.2016)

Ressalte-se, por fim, que inexiste previsão de prazo limite para eficácia de um decreto de apreensão. A esse respeito, ensina Renato Brasileiro de Lima[303]:

"Ao contrário do sequestro e do arresto subsidiário, que, se adotados no curso do inquérito, têm sua eficácia temporalmente limitada, cessando caso a denúncia não seja oferecida em 60 (sessenta) dias, no caso de sequestro (CPP, art. 131, I), e em 15 (quinze) dias, no caso do arresto subsidiário (CPP, art. 136), **não há previsão legal de prazo de eficácia para a apreensão. No entanto, a despeito do silêncio da Lei, a jurisprudência entende que a**

[303] LIMA, Renato Brasileiro de. *Manual de processo penal*: volume único, 10. ed. rev., ampl. e atual. São Paulo: JusPodivm, 2021, p. 1075/1076.

medida não pode se prolongar indefinidamente no tempo. Por isso, em caso concreto no qual a apreensão havia sido realizada há mais de 7 (sete) anos, sem que sequer tivesse havido o oferecimento da denúncia, concluiu o STJ que esse excesso seria incompatível com o princípio da razoabilidade, daí porque determinou o levantamento da medida (STJ, 5ª Turma, RMS 21.453/DF, Rel. Min. Felix Fischer, j. 19/04/2007, DJ 04/06/2007, p. 381)."

Já em relação ao sequestro, a legislação é expressa no sentido de que, se a ação penal não for intentada no prazo de 60 (sessenta) dias contados da data em que ficar concluída a diligência, a constrição deverá ser levantada, com fundamento no excesso de prazo (inteligência do art. 131, I, do CPP). Não obstante, prevalece o entendimento de que este prazo não tem natureza peremptória, não havendo óbice a que, à luz do princípio da razoabilidade e em face da complexidade dos fatos, o prazo de vigência do sequestro seja dilatado, podendo se estender mais ou menos, a depender do caso concreto.

Nesse sentido, confiram-se:

> "PENAL. PROCESSUAL PENAL. APELAÇÃO CRIMINAL. MEDIDA CAUTELAR. DESBLOQUEIO DE VALORES. EXCESSO DE PRAZO. INOCORRÊNCIA. COMPLEXIDADE DOS FATOS. APELO MINISTERIAL PROVIDO.
>
> 1. A apreensão de bens no processo penal é medida que preserva os bens tidos como produto ou instrumento do crime, retirando-os da esfera de disponibilidade do suposto agente até que seja ultimada a pretensão acusatória.
>
> 2. A perda desses bens, desde que sejam comprovadamente instrumentos ou produtos do crime, constitui um dos efeitos da condenação, nos termos do artigo 91 do Código Penal.
>
> 3. Assim, conforme estabelece o artigo 118 do Código de Processo Penal, antes de transitar em julgado a sentença final, as coisas apreendidas não poderão ser restituídas enquanto interessarem ao processo.
>
> 4. A questão posta nos autos, além de se referir normativos que cuidam da restituição de bens, diz respeito, em especial, ao apontado excesso de prazo na mantença da constrição, da medida cautelar de bloqueio de valores.
>
> **5. Os fundamentos indicativos do excesso de prazo não se sustentam, ante a complexidade dos fatos em apuração pela autoridade policial.**
>
> 6. Ausência de clareza no que se refere à origem lícita do montante, porquanto a empresa está sendo apontada como instrumento para o cometimento dos crimes de lavagem de capitais e de sonegação de tributos.

7. Apelação ministerial provida."

(TRF3, 5ª Turma, Apelação Criminal nº 5006832-25.2020.4.03.6181, Rel. Paulo Gustavo Guedes Fontes, Julg. em 29.06.2021, DJe de 02.07.2021)

"PENAL. PROCESSUAL PENAL. PEDIDO DE SUSPENSÃO DA INDISPONIBILIDADE DE BENS. FAZENDAS. CRIMES DIVERSOS CONTRA A ADMINISTRAÇÃO PÚBLICA, SONEGAÇÃO FISCAL, CRIMES CONTRA A FÉ PÚBLICA. APELAÇÃO PROVIDA EM PARTE.

1. Apelação interposta por Michel Hermes dos Santos, Selma Ribeiro dos Santos e Kratos Solutions Ltda contra decisão proferida pelo Juízo da 4ª Vara Federal da Subseção Judiciária de Juiz de Fora/MG que indeferiu seu pedido de levantamento de sequestro de 3 (três) imóveis rurais localizados no município de Rio Preto/MG.

2. Consta dos autos que a medida constritiva foi determinada no bojo do Inquérito Policial nº 13817-29.2011.4.01.3801 que apurava a existência de quadrilha especializada em praticar os crimes de falsificação de documentos, falsidade ideológica, supressão de encargos sociais, supressão de tributos, fraude a licitações, entre outros.

3. Sustentam o excesso de prazo para a apresentação da denúncia, alegando, por consequência, a ilegalidade na manutenção da medida de indisponibilidade dos bens.

4. A restituição de coisas apreendidas no curso do inquérito ou da persecução penal condiciona-se à demonstração cabal da propriedade dos bens pelo requerente (art. 120, caput, do CPP), ao desinteresse inquisitorial ou processual na manutenção da apreensão (art. 118 do CPP) e a não classificação dos bens apreendidos nas hipóteses elencadas no art. 91, inciso II, do Código Penal, requisitos que devem ser analisados cumulativamente.

5. O art. 131 do Código de Processo Penal estabelece o prazo de 60 dias para que a ação penal seja proposta, sob pena de cessar a ordem de sequestro. Todavia, o lapso temporal para o oferecimento de denúncia, em hipótese de prévio sequestro, não é absoluto. Em face do princípio da razoabilidade, admite-se dilação de prazos nos casos em que há complexidade e/ou pluralidade de acusados. Nesse sentido: TRF1, Incidente 00275711920164010000, Rel. Desembargador Federal Cândido Ribeiro, e-DJF1 de 07/12/2016.

6. Na hipótese dos autos, a complexidade do caso, no que tange à quantidade de diligências e análises documentais para a apuração dos crimes, justificam a manutenção das medidas constritivas por prazo superior ao determinado na Lei Processual.

7. importa registrar que, apesar de os requerentes Selma Ribeiro dos Santos e Michael Hermes dos Santos não terem, no caso presente legitimidade para requerer a restituição dos bens, pois, como visto não são proprietários de qualquer dos bens em litígio, ambos estão envolvidos na investigação que redundou no sequestro dos bens e há muito tramita Ação Penal contra os requerentes em razão dos delitos que ensejaram a medida de indisponibilidade dos bens, pois foi recebida a denúncia apresentada no inquérito policial nº 0013817-29.2011.4.01.3801, em 14/12/2017, dando origem à ação penal nº 0000491-55.2018.4.01.3801.

8. Além disso, pelo que consta dos autos Selma Ribeiro dos Santos seria empregada doméstica de Michael Hermes dos Santos, ex-sócio da empresa Kratos e teria vendido os imóveis em comento para a Kratos Solutions Ltda.

9. Por outro lado, a permanência da requerente Kratos Solutions Ltda. na posse e uso dos imóveis não retira a garantia da medida de sequestro. E, em harmonização com o interesse público da medida, melhor se apresenta que fique responsável pela manutenção dos bens, até decisão final na ação penal.

10. O sequestro, no processo penal, é medida assecuratória que visa tornar indisponíveis aos acusados ou indiciados os bens móveis e imóveis, ainda que em poder de terceiros, quando adquiridos com proveito do crime, para que deles não se desfaça, durante o curso da ação penal, a fim de garantir a indenização da parte lesada e impedir a obtenção de lucro proveniente da prática de infração penal.

11. Em se tratando de bem imóvel, não se vislumbra perigo de desfazimento ou mesmo venda, considerando que o art. 128 do CPP, determina a inscrição no registro de imóveis.

12. Apelação parcialmente provida para nomear a requerente Kratos Solutions Ltda., por meio de seu representante legal, mediante assinatura de termo de compromisso e relatório de vistoria, como fiel depositário, mantendo a restrição ao bem, devendo apresentar ao juízo de origem, relatório trimestral sobre os imóveis, não podendo alienar nenhum bem móvel ou semovente existente nos imóveis, sem autorização do juízo."

(TRF1, Quarta Turma, Apelação Criminal nº 0005280-68.2016.4.01.3801, Rel. Néviton Guedes, Julg. em 10.02.2020, DJF1 de 19.02.2020)

15. Alienação antecipada de bens incluída pela Lei nº 12.683/2012 (artigo 4º, § 1º, e artigo 4º-A e parágrafos)

"Art. 4º O juiz, de ofício, a requerimento do Ministério Público ou mediante representação do delegado de polícia, ouvido o Ministério Público em 24 (vinte e quatro) horas, havendo indícios suficientes de infração penal, poderá decretar medidas assecuratórias de bens, direitos ou valores do investigado ou acusado, ou existentes em nome de interpostas pessoas, que sejam instrumento, produto ou proveito dos crimes previstos nesta Lei ou das infrações penais antecedentes. (Redação dada pela Lei nº 12.683, de 2012)

§ 1ºProceder-se-á à alienação antecipada para preservação do valor dos bens sempre que estiverem sujeitos a qualquer grau de deterioração ou depreciação, ou quando houver dificuldade para sua manutenção. (Redação dada pela Lei nº 12.683, de 2012)"

"Art. 4º-A.A alienação antecipada para preservação de valor de bens sob constrição será decretada pelo juiz, de ofício, a requerimento do Ministério Público ou por solicitação da parte interessada, mediante petição autônoma, que será autuada em apartado e cujos autos terão tramitação em separado em relação ao processo principal. (Incluído pela Lei nº 12.683, de 2012)

§ 1º O requerimento de alienação deverá conter a relação de todos os demais bens, com a descrição e a especificação de cada um deles, e informações sobre quem os detém e local onde se encontram. (Incluído pela Lei nº 12.683, de 2012)

§ 2º O juiz determinará a avaliação dos bens, nos autos apartados, e intimará o Ministério Público. (Incluído pela Lei nº 12.683, de 2012)

§ 3º Feita a avaliação e dirimidas eventuais divergências sobre o respectivo laudo, o juiz, por sentença, homologará o valor atribuído aos bens e determinará sejam alienados em leilão ou pregão, preferencialmente eletrônico, por valor não inferior a 75% (setenta e cinco por cento) da avaliação. (Incluído pela Lei nº 12.683, de 2012)

§ 4ºRealizado o leilão, a quantia apurada será depositada em conta judicial remunerada, adotando-se a seguinte disciplina: (Incluído pela Lei nº 12.683, de 2012)

I – nos processos de competência da Justiça Federal e da Justiça do Distrito Federal: (Incluído pela Lei nº 12.683, de 2012)

a) os depósitos serão efetuados na Caixa Econômica Federal ou em instituição financeira pública, mediante documento adequado para essa finalidade; (Incluída pela Lei nº 12.683, de 2012)

b) os depósitos serão repassados pela Caixa Econômica Federal ou por outra instituição financeira pública para a Conta Única do Tesouro Nacional, independentemente de qualquer formalidade, no prazo de 24 (vinte e quatro) horas; e (Incluída pela Lei nº 12.683, de 2012)

c) os valores devolvidos pela Caixa Econômica Federal ou por instituição financeira pública serão debitados à Conta Única do Tesouro Nacional, em subconta de restituição; (Incluída pela Lei nº 12.683, de 2012)

II - nos processos de competência da Justiça dos Estados: (Incluído pela Lei nº 12.683, de 2012)

a) os depósitos serão efetuados em instituição financeira designada em lei, preferencialmente pública, de cada Estado ou, na sua ausência, em instituição financeira pública da União; (Incluída pela Lei nº 12.683, de 2012)

b) os depósitos serão repassados para a conta única de cada Estado, na forma da respectiva legislação. (Incluída pela Lei nº 12.683, de 2012)

§ 5ºMediante ordem da autoridade judicial, o valor do depósito, após o trânsito em julgado da sentença proferida na ação penal, será: (Incluído pela Lei nº 12.683, de 2012)

I - em caso de sentença condenatória, nos processos de competência da Justiça Federal e da Justiça do Distrito Federal, incorporado definitivamente ao patrimônio da União, e, nos processos de competência da Justiça Estadual, incorporado ao patrimônio do Estado respectivo; (Incluído pela Lei nº 12.683, de 2012)

II - em caso de sentença absolutória extintiva de punibilidade, colocado à disposição do réu pela instituição financeira, acrescido da remuneração da conta judicial. (Incluído pela Lei nº 12.683, de 2012)

§ 6º A instituição financeira depositária manterá controle dos valores depositados ou devolvidos. (Incluído pela Lei nº 12.683, de 2012)

§ 7º Serão deduzidos da quantia apurada no leilão todos os tributos e multas incidentes sobre o bem alienado, sem prejuízo de iniciativas que, no âmbito da competência de cada ente da Federação, venham a desonerar bens sob constrição judicial daqueles ônus. (Incluído pela Lei nº 12.683, de 2012)

§ 8º Feito o depósito a que se refere o § 4o deste artigo, os autos da alienação serão apensados aos do processo principal. (Incluído pela Lei nº 12.683, de 2012)

§ 9º Terão apenas efeito devolutivo os recursos interpostos contra as decisões proferidas no curso do procedimento previsto neste artigo. (Incluído pela Lei nº 12.683, de 2012)

§ 10.Sobrevindo o trânsito em julgado de sentença penal condenatória, o juiz decretará, em favor, conforme o caso, da União ou do Estado: (Incluído pela Lei nº 12.683, de 2012)

I - a perda dos valores depositados na conta remunerada e da fiança; (Incluído pela Lei nº 12.683, de 2012)

II – a perda dos bens não alienados antecipadamente e daqueles aos quais não foi dada destinação prévia; e (Incluído pela Lei nº 12.683, de 2012)

III – a perda dos bens não reclamados no prazo de 90 (noventa) dias após o trânsito em julgado da sentença condenatória, ressalvado o direito de lesado ou terceiro de boa-fé. (Incluído pela Lei nº 12.683, de 2012)

§ 11.Os bens a que se referem os incisos II e III do § 10 deste artigo serão adjudicados ou levados a leilão, depositando-se o saldo na conta única do respectivo ente. (Incluído pela Lei nº 12.683, de 2012)

§ 12.O juiz determinará ao registro público competente que emita documento de habilitação à circulação e utilização dos bens colocados sob o uso e custódia das entidades a que se refere o caput deste artigo. (Incluído pela Lei nº 12.683, de 2012)

§ 13.Os recursos decorrentes da alienação antecipada de bens, direitos e valores oriundos do crime de tráfico ilícito de drogas e que tenham sido objeto de dissimulação e ocultação nos termos desta Lei permanecem submetidos à disciplina definida em lei específica. (Incluído pela Lei nº 12.683, de 2012)."

Trata da venda antecipada de bens considerados instrumentos da infração penal ou daqueles que constituírem produto ou proveito auferido pelo agente com a prática da infração, havendo risco de perda do valor econômico pelo decurso do tempo.

Dentre os pressupostos para a realização da venda antecipada, cujo objetivo é a preservação do valor dos bens constritos, cite-se a existência de dificuldade para a manutenção desses bens ou quando estes estiverem sujeitos a qualquer grau de deterioração ou depreciação (art. 4º, § 1º).

A alienação antecipada para preservação de valor de bens sob constrição será decretada pelo juiz, de ofício, a requerimento do Ministério Público ou da parte interessada, mediante petição autônoma, autuada em apartado, sendo intimados o interessado e as partes. Feita a avaliação, o juiz homologará o valor atribuído aos bens e determinará o leilão ou pregão preferencialmente eletrônico, por valor não inferior a 75% da avaliação.

A quantia obtida será depositada em conta judicial remunerada, sendo deduzidos todos os tributos e multas incidentes sobre o bem alienado. Na Justiça Federal os depósitos serão efetuados na Caixa Econômica Federal ou em instituição financeira pública, mediante documento adequado para essa finalidade, sendo certo que tais quantias deverão ser repassadas para a

Conta Única do Tesouro Nacional, independentemente de qualquer formalidade, no prazo de 24 (vinte e quatro) horas. O eventual recurso no curso do procedimento de alienação terá apenas efeito devolutivo. Sobrevindo condenação irrecorrível, haverá perda definitiva dos valores, e da fiança, o mesmo ocorrendo quanto aos bens remanescentes (aqueles não considerados instrumentos ou proveito do delito) não reclamados no prazo de noventa dias após o trânsito em julgado, caso em que os valores serão depositados em conta do Tesouro da União ou do Estado-membro.

Cumpre registrar que para fins de reparação do dano causado pela infração o ofendido terá preferência sobre o *quantum* apurado com a alienação antecipada, de modo que a incorporação definitiva ao patrimônio da União ou do Estado-Membro deverá ocorrer posteriormente.

De outra senda, em havendo sentença absolutória ou de extinção da punibilidade, os valores arrecadados com a venda antecipada deverão ser colocados à disposição do réu ou de terceiros (se o caso).

Em decisão de minha lavra nos autos da Ação Penal nº 2007.61.81. 011245-7 junto à 6ª Vara Federal Criminal de São Paulo, na qual houve imputação de crime de Lavagem de Dinheiro decorrente do tráfico internacional de drogas, decidiu-se pela Alienação Antecipada, antes da redação da Lei que alterou a Lei de Lavagem, não com base na Lei de drogas (Lei nº 11.343, de 23.08.2006), mas com lastro na legislação processual penal e na antiga lei processual civil, a saber:[304]

> "3 – Venda Antecipada e Destinação Provisória Dos Bens Apreendidos
>
> Anote-se que são diversos imóveis de alto padrão, fazenda e sítio, que, para a sua manutenção, serão exigidos altos custos para o Estado. Além disso, os imóveis rurais exigem cuidados especiais por terem diversos animais e peixes, além de empregados com folha salarial a ser honrada todo mês. Registre-se, outrossim, que a Fazenda Finca, situada em Guaíba/RS estaria localizada em uma região onde existiriam diversos conflitos pela posse de terras, o que também exigiria policiamento ostensivo pela Polícia Federal para assegurar a preservação do imóvel.
>
> Por sua vez, os veículos apreendidos poderão ter o seu valor depreciado, além de não haver espaço adequado tanto na Superintendência da Polícia

[304] O perdimento de bens foi mantido tal como posto na decisão acima referida, já que a sentença proferida nos autos da Ação Penal pertinente foi confirmada no julgamento, em 06.03.2012, da Apelação Criminal nº 0011245-26.2007.4.03.6181/SP, de relatoria do eminente Des. Fed. Johonsom Di Salvo, por unanimidade, pela 1ª Turma do Eg. **TRF3**.

Federal, quanto no depósito da Justiça Federal para a regular preservação. Pontue-se também a falta de aparelhamento do Estado para a administração, manutenção e preservação dos bens.

É fato que a Justiça Federal não dispõe dos meios necessários para administração de tais bens, não podendo ser desconsiderada ainda, a impossibilidade de utilização de recursos públicos para sua manutenção porquanto não integram o patrimônio da pessoa jurídica de direito público, de forma a inviabilizar a adoção de medida de conservação. Logo, a venda antecipada dos bens seqüestrados e apreendidos é medida excepcional a ser adotada neste feito, consoante previsto no parágrafo 5º do artigo 120 do Código de Processo Penal e nos incisos I e II do artigo 670 do Código de Processo Civil.

A adoção desta medida está também devidamente respaldada nas políticas públicas definidas pela Estratégia Nacional de Combate à Lavagem de Dinheiro - ENCCLA, em especial, da Meta nº 17 da ENCLA 2006, porquanto visa não somente para a preservação, até mesmo do interesse público, mas também como forma de atender o interesse dos acusados em geral, que poderiam, em caso de absolvição, receber o valor correspondente aos bens alienados, ao invés destes em estado precário.

Acrescente-se que a META nº 14 ENCCLA 2007 determina a utilização do meio eletrônico para a venda antecipada, sendo de nota que a Recomendação nº 14 ENCCLA 2007, estimula a utilização de tal instituto pelos poderes públicos (Justiça e Ministério Público).

Nessa senda, colaciono o seguinte julgado:

'MANDADO DE SEGURANÇA. DESIGNAÇÃO DE LEILÃO DE BENS APREENDIDOS EM AÇÃO PENAL. DETERIORAÇÃO E DESVALORIZAÇÃO. AVALIAÇÃO QUE SUBESTIMOU VALORES DE MERCADO. INEXISTÊNCIA DE DIREITO LÍQUIDO E CERTO.

1- A medida constritiva data de 28-10-98, sendo evidente que as mercadorias, em grande parte equipamentos de informática, armazenadas em "containers" nos armazéns da Receita Federal, estão sujeitas a sérios riscos de deterioração e desvalorização, estando correta a decisão que designou leilão para a venda antecipada delas.

2 – Ademais, a alegação de que a avaliação subestimou os valores reais de mercado dos produtos não veio acompanhada de qualquer prova nesse sentido, sendo pacífico que em sede de mandado de segurança é incabível a dilação probatória.

3 – Inexistência de direito líquido e certo.

4 – Ordem denegada.' (TRF 4ª Região, 7ª Turma, MS 2000.04.01.139007-4/ PR, J. 18/09/2001, v.u., DJU 03/10/2001 p. 947, Relator Juiz Fábio Rosa)

Por outro lado, o projeto de alteração da Lei nº 9.613, de 03.03.1998, na esteira da legislação sobre o tráfico de entorpecentes que permite a alienação antecipada de bens apreendidos no caso de 'risco de perda de valor econômico pelo decurso do tempo' (artigo 46 e seus parágrafos, em especial o 7º, da Lei nº 10.409, de 11.01.2002, revogada pela Lei nº 11.343, de 23.08.2006, artigo 62 e seus parágrafos, em especial o 7º), também permitirá a alienação antecipada para a 'preservação do valor dos bens sempre que estiverem sujeitos a qualquer grau de deterioração ou depreciação, ou quando houver dificuldade para sua manutenção' (artigo 4º, § 1º).

Assim, considerando a necessidade de se resguardar o valor aquisitivo desses bens e de evitar dispêndio com sua administração e despesas de manutenção e condominiais, com risco de depreciação, DETERMINO a venda antecipada dos BENS IMÓVEIS e dos VEÍCULOS apreendidos. Tal medida destina-se ao resguardo do seu valor aquisitivo que deverá ser depositado à disposição deste Juízo, devidamente atualizado. DETERMINO, outrossim, a realização de LEILÃO TRADICIONAL e por meio ELETRÔNICO a ser efetuado pelo Instituto Nacional da Qualidade Judiciária – INQJ, qualificado como Organização da Sociedade Civil de Interesse Público pelo Ministério da Justiça, nos termos da Lei nº 9.790, de 23 de março de 1999 (Processo MJ nº 08071.000167/2004-81), conforme despacho da Secretária Nacional de Justiça, de 01 de dezembro de 2004, publicado no Diário Oficial de 08 de dezembro de 2004.

Vale ressaltar as vantagens do leilão por meio eletrônico:

a) Ampla divulgação, já que as informações sobre os bens são disponibilizadas na internet, na qual interessados de todo o Brasil têm acesso ao seu conteúdo;

b) Maior poder de atração de novos compradores por meio de diversos canais de comunicação, com destaque ao eletrônico (internet);

c) Um número maior de potenciais compradores pode participar com comodidade, ofertando seus lances de qualquer lugar do Brasil;

d) Transparência das informações, uma vez que todos os lances são armazenados no sistema, assim como o cadastro de todos os participantes e interessados, permitindo inequívoca avaliação da eficiência e eficácia do leilão;

e) A probabilidade de que o valor de venda atinja o de avaliação em função do aumento do número de arrematantes.

Não se concretizando a venda, na segunda praça fica desde já estabelecido o limite de 60% (sessenta por cento) da avaliação. Tal posição não pode ser considerado preço vil, tendo em vista o que já é consagrado na jurisprudência, a saber:

'PROCESSUAL CIVIL. EMBARGOS À ARREMATAÇÃO. PREÇO VIL. HIPÓTESE NÃO CONFIGURADA.

I – Não configurada a hipótese de arrematação por preço vil, tendo em consideração que o valor da arrematação correspondeu a 35% do valor da reavaliação.

II – Apelação improvida.' (TRF 3ª Região, 3ª T., AC 2002.61.82.015010-0, J. 13/12/2004, v.u., DJU 16/02/2005, p. 215, Relª. JUIZA CECILIA MARCONDES)

'PROCESSUAL CIVIL. ARREMATAÇÃO. PREÇO VIL. NÃO SE DETECTA O PREÇO VIL SOMENTE PELA PROPORÇÃO ENTRE A AVALIAÇÃO E O VALOR ALCANÇADO NA ARREMATAÇÃO. CIRCUNSTÂNCIAS OUTRAS DEVEM SER LEVADAS EM CONTA PELO JULGADOR PARA A FORMAÇÃO DE SEU CONVENCIMENTO' (STJ, 3ª Turma, RESP 55152/RO, Proc. 1994/0030424-2, J. 12/06/1995, v.u., DJ 04.09.1995 p. 27829, Relator Rel. Min. Cláudio Santos)

'PROCESSUAL CIVIL – ARREMATAÇÃO POR PREÇO VIL – EMBARGOS A ARREMATAÇÃO. I – PREÇO VIL, SEGUNDO ENTENDIMENTO ACOLHIDO PELA JURISPRUDÊNCIA DO STJ, É AQUELE MUITO ABAIXO DO VALOR REAL DO BEM, SENDO CERTO AINDA QUE A DISCUSSÃO EM TORNO DO TEMA NÃO CABE EM EMBARGOS A ARREMATAÇÃO POR EXTRAVASAR OS LINDES DO ARTIGO 746 DO ESTATUTO PROCESSUAL. II – RECURSO NÃO CONHECIDO.' (STJ, 3ª Turma, RESP 38905/MG, Proc. 1993/0026094-4, J. 29/11/1993, v.u., DJ 07/02/1994 p. 1179, Relator Rel. Min. Waldemar Zveitter)

Vale ainda ressaltar que a partir do momento em que tenham participado do Leilão diversas pessoas e o valor não tenha alcançado um determinado patamar da avaliação, o preço atingido acabará se constituindo em preço real de mercado, diante da regra da oferta e procura."

Mesmo antes do advento da Lei nº 12.683/2012 havia a possibilidade da realização da alienação antecipada dos bens constritos nos crimes de lavagem de dinheiro quando sujeitos a grau de deterioração ou depreciação, notadamente em razão do disposto no artigo 120, § 5º, do Código de Processo Penal ("§ 5oTratando-se de coisas facilmente deterioráveis, serão avaliadas e levadas a leilão público, depositando-se o dinheiro apurado, ou entregues ao terceiro que as detinha, se este for pessoa idônea e assinar termo de responsabilidade").

Na atual redação da Lei de Lavagem, atribuída pela Lei nº12.683/2012, encerra-se qualquer discussão sobre a possibilidade de utilização da aludida medida.

Além disso, a Lei nº 12.694/2012 introduziu ao Estatuto Processual Penal o art. 144-A, de forma a possibilitar a utilização da venda antecipada para todo e qualquer crime "Art. 144-A.O juiz determinará a alienação antecipada para preservação do valor dos bens sempre que estiverem sujeitos a qualquer grau de deterioração ou depreciação, ou quando houver dificuldade para sua manutenção."

Por fim, consigne-se que o CNJ, por meio da Resolução nº 356, de 27.11.2020, dispõe sobre a alienação antecipada de bens apreendidos em procedimentos criminais:

> "Art. 1º Os procedimentos para alienação antecipada de bens apreendidos, sequestrados ou arrestados em procedimentos criminais obedecerão ao disposto nesta Resolução.
>
> Art. 2º Os magistrados com competência criminal, nos autos em que existam bens e ativos apreendidos ou que sejam objeto de medida assecuratória, deverão:
>
> I – manter, desde a data da efetiva apreensão, arresto ou sequestro, rigoroso acompanhamento do estado da coisa ou bem, diretamente ou por depositário formalmente designado, sob responsabilidade;
>
> II – ordenar o registro e averbações necessárias dos bens apreendidos, arrestados ou sequestrados nos respectivos órgãos de registro, nos termos dos arts. 837 e 844 do Código de Processo Civil e do §12 do art. 61 da Lei nº 11.343/2006, alterada pela Lei nº 13.840/2019;
>
> III – realizar busca ativa e restituição do bem apreendido à vítima, quando cabível e na medida das possibilidades;
>
> IV – providenciar, no prazo de trinta dias contados da apreensão, arresto ou sequestro de bens, a alienação antecipada dos ativos apreendidos em processos criminais, nos termos do §1º do art. 61 da Lei nº 11.343/2006 (Lei de Drogas), alterada pela Lei nº 13.840/2019;
>
> V – decidir, no prazo de trinta dias contados da apreensão, arresto ou sequestro de bens, ouvido o Ministério Público, sobre o cabimento da alienação antecipada dos bens e ativos apreendidos ou que sejam objeto de medida assecuratória, nos termos do art. 144-A do CPP;
>
> VI – determinar o depósito das importâncias de valores referentes ao produto da alienação, ou relacionados a numerários apreendidos ou que tenham sido convertidos, desde que sujeitos a perdimento em favor da União;

VII – determinar a devida destinação dos valores depositados em contas vinculadas ao juízo, antes do arquivamento dos autos; e

VIII – especificar expressamente nas sentenças quando o crime estiver relacionado a decretação do perdimento dos bens móveis e imóveis, quando apreendidos ou sequestrados em decorrência das atividades criminosas perpetradas por milicianos ou relacionadas ao tráfico de drogas.

Art. 3º Os valores atualmente depositados em contas judiciais, decorrentes de alienação antecipada ou de apreensão em processos criminais, deverão ser transferidos, observando-se a sistemática e os códigos de recolhimento divulgados no portal eletrônico do Conselho Nacional de Justiça.

§ 1º Aplica-se o disposto no *caput* aos ativos apreendidos ou decorrentes de alienação antecipada em processos criminais não relacionados com o tráfico de drogas, desde que os bens estejam sujeitos a perdimento em favor da União.

§ 2º O produto da alienação depositado em conta vinculada ao juízo, após a decisão condenatória final do processo ou conforme dispuser lei específica, será convertido emrenda para a União, observando-se a sistemática eos códigos de recolhimento divulgados no portal eletrônico do Conselho Nacional de Justiça.

Art. 4º Em caso de alienação ou destinação de veículos automotores, o juízo deverá providenciar, antes da entrega do bem, a baixa de eventual registro de bloqueio no Sistema Renajud, caso tenha sido efetivado.

Art. 5º A alienação antecipada de ativos deverá ser realizada preferencialmente por meio de leilões unificados, que poderão ser organizados pelo próprio juízo ou por centrais de alienação criadas para tal fim, na primeira e na segunda instâncias, ou ainda por meio de adesão a procedimento de alienação do Ministério da Justiça e Segurança Pública (MJSP).

§ 1º Os tribunais poderão criar cadastro de pessoas físicas ou jurídicas administradoras de bens, com comprovada experiência na área de gestão do bem ou estabelecimento empresarial apreendido, visando sua gestão até a alienação pelo Poder Judiciário, ou aderir ao procedimentodo órgão gestor de ativos pertencente à estruturado Ministério da Justiça e Segurança Pública com essa finalidade.

§ 2º Optando o juízo pelo encaminhamento dos bens e ativos apreendidos ou sobre os quais recaia alguma medida assecuratória para alienação pelo MJSP, esta será conduzida por leiloeiros contratados por aquele Ministério, aptos a leiloar todos os tipos de ativos, incluindo bens imóveis, ativos biológicos e fundos de comércio, após gestão empresarial executada por profissionais indicados pelo Conselho Federal de Administração ao Poder Judiciário, por intermédio de acordo firmado pelo MJSP.

§ 3º Enquanto não houver a integração entre sistemas do Poder Judiciário e do MJSP, a utilização dos leiloeiros, e de acordos firmados com outras instituições, deverá ser solicitada ao MJSP, mediante o preenchimento, no Sistema Eletrônico de Informações (SEI) do Ministério da Justiça e Segurança Pública, do formulário de peticionamento eletrônico denominado "SENAD: Pedido Judicial de Alienação de Bens Apreendidos".

§ 4º Aderindo o juízo ao procedimento de alienação do Ministério da Justiça e Segurança Pública, o envio de documentos ao MJSP ocorrerá mediante peticionamento eletrônico no SEI, devendo observar o Manual de Orientações sobre Recolhimentos de Receitas Relacionadas a Fundos Geridos pelo Ministério da Justiça e Segurança Pública, disponibilizados na página do MJSP na internet.

Art. 6º O juízo deverá determinar, no ato do perdimento ou antes do encaminhamento dos bens à alienação, independentemente se por meio da central de alienação ou do MJSP, as seguintes providências:

I – às Secretarias de Fazenda e aos órgãos de registro e controle, que efetuem as averbações necessárias, caso não tenham sido realizadas quando da apreensão;

II – aos cartórios de registro de imóveis, ao proferir a sentença em que determine o perdimento, que realizem o registro da propriedade em favor da União, nos termos do caput e do parágrafo único do art. 243 da Constituição Federal, afastada a responsabilidade de terceiros prevista no inciso VI do caput do art. 134 da Lei nº 5.172/1966 (Código Tributário Nacional); e

III – à Secretaria de Coordenação e Governança do Patrimônio da União, ao proferir a sentença em que determine o perdimento, que proceda à incorporação e entrega do imóvel, tornando-o livre e desembaraçado de quaisquer ônus para sua destinação.

Parágrafo único. As decisões judiciais deverão destacar que eventuais multas, encargos ou tributos pendentes de pagamento não podem ser cobrados do arrematante ou do órgão público alienante como condição para regularização dos bens, sem prejuízo de execução fiscal em relação ao antigo proprietário.

Art. 7º A consulta ao MJSP, em atenção ao art. 62, § 1º-A, da Lei nº 11.343/2006, quanto às indicações de órgãos de polícia judiciária, militar e rodoviária que poderão fazer uso de bens apreendidos, deverão ser feitas diretamente no sítio eletrônico do MJSP, na internet.

Art. 8º O Corregedor Nacional de Justiça apreciará as questões ou proposições decorrentes da aplicação desta Resolução, podendo editar instruções complementares e sobre elas deliberar.

Art. 9º Fica revogada a Recomendação CNJ nº 30/2010.

Art. 10. Esta Resolução entra em vigor na data de sua publicação."

16. Ação controlada

"Art. 4º-B. A ordem de prisão de pessoas ou as medidas assecuratórias de bens, direitos ou valores poderão ser suspensas pelo juiz, ouvido o Ministério Público, quando a sua execução imediata puder comprometer as investigações."

Fica aqui evidente, mais uma vez (artigo 1º, § 6º) a possibilidade de ação controlada. A ordem de prisão de pessoas ou de apreensão ou indisponibilidade de bens, direitos ou valores, poderá ser suspensa pelo juiz, ouvido o Ministério Público, quando sua execução imediata possa comprometer as investigações (artigo 4º-B da Lei nº 9.613/1998 com a redação alterada pela Lei nº 12.683/2012). A Lei nº 12.850, de 02.08.2013, que revogou a Lei nº 9.034, de 03.05.1995, define organização criminosa e dispõe sobre a investigação criminal, os meios de obtenção da prova, infrações penais correlatas e o procedimento criminal, em seus artigos 3º, inciso III, 8º e 9º, e artigo 53, II, e seu parágrafo único, da Lei nº 11.343, de 23.08.2006 (sobre o tratamento, a prevenção, ao uso e ao tráfico de substâncias entorpecentes), preveem tal instituto.

Como preconiza Carla Veríssimo De Carli esta técnica é de grande importância para a investigação do delito de Lavagem de Dinheiro, porquanto permite a "movimentação monitorada de valores entre contas correntes de diferentes titulares, a fim de identificar a materialidade e/ou a autoria delitivas."[305]

17. Obrigação de identificar clientes, com cadastro atualizado, e de registrar transações que ultrapassarem limite fixado ou suspeitas ao COAF (artigos 9º, 10 e 11)

O artigo 9º elenca quais são as espécies de atividades desenvolvidas pelas pessoas físicas e jurídicas e que estão sujeitas às obrigações civis e adminis-

[305] *Lavagem de Dinheiro: ideologia da criminalização e análise do discurso.* Porto Alegre: Verbo Jurídico, 2012, p. 216.

trativas referidas nos artigos 10 e 11 da Lei nº 9.613/1998, ou seja, promove a listagem de quem em razão de sua atividade tem o dever de comunicar as operações suspeitas ao COAF.

Muito se discutiu sobre a inclusão de "os advogados e as sociedades de advogados, quando prestem os serviços previstos nos incisos anteriores" no rol das pessoas físicas e jurídicas com dever de comunicação de operações suspeitas (artigo 9º, inciso XIV).

Mas, a nova Lei os excluiu expressamente, atribuindo a obrigação, entretanto, dentre outras, às "pessoas físicas ou jurídicas que prestem, mesmo que eventualmente, serviços de assessoria, consultoria, contadoria, auditoria, aconselhamento ou assistência, de qualquer natureza, em operações" financeiras, societárias ou imobiliárias. Apesar do afastamento expresso poderão, em tese, ser obrigados diante do conceito alargado dos coobrigados.

Importante mencionar que, em 16 de outubro de 2001, os Ministros de Finanças dosEstados da União Europeia chegaram a um acordo acerca de uma regulamentação mais rigorosa. Antes disso, em 10 de outubro de 2001, na Comissão de Negociação, os representantes dos países da União Europeia e do Parlamento Europeu já se haviam entendido sobre dispositivos mais severos na luta contra a Lavagem. O Parlamento Europeu, na esteira das (Recomendação nº 22, combinada com as de nº 18 a 21), aprovou diretrizes mais severas, em 13 de novembro de 2001, em Estrasburgo, para incluir grupos profissionais como, por exemplo, advogados, consultores financeiros e corretores imobiliários, o mais tardar, a partir de 2003 (Diretiva 2001/97/CE).

Isso passou significar que advogados devem denunciar clientes às autoridades, se eles forem chamados a fazer operações financeiras, não mais podendo invocar o dever de sigilo, restando desobrigados, porém, no curso de processos judiciais. Na Alemanha há norma explícita a respeito. Também Inglaterra (*Criminal Justice Act 1994* ou *1994 Act* emendada).

Luiz Flávio Gomes e Alice Bianchini posicionaram-se contra, entendendo haver ofensa ao princípio da proporcionalidade ou da razoabilidade.[306] Com relação aos advogados, ainda se discutiu se caberia comprovação da origem lícita do dinheiro destinado ao pagamento de honorários, não acatado nas sugestões dos juízes que participam da ENCCLA e no Projeto de Lei que foi convertido na Lei nº 12.683/2012.

[306] Palestra no curso temático de direito penal e processo penal. Escola de Magistrados Federal. Tribunal Regional Federal da 3ª Região, aos 14.04.2005.

A questão é delicada, mas não se pode deixar de consagrar a garantia do sigilo profissional com suporte à ampla defesa, o que não veda ou tolhe a obrigação de comunicação de operações suspeitas no caso de a ação criminosa não ter ainda findado e o advogado for consultado para a prática da lavagem de dinheiro. A proteção do sigilo profissional haverá apenas quando o crime tiver sido consumado e o advogado prestar consulta ou defesa profissional, caso em que não há que se falar em obrigação de comunicar.

A despeito destas considerações, percebe-se que a redação conferida à Lei nº 9.613/1998 fortalece a necessidade da prevenção do crime de Lavagem de Dinheiro ao ampliar a lista de sujeitos obrigados à manutenção de política de *compliance* em suas atividades econômicas (art. 9º, incisos X e XII a XVIII).

A Lei nº 14.478, de 21.12.2022, que dispôs sobre diretrizes a serem observadas na prestação de serviços de ativos virtuais e na regulamentação das prestadoras de serviços de ativos virtuais, incluiu ao artigo 9º, parágrafo único da Lei de Lavagem de Dinheiro o inciso XIX, regulando o papel das "prestadoras de serviços de ativos virtuais." Esta Lei entrará em vigor decorridos 180 dias de sua publicação.

O artigo 10 também sofreu alteração para incluir o inciso II "manterão registro de toda transação em moeda nacional ou estrangeira, títulos e valores mobiliários, títulos de crédito, metais, **ativos virtuais**, ou qualquer ativo passível de ser convertido em dinheiro, que ultrapassar limite fixado pela autoridade competente e nos termos de instruções por esta expedidas."

Resta ainda mais evidenciada a necessidade de perfeita interação entre os órgãos encarregados da prevenção, repressão ou persecução e o de recuperação de ativos, no que se poderia denominar de "parceria público-privada". Tal sistema, "que a doutrina denomina de *twin track fight*, parte-se da constatação de que, sem a devida coordenação entre os intermediários econômicos e financeiros e o Estado, não se pode fazer funcionar nem a prevenção, nem a repressão à lavagem de dinheiro, criminalidade que apresenta interface marcante com a economia e o sistema financeiro."[307]

As Declarações ou Comunicações de Operações Suspeitas (DOS/COS) constituem o núcleo do sistema internacional de combate à lavagem de dinheiro e decorrem da obrigação das entidades de "conhecer seus clientes". No Brasil, a obrigação de efetuar as DOS/COS está prevista no artigo

[307] ARAS, Vladimir. Lavagem de dinheiro e corrupção – Irmãs Siamesas. *Revista Jurídica Consulex*, ano XVI, n. 361, fev.2012, p. 38-39.

11, inciso II, "b", da Lei n. 9.613, de 03.03.1998. No que se refere ao Sistema Financeiro Nacional, as DOS/COS são reguladas pelo Banco Central do Brasil, por meio da Carta-Circular nº 4.001, de 29.01.2020, com alteração promovida pela Carta-Circular nº 4.037, de 27.04.2020, ficando revogada a Carta –Circular 3.542, de 12.03.2012.

No Brasil existem também as comunicações de natureza automática, que se caracterizam não pela suspeição, mas por ter sido ultrapassado um limite ou verificado um critério objetivo. Elas se enquadram no artigo 11, inciso II, "a", da Lei n. 9.613/1998. No Sistema Financeiro Nacional, é o caso das Comunicações de Operações em Espécie (COE), emissão e recarga de valores em cartões pré-pagos etc., conforme os instrumentos normativos da lavra do Banco Central.

Não importa quem seja o cliente ou a situação, se ocorrer um provisionamento (pedido de saque), um saque ou um depósito em espécie de R$ 50 mil ou mais (Carta Circular nº 3978, de 23.01.2020, de lavra do BACEN), este fato deve ser comunicado, independentemente de suspeição. O critério é, portanto, matemático.

Assim, as DOS/COS e COE são legal e substancialmente distintas. As COE são extremamente úteis como complemento nas análises ou em análises estratégicas, mas não incorporam, por si, o elemento da suspeição. Não obstante sua utilidade, as COE não são padrão ou exigência internacional, como é o caso das DOS/COS. Caso uma movimentação em espécie acima de R$ 50 mil seja também considerada suspeita pela instituição financeira, esta deverá enviar uma DOS/COS e também uma COE.

O entendimento internacional a respeito da criminalidade econômica obriga os Estados que verdadeiramente queiram integrar a rede de seu combate, aí se inserindo o Brasil (membro do GAFI/FATF desde 1999), à flexibilização de posturas que não mais encontram respaldo na literatura e legislação mundiais (cf. Convenção da ONU de Palermo sobre a Criminalidade Organizada Transnacional, 2000, Convenção da ONU de Mérida sobre Corrupção, 2003, e Convenção do Conselho da Europa de Varsóvia sobre Lavagem de Valores, 2005), chegando ao ponto de exigir dos advogados obrigação de comunicar operações suspeitas em casos específicos (*vide* Recomendações GAFI/FATF nºs 22 e 23).

Tudo isto está a revelar a necessidade de se dar leitura atualizada de compreensão da criminalidade econômica moderna, devendo os órgãos encarregados pelo combate a tais delitos atuar com a máxima cautela e zelo, preservando o direito de todos os envolvidos.

18. Outras alterações da Lei de Lavagem promovidas pela Lei nº 12.683/2012

No Brasil, o Projeto de Lei nº 3.443/2008 (Projeto de Lei do Senado nº 209/2003), convertido na Lei nº 12.683, de 09.07.2012, que alterou a Lei nº 9.613, de 03.03.1998, foi bastante debatido por diversos órgãos que participam da Estratégia Nacional de Combate à Corrupção e Lavagem de Dinheiro (ENCCLA). Composta, como já afirmado precedentemente, por mais de sessenta integrantes (diversas agências estatais, como Receita Federal do Brasil, Banco Central, Ministério da Justiça, Ministérios Públicos estadual e federal, Polícia federal, Justiças estadual e federal etc.), a ENCCLA tenta fazer valer os compromissos internacionais mantidos pelo Brasil, seguindo todos os países integrantes do Grupo de Ação Financeira Internacional em Lavagem de Dinheiro (GAFI).

Dentre as recomendações do Projeto objetivou-se abarcar todas as brechas legais que viabilizem a Lavagem de Dinheiro e, da mesma forma que em todas as relações que requeiram nível importante de confiança (auditores, gerentes de bancos, corretores de seguros, imóveis e bens de capital etc.), obriga a Comunicação de Operação Suspeita ao COAF, pilar central de todo o sistema de combate.

Com a última versão da Lei nº 9.613/1998, a obrigação de atividades não financeiras, como advogados, reportarem operações suspeitas, também prevista na Recomendação-GAFI nº 22, combinada com as de nº 20 e 21, cessa se caracterizar consulta jurídica ou defesa jurídica. Claro que nesta hipótese não haveria a obrigação de reportar as operações suspeitas. Entretanto, e contrariamente, no caso de se tratar de orientação jurídica que implique na (tentativa) ocultação ou dissimulação de bens obtidos de forma criminosa, não haveria como deixar de existir tal comunicação como, aliás, já existe em diversas situações, inclusive naquelas em que há certa relação de confiança, pois, do contrário, o obrigado jamais obteria a informação que é, por si só, sensível.

Como já se disse, a questão é delicada, mas não se pode deixar de consagrar a garantia do sigilo profissional com suporte à ampla defesa, o que não veda ou tolhe a obrigação de comunicação de operações suspeitas no caso de a ação criminosa não ter ainda findado e o advogado for consultado para a prática da lavagem de dinheiro. A proteção do sigilo profissional haverá apenas quando o crime já tiver sido consumado e o advogado prestar consulta ou defesa profissional, caso em que não há que se falar em obrigação de comunicar.

Positiva é a mudança que obriga a Comunicação acima referida pelas juntas comerciais, pelos registros públicos e pelos que promovem, intermedeiam, agenciam ou negociam direitos de transferência de atletas, pecando por não incluir, por exemplo, deveres de comunicação por parte de clubes, Federações e Confederações esportivas.

Neste aspecto importante considerar que se visou fortalecer o sistema de prevenção ao crime, já que "a ampliação do controle sobre tais atividades se justifica não por uma questão de desconfiança, mas de segurança. Todas essas são lícitas e fundamentais para o desenvolvimento econômico do país, por isso mesmo, é preciso que o sistema público de controle consiga identificar e coibir quaisquer tentativas de exercê-las ilicitamente."[308]

É respeito à norma constitucional que estabelece a tarefa jurisdicional para o Poder competente. Portanto, o legislador andou bem, de um lado, ao prever a obrigação de reportar operações suspeitas dos que prestem, ainda que eventualmente, serviços de assessoria, consultoria, contadoria, auditoria, aconselhamento ou assistência de qualquer natureza, na compra e venda de imóveis, gestão de fundos etc., logo, obrigando a todos que tenham relacionamento de confiança, excluídos apenas os advogados contratados para consulta e/ou defesa jurídicas (respeitando-se, assim, o sagrado direito de defesa).

Lamentável a retirada da Lei do conceito de terrorismo e seu financiamento, obrigação de criminalizar assumida pelo país até 2012.

De registro as considerações tecidas pelo Procurador Regional da República Alexandre Camanho de Assis, quando salienta um dos aspectos positivos do então Projeto de Reforma da Lei de Lavagem de Dinheiro, ao pontuar que ele era "pródigo em aspectos positivos e contribui para o aperfeiçoamento da Lei de Lavagem de Dinheiro, uma vez que fortalece a interação entre os três subsistemas: o de prevenção, composto pelos denominados sujeitos obrigados e pelos órgãos de inteligência financeira, mormente o COAF; o de repressão ou de persecução, integrado pelo Ministério Público e Polícia; e o de recuperação de ativos, tarefa que é desempenhada pelo Parquet e por órgãos do Poder Executivo, sobressaindo

[308] VALADARES, Antonio Carlos. Por um sistema mais eficiente de combate à Lavagem de dinheiro. *Revista Jurídica Consulex*, Ano XVI, n. 361, fev.2012, p. 27-28.

o Departamento de Recuperação de Ativos e Cooperação Internacional (DRCI)."[309-310]

Cabe enfatizar que o referido marco legal também criou o art. 17-B, a seguir transcrito:

[309] Combate à corrupção e lavagem de dinheiro presente e futuro. *Revista Jurídica Consulex*, ano XVI, n. 361, fev.2012, p. 28-29.

[310] O Departamento de Recuperação de Ativos e Cooperação Jurídica Internacional integra a Secretaria Nacional de Justiça do Ministério da Justiça e teve suas competências ampliadas com a edição do Decreto nº 9.662, de 01.01.2019, posteriormente revogado pelo Decreto nº 11.103, de 24.06.2022, que, por sua vez, restou revogado pelo Decreto nº 11.348, de 01.01.2023, a saber:
Art. 15. Ao Departamento de Recuperação de Ativos e Cooperação Jurídica Internacional compete:
I – articular, integrar e propor ações entre os órgãos dos Poderes Executivo e Judiciário e o Ministério Público para o enfrentamento da corrupção, da lavagem de dinheiro e do crime organizado transnacional, inclusive no âmbito da Enccla;
II – coordenar a Rede Nacional de Laboratórios de Tecnologia contra Lavagem de Dinheiro – Rede-Lab;
III – estruturar, implementar e monitorar ações de Governo e promover a articulação entre os órgãos dos Poderes Executivo e Judiciário e o Ministério Público nas seguintes áreas:
a) cooperação jurídica internacional em matéria cível, inclusive em assuntos relacionados:
1. ao acesso internacional à justiça;
2. à prestação internacional de alimentos; e
3. à visitação, à adoção e à subtração internacional de crianças e adolescentes;
b) cooperação jurídica internacional em matéria penal, inclusive em assuntos relacionados à:
1. extradição;
2. transferência de pessoas condenadas;
3. transferência da execução da pena; e
4. transferência de processo criminal; e
c) recuperação de ativos;
IV – exercer a função de autoridade central, por meio da coordenação e da instrução de pedidos ativos e passivos de cooperação jurídica internacional nas áreas a que se refere o inciso III, por delegação do Ministro de Estado, exceto se houver designação específica que disponha de maneira diversa;
V – exercer a função de autoridade central federal em matéria de adoção internacional de crianças, nos termos do disposto na Lei nº 8.069, de 13 de julho de 1990;
VI – atuar na negociação de tratados bilaterais e multilaterais relacionados à cooperação jurídica internacional, à recuperação de ativos e a outros temas relacionados com matérias de sua competência;
VII – realizar o acompanhamento técnico dos foros e dos organismos internacionais nas áreas de que tratam os incisos I e II, e exercer as funções de ponto de contato, enlace e similares nas redes de cooperação internacional e de recuperação de ativos; e
VIII – atuar nos procedimentos relacionados à ação de indisponibilidade de bens, de direitos ou de valores em decorrência de resolução do Conselho de Segurança das Nações Unidas.

"Art. 17-B. A autoridade policial e o Ministério Público terão acesso, exclusivamente, aos dados cadastrais do investigado que informam qualificação pessoal, filiação e endereço, independentemente de autorização judicial, mantidos pela Justiça Eleitoral, pelas empresas telefônicas, pelas instituições financeiras, pelos provedores de internet e pelas administradoras de cartão de crédito. (Incluído pela Lei nº 12.683, de 2012)".

A inclusão deste dispositivo revela-se de grande importância na medida em que permite que determinados dados cadastrais mantidos em bases de dados da Justiça Eleitoral, Companhias Telefônicas, Instituições Financeiras, provedores de internet e Administradoras de Cartões de Créditos sejam disponibilizados para o Ministério Público e a autoridade policial, independentemente de autorização emanada do Poder Judiciário.

Sua inclusão veio dirimir situação que dificultava sobremaneira as investigações, por vezes, geradora de uma "situação surreal. Como é possível diversas empresas de concessão de crédito ou mesmo pessoas jurídicas que assinam determinados serviços a elas disponibilizados terem acesso aos dados cadastrais de clientes ou potenciais clientes e as autoridades públicas necessitarem de autorização judicial? Por que haveria violação ao direito da intimidade ao disponibilizar os dados cadastrais para a autoridade policial ou para o Ministério Público e não haveria essa violação ao disponibilizar os mesmos dados para empresas comerciais?"[311]

Os dados disponibilizados referem-se à qualificação, filiação, endereço, não se admitindo a violação à intimidade individual e o sigilo das correspondências, das comunicações telegráficas, de dados e das comunicações telefônicas, restando, por certo, assegurada as cláusulas constitucionais instituídas no artigo 5º, incisos X e XII, da CF. Por óbvio não está incluída a medida autorizada pela Lei Complementar nº 105/2001 que admite a quebra de sigilo bancário, tampouco a interceptação de comunicações telefônicas/telemáticas previstas na Lei nº 9.296, de 24.07.1996.

Desse modo não estão incluídas na possibilidade admitida pelo art. 17-B informações quanto à data de início e fim de utilização de linha telefônica, números para os quais foram efetuadas ligações e dos quais foram recebidas, a data, hora e duração das ligações efetuadas e recebidas, já que tais informações somente serão permitidas à Autoridade Policial e ao Ministé-

[311] SAADI, Ricardo Andrade. O combate à lavagem de dinheiro. *Boletim IBCCRIM*, ano 20, n. 237, ago. 2012, p. 7-9.

rio Público acessá-las mediante expressa autorização judicial concedida na forma da Lei nº 9.296/1996.[312]

Compreende-se, em relação ao art. 17-B que "embora colocado na Lei de Lavagem de Dinheiro, este dispositivo pode ser invocado para a apuração de qualquer delito, especialmente as infrações penais antecedentes. O legislador não limitou seu escopo à lavagem de ativos e nem teria razão para fazê-lo, uma vez que o tipo de branqueamento depende de um delito anterior. Ademais, também não o restringiu à esfera criminal, o que permite ao Ministério Público fazer uso do art. 17-B na jurisdição eleitoral e nos inquéritos civis que conduzir."[313]

Critica-se a inclusão do art. 17-D, porquanto se cuidaria de medida extremamente invasiva, ferindo a presunção de inocência e o direito ao contraditório e ao devido processo legal, já que permite o afastamento prévio de servidor público a partir de seu mero indiciamento em Inquérito Policial envolvendo Lavagem de Dinheiro, até que o juiz competente autorize, em decisão fundamentada, o seu retorno, a saber:

> "Art. 17-D. Em caso de indiciamento de servidor público, este será afastado, sem prejuízo de remuneração e demais direitos previstos em lei, até que o juiz competente autorize, em decisão fundamentada, o seu retorno. (Incluído pela Lei nº 12.683, de 2012)"

Criou-se discutível apenamento ao servidor público no âmbito de um inquérito policial, na medida em que:

> "Ressalvado o fato de que o indiciamento nada ou pouco significa em termos processuais penais, a Lei 12.683/2012 estatuiu uma medida cautelar pessoal que poderá ser concretizada sem prévia intervenção do Poder Judiciário (art. 282, §2º, do CPP) e que não se reveste de instrumentalidade hipotética e acessoriedade. A razão é simples: o MP não participa da elaboração do indiciamento e, assim, não raro o afastamento do funcionário público ocorrerá sem que ele guarde qualquer vínculo com o conteúdo da eventual ação penal." [314]

[312] BADARÓ, Gustavo Henrique e Pierpaolo Cruz Bottini. *Lavagem de dinheiro: aspectos penais e processuais penais: comentários à Lei 9.613/1998, com alterações da Lei 12.683/2012*. São Paulo: RT, 2012, p. 355.

[313] ARAS, Vladimir. A investigação criminal na nova lei de lavagem de dinheiro. *Boletim IBCCRIM*, ano 20, n. 237, ago. 2012, p. 5-7.

[314] GRANDIS, Rodrigo de. Considerações sobre o dever do advogado de comunicar atividade suspeita de "lavagem" de dinheiro. *Boletim IBCCRIM*, ano 20, n. 237, ago. 2012, p. 9-10.

Gustavo Henrique Badaró e Pierpaolo Bottini, vão além, salientando que o afastamento automático não é necessário diante da disciplina do art. 319, *caput*, VI, do CPP (com redação conferida pela Lei nº 12.403, de 04.05.2011, que alterou o Código de Processo Penal), que prevê medida cautelar alternativa à prisão de afastamento das funções públicas. Tal medida poderia ser aplicada ao agente, servidor público, que estivesse envolvido no cometimento de infrações penais subjacentes ou mesmo nos crimes de Lavagem de Dinheiro, mediante a prática de atos que estivessem vinculados com o exercício de função pública. Salientam, outrossim, que:

> "Embora haja no Código de Processo Penal várias referências a indiciado ou indiciamento, não há definição legal do momento da realização de tal ato e, muito menos, dos requisitos legais para que alguém deve ser indiciado. Não se exige fundamentação da autoridade policial e, muito menos, que aponte os indícios a partir dos quais formou a sua convicção pelo indiciamento. Na prática, como se sabe, o indiciamento fica na dependência de mero juízo discricionário da autoridade policial, podendo propiciar enormes abusos e danos irreparáveis ao servidor público, se de tal ato incontrolável decorrer o efeito automático do afastamento de suas funções."[315]

De toda sorte, a Associação Nacional dos Procuradores da República (ANPR) ajuizou a ADI 4.911, tendo o Plenário do STF, por maioria, declarado a inconstitucionalidade do art. 17-D, nos termos do voto do Ministro Alexandre de Moraes:

> "AÇÃO DIRETA DE INCONSTITUCIONALIDADE. DIREITO PROCESSUAL PENAL. LEI 9.613/1998. ART. 17-D. AFASTAMENTO AUTOMÁTICO DE SERVIDOR PÚBLICO INDICIADO EM INQUÉRITO QUE APURA CRIMES DE LAVAGEM OU OCULTAÇÃO DE BENS, DIREITOS E VALORES. VIOLAÇÃO AO PRINCÍPIO DA PROPORCIONALIDADE. AUSÊNCIA DE NECESSIDADE DA MEDIDA CAUTELAR. PRESUNÇÃO DE INOCÊNCIA. MEDIDAS COERCITIVAS OU CONSTRITIVAS DE DIREITOS A EXIGIR DECISÃO FUNDAMENTADA NO CASO CONCRETO. PRINCÍPIO DA IGUALDADE. TRATAMENTO DESIGUAL A INVESTIGADOS EM SITUAÇÕES SIMILARES POR FORÇA DE IMPUTAÇÃO FACULTATIVA À AUTORIDADE POLICIAL. AÇÃO DIRETA PROCEDENTE PARA DECLARAR A INCONSTITU-

[315] *Op. cit.*, p. 360.

CIONALIDADE DO DISPOSITIVO. 1. Inconstitucionalidade do afastamento automático do servidor público investigado por crimes de lavagem ou ocultação de bens, direitos e valores em decorrência de atividade discricionária da autoridade policial, nos termos do art. 17-D da Lei 9.613/1998, consistente em indiciamento e independentemente de início da ação penal e análise dos requisitos necessários para a efetivação dessa grave medida restritiva de direitos. 2. A determinação do afastamento automático do servidor investigado, por consequência única e direta do indiciamento pela autoridade policial, não se coaduna com o texto constitucional, uma vez que o afastamento do servidor, em caso de necessidade para a investigação ou instrução processual, somente se justifica quando demonstrado nos autos o risco da continuidade do desempenho de suas funções e a medida ser eficaz e proporcional à tutela da investigação e da própria administração pública, circunstâncias a serem apreciadas pelo Poder Judiciário. 3. Reputa-se violado o princípio da proporcionalidade quando não se observar a necessidade concreta da norma para tutelar o bem jurídico a que se destina, já que o afastamento do servidor pode ocorrer a partir de representação da autoridade policial ou do Ministério Público, na forma de medida cautelar diversa da prisão, conforme os arts. 282, § 2º, e 319, VI, ambos do CPP. 4. A presunção de inocência exige que a imposição de medidas coercitivas ou constritivas aos direitos dos acusados, no decorrer de inquérito ou processo penal, seja amparada em requisitos concretos que sustentam a fundamentação da decisão judicial impositiva, não se admitindo efeitos cautelares automáticos ou desprovidos de fundamentação idônea. 5. Sendo o indiciamento ato dispensável para o ajuizamento de ação penal, a norma que determina o afastamento automático de servidores públicos, por força da opinio delicti da autoridade policial, quebra a isonomia entre acusados indiciados e não indiciados, ainda que denunciados nas mesmas circunstâncias. Ressalte-se, ainda, a possibilidade de promoção de arquivamento do inquérito policial mesmo nas hipóteses de indiciamento do investigado. 6. Ação Direta julgada procedente."

(STF, ADI n. 4911, Rel. Ministro Edson Fachin, Rel. p/ Acórdão: Alexandre de Moraes, Tribunal Pleno, julgado em 23.11.2020, processo eletrônico DJe-285DIVULG 02-12-2020PUBLIC 03-12-2020)

A Lei nº 12.683/2012 também deixa claro na Lei de Lavagem que, quando as circunstâncias o aconselharem, o juiz, ouvido o Ministério Público, nomeará pessoa física ou jurídica qualificada para a administração dos bens, direitos ou valores sujeitos a medidas assecuratórias, mediante termo de compromisso (art. 5º).

O artigo 7º, inciso I, da Lei nº 9.613/1998, determina a perda, em favor da União – e dos Estados, nos casos de competência da Justiça Estadual -, de todos os bens direitos e valores relacionados, direta ou indiretamente, à prática dos crimes previstos nesta Lei, inclusive aqueles utilizados para prestar a fiança, ressalvado o direito do lesado ou de terceiro de boa-fé.

19. Grupo de Ação Financeira Internacional (GAFI – Grouped'action financière sur le blanchiment des capitaux; FATF –Financial Action Task Force on Money Laudering)

Criado em dezembro de 1989 pelos sete países mais ricos do mundo (G-7[316]), no âmbito da Organização para a Cooperação e Desenvolvimento Econômico (OCDE), com a finalidade de examinar, desenvolver e promover políticas de combate à lavagem de dinheiro. Reuniu inicialmente 15 países europeus e a Austrália. Posteriormente, foi incorporando outros países (inclusive China, desde 2007) e dois organismos internacionais (a Comissão Européia e o *Gulf Cooperation Council*). A partir da XI Reunião Plenária, realizada em setembro de 1999, o Brasil passou a integrá-lo, inicialmente como observador.

Constitui um organismo intergovernamental com o propósito de promover, pois, medidas ao combate da lavagem de dinheiro. Em 1990, redigiu 40 Recomendações acerca do combate a esta modalidade delitiva, revistas em 1996 para amoldarem-se às novas técnicas deste crime. Em 2003, foram redigidas mais 8 (sobre financiamento ao terrorismo) e em 2004, foi editada a nona Recomendação (também sobre financiamento ao terrorismo). Em 16 de fevereiro de 2012, as 49 Recomendações foram revisadas, aperfeiçoadas e condensadas em 40. Em outubro de 2016, foram novamente revisadas, consolidando-se em um único documento.[317] Em junho de 2021, houve revisão, sendo a última em fevereiro 2023.

Não possuem caráter vinculante, mas exercem forte influência internacional sobre vários países (mesmo não-membros) para evitar a perda de credibilidade, sendo reconhecidas pelo Fundo Monetário Internacional e

[316] EUA, Japão, Alemanha, França, Reino Unido, Itália e Canadá. Conta, hoje, com a participação da Rússia (G8).

[317] Nesta atualização, 26 Recomendações das 40 existentes foram objeto de notas interpretativas visando melhor esclarecê-las, delimitar seus objetivos e o espectro das ações que devem ser adotadas.

pelo Banco Mundial como padrões internacionais para o combate da lavagem de dinheiro e ao financiamento do terrorismo. Na versão de 1996, foram adotadas por 130 países. Na versão de 2003 e 2004, por mais de 180 países. A relação de todos os estados-membros pode ser verificada em http://www.fatf-gafi.org/faq/membercountriesandobservers/#d.en.11224.

Importante mencionar que partiu do Brasil, que o presidiu entre 2008 e 2009, a ideia de aperfeiçoar e ajustar as Recomendações evitando distorções, duplicidades e ainda incorporar as 9 Recomendações sobre financiamento ao terrorismo no texto base (40 Recomendações).

As resistências iniciais foram vencidas porquanto não se desejava, na ocasião, alterar o texto já assimilado. Em momento algum, esperava-se mudança substancial, mas o foco foi o de se fazer um ajuste fino, tornando-as mais claras e objetivas, possibilitando uma cobrança mais incisiva ao seu cumprimento, o que veio alterar e facilitar, inclusive, as metodologias de avaliação dos países membros.

Contêm, de relevante, já com a última Revisão de fevereiro de 2023, o seguinte:

- Os países devem (antes constava "deveriam") identificar, avaliar e compreender os riscos de lavagem de dinheiro e financiamento do terrorismo para o país e devem tomar medidas, incluindo a designação de uma autoridade ou mecanismo para coordenar as ações para avaliar os riscos e aplicar recursos, com o objetivo de garantir que os riscos sejam mitigados de forma eficaz (Abordagem com base no risco/*Risk-Based Approach* – RBA, Recomendação nº 01).
- Os países devem ter políticas nacionais ALD/CFT/CFP, informadas pelos riscos identificados, que devem ser revistos regularmente, e devem designar uma autoridade ou ter uma coordenação ou outro mecanismo que seja responsável por tais políticas. Os países devem garantir que os formuladores de políticas, a unidade de inteligência financeira (UIF), autoridades policiais, supervisores e outras autoridades competentes relevantes, nos níveis operacional e de formulação de políticas, tenham mecanismos eficazes que lhes permitam cooperar e, quando apropriado, coordenar e trocar informações internamente entre si sobre o desenvolvimento e implementação de políticas e atividades para combater a lavagem de dinheiro, o financiamento do terrorismo e o financiamento da proliferação de armas de destruição em massa. Isso deve incluir cooperação e coordenação entre as autoridades relevantes para garantir a compatibilidade dos

requisitos ALD/CFT/CFP com as regras de proteção de dados e privacidade e outras disposições semelhantes.

O texto atual legitima a Estratégia Nacional de Combate à Corrupção e à Lavagem de Dinheiro - ENCCLA[318] (Recomendação nº 02).

- Os países devem criminalizar a lavagem de dinheiro com base na Convenção de Viena e na Convenção de Palermo. Os países devem aplicar o crime de lavagem de dinheiro a todos os crimes graves (antes, limitava a uma grave ofensa ou um vasto rol ou, ainda, a crimes com penas iguais ou superiores a um ano), com vistas a incluir a mais ampla gama de subjacentes (Recomendação nº 03).

[318] Segundo estudo realizado pelo Centro de Estudos Judiciários do Conselho da Justiça Federal a respeito da efetividade da Lei nº 9.613/1998, tramitavam no país, até setembro de 2001, apenas 260 inquéritos policiais junto à Polícia Federal, sendo que a maioria dos juízes federais entrevistados no referido estudo, especificamente 87%, respondeu que não havia qualquer processo em tramitação em sua Vara relativamente a este crime até 31.12.2000, data constante do formulário de pesquisa (CONSELHO DA JUSTIÇA FEDERAL. *Uma análise crítica da lei dos crimes de lavagem de dinheiro*). Presidida pelo Ministro Gilson Dipp do S.T.J., contou com a participação de representantes da Justiça Federal, Ministério Público Federal, Polícia Federal e da FEBRABAN e elaborou, em 2002 e 2003, recomendações concretas para aprimorar a investigação e persecução do crime de lavagem de dinheiro a partir da cooperação de diversos setores do Estado e da sociedade responsáveis pela implementação da Lei. É considerado o embrião da ENCLA (*Estratégia Nacional de Combate à Lavagem de Dinheiro e de Recuperação de Ativos*), rebatizado como ENCCLA (*Estratégia Nacional de Combate à Corrupção e à Lavagem de Dinheiro*). A chamada *Estratégia Nacional de Combate à Corrupção e à Lavagem de Dinheiro* (ENCCLA), é composta pelos principais órgãos envolvidos com o tema, basicamente a Advocacia-Geral da União (AGU), o Conselho de Controle de Atividades Financeiras (COAF), o Departamento de Recuperação de Ativos e Cooperação Jurídica Internacional do Ministério da Justiça (DRCI), o Conselho da Justiça Federal (CJF), o Ministério Público Federal (MPF), a Controladoria-Geral da União (CGU) e a Agência Brasileira de Inteligência (ABin), estabelecendo a política anual para o conjunto de ações por aqueles encarregados da efetivação da Lei nº 9.613/1998, uma vez que se observou execução de agendas próprias e desarticuladas, quando não conflitantes entre si, dos órgãos e agentes públicos responsáveis por seu combate. Houve reunião, em 05 a 07 de dezembro de 2003, em Pirenópolis (GO) visando desenvolver uma estratégia conjunta de combate à *Lavagem de Dinheiro*. Para acompanhar o andamento das metas definidas nos objetivos de "acesso a dados, recuperação de ativos, articulação institucional, capacitação e treinamento e atuação e cooperação internacional, criou-se o Gabinete de Gestão Integrada de Prevenção e Combate à Lavagem de Dinheiro" (GGI-LD), atendendo a Meta 01 da ENCLA/2004. Esse *Gabinete* é composto pelos principais órgãos públicos governamentais, bem como pelo Poder Judiciário e pelo Ministério Público, reunindo-se em diversas ocasiões em plenárias e em grupos de trabalho. Anualmente são definidas Ações (antigas Metas), esperando-se que as conclusões obtidas durante os trabalhos desenvolvidos se transformem em resultados efetivos.

- Os países devem adotar medidas semelhantes às estabelecidas na Convenção de Viena, na Convenção de Palermo e na Convenção de Financiamento do Terrorismo, incluindo medidas legislativas, para permitir que suas autoridades competentes congelem ou apreendam e confisquem o seguinte, sem prejudicar os direitos de terceiros de boa fé: (a) propriedade lavada, (b) produto de ou instrumentos usados em ou destinados ao uso em lavagem de dinheiro ou crimes subjacentes, (c) propriedade que é produto de, ou usada em, ou destinada ou alocada para uso em financiamento do terrorismo, atos terroristas ou organizações terroristas, ou (d) bens de valor correspondente. Essas medidas devem incluir a autoridade para: (a) identificar, rastrear e avaliar bens que estão sujeitos a confisco; (b) aplicar medidas provisórias, tais como congelamento e apreensão, para impedir qualquer negociação, transferência ou alienação de tais bens; (c) tomar medidas que impeçam ou anulem ações que prejudiquem a capacidade do país de congelar, apreender ou recuperar bens que estejam sujeitos a confisco; e (d) tomar quaisquer medidas investigativas apropriadas. Os países devem considerar a adoção de medidas que permitam que tais rendimentos ou instrumentos sejam confiscados sem exigir uma condenação criminal (confisco não baseado em condenação), ou que exijam que o infrator demonstre a origem legal da propriedade supostamente passíveis de perda, na medida em que tal requisito seja compatível com os princípios de seu direito interno. (Recomendação nº 04).
- Os países devem criminalizar o financiamento do terrorismo com base na Convenção de Financiamento do Terrorismo e devem criminalizar não apenas o financiamento de atos terroristas, mas também o financiamento de organizações terroristas e terroristas individuais, mesmo na ausência de uma ligação com um ato ou atos terroristas específicos. Os países devem garantir que tais crimes sejam designados como crimes subjacentes à lavagem de dinheiro (Recomendação nº 05).
- Os países devem implementar regimes de sanções financeiras direcionados para cumprir as resoluções do Conselho de Segurança das Nações Unidas relativas à prevenção e repressão do terrorismo e do financiamento do terrorismo. As resoluções exigem que os países congelem sem demora os fundos ou outros ativos e garantam que nenhum fundo ou outro ativo seja disponibilizado, direta ou indireta-

mente, para ou em benefício de qualquer pessoa ou entidade (Recomendação nº 06).

- Os países devem implementar sanções financeiras direcionadas para cumprir as resoluções do Conselho de Segurança das Nações Unidas relativas à prevenção, supressão e interrupção da proliferação de armas de destruição em massa e seu financiamento (Recomendação nº 07).
- Os países devem revisar a adequação das leis e regulamentos relacionados às Organizações Sem Fins Lucrativos (*Non-Profit Organisations*) que o país identificou como vulneráveis ao abuso do financiamento do terrorismo (Recomendação nº 08).
- Os países devem garantir que as leis de sigilo das instituições financeiras não inibam a implementação das Recomendações do GAFI (Recomendação nº 09).
- As instituições financeiras devem ser proibidas de manter contas anônimas ou contas com nomes obviamente fictícios. As instituições financeiras devem ser obrigadas a realizar medidas de *Due Diligence* do cliente (CDD) (Recomendação nº 10).
- As instituições financeiras devem ser obrigadas a manter, por pelo menos cinco anos, todos os registros necessários sobre as transações, tanto nacionais quanto internacionais, para que possam atender rapidamente aos pedidos de informação das autoridades competentes (Recomendação nº 11).
- Devem ser exigidas das instituições financeiras, em relação a Pessoas Politicamente Expostas (PEPs) estrangeiras (seja como cliente ou beneficiário), além das medidas normais de devida diligência do cliente, ou seja, das pessoas que tenham maior facilidade de lavagem de dinheiro, tais como políticos em cargos de chefia e seus familiares (Recomendação nº 12).

Outras disposições que valem a pena mencionar incluem o seguinte:

- Os países devem garantir que as instituições financeiras incluam informações exigidas e precisas sobre o remetente (originador) e sobre os beneficiários nas transferências eletrônicas e mensagens relacionadas, e que as informações permaneçam com a transferência eletrônica ou mensagem relacionada em toda a cadeia de pagamento. Os países devem garantir que as instituições financeiras monitorem as transferências eletrônicas com o objetivo de detectar aquelas que não possuem as informações necessárias sobre o remetente (originador) e/ou beneficiário e tomar as medidas adequadas. Os países devem garantir que, no contexto do processamento de transferências eletrônicas, as instituições financeiras adotem medidas de congelamento e devem proibir a realização de transações com pessoas e entidades designadas, de acordo com as obrigações estabelecidas nas resoluções relevantes do Conselho de Segurança das Nações Unidas, como a resolução 1267 (1999) e suas resoluções sucessoras, e a resolução 1373 (2001), relativa à prevenção e supressão do terrorismo e do financiamento do terrorismo (Recomendação nº 16).

- A devida diligência do cliente e os requisitos de manutenção de registros estabelecidos nas Recomendações 10, 11, 12, 15 e 17, aplicam-se a Empresas e Profissões Não Financeiras Designadas (*Designated Non-Financial Businesses and Professions* DNFBPs) nas seguintes situações: (a) Cassinos – quando os clientes participam transações financeiras iguais ou superiores ao limite designado aplicável. (b) Agentes imobiliários –quando estão envolvidos em transações para o seu cliente relativas à compra e venda de bens imóveis. (c) Negociantes de metais preciosos e negociantes de pedras preciosas –quando se envolvem em qualquer transação em dinheiro com um cliente igual ou superior ao limite designado aplicável. (d) Advogados, notários, outros profissionais da justiça independentes e contadores – quando preparam ou realizam transações para o seu cliente no que se refere às seguintes atividades: compra e venda de bens imóveis; gestão de dinheiro, títulos ou outros ativos de clientes; gestão de contas bancárias, de poupança ou de títulos; organização de contribuições para a criação, operação ou gestão de empresas; criação, operação ou gestão de pessoas coletivas ou acordos e compra e venda de entidades empresariais. (e) Fiduciários e prestadores de serviços a empresas – quando preparam ou realizam transações para um cliente no que se refere às seguintes atividades:atuação como agente constituinte de pessoas jurídicas; atuar como (ou providenciar para que outra pessoa atue como) um diretor ou secretário de uma empresa, um sócio de uma sociedade ou uma posição semelhante em relação a outras pessoas jurídicas; fornecer uma sede social, endereço comercial ou alojamento, correspondência ou endereço administrativo para uma empresa, uma parceria ou qualquer outra pessoa jurídica ou acordo; atuar como (ou providenciar para que outra pessoa atue como) administrador de um fideicomisso expresso ou desempenhar função equivalente para outra forma de acordo jurídico; agir como (ou providenciar para que outra pessoa atue como) um acionista nomeado para outra pessoa (Recomendação nº 22).

- Os países devem tomar medidas para prevenir o uso indevido de pessoas jurídicas para lavagem de dinheiro ou financiamento do terrorismo. Os países devem garantir que haja informações adequadas, precisas e oportunas sobre a propriedade efetiva e o controle de pessoas jurídicas que possam ser obtidas ou acessadas em tempo hábil pelas autoridades competentes (Recomendação nº 24).
- Os países devem garantir que haja informações adequadas, precisas e oportunas sobre *express trusts*, incluindo informações sobre o *settlor, trustee and beneficiaries* (o instituidor, o fiduciário e os beneficiários), que podem ser obtidas ou acessadas em tempo hábil pelas autoridades competentes (Recomendação nº 25).
- Os países devem garantir que as instituições financeiras estejam sujeitas a regulamentação e supervisão adequadas e que implementem efetivamente as Recomendações do GAFI. As autoridades competentes ou os supervisores financeiros devem tomar as medidas legais ou regulamentares necessárias para evitar que criminosos ou seus associados detenham ou sejam proprietários efetivos de uma participação significativa ou como controladores, ou detenham uma função de gestão em uma instituição financeira. Os países não devem aprovar o estabelecimento ou operação continuada de bancos de fachada. Os supervisores devem ter poderes adequados para supervisionar ou monitorar e garantir o cumprimento por parte das instituições financeiras dos requisitos para combater a lavagem de dinheiro e o financiamento do terrorismo, incluindo autoridade para realizar inspeções (Recomendações nºs 26 e 27).
- Os cassinos devem estar sujeitos a um regime regulamentar e de supervisão abrangente que garanta que implementaram eficazmente as medidas ABC/CFT necessárias. No mínimo: os cassinos devem ser licenciados; as autoridades competentes devem tomar as medidas legais ou regulamentares necessárias para evitar que criminosos ou seus associados detenham, ou sejam proprietários efetivos de, um interesse significativo ou de controle, detenham uma função de gestão em, ou sejam operadores de um cassino; e as autoridades competentes devem garantir que os cassinos sejam supervisio-

nados de forma eficaz quanto ao cumprimento dos requisitos ALD/CFT(Recomendação nº 28).

- Os países devem estabelecer uma Unidade de Inteligência Financeira (UIF) que atue como um centro nacional para o recebimento e análise de: (a) relatórios de transações suspeitas; e (b) outras informações relevantes para a lavagem de dinheiro, crimes subjacentes associados e financiamento do terrorismo, e para a divulgação dos resultados dessa análise. A UIF deve ser capaz de obter informações adicionais das entidades relatoras e deve ter acesso em tempo hábil às informações financeiras, administrativas e de aplicação da lei de que necessita para desempenhar suas funções adequadamente (Recomendação nº 29).
- Os países devem garantir que as autoridades responsáveis pela aplicação da lei tenham responsabilidade pelas investigações de lavagem de dinheiro e financiamento do terrorismo no âmbito das políticas nacionais de ALD/CFT. Pelo menos em todos os casos relacionados a crimes importantes que geram receitas, essas autoridades responsáveis pela aplicação da lei devem desenvolver uma investigação financeira paralela proativa ao buscar a lavagem de dinheiro, crimes subjacentes associados e financiamento do terrorismo. Isso deve incluir os casos em que o crime subjacente associado ocorre fora de suas jurisdições. Os países devem garantir que as autoridades competentes tenham a responsabilidade de identificar, rastrear e iniciar ações para congelar e apreender bens que estão, ou podem vir a ser, confiscados ou suspeitos de serem produto de crime. Os países também devem fazer uso, quando necessário, de grupos multidisciplinares (leia-se forças-tarefa) permanentes ou temporários especializados em investigações financeiras ou patrimoniais. Os países devem assegurar que, quando necessário, sejam realizadas investigações cooperativas com as autoridades competentes apropriadas em outros países (Recomendação nº 30).
- Ao conduzir investigações de lavagem de dinheiro, crimes subjacentes associados e financiamento do terrorismo, as autoridades competentes devem ser capazes de obter acesso a todos os documentos e informações necessários para uso nessas investigações e em processos judiciais e ações relacionadas. Isso deve incluir poderes para usar medidas obrigatórias para a produção de registros mantidos por instituições financeiras, APNFDs e outras pessoas físicas ou jurídicas,

para a busca de pessoas e instalações, para obter depoimentos de testemunhas e para a apreensão e obtenção de provas. Os países devem garantir que as autoridades competentes que conduzem as investigações possam usar uma ampla gama de *técnicas de investigação* adequadas para a investigação de lavagem de dinheiro, crimes subjacentes associados e financiamento do terrorismo. Essas técnicas investigativas incluem: operações secretas, interceptação de comunicações, acesso a sistemas de computador e entrega controlada. Além disso, os países devem ter mecanismos eficazes para identificar, em tempo hábil, se as pessoas físicas ou jurídicas possuem ou controlam contas. Devem também ter mecanismos que garantam que as autoridades competentes disponham de um processo de identificação de ativos sem notificação prévia ao proprietário. Ao conduzir investigações de lavagem de dinheiro, crimes subjacentes associados e financiamento do terrorismo, as autoridades competentes devem ser capazes de solicitar todas as informações relevantes mantidas pela UIF (Recomendação nº 31).

- Os países devem adotar medidas para detectar o transporte físico transfronteiriço de moeda e instrumentos negociáveis ao portador, inclusive por meio de um sistema de declaração e/ou sistema de divulgação (transparência). Os países devem garantir que suas autoridades competentes tenham autoridade legal para impedir ou restringir moeda ou instrumentos negociáveis ao portador que sejam suspeitos de estarem relacionados com financiamento do terrorismo, lavagem de dinheiro ou crimes subjacentes, ou que sejam falsamente declarados ou divulgados (Recomendação nº 32).
- Os países devem garantir que haja uma gama de sanções eficazes, proporcionais e dissuasivas, sejam criminais, civis ou administrativas, disponíveis para lidar com pessoas singulares ou coletivas abrangidas pelas Recomendações nºs 06 e 08 a 23, que não cumpram com os requisitos das políticas ALD/CFT. As sanções devem ser aplicáveis não apenas às instituições financeiras e APFNDs, mas também aos seus diretores e alta administração (Recomendação nº 35).
- Os países devem tomar medidas imediatas para se tornar parte e implementar integralmente a Convenção de Viena de 1988 (tráfico internacional de drogas); a Convenção de Palermo, 2000 (crime organizado transnacional); a Convenção das Nações Unidas contra a Corrupção, 2003 (Mérida, México); e a Convenção de Financia-

mento do Terrorismo, 1999. Quando aplicável, os países também são incentivados a ratificar e implementar outras convenções internacionais relevantes, como a Convenção do Conselho da Europa sobre Crime Cibernético, 2001; a Convenção Interamericana contra o Terrorismo, 2002; e a Convenção do Conselho da Europa sobre Lavagem, Detecção, Apreensão e Perda dos Produtos do Crime e sobre o Financiamento do Terrorismo, 2005 (Recomendação nº 36).

- Os países devem fornecer de forma rápida, construtiva e eficaz a mais ampla gama possível de assistência jurídica mútua em relação à lavagem de dinheiro, crimes subjacentes associados e investigações de financiamento do terrorismo, processos judiciais e procedimentos relacionados. Os países devem ter uma base jurídica adequada para fornecer assistência e, quando apropriado, devem ter em vigor tratados, acordos ou outros mecanismos para melhorar a cooperação (Recomendação nº 37).
- Os países devem garantir que tenham autoridade para tomar medidas rápidas em resposta às solicitações de países estrangeiros para identificar, congelar, apreender e confiscar bens lavados; produtos de lavagem de dinheiro, crimes subjacentes e financiamento do terrorismo; instrumentos usados ou destinados a serem usados na prática desses crimes; ou bens de valor correspondente (Recomendação nº 38).
- Os países devem executar de forma construtiva e eficaz os pedidos de extradição em relação à lavagem de dinheiro e financiamento do terrorismo, sem atrasos indevidos (Recomendação nº 39), e
- Os países devem garantir que as suas autoridades competentes possam fornecer de forma rápida, construtiva e eficaz a mais ampla gama de cooperação internacional em relação a lavagem de capitais, crimes subjacentes associados e financiamento do terrorismo. Os países devem fazê-lo espontaneamente e mediante solicitação, e deve haver uma base legal para fornecer cooperação. Os países devem autorizar suas autoridades competentes a usar os meios mais eficientes de cooperação. Caso uma autoridade competente precise de acordos ou arranjos bilaterais ou multilaterais, como um Memorando de Entendimento (MOU), eles devem ser negociados e assinados em tempo hábil com a mais ampla gama de contrapartes estrangeiras (Recomendação Nº 40).

As Recomendações estabeleceram diretrizes gerais, com detalhamento nas Notas Interpretativas. As Notas Interpretativas enquadram-se no contexto do direito consuetudinário e do direito civil, fornecendo uma base comum para países com qualquer um dos sistemas jurídicos. Além disso, o glossário facilita a colocação dos padrões adotados na perspectiva adequada e fornece esclarecimentos importantes. Uma inovação importante das Recomendações revisadas foi sua ênfase na necessidade de os países adotarem a Abordagem Baseada no Risco (*Risk-Based Approach* – RBA). De acordo com o RBA, os países devem estabelecer padrões para orientar as políticas públicas que abordam a lavagem de dinheiro, o financiamento do terrorismo e a proliferação de armas de destruição em massa, antes de aplicar medidas que previnam e combatam esses problemas.

Algumas Recomendações podem ter um papel especial no combate ao jogo ilegal e à lavagem de dinheiro. O GAFI deu atenção especial às empresas e profissões não financeiras designadas (DNFBPs), como cassinos e imobiliárias, que devem relatar operações suspeitas. Além disso, o GAFI estabeleceu uma recomendação específica dirigida aos cassinos que os sujeita a uma supervisão e regras eficazes para prevenir a lavagem de dinheiro (Recomendação nº 28).

Assim, o GAFI tem demonstrado grande preocupação na prevenção à lavagem de dinheiro, inclusive na prática de esportes e jogos de azar. Desde 2009, um relatório especial foi lançado sobre os cassinos.

Com relação às Pessoas Politicamente Expostas (ou *Politically Exposed Persons –PEP's*), antes apenas uma obrigação de acompanhamento de certas pessoas ou autoridades estrangeiras, mas que agora se referem a nacionais, aí incluindo organizações internacionais.

O GAFI/FATF impulsionou a criação de órgãos semelhantes, conhecidos como FSRB's (*FATF – Style Regional Bodies*). Visam à integração da chamada rede global de combate à lavagem de dinheiro, a saber:

a) Asia/Pacific Group on Money Laudering (APG, que inclui: Austrália, Bangladesh, Brunei Darussalam, Camboja, Taiwan, Ilhas Cook, Ilhas Fiji, Hong Kong, Índia, Indonésia, Japão, Coréia do Sul, Malásia, Ilhas Marshall, Mongólia, Nepal, Nova Zelândia, Niue, Paquistão, Palau, Filipinas, Samoa, Singapura, Sri Lanka, Tailândia, Tonga, EUA, Vanuatu);

b) Eurasian Group (EAG, incluindo Belarus ou Bielorrúsia, Cazaquistão, Rússia, Quirguistão, República Popular da China, Tadjiquistão);

c) Middle East and North Africa Financial Action Task Force (MENAFATF, *v. g.*, com a seguinte composição: Argélia, Bahrein, Egito, Jordânia, Kwait,

Líbano, Marrocos, Omã, Catar, Arábia Saudita, Síria, Tunísia, Iêmen, Emirados Árabes);

d) Caribbean Financial Action Task Force (CFATF ou GAFI CARAÏBE, para América Central e Caribe, a saber: Antígua e Barbuda, Anguilla, Aruba, Bahamas, Barbados, Belize, Bermuda, Ilhas Virgens Britânicas, Cayman, Costa Rica, Dominica, República Dominicana, El Salvador, Granada, Guatemala, Guiana, Haiti, Honduras, Jamaica, Montserrat, Antilhas Holandesas, Nicarágua, Panamá, São Cristóvão e Nevis, Santa Lúcia, São Vicente e Granadinas, Suriname, Ilhas *Turks & Caicos*, Trinidad e Tobago e, finalmente, Venezuela);

e) MONEYVAL (Conselho da Europa, como segue: Albânia, Andorra, Armênia, Azerbaijão, Bósnia-Herzegóvina, Bulgária, Croácia, Chipre, República Tcheca, Estônia, Geórgia, Hungria, Letônia, Liechtenstein, Lituânia, Moldávia, Malta, Mônaco, Polônia, Romênia, Rússia, San Marino, Sérvia e Montenegro, Eslováquia, Eslovênia, Macedônia e Ucrânia);

f) Eastern and Southern Africa Anti-Money Laudering Group (ESAAMLG, Botsuana, Quênia, Lesoto, Malauí, Moçambique, Maurício, Namíbia, África do Sul, Suazilândia, Seicheles, Uganda, Tanzânia, Zâmbia e Zimbábue);

g) Grupo de Ação Financeira da Latinoamérica (GAFILAT) para a América Latina – criado formalmente como GAFISUD (Grupo de Ação Financeira da Sulamérica) – com a composição atual Argentina, Bolívia, Brasil, Chile, Colômbia, Equador, Paraguai, Peru, Uruguai, México, países do Caribe e da América Central);

h) Intergovernmental Task Force against Money Laudering in West Africa (GIABA);

i) Group on Anti-Money Laudering in Central Africa (GABAC).[319]

Existe um Grupo semelhante a uma FSRB, o *Offshore Group of Banking Supervisors – OGBS* (composto por Aruba, Bahamas, Bahrein, Barbados, Bermuda, Cayman, Chipre, Gibraltar, Guernsey, Hong Kong, Ilha do Homem, Jersey, Labuan, Malásia, Macau, Maurício, Antilhas Holandesas, Panamá, Singapura e Vanuatu).

Possuem a finalidade de promover a adoção e a implementação efetiva das 40 Recomendações, obrigando os países-membros a aceitar uma vigilância multilateral e avaliações mútuas.

[319] Vide FATF Annual Report 2021-2022, In: https://www.fatf-gafi.org/en/publications/Fatfgeneral/Annual-Report-2021-2022.html, acessado em 02.06.2023.

O Conselho de Controle de Atividades Financeiras (COAF), além de desempenhar o papel de coordenador nacional para os assuntos do GAFI/ FATF, comprometeu-se a atuar como liderança regional no combate à lavagem de dinheiro.

Referências Bibliográficas

ANSELMO, Márcio Adriano. *Colaboração premiada: O novo paradigma do processo penal brasileiro*. 1. ed. Rio de Janeiro: M. Mallet Editora, 2016.

ARAS, Vladimir. A investigação criminal na nova Lei de Lavagem de Dinheiro. *Boletim IBCCRIM*, ano 20, n. 237, ago. 2012.

–. Lavagem de dinheiro e corrupção – Irmãs Siamesas. *Revista Jurídica Consulex*, ano XVI, n. 361, fev.2012.

ÀVILA, Humberto. *Revista Diálogo Jurídico*, Salvador, CAJ – Centro de Atualização Jurídica, v. 1, n. 4, julho, 2001.

BARROS, Marco Antônio de. *Lavagem de dinheiro: implicações penais, processuais e administrativas. Análise sistemática da Lei n. 9.613, de 03.03.1998*. São Paulo: Oliveira Mendes, 1998.

BETTI, Francisco de Assis. *Aspectos dos crimes contra o sistema financeiro no Brasil – comentários às Leis 7.492/86 e 9.613/98*. Belo Horizonte: Del Rey, 2000.

BETTIOL, Giuseppe. *Direito penal*. Tradução brasileira e notas de Paulo José da Costa Júnior e de Alberto Silva Franco. São Paulo: RT, 1976.

BOTTINI, Pierpaolo Cruz; BADARÓ, Gustavo Henrique. *Lavagem de dinheiro: aspectos penais e processuais penais: comentários à Lei 9.613/1998, com alterações da Lei 12.683/2012*. São Paulo: RT, 2012.

CALLEGARI, André Luís. *Direito penal econômico e lavagem de dinheiro: aspectos criminológicos*. Porto Alegre: Livraria do Advogado, 2003.

–. *Lavagem de Dinheiro*. Barueri: Manole, 2004.

CAVALI, Marcelo Costenaro; LORENCINI, Bruno César. *Separando joio, peste e praga: "caixa dois" eleitoral, corrupção e lavagem de dinheiro*. In Direito, instituições e políticas públicas. O papel do jusidealista na formação do Estado. Coordenação: Alexandre Jorge Carneiro da Cunha Filho, André Tito da Motta Oliveira, Rafael Hamze Issa e Rafael Wallbach Schwind. São Paulo: Quartier Latin do Brasil, 2017.

CONTE, Philippe; LARGUIER, Jean. Le recel de choses et le blanchiment. *Droit pénal des affaires*. 11. ed. Paris: Dalloz; Armand Colin, 2004.

DE CARLI. Carla Veríssimo. *Lavagem de dinheiro: ideologia da criminalização e análise do discurso*. Porto Alegre: Verbo Jurídico, 2012.

– (org.), *et. al. Lavagem de dinheiro: prevenção e controle penal*. Porto Alegre: Verbo Jurídico, 2011.

DE SANCTIS, Fausto Martin. *Responsabilidade penal das corporações*. São Paulo: Saraiva, 2010.

DELMANTO JÚNIOR, Roberto. Justiça especializada para os crimes de lavagem de dinheiro e contra o Sistema Financeiro Nacional (a inconstitucionalidade da Resolução n. 314, de 12.5.2003, do Conselho da Justiça Federal). *Revista do Advogado*, São Paulo, ano 24, n. 78, set. 2004.

DELMAS-MARTY, Mireille; GIUDICELLI-DELAGE, Geneviève. *Droit pénal des affaires*. 4. ed. Paris: Presses Universitaire de France, 2000.

DIPP, Gilson. Legislação brasileira atrapalha o combate à lavagem de dinheiro [Entrevista]. *Consultor Jurídico*. Disponível em: https://www.conjur.com.br/2004-nov-03/legislacao_atrapalha_combate_lavagem_dinheiro. Acesso em: 02.06.2023.

EDITORIAL da publicação especial do IBCCRIM. Nova lei de lavagem de dinheiro: o excesso e a banalização. *Boletim IBCCRIM* – ano 20 – n. 237 – ago. 2012.

ESTELLITA, Heloisa; BOTTINI, Pierpaolo Cruz. Alterações na legislação de combate à lavagem: primeiras impressões. *Boletim IBCCRIM*, ano 20, n. 237, ago. 2012.

FATF Annual Report 2021-2022, In: https://www.fatf-gafi.org/en/publications/Fatfgeneral/Annual-Report-2021-2022.html, acessado em 02.06.2023.

GODINHO, Jorge Alexandre Fernandes. *Do crime de "branqueamento" de capitais: introdução e tipicidade*. Coimbra: Almedina, 2001.

GOMES, Luiz Flávio. Crimes de lavagem de capitais. Curso de direito penal – crimes de competência da Justiça Federal. Palestra aos 09.09.2004 na Escola de Magistrados da Justiça Federal da 3ª Região.

GOMES, Luiz Flávio; BIANCHINI, Alice. Palestra no Curso temático de direito penal e processo penal. Escola de Magistrados Federal. Tribunal Regional Federal da 3ª Região, aos 14.04.2005.

GRANDIS, Rodrigo de. Considerações sobre o dever do advogado de comunicar atividade suspeita de "lavagem" de dinheiro.*Boletim IBCCRIM*, ano 20, n. 237, ago. 2012.

LIMA, Renato Brasileiro de. *Curso de processo penal*. Rio de Janeiro: Impetus, 2013.

–. *Legislação criminal especial comentada*: volume único. 9. ed. rev. atual e ampl. Salvador: JusPodivm, 2021.

–. *Manual de processo penal*: volume único, 10. ed. rev., ampl. e atual. São Paulo: JusPodivm, 2021.

Livro Homenagem a Miguel Reale Júnior/organização Janaina Conceição Paschoal, Renato de Mello Jorge Silveira. 1. ed., Rio De Janeiro: LMJ Mundo Jurídico, 2014.

MACEDO, Carlos Márcio Rissi. *Lavagem de dinheiro: Análise crítica das Leis 9.613, de 03 de março de 1998 e 10.701 de 09 de julho de 2003*. Curitiba: Juruá, 2006.

MAIA, Rodolfo Tigre. *Lavagem de dinheiro (lavagem de ativos provenientes de crime). Anotações às disposições criminais da Lei n. 9.613/98*. 1. ed. 2.tir. São Paulo: Malheiros, 2004.

MENDRONI, Marcelo Batlouni. *Crime de lavagem de dinheiro*. São Paulo: Atlas, 2006.

MENEGAZ, Daniel da Silveira. *Lavagem de dinheiro: os mecanismos de controle penal na Justiça Federal no combate à criminalidade*. Curitiba: Juruá, 2012.

NUCCI, Guilherme de Souza. *Código de processo penal comentado*, 16. ed., Rio de Janeiro: Forense, 2017.

OLIVEIRA, William Terra de; CERVINI, Raúl; GOMES, Luiz Flávio. *Lei de lavagem de capitais*. São Paulo: RT, 1998.

PACELLI, Eugênio. *Curso de processo penal*. 21. ed. São Paulo: Atlas, 2017.

RIOS, Rodrigo Sánchez. Alterações na lei de lavagem de dinheiro: breves apontamentos críticos. *Boletim IBCCRIM*, ano 20, n. 237, ago. 2012.

ROSA, Fábio Bittencourt da. Lei nº 7.492/86 e o concurso aparente de leis. Direito Federal. *Revista da Ajufe*, ano 23, p. 207, 1. sem. 2005.

SAADI, Ricardo Andrade. O combate à lavagem de dinheiro. *Boletim IBCCRIM*, ano 20, n. 237, ago. 2012.

VALADARES, Antonio Carlos. Por um sistema mais eficiente de combate à lavagem de dinheiro. *Revista Jurídica Consulex*, ano XVI, n. 361, fev.2012.

VILARDI, Celso Sanchez. A ciência da infração anterior e a utilização do objeto da lavagem. *Boletim IBCCRIM*, ano 20, n. 237, ago.2012.

VILLEGAS, Tomás Aladino Gálvez. *Delito de lavado de activos: analisis de los Tipos Penales Previstos en la Ley nº 27.76*.